『차라투스트라는 이렇게 말했다』 메타포로 읽기

『차라투스트라는 이렇게 말했다』 메타포로 읽기

최상욱 지음

서광사

『차라투스트라는 이렇게 말했다』 메타포로 읽기

최상욱 지음

펴낸이 | 이숙
펴낸곳 | 도서출판 서광사
출판등록일 | 1977. 6. 30.
출판등록번호 | 제 406-2006-000010호

(10881) 경기도 파주시 회동길 77-12 (문발동)
대표전화 (031) 955-4331   팩시밀리 (031) 955-4336
E-mail : phil6161@chol.com
http://www.seokwangsa.co.kr | http://www.seokwangsa.kr

제1판 제1쇄 펴낸날 ─ 2015년 8월 20일
제1판 제3쇄 펴낸날 ─ 2020년 11월 30일

ISBN 978-89-306-2324-7   93110

이 책은 한국출판문화산업진흥원의 2015년 〈우수 출판콘텐츠 제작 지원〉 사업 선정작입니다.

"나는 지는 태양, 저 넘치는 자에게서 그것을 배웠다. 태양은
지면서 무진장한 풍요로부터 황금을 꺼내 바다에 뿌린다. 그리
하여 더없이 가난한 어부조차도 황금으로 된 노를 젓는다."

참으로 아름다운 풍경이다. 기분 좋은 나른함과 한적함, 목가적인 평화
로움이 느껴진다. 잔잔하게 일렁이는 물결 위로 태양의 황금 알갱이들
이 흩뿌려지고, 하늘과 바다, 그리고 그 사이에서 노를 젓고 있는 가난
한 어부는 하나가 된다. 그의 어깨 위로는 황금빛 하늘이, 발아래로는
황금빛 바다가 감싸고 있다.

황금빛 알갱이들은 신선한 '아침놀'과 함께 떠오른 태양이 '위대한
정오'를 지나 다시 몰락하려는 순간, 온 세계에 나누어 주는 선물이다.
니체의 태양은 무궁무진한 힘을 쏟아 내는, 차고 넘치는 태양이다. 그
것은 존재와 비존재를 구분하는 모든 경계선을 없애는 힘이다.

온 세계를 뒤덮는 황금빛 찬란함 안에서 어부는 자신을 구분시켰던
형체를 잃어버리고 황금의 세계와 하나가 된다. 그는 변용된다. 이제
하나(hen)는 모든 것(pan) 안으로 들어가고, 모든 것은 하나 안에서 움
직인다. 그것은 거대한 원이고, 거대한 춤이다. 그곳에서 말은 사라지
고, 황금을 닮은 은은한 미소가 퍼져 나온다.

헤세의 『황야의 늑대』 안에서 묘사되는 마술극장은 누구에게나 허용
되지만, 그 누구에게도 허락되지 않는 묘한 곳이다. 『차라투스트라는

이렇게 말했다』역시 모든 독자에게 열려 있지만, 동시에 그 누구에게
도 열려 있지 않은 텍스트이다. 그 안에는 서로 모순되고 대립되는 주
장들이 혼재해 있다.

차라투스트라는 수많은 거울로 둘러싸인 마술극장 안에 서 있는 하
리 할러와 같이 각각의 거울 안에서 서로 다른 얼굴로 나타난다. 그는
마술극장 안으로 입장이 허용된 자, 즉 분열된 자, 파열된 자, 미친 자
와 유사하다. 차라투스트라를 비추던 거울 속에는 산 자와 죽은 자, 용
감한 자와 비겁한 자, 자부심에 넘치는 자와 절망에 빠진 자, 명령하는
자와 복종하는 자, 우는 자와 웃는 자, 거머리, 독 파리, 거미, 원숭이부
터 거대한 소나무까지 그 모두가 들어 있다. 그는 수수께끼와 같은 복합
체이다. 그 안에는 수많은 미로가 놓여 있다. 다리나 밧줄로 이어지는
길도 있고, 사다리를 타고 올라가야 하는 길도 있으며, 한없이 떨어지
는 늪과 같은 길도 있다. 그곳은 미로 자체이다. 미로를 탈출하는 것은
그가 제공한 마술극장으로부터 떠나는 일이다. 하지만 마술극장의 유
희를 즐기려면 미로를 떠나서는 안 된다. 옆에 아리아드네의 실이 있더
라도 거부해야 한다.

독자들이 『차라투스트라는 이렇게 말했다』에서 이해하는 것은, 결국
니체나 차라투스트라가 아니라 독자 자신이다. 그런데 자신을 이해하
는 일도 만만한 일은 아니다. 독자 역시 완성되고 고정된 자가 아니라,
끊임없이 변화되고 반복되며, 차이를 보이다가 다시 동일해지는 순환
이자 운동이며, 다양한 자극과 대응이 복잡하게 얽혀 있는 복합체이기
때문이다. 그 안에서 시간이 흘러가고, 시간은 다양한 존재방식의 독자
를 산출한다. 시간의 흐름 속에서 독자는 갑자기 과거로 돌아가기도 하
고, 방향을 바꿔 미래를 향하기도 한다. 이때 그는 현재 안에 머물고 있
는 것 같지만, 현재라는 시간 속에서 부재하고 있는 것이다. 그는 현존

하며 부재하고, 부재하며 현존하는 식으로 살아간다. 경우에 따라서는 부재하는 자신을 자기라고 여기기도 한다. 이때 그는 하늘로 올려졌거나 늪 속으로 던져진 것이다. 이와 달리 현존하는 자신을 자기라고 여기기도 한다. 이때 그는 자기를 좁은 울타리 안에 가둬 두고 있는 것이다. 그는 성냥갑과 같은 작은 집의 문을 열고 밖을 향해야 한다. 그 밖도 자신의 안이기 때문이다. 자신을 이해할 수 있는 아리아드네의 실은 없어 보인다. 있다 하더라도 거부해야 한다. 그것이 그가 살아 있다는 증거이기 때문이다.

　때로는 삶을 이끌어 가는 모든 척도가 사라진 것처럼 보일 때도 있고, 삶이라는 연극이 비극인지 희극인지 불분명해 보일 때도 있다. 밝은 아침 햇살처럼 삶에 대해 긍정하고 감사히 생각할 때도 있고, 차가운 비를 맞으며 무거운 발걸음으로 삶의 무게를 견뎌야 할 때도 있다. 또한 상황은 우리의 관심을 변화시키며 동일한 사건이 다르게 보이게도 한다. 가령 신의 죽음과 더불어 "모든 것은 허용되었다."라는 외침이 해방과 자유의 환호성일수도 있지만, 비통하고 쓰디쓴 내버려짐의 절규일 수도 있는 것이다.

　살아가는 데 꼭 지켜야 할 진리가 존재하는지, 혹은 존재하지 않는지, 혹은 진리는 계속 새롭게 창조되어야 하는지 우리는 역사적 상황 속에서 질문하게 된다. 그것은 우리 자신뿐 아니라, 우리가 속한 공동체와 시간에 대한 질문이기도 하다. 또한 시간을 통해 그것이 동일하게 반복되는지, 혹은 도약이 가능한지, 반복된다면 좋은 일인지 나쁜 일인지도 질문거리이다. 시간의 흐름이나 새로운 상황에 따라 우리의 관심은 『차라투스트라는 이렇게 말했다』에서 다루는 '신의 죽음', '허무주의', '진리', '가치', '힘에의 의지', '영원회귀', '초인', '최후의 인간' 등으로 바뀔 수 있다.

이러한 점은 『차라투스트라는 이렇게 말했다』를 해명하려는 저자에게도 해당된다. 저자에게 니체는 오래전부터 친숙한 인물이었다. 그의 사상 중에서 허무나 신의 죽음이 관심사였던 때도 있었고, '삶에의 사랑'이란 표현을 좋게 여겼던 때도 있었으며, 때로는 비극과 아픔이 때로는 가벼움과 웃음이 흥미를 끌기도 하였다. 니체의 사상을 서구 철학과 그리스도교 전반과의 연관성 속에서 해석하려던 때도 있었다.

그 후 시간이 많이 흘렀다. 몇 년 전부터 강의 시간에 이 작품에 대한 강독을 해 왔다. 지금과 달리 그때는 이 작품에 대한 강독과 도움 글들이 흔치 않았다. 그것이 『차라투스트라는 이렇게 말했다』에 대한 도움 글을 쓴 계기가 되었다.

이 작품은 열려 있는 텍스트이기에, 독자들에 따라 상반되는 이해가 가능하다. 각각 자신들의 이해를 뒷받침할 수 있는 근거도 니체의 텍스트 안에서 발견할 수 있다. "악마도 성서를 인용한다."라는 말은 이 작품에도 해당되는 것이다.

이러한 사정을 고려하여 저자는 니체의 텍스트를 '올바르게' 이해하기보다는 '잘'(gut) 이해하기를 소개하려고 한다. 그것은 위의 인용문에서 알 수 있듯이, '아름답게' 이해하는 일이다. 『차라투스트라는 이렇게 말했다』안에는 주제나 흥미, 사상에 대한 논의에 앞서 아름다운 글들로 가득 차 있다. 저자는 독자들이 이 글들을 옳고 그름이나 좋고 나쁨이라는 척도에 따라 판단하기에 앞서, 이 글이 주는 아름다움을 그 자체로 받아들이기를 바란다. 그것을 위해서는 『차라투스트라는 이렇게 말했다』라는 작품을 느끼고 감상하면 된다. 이때 니체가 사용하는 메타포들에 관심을 기울이면 더 좋을 것이다.

니체의 작품은 한 폭의 그림, 한 곡의 음악, 한 편의 시와 같다. 니체의 그림과 음악, 시를 독자들이 감상할 수 있도록 저자는 니체의 작품들을 많이 인용했다. 그것은 저자의 주장을 근거 짓기 위한 것이기도 하지만, 이 기회에 독자들이 『차라투스트라는 이렇게 말했다』라는 작품을 '잘' 감상하기를 원했기 때문이다. 그리고 『차라투스트라는 이렇게 말했다』를 읽은 후, 웃을 수 있다면 더 좋은 일일 것이다.

2015년
보통리 벚꽃마을에서
최상욱

I

도 입 문

1. 철학적 문학 작품으로서 『차라투스트라는 이렇게 말했다』와 메타포

현대 철학에서 니체의 영향력은 광범위하고 강력하다. 그것은 사르트르·카뮈의 실존철학, 딜타이의 생철학, 하이데거의 존재론, 데리다·푸코의 포스트모더니즘과 같이 다양한 형태로 나타난다. 니체의 사상은 문학에도 많은 영향을 끼쳤다. 하이데거가 자주 인용하는 시인인 슈테판 게오르게 외에도 토마스 만, 고트프리트 벤, 헤르만 헤세, 앙드레 지드, 폴 발레리, 윌리엄 예이츠, 가브리엘 단눈치오, 로베르트 무질 등의 문학자들도 니체로부터 많은 영향을 받았다.

니체의 사상이 '철학'과 '문학'에 두루 영향을 끼치고 있다는 사실은, 니체의 작품 안에 철학자와 문학자들의 관심을 끌 만한 요소가 많다는 것, 나아가 니체의 작품이 철학 작품이면서 동시에 문학 작품이기도 하다는 것을 보여 준다.

니체의 작품 모두가 다 그런 것은 아니지만, 적어도 『차라투스트라는 이렇게 말했다』라는 작품이 철학 작품이면서 동시에 문학 작품이라는 점은 분명하다. 따라서 "니체의 사상을 어떻게 이해해야 하는가?" 혹은 "니체의 작품을 어떻게 읽어야 하는가?"라는 질문에 대하여, 우리는 『차라투스트라는 이렇게 말했다』는 '철학적 문학 작품'으로 읽어야 한다고 답할 수 있다.

그런데 철학과 문학을 한 작품 안에서 사상적으로, 미학적으로 조화롭게 서술하는 것은 쉬운 일이 아니다. 이 점은 『차라투스트라는 이렇게 말했다』에 대한 평가들에서도 잘 나타난다. T. S. 엘리엇은 니체의 작품이 문학적 우아함과 철학적 정확함이 혼합되어 문학적으로나 철학적으로 모두에게 피해를 끼쳤다고 평가한다.[1] C. 브린톤은 엘리엇과 같이 니체의 철학적 문학 작품 자체를 비판하지는 않지만, 니체가 경구와 같은 문학적 글쓰기 방식을 택함으로써 해석의 어려움을 야기한다고 비판한다.[2] 그의 비판은 결과적으로 엘리엇의 비판과 맞닿아 있다. 왜냐하면 그는 니체의 경구(문학적 글쓰기 방식)가 해석학적(철학적) 정확함을 해친다고 보기 때문이다. 이러한 주장은 니체 자신의 말에서도 발견된다. 니체는 '문학적 데카당스의 양식'에 대하여 다음과 같이 말한다.

"모든 **문학적** 데카당스는 스스로를 무엇으로 특징지을까요? 더 이상은 생명이 전체에 퍼져 있지 않다는 것, 단어가 독립적이 되어 문장에서 뛰쳐나오고, 문장이 결정적이 되어 한 페이지의 의미를 흐려 버리며, 한 페이지는 전체를 희생시켜 자신의 생명을 획득합니다. — 전체는 더 이상 전체가 아니다. 진정 이 비유는 데카당스 양식 전체에 대한 것이지요."(KSA 6, 27, 바그너, 37쪽)[3]

---

1   알렉산더 네하마스, 『니체, 문학으로서의 삶』, 김종갑 옮김, 책세상, 1994, 31쪽 참조
2   위의 책, 33쪽 참조
3   니체 작품 인용은 KSA판을 따르며, 본문 안에 기입한다. 번역문의 경우 책세상의 "니체 전집"을 따르며, 부득이한 경우 수정하기로 한다. 앞으로 『차라투스트라는 이렇게 말했다』는 '차라', 『우상의 황혼』은 '우상', 『안티크리스트』는 '안티', 『이 사람을 보라』는 '사람', 『비극의 탄생』은 '비극', 『반시대적 고찰』은 '반시대', 『선악의 저편』은 '선악', 『도덕의 계보』는 '도덕', 『인간적인 너무나 인간적인』은 '인간', 『즐거운 학

여기서 니체는 문학적 양식의 데카당스적 특징으로 "원자들의 아나키 상태, 의지의 분열, 도덕적인 '개체의 자유', 정치적으로 '모든 자에 대한 동등한 권리'"를 예로 들면서, 이를 통해 '생명, 균등한 활기, 생명의 진동과 충만'이 제한되거나 결핍되어, 결국 마비나 혼돈에 이르게 된다고 비판한다(KSA 6, 27, 바그너, 37쪽).

물론 니체의 비판은 모든 문학적 글쓰기가 아니라 데카당스적 글쓰기에 해당된다. 그러나 니체의 지적으로부터 우리는 철학적 사상을 문학적으로 표현하는 것이 많은 위험성을 내포한다는 것을 알 수 있다. 그럼에도 니체가 메타포나 경구와 같은 문학적 글쓰기 방식을 택한 것은, W. 카우프만에 의하면 그 자체가 목적이 아니라 '문제 제기'를 하려는 실험정신에서 비롯되었다는 것이다. 이때 각각의 메타포와 경구들은 산종되어 흩어져 있는 듯이 보이지만, 그 모두는 니체 철학의 전체를 향한다는 것이다.[4]

사라 코프만은 니체의 작품 속 메타포와 경구가 세련된 감수성을 지닌 독자들만이 이해할 수 있는 귀족적인 글쓰기 양식에 해당한다고 주장한다. 여기서 '귀족적'이란 표현은 경구가 최종적이고 절대적인 해석을 거부하며 끊임없이 새로운 해석을 향해 독자의 시선을 열어 놓는다는 의미를 지닌다. 니체의 메타포와 경구는 '해석의 다원주의'를 위한 전략이라는 것이다. 이와 비슷한 맥락에서 아서 단토는 니체의 작품은 순서에 얽매이지 않고 자유롭게 읽어도 되는 텍스트라고 말한다.[5]

이런 주장들을 극단화하여 데리다는 니체의 글쓰기 스타일 자체가

문』은 '학문', 『바그너의 경우』는 '바그너'란 약자로 기입하고, 『니체 대 바그너』는 '니체 대 바그너'로 기입한다.

4   알렉산더 네하마스, 『니체, 문학으로서의 삶』, 34쪽 참조
5   위의 책, 37쪽 참조

존재하지 않는다고 주장한다. 왜냐하면 니체의 메타포와 경구는 배후에 있는 특정한 의미를 지시하는 것이 아니라 무엇인가 부재하며 결핍된 것을 표현하기 위한 전략이기 때문이다.[6]

이렇게 학자들이 상이한 견해를 보이는 근본적인 이유는 『차라투스트라는 이렇게 말했다』가 철학적 문학 작품이기 때문이다.

그런데 자신의 작품을 철학적 문학의 방식으로 표현한 첫 번째 철학자는 역설적이게도 니체가 가장 비판했던 플라톤이다. 플라톤과 소크라테스는 철학에 비해 문학(예술)을 평가 절하한다.

소크라테스에 의하면 비극 예술은 '진리를 말하는 것'이 아니라, '편안한 것만 표현하는 (…) 아첨의 예술(schmeichlerische Künste)' (KSA 1, 92, 비극, 109쪽)에 불과하다. 따라서 그는 제자들에게 비극 예술이라는 비철학적 유혹으로부터 거리를 둘 것을 요구한다. 그러나 죽기 직전 소크라테스는 "음악을 행하라."라는 다이몬의 말을 듣게 된다. 『파이돈』에서 케베스는 소크라테스에게 '아이소포스의 우화들을 운문으로 만들고 아폴론 신에 대한 찬가를 지으신 이유'가 무엇인지 묻는다. 이 질문에 대하여 소크라테스는 철학을 위대한 시가로 여기며 평생 철학에 몰두했던 자신에게 다이몬의 말이 처음엔 '비속하고 대중적인 음악'을 행하라는 것으로 여겨져 대수롭지 않게 생각했는데, 죽기 직전에 양심의 가책을 덜어 볼 생각으로 음악을 하게 되었다고 대답한다.

"그 꿈들이 여러 차례나 지시한 것이 정말로 이런 시가(Mousike)를 지으라는 것이라면, 양심에 꺼림칙한 것이 없게 하느라고 한 것이라고 말일세."[7]

---

6   자크 데리다, 『에쁘롱; 니체의 문체들』, 김다은, 황순희 옮김, 동문선, 1998, 119쪽 이하 참조
7   플라톤, 『에우티프론/ 소크라테스의 변론/ 크리톤/ 파이돈』, 박종현 역주, 서광사,

그런데 이러한 다이몬의 말을 니체는 '논리성의 한계를 우려하는 징표'(KSA 1, 96, 비극, 114쪽), 즉 예술(문학)을 통해 철학의 한계를 넘어서야 한다는 의미로 해석한다.

예술(문학)에 대한 태도의 변화는 플라톤에서도 발견된다. 처음에 플라톤은 비극 작가였지만, 소크라테스를 따라 시 작품을 불태워 없애 버리고 철학에 전념한다. 철학은 이데아를 추구하는 학문인 반면, 예술은 이데아의 모상인 현실을 다시 모방하는 작업이라고 여겼기 때문이다.

> "글라우콘! 만약 자네가 서정시에서든 서사시에서든 즐겁게 하는 시가를 받아들인다면, 자네 나라에서는 법과 모두가 언제나 최선의 것으로 여기는 이성 대신에 즐거움과 괴로움이 왕 노릇을 하게 될 걸세. (...) 시가 그와 같은 성질의 것이기에, 우리가 그때 이 나라에서 시를 추방한 것은 합당했다는데 대한 변론이 이것으로서 된 것으로 하세나. (...) 철학과 시 사이에는 오래된 일종의 불화(diaphora)가 있다고 말이네."[8]

여기서 플라톤은 철학과 예술 사이의 위상 차이와 불화에 대하여 말한다. 그러나 예술에 대한 비판에도 플라톤은 자신의 작품을 철학적 문학 작품의 방식으로 표현한다. 이러한 플라톤의 태도를 니체는 과거의 예술에 대해 가했던 비판에도 불구하고, '우회로를 거쳐 결국 자신이 시인으로서 고향처럼 익숙하게 생각했던 곳에 도착한 플라톤'(KSA 1, 93, 비극, 110쪽)이라고 묘사한다. 니체가 보기에 플라톤은 전형적인 철학적 문학 작가였던 것이다. 그래서 니체는 플라톤의 대화편을 단적

2003, 60e

8   플라톤, 『국가·정체』, 박종현 역주, 서광사, 1997, 607a-b

으로 '읽는 시의 아버지로서 플라톤의 대화: 읽는 서사시, 읽는 드라마' (KSA 7, 80, 4권, 104쪽)라고 표현하며, '난파당한 배 같은 과거의 시가 자기 자식들을 모두 데리고 올라타 목숨을 구한 조각배' (KSA 1, 93, 비극, 110쪽)에 비유한다. 철학과 문학이라는 서로 모순된 두 가지를 싣고 있는 플라톤의 대화편에 대해 니체는 다음과 같이 말한다.

> "기존의 모든 양식과 형식의 혼합으로 이루어졌으며, 따라서 이야기, 서정시, 연극 사이에서 산문과 운문 사이를 부유함으로써 통일된 언어 형식이라는 엄격한 과거의 법칙을 깨고 있다." (KSA 1, 93, 비극, 110쪽)

이런 의미에서 니체는 철학적 문학 작품인 플라톤의 대화편을 '난파된 배'라고 부정적으로 평가하는 것이다. 그러나 니체의 비판의 핵심은 플라톤의 작품이 철학적 문학 작품이라는 점보다는 그의 철학적 글쓰기 방식이 이데아의 세계를 묘사하기 위해서라는 점에 놓여 있다.

> "표상 세계가 현실보다 더 사실적이라는 것은 예술가의 천성으로서, 플라톤이 이론적으로 제시한 믿음이다." (KSA 7, 110, 4권, 145쪽)

이렇게 플라톤을 비판하면서도 니체는 자신의 작품을 철학적 문학 방식으로 쓴다. 그 대표작이 바로 『차라투스트라는 이렇게 말했다』이다.

그러나 플라톤이 예술적 성향을 통해 이데아라는 표상 세계, 즉 형이상학적 세계를 구축하려고 했던 데 반해, 니체는 위 작품에서 플라톤에 의해 견고해진 표상 세계를 해체하는 방식으로 문학적 글쓰기를 시도한다. 이런 점에서 플라톤과 니체가 택한 방식은 동일하지만, 그들은 정반대의 길을 걷는 것이다.

『차라투스트라는 이렇게 말했다』라는 작품이 철학적 문학 작품이라는 것은 니체 자신의 표현에서도 발견할 수 있다. 2부 "시인에 대하여"에서 차라투스트라는 그의 제자에게 "일찍이 차라투스트라가 네게 무슨 말을 했던가? 시인들이 너무나도 많은 거짓말을 한다고 했던가? 그 자신도 시인이면서"라고 말한다. 여기서 차라투스트라는 시인이 존재하지 않는 세계를 마치 존재하는 것처럼 표현한다고 비판한다.

> "모든 신은 시인의 비유이며 시인의 궤변이다. (...) 참으로 그것은 우리를 끌어올린다. 구름의 나라로. 우리는 이 구름 위에 형형색색의 껍데기들을 앉혀 놓고는 신이라 부르기도 하고 초인이라고 부르기도 한다. 그들은 구름 위에 앉을 수 있을 정도로 가볍다! (...) 아, 나는 어찌 이토록 시인들에게 지쳐 있는가!"(KSA 4, 164, 차라, 213쪽)

또한 『차라투스트라는 이렇게 말했다』 3부 "낡은 서판과 새로운 서판에 대하여"에서는 "내가 비유를 들어 말하고 시인들처럼 주저하며 더듬더듬 말할 수 있도록. 그리고 참으로 나는 내가 아직도 시인일 수밖에 없다는 사실을 부끄럽게 생각한다!"라고 말한다.

이처럼 니체는, 한편으로 자신이 시인이라는 것을 부끄러워하면서, 다른 한편으로는 차라투스트라의 입을 빌려 '자기 자신도 시인'이라고 고백하는 것이다. 이 표현을 통해 우리는 니체가 시인을 부정하려고 한 이유와 그럼에도 자신이 시인이라는 점, 그러나 시인(문학)으로서만 만족할 수 없었던 이유를 알 수 있다. 니체는 자신의 사상을 드러내기 위해 시인이면서 동시에 철학자이어야 했던 것이다. 이 점을 벨러는 다음과 같이 표현한다.

"플라톤의 텍스트는 데리다가 '텍스트 직물의 위장(Dissimulation)' 이라 부른 것의 원형으로 간주될 수 있다. (...) 왜냐하면 로고스 중심주의의 왕인 플라톤은 태양빛으로 가득 찬 목소리에 의해 예술과 놀이와 수사학과 문자와 신화를 추방했지만, 그는 이 모든 것을 텍스트, 즉 예술과 놀이와 수사학과 상연된 글쓰기와 신화적 이야기를 본질로 하는 텍스트에서 행하고 있기 때문이다. 데리다가 볼 때 플라톤과 니체는 이런 점에서 놀랄 만큼 가까운 거리에 있다. (...) 텍스트의 가까움."[9]

그러나 니체는 『차라투스트라는 이렇게 말했다』 안에서 플라톤과 달리, 문학적 글쓰기를 통해 철학적 개념의 건축물을 파괴한다. 이때 그가 사용하는 문학적 글쓰기 방식이 메타포와 경구이다. 그런데 그의 모든 사상이 집약되어 있는 『차라투스트라는 이렇게 말했다』를 이해하려면, 우리는 경구보다 더 작고 세밀하며 더 개방적인 의의소인 메타포에 주목해야 한다. 왜냐하면 메타포는 경구 안뿐 아니라 비-경구적인 글쓰기 안, 나아가 니체의 저작 전체를 관통해 흐르고 있는 핵심 의의소이며, 니체와 형이상학의 차이를 드러내고 니체 사상의 개방성을 허용하면서 동시에 해석의 일탈을 막아 주는 중요한 역할을 하기 때문이다. 그렇다면 메타포란 무엇인가?

아리스토텔레스에 의하면 메타포는 '유에서 종으로, 혹은 종에서 유로, 혹은 종에서 종으로, 혹은 유비(Analogie)에 의하여 어떤 사물에다 다른 사물에 속하는 이름을 전용하는 것'[10]이다. 현대에도 적용되고 있는 아리스토텔레스의 메타포 이론인 유비 관계에 의하면 A에 대한 B의

---

9 에른스트 벨러, 『데리다-니체 니체-데리다』, 박민수 옮김, 책세상, 2003, 182쪽
10 아리스토텔레스, 『시학』, 천병희 옮김, 문예출판사, 2002, 21장

관계가 C에 대한 D의 관계와 같을 때, B 대신 D를, 혹은 D 대신 B를 말할 수 있다. A : B = C : D 일 경우, B는 A의 D, 혹은 D는 C의 B란 표현이 가능하다. 예를 들어 잔(B): 디오니소스(A) = 방패(D): 아레스(C)일 경우, 잔(B)은 디오니소스의 방패(A+D), 방패(D)는 아레스의 잔(C+B)으로 표현할 수 있는 것이다.

그런데 아리스토텔레스가 메타포를 언어적 이월에 제한한 반면, 니체는 언어를 넘어서는 모든 전이를 메타포로 규정한다. 니체의 경우, 물질에서 영혼으로 문자에서 조형으로 청각에서 시각으로 주체에서 대상으로의 이월은 모두 메타포의 기능에 속하는 것이다.[11]

그뿐만 아니라 니체는 언어와 메타포를 구분하는 전통 수사학의 입장도 따르지 않는다. 니체에게 말과 메타포는 아무런 차이도 지니지 않는다. 왜냐하면 모든 언어는 이미 메타포이기 때문이다.[12] 그리고 니체가 『차라투스트라는 이렇게 말했다』에서 메타포를 많이 사용하는 이유는 언어와 메타포 사이의 전통적인 수사학적 구분을 전략적으로 해체하기 위해서일 뿐 아니라 기존 언어, 특히 형이상학적 언어가 갖는 권위를 부수기 위해서이다. 니체는 언어가 본성상 메타포임을 보여 줌으로써 언어가 우선이며, 메타포는 그것으로부터 생겨난 파생물이라는 관점을 부정하고, 언어 위에 세워진 전통 형이상학의 건축물 자체를 부수고자 하는 것이다.[13] 모든 언어가 우선적으로 메타포라는 니체의 주장은 다음에서 분명하게 나타난다.

"신경 자극을 우선 하나의 영상(Bild)으로 옮기는 것! 첫 번째 메타포. 영상

---

11   앨런 슈리프트, 『니체와 해석의 문제』, 박규현 옮김, 푸른숲, 1997, 229쪽 참조
12   위의 책, 137쪽 참조
13   위의 책, 239쪽 참조

을 다시 하나의 음성(Laut)으로 만드는 것! 두 번째 메타포. 그리고 그때마다 영역을 완전히 건너뛰어, 전혀 다른 새로운 영역으로 들어간다."(KSA 1, 879, 3권, 449쪽)

니체에 의하면 사물 자체는 우리에게 알려지지 않는다. 왜냐하면 우리에게 주어지는 것은 처음부터 메타포이기 때문이다. 그리고 사물 자체로부터 언어가 생겨나게 된 것은 논리적으로 진행된 것이 아니다. 오히려 그것은 동일하지 않은 것을 동일한 것으로 만들 때 생겨난 것이며, 이 과정 안에는 자의성과 우연성이 포함되어 있다.

"우리는 뱀에 관해 말한다. 이 기호는 비틀려 꼬이는 모습을 표시할 뿐이다. 따라서 그것은 지렁이에게도 해당될 수 있다. 얼마나 자의적으로 경계를 설정하는 것이며, 얼마나 일방적으로 한 사물의 특징을 선호하는 것인가! 다양한 언어를 나란히 세워 놓고 보면, 낱말에서 중요한 것은 진리도, 일치하는 표현도 아니라는 것이 드러난다."(KSA 1, 878-879, 3권, 447쪽)

이에 비해 메타포는 생략의 과정을 거쳐 사물 자체를 단순화한 언어보다 사물 자체에 더 가까운 것이다. 그런데 서구 형이상학은 언어를 통해 인간이 진리를 알 수 있다고 주장해 왔다. 이러한 인간의 처지를 니체는 마치 '호랑이 등에서 꿈을 꾸며 매달려 있는 것'(KSA 1, 877, 3권, 445쪽)과 같은 모습으로 묘사한다.

이와 같이 니체에게 진리 자체는 존재하지 않으며, 진리는 인간이 생존하기 위해 선택한 해석에 불과하다. 그러한 해석 역시 선험적으로 인간에게 주어진 것이 아니라 오랜 세월에 걸쳐 지속되어 형성 과정이 망각된 메타포에 지나지 않는다.

"그렇다면 진리는 무엇인가? 유동적인 한 무리의 비유(Metapher), 환유 (Metonymien), 의인화(Anthropomorphismen)들이다. 간단히 말해서 시적 (poetisch), 수사학적(rhetorisch)으로 고양되고 전용되며 장식되어 이를 오랫동안 사용한 민족에게는 확고하고 교의적이며 구속력이 있는 것으로 여겨지는 인간적 관계들의 총계이다. 진리는 환상들이다. 진리는 마멸되어 감각적 힘을 잃어버린 비유라는 사실을 우리가 망각해 버린 그런 환상이며, 그림이 사라질 정도로 표면이 닳아 버려 더 이상 동전이기보다는 그저 쇠붙 이로만 여겨지는 그런 동전이다."(KSA 1, 880-881, 3권, 450쪽)

진리가 그 자체로 존재하는 명료한 것이 아니라면 이제 진정한 서술 은 진리의 배후, 즉 '미로나 수수께끼' 같은 내용을 담을 수 있는 방식이 어야 한다.[14] 이런 의미에서 니체는 자신의 텍스트를 '수수께끼'(Räth- sel), 혹은 '대담무쌍한 인식의 미로'(Labyrinth verwegener Erkennt- nisse)라고 말한다(KSA 6, 303, 사람, 382쪽). 이러한 미로나 수수께끼 와 같은, '언어와 진리의 배후'를 담을 수 있는 방식이 바로 메타포이 며, 이러한 메타포가 『차라투스트라는 이렇게 말했다』 전체를 통해 나 타나는 것이다. 뒤집어 말하면 『차라투스트라는 이렇게 말했다』가 미로 나 수수께끼와 같은 이유는 메타포가 언어 이전의 언어이기 때문이다.

결국 니체가 메타포를 사용한 이유는 철학적인 엄밀함을 상실하지 않은 채 철학적 한계를 시적으로 넘어서기 위해서이다. 피히트는 이러 한 니체의 메타포를 '이성의 법칙에 따르는 말'과 구분해 '솔직한 말 들'이라고 주장한다. 사물에 폭력을 가하고 인간 의지의 관점주의적 성 향을 부정하는 이성의 법칙을 따르는 말과 달리, 메타포는 사물 자체에

---

14   G.Picht, *Nietzsche*, Klett-Cotta, Heidelberg, 1988, 26쪽 참조

적합한 솔직한 말이다.[15] 이렇게 사물에 솔직한 언어는 『차라투스트라는 이렇게 말했다』 3부 "귀향"에서 '고향의 말'이라고 묘사된다. 고향의 말은 모든 사물을 있는 그대로 드러내는 말을 뜻한다.

> "너는 이제 여기 네 고향 네 집에 와 있다. 너는 이제 모든 것을 말할 수 있고 모든 것을 털어 놓을 수 있다. 여기에서는 감추어져 있는 감정과 굳어 있는 감정을 부끄러워할 필요가 없다. 여기에서는 모든 사물이 어리광을 부리며 네가 하는 말로 다가와 네게 아첨하리라. (...) 너는 여기에서 온갖 비유(Gleichniss)의 등에 올라타고 모든 진리를 향해 달린다."(KSA 4, 231, 차라, 299-300쪽)

고향의 언어로서 메타포는 지금까지 은폐되고 망각되었던 근원적인 언어이자 새로운 언어이다.

> "나는 전적으로 말을 하는 입(Mund)이 되고 말았으며 높은 바위에서 떨어지는 냇물의 노호가 되고 말았다. 나는 내가 하는 말이 골짜기 저 아래로 떨어지기를 소망한다. (...) 나는 새로운 길을 간다. 일러 줄 새 이야기(eine neue Rede)가 떠오르고 있다. 나는 창조하는 사람 모두가 그렇듯이 낡은 혀(alten Zungen)에 지쳐 있다. 나의 정신도 더 이상 닳아 못 쓰게 된 발바닥으로 헤매고 싶어 하지 않는다."(KSA 4, 106-107, 차라, 133쪽)

고향의 언어로서 메타포는 '높은 산의 언어'이기도 하다.

---

15   위의 책, 24쪽 이하 참조

"여기에서 존재의 말(alles Seins Worte)과 말의 상자(Wort-Schreine) 일체
가 나를 향해 열린다. 일체의 존재는 여기에서 말이 되고자 하며, 일체의 생
성은 내게서 말하는 법을 배우고 싶어 한다. 그러나 저 아래에서는 일체의
말이 무익하다! 거기에서는 잊는 것과 그냥 지나치는 것이 최선의 지혜이
다."(KSA 4, 232, 차라, 301쪽)

이런 맥락에서 사라 코프만은 니체의 메타포를 '저속한 무리를 내쫓
는 (...) 귀족적인'[16] 스타일이라고 명명한다.

솔직한 언어, 고향의 언어, 새로운 언어, 높은 산의 언어로서 메타포
는 존재가 아니라, '끝없는 생성'을 담기 위한 언어이다. 이러한 니체의
메타포를 피히트는 '초월적 상상력의 형식'(Formen der transzenden-
talen Einbildungskraft), '이성의 환상으로부터 전적으로 해방된 정
신', '고전적인 형이상학의 체계적 형태에 대한 부정의 형식', '분석적
이고 비판적인 사유의 반구(Hemisphere)에 가두지 않고 사유의 순수
한 형태의 근원적인 가능성들의 전체 영역을 포괄하는 것', '전승된 오
성, 이성, 개념 위에 건축된 철학의 지반을 흔드는 프로메테우스적' 형
식이라고 표현한다.[17]

이러한 메타포를 실바노 롱고는 '깊고 은폐되고 어두운 인간의 역사
의 내적 과정'을 포함하는 '계보론적이고 원형적'(genealogisch, arche-
ologisch)인 것을 드러내는 언어, '아직-말해지지-않은 것'(das Noch-
nicht-Gesagte)과 '아직도-말해져야-하는 것'(Noch-zu-Sagende)의
지평을 함께 관계하는 언어, '끊임없는 변화 안에서 언어 자체 주위를

---

16   알렉산더 네하마스, 『니체, 문학으로서의 삶』, 35쪽
17   G. Picht, *Nietzsche*, 24, 223, 363, 364쪽 참조

맴도는 것이 아니라 다른 것을 향해 자신을 열어 놓은 언어', '범람한 물이 들고 나가듯 파도치는 바다와 같이 열려 있는 언어', '한계가 없고 측정할 수 없는 바다와 같은 언어'라고 표현한다.[18]

이와 같이 메타포로 구성된 작품이 『차라투스트라는 이렇게 말했다』이기에, 이 작품을 이해하는 일은 미로와 같은 메타포의 수수께끼를 푸는 작업이라고 할 수 있다. 즉 이 텍스트를 이해하는 일은 미로에서 벗어나기 위해 아리아드네의 실을 찾는 일인 것이다.

"너희, 대담한 탐험가, 모험가들, 그리고 언젠가 영민함의 돛을 달고 위험한 바다를 항해한 일이 있는 자들에게.(KSA 4, 197, 차라, 254쪽)

너희, 수수께끼에 취해 있는 자들, 불투명함을 즐기는 자들, 피리 소리로도 온갖 미로 속으로 끌려 들어가는 그런 영혼의 소유자들에게: - 그것은 너희가 겁먹은 손으로 한 가닥 실을 찾아보려 하지는 않기 때문이다."(KSA 6, 303-304, 사람, 382쪽)

『이 사람을 보라』에서 니체는 수수께끼 같은 자신의 작품의 지배자를 디오니소스라고 밝힌다.

"이와 같은 것은 한 번도 쓰이지 않았고, 한 번도 느껴지지 않았으며, 한 번도 그렇게 괴로워했던 적도 없었다: 그렇게 어떤 신이, 디오니소스가 괴로워한다. 빛 속에 있는 태양의 고독에 관한 그런 송가에 대한 응답이 아리아드

18　S. Longo, *Die Aufdeckung der leiblichen Vernunft bei Friedrich Nietzsche*, Königshausen & Neumann, Würzburg, 1987, 70, 81쪽 참조

네일 것이다. (...) 나 외에 누가 아리아드네가 무엇인지 알겠는가!"(KSA 6, 348, 사람, 435쪽)

그런데 메타포로 쓰인 텍스트를 이해하기 위해서는 아리아드네의 실을 잡기 위한 부드러운 손뿐 아니라, 미로의 어두움을 두려워하지 않고 걸어 나가는 단호함도 요구된다.

"내 책들은 가장 부드러운 손가락에 의해, 그리고 가장 용감한 주먹에 의해 정복되어야 한다."(KSA 6, 302, 사람, 381쪽)

용감한 주먹을 통해 독자는 언어 표면에 덮여 있는 가면을 두드려 벗기고, 메타포의 심층부로 들어가야 한다. 이것은 메타포와 메타포가 서로 얽혀 만들어 내는 의미를 발견하는 일이다. 왜냐하면 니체의 메타포는 그 자체로 고정된 의미를 지니는 것이 아니라 어떠한 메타포들과 연결되느냐에 따라 끝없이 새로운 의미를 창출하기 때문이다. 예를 들어 니체는 루터와 쇼펜하우어, 칸트, 몽테뉴, 괴테, 칼라일의 텍스트의 표면에 놓여 있는 '수다스러움'(Geschwätzigkeit)이라는 가면과 가면의 배후를 구분하면서[19], 자신의 메타포 역시 하나의 메타포가 아니라 그 배후에서 해석되어야 한다고 말한다. 동시에 니체는 가면의 배후에 최종적인 밑바닥이 있는 것이 아니라는 점도 분명히 한다. 어떠한 자신의

19　니체는 루터와 쇼펜하우어의 '분노의 수다스러움', 칸트의 '풍부한 개념적 공식들에 근거한 수다스러움', 몽테뉴의 '동일한 내용을 계속 새로운 어법으로 표현하는 즐거움에서 오는 수다스러움', 괴테의 '훌륭한 말과 언어 형식에 대한 즐거움에서 오는 수다스러움', 칼라일의 '감정의 소음과 혼란에 대한 내적 쾌감에서 오는 수다스러움'이란 가면에 대하여 말한다(KSA 3, 451, 학문, 163쪽).

작품도 궁극적이고 본래적인 생각이 완전하게 표현된 것이 아니기에, 독자들은 항상 다음과 같이 의심하고 질문해야 한다는 것이다.

"그에게는 모든 동굴 뒤에 한층 더 깊은 동굴이 있으며, 또 있어야 하는 것이 아닐까. 표면적인 세계 너머에 있는 좀 더 광대하고 낯설고 풍요로운 세계, 모든 근거 배후의 심연, 모든 '근거를 마련하려는 작업' 아래의 심연이 있는 것은 아닐까."(KSA 5, 234, 선악, 307쪽)

이런 의미에서 니체는, 모든 철학이 '표면적인 철학'(Vordergrund-sphilosophie)이고 '가면'(Maske)으로서 독자들에게 오해를 불러일으킬 수 있지만, 그 오해는 이해를 위한 '놀이 공간과 놀이터'(Spielraum und Tummelplatz des Mißverständnisses)이기도 하다고 말한다(KSA 5, 46, 선악, 55쪽).

이렇게 니체는 메타포로 쓰인 『차라투스트라는 이렇게 말했다』를 디오니소스 신이 주사위 놀이를 하는 탁자나, 즐거운(la gaya) 춤이 이루어지는 무대로 여기며 이 무대에서 독자들이 새로운 춤을 만들어 낼 수 있기를 기대한다. 즐겁고 대담한 춤(kühner Tanz)은 '상이한 충동들 사이에서 무미건조하게 이리저리 흔드는 것'(KSA 2, 229, 인간 I, 274쪽)이 아니라, 춤을 추는 가운데 스스로 춤을 만들어 내는 춤이어야 하기 때문이다. 따라서 『차라투스트라는 이렇게 말했다』를 이해하기 위해서는 메타포를 둘러싼 춤을 추는 가운데, 스스로 새로운 메타포의 춤을 끌어낼 수 있어야 한다. 왜냐하면 이때 춤(텍스트)과 춤추는 사람(독자)은 서로 하나가 될 수 있기 때문이다.

2. 니체와 니체 작품들에 대한 개괄적 이해

1) 니체의 자기 이해

『이 사람을 보라』에서 니체는 자신이 누구인지, 자신의 작품들이 어떤 의미를 담고 있는지 밝힌다. 이 책의 부제는 '어떻게 사람은 바로 자신으로 되는가'(Wie man wird, was man ist)이다. 이 표현은 인간이 선험적이고 불변적인 본질을 갖는 존재가 아니라, 항상 그 자신이 되어야 한다는 점을 암시한다. 동시에 이 말은 인간이 자기 자신이 되려고 시도함에도 불구하고, 그가 찾게 되는 것은 결국 바로 자기 자신이라는 역설을 표현한다. 즉 어떤 인간도 아직 자기 자신이 아니며 항상 자기 자신을 추구하고 찾아 나가야 하지만, 그럼에도 그가 확인하는 모습은 결국 자기 자신일 뿐이라는 것이다. 이런 표현은 논리적 순환처럼 들린다. 그러나 한 인간이 자신의 실존을 통해 스스로를 기투하고 드러낼 때, 그때 드러나는 모습이 그 자신이 아니라면 도대체 누구일 수 있을까? 그렇다면 니체의 이 표현은 실존하지 않는 한 그 누구도 자기 자신일 수 없으며, 자신의 자기는 실존을 통해 비로소 드러나게 된다는 의미로 이해될 수 있을 것이다.

이런 점을 고려하면 왜 니체가 이 책에서 자신이 여태까지 발표했던 작품들에 대하여 해명하는지 알 수 있다. 니체가 니체로 존재하는 이유는 그가 『비극의 탄생』부터 『바그너의 경우』까지의 모든 과정과 시도에서 니체 자신이 되었고, 니체로 드러났기 때문이다. 그런데 이 책의 서문에서 니체는 "내 말을 들으시오! 나는 이러이러한 사람이기 때문이오. 무엇보다도 나를 혼동하지 마시오!"라고 말한다. 그렇다면 무엇을 혼동하지 말라는 것일까?

이것은 이 책 마지막 부분인 "왜 나는 하나의 운명인지"라는 제목에서 알 수 있다. 그는 자신이 한 일이 단지 개인적인 실존 찾아가기에 그치는 것이 아니라 역사적 운명을 실존적으로 드러낸 것이며, 이런 의미에서 그는 자신을 역사의 운명 자체로 판단하는 것이다. 이것은 기존의 진리체계, 도덕, 종교 전체와의 투쟁을 뜻하며, 이 투쟁은 기존의 가치에 의해 평가될 수 없다는 사실을 함축한다. 그런데 기존의 진리체계 전체를 부수고, 새로운 진리를 열 수 있는 강한 인물을 니체는 '천재'(Genie)라고 칭한다.

> "나의 천재 개념 — 위대한 인간들은 위대한 시대처럼 엄청난 힘이 괴어 있는 폭발물이다. (...) 그들이 거의 언제나 자기 시대의 지배자가 되는 이유는 그들이 더 강하다는 데에, 더 오래되었다는 데에, 그들에게 더 오랫동안 힘이 모아졌다는 데에 있다. 한 천재와 그의 시대 사이에는 강함과 약함 사이에서나 노령과 연소 사이에서와 같은 관계가 성립한다: 시대는 언제나 상대적으로 훨씬 더 어리고, 더 부족하고, 더 미숙하고, 덜 안정적이며, 더 유치하다."(KSA 6, 145, 우상, 184쪽)

니체는 스스로를 천재로 파악한다. 그가 지칭하는 천재는 뛰어난 지력을 가진 자가 아니라 한 시대를 넘어서서 새로운 시대를 열어젖힐 수 있는 자를 뜻한다. 천재는 그가 부정하고 해체하려는 기존 가치에 의해 구속되지 않으며, 기존 가치에 의해 형성된 진리/비진리, 혹은 선/악의 구분을 넘어서는 발걸음을 위해 자신의 모든 힘을 쏟는 자일 뿐이다.

"천재는 ─ 작업이나 업적에서 ─ 필연적으로 낭비하는 자이다: 전력을 다한다는 것. 이것이 그의 위대함인 것이다. (...) 그는 발산하고 넘쳐흐르고 자신을 탕진해 버리며 자신을 아끼지 않는다. ─ 이것은 숙명이고 숙명적이며 자연적으로 그렇게 된다. 마치 강물이 자연적으로 범람하는 것처럼."(KSA 6, 146, 황혼, 185쪽)

천재는 진리와 비진리의 구분을 넘어서고, 선악의 저편에 서는 인물이다. 그에게 필요한 것은 용기이며, 그것은 기존의 모든 것을 부정하고 해체할 수 있는 더 많은 힘이다. 이런 의미에서 니체는 자기 자신을 다이너마이트에 비유하기도 한다.

"나는 내 운명을 안다. 언젠가는 내 이름에 어떤 엄청난 것에 대한 회상이 접목될 것이다. ─ 지상에서 전대미문의 위기에 대한, 양심에 비할 바 없이 깊은 충돌에 대한, 지금까지 믿어져 왔고 요구되어 왔으며 신성시되어 왔던 모든 것에 대한 거역을 불러일으키는 결단에 관한 회상이. 나는 인간이 아니다. 나는 다이너마이트이다."(KSA 6, 367, 사람, 456쪽)

니체는 『이 사람을 보라』 마지막 부분인 "왜 나는 하나의 운명인지" 7부터 9에서 "나를 이해했는가?"라고 되풀이해 묻는다. 이 물음을 통해 그는 자신이 시대의 경계선에 서 있는 자로서, 망치를 가지고 모든 가치를 해체해야 할 운명 자체란 점을 분명히 한다. 따라서 『이 사람을 보라』 안에 있는 소제목들 "나는 왜 이렇게 현명한지?", "나는 왜 이렇게 영리한지?", "나는 왜 이렇게 좋은 책을 쓰는지?", "나는 왜 하나의 운명인지?"는 그의 교만함과 당돌함을 드러내기보다는, 그가 감당해야 할 운명의 거대함과 어려움을 토로하는 것으로 보아야 한다. 이런 점을 우리는 바이런의 시를 인용하는 니체에게서 확인할 수 있다.

"인식은 슬픔. 가장 많이 아는 자들은
가장 깊이 숙명적 진리를 탓하지 않으면 안 된다.
인식의 나무는 생명의 나무가 아닌 것이다."(KSA 2, 108, 인간 I, 126쪽)

이 시를 인용하면서 니체는 서구를 지배해 왔던 모든 진리체계가 사실은 비진리, 즉 무에 불과하다는 사실을 강조한다. 따라서 이러한 무(nihil)를 넘어서려는 시도가 요구되는 것이 당연하다. 그럼에도 이러한 시도는 인식의 나무와 연결된 것일 뿐 생명의 나무가 아니라는 점에 대하여 니체는 한탄하는 것이다. 이런 의미에서 니체는 자신을 비극적 인물로 이해한다. 이런 점은 『이 사람을 보라』 마지막 부분을 " ―나를 이해했는가? ― 디오니소스 대 십자가에 못 박힌 자"(KSA 6, 374, 사람, 468쪽)라고 끝맺는 데에서도 확인된다. 여기서 니체는 자신을 비극적 신인 디오니소스와 연결시키고 있는 것이다.

2) 니체의 작품들에 대한 개괄적 이해

니체는 자신과 자신의 작품들은 서로 별개라고 단언한다(KSA 6, 298,

사람, 375쪽). 니체의 작품들이 니체라는 저자 때문에 오해되어서는 안 되며, 작품은 단지 작품 자체로 이해되어야 한다는 것이다. 저자에 대한 독자들의 선입견은 텍스트 자체에 대한 이해를 방해하거나 왜곡할 수 있다. 니체는 저자와 텍스트 자체를 분리함으로써 텍스트의 자율성을 확보하려고 한다. 이를 통해 독자들은 저자라는 매개 없이 곧바로 텍스트 자체와 만날 수 있게 된다. 또한 니체는 자신의 작품과 독자 사이에서 벌어지고 있는 오해에 대해서도 말한다.

"오늘날 사람들이 내 말을 듣지 않는다는 것, 오늘날 사람들이 내게서 뭔가를 받아들일 줄 모른다는 것은 이해할 수 있는 일일 뿐 아니라, 내가 보기에는 정당한 것 같다."(KSA 6, 298, 사람, 375쪽)

니체는 자신의 작품이 독자들에게 오해될 뿐 아니라, 자신이 의도한 바대로 이해되지 못하고 있다는 점을 지적한다. 그리고 니체는 자신의 작품들이 독자들에게 이해되지 못하는 것은 어쩌면 당연한 일이라고 말한다. 왜냐하면 독자들은 니체의 작품에서 니체를 이해하지 못하고 독자 자신을 이해하기 때문이다.

"결국 어느 누구도 책이나 다른 것들에서 자기가 이미 알고 있는 것보다 더 많이 얻어들을 수 없는 법이다. 체험을 통해 진입로를 알고 있지 못한 것에 대해서는 그것을 들을 귀도 없는 법이다."(KSA 6, 300, 사람, 377쪽)

이 구절은 "어떻게 사람은 모르는 것으로부터 알게 되는가?", 이때 "그가 알게 되는 것은 무엇인가?"와 같은 오래된 해석학적 난제를 떠올리게 한다.

키르케고르 역시 이 문제 때문에 곤혹스러워했다. 그에 의하면 "신의 진리가 어떻게 인간에게 전달될 수 있는가?"라는 질문 안에는 첫째, 진리가 아직 인간에게 알려져 있지 않다는 것과 둘째, 그러한 진리가 탐구되어야 한다는 것이 내포되어 있다는 것이다. 그런데 인간이 신의 진리를 이미 알고 있다면 그 진리를 찾을 필요가 없으며, 인간이 신의 진리를 알지 못한다면 모르는 것을 찾는 것도 불가능하다. 왜냐하면 인간이 모르는 상태에 있는 한, 그는 무엇을 찾아야 할지도 모르기 때문이다. 이러한 난제에 직면하여 키르케고르는 신이 인간에게 신적 진리를 알 수 있는 조건을 먼저 제공함으로써 신의 진리가 인간에게 이해될 수 있다고 주장한다.[1]

그런데 니체에 의하면 텍스트를 이해하게 해 줄 친절한 신은 존재하지 않는다. 그렇다면 어떻게 니체의 텍스트는 텍스트 자체로 이해될 수 있는가? 이를 위해 니체는 자신의 작품의 의도가 무엇인지, 그 작품을 어떻게 이해해야 좋은지에 대하여 스스로 독자들에게 알려 준다. 이것을 담은 책이 『이 사람을 보라』이다. 『이 사람을 보라』는 "내가 누구인지를 밝혀 두는 것이 반드시 필요한 것 같다."라는 문장으로 시작한다. 그리고 "나는 왜 이렇게 좋은 책을 쓰는지"라는 제목이 등장하고, 곧이어 그가 발표한 작품들에 대한 해명이 이어진다.

니체는 『비극의 탄생』에서 자신이 의도한 것은 '그리스 정신과 염세주의'였다고 말한다. 『비극의 탄생』에서 니체는 그리스인들이 염세주의를 극복할 수 있었던 근거를 '디오니소스 정신'과 '비극'에서 찾는다. 여기서 디오니소스 정신은 '삶에 대해 가장 지하적인 복수욕을 가지고 저항하는, 퇴화하는 본능'(KSA 6, 311, 사람, 391-392쪽)인 그리

---

1   쇠렌 키르케고르, 『철학적 조각들』, 황필호 편역, 집문당, 1998, 86쪽 이하 참조

스도교나 쇼펜하우어 철학, 플라톤주의와 이상주의 전체에 저항하여, '삶에 대한 가장 즐겁고 가장 충일하면서도 들뜬 긍정'(KSA 6, 311, 사람, 392쪽)을 추구하는 정신을 뜻한다. 이러한 주장을 뒷받침하기 위해 그는 자신의 또 다른 작품인 『우상의 황혼』을 인용한다.

> "삶의 가장 낯설고 가장 가혹한 문제들에 직면해서도 삶 자체를 긍정한다: 자신의 최상의 모습을 희생시키면서 제 고유의 무한성에 환희를 느끼는 삶에의 의지 ― 이것을 나는 디오니소스적이라고 불렀다. 이것을 나는 비극 시인의 심리에 이르는 다리로 이해했다."(KSA 6, 312, 사람, 393쪽)

이를 위해 니체는 『비극의 탄생』에서 소크라테스로부터 시작된 서구 형이상학의 정체를 폭로하고, 비극의 본질과 디오니소스 정신을 통한 삶에의 긍정을 다룬다.

그다음 작품 『반시대적 고찰』에서 니체는 당시 독일의 교양과 여론, 학문과 문화에 대해 공격한다. 그는 이 작품이 프랑스와의 전쟁에서 승리한 후, 여론과 교양이 보여 준 속물들에 대한 공격이었음을 분명히 한다. 이것은 이 작품의 제목인 '반시대적'이란 표현에서 잘 나타난다.

『인간적인 너무나 인간적인』, 『아침놀』, 『즐거운 학문』은 니체가 쇼펜하우어, 바그너와 결별하는, 소위 니체 사상의 2기라고 불리는 시기에 쓰인 작품들이다. 이때 니체는 계몽주의적 관심을 가지고, 형이상학으로부터 인간의 삶으로, 구속된 정신으로부터 자유정신으로 넘어가기를 시도한다. 니체는 『인간적인 너무나 인간적인』을 저술한 의도를 『이 사람을 보라』에서 다음과 같이 말한다.

> "『인간적인 너무나 인간적인』은 어떤 위기의 기념비이다. 이 책은 자유정신

을 위한 책이라 자칭한다: 그 책의 거의 모든 문장이 승리를 표현하고 있다
— 나는 이 책을 통해 내 본성에 속하지 않는 것들에서 나를 해방했던 것이
다. 내게 속하지 않는 것이란 이상주의이다. 그 제목은 '너희가 이상적인 것
들을 보는 곳에서, 나는 — 인간적인, 아아, 인간적인 것만을 본다.' 라는 말
을 하고 있는 것이다."(KSA 6, 322, 사람, 404쪽)

이 책이 출간된 1878년은 계몽주의자 볼테르가 서거한 지 100주년
되던 해이다. 이를 통해 니체는『인간적인 너무나 인간적인』이 계몽주
의적 시도였음을 분명히 한다. 이상주의로부터 '인간적인 것' 으로 돌아
서려는 니체의 의도는 단순히 방향 전환이나 양자택일이 아니라 기존
의 이상주의적 사고에 의해 형성된 가치들을 뒤집어 보는 것을 뜻한다.
즉 이 책에서 니체는 '만약 이러한 사물들을 뒤집어 버리면 그것들이
어떻게 보일 것인지를 시험'(KSA 6, 19, 인간 I, 14쪽)하고, 기존의 선
악으로 나누어진 가치 모두를 전복하려고 한다. 이를 위해 니체는 초인
에 앞서, 자유정신에 대하여 말한다. 자유정신은 기존의 가치에 의해
지배당하고 구속되는 것이 아니라 스스로 원하는 것을 창조적으로 행
할 수 있는 정신이다.

"이제 자유정신은 어떤 '너는 해야 한다' 에 자신이 복종해 왔는지, 그리고
이제 무엇을 할 수 있는지, 비로소 무엇을 해도 좋은지를 알고 있다"(KSA
6, 21, 인간 I, 18쪽).

니체는 자유정신의 시각에서 형이상학, 도덕, 종교 등을 비판한다.
이런 시도는『아침놀』로 이어진다. 그는 자신의 시도를 이상주의에 대
비해 '지하에서 작업하는 사람' 의 일에 비유한다. 그 작업은 비록 빛을

보지 못하는 어려운 일이지만, 그럼에도 다가올 아침을 예감하기에, 자신은 어두운 일에 만족하고 있다고 밝힌다. 동시에 그 일은 자신이 혼자 감당하기에 어려운 일이었다는 점도 고백한다.

"나는 깊은 곳으로 내려가 바닥에 구멍을 뚫고, 우리 철학자들이 수천 년 동안 신봉해 온 낡은 신념을 조사하고 파고들기 시작했다. 철학자들은 이 신념이 가장 확실한 지반인 것처럼 그 위에 '철학'을 세우곤 했다. 그러나 지금까지 '그 위에 세워진' 모든 건축물은 거듭 붕괴되었다. 나는 도덕에 대한 우리의 신뢰를 파괴하기 시작했다. 그런데 그대들은 나를 이해하지 못하는가?"(KSA 3, 12, 아침놀, 11쪽)

『아침놀』에서 니체는 도덕과 그 위에 세워진 가치들을 대지 깊은 곳에서부터 해체하고 전도한다. 그리고 그 이후 나타날 새로운 세계를 니체는 '아침놀'이라 부른다.

"아직은 빛을 발하지 않은 수많은 아침놀이 있다. —이 인도의 비문이 이 책의 출입구에 적혀 있다. 이 책의 저자는 어디서 새로운 아침을, 다시 새로운 아침을 여는 이제껏 발견되지 않았던 은근한 붉은빛을 찾는가? (…) 그것은 모든 가치의 전도에서이다."(KSA 6, 330, 사람, 414쪽)

『아침놀』은 도덕이라는 오래되고 견고한 가치에 의해 억압받던 영혼과 양심을 해방한다는 의미에서 볼 때, 기존 가치에 대한 파괴라는 부정의 단계를 넘어 위대한 정오를 바라보는 긍정의 단계로 넘어가는 책이다. 이런 점은 『즐거운 학문』도 마찬가지이다. 여기엔 다음과 같은 말이 적혀 있다.

"『즐거운 학문』: 이 책은 무섭도록 오래 지속된 억압에 저항해 온 — 하지만 아무런 희망도 없이, 끈기와 엄격함과 냉정함만을 가지고 굴복하지 않아 온 — 정신, 그러다가 이제 갑자기 건강에 대한 희망, 회복기의 도취감에 사로잡힌 정신의 사투르날리아 축제를 의미한다."(KSA 3, 345, 학문, 23쪽)

이 작품의 제목에는 건강이 회복되는 느낌, 그리고 1월 겨울의 추위와 그 극복가능성에 대한 니체의 경험이 담겨 있다. 그러나 '즐거운'(gaya)이란 표현에도 불구하고, 이 책은 '비극'(tragödia)을 다루는 책이기도 하다. 그런데 니체에게 '즐거운'과 '비극'이란 표현은 서로 대립되지 않는다. 왜냐하면 진정한 즐거움은 비극을 극복할 때 얻어질 수 있으며, 비극은 즐거움을 시도하려는 사람이 경험하게 되는 필연적인 계기이기 때문이다. 이러한 사상은 『차라투스트라는 이렇게 말했다』로 이어지는데, 이 책에서 등장하는 주요 주제와 소재, 문장들을 우리는 이미 『즐거운 학문』 안에서 발견할 수 있다.

그다음에 『선악의 저편』, 『도덕의 계보』, 『우상의 황혼』에 대한 해명이 이어진다. 이 작품들에서 니체는 현대성에 대한 비판, 도덕의 본질에 대한 계보론적인 비판, 모든 가치의 전도를 통한 우상들의 제거에 대하여 다룬다. 이 모든 것을 통해 니체가 의도하는 것은 『이 사람을 보라』에 나오는 다음의 말로 압축할 수 있다.

"150쪽이 채 안 되는 이 에세이는 쾌활하고 숙명적인 어조를 띠고 있으며, 미소 짓는 악마이다. (...) 이보다 더 내용이 풍부하고 더 독자적이며 더 파괴적인 책은 — 더 악의 어린 책은 없다. 내 이전에 모든 것이 어느 정도로 뒤집혀 있었던지에 대해 간략하게 파악하고자 한다면, 이 에세이로 시작하라. 그 표지에 씌어 있는 우상이 의미하는 바는 아주 간단하다. 그것은 이제

껏 진리라고 불려 오던 것이다. 우상의 황혼 ─ 치장하지 않고 말하자면: '옛 진리가 종말로 다가간다.' 이다."(KSA 6, 354, 사람, 443쪽)

지금까지 우리는 니체의 작품들을 개괄적으로 살펴보면서 니체 사상이 크게 어떠한 방향으로 흘러갔는지, 또 옛 진리와 새로운 가치 사이에서 있던 경계인으로서 니체 자신이 어떻게 옛 진리를 부정하고 파괴했으며, 새로운 진리를 위해 무엇을 필요로 했는지를 확인할 수 있었다.

그런데 니체가 친절하게 자신의 작품들을 해명한 이유는 자신의 작품이 기존의 진리체계 전체를 해체하는 작업이었음을 밝히는 데 그치는 것이 아니다. 니체는 자신의 자서전적인 작품인 『이 사람을 보라』를 통해 단순히 지난 작품에 대한 기억을 보존하려는 것이 아니라 그 당시 자신이 가졌던 열정, 즉 파토스를 파토스로서 독자들에게 제시하려고 한다. 니체는 자신의 작품이 이미 지나간 글로서 파토스를 상실한 채 기억 속에서 죽은 글로서 남아 있는 것이 아니라, 과거의 작품이 현재적 파토스로 다시 살아나고, 나아가 현재와 미래의 독자에게 파토스로 전달되기를 기대하는 것이다. 이것은 과거, 현재, 미래의 니체를 종합하는 통일에의 열망인 동시에 독자들에게 살아 있는 니체로서, 즉 침잠되어 화석화된 기억이 아니라 현재에 다시 살아나는 파토스로서 전달되기를 기대했기 때문이다. 이런 의미에서 『이 사람을 보라』를 통해 재현된 니체의 작품들은 그의 열정의 기억이며 계속해서 독자들에게 반복적으로 현재화하는 '영원회귀'의 기억인 것이다.[2]

---

2   루벤 베레츠다인, 「유도하기: 영향력 있는 니체: 데리다와 함께」, in 휴 J. 실버만, 『데리다와 해체주의: 철학과 사상』, 윤병호 옮김, 현대미학사, 1997, 131쪽 이하 참조

3. 니체의 글쓰기 방식:
경구, 관점주의, 계보론, 문헌학

앞에서 우리는 『차라투스트라는 이렇게 말했다』를 이해하기 위한 아리아드네의 실이 메타포라는 점을 밝혔다. 그런데 니체의 나머지 작품들을 이해하려면 메타포 외에 그의 글쓰기 방식 전반에 대하여 살펴볼 필요가 있다.

니체가 추구하는 말은 잔잔한 말이다. 그것은 설교나 선동과 같이 강요하는 말이 아니다. 잔잔한 말은 독자들에게 자유로운 사상의 지평을 드러내는 열린 말이다. 열린 말은 기존의 진리체계의 폐쇄성을 폭로하고 비판하는 새로운 말이다. 이때 잔잔한 말은 폭풍과 같은 공격성을 띠기도 한다. 이러한 말을 통해 '진리라는 이름의 우상'을 파괴하려는 것이 니체의 글쓰기 방식이다.

> "우상('이상'을 표현하는 내 단어)의 파괴 — 이것은 이미 내 작업의 일부이다. 이상적 세계가 날조되었던 바로 그 정도만큼, 실재의 가치와 의미와 진실성은 사라져 버렸다."(KSA 6, 258, 사람, 324쪽)

과거의 우상을 파괴하는 글쓰기는 진리라는 이름에 의해 비진리라고 낙인찍혔던 모든 것을 풀어놓는 글쓰기이다. 이러한 글쓰기는 기존의 가치에 대한 옳고 그름을 따지는 것이 아니라 새로운 가치를 창출하는 글쓰기이며, 이런 한에서 니체적 글쓰기는 파괴와 해체, 그리고 새로운 창조를 위한 용기를 필요로 한다. 이를 위해 니체가 선택한 글쓰기 방식 중 하나가 경구이다. 그는 경구를 통해 체계적인 건축물들을 파괴한다.

> "나는 체계주의자들을 모두 불신하며 피한다. 체계를 세우려는 의지에는 성실성(정직성)이 결여되어 있다."(KSA 6, 63, 우상, 81쪽)

니체에 의하면 체계는 세계 현상과 이에 대한 인간의 앎을 하나의 진리 틀 안에 집어넣고, 그 틀에 입각해 모든 현상을 설명하고 해석하는 방식이다. 이때 진리 틀을 벗어나는 예외적인 것은 허락되지 않는다. 그러나 우리는 간단한 예를 통해서도 체계적인 글쓰기의 모순을 발견할 수 있다. 예를 들어 우리는 무지개가 빨강, 주황, 노랑, 초록, 파랑, 남색, 보라로 이루어졌다고 말한다. 어린아이들은 도화지에 그렇게 그린다. 그런데 이 무지개는 빨강과 주황, 주황과 노랑 등의 사이에 존재하는 무수한 색깔들을 누락한 결과이다. 이런 일은 인간의 삶이나 역사를 해석하는 경우에도 마찬가지이다.

체계적인 글쓰기는 삶의 문제들에 존재하는 다양하고, 심지어는 서로 모순되는 현상들을 배제시키고, 단지 하나의 최고의 가치로부터 그 모든 것을 해석하는 오류를 범한다. 체계적인 글쓰기는 하나의 닫힌 지평을 가질 뿐이다. 그것은 서론 본론 결론에 의해 완성되는 글쓰기의 형식을 지닌다. 그러나 삶의 서론과 본론, 결론은 존재하지 않는다. 오히려 삶의 과정은 매 순간 서론이 될 수도 있고, 결론 역시 맨 마지막이

아니라 매 순간 가능한 것이다. 이렇게 다양하게 산종되어 있는 세계와
삶을 드러내기 위해 니체는 경구라는 형식을 사용하는 것이다. 예를 들
어 니체의 경구에는 다음과 같은 것이 있다.

"어떤 것인가? 인간이 신의 실책에 불과한 것인가? 아니면 신이 인간의 실
책에 불과한 것인가?"(KSA 6, 60, 황혼, 77쪽)

"남자가 여자를 창조해 냈다. ― 그런데 무엇으로? 자신의 신의 갈빗대로 ―
자신의 '이상'의 갈빗대로 (...)"(KSA 6, 61, 우상, 78쪽)

이러한 경구들은 하나의 해석에 의해 고정되는 것이 아니라 여러 해
석을 가능케 한다. 이때 어느 해석이 절대적으로 옳은지는 결정되지 않
는다. 경구들은 열린 사고를 요구할 뿐이다.

"잠언(경구)은 읽는다고 해도 '해독'되는 것이 아니다. 오히려 이제 비로소
그 해석이 시작되어야만 하며, 거기에는 해석의 기술이 필요하다. (...) 이는
되새김하는 것(Wiederkäuen)을 말한다."(KSA 5, 256, 도덕, 348쪽)

경구를 해석하기 위해서는 되새김질, 즉 반성(Reflexion)을 수반하는
자유정신이 요구된다. 그것은 모든 해석의 가능성을 실험해 보는 것이
다. 이와 같이 경구라는 글쓰기 방식은 니체의 '실험철학'(Experimen-
talphilosophie)을 반영하기 위한 형식이다. 그런데 모든 해석의 가능성
을 열어 두고 실험한다는 것은 모든 것이 이미 해석된 것이고, 해석되
지 않은 진리 자체나 사실은 존재하지 않는다는 것, 그리고 모든 해석
은 '특정한 관점'에 의해 형성된 것이라는 점을 전제로 한다.

   그런데 우리로 하여금 어떠한 해석을 하게 하는 근거는 세계를 해석
하고자 하는 우리의 욕구, 즉 의지이다. 그 의지는 이성에 의해 판단되
는 것이 아니다. 오히려 거꾸로 이성적 판단이야말로 우리의 충동과 선
호·혐오 경험에 의해 형성된 것이다. 그리고 그 경험의 범위 안에서 우
리의 해석이 이뤄지는 것이다. 따라서 인간의 삶의 형태가 다양한 만큼
다양한 해석이 가능한 것은 당연한 일이다. 이렇게 해석이 관점에 따라
달라질 수 있다면 올바른 해석은 불가능한 것인가? 니체는 관점주의를
통해 해석의 다양함을 주장하면서도, 다른 한편으로 올바른 해석을 위
한 근거도 제시한다. 그것은 문헌학에 대한 강조로 나타난다.

   "나와 나의 책은 느린 가락(lento)의 친구들이다. 내가 문헌학자였던 것이
   쓸모없는 것은 아니다. 아마 나는 여전히 문헌학자이다. 즉 천천히 읽을 것
   을 가르치는 교사이다. (…) 문헌학은 지극히 섬세하고 신중한 작업을 수행
   해야 하고 천천히 수행하지 않으면 아무것도 이루지 못하는 '말(Wort)의
   금 세공술'이자 '말에 정통하게 되는 것'이다. 이러한 것으로서 문헌학은
   (…) 그것의 숭배자들에게 우회해서 가고 여유를 갖고 조용해지고 느려지는
   것을 다른 어떤 것보다도 요구하는 존중할 만한 기술이다. 바로 이 때문에
   문헌학은 전보다 오늘날 더 필요하다. (…) 문헌학은 잘 읽을 것을 가르친
   다. 즉 문헌학은 깊이 생각하면서 결론을 성급하게 내리지 않고, 섬세한 손
   과 눈으로 천천히 깊이 전후를 고려하면서 읽을 것을 가르친다. (…) 나를
   잘 읽는 것을 배우라."(KSA 3, 17, 아침놀, 17-18쪽)

   문헌학은 텍스트를 열린 텍스트로 개방하면서도 텍스트를 텍스트 그
자체로 받아들이고 존중하는 태도를 요구한다. 그렇게 하기 위해서는
텍스트가 어떻게 형성되었는지 텍스트의 계보론적인 유래를 이해하려

는 태도가 필요하다. 계보론은 독단주의적 진리의 배후가 어떻게 형성되었는지 그 메커니즘을 밝히는 이론이다. 계보론은 기존의 형이상학이 주장한 존재론에 대한 니체의 대안이다. 니체는 계보론을 통해 견고하고 절대적으로 보이는 진리조차 수많은 역사적 과정을 거쳐 이루어진 해석의 산물이라는 것을 보여 준다. 이때 니체의 계보론은 푸코의 표현대로 사물과 사건들의 배후에 궁극적인 비밀이 존재한다는 것을 부정하고, 사건들의 우연성과 역사적 에피소드들에 주목한다.[1] 이런 의미에서 계보론을 색채적으로 표현하자면 회색에 가깝다.

> "계보학자에게 푸른색보다 백배나 더 중요한 것은 (...) 회색이다. 회색은 문서로 기록된 것, 실제로 확증할 수 있는 사실, 실제로 있었던 것이다. 즉 인간의 도덕적 역사를 해독하기 어려운 상형 문자로 기록한 기록 전체이다."(KSA, 5, 254, 도덕, 346쪽)

회색은 언어가 완전한 도구가 아니라는 점과 해석의 과정 역시 가변적이란 점을 암시한다. 회색으로서 계보론은 의미의 다중성과 해석의 유희성에 대한 메타포이다. 니체는 계보론을 통해 독자들이 성급하게 결론을 내리거나 자신의 선판단을 절대화하려는 오류로부터 해방될 것을 요구한다. 그렇다면 올바른 해석은 불가능한가?

이 질문에 대해 니체는 '올바르게 읽기'보다는 '잘 읽기'(gut lesen)를 제시한다. 잘 읽는 기술은 '해석에 의해 왜곡되지 않고, 이해하려는 요구로 인해 신중함과 인내와 정교함을 잃지 않으면서 사실들을 읽어 낼 수 있는 기술', 즉 '해석상의 신중성으로서의 문헌학'(Philologie als

---

1   에른스트 벨러, 『데리다-니체 니체-데리다』, 129쪽 참조

Ephexis in der Interpretation)(KSA, 6, 233, 안티, 294쪽)을 뜻한다. 니체에 의하면 모든 해석은 관점주의적 입장에서 볼 때 다양해야 하지만, 동시에 모든 해석은 문헌학적인 신중함과 정교함을 잃어서도 안 된다. 니체는 관점주의를 통해 '텍스트에 대한 무한한 창조적 접근'을 허락하면서, 동시에 이와 상반되게 문헌학적으로 '텍스트에 대한 세심한 주의와 방법론적 엄격함'을 요구하는 것이다.[2] 이렇게 상반된 니체의 태도로 인해 후기 학자들은 니체의 해석학이 상대주의에 빠져들게 되었다고 비판하기도 하고, 다른 한편으로 그러한 점이야말로 니체가 주장하려고 했던 바라고 주장하기도 한다. 이렇게 두 극단적인 입장을 우리는 니체의 경구에 대한 데리다의 해석에서 발견할 수 있다.

데리다는 '나는 나의 우산을 잃어버렸다'라는 니체의 경구를 해석하면서, 이 경구의 의미를 누군가가 우산을 가지고 있었고 자신이 우산을 갖고 있다는 것이 무엇을 뜻하는지 알고 있지만, 지금 그는 우산을 잃어버렸고 자신이 우산을 잃어버렸다는 사실을 알고 있으며 그 우산을 다시 찾으려 한다는 식으로 해석해서는 안 된다고 강조한다. 왜냐하면 이런 식의 해석은 우산이란 표현이 심리학적으로 해석되거나 하이데거와 같이 잃어버린 존재(존재망각)에 대한 회상으로 해석될 수 있기 때문이다. 이런 식의 독해는 니체의 작품 속에 망각된 무엇 — 즉 그것이 본질이든, 존재이든 — 이 존재한다는 것을 전제로 한다. 우산이라는 드러난 표현으로부터 우산의 숨겨진 의미로 돌아가고, 나로부터 잊힌 나의 존재로 돌아가려는 식의 해석이 여기에 해당된다. 그런데 데리다에 의하면 이러한 하이데거식의 해석은 니체의 텍스트 배후에서 더 이상 존재하지 않는 어떤 것을 찾으려고 무익한 노력에 불과하다.[3]

---

2   앨런 슈리프트, 『니체와 해석의 문제』, 305쪽 참조

이와 달리 데리다는, 니체의 경구는 그의 글쓰기 방식을 표현한다고 주장한다. 즉 삶은 어차피 삶을 잊는 방식으로 살아가는 것이며, 글쓰기 역시 그렇게 잊는 방식으로 쓰려고 했던 것이 니체의 의도였다는 것이다.[4]

니체를 둘러싼 하이데거와 데리다의 상반된 해석은 어쩌면 니체의 작품 자체 안에 그 원인이 있다고 볼 수 있다. 왜냐하면 니체는 관점주의적 다양성과 동시에 제한성을 말하고, 독단론의 배후를 계보론적으로 파헤치면서 동시에 계보론이 확인할 수 있는 궁극적 근거는 없다고 말하며, 문헌학적 엄격성을 주장하면서 동시에 어떠한 올바른 해석도 없다고 말하기 때문이다. 이처럼 니체는 해석의 상대주의와 절대주의를 모두 부정하면서, 그 대안으로 해석의 배후에 있는 절대적인 근거를 제시한다. 그것이 '힘에의 의지'이다. 말하자면 어떤 해석이 바람직한지 그렇지 않은지의 기준은 그 해석이 힘에의 의지를 반영하는가 혹은 그렇지 않은가에 의해 결정되어야 한다는 것이다.

---

3 자크 데리다, 『에쁘롱』, 130쪽 참조
4 위의 책, 119쪽 참조

II

『차라투스트라는 이렇게 말했다』의
구조와 특징

1. 『차라투스트라는 이렇게 말했다』의 구조

이 책의 제목은 "차라투스트라는 이렇게 말했다"이다. 그 밑에 '모든 사람을 위한, 그러면서도 그 누구를 위한 것도 아닌 책'(Ein Buch für Alle und Keinen)이란 부제가 붙어 있다. 이 표현을 통해 니체는 이 책이 모든 사람이 읽어야 할 책이지만, 각각의 독자는 이 책을 통해 니체나 차라투스트라를 찾는 것이 아니라 독자 스스로를 찾아야 한다는 점을 강조한다. 니체는 독자들에게 실존적인 독서 방식을 권하는 것이다.

　실존적 독서는 텍스트를 읽으면서 저자의 권위에 압도당해 맹목적으로 따르거나 텍스트의 내용을 추상적이고 문자적으로 이해하는 것을 거부하고, 특정한 역사적·사회적 맥락(Kontext)에 처한 독자의 구체적인 삶과 연결해 '지금 여기'(hic et nunc)에서 텍스트를 이해하는 방식이다. 텍스트를 죽은 문자가 아니라 살아 있는 자신의 말로 받아들이고 그 말을 실존적 행동으로 결단할 때, 그 텍스트는 독자 자신의 실존적 텍스트로 다가올 수 있다. 이때 독자는 저자나 텍스트 속 인물로부터 벗어나, 자신만의 길을 걸어갈 수 있게 된다. 이런 의미에서 니체는 『차라투스트라는 이렇게 말했다』의 독자가 텍스트나 저자(니체) 혹은 인물(차라투스트라)에서 벗어나 자신만의 고유한 실존적 길을 결단하고 감행하기를 기대하는 것이다. 왜냐하면 실존적 진리는 자신의 구체적인 실존을 결행하는 각각의 진리이고, 실존적 진리에 이르는 길은 모두에게 상이하기 때문이다. 이러한 이유에서 니체는 이 책이 모든 사람을 위한 책이지만, 동시에 그 누구도 위한 책이 아니라고 말하는 것이다.

『차라투스트라는 이렇게 말했다』는 4부로 구성된다.[1] 1부는 머리말 (Vorrede)과 22개의 가르침(Reden)으로, 2부는 22개, 3부는 16개, 4부는 20개의 가르침으로 구성된다. 1부에는 초인, 신의 죽음 등이, 2부에는 3가지 노래(밤의 노래, 춤의 노래, 무덤의 노래), 힘에의 의지가, 3부에는 가치전도, 영원회귀가, 4부에는 삶에 대한 영원한 사랑 등이 주요 주제로 다뤄진다. 이 주제들을 니체는 이 작품 안에서 문학적 형태로 전개시킨다. 이와 같이 이 작품은 개념적이고 체계적인 철학서(형이상학)나 종교서가 아니라, 철학과 종교를 문학의 형식으로 표현하는 철학적 문학 작품이다. 그렇다면 니체는 왜 이 책을 문학적인 방식, 즉 예술적인 방식으로 썼을까? 니체는 진리 혹은 철학과 예술의 관계에 대하여 다음과 같이 말한다.

> "우리의 종교, 도덕, 철학은 인간의 데카당스 형식이다. — 반대 운동으로서 예술이다."(WzM[2], 533쪽)

---

[1] 유고(1884년 가을–1885년 가을)에 의하면 『차라투스트라는 이렇게 말했다』는 6부까지 계획되었던 것으로 보인다("6부에서는 창조하는 자와 사랑하는 자, 부정하는 자의 위대한 종합이 있게 된다."(KSA 11, 360, 18권, 98쪽)). 그리고 유고에서는 차라투스트라가 죽는 것으로 계획되어 있다("죽어가는 차라투스트라는 대지를 부둥켜안는다 — 아무도 그것을 그들에게 말하지 않았다고 해도, 그들 모두는 차라투스트라가 죽었다는 것을 알았다."(KSA 11, 341, 18권, 67쪽)).

[2] F. Nietzsche, *Der Wille zur Macht: Versuch einer Umwertung aller Werte*, Alfred Kröner, Stuttgart, 1996. 앞으로 WzM란 약호로 본문에 기입한다.

"우리는 진리로 인해 몰락하지 않기 위해 예술을 갖는다."(WzM, 554쪽)

"예술이 진리에 대해 갖는 관계를 나는 극히 일찍부터 진지하게 사유하게 되었다. 그리고 지금도 나는 성스러운 경악을 느끼면서 이 분열 앞에 서 있다. 나의 처녀작은 이러한 분열에 바쳐졌다. (...) 진리와 함께 사는 것은 불가능하다는 것이며, '진리에의 의지'는 이미 타락의 징후이다."[3]

위 인용문들에서 나타나듯이 니체는 철학을 데카당스 형식으로, 예술을 데카당스에서 벗어나게 하는 운동으로 평가한다. "예술은 진리보다도 더 가치가 있다."(WzM, 578쪽)는 것이다. 그렇다면 그 이유는 무엇일까? 이 점을 니체는 다른 곳에서 다음과 같이 말한다.

"예술, 그리고 예술 이외의 아무것도 없다! 예술은 삶을 가능하게 하는 위대한 형성자이며, 삶에의 위대한 유혹자고, 삶의 위대한 자극제이다. (...) 예술은 삶을 부정하는 모든 의지에 반대하는 유일하고 탁월한 대항력이다. 즉 반그리스도교적이고, 반불교적이며, 반니힐리즘적인 것 그 자체이다."(WzM, 577쪽)

이 인용문에서 예술은 삶을 가능케 하는 형성자, 유혹자, 자극제로 표현된다. 니체는 예술을 생리학적 측면에서 인간을 허무주의로부터 벗어나게 할 수 있는 진정제이자 치료제로 보는 것이다. 이 점은 이미 『비극의 탄생』에서도 언급된다.

---

3   M. Heidegger, *Nietzsche I*, Neske, Pfullingen, 1975, 88-89쪽에서 재인용

"최고의 위험 속에서 예술이 구원과 치료의 마술사로서 다가온다. 오직 예술만이 공포와 불합리에 관한 저 구역질나는 생각들을 그것과 더불어 살 수 있는 표상들로 변화시킬 수 있다."(KSA 1, 57, 비극, 67쪽)

예술이 구원제일 수 있는 이유는, 예술을 통해 사람들은 현실의 공포와 불합리로부터 벗어날 수 있기 때문이다. 그러나 철학이나 종교도 이러한 역할을 하지 않았는가? 그렇다면 예술과 철학, 특히 고대 그리스 예술과 플라톤 철학의 차이는 무엇인가? 니체에 의하면 그리스인은 삶의 공포를 극복하기 위해 또 하나의 세계, 즉 꿈의 세계를 만들어 냈다. 그것이 아폴론적인 예술의 세계이다.

"그리스인은 실존의 공포와 경악을 알고 있었고 느꼈다. 그리스인은 살기 위하여 그 공포와 경악 앞에 올림포스 신들이라는 꿈의 산물을 세워야 했다."(KSA 1, 35, 비극, 41쪽)

아폴론적인 꿈의 세계로 인해 이제 인간을 둘러싼 공포의 세계는 점차 환희와 질서의 세계로 바뀐다. 그것은 무질서하고 카오스에 가득 찬 세계를 형태화하는 것, 즉 개별화하는 것이다. 개별화함으로써 세계는 코스모스의 세계로 변하지만, 개별화가 극단적으로 이루어질 때 그것은 각각의 사물과 인간 사이에 극복될 수 없는 분리와 균열을 수반하게 된다. 따라서 이러한 극단적 균열을 극복할 또 다른 정신이 요구된다. 그것이 바로 디오니소스 정신이다. 디오니소스 정신하에서 인간들 사이의 경계는 붕괴되고, 거대한 화해의 연합 속으로 빠져들게 된다.

"세계의 조화라는 복음에서 각자는 자신의 이웃과 결합하고, 화해하며, 융해되어 있음을 느낄 뿐 아니라, 마치 마야의 베일이 갈가리 찢겨 신비로운 '근원적 일자' 앞에서 조각조각 펄럭이고 있는 것처럼 자신의 이웃과 하나됨을 느낄 것이다. 인간은 노래하고 춤추면서 보다 높은 공동체의 일원임을 표현한다. 그는 걷는 법과 말하는 법을 잊어버리고 춤추며 허공으로 날아오르려 한다."(KSA 1, 29-30, 비극, 34쪽)

이렇게 상반되는 아폴론적 정신과 디오니소스적 정신을 그리스인은 비극이라는 예술 안에서 종합하였다. 그리스인은 비극이란 예술 안에서 아폴론적인 정신의 과도한 개별화로부터, 그리고 디오니소스적인 정신의 과도한 방종함으로부터 벗어나게 된다. 이제 인간의 비극적 삶은 아폴론과 디오니소스 정신이 종합된 예술 안에서 그려진다. 이런 한에서 그리스 비극이란 예술은 현실로부터 제3의 가상을 그려 내는 작업을 뜻한다. 그러나 소크라테스의 등장과 더불어 그리스 비극은 죽음을 맞게 된다. 다이몬의 음성, 즉 이성을 강조하는 소크라테스에 의해 이제 인간의 본능은 억압되고 이성만이 아름다운 것으로 여겨진다. "아름답기 위해서는 모든 것이 이성적이어야 한다."(KSA 1, 85, 비극, 100쪽)라는 것이다. 이제 아폴론적 정신은 논리적 도식주의로, 디오니소스적 정신은 자연주의적 격정으로 변한다. 그리고 비극적·예술적 인간은 철학적·이론적 인간으로 변한다.[4]

"우리의 현대 세계는 알렉산드리아 문화의 그물에 사로잡혀서 최고의 인식 능력을 갖추고 학문을 위해 봉사하는 이론적 인간을 이상으로 알고 있다. 이 이론적 인간의 원형이 바로 소크라테스이다."(KSA 1, 116, 비극, 135쪽)

---

4   니체는 소크라테스적 예술가로 에우리피데스를 들고 있다.

니체에 의하면 예술이나 철학, 종교 모두 가상 세계를 추구한다는 공통점을 지닌다. 그렇다면 왜 니체는 철학과 예술을 상반되는 것으로 보았을까?

니체에 의하면 소크라테스적인 알렉산드리아 정신과 더불어 인간의 이성만이 궁극적인 가치로 평가되기 시작하며, 세계는 인간의 이성에 의해 포착된 세계만이 진정한 세계로 여겨진다. 이성에 의해 포착된 세계는 현실 세계가 아니라 가상 세계이다. 그런데 철학이나 종교는 이 가상 세계가 가상이 아니라 실재 세계라고 주장하는 데 문제가 있는 것이다.

반면에 예술은 예술을 통해 보이는 세계가 가상이라는 사실을 숨기지 않는다. 예술은 삶의 고통을 예술적 가상을 통해 승화시키고, 그것이 가상임을 깨닫게 하며, 그 후 다시 명랑한 정신으로 현실 세계로 돌아가게 한다. 이와 달리 철학이나 종교는 그 가상 세계가 실재 세계라고 주장하면서, 인간이 현실 세계로 돌아가는 것을 강력하게 막는 것이다. 따라서 니체는 삶을 긍정하는 예술과 달리, 철학이나 종교는 삶을 부정하는, 즉 허무주의적 정신이라고 비판하는 것이다.

그렇다면 니체가 『차라투스트라는 이렇게 말했다』를 문학적인 방식으로 쓴 이유는 이 작품을 통해 독자들이 삶으로부터 떠나지 않고 삶에 머물면서 삶의 고통을 극복하고 궁극적으로 삶을 긍정할 수 있게 하기 위해서라는 것이 분명해진다.

2. 각각의 글들이 "차라투스트라는 이렇게 말했다"라는 표현으로 끝나는 이유

『차라투스트라는 이렇게 말했다』는 문자로 쓰인 책이다. 이 책 각각의 부분은 거의 "차라투스트라는 이렇게 말했다"라는 표현으로 끝난다. '이렇게 썼다'가 아니라 '이렇게 말했다'는 것이다. 그렇다면 니체는 왜 이러한 표현을 반복적으로 쓰는 것일까? 그것은 니체가 자신의 작품을 문자가 아니라 말로써 읽기를 원했기 때문이다. 그렇다면 문자와 말의 차이는 무엇인가?

이미 플라톤은 말과 문자가 동일하지 않다는 것을 알고 있었다. 그 차이는 『티마이오스』에서 묘사된다. 이 작품 안에서 이집트인은 그리스인에게 기억에서 사라진 아틀란티스 섬에 대하여 말하면서, 그리스인이 그 아름다운 섬을 기억하지 못하는 이유는 문자가 없었기 때문이라고 주장한다.

"그렇지만 그 살아남은 사람들이 여러 세대에 걸쳐 문자로써 말을 남기지 않은 채 죽은 탓으로 당신들은 그 사실을 모르고 있소."[1]

---

1   플라톤, 『티마이오스』, 박종현 옮김, 서광사, 2000, 23c

이 인용문에 의하면 문자는 과거의 진실을 기억하게 하고 기억을 통해 과거의 진실을 현재화하는 능력과 연관된 반면, 말은 망각, 진실에의 무지, 과거와 현재의 단절과 연관된다. 말과 문자의 차이에 대한 묘사는 플라톤의 또 다른 작품 『파이드로스』에서도 발견된다. 이 작품 안에는 이집트 왕 타무스와 문자를 발명한 테우트 신 사이의 대화가 기술되어 있다. 문자의 신 테우트는 타무스 왕에게 문자의 장점에 대하여 다음과 같이 말한다.

"그런데 대화가 문자에 이르자 테우트가 이렇게 말했다네. '왕이여, 이런 배움은 이집트 사람들을 더욱 지혜롭게 하고 기억력을 높여 줄 것입니다. 왜냐하면 그것은 기억과 지혜의 묘약으로 발명된 것이니까요.'"[2]

여기서 문자는 기억, 지혜와 연결된다. 그러나 문자를 강조하는 테우트 신에 반대하여, 타무스 왕은 문자의 해악에 대하여 다음과 같이 말한다.

"문자는 그것을 배운 사람들로 하여금 기억에 무관심하게 해서 그들의 영혼 속에 망각을 낳을 것이니, 그들은 글쓰기에 대한 믿음 탓에 바깥에서 오는 낯선 흔적들에 의존할 뿐, 안으로부터 자기 자신의 힘을 빌려 상기하지 않기 때문이오. (...) 그러니 당신이 발명한 것은 기억의 묘약이 아니며 (...) 그대가 그대의 제자들에게 주는 것은 지혜의 겉모양이지 진상이 아니라오."[3]

---

2   플라톤, 『파이드로스』, 조대호 역해, 문예출판사, 2008, 274e
3   위의 책, 275a

여기서 문자는 오히려 망각과 연결되고, 사태 자체를 왜곡하는 것으로 기술된다. 이렇게 상반된 타무스 왕과 테우트 신 사이의 대화를 마치면서, 플라톤은 소크라테스의 입을 빌려 문자와 말의 본질에 대하여 다음과 같이 규정한다.

"일단 글로 쓰이고 나면 모든 말은 장소를 가리지 않고 그것을 이해하는 사람들 주변과 그 말이 전혀 먹히지 않는 사람들 주변을 똑같이 맴돌면서, 말을 걸어야 할 사람들과 그렇지 않은 사람들을 가려 알지 못 하네. (...) (반면에) 참된 인식과 함께 배우는 자의 영혼 속에 쓰인 말은 자신을 지킬 힘이 있고, 상대해서 말을 해야 할 사람들과 침묵해야 할 사람들을 가려서 안다네."[4]

이 인용문에 의하면 문자는 밖에서 오는 흔적에 의존하는 것인 반면, 말은 영혼을 반영하는 것이다. 문자는 현장에서 소리로 주고받는 영혼의 살아 있는 대화가 아니라 생명이 죽은, 영혼이 없는 기록에 불과하다는 것이다. 현장의 소리이며 현존을 갖는 말과 달리, 문자는 기록에 불과하며, 현장성을 갖지 않기에 타인에 의해 변조될 위험성을 갖는다. 말은 말을 한 그 사람을 떠날 수 없지만, 문자는 글을 쓴 사람을 떠나 타인에게 양도될 수 있기 때문이다. 결국 플라톤에 의하면 말은 생명이고 문자는 죽음이며, 말은 영혼의 소리이고 문자는 외부 공간의 이용자인 셈이다.[5] 이로부터 말의 특징은 직접성, 동일성, 현전성, 진리인 반면, 문자의 특징은 간접성, 차이성, 부재성, 비진리라고 규정되어 왔다. 말은 영혼의 독백을 직접적으로 반영하는 것이고 문자는 이 말을 다시

---

4   위의 책, 275e
5   위의 책, 275a–275e 참조

반영하는 것에 불과하기 때문에, 문자는 영혼의 진리로부터 두 단계 떨어져 있다는 것이다.

　이런 점을 고려하면 우리는 왜 니체가 자신의 문자에서 '말했다' 라는 표현을 강조하는지 추정할 수 있다. 니체는 차라투스트라의 말을 통해 독자가 니체의 문자가 아니라 직접 현존하여 말을 건네는 차라투스트라와 만나기를 원하는 것이다. 또한 직접적인 말을 통해 니체는 차라투스트라의 파토스가 독자에게 전달되기를, 그리고 그것이 다시 독자 자신의 파토스가 되기를 원하는 것이다. 즉 니체는 『차라투스트라는 이렇게 말했다』가 독자들에게 죽은 문자, 미라화된 개념이 아니라 살아 있는 말로 전해져 독자들 자신의 힘에의 의지를 자극할 수 있기를 기대하는 것이다.

3. 비극 작품으로서
『차라투스트라는 이렇게 말했다』

『차라투스트라는 이렇게 말했다』 안에는 서구 형이상학, 그리스도교, 도덕, 문화, 근대성에 대한 비판이 들어 있다. 동시에 이 작품 안에는 서구 형이상학이나 그리스도교 내용과 유사한 구조도 발견된다. 특히 차라투스트라가 30세에 자신의 활동을 시작하는 것과 4부에서 묘사되는 '최후의 만찬' 등은 예수의 삶과 유비적인 구조를 갖는다. 이처럼 『차라투스트라는 이렇게 말했다』 안에는 니체에게 유산으로 전승된 서구 정신과 이에 대한 부정, 그리고 극복가능성이 포함되어 있다.

서구 정신 전체를 부정한다는 면에서 이 작품은 비극이란 특징을 지니며, 그 극복가능성을 제시한다는 점에서 '비극적 명랑성'의 분위기를 띤다. 비극과 명랑성이라는 상반된 분위기가 작품 전체를 관통하여 흐르는 가운데, 니체는 자신의 다양한 사상을 전개하는 것이다.

니체는 『차라투스트라는 이렇게 말했다』에서 다뤄지는 주요 사상들이 '영원회귀 사상', '위대한 건강', '비극', '디오니소스 개념', '모든 것에 대한 긍정', '창조자의 단단함'이었다고 밝힌다(KSA 6, 335–349, 사람, 419–437쪽). 그런데 이러한 사상들의 배후에는 서구 정신의 본질이 허무주의라는 근본적인 진단이 놓여 있다. 이런 의미에서 『차라투스트라는 이렇게 말했다』는 '허무주의'를 극복하기 위한 책이라고 할수 있다. 그러나 그것은 기존의 진리체계 전체를 부정하는 일을 포함하기에 비극적일 수밖에 없다. 이런 점은 『차라투스트라는 이렇게 말했다』 첫 부분과 『즐거운 학문』, 『우상의 황혼』을 비교하면 분명해진다. 『차라투스트라는 이렇게 말했다』는 다음과 같이 시작한다.

> "차라투스트라는 그의 나이 서른이 되던 해에 고향과 고향의 호수를 떠나 산속으로 들어갔다."(KSA 4, 11, 차라, 12쪽)

그런데 『차라투스트라는 이렇게 말했다』의 서두에 해당되는 작품이라고 니체가 밝힌 『즐거운 학문』 4부 342번에는 다음과 같은 묘사가있다.

> "비극이 시작되다(Incipit tragoedia). ─ 차라투스트라는 그의 나이 서른이 되던 해에 고향과 고향의 호수를 떠나 산속으로 들어갔다."(KSA 3, 571, 학문, 315쪽)

또한 『차라투스트라는 이렇게 말했다』 보다 나중에 쓰인 『우상의 황혼』 안에 들어 있는 "어떻게 '참된' 세계가 결국 우화가 되어 버렸는지"라는 제목의 글에서 니체는 서구 정신이 어떠한 오류의 역사를 겪어 왔으며, 결국엔 참된 세계라고 믿어 왔던 것이 하나의 우스운 이야기 거리로 전락하게 되었는지에 대하여 간략하게 기술한다. 그 마지막 부분은 다음과 같다.

> "6. 우리는 참된 세계를 없애 버렸다: 어떤 세계가 남는가? 아마도 가상 세

계? (…) 천만에! 참된 세계와 함께 우리는 가상 세계도 없애 버린 것이다!

(정오: 그림자가 가장 짧은 순간: 가장 길었던 오류의 끝: 인류의 정점: 차라

투스트라의 등장(INCIPIT ZARATHUSTRA))."(KSA 6, 81, 우상, 104쪽)

『즐거운 학문』 4부 342번은 "이렇게 하여 차라투스트라의 몰락은 시작되었다"로 끝나며, 『차라투스트라는 이렇게 말했다』의 머리말 1과 머리말의 마지막도 "이렇게 하여 차라투스트라의 몰락은 시작되었다"로 끝난다. 이 모든 것을 종합하면 『차라투스트라는 이렇게 말했다』는 차라투스트라의 등장과 함께 시작되며, 그의 등장은 비극의 시작이기도 하다는 것을 알 수 있다. 왜냐하면 차라투스트라의 운명은 일종의 '몰락'(Untergang)을 수반하기 때문이다.

또한 니체는 『차라투스트라는 이렇게 말했다』의 주요 사상 중 하나가 '디오니소스 정신'이며, 자신은 '디오니소스의 최후의 제자'라고 밝힌다(KSA 6, 160, 우상, 203쪽). 그런데 디오니소스는 신과 인간 사이에서 태어난 반신으로서 도취의 신이자 찢겨 죽는 신(디오니소스 자그레우스)이며 동시에 제우스에 의해 부활하는 신이라는 점, 즉 디오니소스는 물과 불의 신이며 삶과 죽음의 신이라는 점을 고려한다면[1], 차라투스트라의 몰락은 디오니소스와 같이 찢겨 죽을 운명이면서, 동시에 디오니소스처럼 부활하는 운명임을 암시한다. 이런 점은 『우상의 황혼』에서도 확인할 수 있다. 이 작품에서는 차라투스트라의 등장이 서구 정신 오류의 역사가 끝나고 그림자가 가장 짧아지는 시기에 이루어진 사건으로 묘사된다.

1 　최상욱, 『니체, 횔덜린, 하이데거, 그리고 게르만 신화』, 서광사, 2010, 59쪽 이하 참조

이와 같이 『차라투스트라는 이렇게 말했다』는 명랑성, 위대한 건강함, 모든 것에 대한 긍정을 담고 있는 비극, 즉 비극적 명랑성을 추구한 작품이라고 볼 수 있다.

III

『차라투스트라는 이렇게 말했다』
메타포로 읽기

1. 『차라투스트라는 이렇게 말했다』 머리말: 메타포로 읽기

1) 고향과 떠남: 동사적 삶의 방식

레비나스는 『타자의 흔적』에서 "이타카로 돌아가는 오디세우스의 신화와 달리, 우리는 미지의 땅을 위해 항상 자신의 조국을 떠나는 (...) 아브라함의 이야기를 대비시키려고 한다."[1]라고 말한다. 반면에 하이데거는 『형이상학의 근본개념들』에서 "언젠가 노발리스는 한 단편에서: '철학은 본래 향수이며, 어디에서나 고향을 만들려는 충동이다.' 라고 말했다."[2]라는 문장을 인용한다.

두 인용문은 상이한 삶의 방식에 대하여 말한다. 레비나스가 제시하는 삶의 방식은 유목민적인 방식이다. 유목민의 삶은 한곳에 정착하지 않는다. 그들은 목초지를 향해 끊임없이 이동해야 한다. 만약 그들이 한곳에 머문다면 그때는 이미 죽어갈 때를 뜻한다. 이런 의미에서 삶이란 항상 움직이는 것이며, 그들이 다시 돌아가 오래 머물 고향이란 것

---

1 E. Levinas, *Die Spur des Anderen*, Karl Alber, Freiburg/München, 1999, 215쪽
2 M. Heidegger, *Die Grundbegriffe der Metaphysik: Welt – Endlichkeit – Einsamkeit*, Vittorio Klostermann, Frankfurt, 1983, GA 29/30, 7쪽

은 별 의미가 없다. 그들은 움직이기 위해 의식주 모두를 임시방편으로 마련한다. 언제라도 철수할 수 있어야 하기 때문이다. 그들의 삶은 살아 있는 한 움직여야 하는 동사적 삶이다. 이러한 삶의 방식을 노마디즘(Nomadism)이라고 부른다.

반면에 하이데거가 제시하는 방식은 이와 정반대이다. 그는 고향에 대하여 말한다. 철학은 어느 곳에서든 고향을 만들려는 향수라는 것이다. 이러한 삶의 방식은 고향을 찾는 삶이며 고향에 머무는 삶의 형태를 띤다. 이 경우 누군가가 움직여야 한다면 그는 고향을 상실했거나 고향으로부터 추방되었기 때문이다. 이 삶의 방식에 의하면 움직이는 것은 죽음이고 고향에 머무는 것이 생명이다. 노마디즘적 삶의 방식에서 머무는 것이 죽음이고 움직이는 것은 생명인 것과 정반대이다. 이들이 고향에 머무는 것은, 그 안에 삶의 본질이 있고 위협으로부터 보호함이 있기 때문이다. 따라서 오랫동안 고향에 머물기 위해 그들은 의식주를 고정한다. 이들의 삶은 명사적 삶이란 특징을 지닌다.

그런데 머리말 1은 "차라투스트라는 그의 나이 서른이 되던 해에 고향과 고향의 호수를 떠나 산속으로 들어갔다."로 시작해, "이렇게 하여 차라투스트라의 몰락은 시작되었다."로 끝난다. 차라투스트라는 고향을 떠난 자이며, 또다시 산에서도 내려가는 자이다. 이런 점은 4부 12에서도 확인된다.

> "차라투스트라는 이렇게 말하고 그의 동굴을 떠났다. 컴컴한 산 뒤에서 솟아오르는 아침 태양처럼 불타는 모습으로 늠름하게."(KSA 4, 408, 차라, 529쪽)

차라투스트라는 끊임없이 움직임 속에서 살아간다. 그는 명사적 삶

과 존재, 한 상태에 머무르는 것을 거부한다. 이러한 것은 이미 삶이 쇠
퇴하고 있다는 징후이기 때문이다. 그는 동일성을 거부하고 항상 차이
성을 추구한다. 떠남 그 자체가, 떠나면서 스스로 길을 만들어 나가는
것이 삶이기 때문이다. 이렇게 스스로의 삶을 실존적으로 추구하며 이
를 위해 움직일 때(bewegen), 그 움직임이 하나의 길(Weg)을 만들어
내는 것이다. 이 점을 그는 다음과 같이 말한다.

> "너는 위대함을 향해 너의 길을 가고 있다. 그 누구도 네 뒤를 밟아서는 안
> 된다! 너의 발 스스로가 네가 걸어온 길을 지워 왔다. 그 길 위에는 '불가능'
> 이란 글자가 게시되어 있다. 올라갈 사다리가 더 이상 없다면 너는 네 자신의
> 머리를 딛고 올라갈 줄 알아야 한다. 달리 오를 방도가 없지 않은가?"(KSA
> 4, 194, 차라, 250쪽)

누구도 다른 사람의 길을 통해 자신의 삶을 살아갈 수 없으며, 그래
서도 안 된다는 것이다. 실험정신을 통해 스스로 자신만의 고유한 길을
만들어 가야 하고, 더 이상 방도가 없어 보이면 자신의 머리라도 딛고
올라가야 한다는 것이다. 이런 주장은 존재, 이성, 절대적 도덕, 종교,
진리 자체, 자아, 필연성, 물자체, 선험성, 언어 자체를 부정하는 니체
의 입장을 반영한다. 이 모든 것을 부정한 니체에게 남은 것은 아무것
도 없다. 마치 더 이상 먹을 것이 없어진 목초지같이. 이제 그는 떠나야
하며 스스로 길을 나서 진리를 만들어 가야 한다. 이 점을 니체는 『아침
놀』당시인 1881년 기록에서 다음과 같이 쓴다.

> "철학에 대한 오늘날 우리의 입장에서 새로운 것은 그 이전의 어떤 시대도
> 갖지 못한 확신, 즉 우리는 진리를 가지고 있지 않다는 확신이다. 이전의 모

든 사람들은 '진리를 가지고 있었다.' 회의주의자들조차도 말이다."[3]

그러면서 이제 진리를 시험해 보자고 말한다.

"진리를 시험해 보자! 아마도 그것에 의해 인류는 몰락할 것이다. 그래도 좋다."[4]

이제 필요한 것은 새로운 진리를 향해 미지의 곳으로 떠나갈 수 있는 용기이다. 말하자면 용기가 곧 진리인 것이다.

"자유정신이 정당한 견해를 가지고 있다는 사실이 아니라 성공과 실패에 관계없이 그가 관습적인 것에서 해방되었다는 사실이 자유정신의 본질에 속한다."(KSA 2, 190, 인간 1, 228쪽)

옛 진리가 무화되고 새로운 진리가 아직 없는 상태에서 이제 필요한 것은 자신의 실존을 통해 새로운 진리를 만들어 나가는 실험정신, 자유정신인 것이다. 이 정신은 한곳에 머무르지 않고, 역사의 흐름에 따라 끊임없이 새롭게 시도하는 떠남의 정신이다. 왜냐하면 떠날 때만 그는 생명에 속하기 때문이다.

---

3   마르틴 하이데거, 『니체 I』, 박찬국 옮김, 길, 2010, 283쪽
4   위의 책, 284쪽

2) 태우는 불로서 태양

차라투스트라는 고향을 떠난 후 산속 동굴에서 10년을 머문 후, 다시 그
의 동굴을 떠나기에 앞서 떠오르는 태양을 보면서 다음과 같이 외친다.

> "'너 위대한 천체여! 네가 비추어 줄 그런 것이 존재하지 않는다면 너의 행
> 복이란 무엇이겠느냐!"(KSA 4, 11, 차라, 12쪽)

머리말 처음 부분에서 니체는 태양을 차라투스트라와 연결시킨다.
차라투스트라는 태양과 같은 특징을 지닌 자라는 것이다. 그렇다면 니
체가 이해하는 태양의 의미는 무엇인가?

이미 플라톤 때부터 태양은 서구 사상의 주요 메타포로 등장한다. 인
간은 감각 기관인 눈을 통해 세계를 바라본다. 주위가 아직 어둠에 잠
겨 있는 동안 우리는 사물의 형태를 볼 수 없으며, 따라서 어떤 것이 어
떤 것인지 구분하고 확인할 수 없다. 눈으로 사물을 볼 수 있으려면 빛
이 있어야 한다. 이 빛은 태양으로부터 온다. 눈도, 빛도 태양 자체는
아니다. 단지 눈은 태양적인 속성을 지닌 감각 기관일 뿐이다.

> "그러나 눈은 감각과 관련되는 기관들 중에서는 어쨌든 태양을 가장 많이 닮
> 은 것일세. (...) 그런데 눈은 자기가 갖는 이 힘 또한 태양에서, 마치 넘쳐흐
> 르는 것을 받듯 분배받아 갖지 않는가?"[5]

빛(Phos) 역시 태양 자체가 아니라, 태양으로부터 발산되는 것으로,

---

5   플라톤, 『국가·정체』, 508b

인간의 눈으로 하여금 올바르게 볼 수 있게 해 주는 능력이다. 그리고 태양은 이 모든 것의 원인이며, 밝게 보여 주는 존재자인 한에서 '좋은'(선) 것이고, 올바르게 볼 수 있게 해 주는 한에서 '올바른'(진리) 것이다. 플라톤에게 눈과 빛과 태양의 메타포는 마음의 눈인 이성과 올바르게 인식할 수 있게 하는 능력인 진리, 그리고 진리 자체인 최고의 이데아와 유비적인 관계를 갖는다. 최고의 이데아로서 태양은 진리의 이데아이며, 선의 이데아이다. 그리고 모든 존재자를 존재하게 하는 최고의 원인이기에, 모든 생명의 근원을 뜻한다. 이런 까닭에 플라톤의 태양은 진리, 선, 아름다움의 태양이란 특징을 지닌다.

> "태양은 보이는 것들에 '보임'의 힘을 제공해 줄 뿐만 아니라, 또한 그것들에 생성과 성장 그리고 영양을 제공해 준다고 자네가 말할 것으로 나는 생각하네. 그것 자체는 생성이 아니면서 말일세."[6]

플라톤의 태양은 진리와 선, 아름다움을 근거 짓는 최고의 원인이자 생명을 보존하고 유지하게 해 주는 존재의 근거이다. 플라톤의 태양은 밝은 빛의 태양이며 이성의 태양으로서 오류나 악, 추함이란 요소를 철저하게 배제하는 태양이다.

반면에 니체의 태양은 플라톤의 태양과는 전혀 다른 특징을 지닌다. 이러한 모습을 우리는 플라톤 이전의 그리스 정신에서 볼 수 있다. 그리스 신화에는 에피메테우스가 동물들에게 발굽이나 날개, 두터운 모피 등 모든 것을 선물하여 정작 인간에게는 아무것도 줄 것이 없어진 상황에서, 인간을 염려한 프로메테우스가 불을 훔쳐다 주는 장면이 묘

---

6   위의 책, 509b

사된다. 그런데 불은 누구에게도 줄 수 없는 금지된 것이었다. 불이 인간에게 주어진 것을 알아챈 제우스는 프로메테우스와 인간 모두에게 벌을 내린다. 프로메테우스는 코카서스 산의 정상에 결박된 채, 제우스가 보낸 독수리에 의해 간을 파먹히는 형벌을 받게 된다. 여기서 독수리는 제우스 자신의 분신일 수도 있고, 제우스가 보낸 또 다른 불일 수도 있다. 왜냐하면 제우스의 독수리는 피닉스, 즉 불새이기 때문이다. 인간에게 불을 훔쳐 준 프로메테우스는 또 다른 불인 제우스의 불에 의해 불태워지는 것이다.

> "신들은 프로메테우스에게서 불을 빼앗지 않고, 오히려 그의 육체 속에 그의 몸을 좀먹는 불을 타오르게 한다. 독수리는 살아 있는 간이라는 열기의 도가니로 그를 괴롭히러 온다. 독수리, 불새는 늘 다시 생겨나는 간을 매일 갉아먹으면서 쓰라린 상처를 되살아나게 하는 것이다."[7]

이처럼 인간에게 불을 훔쳐다 준 프로메테우스는 제우스의 불에 의해 고통을 당한다. 다른 한편 프로메테우스가 준 불로 인해 인간 역시 고통을 당한다. 그것은 바로 판도라 이야기로 나타난다. 제우스는 프로메테우스의 불이 인간 세계를 밝히는 것을 보고, 분노로 가득 차서 불의 혜택에 맞먹는 사악한 일을 준비한다. 제우스의 명령을 받은 헤파이스토스, 아테나 등의 신들이 거짓말과 아첨, 배반을 가슴 속에 담고 있는 아름다운 인간을 만들어 낸다. 그녀가 바로 '아름다운 악'이라고 불리는 판도라이다. 그녀의 이름은 '모든 것을 주는 자'란 뜻이지만, 정작 그녀가 인류에게 준 것은 희망(Elpis)를 제외한 모든 질병과 고통, 궁극

적으로는 죽음이었다.[8]

제우스가 프로메테우스에게 보낸 독수리가 일종의 불새라고 한다면, 인간에게 보낸 판도라 역시 일종의 불새이다. 그녀는 인간의 모든 생명을 불태워 버린다. 모든 생명의 불꽃이 다 타 버리고 난 후의 재가 바로 죽음이다. 그러나 이미 불을 얻은 인간 역시 일종의 불새의 특징을 지니게 된다. 그 불새가 프로메테우스를 자유롭게 한다. 그 불새의 이름이 헤라클레스이다. 즉 불을 지닌 인간은 스스로 불을 통해 문명을 일으킬 수 있지만, 동시에 불에 의해 재로 변할 수 있고, 다시 그 재는 불로 되살아날 수 있는 가능성을 지니는 것이다.

"피닉스는 이중적 우화의 존재이다. 그는 자신의 고유한 불로 타 버리지만, 또한 자신의 고유한 재에서 다시 태어나는 것이다."[9]

이와 같이 불새는 불을 지닌 자이며, 불에 의해 산화되고 다시 불로 살아나는 자이다.

"피닉스는 우주의 존재이다. (...) 그는 유일하다. 그는 독특하다. 그는 삶과 죽음의 마술적 순간들의 스승이며, 둥지와 장작더미의 중대한 이미지들의 기묘한 통합이다. 그는 자신의 장작더미가 불타오르는 최후의 순간에 최고의 영광에 도달한다. 이 지고한 이미지의 제목은 '죽음에 의한 승리'여야 할 것이다. (...) 피닉스는 하늘의 새이며 그의 삶과 죽음은 태양의 운명을 따른다. 피닉스의 운명은 태양 중심 주기이다. 그의 삶과 죽음이 창공의 기호들

---

8   카를 케레니, 『그리스 신화』, 장영란 옮김, 궁리, 2002, 379–387쪽 참조
9   가스통 바슐라르, 『불의 시학의 단편들』, 86쪽

과 일치하는 것이다. (...) 피닉스는 작렬하는 죽음 속에서 하늘의 불이 된다."[10]

제우스와 프로메테우스, 인간과 판도라의 신화 속에서 우리는 불새가 이리저리 날아다니고 있음을 볼 수 있다. 이러한 불새와 같은 인간 존재를 니체는 천재라고 부른다.

"예술의 거장 프로메테우스는 인간을 창조하고 올림포스의 신들을 적어도 멸망시킬 수 있다는, 그것도 영원한 고통의 대가로 획득했던 자신의 지혜를 통해 멸망시킬 수 있다는 오만한 믿음을 가지고 있었다. 위대한 천재의 훌륭한 '능력', 그 대가로 받을 영원한 고통도 그에 비하면 아무것도 아닌 그런 능력, 예술가의 지독한 자부심 ─ 이것이 바로 아이스킬로스 문학의 내용이자 진수이다. (...) 프로메테우스의 전설은 전체 아리아 민족 공동체가 원래 소유했던 재산이며 심오하고 비극적인 것에 대한 그들의 재능을 기록한 것이다."(KSA 1, 68-69, 비극, 80-81쪽)

이런 의미에서 니체는 프로메테우스를 오이디푸스와 유사한 인물로 이해한다. 단지 오이디푸스가 자신의 운명에 대한 수동적인 태도를 보인다면, 프로메테우스는 능동적으로, 즉 스스로 비극적 인물이기를 원했다는 차이를 지닐 뿐이다.

이런 인물들은 셈족, 즉 히브리적인 인물과는 대립된다. 왜냐하면 히브리적 인물은 신에 의해 구원이 결정되는 노예적 인물이기 때문이다. 반면에 그리스적 인물은 스스로의 불을 통해 스스로 살아나는 인물이

10　위의 책, 101-102쪽

며, 이런 의미에서 그가 겪는 비극은 노예적 비극이 아니라 천재의 비극으로 이해된다. 이러한 천재의 비극은 신에 의해 구원된 노예들의 명랑성과 달리, 비극적 명랑성이란 특징을 지닌다. 이와 같이 스스로의 힘으로 자신의 존재를 드러내고 확인하려는 프로메테우스나 오이디푸스를 니체는 디오니소스 신의 상징으로 해석하기도 한다.

"프로메테우스나 오이디푸스를 포함한 그리스 무대의 유명한 인물들은 모두 원래의 주인공 디오니소스가 가장한 인물들이다."(KSA 1, 71, 비극, 84쪽)

이와 같이 니체가 이해하는 태양은 플라톤적인 태양이 아니라 모든 것을 죽이고 다시 살아나는 불의 태양이다. 이 점은 니체에 앞서 횔덜린이 주장했고, 하이데거에 의해 다시 강조되는 내용이기도 하다. 횔덜린은 1801년 12월 뵐렌도르프에게 보낸 서한에서 다음과 같이 말한다.

"내가 믿기엔 묘사의 명료성(Klarheit der Darstellung)이 우리에게 자연스럽듯이, 그리스인들에겐 하늘의 불(Feuer im Himmel)이 그렇다네."[11]

횔덜린은 독일인에겐 존재자를 명료하게 묘사할 수 있는 포착 능력이 있지만, 이 능력이 차가운 합리성으로 얼어붙지 않기 위해서는 하늘의 불이 필요하다고 주장하는 것이다. 이 점을 하이데거는 다음과 같이

---

11 마르틴 하이데거, 『횔덜린의 송가 〈게르마니엔〉과 〈라인강〉』, 최상욱 옮김, 서광사, 2009, 392쪽

말한다.

"독일인은 그들에게 고유한 것을 사용하기를 배우기 위해 하늘의 불과 만나야만 한다. 따라서 남쪽 나라로의 출발은 피할 수 없다. (...) 횔덜린은 신의 빛(불)에 의해 얻어맞은 자이다. 그는 '불' 에로의 방랑으로부터 귀향길에 있다. 그는 '죽어 가는 채 영혼을 불어넣는 자' 이다."[12]

이 점은 니체도 강조한다.

"독일 정신의 디오니소스적 토대로부터 하나의 힘이 솟아오른다. 이 힘은 소크라테스적 문화의 원조건과 공통점이 없고, 그로부터 설명할 수 없으며, (...) (오히려) 그 적대적인 것으로 간주된다. 그것은 바로 독일 음악, 주로 바흐에서 베토벤, 베토벤에서 바그너로 이어지는 강력한 태양의 운행으로 이해해야 할 독일 음악이다."(KSA 1, 127, 비극, 147쪽)

니체는 소크라테스부터 시작해 에우리피데스로 이어지는 알렉산드리아의 이론적 인간에 반대하여, 다시 디오니소스적 태양, 즉 모든 것을 태워 버리고 다시 타오르는 불을 요구하는 것이다. 말하자면 니체의 태양은 올바르게 볼 수 있게 하는 플라톤적 밝음의 태양이 아니라, 다이너마이트와 같이 폭발하는 디오니소스적인 불로서의 태양인 것이다.

---

12 마르틴 하이데거, 『횔덜린의 송가 〈이스터〉』, 최상욱 옮김, 동문선, 2005, 213-214쪽

3) 하늘적 대지로서 동굴

차라투스트라가 고향을 떠나 머무는 곳은 산 위에 있는 동굴이다. 그는
높은 산의 깊은 곳, 즉 동굴에 머물고 있는 것이다. 이러한 차라투스트
라의 거주처는 기존 형이상학에 의하면 모순되는 표현이다.

플라톤의 『국가』 7권에는 동굴 속 사람들에 대한 이야기가 묘사된다.
이들은 다른 세계가 있다는 것을 모른 채, 단지 자신들의 뒤에 있는 작
은 불빛과, 그 불빛에 의해 만들어진 그림자만을 전부로 알고 살아간
다. 그런데 그 이야기는 동굴 속에 갇혀 있는 사람들 중 누군가가 동굴
을 벗어나 '험하고 가파른 오르막 길'[13]을 올라가, 결국에 하늘과 태양
을 보는 장면으로 이어진다. 이때 그는 동굴 속 그림자의 세계를 벗어
나 실재 세계를 보게 되며, 그 실재 세계는 더 높은 곳에 있는 태양에
의해 보인다는 것을 확인하게 된다. 이 이야기에서 동굴은 감각의 세계
를, 높은 곳은 이데아의 세계를, 태양은 선의 이데아를 뜻한다. 동굴로
부터 태양이 비치는 곳으로 올라간다는 것은 감각의 세계로부터 이데
아의 세계로의 초월을 뜻한다. 따라서 플라톤은 감각의 세계에 해당되
는 동굴(spelaion)을 감옥이라고 해석한다.[14]

반면에 높은 곳, 즉 산이나 하늘은 초월적인 이데아의 세계를 뜻한
다. 이곳은 순수한 이성에 의해 도달할 수 있는 세계이다. 따라서 진리
를 알기 위해서는 감각의 세계에 해당되는 동굴로부터, 이데아의 세계
에 해당되는 하늘로의 초월이 절대적으로 필요하다. 이와 같이 플라톤
에게 하늘과 동굴은 서로 대립되는 메타포이다. 이 점은 플라톤 이후

---

13   플라톤, 『국가 · 정체』, 515e
14   위의 책, 515b 이하 참조

서구 형이상학과 그리스도교에 의해 주장되어 왔다. 이 사상들에 의하면 하늘은 대지적인 것과는 전적으로 다른 신적인 세계로 여겨진다. 하늘은 인간의 영혼만이 올라갈 수 있는 곳이며 높음, 초월, 무한, 영원이란 속성을 지닌다. 따라서 신은 하늘에 살고 인간은 대지 위에서 산다는 이분법적인 사고가 나타나게 된다.[15]

반면에 동굴은 대지보다도 더 밑에 있는 어두운 곳이다.[16] 동굴은 하늘과 달리 낮음, 깊음, 내재성, 유한성, 시간성이란 속성을 갖는다. 이 점은 산의 경우도 마찬가지이다. 그러나 동굴이 낮아진 대지인데 반해, 산은 높아진 대지이다. 이런 한에서 산과 동굴은 서로 대립되는 메타포이다. 그런데 니체는 차라투스트라의 거주처가 높은 산 위에 있는 동굴이라고 묘사한다. 이것은 무슨 의미인가?

"나는 방랑하는 자이자 산을 오르는 자이다. (...) 나는 평지를 도무지 좋아하지 않는다."(KSA 4, 194, 차라, 249쪽)

높은 곳에 대한 추구는 니체 사상의 근본적 특징이다. "신은 죽었다."라는 니체의 말은 초월적 세계를 부정하는 것이 아니다. 이와 반대로 더 많은 힘을 의지하려는 니체의 사상은 그 자체로 초월에의 욕구를 추구한다. 단지 플라톤, 그리스도교 사상이 내재성과 초월적 세계를 이원론적으로 분리한 데 반해, 니체는 일원론적 입장에서 내재적 초월을 강조할 뿐이다. 니체는 초월을 통해 현실 세계를 떠나지 않으며, 오히려 현실 세계를 초월적으로 끌어올리기를 시도하는 것이다. 니체에 의하

---

15   멀치아 엘리아데, 『성과 속: 종교의 본질』, 이동하 옮김, 학민사, 1983, 110쪽 이하 참조

16   플라톤, 『국가·정체』, 514a, 516e 참조

면 모든 생명체, 특히 인간은 더 많은 힘을 욕구해야 하며 자신의 실존을 통해 끊임없이 자신의 존재를 끌어올려야 한다.

이렇게 스스로의 의지를 통해 초월을 시도하는 니체의 입장은 고통받던 프로메테우스를 구해 준 헤라클레스의 모습이나 평평한 대지를 딛고 하늘을 떠받치는 아틀라스의 모습과 다르지 않다.

"아틀라스는 산에 의해서 역학화된 사람이다. (…) 아틀라스의 신화는 산의 신화이며, (그는) (…) 대지의 어깨 위에서 하늘을 지탱하고 있다."[17]

이와 같이 산이기를 원하는 니체는 날개를 꿈꾸기도 한다. 날개를 가지고 날아다니는 꿈은 기존의 가치에 억눌리지 않고 그것에서 벗어나려는, 유혹적이며 아름다운 꿈이다. 날개의 의미는 이미 그리스 신 헤르메스에게서 잘 나타난다. 헤르메스는 신과 인간 사이에서 신의 소리를 인간에게 전해 주는 신이다. 그의 신발 뒤축엔 작은 날개가 달려 있다. 이것은 헤르메스가 디오니소스와 마찬가지로 '사이-존재'(Zwischen-Sein)라는 것을 뜻한다. 이 점을 릴케는 다음과 같이 읊는다.

"우리가 열어 놓고 있는 우리의 심장을 가로지르며
두 발에 날개를 단 신이 지나간다."[18]

헤르메스가 여행의 신인 이유도 그가 날개를 지녔기 때문이다. 그는 여기저기 자유롭게 여행을 하고 새로운 세계를 경험하며 그 의미를 발

---

17   가스통 바슐라르, 『대지와 의지의 몽상』, 민희식 옮김, 삼성출판사, 1982, 424쪽
18   가스통 바슐라르, 『공기와 꿈』, 정영란 옮김, 이학사, 2000, 61쪽

견한다. 이와 같이 산과 날개는 먼 세계를 날아다니며 두루 경험하는 독수리의 메타포와 연결된다.

"우리는 아주 거센 바람처럼 그들 머리 위 높은 곳에 살고자 한다. 독수리와 이웃하고 만년설 그리고 태양과도 이웃하면서."(KSA 4, 126, 차라, 159쪽)

결국 산과 날개의 메타포는 인간은 스스로 극복해야 될 존재라는 니체의 입장을 상징적으로 표현하는 것이다. 즉 산과 날개의 메타포는 초월과 자유, 새로운 세계, 그리고 자신에 대한 극복을 의미한다.

"높이 오를 필요가 있기에, 생은 계단을, 계단과 오르는 자들의 모순을 필요로 한다! 생은 오르기를 원하며 오르면서 자신을 극복하기를 원한다."(KSA 4, 130, 차라, 164쪽)

이런 맥락에서 니체는 '수직적 시인, 정상의 시인, 상승적 시인의 전형'[19]이라고 할 수 있다. 그러나 산과 날개를 꿈꾸는 니체의 '상승의 심리학'[20]은 동시에 높은 곳에서의 현기증과 추락을 수반한다. 날기를 원하는 자는 추락에의 현기증을 감수해야 한다. 이러한 위험에도 인간은 자신의 초월적 존재를 향해 날아가기를 시도해야 한다. 왜냐하면 초월을 멈추는 것은 이미 추락을 뜻하기 때문이다. 이렇게 추락하는 존재를 니체는 '중력의 영'이라고 표현한다. 중력의 영은 "환영과 수수께끼에 대하여"에서 차라투스트라가 산을 오르지 못하도록 방해하는 자로 묘

---

19 위의 책, 232쪽

20 위의 책, 36쪽

사된다. 여기서 중력의 영은 '위를 향해 던져진 모든 것은 반드시 떨어지기 마련이라고' 말하면서, 차라투스트라의 수직성에의 의지가 결국엔 그 자신을 죽이게 될 거라고 위협한다.

> "오, 차라투스트라여, 너는 너 자신에게 떨어져 너를 돌로 쳐 죽이도록 되어 있는 그 돌을 멀리도 던졌다. 그러나 그것은 네 머리 위로 떨어지고 말리라."(KSA 4, 198, 차라, 256쪽)

이것은 상승하려는 자의 숙명이며 대지와 육체를 지닌 생명체가 필연적으로 겪어야 할 운명이다. 그럼에도 그가 자신의 존재를 극복하려면 그 자신을 넘어서서 위를 향해야 한다. 비록 그것으로 인해 심연으로 떨어진다 하더라도. 이런 의미에서 상승하려는 자는 홀로 자신의 존재를 책임져야 한다. 그는 '고독한' 존재인 것이다.

그러나 파리 떼가 윙윙거리는 시장터와 달리 고독 속에서 비로소 새로운 가치가 창조될 수 있다. 고독은 힘들지만 위대한 것이기도 하다. 이런 의미에서 니체는 "시장터의 파리들에 대하여"에서, "나의 벗이여, 너의 고독으로 달아나라."라는 표현을 반복하는 것이다.

이와 같이 니체에게 산의 메타포는 초월, 상승, 고독, 현기증과 연결된다. 그런데 이 모든 것이 가능한 것은 니체의 초월이 대지를 떠나 하늘로 향하는 초월이 아니라, 대지를 품은 채 대지를 하늘의 높이로 끌어올리는 초월, 육체를 지닌 채 육체를 영혼의 높이로 끌어올리는 초월이기 때문이다. 그렇다면 니체의 '동굴'은 무슨 의미를 지니는가?

니체는 동굴을 긍정적인 의미로도, 부정적인 의미로도 쓴다. 부정적인 경우로는 다음의 문장을 들 수 있다.

"오, 사제들이 지은 이 오두막집을 보라! 그들은 감미로운 향을 내는 그들의 동굴을 교회라고 부르고 있지 않은가!"(KSA 4, 118, 차라, 147쪽)

"이들 독거미는 생에 등을 돌리고 그들의 동굴 속에 살면서도 생에 대해서는 좋게 말하고 있는 것이다."(KSA 4, 130, 차라, 163쪽)

첫째 인용문은 사제의 동굴에 대하여 말한다. 니체에 의하면 사제의 동굴은 겉으로는 감미로운 향기를 내뿜지만, 그 본질은 '그릇된 가치와 미혹의 말'로 사람들을 집어 삼키는 곳이다. 그곳은 격리된 채 사람들에게 상승에의 의지를 부정하고 거짓된 신념을 부추기는 곳이다. 사제들의 동굴은 후텁지근한 공기로 가득 차 있다. 이와 같이 지하적인 힘이 지배적인 사제의 동굴은 높은 산에 위치하는 차라투스트라의 동굴과는 전혀 다르다. 차라투스트라의 동굴은 후텁지근한 공기가 아니라 산 정상의 차가운 공기가 지배하는 곳이다. 그 동굴은 더 이상 지하적이지 않다. 그곳의 공기는 강렬하고 차갑고 맑다.

둘째 인용문은 독거미의 동굴에 대하여 묘사한다. 여기서 타란툴라라는 독거미는 평등을 외치는 사회주의자들을 암시한다. 이들의 동굴역시, 사제의 동굴과 마찬가지로 삶과 격리된 동굴로 묘사된다. 그들의 동굴은 모두 '지하실의 벽이 땅속에 묻힌 벽, 이쪽 벽면밖에 없는 벽, 그 뒤에는 전 지구의 땅이 가로막고 있는 벽'에 둘러싸인 동굴이며, 그동굴은 '그 자체가 땅속에 묻힌 광기이고, 벽 안에 갇힌 드라마이며, 범죄가 이루어지는 지하실'[21]이다. 또한 이들의 동굴은 모두 '원한감정'이란 눅눅한 공기로 가득 찬 동굴이다. 그들은 삶에 대한 증오심과 원

21　가스통 바슐라르, 『공간의 시학』, 곽광수 옮김, 동문선, 2003, 99쪽

한 감정으로부터 앙갚음하기 원한다.

"상처받은 자만심, 억제된 시샘, 너희가 선조에게서 물려받았을지도 모르는
자만과 질투. 이런 것들이 너희의 마음속에서 불꽃이 되고 앙갚음의 광기가
되어 터져 나온다."(KSA 4, 130, 차라, 162쪽)

결국 사제나 타란툴라는 모두 원한감정을 품고 스스로 격리된 동굴
에 살면서 사람들이 자신들의 동굴로 들어오기를 기다리는 흡혈귀이며
거대한 거미들이다. 이 거미들은 먹이를 잡기 위해 아름답게 보이는 거
미줄을 설치한다. 그 거미줄은 벌레들에게는 아름답고 향기로운 유혹
으로 보인다. 그러나 그것은 기만일 뿐 죽음의 덫이다. 그 거미줄이 죽
음의 덫이라는 것을 깨달았을 때, 모든 것은 끝난다. 그런데 거미들은
자신이 만들어 내는 거미줄이 아름답지 않다는 것을 잘 알고 있다. 왜
냐하면 거미줄은 환상에 불과하기 때문이다. 그럼에도 거미줄은 거미
를 먹여 살리는 가장 중요한 도구이다. 즉 거미는 거미줄의 본질이 허
구적 유혹임을 알지만, 그 허구를 사랑할 수밖에 없는 것이다. 따라서
코프만은 이들이 추구하는 것을 자신과 자신의 거미줄에 대한 '나르시
스적 환상'[22]이라고 표현한다.

이와 달리 차라투스트라의 동굴은 동굴 내부와 외부가 트여 있는 곳
이다. 그의 동굴은 '문 없는 거처'[23]이다. 외부인을 유혹하기 위한 거미
줄은 필요없다. 그곳은 보호받고자 하는 곳이지, 가두어 두는 폐쇄된
공간이 아니기 때문이다. 그의 동굴은 안과 밖을 구분하는 문을 가지고

---

22   앨런 슈리프트, 『니체와 해석의 문제』, 166쪽에서 재인용
23   가스통 바슐라르, 『대지와 의지의 몽상』, 206쪽

있지 않기 때문에 그곳으로는 태양의 빛과 산 정상의 차가운 공기가 들어온다. 그의 동굴은 태양을 기다리는 곳이고, 지친 차라투스트라를 쉴 수 있게 하는 곳이며, 사람들의 홍수로부터 고독을 즐기게 하는 곳이다. 달콤한 고독에서 새로운 세계를 꿈꿀 수 있는 한, 그곳은 새로운 생명을 잉태하는 곳이다.

"생티브는 (...) 동굴이 일종의 우주적 모태였다는 원시 신화의 예를 제시한다. 어떤 신화들에 의하면 바로 동굴에서 달과 태양, 모든 생명체가 나왔다는 것이다. 특히 동굴은 인류 발생의 모태이다. (...) 동굴은 알에 관한 몽상, 번데기의 수면 상태에 대한 온갖 몽상을 허락한다. 동굴은 일상 존재의 무덤으로서, 그 무덤 안에서 대지적 수면을 취한 덕분에 생기를 얻고 매일 다시 거기로부터 나오는 것이다."[24]

이처럼 새로운 창조가 이루어지는 곳으로서 차라투스트라의 동굴은 '중심적인 고독의 장소'이면서, 그 주위로 새로운 인간들(보다 높은 인간들)을 모으는 '세계 밖의 세계'[25]이다. 특히 『차라투스트라는 이렇게 말했다』 4부에서 묘사되듯이, 그의 동굴은 상처받은 사람들이 모여들고 치료받는, 즉 '가난의 영광'[26]의 장소이다. 그는 위험에 처해 구원을 요청하는 사람들에게 자신의 동굴을 내주고 그들이 치료받도록 한다.

이와 같이 산 정상에 있는 차라투스트라의 동굴은 하늘과 대지가 만나는 곳이고, 대지가 하늘처럼 높아진 곳이며, 새로운 세계를 잉태하는 곳이다.

---

24   위의 책, 225쪽

25   위의 책, 114쪽

26   가스통 바슐라르, 『공간의 시학』, 115쪽

4) 독수리와 뱀: 긍지와 지혜의 어우러짐

『차라투스트라는 이렇게 말했다』 머리말에는 독수리와 뱀이 등장한다.

> "너(태양)는 지난 십 년 동안 여기 내 동굴을 찾아 올라와 비추어 주었다. 만
> 약에 나와 나의 독수리와 뱀이 없었던들 너는 필경 너의 빛과 그 빛의 여정
> 에 지쳐 있었으리라."(KSA 4, 11, 차라, 12쪽)

뱀과 독수리는 차라투스트라의 동굴에 함께 있는 동물들이다. 그렇
다면 뱀과 독수리는 어떠한 의미를 지니는가?

우리는 위에서 독수리가 프로메테우스를 괴롭히는 제우스의 새, 태
양의 새, 불새라는 점을 지적했다. 불새(피닉스)로서 독수리는 스스로
죽음과 새로운 삶을 욕구하는, 높은 하늘을 날아다니며 하늘과 땅을 지
배하는 '왕'의 이미지를 갖는다. 이런 맥락에서 독수리는 게르만 신화
의 최고 신인 오딘이나 로마 황제를 상징한다.

> "독수리를 강력한 종교적 상징으로 사용한 것은 게르만족이었으며, 또한 켈
> 트족에게도 알려졌다. 바이킹 시대 이전 시기의 투구 금속판에는 독수리의
> 깃 장식이 달린 투구를 쓰고 있는 전사들의 모습이 나타나 있다. 또한 서튼
> 후에서 출토된 위대한 왕실 방패에도 화려한 독수리가 그려져 있다."[27]

고대 게르만인에게 독수리는 용감한 전사들을 발할라로 이끄는 새
로 알려져 왔다. 게르만 신 오딘은 종종 독수리로 변신하기도 한다. 이

---

27   최상욱, 『니체, 횔덜린, 하이데거, 그리고 게르만 신화』, 288쪽

러한 특징을 종합한다면 독수리는 황제, 즉 가장 긍지 높은 자를 상징한다. 이런 맥락에서 니체는 독수리를 '저 태양 아래서 가장 긍지 높은' 동물이라고 칭하는 것이다. 이 점을 하이데거는 다음과 같이 해석한다.

"독수리는 가장 긍지가 강한 동물이다. 긍지란 (...) 자신의 고유한 위계 안에 결연하게 머무는 태도이다. 그것은 자신을 더 이상 혼동하지 않는 자신감이다. 긍지는 높은 곳으로부터, 즉 상위에 존재함으로부터 자신을 규정하면서 상위에 머무는 것이며, 오만이라든가 자만과는 본질적으로 다른 것이다. (...) 독수리는 가장 긍지가 강한 동물이다. 그는 극히 높은 곳에서 살며 높은 곳으로부터 산다. 그가 깊은 곳으로 내려올 때조차도 그러한 깊은 곳은 여전히 높은 산맥들과 협곡들의 높은 곳이며, 모든 것이 동일하고 균등하게 되어 있는 평지가 아니다."[28]

높은 곳을 날아다니는 새로서 독수리는 인간에 의해 길들여진 가축이 아니라 홀로 자신의 삶을 살아가는 고독자이다. 이것은 차라투스트라가 고독을 즐기는 자이자 은둔자라는 것과 연관된다. 또한 가장 긍지에 찬 동물인 독수리는 기존의 진리를 불태우고 새로운 진리를 만들어나가는 시간, 즉 '정오의 시간'을 상징한다.

"이것은 해가 그의 머리 위에 떠 있을 때 차라투스트라가 마음속으로 한 말이었다. 그때 그는 이상한 생각이 들어 하늘을 올려다보았다. 날카로운 새 울음소리가 들렸기 때문이다. 보라! 독수리 한 마리가 커다란 원을 그리며

---

28   마르틴 하이데거, 『니체 I』, 293-294쪽

하늘을 날고 있는 것이 아닌가. 그리고 그 독수리에게 뱀 한 마리가 매달려 있는 것이 아닌가. 그런데 그 뱀은 독수리의 먹이가 아니라 친구인 듯했다. 목을 감은 채 의지하고 있는 것으로 보아 그렇다.″(KSA 4, 27, 차라, 34쪽)

여기서 독수리는 그림자가 가장 짧은 시간인 정오의 동물로 묘사된다. 정오에 독수리는 커다란 원을 그리며 날고 있다. 그것은 독수리가 영원회귀를 상징하는 동물이라는 점을 드러낸다. 그런데 독수리의 목을 뱀이 휘감고 있다. 그렇다면 뱀은 무엇을 뜻하는가?

일반적으로 뱀은 가장 대지적인 동물로 여겨진다. 뱀은 온몸으로 대지를 감싸 안은 채 움직인다. 뱀은 대지 밑 그늘 속 검은 세계에서 살아가며 대지를 돌아다니다가도 마치 땅에 흡수되는 양 땅속으로 들어가 버린다.[29] 땅 깊은 곳으로 들어가 그곳에 머무르는 뱀은 이 세계를 지탱해 주는 지반으로 해석되기도 한다. 뱀은 세계가 창조되기 이전의 우주적 근거인 것이다. 이 점은 D. H. 로렌스에 의해 잘 표현된다.

"이 대지 중심에, 불 가운데 거대한 뱀이 잠들어 있다. 광산으로 내려가는 자들은 그 뱀의 열기와 땀 냄새를 맡는다. 그들은 그놈이 움직이는 것을 느낀다. 그는 대지의 불길이다. 왜냐하면 대지는 살아 있기 때문이다.″[30]

이 점은 게르만 신화에서도 나타난다. 이 신화에 등장하는 미드가르드의 뱀은 우주목을 상징하는 이그드라실의 밑둥에 살면서 세계를 지탱해 주는 존재이다. 이 거대한 뱀은 세계를 흔들고 독으로 오염시켜,

---

29   가스통 바슐라르, 『대지와 의지의 몽상』, 291쪽 참조
30   위의 책, 302쪽에서 재인용

결국 종말에 이르게 한다.[31]

이와 같이 뱀은 우주의 지반이자 우주목 자체이기도 하며, 세계를 지탱하는 지반이자, 세계를 종말로 이끄는 장본인이기도 하다. 이런 점이 종교적으로 표현되었을 때, 그리스도교 성서에서처럼 뱀은 유혹하는 자이자, 동시에 죽음을 끌어들이는 악의 상징으로 나타나게 된다. 또한 뱀은 세계의 종말, 혹은 창조 이전의 카오스를 뜻하기도 한다.

"뱀은 카오스, 무정형 상태, 아직 나타나지 않은 것을 상징한다. 그것의 머리를 자르는 것은 창조로, 잠재적이고 무정형인 것으로부터 형태를 가진 존재로 나아가는 것에 해당한다."[32]

또한 뱀의 이미지 중 가장 일반적인 것은 똬리를 틀고 있는 모습, 즉 처음과 마지막이 서로 연결되어 순환을 이루는 모습이다. 그리고 허물을 벗는 뱀의 모습은 삶과 죽음의 순환, 혹은 삶과 죽음을 넘어선 영원한 생명을 상징한다.

"뱀은 제 꼬리를 물고 있는 동그라미 꼴로 그려지기도 합니다. 이것이 바로 삶의 이미지이지요. 삶 역시 한 세대에서 죽고 죽어서 다시 태어나는 영원한 에너지와 의식을 상징합니다.[33]

이 점을 바슐라르는 다음과 같이 말한다.

---

31   최상욱, 『니체, 횔덜린, 하이데거, 그리고 게르만 신화』, 286–287쪽 참조
32   멀치아 엘리아데, 『성과 속』, 50쪽
33   조셉 캠벨, 『신화의 힘』, 이윤기 옮김, 고려원, 1996, 101쪽

"꼬리를 무는 뱀은 구부린 선도 아니요, 단순한 살덩이 고리도 아니다. 그것
은 생과 죽음의 물질적 변증이니, 생에서 비롯한 죽음과 죽음에서 비롯한 생
의 변증법이다. 이는 플라톤식 논리의 반대 항들이 아니라 죽음의 물질과 생
명의 물질 간의 끝없는 가역성을 말한다."[34]

이 점은 니체가 묘사하는 뱀의 경우도 마찬가지이다. 니체는 뱀을
'하늘 아래 가장 영리한' 동물로 묘사한다. 이때 영리함은 부정과 긍정,
죽음과 삶의 순환 가운데서 자신을 상실하지 않으며, 때로는 자신을 숨
기기도 하면서 이 모든 존재현상을 '놀이'로써 자유롭게 제어할 수 있
는 힘을 뜻한다.[35] 높은 하늘에서 거대한 원을 그리며 날고 있는 독수리
와 마찬가지로, 그 독수리의 부리를 동그랗게 휘감고 있는 뱀은 모두
영원회귀 사상, 기존의 진리의 죽음과 새로운 진리의 삶이라는 순환을
상징하며, 긍지와 영리함은 영원회귀를 풀어 나갈 수 있는 능력, 즉 '힘
에의 의지'를 뜻한다.[36]

그런데 『차라투스트라는 이렇게 말했다』에는 또 다른 뱀이 묘사된
다. 그 뱀은 젊은 양치기의 목구멍을 막고 있는 검은 뱀이다. 그 뱀은
극단적인 허무주의로서 영원회귀를 뜻한다. 영원회귀는 극단적인 허무
주의를 뜻하기도 하기 때문이다. 그것은 차라투스트라의 영리한 동물
인 금색의 뱀과 달리 검은 색으로 묘사된다. 일반적인 표상에 의하면
검은 뱀은 카오스로서의 뱀, 세계를 파괴하려는 뱀에, 금색의 뱀은 삶
과 죽음을 연결하고 순환시키는 뱀에 해당된다. 따라서 차라투스트라
는 젊은 양치기로 하여금 검은 뱀의 머리를 자르라고 외치는 것이다.

---

34   가스통 바슐라르, 『대지와 의지의 몽상』, 309쪽

35   마르틴 하이데거, 『니체 I』, 294쪽 참조

36   위의 책, 296쪽 참조

이것은 머리를 자름으로써 세계를 카오스로부터 구할 수 있다는 일반적인 표상과 일치한다. 결국 뱀과 독수리는 긍지와 영리함을 가지고 자신의 길을 헤쳐 나가는 차라투스트라 자신에 대한 비유이기도 하다.

> "그리고 언젠가 나의 영리함이 나를 떠나 버린다면. 아, 영리함은 달아나기를 좋아한다. 그렇게 되면 나의 긍지도 나의 어리석음과 함께 날아가 버리기를!"(KSA 4, 27-28, 차라, 35쪽)

5) "이렇게 차라투스트라의 몰락은 시작되었다"라는 표현의 의미

차라투스트라는 아침에 뜨고 저녁에 지는 태양을 바라보면서 자신의 동굴에서 10년을 머문 후, 이제 산에서 내려가려고 한다. 이때 "이렇게 차라투스트라의 몰락이 시작되었다."라는 표현이 나타난다. 여기서 몰락이란 표현은 단어의 뜻 그대로 산으로부터 밑으로 내려간다(untergehen)는 의미를 지닌다. 몰락은 아래에서 위로 향하는 상승과 반대로, 위에서 아래로 향하는 하강을 뜻하며, 산 정상의 고독함으로부터 사람들 사이의 혼잡함으로 내려가는 일이기도 하다. 그런데 그가 사람들 세계로 내려가려는 이유는 사람들에게 초인을 말하고 그들이 초인에 가까워질 수 있게 하기 위해서이다. 그의 몰락은 순수한 내면의 반성이 아니라 사람들과의 구체적인 만남 속에서 이루어지는 사건이다.

차라투스트라의 내려감은 자신의 세계로부터 스스로 낮아짐이란 뜻을 포함하지만, 그의 내려감은 올라감과 대립하는 것은 아니다. 왜냐하면 차라투스트라가 스스로 내려가는 것은 사람들을 자신의 높이까지 끌어올리기 위해서이기 때문이다. 이러한 차라투스트라의 행동은

A＝A라는 동일률이나 A≠-A라는 모순율이 아니라, A＝-A라는 관점에서 이해되어야 한다. 우리는 이러한 특징을 태양의 뜸과 짐이 지닌 의미에서 확인할 수 있다.

"그러기 위해 나는 저 아래 깊은 곳으로 내려가야 한다. 네가 저녁마다 바다 저편으로 떨어져 하계에 빛을 가져다줄 때 그렇게 하듯. 너 차고 넘치는 천체여!"(KSA 4, 11, 차라, 12-13쪽)

이때 뜨는 것과 지는 것, 상승과 몰락은 서로 대립되지 않으며, 위와 아래로의 방향성을 뜻하지도 않는다. 뜨는 것과 지는 것은 모두 거대한 태양의 원운동의 일부분일 뿐이다. 그런데 이런 사상을 우리는 고대 그리스 철학자 헤라클리트에게서 발견할 수 있다.

헤라클리트의 단편에는 "올라가는 길과 내려가는 길은 하나이며 동일하다."[37], "질병은 쾌적하고 좋은 건강을 만들어 주며, 배고픔은 배부름을, 피곤함은 휴식을 가져다준다."[38], "우리에게 속하는 항상 하나이며, 동일한 것은 삶과 죽음, 깨어 있음과 잠듦, 젊음과 늙음이 있다. 왜냐하면 후자의 것들은 전자의 것들로부터, 전자의 것들 역시 후자의 것들로부터 변화되었기 때문이다."[39] 등의 표현이 있다. 헤라클리트는 서로 대립되는 것처럼 보이는 것들이, 사실은 영원한 순환 속에 있는 계기들에 불과하다고 주장한다. 그에 의하면 대립 항은 그것을 바라보는 사람들의 제한된 시각에 의해 그렇게 보일 뿐이며, 거대한 로고스의 원운

---

37   H. Diels · W. Kranz, *Die Fragmente der Vorsokratiker: Griechisch und Deutsch*, Weidmann, Zürich, 1974, 164쪽(단편, 60번)

38   위의 책, 175쪽(단편, 111번)

39   위의 책, 170-171쪽(단편, 88번)

동의 시각에서 보면 하나의 통일성 안에 들어 있는 것이다. 거대한 원에서 시작과 끝은 없으며, 시작과 끝은 하나로 만나는 것이다. 이런 의미에서 니체는 "세계에는 내면과 외면이 없다."(KSA 2, 35, 인간 I, 37쪽)라고 말하거나 대립 항이란 것은 철학자들이 만들어 낸 오류라고 강조하면서, 대립되는 가치들이 그 본질에서는 동일한 것이 아닌지 묻는다.

> "형이상학자들의 근본적인 믿음은 가치들의 대립에 관한 믿음이다. (...) (그런데) 사람들은 다음의 사실을 의심해 볼 수 있다. 첫째, 도대체 대립이라는 것이 존재하는가, 둘째, 형이상학자들이 보증했던 저 대중적인 가치 평가와 가치 대립은 아마 단지 표면적인 평가가 아닌지, 단지 일시적인 관점이 아닌지 (....) 그뿐만 아니라 저 훌륭하고 존중할 만한 사물의 가치를 만드는 것이 바로 겉보기에 대립되는 저 나쁜 사물과 위험할 정도로 유사하고, 또 연관되어 있으며, 단단히 연계되어 있고, 어쩌면 본질적으로 동일한 것일 수 있다는 것도 가능할 것이다. 아마도 그럴 것이다!"(KSA 5, 16, 선악, 17쪽)

서구 형이상학에 의하면 안과 밖은 서로 대립되는 개념으로, 안은 항상 안이고, 밖은 항상 밖이다. 그리고 안과 밖은 자아와 타인, 동족과 이민족, 나아가 삶과 죽음, 이승과 저승으로 이어진다. 그러나 이러한 구분과 대립에 대하여 장 이폴리트는 다음과 같이 말한다.

> "안과 밖의 형성이라는 그 신화가 어떤 중요성을 가지고 있는지, 여러분은 감지할 것입니다: 안과 밖의 형성은 바로 그 두 항에 토대를 둔 정신 착란의 형성입니다."[40]

---

40   가스통 바슐라르, 『공간의 시학』, 356쪽

이 외에도 안과 밖이 대립 항이 아니라는 점을 뫼비우스의 띠에서 발견할 수 있다. 거기서 안은 밖이 되고, 밖은 안이 된다. 이 점은 선과 악의 경우도 마찬가지이다. 우리는 선은 항상 선이고 악은 항상 악이라고 생각하지만, 선과 악 사이의 투쟁에서 많은 경우에 선이 악으로 변하는 것을 목격하기도 한다. 니체는 이 점을 다음과 같이 말한다.

"괴물과 싸우는 사람은 자신이 이 과정에서 괴물이 되지 않도록 조심해야 한다. 만일 네가 오랫동안 심연을 들여다보고 있으면, 심연도 네 안으로 들어가 너를 들여다본다." (KSA 5, 98, 선악, 125쪽)

이 점은 독과 약의 관계에서도 마찬가지이다. 독이나 약은 따로 존재하지 않으며, 그것이 어떻게 사용되는가에 따라 누군가에겐 약이 되고, 누군가에겐 독이 될 수 있는 것이다.

"예전에는 삶의 향료였던 것이 우리에게는 독이 될 것이다." (KSA 6, 137, 우상, 175쪽)

이러한 니체의 주장은 헤라클리트를 따르는 것이다. 헤라클리트는 "바닷물은 가장 깨끗하며 또 가장 더럽다. 고기들은 마실 수 있으며, 따라서 없어서는 안 되는 것이지만, 인간에게 그것은 마실 수도 없을 뿐 아니라 해로운 것이기 때문이다."[41]라고 말한다. 이 점을 데리다는 『에쁘롱』에서 배의 돌출구의 예를 통해 해석한다. 배가 바다를 항해할 때

---

41   H. Diels · W. Kranz, *Die Fragmente der Vorsokratiker: Griechisch und Deutsch*, 164쪽(단편, 61번)

배의 앞부분은 바다를 가르며 길을 낸다. 바로 그때 배에 의해 바다의 좌, 우가 생겨난다. 그런데 배가 더 앞으로 나아가면 뒤에 남은 좌, 우의 모습은 희미해지고 이윽고는 사라진다. 그리고 좌, 우는 모두 동일한 바다가 된다.

이와 같이 형이상학적인 이원론적 대립 항을 거부하는 니체를 따른다면, 차라투스트라의 몰락은 단순한 추락이 아니라 뜨고 지며 거대한 원운동을 이루는 태양의 운행과 같은 의미를 지닌다. 왜냐하면 차라투스트라의 몰락이 없다면 사람들의 상승도 불가능하며, 나아가 차라투스트라 자신도 추상적인 상태에 머물렀을 것이기 때문이다. 그러나 차라투스트라는 자신의 몰락을 통해 구체적인 자신으로 높아질 수 있는 것이다. 이 점은 잔에 대한 묘사에서도 나타난다.

> "바야흐로 넘쳐흐르려는 이 잔을 축복하라. 이 잔으로부터 물이 황금빛으로 흘러넘치도록. 그리하여 온 누리에 너의 환희를 되비추어 주도록! 보라! 잔은 다시 비워지기를, 차라투스트라는 다시 사람이 되기를 갈망하노라."(KSA 4, 12, 차라, 13쪽)

여기서 니체는 잔의 흘러넘침과 비어짐은 서로 대립적인 사건이 아니라 보충적인 사건으로 파악한다. 이러한 이해 방식을 우리는 하이데거의 사상에서 다시 발견할 수 있다. 하이데거에 의하면 잔은 밑바닥과 벽면으로 이뤄진 존재자이지만, 잔이 잔일 수 있기 위해서는 빈 공간이 있어야 한다. 잔이라는 사물은 단순히 존재자가 아니라 무를 포함할 때 잔일 수 있는 것이다. 즉 잔이라는 존재자와 빈 공간이라는 무는 서로 대립하는 것이 아니라, 서로 공속하여 잔의 존재를 완성하는 것이다.

이와 마찬가지로 니체에게 잔의 존재의미도 그것의 비어짐에 있는 것이다. 그리고 비어짐을 통해 채워짐이 가능하듯이, 차라투스트라도 잔과 같이 비워지고 채워질 때 비로소 차라투스트라일 수 있는 것이다. 이렇게 비움의 사건이 바로 차라투스트라의 몰락이다.

6) 숲에 사는 노인과 차라투스트라 : 재와 불

머리말 2에는 산에서 내려온 차라투스트라가 숲 속에 사는 노인과 만나는 장면이 묘사된다. 그는 숲 속에서 풀뿌리를 캐기 위해 자신의 신성한 오두막집을 떠난 자이다. 여기서 신성한 오두막집은 위에서 언급한 사제들이 지은 오두막집, 즉 교회라는 동굴을 가리킨다. 이곳은 거짓스러운 광채와 탁한 공기로 가득 차 있으며, 인간이 스스로 극복하는 것을 거부하는 곳, 지하적인 곳, 땅이라는 벽에 갇혀 있는 지하실, 땅속에 묻힌 광기이다.

그런데 차라투스트라가 만난 노인도 전에는 이와 같은 자신의 오두막집을 가지고 있었다. 그런데 지금 그는 숲 속에 살고 있다. 그가 자신의 오두막집을 떠난 이유는 '풀뿌리'를 캐기 위해서이다. 그렇다면 숲과 풀뿌리는 어떤 의미를 지니는가?

우선 우리가 지적해야 할 점은 니체가 사용하는 메타포는 항상 동일한 의미만을 지니지 않는다는 것이다. 그의 메타포는 열려 있는 메타포이다. 따라서 그의 메타포의 의미를 알기 위해서는 그 메타포 자체가 무엇을 뜻하는지 살펴보기보다는 그 메타포가 어떤 맥락에서 사용되는가에 주의해야 한다. 왜냐하면 니체의 메타포는 그것이 다른 메타포와 어떻게 연결되는가에 따라 그 뜻이 달라질 수 있기 때문이다. 이 점은 숲의 메타포에도 적용된다. 그는 도시와 비교하여 숲에 긍정적인 의미를 부여하기도 한다.

> "나는 숲을 좋아한다. 도시에서는 살기가 어렵다. 도시에는 욕정에 불타는
> 사람들이 너무도 많다."(KSA 4, 69, 차라, 86쪽)

반면에 머리말 2에 나타나는 숲은 머리말 1에서 묘사된 산과 대비해
해석되어야 한다. 산은 높고, 맑고 차가운 공기가 있는 곳인 반면, 여기
서 묘사되는 숲은 낮고, 후텁지근한 공기가 있는 곳이다. 그리고 그 숲
에서 노인이 하는 일은 더 낮은 일, 즉 나무의 풀뿌리를 캐는 일이다.
이때 숲은 산과 대비해 부정적인 의미를 지닌다.

> "나무가 더욱 높고 환한 곳을 향해 뻗으려 하면 할수록, 그 뿌리는 더욱더 힘
> 차게 땅속으로 저 아래로 어둠 속으로 나락으로 악 속으로 뻗어 내려가려고
> 한다."(KSA 4, 51, 차라, 64쪽)

이 인용문에서 뿌리는 어둠, 나락, 악으로 파악된다. 뿌리는 '살아 있
는 죽은 존재'이다. 왜냐하면 뿌리는 '죽은 자들의 땅에서 죽은 자들 쪽
으로 움직이기'[42] 때문이다. 이렇게 노인이 머물고 있는 숲은 지하실의
이미지를 풍긴다. 노인은 숲이라는 지하실에 갇혀 사는 인물인 것이다.
이런 의미에서 노인이 살고 있는 숲은 정도가 심해진 사제의 오두막집
이라고 할 수 있다. 그런데 지하실과 같이 어두운 숲은 길을 잃을 위험
성을 항상 내포한다. 숲은 미궁이며 노인은 미궁에 빠져 길을 잃은 자
인 것이다. 나아가 그는 미궁이라는 공간 속에 갇혔을 뿐 아니라, 시간

---

42   가스통 바슐라르, 『대지 그리고 휴식의 몽상』, 정영란 옮김, 문학동네, 2002, 320쪽

으로부터도 갇힌 자이다. 그에게는 미궁으로부터 벗어날 아리아드네의
실이 없다. 그는 무익한 행동을 끊임없이 되풀이할 뿐이다.

> "인간 존재는 닫혀 버린 과거와 막혀 버린 미래 사이에 갇힌 것이다. 그는 길
> 에서 감금당한 것이다. 급기야 미궁의 꿈이 주는 기이한 숙명성이 닥친다:
> 사람들은 그 속에서 때로 같은 지점으로 되돌아오곤 한다. 그러나 방향을 바
> 꾸는 경우는 결코 없다."[43]

이렇게 지하실, 미궁과 같은 숲 속에 갇힌 채 노인은 무의미한 일을
반복한다. 그 일은 바로 신을 찾는 일이다. 그는 과거에 죽은 신을 회상
한다. 그것이 '풀뿌리를 캐는 것'으로 묘사되는 것이다. 이때 뿌리는 지
하의 나무이며 깊은 과거와 무의식에 대한 상징이다.

> "뿌리는 깊이로의 한 축이다. 뿌리는 우리를 먼 과거로, 우리 인류의 저 아득
> 한 과거로 데려간다."[44]

노인은 자신의 내면에, 자신의 과거에, 자신의 지하실에 갇혀 있다.
그리고 무의미한 일을 반복한다. 왜냐하면 그러한 반복만이 그가 살아
있다는 유일한 증거이기 때문이다.

> "우리 안에서 뿌리가 스멀거리는 것을 느끼고, 과거는 죽지 않았다는 것을
> 느끼며, 오늘 우리는 우리 어둠에 잠긴 삶, 우리 지하의 삶, 우리 고독의 삶

---

43   위의 책, 237쪽
44   위의 책, 330쪽

(...) 속에서도 무언가 해야 할 일이 있음을 느낀다. 나무는 도처에 있다."[45]

이러한 노인의 삶은 단눈치오가 "그 뒤엉킨 뿌리가 내 속 깊은 곳에서 내 종족의 기질처럼 떨리고 있다."[46]라고 읊는 삶과 유사하다. 이렇게 어두운 숲 속에 살고 있던 노인은 차라투스트라를 발견하고 다음과 같이 말한다.

"그때 그대는 그대의 타고 남은 재를 산으로 날랐었다. 이제는 활활 타고 있는 그대의 불덩이를 골짜기 아래로 나르려는가? 불을 지르고 다니는 자에게 주어지는 벌이 무섭지도 않은가?"(KSA 4, 12, 차라, 13쪽)

노인은 차라투스트라를 불로 본다. 그런데 니체의 불은 밝은 빛이 아니라 모든 것을 태워 버리는 강력한 불이다. 차라투스트라는 노인이 애써 보존하고 있는 모든 것을 불태워 버릴 수 있다. 따라서 그 노인은 차라투스트라에게 방화범에게 주어지는 벌이 얼마나 가혹한지에 대해 경고하는 것이다. 그러나 차라투스트라는 노인이 안주하고 있는 모든 것을 불태우고자 한다. 이것은 서구 정신 전체에 대한 방화이기도 하다. 이런 의미에서 니체의 차라투스트라는 스스로 분화구에 몸을 던짐으로써 자유로워지는 엠페도클레스와 닮았다. 엠페도클레스는 '단절하는 운명'이다. 그는 기존의 것을 에트나 산에서 불태우고 이를 통해 새로운 자유를 얻으려는, 마치 불새와 같은 인물이다. 그는 소멸과 생성의 시학을 동시에 보여 준 인물이다. 이 점은 니체 자신에게도 해당된다.

---

45   위의 책, 330쪽
46   위의 책, 331쪽에서 재인용

"다 태워 버리는 불, 이것이 나의 삶이다. 그리고 그 제물의 성스러운 연기는 희생자보다 더 오래 살 것이다. 저 멀리 바다 위로 그의 향기로운 구름이 날아갈 것이다."[47]

이와 유사하게 휠덜린은 엠페도클레스를, 화산에서 죽은 후 새로운 에테르의 생성을 보여 준 영웅으로 해석한다.

"그는 천상 조국으로의 회귀로서 죽음을 바란다. 죽음이란 결국 정신의 타오르는 불길 속에서 아버지에게로 돌아가는 것이다."[48]

이렇게 죽음을 통해 새로운 삶을 얻을 수 있으리란 희망은 괴테의 시 「행복한 노스탤지어」에서도 발견된다.

"나는 불길 속에서 죽음을 갈망하는/ 살아 있는 자를 찬양하고 싶다"[49]

니체 역시 자신이 엠페도클레스와 유사하다고 고백한다.

"그들(엠페도클레스와 여성 코린)은 그곳을 빠져나갈 수 없다. 엠페도클레스는 자신이 영원히 벌을 받아 마땅한 살인자라고 느낀다. 그는 속죄의 죽음 이후에 재생을 고대한다. 바로 그것이 그를 에트나로 뛰어들게 하는 것이다. 그는 코린을 구하고자 한다. 코린은 그와 함께 죽는다. '디오니소스가 아리아드네를 피할 것인가?'"[50]

47   가스통 바슐라르, 『불의 시학의 단편들』, 230쪽에서 재인용
48   위의 책, 204쪽에서 재인용
49   위의 책, 195쪽에서 재인용

이제 차라투스트라는 노인의 경고에도 불구하고 방화를 시작한다. 왜냐하면 이것이 그가 산 정상에서 내려온 이유이기 때문이다. 그는 노인을 뒤로 하며 혼잣말을 중얼거린다.

"어찌 이런 일이 있을 수 있단 말인가! 이 늙은 성자는 그의 숲 속에서 신이 죽었다는 사실을 아직도 듣지 못했다는 말인가!"(KSA 4, 14, 차라, 16쪽)

이렇게 차라투스트라는 노인에게 "신은 죽었다."라는 '불의 말'을 내뱉고 떠난다.

7) 종교의 발생 원인과 본질

차라투스트라는 신이 죽었다고 선포한다. 이것은 형이상학과 종교에 대한 니체의 비판을 단적으로 표현한 것이다. 그렇다면 니체는 왜 종교, 특히 그리스도교를 비판하는 것일까? 이를 위해 우선 종교의 기원에 대한 니체의 입장을 살펴보기로 한다.

a. 꿈과 신들의 탄생

우리는 꿈에 대한 유명한 이야기를 알고 있다. 그중 하나는 장자에 나오는 이야기이다.

"어느 날, 장주는 꿈에 나비가 되었다. 훨훨 춤추는 한 마리의 나비였다. 즐

---

50   위의 책, 217쪽에서 재인용

겁고 마음이 흡족해 자기가 장주임을 알지 못했다. 갑자기 잠을 깨어 보니 자기는 틀림없는 장주였다. 장주가 꿈에 나비가 된 것인지, 나비가 꿈에 장 주가 된 것인지 알 수가 없었다. 장주와 나비는 명백한 구분이 있다. 이것을 만물의 변화라고 한다."[51]

또 다른 꿈의 이야기는 데카르트의 『성찰』에 나온다.

"밤에는 으레 잠을 자고, 꿈속에서는 미치광이가 깨어 있을 때 하는 짓과 똑 같은 것을, 아니 종종 더 괴상한 것을 그려 낸다. (...) 그러나 나는 지금 두 눈을 부릅뜨고 이 종이를 보고 있다. 내가 이리저리 움직여 보는 이 머리는 잠 속에 있지 않다. 나는 의도적으로 손을 뻗어 보고, 또 느끼고 있다. 내가 잠자고 있을 때 이런 것은 이처럼 판명하지 않았던 것 같다. 그러나 꿈속에 서도 이와 비슷한 생각을 하면서 속은 적이 어디 한두 번이던가. 이런 점을 곰곰이 생각해 보면, 깨어 있다는 것과 꿈을 꾸고 있다는 것을 확실히 구별해 줄 어떤 징표도 없다는 사실에 소스라치게 놀라게 된다. 이런 놀라움으로 인 해 내가 지금도 꿈을 꾸고 있는 것은 아닌가라는 생각에 빠져들게 된다."[52]

두 이야기는 모두 꿈에 대하여 말하지만, 그 관점은 전혀 다르다. 장 자의 경우, 현실과 꿈의 세계가 비록 달라 보이지만 결국 모든 것은 동 일하다고 본 반면, 데카르트는 꿈과 현실을 구분하고 어느 것이 진실인 지 밝혀내야 한다는 차이점을 지닌다. 이러한 차이에도 불구하고 공통 점이 있다. 그것은 인간에겐 꿈의 세계가 존재한다는 사실이다. 그렇다

---

51   장자, 『장자』, 송지영 역해, 신원문화사, 2006, 84-85쪽
52   르네 데카르트, 『성찰』, 이현복 옮김, 문예출판사, 1997, 36쪽

면 꿈의 세계는 어떤 세계이며, 어떻게 구성되는가? 니체는 꿈의 세계
에 대하여 다음과 같이 말한다.

> "일찍이 차라투스트라도 이 세계 저편의 또 다른 세계를 신봉하고 있는 모
> 든 자처럼 인간 저편의 세계에 대한 망상에 사로잡혀 있었다. 그때 이 세계
> 는 고뇌와 가책으로 괴로워하는 신의 작품으로 보였다. 그때만 해도 이 세계
> 는 한낱 꿈으로, 어떤 신이 꾸며 낸 허구로 보였다."(KSA 4, 35, 차라, 46쪽)

여기서 니체는 자신도 과거에는 이 세계가 꿈인지 저 세계가 꿈인지
혼란스러웠다고 고백한다. 피안의 세계를 망치로 부순 니체도 꿈의 세
계의 지배력에 대하여 혼란스러웠던 기억을 가지고 있었던 것이다.

일반적으로 우리도 종종 꿈을 꾸며, 특히 생생한 꿈을 꾼 경우, 그것
이 사실인지 꿈인지 모르겠다는 말을 한다. 그런데 꿈에서 나타난 세계
가 사실인지 허구인지 여부와 상관없이 꿈의 세계가 어떤 식으로든 존
재한다는 것은 분명하다. 이렇게 꿈은 이미 실재 세계 속에 깊숙이 들
어와 있다. 꿈에 대한 믿음이 강해질 때, 이 세계는 현실 세계와 꿈의
세계로 분리되며, 각각의 세계는 실재성을 지니게 된다. 특히 꿈의 세
계가 더 완전하고 더 행복하게 여겨질 때, 그 세계는 '실재 세계'가 되
며, 현실은 부정적인 의미의 '꿈의 세계'가 되는 것이다. 이렇게 세계는
분리되고, 현실과 꿈의 세계가 갖는 실재성도 전도되기 시작한다. 그리
고 인간의 존재도 저 세계의 존재인 영혼과 이 세계에 제한된 대지적
육체로 분리되는 것이다. 이러한 과정에서 종교가 생겨난다.

> "꿈의 오해 ─ 미개한 원시 문화 시대의 인간은 꿈속에서 제2의 현실 세계를
> 접하게 된다고 믿었다. 여기에 모든 형이상학의 기원이 있다. 꿈이 없다면

세계를 분류할 아무런 동기도 없었을 것이다. 영혼과 육체를 분리하는 것 역시 가장 오래된 꿈의 해석과 관계가 있다. 영혼이 가상적인 몸에 깃들여 있다는 가정, 즉 모든 정령 신앙과 다신교 신앙의 유래도 마찬가지이다. '죽은 자는 계속 생존한다. 왜냐하면 죽은 자는 꿈을 통해 살아 있는 자에게 나타나기 때문이다' : 인간은 이런 식으로 지난 몇 천 년 동안 추리해 왔다."(KSA 2, 27, 인간 I, 27쪽)

b. 자연신들의 탄생

현대인들에게 자연은 이미 생명을 상실한 대상, 혹은 질료로 전락했다. 현대인은 자연을 훼손하는 데 두려움을 느끼지 않으며, 상품을 생산하기 위해 자연물을 거리낌 없이 조작하고 변형한다. 더 이상 인간은 자연의 복수나 저주와 같은 일을 염려하지 않는다. 그러나 고대인의 경우는 전혀 달랐다. 그리스인들의 경우 자연(Physis)은 물질일 뿐 아니라 자체로 영혼을 지니는 생명체, 인간의 대상뿐 아니라 인간까지도 지배하고 포함하는 생명력 자체로 보았다. 모든 것이 피지스로부터 생겨나고 소멸되기 때문에, 피지스는 신이라고 여겨지기도 했다. 또한 고대인에게 자연은 인간 존재를 위협하는 능력으로 여겨졌다. 이때 인간이 할 수 있는 일은 크게 두 가지였다. 하나는 자연과 대립해 투쟁하는 일이고, 또 다른 하나는 자연의 힘 안으로 들어가는 일이다. 고대인이 처음 선택한 방식은 후자의 경우에 해당된다. 예를 들어 거대한 폭풍, 끝이 없어 보이는 가뭄, 뜨거운 더위나 혹독한 추위 등의 위협 앞에서 고대인이 느낀 것은 공포와 당황스러움이었다. 이 공포를 이겨 내기 위해 그들은 자연을 '나와 같은 어떤 것'으로 변형했다. 그것은 알 수 없는 것을 알 수 있는 것으로 변형하는 일이다.

"인간은 규칙이며 자연은 불규칙이다. — 이 명제는 조잡한, 종교적인 면에
서는 창조적인 원시 문화를 지배하고 있는 근본 신념을 내포하고 있다. (…)
마술과 기적을 믿는 인간의 사유는 자연에 법칙을 부여하게 된다. — 간단하
게 말해서 이 사유의 결과가 종교적 예배이다. (…) 종교적 예배의 의미는
자연을 인간의 이익이 되도록 규정하고 마법으로 사로잡는 것, 즉 자연에 그
것이 처음부터 가지고 있지 않은 법칙성을 새겨 넣는 것이다."(KSA 2, 113-
115, 인간 I, 132-135쪽)

항해를 하기 전에 거대한 파도는 위협적이다. 그 파도의 원인을 알
수 없을 때, 두려움은 더 커지고 속수무책이 된다. 그러나 그것을 바다
의 신이 노여워서 높은 파도를 일으킨다는 식으로 해석하면, 인간은 그
신에게 기도를 할 수 있고, 그 기도는 인간을 위로해 준다. 이때 위협적
인 바다는 더 이상 '그것'(Es)이 아니라 '당신'(Du)이라 불릴 수 있는
인간의 모습을 한 신으로 바뀌고, 인간은 그 신에게 기도를 할 수 있게
된다.[53] 그리고 인간은 공포로부터 벗어나 안정감을 갖게 된다. 이렇게
의미 부여된 자연이 바로 그리스 신화에 등장하는 제우스, 포세이돈,
아폴론, 디오니소스와 같은 신들이다. 이런 점은 밤하늘의 별들에서도
확인된다. 별자리를 구성하는 별들은 원래 아무 상관없이 흩어져 있는
별들이다. 그런데 인간은 서로 떨어져 있는 별들을 끌어모아 자신이 알
수 있는 형상으로 구성한다. 이제 밤하늘은 곰과 황소, 사냥꾼과 아름
다운 여인의 그림으로 변한다. 알 수 없었던 하늘의 별들이 의미 있고
아름다운 별자리들로, 그리고 별자리에 얽힌 신화들로 태어나게 되며,
밤하늘은 아름다운 화폭과 거대한 서사시로 바뀌는 것이다. 이와 같이

---

53   마르틴 부버, 『나와 너』, 김천배 옮김, 대한기독교서회, 1983 참조

인간은 자연을 '인간적인 방식'으로, 즉 무질서한 자연을 질서와 조화, 그리고 법칙을 지닌 자연으로 해석한 것이다.

니체에 의하면 이러한 해석은 당시 고대인들이 살아남기 위해 선택할 수밖에 없었던 것이었다. 그런데 시간의 흐름 속에서 그러한 해석은 진리로 바뀐다. 그러나 그러한 진리는 이제 생명력을 상실했고, 따라서 그 진리는 폐기되어야 한다는 것이다.

c. 재앙과 축복의 원인으로서 신

인간이 카오스적인 자연을 코스모스적인 자연으로 해석한 것은 자연에 법칙(Nomos)을 부여하는 일이다. 이 법칙을 통해 인간은 불안으로부터 벗어나게 된다. 그런데 이런 경우는 자연에만 해당되는 것은 아니다. 인간은 사회 공동체를 형성하여 살아가면서 다른 인간으로부터 해를 당할 수 있다. 이러한 재앙 중 어떤 것은 이해할 수 없는 경우도 있다. 예를 들어 평생을 선하게 살았던 사람이 아무 이유 없이 고통을 당하는 경우, 그는 '무슨 이유 때문에'라고 묻게 된다. 그는 그가 당한 현재적 재앙(결과)에 대한 원인을 묻는 것이다. 그리고 그는 "어떤 것도 원인이 없는 것은 없다."(Nihil est sine ration)와 같은 대답[근거율]을 찾기 시작한다. 왜냐하면 원인이 없는 것보다는 어떤 원인이라도 있는 것이 자신의 재앙을 벗어나는 데 도움이 되기 때문이다.

"어떤 설명이든 설명이 없는 것보다는 낫다. (…) '왜?'라는 물음은 어떤 것이 원인이기 때문에 그것을 원인으로 제공하는 것이 아니라, 가능하다면 특정 종류의 원인을 제공해야 한다 — 즉 안정시켜 주고 성가신 것을 없애 주며 가볍게 해 주는 원인을 말이다. 이미 알려진 것, 체험된 것, 기억에 각인된 것을 원인으로 설정하는 것은 그런 필요의 첫 번째 결과이다. (…) 그 결

과: 특정 종류의 원인-설정이 점점 우세해지고, 체계로 집결되며 결국은 지배적이 된다. 달리 말하면 다른 원인과 설명들은 간단히 배제되어 버린다 (예: 그리스도교인의 원죄 개념)."(KSA 6, 93, 우상, 119-120쪽)

이렇게 재앙의 원인에 대한 표현들이 '운명', '인과응보', '신의 섭리' 등이다. 이러한 원인들을 통해 인간은 알 수 없는 부조리한 사건을 알 수 있는 사건으로 변형한다. 이 점을 니체는 다음과 같이 말한다.

"재앙에 대한 이중의 투쟁 ― 어떤 재앙이 닥쳐올 경우, 우리는 원인을 제거하거나 아니면 그것이 우리의 감각에 미치는 영향을 바꿈으로써 그 재앙에서 벗어날 수 있다. 즉 재앙의 이익이 나중에서야 비로소 명백해지는 그런 좋은 것이라는 새로운 해석을 붙임으로써 그 재앙에서 벗어날 수가 있는 것이다. (...) 종교와 예술은 부분적으로는 체험에 관한 우리의 판단을 바꿈으로써(예를 들어 '신은 그가 사랑하는 자를 응징한다.'는 명제에 힘입어), (...) 감각들을 변화시키려고 노력한다."(KSA 2, 107, 인간 I, 125쪽)

선한 사람이 재앙을 당하는 것은 그를 더 강하게 하기 위한 신의 섭리라고 해석하면서, 인간은 재앙을 재앙이 아니라 더 큰 선을 위한 계기로 받아들이게 된다. 인간은 살아가면서 경험하게 되는 아노미(Anomy)를 노모스의 한 계기로 해석함으로써, 재앙에 대한 '왜'를 충족할 수 있게 되는 것이다. 이와 같이 종교는 재앙을 실제 제거하는 것이 아니라 재앙에 의미를 부여하는 것이다. 그러나 재앙에 의미를 부여하는 것은 아무 이유가 없는 것보다 인간의 삶을 편안하게 한다.[54] 이러한 방

---

[54] 이런 면에서 볼 때, 종교 안에는 이미 오래 전부터 마조히즘적인 요소가 개입되

식으로 인간은 현재 재앙의 원인이나 그 극복가능성을 또 다른 세계에
서 찾기 시작했고, 이 세상을 넘어서는 저세상, 죽음 후의 보상과 같은
개념이 등장했던 것이다. 따라서 니체는 종교를 하나의 마취제로 본다.

> "종교와 모든 마취술의 지배가 줄어들수록 인간은 재앙을 현실적으로 제거
> 하는 것을 더 강하게 직시하게 된다. (...) (이것은) 신부들에게는 더 나쁜 일
> 이다: 왜냐하면 그들은 지금까지 인간의 재앙을 마취하는 일로 살아왔기 때
> 문이다."(KSA 2, 107, 인간 I, 125쪽)

이와 같이 종교는 현실을 개선하는 것이 아니라 단지 의미만을 부여
하는 해석에 불과하다. 그 해석의 배후에는 마조히즘적인 요소가 들어
있고, 이것이 그리스도교에 이르면 저세상에서의 복수라는 원한감정으
로 나타나게 되었다는 것이다.

d. 조상신들의 탄생

종교 발생 원인의 배후에는 인간을 짓누르는 불안과 공포, 그리고 이
것으로부터 벗어나고 싶다는 바람이 큰 역할을 한다. 이 점에 대해 사
피르는 다음과 같이 말한다.

> "종교는 편재하는 공포와 철저한 무력감이 역설적으로 안정감으로 변화하
> 는 것을 말한다. (...) 공포가 일단 상상적으로 인간의 마음에 새겨졌을 때

어 있음을 알 수 있다. 왜냐하면 마조히즘은 한 인간이 아무리 무고한 고통을 당하더라
도 그 고통을 더 큰 질서 속에 편입시킴으로써, 재앙 중에도 그는 혼자가 아니며 버려
진 존재도 아니라는 것을 확인하려는 시도이기 때문이다. 피터 버거, 『종교와 사회』, 이
양구 옮김, 종로서적, 1983, 제1부 참조

(...) (이에 대한 인간의) 무력감을 고백하고 나면 영원히 인간 의식의 승리가 보증된다. 깊은 종교적 본체에는 공포도 무력감도 있을 수 없다. (...) 그것은 전체적이고 필요한 패배가 있은 후에, 종교의 핵심을 이루는 궁극적 실재에 대한 의식적, 무의식적 추구이다."[55]

종교는 공포와 무력감에서 벗어나려는 인간의 해석이라는 것이다. 인간을 억누르는 공포 중 대표적인 것은 죽은 인간에 대한 공포이다. 그것은 '죽음에 대한 공포'와 '조상에 대한 공포'로 분리된다. 죽음에 대한 공포는 죽음이 삶의 끝이 아니라 또 다른 삶으로의 이행이라는 해석을 통해 해결된다. 이것은 고대 종교와 신화, 그리고 플라톤의『파이돈』에 나타난 영혼 불멸의 사상 등으로 나타난다. 이로써 피안의 세계와 영혼이 등장하게 되는 것이다.

조상에 대한 공포는 조상에 대한 숭배를 통해 해결된다. 죽은 조상이 살아 있는 후손의 조상이었다는 점, 즉 후손과 사랑으로 맺어진 존재였다는 점은 인간을 공포로부터 벗어나게 한다. 따라서 허버트 스펜서는 조상 숭배가 종교의 기원이라고 주장하며, 데 그로트 역시 조상 숭배의 의미를 다음과 같이 규정한다.

"이것은 죽은 자와 가족의 유대가 결코 끊이지 않았다는 것, 또 죽은 자가 계속해서 그들의 권위와 보호를 행사하며 가한다는 것을 의미한다. (...) 그러므로 인간의 소유물은 실제 죽은 자의 소유물이다."[56]

---

55   토마스 오데아,『종교사회학 입문』, 권규식 옮김, 대한기독교서회, 1982, 51쪽
56   에른스트 캇시러,『인간이란 무엇인가』, 최명관 옮김, 1977, 서광사, 137–138쪽

죽은 자가 산 자의 조상이라는 것은 그들이 후손에게 생명을 부여한 자라는 사실을 뜻한다. 모든 살아 있는 인간은 그들의 조상에게 생명을 빚지고 있는 것이다. 여기서 '부채', '죄'라는 개념이 생겨난다. 니체 역시 이런 입장을 밝힌다.

"현재의 세대는 앞선 세대, 특히 종족의 기초를 세운 최초의 세대에게 어떤 법률적인 의무를 지고 있음을 언제나 인정한다. (...) 여기에는 종족이 철저히 그들의 조상에게 지불해야 한다는 확신이 지배한다: 즉 이것은 부채를 승인하는 것이며, 더구나 이 부채는 이러한 조상이 위력 있는 정령으로 계속 살아서 종족에게 새로운 이익과 가불을 그들의 힘으로 끊임없이 보증한다는 사실에 의해 끊임없이 늘어 간다. 조상이 무상으로 그렇게 하는 것일까? (...) 우리가 그들에게 되돌려 줄 수 있는 것은 무엇일까? 희생(가장 조야하게 이해하자면 처음에는 음식물), 축제, 예배당, 예배, 특히 복종이었다. ― 왜냐하면 모든 관습은 조상들이 만든 작품으로 그들의 법령이자 명령이기도 한 것이기 때문이다. ― : 조상들에게 충분히 지불된 것일까? 이러한 의혹은 남아서 자라난다: 때때로 이러한 의혹은 '채권자'에게 한꺼번에 엄청난 상황을, 어떤 어마어마한 대상(예를 들면 악명 높은 장자 희생이나 어떤 경우에는 피, 즉 사람의 피)을 지불하도록 강요한다. 선조와 그의 힘 앞에서 느끼는 공포, 선조에 대한 부채 의식은 이러한 종류의 논리에 따라 종족 자체의 힘이 커지는 것에 비례하여 (...) 커진다. (...) 이렇게 가장 강력한 종족의 선조는 자라나는 공포 자체의 상상으로 마침내 어마어마한 존재로 커지고 신적인 무서움과 상상할 수 없는 어둠 속으로 밀려 들어갈 수밖에 없게 된다. ― 선조는 마침내 필연적으로 하나의 신으로 변형되는 것이다. 아마도 여기에 신들의 기원 자체, 공포로부터의 기원이 있을 것이다!"(KSA 5, 327-328, 도덕, 437-438쪽)

이렇게 조상은 산 자들에게 불행을 내릴 수 있는 위협적인 존재이면서, 동시에 산 자가 무릎을 꿇었을 때, 산 자를 보호해 주는 존재가 된다. 조상신이 더 확대되면 그것은 가족의 범위를 넘어 종족 신, 부족 신으로 변화된다. 신이 된 조상은 후손에 의해 훼손되어서는 안 되는 금기가 되며, 한 사회를 지배하게 된다. 그리고 이 신에게 진 부채를 갚을 수 없다는 무력감은 하나의 죄책감으로, 나아가 모든 인류는 처음부터 신에게 빚지고 있다는 '원죄설'로, '영원한 벌'이란 개념으로 나타나게 된다. 그러나 니체는 이런 현상을 인간이 스스로에게 가하는 학대이며, '의지의 착란'에 불과하다고 비판하며, "대지는 너무 오랫동안 이미 정신 병원이었다!"(KSA 5, 333, 도덕, 443쪽)라고 결론짓는다.

e. 인간의 투사로서 신들

앞에서 자연과 사회, 그리고 조상에 대한 공포가 자연신, 최고의 원인자, 부족신의 탄생으로 나타났다는 점을 지적했다. 그런데 인간이 갖는 또 다른 공포는 바로 자기 자신에 대한 공포이다. 그리스인의 경우, 인간 외부에 존재하는 자연에 대한 공포뿐 아니라 인간 내부에 있는 또 다른 공포도 신으로 해석했다. 예를 들어 어떤 격렬한 감정이나 욕망에 빠져들 때, 인간은 자기 스스로 그러한 것으로부터 벗어날 수 없다는 무력감을 느낀다. 이러한 감정은 자기를 넘어서는 것으로 여겨진다. 이렇게 자신이 통제할 수 없는 감정들을 그리스인은 신이라고 불렀다. 이러한 신들의 이름이 퓨리스, 에로스, 아레스, 타나토스 등이다.

그런데 포이어바흐에 의하면 고대 그리스인들이 신이라고 여겼던 광기에 가까운 격정들은 사실 인간 존재의 한 단면이며, 이와 반대로 고귀하고 신적인 것이라고 여겼던 것도 인간 존재의 또 다른 면에 불과하다. 인간은 자신의 존재 안에 신과 악마 모두를 가지고 있으며, 신과 악마 모두 인간이 자신의 존재를 외부에 투사한 것에 불과하다는 것이다. 이 점을 포이어바흐는 다음과 같이 말한다.

"인간은 자기의 존재를 대상화하고, 그리고 그다음에 또다시 자신을 주체나 인격으로 전화해서 대상화된 존재의 대상으로 삼는다. 이것이 종교의 비밀이다."[57]

인간은 자신의 존재 중 일부분을 대상화하고 그 대상을 스스로 존재하는 것으로 여기는데, 이때 그것을 신으로 숭배하기 시작하고, 신이 된 자기 자신의 존재는 자기에게 복을 내린다. 이것이 가능하려면 인간은 자기 자신의 존재를 크게 분리해야 한다. 자기 존재인 신이 위대해질수록 자기 존재인 인간은 더욱 비천해진다.

"신을 풍부하게 하기 위해서 인간은 빈곤하게 되어야 하며, 신이 온전하기 위해서 인간은 무가 되어야 한다."[58]

그런데 인간이 스스로를 가장 천한 존재로 낮추는 것이 단지 부정적인 것만은 아니다. 왜냐하면 그때 인간 안에 있는 또 다른 자기가 신으로 되기 때문이다. 이렇게 인간이 신을 의식한다는 것은 결국 인간이 스스로를 의식하는 것이 된다.

"신에 대한 의식은 인간의 자아의식이다. (...) 그대는 인간의 신으로부터 인

---

57   루트비히 포이어바흐, 『기독교의 본질』, 박순경 옮김, 종로서적, 1982, 65쪽
58   위의 책, 60쪽

간을 인식하며, 그리고 다시 인간으로부터 인간의 신을 인식한다. 인간과 인간의 신은 동일하다."[59]

니체 역시 포이어바흐와 마찬가지로 종교는 인간 존재가 투사된 것이며, 그 투사된 내용 중 고귀한 것을 신이라고 불렀다고 주장한다.

"(인간은) 그가 가장 확고하게 믿었던 의지와 정신과 나를 자신의 외부 세계에도 투사했던 것이다. — 그는 먼저 '나'라는 개념에서 존재 개념을 끄집어내고, 자신의 모습에 따라 그리고 원인으로서의 '나'라는 자신의 개념에 따라 '사물'을 존재하는 것으로 설정했던 것이다. 나중에 그가 사물들 안에서 사물들 안에 그가 집어넣었던 것을 다시 발견할 뿐이라는 사실은 하등 놀라운 일이 아니지 않은가? — (...) 원인으로서의 정신을 실재와 혼동하는 오류! 그리고 (...) 신이라 불렀다! —"(KSA 6, 91, 우상, 117쪽)

인간은 자신의 약한 면과 강한 면을 두 영역으로 분리하고, 전자를 '인간', 후자를 '신'이라 부른 것이다(WzM, 102쪽). 그런데 신의 본질이 인간의 자기 투사에 불과하다는 이유 때문에 니체가 신을 부정하는 것은 아니다. 오히려 신에 대한 그의 비판은 인간의 삶을 부정하는 신을 향한다. 이와 반대로 신에게 투사된 인간 존재가 위대함과 고귀함을 추구할 때, 그 신은 필요하다고 니체는 강조한다. 이렇게 긍정적인 신의 모습을 니체는 그리스 신들에서 발견한다.

"신을 고안하는 데 더 고귀한 방식이 있다는 사실 — 이것은 다행스럽게도

그리스 신들에게 던지는 저 시선에서도 끄집어낼 수 있다. 이 그리스 신들은 고귀하고 자주적인 인간이 반영된 것이며, 그것에 비추어 인간 안에 있는 동물은 스스로 신격화되었음을 느꼈고, 자기 자신을 물어뜯지도 않았으며, 자기 자신에게 사납게 날뛰지도 않았다!"(KSA 5, 333, 도덕, 444쪽)

즉 니체의 종교 비판은 그 종교가 삶을 긍정하는지 부정하는지에 달려 있는 것이다.

f. 언어를 통한 신들의 탄생

니체에 의하면 언어와 대상 사이에는 채워질 수 없는 틈이 놓여 있다. 예를 들어 하늘에 펼쳐진 실재 무지개와 언어적 표현인 '무지개'는 일치하지 않는다. 왜냐하면 '무지개'라는 언어적 표현은 실재 무지개가 내포하는 다양하고 미묘한 색상이나 형태들을 단순화한 것에 불과하기 때문이다.

"인식 장치 전체는 하나의 추상화, 단순화의 장치이며 — 인식이 아니라, 사물을 자신의 것으로 만드는 것을 겨냥하고 있다."(WzM, 346쪽)

언어는 저 밖에 있는 대상을 쉽게 이해하기 위해 복잡한 것을 단순하게 만드는 도식화 작업이다. 언어는 사물의 많은 부분을 누락한 채, 사물을 자기 동일적인 '존재'로 만드는 것이다. 언어가 지시하는 세계는 사물 자체의 세계와 다르며, 인간이 언어를 통해 확인하는 세계는 세계 자체가 아니라 인간화된 세계인 것이다. 언어를 통해 또 다른 세계가 만들어지는 것이다.

"문화 발전에서 언어의 의미는 인간이 언어 속에서 다른 세계와 맞서는 자신의 세계, 하나의 자리를 수립한 데 있다. (...) 인간은 오랫동안 사물의 이름과 개념을 영원한 진리로 믿어 왔기 때문에 동물보다 우월하다는 자부심에 빠져 있었다. 실제로 인간은 언어로 세계를 인식할 수 있다고 믿었다."(KSA 2, 30, 인간 I, 31쪽)

인간은 언어를 통해 자신만의 세계를 구성하고 그 안에서 살아가며, 언어의 세계가 실재 세계보다 더 진리에 가깝다고 여긴다. 변화하는 실재 세계보다 언어에 의해 고정된 존재의 세계가 더 완전해 보이기 때문이다. 이렇게 해서 형이상학적 세계가 등장한다.

"형이상학의 심리학에 관하여 — 이 세계는 가상이다. 따라서 하나의 참된 세계가 있다. — 이 세계는 제한되어 있다. 따라서 하나의 무제한적인 세계가 있다. — 이 세계는 모순에 가득 차 있다. 따라서 하나의 모순 없는 세계가 있다. — 이 세계는 변화하고 있다. 따라서 하나의 존재하는 세계가 있다."(WzM, 393쪽)

이와 같은 방식으로 '주체'라는 존재도 나타나게 된다. 사고 작용이 있다면, 사고를 하는 주체도 있어야 한다는 추론이 가능하기 때문이다. 그러나 이러한 추론은 전적인 거짓이며 단지 논리학적, 형이상학적 세계에 대한 희망을 반영하는 것에 불과하다고 니체는 비판한다.

"존재자를 전제하는 것은 사유하고 추론하기 위해서이다: 논리학은 동일하게 머무는 것에 적용되는 공식만을 다룬다. 따라서 이러한 전제는 실재성을 증명할 힘을 갖지 못할 것이다."(WzM, 354쪽)

또한 니체는 '나는 생각한다. 고로 존재한다' 라는 데카르트의 논리를 겨냥하며, 어떤 행위로부터 행위자를 떠올리는 것은 "우리의 문법적 습관을 단순히 정식화한 것이며, 여기에는 이미 논리학적, 형이상학적 요청이 행해지고 있다."(WzM, 338쪽)라고 비판한다. 그리고 완전한 세계와 주체에의 희망은 자연스럽게 최고의 주체인 신이 존재한다는 논리로, 신이 지배하는 세계는 법칙의 세계라는 논리로 이어진다.[60] 그러나 신이 지배하는 세계가 논리적으로 보이는 이유는 그 세계가 논리적으로 존재하기 때문이 아니라, 인간이 그 세계를 논리적으로 만들었기 때문이다.

> "세계는 우리에게 논리적으로 보인다. 왜냐하면 우리가 이미 그 세계를 논리화하였기 때문이다."(WzM, 358쪽)

그런데 이러한 논리는 이미 자기 동일적 존재를 요구하는 언어를 전제할 때 가능하다. 왜냐하면 논리는 실재 사물의 세계가 아니라 언어의 세계에서만 가능하기 때문이다.

> "논리학의(또한 수학의) 모든 명제가 전제하고 있는, 그러한 자기 동일적인 A와 같은 것이 전혀 존재하지 않는다면, 그 A가 이미 하나의 가상성에 불과하다면, 논리학은 단지 하나의 가상적 세계를 전제하고 있는 것이다. (...) 논리학의 A는 아톰과 마찬가지로, '사물'을 추후적으로 구성한 것이다. (...) 우리가 이것을 파악하지 못하고 논리학으로부터 참 존재의 표준을 만든다

---

60   니체에 의하면 신, 영혼, 나, 정신과 같은 형이상학적 언어나 죄, 구원, 양심의 가책 등의 종교적, 도덕적 언어들은 몸이 느끼는 쾌감이나 불쾌감이 상징 언어를 통해 변형된 결과에 불과하다.

면, 우리는 이미 실체, 술어, 객체, 주체, 작용 등의 모든 가정물을 실재성이
라고 간주하기 시작한 것이다."(WzM, 353쪽)

그럼에도 형이상학적 세계를 주장하는 사람들은 여전히 신이나 형이
상학적 세계가 존재한다고 강조한다. 따라서 니체는 "우리가 문법을 여
전히 믿고 있기 때문에 신을 떨쳐 버리지 못하는 게 아닌가."(KSA 6,
78, 우상, 101쪽)라고 염려하는 것이다.

8) 그리스도교적인 신의 죽음과 허무주의

a. 허무주의의 본질

니체의 철학은 본질적으로 허무주의와의 대결이다. 그는 허무주의의
도래를 절감하며 그 유래에 대하여 질문한다.

"허무주의가 문 앞에 서 있다. 모든 손님들 가운데 가장 섬뜩한 이 존재는 어
디에서 온 것일까?"(WzM, 7쪽)

일반적으로 우리는 삶이 더 이상 의미가 없고, 따라서 삶으로부터 피
하려는 태도를 허무주의적이라고 부른다. 그러나 니체가 생각하는 허
무주의는 한 개인이 느끼는 데카당스적인 정서가 아니다. 오히려 허무
주의는 서구 형이상학과 그리스도교, 즉 서구 정신 전체가 그 진리성을
상실했다는 사건을 뜻한다.

"허무주의란 무엇을 의미하는가? — 최고 가치들이 무가치하게 되었다는

것, 목표가 결여되어 있다는 것. '무엇 때문에'(Warum)에 대한 대답이 결여되어 있다는 것."(WzM, 10쪽)

그동안 서구인들은 모든 삶의 의미와 가치를 최고 원인자로부터 규정해 왔다. 이 원인자는 스스로 완전한 존재로서 인간에게 절대적 가치를 부여해 왔고, 인간의 삶의 과정에서 벌어지는 고난마저도 하나의 유의미한 사건으로 해석해 주었다. 그런데 그 원인자가 이제 부정되는 것이다. 최고 원인자의 부정은 그것에 의해 존재를 보증받던 인간적 삶 모두의 부정으로 이어진다. 즉 최고의 가치가 문제일 때, 생존을 유지하는 것은 절대로 불가능하다는 확신이 지배하기 시작하는 것이다.

이와 같이 니체가 주장하는 허무주의는 첫째, 최고 가치의 붕괴와 둘째, 인간의 삶 전체의 무가치화를 뜻한다. 따라서 인간은 삶을 거부하고 부정하려는 데카당스적인 정서에 빠질 수도 있다. 그러나 그것은 허무주의의 결과이지 그 원인이 아니다. 오히려 허무주의의 원인은 그때까지 진리로 여겨져 왔던 서구의 형이상학과 그리스도교 자체라는 것이 니체의 진단이다. 왜냐하면 서구 형이상학과 그리스도교가 추구해 왔던 존재가 그 본질에서는 '무'였다는 것이 드러났기 때문이다. 즉 최고의 존재자, 이상 세계, 필연성, 절대적 가치 등의 가치들은 애당초 존재하지 않았던 것이다. 그런데 서구인들은 이렇게 존재하지 않는 것을 '참으로 존재하는 것'으로 여겼으며, 이런 한에서 서구 정신의 역사는 '오류의 역사'였다는 것이다.

니체는 『우상의 황혼』의 "어떻게 '참된' 세계가 결국 우화가 되어 버렸는지"에서, 플라톤의 철학, 그리스도교의 가르침, 칸트의 철학, 실증주의로 이어지는 서구 정신사는 오류의 역사였고, 소위 말하는 '참된 세계'는 그 본질이 '무'였다고 강조한다(KSA 6, 80-81, 우상, 103-104

쪽). 그런데 모든 진리의 본질이 무였다는 사실이 드러났다면, 이제 모든 것은 허무주의 속으로 빠져들게 되는가?

이때 인간은 허무주의적인 정서에 빠질 수도 있다. 왜냐하면 이제 삶은 더 이상 의미가 없는 것처럼 보이기 때문이다. 그러나 니체는 삶이 무의미해졌기 때문에 이제 삶을 부정하고 삶으로부터 도피하겠다는 태도를 염세주의(Pessimismus)라고 규정한다. 그것은 병리적인 나약함에 빠져들어 삶을 거부하는 태도이다. 따라서 염세주의는 허무주의의 또 다른 표현에 불과하다. 이와 반대로 이제 필요한 것은 삶 자체 안에서 삶의 의미를 찾아내고, 창조해 나가는 일이다.

이와 같이 니체가 말하는 허무주의는 서구 형이상학, 그리스도교, 도덕 전체가 주장해 왔던 것이 오류였음을 폭로하는 사건이며, 이제 '아무런 진리도 갖지 않는 세대'가 된 인간이 스스로 진리를 만들어 나가야 한다는 깨달음과 삶을 긍정하고 상승시키려는 적극적인 의지를 요구하는 사건인 것이다.

b. 그리스도교에 대한 니체의 평가

"신은 죽었다."라는 표현은 『차라투스트라는 이렇게 말했다』보다 앞서 1882년에 쓰인 『즐거운 학문』에서 처음 나타난다. 물론 1870년의 메모 안에도 "모든 신은 죽어야만 한다는 오래된 게르만 말을 나는 믿는다."[61]라는 표현이 있다. 여기서 '신의 죽음'은 고대 게르만 신들의 죽음, 나아가 디오니소스 신의 죽음을 지칭한다. 이 점은 『차라투스트라는 이렇게 말했다』에서도 발견된다. 니체는 "배신자에 대하여"에서 신들의 죽음은 옛부터 잘 알려진 사건이라는 점을 명확히 한다.

---

61   M. Heidegger, *Holzwege*, Vittorio Klostermann, Frankfurt, 1980, 210쪽

"옛 신들은 오래 전에 최후를 마쳤다. 진정 그들은 나무랄 데 없고 즐거운 신
들의 종말을 맞이했다! 그들이 황혼 속으로 '서서히 사라져 버린 것'은 아니
다. 그랬다는 것은 거짓말이다! 오히려 너무 웃다가 죽고 만 것이다! 이 일
은 더없이 독설적인 말, 즉 '신은 유일하다! 너는 나 외에 다른 신을 믿지 말
라!'는 어떤 신의 입에서 나왔을 때 일어났다. 수염투성이에 분노의 얼굴을
지닌, 늙고 시샘 많은 신은 이렇게 자신을 잊고 만 것이다. 그러자 그때 모든
신들은 웃었고 그들의 의자 위에서 몸을 뒤흔들면서 소리쳤다. '신들은 있지
만 하나의 신은 존재하지 않는다는 것. 그것이야말로 신성이 아닌가?' 귀 있
는 자, 들을지어다."(KSA 4, 230, 차라, 297쪽)

여기서 니체는 그리스 신들이 죽은 이유를 묘사한다. 그리스 신들은
히브리 신이 나타나 자신만이 유일한 신이라고 외쳤을 때, 그것이 너무
웃겨서 웃다가 죽었다는 것이다. 이러한 표현 뒤에는 그리스도교의 유
일신에 대한 비웃음과 고귀한 그리스 신들의 죽음에 대한 안타까움이
담겨 있다. 이와 달리『즐거운 학문』에 쓰인 신의 죽음은 그리스도교 신
을 겨냥한다. 여기서 신의 죽음은 미친 자의 절규를 통해 선언된다.

"신을 매장하는 자들의 시끄러운 소리가 들리지 않는가? 신의 시체가 부패
하는 냄새가 나지 않는가? 신들도 부패한다! 신은 죽었다! 신은 죽어 버렸
다!(Gott ist tot, Gott bleibt tot)"(KSA 3, 481, 학문, 200쪽)

여기서 신의 죽음에 대한 절규는 신이 죽게 된 원인에 대한 묘사로
이어진다.

"신이 어디로 갔느냐고? 너희에게 그것을 말해 주겠노라! 우리가 신을 죽였

다. ─ 너희와 내가! 우리 모두가 신을 죽인 살인자이다!"(KSA 3, 480-481, 학문, 200쪽)

그런데 니체는 신이 살해된 사건을 부정적으로 평가하지 않는다.

"이보다 더 위대한 행위는 없었다. 우리 이후에 태어난 자는 이 행위 때문에 지금까지의 어떤 역사보다도 더 높은 역사에 속하게 될 것이다."(KSA 3, 481, 학문, 201쪽)

그렇다면 왜 니체는 그리스도교 신의 죽음을 긍정적으로 묘사하는 것일까?『차라투스트라는 이렇게 말했다』에서 신의 죽음에 대한 표현이 맨 처음 나타나는 것은 머리말 2에서이다. 차라투스트라는 숲 속에서 모든 인간으로부터 떠나 홀로 숲 속에 머물며 신을 위해 노래를 짓고 신을 찬양하는 한 노인을 만난다. 그런데 이 노인을 차라투스트라는 비웃는다. 노인이 믿고 찬양하는 신은 과거의 신이며 인간과 무관한 추상적인 신이었기 때문이다. 이 점은 노인의 말에서도 나타난다.

"나는 이제 신을 사랑하노라. 사람은 사랑하지 않노라. 사람, 그것은 너무나도 불완전한 존재이다. 사람에 대한 사랑은 나를 파멸시키고 말리라."(KSA 4, 13, 차라, 14쪽)

"사람들에게 가지 말고 숲 속에 머물러라! 차라리 짐승들에게나 갈 노릇이다."(KSA 4, 13, 차라, 15쪽)

이러한 노인과 달리 차라투스트라는 사람을 만나기 위해 산 밑으로 내려왔다. 이러한 차라투스트라의 눈에 노인은 과거와 추상의 숲 속에서 길을 잃고 만 인물로 보였고, 따라서 차라투스트라는 노인이 믿는 인간의 삶과 무관한 과거적 신, 추상적 신은 죽었다고 선포하는 것이다. 즉 니체가 그리스도교 신의 죽음을 긍정적으로 평가하는 이유는 그 신이 인간과 인간의 삶에 무관한 추상적·과거적 신이기 때문이다.

또한 『차라투스트라는 이렇게 말했다』의 "연민의 정이 깊은 자에 대하여"에서도 그리스도교 신이 죽게 된 원인을 기술하는데, 여기서는 그것을 신 스스로의 연민 때문이라고 서술한다. 그리스도교 신의 죽음의 원인이 연민 때문이라는 것은 머리말에서도 발견된다.

"연민이란 사람을 사랑한 그가 못 박혀 죽은 바로 그 십자가가 아닌가?"(KSA 4, 16, 차라, 19쪽)

이와 같이 니체가 그리스도교 신의 죽음에 대하여 말할 때, 그의 관심은 신이라는 주어보다는 신에 대해 서술하는 술어, 특히 '연민'에 놓여 있음을 알 수 있다. 그렇다면 니체는 그리스도교 신을 항상 연민의 신이라고 보는 것인가? 이에 대한 대답은 그리스도교의 신, 성서, 사제, 교회에 대한 니체의 입장을 통해 확인할 수 있을 것이다.

c. 그리스도교 성서에 대한 니체의 평가

니체가 그리스도교에 대해 적대적인 인물인지 아닌지에 대한 논란은 학자들 간에 상이하다. 니체 자신도 그리스도교에 대해 일관된 입장을 견지하지 못하고 있다. 한편으로 니체는 그리스도교를 '최상의 이상적인 삶'이라고 긍정적으로 평가한다.

"나는 결코 내 마음으로부터 그리스도교에 반대하지 않는다. (...) 혹은 "나는 목사의 집안 태생으로서 (...) 그리스도교인에서 가장 고귀한 방식의 인간을 보았고, (...) 그리스도교와 진지하게 만난 종족의 후예인 것을 영예로 생각한다."[62]

다른 한편으로 니체는 "그리스도교는 사형 집행인의 형이상학이다."(KSA 6, 96, 우상, 122쪽), 혹은 "그리스도교에 대해서는 단 한가지의 정직함이 있을 뿐이니, 그것은 절대적인 반대이다. (...) 선동과 경멸의 언어로 그리스도교의 가면을 벗겨 내야 한다."[63]라고 말하고, 자신의 친구인 오버벡에게 보낸 서한에서도 자신을 '오랫동안 고대한 반그리스도'[64]라고 칭하기도 했다.

이렇게 니체 스스로 그리스도교에 대하여 서로 다른 입장을 보인 이유는 한편으로 그리스도교의 본질과 현상 사이의 괴리 때문이라고 볼 수 있고, 다른 한편으로 그리스도교에 대한 관점과 그리스도교 자체 안에 내포되어 있는 다양성 때문이라고 볼 수도 있다.

"(역사적 실재성으로서의) 그리스도교를, 이 명칭이 상기시키는, 저 하나뿐인 뿌리와 혼동해서는 안 된다. (...) 그리스도가 부정했던 것은 무엇인가? ― 오늘날 그리스도교적이라고 불리고 있는 모든 것이다."(WzM, 116쪽)

"'그리스도교'는 그 창시자가 행동하고 의욕했던 것과는, 근본적으로 다른

---

62   K. Jaspers, *Nietzsche und das Christentum*, Serie Piper, München, 1985, 8쪽

63   위의 책, 7쪽에서 재인용

64   K. Löwith, *Sämtliche Schriften 6. Nietzsche*, J. B. Metzler, Stuttgart, 1988, 473쪽

것이 되고 말았다."(WzM, 138쪽)

이 점은 그리스도교 성서에 대한 니체의 입장에서도 나타난다. 일반
적으로 그리스도인은 성서를 신의 말씀 자체로 여긴다. 따라서 성서는
자유롭게 해석되지 못한다. 왜냐하면 성서의 저자인 신과 저자의 말씀
인 텍스트 자체가 성서를 읽는 독자들에게 거대한 권위로 개입하기 때
문이다. 그러나 니체는 성서를 단순히 문학 작품과 같은 책(Literatur)
으로 읽기를 원한다(KSA 6, 219, 안티, 277쪽). 왜냐하면 이때 독자들
은 성서의 권위로부터 해방되어 그 텍스트가 제시하는 의미를 객관적
으로 이해할 수 있기 때문이다. 그때 독자들은 성스러운 책의 배후를
보게 되고 그것을 선포하는 사제들의 생리적인 질병과 심리적 욕망을
발견할 수 있게 된다는 것이다.

> "문헌학자이고 의사이려면 동시에 반그리스도교인이지 않을 수 없다. 문헌
> 학자로서는 (...) '성스러운 서적'의 배후를 보고, 의사로서는 전형적인 그리
> 스도교인의 생리적 타락상의 배후를 본다. 의사는 '치유 불가'라고 말하고
> 문헌학자는 '사기'라고 말한다."(KSA 6, 226, 안티, 285쪽)

이때 문헌학은 '잘 읽는 기술', 즉 기존의 권위나 전통, 혹은 가르침
이 부여하는 해석들에 의해 왜곡되지 않고, '신중함과 인내와 정교함을
잃지 않으면서 사실들을 읽어 낼 수 있는 기술'(KSA 6, 233, 안티, 294
쪽)을 뜻한다. 이와 같이 성서는 그리스도인의 신앙을 위한 책이기도 하
지만, 동시에 이성적으로 이해되어야 할 책이기도 하다. 따라서 이성적
지식을 수반하지 않는 성서 읽기는 오류에 빠질 위험성을 지닌다. 이와
반대로 성서를 문헌학적 신중함을 가지고 읽을 때, 독자들은 성서 안에

서 사제들의 심리학, 즉 지식에의 공포를 발견할 수 있다는 것이다.

"성서의 처음에 나오는 그 유명한 이야기를 — 지식에 대한 신의 심한 공포를 진정 이해하고 있는가? (…) 사람들은 이해하지 못하고 있다. 이 전형적인 사제의 책은 지당한 일이지만, 사제가 갖고 있는 큰 내적 어려움으로 시작된다: 사제에게는 단 하나의 위험이 있다. 따라서 '신'에게 단 하나의 위험이 있다."(KSA 6, 226, 안티, 285쪽)

여기서 위험은 사람들이 '지식을 갖는 일'이다. 따라서 사제는 성서를 통해 끊임없이 "인식해서는 안 된다."(KSA 6, 227, 안티, 287쪽)라고 말하는 것이다. 성서 안에서 사제의 공포는 선악과를 따 먹은 인간이 지혜를 갖게 되었을 때 느끼는 신의 공포와 연결된다. 그리고 신의 공포는 곧바로 인간의 죄와 벌에 대한 묘사로 이어진다. 이제 인간은 생각해서는 안 되며, 단지 고통받아야 한다. 이것이 바로 성서 안에 들어 있는 사제들의 논리라는 것이다.

"죄를 고안해 냈기에 사제가 지배한다."(KSA 6, 229, 안티, 283쪽)

따라서 니체는 성서를 문헌학적으로 하나의 책으로 읽기를 권한다.

‒ 구약 성서

일반적으로 니체는 반그리스도교적이지만, 구약에 대한 그의 입장은 긍정적으로 보인다.

"신의 정의에 대해 말하고 있는 유대인의 『구약성서』(Altes Testament) 안에는 거대한 양식의 인간과 사물, 말이 존재하는데, 그리스와 인도의 문헌에는 그에 비견할 만한 것이 없다. 우리는 일찍이 존재했던 인간 자취의 이러한 엄청난 유물 앞에서 공포와 외경을 느낀다."(KSA 5, 72, 선악, 89쪽)

니체는 구약 성서 안에서 인간의 위대한 모습을 발견한다. 그러나 구약의 모든 것에 대하여 그런 것은 아니다. 구약 성서는 유대인의 역사와 동떨어져 이해될 수 없다. 유대인의 역사는 초기 족장 시대(아브라함, 이상, 야곱)를 거쳐, 이집트 노예 시기, 모세에 의한 출애굽의 사건, 가나안 진입과 전쟁의 승리, 다윗과 솔로몬에서 절정에 이른 위대한 왕조 시대, 그리고 왕조의 부패와 멸망이라는 위기 속에서 나타난 예언자들의 시대로 이어진다. 이때 예언자들이 선포했던 내용은 지극히 역사적이다. 그들은 강대국에 둘러싸여 있는 이스라엘과 유다가 진정한 마음으로 신께 귀의하고 신의 명령을 따르고 실천하지 않으면, 외세에 의해 멸망할 것이란 경고의 메시지를 보낸 것이다. 그러나 당시 이스라엘이나 유다의 권력자들은 자신만의 안위와 재물, 권력, 이익에 도취해 예언자들의 말을 무시하였다. 그 후 북 왕국 이스라엘이 망하고, 곧바로 남 왕국 유다도 멸망한다. 국가가 소멸한 후, 예언의 말이 그치고 단지 묵시적인 말이 이어지다가, 결국엔 거의 300년간 침묵의 시기를 겪게 된다. 이러한 유대인의 역사를 신의 의지로부터 해석하려는 시도가 바로 구약 성서에 담긴 내용이다. 그중에서 니체가 긍정적으로 평가하는 시기는 가나안 진입과 전쟁의 승리, 그리고 절정에 이른 왕조 시기가 전부이다. 니체가 이 시기를 긍정적으로 평가하는 이유는 바로 이 시기가 유대인의 힘에의 의지가 드러났던 시기이기 때문이다.

"근원적으로 이스라엘은 특히 왕정 시대에 만사와 옳은 관계를, 다시 말해 자연적인 관계를 맺고 있었다. 그의 야훼는 힘-의식에 대한 표현이었고, 기쁨 자체에 대한 표현이었으며, 그들 자신에 대한 희망의 표현이었다: 야훼 안에서 이스라엘 사람들은 승리와 구원을 기대했고, 야훼와 함께 그들은 자연을 자기들에게 필요한 것을 — 특히 비를 주는 것으로 신뢰했었다. 야훼는 이스라엘의 신이고, 따라서 정의의 신이다: 힘을 갖고 있고, 이에 관해 양심의 가책을 받지 않는 민족의 논리, 한 민족의, 자기 긍정의 이런 양면은 축제 의식을 통해 표현된다: 그들은 그들을 정상에 서게 한 위대한 운명에 대해 감사한다."(KSA 6, 193, 안티, 244-245쪽)

니체가 구약 성서 중 왕조 시대를 긍정적으로 평가하는 이유는 그때 유대인이 믿었던 신이 그들에게 힘을 부여하고 보증했던 신이었기 때문이다. 이때 야훼라는 신은 유대인 자신의 힘에 대한 표현이며 유대인 자신의 기쁨을 반영하는 존재였던 것이다. 그 신은 단순히 이상 세계에 머무는 신이 아니라 역사와 자연을 포함한 현실세계 속에서 활동했던 신이었고, 이 신을 통해 유대인은 자신의 존재를 자랑스러워했다. 말하자면 야훼라는 신은 당시 유대인이 경험한 자신의 존재가 투사된 '위대한 술어'였던 것이다. 따라서 그 신은 정의의 신, 승리의 신, 힘의 신, 자연의 신, 현실의 신으로 칭송되고 숭배될 수 있었다. 그 신은 능동적인 신, 힘과 긍지를 느끼게 하는 신, 즉 유대인의 힘에의 의지를 자신의 술어로 표현한 신, 한마디로 '강자의 신'이었던 것이다. 이 점을 니체는 다음과 같이 말한다.

"스스로를 여전히 믿고 있는 민족은 자기네의 고유한 신 또한 갖는다. 신 안에서 그 민족은 그들을 정상에 위치시키는 조건들, 즉 그들의 덕을 숭배한다. —그 민족은 자신에 대한 기쁨을, 자신이 힘을 가지고 있다는 느낌을 그것에 대해 감사할 수 있는 존재에 투사한다. (...) 사람들은 자기 자신에게 감사한다: 이를 위해 신을 필요로 한다."(KSA 6, 182, 안티, 231쪽)

이와 같이 승리의 시대에 유대인이 숭배했던 신은 유대인 자신의 존재의 위대함을 반영한 존재였으며, 이러한 술어가 힘에의 의지를 반영하기 때문에, 니체는 구약 성서를 긍정적으로 평가하는 것이다.

– 신약 성서
이스라엘 왕조의 몰락 이후 구약 시대에 가졌던 신에 대한 유대인의 이해는 바뀌기 시작한다. 이제 그들의 신은 더 이상 자랑거리가 아니며, 그들을 지켜 줄 힘도 가지고 있지 않아 보인다. 그럼에도 유대인은 신을 부정하고 버릴 수는 없었다. 이제 그들에게 남은 길은 신의 술어를 바꾸는 일이었다.

"옛 신은 그가 예전에 할 수 있었던 것을 더 이상은 할 수 없었다. 사람들은 그를 차라리 버려야 했다. 그런데 실제로 일어난 일은 무엇인가? 사람들은 신 개념을 변경시켜 버렸다. ― 사람들은 신 개념을 탈자연화시켜 버렸다: 이런 대가를 치르면서도 사람들은 신을 놓지 않았다. ― '정의의 신'인 야훼 ―더 이상은 이스라엘과 하나가 아니다. 더 이상은 민족적 자존심의 표현이 아니다. (...) 신 개념은 이제 사제 선동가들의 손아귀에서 도구가 되어 버렸다."(KSA 6, 194, 안티, 245쪽)

이런 방식으로 유대인의 신은 이제 전 인류의 신으로, 힘을 갖는 신보다는 힘을 거부하는 신으로, 자연적인 신보다는 이상적인 신으로 변한다. 그 신은 추상적인 신이 되는 것이다. 그럼에도 유대인이 이러한 신을 버리지 않은 이유는 그들이 살아남기 위해서 이러한 신이라도 필요했기 때문이다. 이제 그들의 신은 약자의 신으로 변하며, 약자들에게 또 다른 세계, 즉 피안의 세계를 약속하는 신으로 바뀐다.

"한 민족이 몰락할 때: 미래에 대한 믿음, 자유에 대한 그들의 희망이 완전히 사라져 버렸다고 느낄 때: 복종이 가장 이로우며 복종한 자의 덕목이 보존 조건이라고 그들이 의식할 때, 그들의 신 또한 바뀌지 않을 수 없다. 그는 이제 음험한 위선자가 되고 겁도 많아지며 겸손해져서 '영혼의 평화'를, 더 이상-증오하지-않기를, 관용을, 친구와 적마저도 '사랑'하기를 권할 것이다. 그는 계속해서 도덕화하고, (...) 모든 이를 위한 신이 되고, (...) 사해동포주의자가 된다. (...) 신은 예전에는 한 민족, 한 민족의 강력한 힘, 한 민족의 영혼에서 나오는 공격적인 모든 것과 모든 힘에의 갈망을 표현했었다: 이제 신은 한갓 선한 신일 뿐이다." (KSA 6, 182-183, 안티, 232쪽)

이러한 변화를 통해 그 신은 삶과 무관한 신, 혹은 삶을 부정하고 적대시하는 신이 된다. 이 신은 데카당스의 신이다.

"힘에의 의지가 어떤 형태로든 쇠퇴하는 곳에서는 언제나 생리적 퇴행이, 즉 데카당스가 있다. 가장 남성적인 덕목과 충동들을 제거당한 데카당스의 신은 이제 필연적으로 생리적으로 퇴행한 자들의 신이, 약자들의 신이 된다. 이들은 스스로를 약자라고 부르지 않고, '선한 자'라 부른다." (KSA 6, 183, 안티, 232쪽)

그런데 유대인의 신이 데카당스의 신으로 바뀌는 데 결정적인 역할을 한 사람들이 바로 사제들이다. 그들은 현실을 부정하고, 현실적 약함을 부정하기 위해 피안의 세계를 만들어 내고, 이러한 방법을 통해 또 다른 방식으로 세계를 지배할 수 있다고 판단했던 것이다.

d. 사제와 교회에 대한 니체의 평가

『차라투스트라는 이렇게 말했다』에서 사제에 대한 묘사는 숲 속에 사는 노인을 시작으로 하여 "저편의 또 다른 세계를 신봉하고 있는 사람들에 대하여", "죽음의 설교자들에 대하여", "사제에 대하여", "배신자에 대하여"에서 나타난다.

"저편의 또 다른 세계를 신봉하고 있는 사람들에 대하여"에서 니체는 자신도 한때 저 세계를 믿었다고 고백한다. 그러나 이 이야기를 말할 때쯤 그는 당시 자신의 모습을 '재'에 비유하며, 현재는 그 재로부터 타오르는 밝은 불꽃을 만들어 냈다고 말한다. 저 세계의 본질이 재라는 사실을 깨달았다는 고백이다. 그 세계의 본질에 대하여 그는 다음과 같이 말한다.

> "저편의 또 다른 세계를 꾸며 낸 것은 고통과 무능력, 그리고 더없이 극심하게 고통스러워하는 자만이 경험하는 그 짧은 행복의 광기였다. 단 한 번의 도약, 죽음의 도약으로 끝을 내려는 피로감이 (...) 온갖 신을 꾸며 내고 저편의 또 다른 세계를 꾸며 낸 것이다."(KSA 4, 36, 차라, 47쪽)

니체에 의하면 저 세계는 꾸며진 세계, 허구 세계에 불과하다. 그럼에도 그러한 세계를 만들어 낸 이유는 이 삶에서 극심한 피로감과 고통을 느끼는 자가 갖는, '이 삶을 마치고 싶다'는 광기 때문이라는 것이다. 따라서 저 세계는 '천상'이라는 유혹적인 이름을 갖지만, 그 본질은 무에 불과하다.

"그들은 자신이 처해 있던 불행에서 벗어나려 했으나 별들은 너무 먼 곳에
있었다. 그러나 그들은 탄식했다. '다른 존재와 행복 속으로 기어 들어갈 수
있는 천상의 길이라도 있었으면!' 이런 소망에서 그들은 그들이 도망갈 샛
길과 피의 잔이란 것을 생각해 냈던 것이다!"(KSA 4, 37, 차라, 49쪽)

저 세계를 꾸며 낸 사람들은 이 삶에 지친 병든 자와 죽어가는 자들
이었던 것이다. 그들은 살아 있지만 죽기를 원하고, 죽어서 저 세계에
들어가고 싶어 하면서도 아직 죽기를 원치 않는 이율배반적인 사람들
이다. 그들은 신체를 경멸하고 순수한 영혼을 주장하면서도, 선뜻 신체
와 이 삶을 거부하기를 주저하는 사람들이다.

"영혼이 결핵에 걸려 있는 자들이 있다. 그런 자들은 태어나자마자 죽기 시
작하며, 피로와 체념에 대한 가르침을 동경한다."(KSA 4, 55, 차라, 69쪽)

이렇게 죽기를 원한다고 외치면서 스스로 죽지도 못하는 사람들을
향해 니체는 다음과 같이 거친 독설을 내뿜는다.

"곳곳에 죽음을 설교하는 자들의 목소리가 울려 퍼지고 있다. 그리고 이 대
지는 죽음의 설교를 들어야 하는 자들로 가득 차 있다. 아니면 '영원한 생
명'에 대한 설교를 들어야 하는 자들로. 아무래도 좋다. 그런 자들이 저편의
세계로 서둘러 떠나 버리기만 한다면야!"(KSA 4, 57, 차라, 71쪽)

니체는 저 세계를 그렇게도 소망하는 사람들에게 당장 그 세계로 가
라고 말한다. 지나친 독설이지만 그들이 당장 저 세계로 가지 않으리라
는 것을 니체도 잘 알고 있기 때문이다. 그렇다면 왜 사제는 저 세계를

강조하고 설교하는 것일까?

> "그 누가 그러한 동굴과 참회의 계단을 꾸며 냈는가? 맑은 하늘을 보기가 부
> 끄러워 몸을 숨기려 했던 자들이 아닌가?"(KSA 4, 118, 차라, 147쪽)

니체에 의하면 사제들이 저 세계를 꾸며 낸 이유는 그들의 '부끄러
움' 때문이다. 그들은 자신 안에서 스스로를 괴롭히는 것이 무엇인지
잘 알고 있었고, 그러한 괴롭힘에 유난히 민감했던 자들이다. 그리고 그
들은 자신들의 괴로움의 원인을 '죄'라고 불렀다. 이와 같이 사제들은
유난히도 '죄책감'에 시달렸으며, 그들의 부끄러움과 죄책감이 신과 저
세계를 만들어 냈다는 것이다. 그 후 그들은 마치 부모에게 고백하는 어
린아이와 같이, 신에게 죄를 고백할 때 부끄러움과 죄책감으로부터 벗
어날 수 있다고 주장했다. 그러나 이러한 고백이나 믿음은 오히려 그들
스스로 자신의 문제를 해결하고 극복하는 것을 가로막아 왔던 것이다.

> "이 거짓스러운 광채여, 이 탁한 대기여! 여기, 영혼이 그 자신의 높이로 날
> 아오르는 것을 허용하지 않는 곳이여!"(KSA 4, 118, 차라, 147쪽)

그리스도교 사제는 스스로 죄책감에 시달리며 삶을 부끄러워하는 자
들일 뿐 아니라, 자신들의 병을 다른 사람들에게 주입하는 자들이다.
그들은 스스로 고통을 극복하지 못한 채 어린아이로 머물면서 다른 사
람들도 어린아이로 머물게 하는 자들이다. 이런 의미에서 니체는 그리
스도교 사제가 원하는 것이 인류의 퇴화라고 비판하는 것이다.
이러한 그리스도교 사제들과 달리 불교 승려들은 이 삶이 '고통'이
라는 것을 알고 있다. 그런데 그들은 고통을 벗어나기 위해 신을 필요

로 하지 않는다. 오히려 그들은 스스로 고통과 싸우고 이겨 나가기를 시도한다. 이를 위해 불교 승려들은 '정신적인 것에서는 섭생법을, 육체적인 것에서는 특정한 단련'(KSA 6, 189, 안티, 239쪽)을 수행한다. 섭생법과 단련을 통해 그들은 육체와 영혼을 스스로 강화하며, 이를 통해 자신의 고통에 대해 스스로 책임지는 인간으로 성숙해 가는 것이다. 이와 달리 신의 은총이라는 명목하에 스스로 성장하기를 부정하는 그리스도교 사제들은 자신의 고통을 타자에게도 인지시키려고 한다. 그러나 신의 은총, 죄의 사함, 저 세계에서의 지복스러운 삶이라는 주장의 배후에는 이 세계에서 자신들이 받은 고통에 대한 복수심이 깔려 있다.

"사제들은 사악하기 그지없는 적들이다. 그들의 겸손만큼 더 복수심에 불타고 있는(rachsüchtig) 것도 없다."(KSA 4, 117, 차라, 146쪽)

이런 의미에서 니체는 사제와 교회를 거미와 거미줄, 혹은 나방에 비유한다. 그들은 아름다워 보이지만 허망한 거미줄에 의지해 살아갈 수밖에 없는 거미와 같은, 혹은 스스로 불 속으로 뛰어드는 나방과 같은 사람들이다. 여기서 나방은 스스로의 욕망에 이끌려 결국 불 속으로 뛰어들고 죽어가는 동물을 상징한다. 이때 불 속은 삶의 종말을 뜻하며, 불 속으로 뛰어드는 행위는 허망함에의 욕망이라고 볼 수 있다.[65] 니체가 묘사하는 나방은 죽음으로 끝나기를 원하는 존재, 즉 일종의 '정신분열증 환자'에 가깝다.[66] 그런데 니체는 이러한 사제의 전형을 신약 성

---

[65]   이러한 나방의 모습은 괴테의 시에서 "매혹되어서 하늘을 날아 너는 뛰어가서/ 마침내 빛을 사모하는 자여/ 너는 그곳에서, 오오! 나비여 타버렸구나"로 묘사된다. 물론 이 시에서 괴테는 "지고한 동경", 즉 나방의 죽음을 통해 "죽어라 그리고 이루어라!"라며 운명에 관해 말하는 것이다.

서의 저자이기도 한 사도 바울에서 발견한다.

e. 사도 바울에 대한 니체의 평가

신약 성서 안에는 사도 바울이 쓴 서한들이 많이 들어 있다. 그는 예수의 사건을 가장 열정적으로 세계에 알린 인물이다. 바울은 그리스도교의 성립 과정에서 매우 중요한 역할을 했다. 이러한 바울에 대하여 니체는 가장 부정적으로 평가한다. 그 이유는 무엇일까?

니체에 의하면 바울은 예수가 이 세계에 전해 준 '기쁜 소식'(Evangelium)을 '나쁜 소식'(Dysangelium)으로 변화시킨 장본인이다(KSA 6, 211, 안티, 267쪽). 왜냐하면 바울은 예수에 의해 부정되었던 '죄', '벌' 등의 개념을 강화했기 때문이다.

"바울 안에는 '기쁜 소식을 전한 자'와는 반대되는 유형이 구현되어 있다. 증오와 증오의 환상과 증오의 냉혹한 논리를 만드는 데에는 천재인 유형이. (...) 그는 구세주를 자기의 십자가에 못 박아 버렸다. 구세주의 삶과 모범을, 구세주의 가르침과 죽음을, 복음 전체의 의미와 권능을 못 박아 버렸다."(KSA 6, 215-216, 안티, 272쪽)

바울은 구세주의 삶 대신, 구세주를 신앙의 대상으로 변화시키고, 이 세계의 삶 대신 저 세계의 삶을 강조했다는 것이다. 그는 삶의 구체적이고 현실적인 행동 대신 신앙이란 믿음의 형태를 절대적인 진리로 주장하기 시작한 것이다.

---

66   가스통 바슐라르, 『초의 불꽃』, 민희식 옮김, 삼성출판사, 1982, 147-148쪽 참조

"바울은 그러한 삶 전체의 중심을 간단히 이 세계적인 삶의 배후로 — '부활'한 예수에 대한 거짓말 안으로 옮겨 버렸다. 근본적으로 바울은 구세주의 삶을 도대체 이용할 수 없었다. — 그가 필요로 했던 것은 십자가에서의 죽음이었다."(KSA 6, 216, 안티, 273쪽)

이처럼 세계의 중심을 저 세계로 옮기기 위해 바울이 필요로 했던 것이 이 세계의 종말과 심판에 대한 신앙, 그리고 신앙을 위협할 수 있는 학문에 대한 철저한 부정이었다.

"그리스도교처럼 현실과는 한 점도 접촉하지 않고, 현실의 어떤 한 점에서라도 권리를 보장받는 즉시 와해되어 버리는 종교는 '세상의 지혜', 말하자면 학문과는 불구대천의 원수지간일 것은 뻔한 일이다."(KSA 6, 225, 안티, 284쪽)

"성서의 첫 부분은 사제의 심리 전체를 포함하고 있다 — 사제가 알고 있는 단 하나의 위험: 그것은 지식이다. (...) 이러한 논리와 더불어 결국 무엇이 이 세상에 등장하는지는 미리 짐작할 수 있다: — 그것은 '죄'이다. (...) 죄와 벌의 개념, '도덕적 세계 질서' 전체가 지식에 대항하여 고안되었다."(KSA 6, 228, 안티, 287-288쪽)

결국 니체가 바울을 비판하는 이유는 바울에 의해 구세주의 삶이 신앙의 대상으로 바뀐 점, 구세주가 폐기했던 죄, 벌, 가책, 종말, 심판 등의 개념이 다시 전면에 등장하게 된 점, 이 세계에서의 삶 대신에 저 세계에의 동경이 중심에 자리하게 된 점으로 요약된다. 그런데 이러한 가치의 전도를 통해 바울이 실제 의도한 것은 또 다른 방식의 힘에의 의지이며, 이를 통한 세계의 지배라는 것이 니체의 주장이다.

> "바울, 로마와 '세상'에 대한 찬달라적 증오의 육화이자 찬달라적 증오의 천재인 바울, 유대인이며 영원한 유대인의 전형인 바울, (...) 그가 알아차렸던 것, 그것은 어떻게 유대교 변두리의 작고도 종파적인 그리스도교-운동을 이용하여 '세계적인 불길'을 일으킬 수 있을지, 어떻게 '십자가의 신'이라는 상징을 가지고 (...) 로마 제국 안에 있는 아나키적 책동의 유산 전체를 거대한 힘에 이르게 할 수 있을지에 관한 것이었다."(KSA 6, 246, 안티, 310쪽)

그리고 이러한 전복과 복수를 위해 바울이 다시 끌어들인 개념이 바로 지옥이라는 것이다.

> "그는 '세상'의 가치를 빼앗아 버리기 위해서는 불멸에 대한 믿음이 필요하다는 사실을 파악해 냈다. 그는 '지옥' 개념이면 로마를 지배할 수 있으리라는 사실을 — '피안'이 삶을 죽여 버린다는 사실을 파악해 냈다."(KSA 6, 247, 안티, 311쪽)

이와 같이 니체는, 바울이 만들어 낸 신은 바울 자신의 의지를 반영한 것이며, 그가 결국 원했던 것은 '힘'(Macht)이었다고 결론 내린다. 그런데 바울이 추구한 힘에의 의지는 강한 자의 능동적인 힘에의 의지가 아니라 원한감정에 가득 차서 피안이라는 허구 세계를 끌어들이고, 벌과 심판이란 개념을 통해 완성하려 했던 약한 자의 의지, 데카당스적인 힘에의 의지였다는 것이다. 따라서 바울의 신이야말로 진정한 의미의 신에 대한 부정(Deus, qualem Paulus creavit, dei negatio)이었다는 것이 니체의 평가이다(KSA 6, 225, 안티, 284쪽). 이렇게 바울에 대한 가혹한 비판과는 달리, 예수에 대한 니체의 입장은 이중적이다. 그 이유는 무엇일까?

f. 예수에 대한 니체의 평가

'그리스도교에 대한 저주'(Fluch auf das Christentum)란 부제가 붙어 있는 『안티크리스트』 62에는 다음과 같은 표현이 있다.

> "이것으로 나는 끝을 맺고 나의 판결을 내린다. 나는 그리스도교에 유죄 판
> 결을 내리며, 그리스도 교회를 가장 혹독하게 탄핵한다."(KSA 6, 252, 안
> 티, 317쪽)

이 글로 니체는 자신이 반그리스도라는 것을 분명히 한 셈이다. 이런 점은 62의 마지막 부분에서도 확인된다. 그는 자신이 작품을 쓴 시기를 예수의 탄생을 기점으로 한 A.D.1888년 9월 30일이 아닌, 첫해의 첫날이라고 쓴다.

> "그런데 우리는 이런 액운이 시작되었던 그 불행한 날을 기점으로 시간을 계
> 산한다. ─ 그리스도교가 시작한 첫날을 기점으로! ─ 왜 차라리 그리스도교
> 의 최후의 날을 기점으로 삼지 않는가? ─ 오늘을 기점으로 삼지 않는가?
> ─ 모든 가치의 전도!"(KSA 6, 253, 안티, 318쪽)

이 첫날을 니체는 '구원의 날'이라고 표현한다. 또한 자신의 친구에게 보낸 서한에서 니체는 『차라투스트라는 이렇게 말했다』를 '제5의 복음서'라고 칭하기도 했다. 이런 점을 들어 칼 뢰비트는 니체가 예수를 거부했다고 주장한다.[67] 반면에 칼 야스퍼스는 니체가 그리스도교의 현

실에 대한 반감과 달리, 그리스도교의 본질에 대해서는 긍정적인 입장
을 취했으며 예수에 대해서도 항상 유비적인 관계를 유지하려 했다고
주장한다. 야스퍼스는 니체와 예수의 관계를 긍정적으로 평가하는 것
이다.[68] 그러나 야스퍼스의 주장대로 니체가 그리스도교의 본질과 현실
을 명확히 구분했는지는 분명하지 않으며, 칼 뢰비트의 주장대로 니체
가 예수를 항상 비판한 것은 아니라는 점도 문제로 남는다. 예수에 대
한 니체의 입장을 확인하기 위해서는, 카우프만이 지적하듯이, 니체가
역사적 예수와 신앙의 대상인 그리스도를 구분한다는 점에 유의할 필
요가 있다.[69] 니체는 그리스도에 대하여 다음과 같이 말한다.

> "그리스도교 신 개념 —병자로서의 신, 거미로서의 신, 정신으로서의 신 —
> 이것은 지상에 실현되었던 것 중에서 가장 부패한 신 개념 중 하나이다.
> (…) 신이 삶에 대한 미화이자 삶에 대한 영원한 긍정이 되는 대신, 삶에 대
> 한 반박으로 변질되어 버리다니! (…) 신 안에서 무가 신격화되고, 무에의
> 의지가 신성시되다니!"(KSA 6, 185, 안티, 234–235쪽)

이 인용문에서 니체는 바울에 의해 신앙의 대상으로 변한 그리스도
를 무에의 의지가 신성시된 것으로 이해한다. 이것을 니체는 '나쁜 소
식'이라고도 표현한다. 바울은 역사적 예수를 십자가에서 죽고 부활한
그리스도라는 신앙의 대상으로 바꾸고, 그리스도를 보복과 심판이란
개념과 연결시켰다는 것이다. 바울은 자신의 의도에 따라 역사적 예수

---

67   K. Löwith, *Sämtliche Schriften 6. Nietzsche*, 473쪽 참조

68   K. Jaspers, *Nietzsche und das Christentum*, 61쪽 참조

69   W. Kaufmann, *Nietzsche. Philosoph–Psychologe–Antichrist*, Wissenschaftliche
Buchgesellschaft, Darmstadt, 1988, 393쪽 참조

를 희생시키고, 그 자리에 자신이 기대하는 그리스도의 모습을 대체했다는 것이다.

그런데 니체에 의하면 바울이 주장하고 사제들이 계승한 교리들, 예를 들어 인격 존재로서의 신, 앞으로 올 '신의 나라', 피안의 세계, 삼위일체의 제2격인 '신의 아들' 등의 개념은 비그리스도교적인 개념들로서, 이것들은 역사적 예수와는 상관이 없으며, 오히려 그것들은 바울자신이 필요로 했던 개념이자 바울 자신에 대한 투영이라고 비판한다. 반면에 예수에 대해서는 다음과 같이 말한다.

"— 다시 원점으로 돌아가서 그리스도교의 진짜 역사에 대해 말해 보겠다. — '그리스도교'라는 말 자체가 벌써 오해이며 —, 근본적으로는 오직 한 사람의 그리스도교인이 존재했었고, 그는 십자가에서 죽었다. '복음'이 십자가에서 죽어 버렸다. 그 순간부터 '복음'이라고 불리는 것은 이미 그 유일한 그리스도교인이 체험했던 것과는 정반대였다: '나쁜 소식', 즉 화음(Dysangelium)이었다."(KSA 6, 211, 안티, 266-267쪽)

여기서 니체는 예수만이 유일한 그리스도교인이었다고 말한다. 왜냐하면 예수만이 기쁜 소식을 전한 자이며, 동시에 그것을 스스로 '실천한 자'였기 때문이다. 말하자면 니체에게 무엇보다 중요한 것은 신앙, 즉 믿음이 아니라, 기쁜 소식을 그대로 행하는 '실천'에 있는 것이다. 그리고 기쁜 소식이 기쁜 소식인 이유는 그 소식을 통해 신과 인간, 인간과 인간, 인간과 그를 누르고 있던 율법과 교리로부터 해방이 이루어졌기 때문이다.

"'복음'의 심리 전체에는 죄와 벌의 개념이 없다: 보상이라는 개념도 없다.

신과 인간 사이의 관계를 멀어지게 하는 '죄'가 없어졌다는 것. — 바로 이것이 '복음, 기쁜 소식'이다. (...) '신앙'은 그리스도교인을 구별 짓지 않는다: 그리스도교인은 행동하고, 행동이 달라서 구별된다. (...) 구세주의 삶은 이러한 실천일 뿐이었다. — 그의 죽음 역시 다르지 않았다. (...) 신에게 향하는 길은 '회개'도 아니고, '용서의 기도'도 아니다: 오로지 복음적인 실천만이 신에게 인도하며, 복음의 실천이 바로 '신'이다. — 복음과 함께 없어진 것, 그것은 '죄', '죄의 시험', '신앙', '신앙을 통한 구원' 개념을 갖고 있던 유대교였다. — 이런 유대 교회의 교설 전체가 '기쁜 소식'에서는 부정되었다.〃(KSA 6, 205, 안티, 258–259쪽)

"이 '기쁜 소식을 가져온 자'는 그가 살아왔고, 그가 가르쳤던 대로 죽었다. — '인간을 구원하기' 위해서가 아니라, 어떻게 살아야 하는가를 보여 주기 위해 죽었다. 그가 인류에게 남겨 놓은 것은 바로 실천이었다."(KSA 6, 207, 안티, 261–262쪽)

이와 같이 니체가 보는 예수는 기쁜 소식을 실천한 자이자 심판, 죄, 모든 대립과 불화, 투쟁을 종식시킨 자이다. 이런 의미에서 니체는 예수를 '바보'(Idiot)라고 부른다. 이때 바보의 의미는 무지하다는 뜻이 아니라 대립자를 갖지 않기 때문에 누구도 이해하고 받아들일 수 있는 자란 뜻을 갖는다. 바보로서 예수는 더 이상 상대방을 향한 심판과 증오, 원한감정을 갖지 않는 자이다. 예수는 순수한 사랑의 존재, 사랑을 실천한 자, 이러한 실천을 통해 다른 사람들과 구별된 자이다. 또한 예수의 삶은 특정한 교리를 고집하는 삶이 아니라 모든 순간과 상황에 따라 그에 적합한 판단을 하고 그것을 실행한 삶이다. 따라서 니체는 예수를 '자유정신'이라 부른다.

"예수를 '자유정신'이라 부를 수도 있으리라. ─ 그에게는 고정된 것은 죄다 전혀 중요하지 않으니까: 말은 죽이는 것이고, 고정된 것은 모두 죽이는 것 이다. 그가 유일하게 알고 있는 개념인 '삶'의 경험은 그에게는 온갖 종류의 말, 공식, 법칙, 신앙, 교의와 대립한다."(KSA 6, 204, 안티, 257쪽)

예수에 대한 니체의 규정을 종합하면 예수는 대립자를 갖지 않고 모 든 것을 받아들인 바보이고, 신앙인이 아니라 실천인이며, 인간을 억압 했던 모든 무거운 개념들을 부정한 자이다. 이러한 니체의 주장에 따르 면 예수는 율법이라는 구속으로부터 벗어나 자유를 몸소 실천한 '자유 정신'이라는 점, 따라서 예수는 '힘에의 의지'를 지닌 자, 더 정확히 표 현하면 '사랑에의 의지'를 지닌 강자라는 점이 드러난다. 예수는 힘이 없어 대립자를 갖지 않는 것이 아니라, 반대로 적극적인 사랑에의 의지 라는 힘을 가졌기 때문에 대립자나 원한감정을 갖지 않는다는 것이다.

니체의 예수에 대한 평가는 바울에 대한 평가와 비교할 때 매우 긍정 적으로 보이며, 니체가 제시한 자유정신, 초인과도 유사한 면을 지닌 다. 따라서 우리는 『차라투스트라는 이렇게 말했다』 안에서 예수를 떠 올릴 수 있는 주제, 상황, 구조들을 ─ 나이 30세, 고향을 떠남, 자신의 가르침을 실천하기 위해 인간 세계 속으로 들어감, 제자들의 선택, 최 후의 만찬 등 ─ 발견할 수 있는 것이다. 그렇다고 니체가 예수를 모두 긍정적으로 평가한 것은 아니다. 왜냐하면 니체가 볼 때, 예수는 너무 일찍 죽었기 때문에 삶의 생노병사와 그 각각의 과정에서 경험하게 되 는 모든 희노애락을 충분히 이해하지 못했으며, 결국엔 죽음을 택함으 로써 웃는 법을 배우지 못했기 때문이다.

"그래서 죽음에 대한 동경이 그를 덮친 것이다. 그가 차라리 광야에 머물러 있었더라면! 그랬다면 그는 아마도 삶을 누리는 법과 대지를 사랑하는 법을 배웠을 것이다. 거기에다 웃음까지 배웠으리라! (...) 그는 너무나도 일찍 죽어 갔다. 그가 내 나이만큼만 살았더라도 자신의 가르침을 거두어들였으리라! 그는 그것을 거두어들일 만큼 충분히 고결했다. 그러나 그는 아직 미숙했다."(KSA 4, 95, 차라, 119쪽)

그럼에도 그리스도교, 바울, 사제, 교회에 비해 예수를 긍정적으로 평가하는 것은 분명해 보인다.

9) 도시와 시장터: 늪과 독 파리의 장소

차라투스트라는 자신의 동굴을 내려와 숲 속에 사는 노인을 만나고 신의 죽음에 대하여 말한 후, 사람들이 모여 사는 도시에 들어선다. 마침 그 도시에는 시장이 열려 있어 수많은 사람으로 북적이고 있다. 이러한 모습을 배경으로 머리말 3~4에서는 초인에 대한, 머리말 5에서는 최후의 인간에 대한 차라투스트라의 말이 서술된다. 그렇다면 최후의 인간이란 누구인가?

니체는 그들을 도시에 사는 사람들로 묘사한다. 니체에게 도시는 강렬하고 상쾌한 공기를 지닌 산 정상이나 은자가 홀로 머무는 미로 같은 숲과 달리, 많은 사람으로 붐비는 곳이자 욕망으로 가득 찬 곳이다.

도시는 사람들의 욕망을 부추기고 확대 재생산하는 곳이다. 이러한 방식을 통해 도시는 더 많은 자본을 빨아들인다. 이런 의미에서 도시는 절망적인 늪(Sumpfe)과 같은 곳이다. 늪에서 빠져나오려고 발버둥 치면 칠수록 사람들은 더 깊숙이 빠져들게 되고, 결국엔 죽음에 이르게 된다. 늪은 빠져나오려고 저항하는 자나 빠져나오기를 포기한 자 모두를 삼켜 버린다. 이렇게 탈출을 거부하는 늪을 바슐라르는 '물과 대지의 싸움', 그 둘 사이에서 벌어지는 '사디즘과 마조히즘의 끊임없는 상호 전환 작용'[70]이라고 해석한다. 사르트르 역시 늪을 욕정으로서 사랑이 갖는 마조히즘적이며 동시에 사디즘적인 '끈적끈적함'이라고 해석한다. 욕망의 늪인 도시에서 사람들은 스스로 욕망을 추구하지만, 그 욕망은 이미 늪에 의해 지배된 욕망이다. 따라서 욕망을 추구할수록 사람들은 더 깊이 늪의 노예로 전락하고 만다. 노예로 전락한 자신에게 느끼는 어지러움이 바로 '늪의 현기증'이다. 니체의 현기증이 높은 곳에서의 현기증인 것과 달리 사르트르의 현기증은 '끈적끈적해진' 자신의 대상성에 대한 현기증이다.

> "마조히즘은 (...) 암벽과 지층의 낭떠러지 앞에서 느끼는 현기증이 아니라, 타자의 주관성의 심연 앞에서 느끼는 현기증이다."[71]

이와 같이 늪이 제공하는 욕망의 본질은 마조히즘적인 좌절이고 현기증이다. 그럼에도 욕망은 더 많은 사디즘적 정욕, 목마름, 집념을 원한다.[72] 사디즘은 '폭력과 괴로움에 의해 타자를 그 육체 속의 포로로 만들기 위한 노력'[73]이다. 그러나 그가 성취하는 것은 타자의 대상성일 뿐 타자가 아니다. 사디즘은 대상으로서 타자를 지배하지만 타자 자체는 지배하지 못하는 역설적인 괴로움의 표현인 것이다. 따라서 욕정으

---

70 가스통 바슐라르, 『대지와 의지의 몽상』, 235쪽

71 장 폴 사르트르, 『존재와 무』, 정소성 옮김, 동서문화사, 2011, 628쪽

72 위의 책, 659쪽 참조

73 위의 책, 665쪽

로서 사랑은 그것이 사디즘적이든, 마조히즘적이든 모두 끈적끈적한 늪의 세계 속에 파묻히며, 결국은 죽음에 이르게 되는 것이다.[74] 이러한 늪의 특징은 스트린드베리의 시 「꿈」에서도 발견된다. 그 시 속에서 늪은 진흙으로 묘사된다. 이 시 속에서 진흙에 빠진 아그네스는 다음과 같이 절규한다.

"나의 사고는 더 이상 날지 않는다. 날개 위의 진흙과 발밑의 흙이, 그리고 내 자신 (…) 나는 빠져든다. 나는 빠져든다."[75]

이와 같이 스트린드베리의 진흙은 '초-비참'(sur-misere)으로서의 늪이다. 그런데 니체는 도시를 이러한 늪으로 비유한다. 늪과 같은 도시의 욕정은 사람들을 이중적인 절망에 빠져들게 한다. 이 점에 대하여 니체는 "그냥 지나쳐 가기에 대하여"에서 큰 도시에 살고 있는 '차라투스트라의 원숭이'를 통해 다음과 같이 말한다.

"이곳(큰 도시)에서 일체의 피는 썩고 미지근한 상태에서 거품을 내며 모든 혈관에 흐르고 있습니다. 이 큰 도시를 향해, 모든 포말이 모여 거품을 내는 이 커다란 허섭쓰레기를 향해, (…) 찌그러진 영혼과 옹색한 가슴에 아래로 찢어진 눈, 그리고 끈적끈적한 손가락으로 가득 찬 이 도시를 향해, (…) 뻔뻔스러운 자, 파렴치한 자, 글쟁이와 고함쟁이, 너무 뜨겁게 달아오른 야심가들이 살고 있는 이 도시를 향해, (…) 일체의 부패, 추잡, 음탕, 음상, 퇴폐, 농양, 음모가 곪아 터지고 있는 이 도시를 향해 (…) 침을 뱉고 발길을

---

74   위의 책, 649쪽 참조
75   가스통 바슐라르, 『대지와 의지의 몽상』, 269쪽에서 재인용

돌리십시오!"(KSA 4, 224, 차라, 289-290쪽)

포말과 거품, 끈적끈적함으로 가득 찬 도시를 비판하는 차라투스트라의 원숭이에 대하여 차라투스트라는 그 역시 늪 속에 빠져 있다는 경고를 내린다.

"너는 무슨 까닭으로 결국 개구리가 되고 두꺼비가 되지 않을 수 없을 만큼 그토록 오래 늪 곁에서 살았는가? 네가 이같이 꽥꽥거리며 욕을 퍼붓는 것은 바로 네 자신의 혈관 속에 썩어 거품을 내는 늪의 피가 흐르고 있기 때문이 아닌가."(KSA 4, 224, 차라, 290쪽)

이처럼 니체에게 대도시는 욕정이 난무하는 곳이다.[76] 도시는 '축조된 악습이며, 아무것도 자라지 않는 곳', 즉 위대한 창조가 이루어질 수 없는 곳으로, 니체는 도시에 대하여 "내가 고슴도치처럼 가시를 세우지 않을 수 있겠는가?"라고 말한다(KSA 6, 292, 사람, 367쪽). 그런데 차라투스트라가 처음 사람들과 만난 곳은 그가 그렇게 비판하던 도시, 특히 도시에서 자리 잡고 있는 시장이다. 그렇다면 시장은 어떠한 곳인가?

시장은 수많은 군중이 모여 있는 곳이며 저마다 자신들에게 필요한 물품을 사고파는 곳이다. 여기서는 많은 이야기가 오간다. 물품을 흥정하는 말들, 사람들의 흥미를 자극하는 말들, 별다른 의미 없이 오가는 잡담들, 그리고 호기심에 가득 찬 말들, 가끔씩은 서로 싸우는 고함소리들 등등. 한마디로 시장은 여러 가지 소문이 들끓는 곳이다. 이처럼

---

76   그러나 이러한 그의 주장이 욕망 자체에 대한 부정을 뜻하는 것은 아니다. 그는 금욕주의나 탐욕주의 모두를 거부한다. 이 점은 쾌락에 대한 니체의 입장을 해명할 때 다시 다룰 것이다.

시장은 수많은 군중, 수많은 말이 오가는, 가장 일상적이며 구체적인 장소이지만, 다른 한편으로 시장은 가장 공허하고 추상적인 공간이기도 하다. 왜냐하면 이곳에 모인 군중은 그저 수적인 다수에 불과하고 그들이 나누는 말들도 피상적이기 때문이다. 시장에서 그들은 질문하지 않는다. 그들은 문제 자체에 접근하지 못하며 새로운 시도도 하지 못한다. 시장터에 몰려든 군중은 자신만의 고유한 존재를 시도하지 않고, 단지 군중의 시끄러움 속에 자신을 맡길 뿐이다. 이 점을 니체는 다음과 같이 말한다.

> "고독이 멈추는 곳, 그곳에서 시장이 열린다. 그리고 시장이 열리는 곳에서 위대한 배우들의 소란이 시작되며, 독 파리들이 윙윙대기 시작한다."(KSA 4, 65, 차라, 81쪽)

니체는 군중을 윙윙거리며 날아다니면서 다른 사람들을 귀찮게 할 뿐, 자신만의 존재를 추구하지 못하는 독 파리에 비유한다. 때에 따라 그 독 파리들은 화려한 옷으로 치장하기도 한다. 그러나 그들의 본질은 어릿광대에 지나지 않는다.

마침 차라투스트라가 도착한 시장터에서는 군중을 흥분시키는 광대의 줄타기 놀이가 벌어진다. 이렇게 시장터에 모인 군중에게 차라투스트라는 초인에 대하여 말한다. 그러나 군중은 그런 말을 하는 차라투스트라를 또 다른 광대로 오인한다. 그러나 차라투스트라에게는 이들이야말로 자신이 광대인 줄 모르는 광대이며 서로에게 광대극을 벌이는 자들이다. 시장터에서 벌어지는 광대극에 즐거워하며 빠져들 때, 그들은 익명의 존재, '아무도 아닌 자', 즉 '하나의 모습'(Ein-Form)이 되는 것이다. 이러한 종류의 인간형이 『차라투스트라는 이렇게 말했다』에서 묘사되는 최후의 인간의 모습이다.

10) 최후의 인간과 차라투스트라의 슬픔

머리말 3에서 차라투스트라는 시장에 모인 군중에게 '초인'에 대하여 말한다. 그러나 군중은 차라투스트라의 말을 광대의 말로 여기고, 말이 아니라 줄타기를 보여 줄 것을 요구한다. 마침 실제 광대가 줄타기를 시작한다. 광대의 줄타기가 진행되는 상황에서도 차라투스트라는 군중에게 초인에 대하여 말한다. 그러나 차라투스트라는 그들이 자신을 전혀 이해하지 못하고 있음을 확인한다.

> "웃고들 있구나. 그들은 나를 이해하지 못한다. 나는 이와 같은 자들의 귀를 위한 입이 아닌가보다."(KSA 4, 18, 차라, 22쪽)

이렇게 탄식을 한 후, 머리말 5에서 차라투스트라는 군중에게 '최후의 인간'(근대인)에 대하여 말하기 시작한다. 이때 "슬프다!"(Weh!)라는 표현을 반복한다. 초인에 대하여 말할 때 "나는 사랑한다."라는 표현을 반복하는 것과 달리, 최후의 인간에 대하여 말할 때는 "슬프다! ~ 할 시간이 다가온다."(Wehe! Es kommt die Zeit)라는 표현을 반복한다. 이러한 표현 안에는 차라투스트라의 격정(Pathos)이 담겨 있다. 왜냐하면 차라투스트라에게 최후의 인간의 도래는 허무주의의 완성을 재촉하는 사건이기 때문이다. 그러나 차라투스트라는 최후의 인간의 도래는 피할 수 없는 사건이라는 점을 느끼기에, 계속해서 '슬프다'고 외치는 것이다. 또한 차라투스트라가 "슬프다!"란 표현을 반복하는 것은 독자들도 곧 도래할 최후의 인간의 불가피성에 대하여 자신과 마찬가지로 위급함(Not)을 느끼고, 그에 대하여 결단하고 행동할 수 있기를 기대하기 때문이다. 그러나 차라투스트라의 기대는 좌절된다. 차라투스트라가 초인에 대하여 말하고 난 후 군중이 보인 반응은 비웃음이었다. 이에 차라투스트라는 "저들은 나를 이해하지 못한다."라고 자책하지만, 곧바로 군중에게 최후의 인간의 도래가 왜 슬픈 일인지에 대하여 구체적으로 말하기 시작한다.

차라투스트라는 최후의 인간을 '더없이 경멸스러운 인간'(Verächtlichste)으로 규정한다. 그들은 대부분 교육을 받았으며, 그 교육을 통해 스스로에 대하여 자부심을 가지고 있는 자들이다. 그들은 자신들이 경멸받아야 할 인간들이라는 것을 부정한다. 그러나 니체에 의하면 당시 교육이라는 것은 '짐승 같은 사람을 길들이는 사육'(KSA 6, 99, 우상, 126쪽)에 불과하며, 다수의 사람을 위한 교양 정도의 교육으로서, 고급 교육과는 거리가 먼 것이었다. 그러나 이러한 교육을 통해서는 진정한 의미의 '보는 법, 생각하는 법, 말하고 쓰는 법'(sehen, denken, sprechen, schreiben)(KSA 6, 108, 우상, 138쪽)이 이루어지지 않는다.

따라서 이렇게 사육된 인간형을 니체는 '교양의 속물들'(KSA 1, 165, 반시대, 190쪽), '범속한 자들'(KSA 6, 282, 사람, 354쪽), '여론에 따라 생각하는 (...) 스스로 눈을 가리고 귀를 막고 있는' 자들(KSA 1, 164, 반시대, 189쪽)이라고 부른다. 이들은 모두 평준화된 자들이며, 서로에 대해서나 자기 스스로에 대해서나 아무런 판단 능력을 갖지 못한 자들이다. 이렇게 사육된 자들은 자신이 경멸받아야 할 자인지 아닌지 대하여 전혀 생각하지 않으며, 오히려 그 반대라고 생각한다. 그들에게 가장 부족한 것은 그들 자신이 경멸받아야 할 자라는 사실을 모른다는 점이다. 그렇다면 최후의 인간은 왜 가장 경멸스러운 인간인가?

　무엇보다도 그들은 '자신 위로 동경의 화살을 쏘지 못하는', '춤추는 별을 탄생시킬 수 없는' 사람들이기 때문이다. 그뿐만 아니라 그들은 그러한 것에 대해서는 관심도 갖지 않으며, 오히려 그러한 것에 대하여 질문하는 것을 이상하게 여기는 사람들이다. 따라서 그들은 "사랑이란 무엇인가? 창조란 무엇인가? 동경이란 무엇인가? 별이란 무엇인가?"라는 질문을 듣고는 이해할 수 없다는 듯 눈을 깜빡거린다.

　최후의 인간은 자기극복의 초월적 노력을 상실하고 창조적 의지가 거세당한 범속한 인간들을 일컫는다. 그들은 단지 자신 앞에 닥친 일상의 일을 위해 모든 시간과 노력을 쏟으며 그것에서 행복을 느끼는 인간형이다. 따라서 초인을 말하는 차라투스트라에 반하여 그들은 행복을 찾아냈다고 주장하는 것이다. 그렇다면 그들이 찾은 행복이란 무엇인가?

　최후의 인간은 자기 나름대로 행복을 찾기 위해 자신들과 유사한 사람들과 교제를 갖는다. 그들은 어떤 경우에도 혼자임을 견디지 못한다.

"그들은 살기 힘든 지역을 버리고 떠나갔다. 따뜻한 기운이 필요했기 때문이다. 사람들은 아직도 이웃을 사랑하며 그들의 몸에 자신의 몸을 비벼 댄다. 따뜻한 기운이 필요하기 때문이다."(KSA 4, 19, 차라, 24쪽)

그들은 모임에서 외톨이가 되거나 그 모임의 규칙에 어긋나지 않기 위해 염려하고 조심스럽게 행동한다.

"병에 걸리는 것과 의심을 품는 것이 그들에게는 죄스러운 것이 된다. 그리하여 그들은 아주 조심조심 걷는다. 아직도 돌에 걸리거나 사람에 부딪혀 비틀거리는 것은 바보나 하는 짓거리가 아닌가!"(KSA 4, 20, 차라, 24쪽)

그들은 자신이 속한 모임에서 이탈하려고 하지도 않고 이 모임 안에서 작은 행복을 찾기 위해 가장 안전한 길과 방법을 추구한다. 그들은 매우 합리적이고 계산적인 방식으로 살아간다. 그러한 삶이 가끔 권태로워지더라도 일탈을 꿈꾸기보다는 노동이나 여러 사교적인 모임과 같은 달콤한 마취제를 통해 잊어버리고, '단꿈'(angenehme Träume)에 빠져 버린다. 그러나 그것이 죽음에 이르게 한다는 사실은 알지 못한다.

> "때때로 마시는 얼마간의 독. 그것은 단꿈을 꾸도록 한다. 그러고는 끝내 많은 독을 마심으로써 편안한 죽음에 이를 수도 있다. 그들은 아직도 일을 한다. 일 자체가 일종의 소일거리이기 때문이다. 그러면서도 이 소일거리 때문에 몸을 해치는 일이 없도록 조심한다."(KSA 4, 20, 차라, 24쪽)

최후의 인간이 하는 일은 자신과 자신의 삶의 고유한 의미를 잊어버리는 것, 시간이 길게 늘어져 지루할 때 노동이나 마취제를 통해 권태를 잊는 것, 죽음과 삶에 대한 염려를 잊는 것이다. 그들은 '자신의 고유한 존재와 문제거리'로부터 벗어나기를 원하며 단꿈과 같은 마취 상태가 깨지는 것을 두려워한다. 그들은 자신의 고유한 존재를 상실한 사람들이다. 그가 누구라도 그들은 모두 똑같다. 그들은 모든 사람이 되기도 하고, 동시에 그 누구도 되지 않는다.

> "이제 그들은 더 이상 가난해지지 않으며 부유해지지도 않는다. 이런 것은 너무나도 귀찮고 힘든 일이다. (...) 모두가 평등하기를 원하며 모두가 평등하다. 어느 누구든 자기가 특별하다고 느끼는 사람은 제 발로 정신병원으로 가게 마련이다."(KSA 4, 20, 차라, 24쪽)

그들은 유니폼이자 내용 없는 숫자에 불과하며, 평등하기를 원하고 그것을 자유, 민주주의라고 주장한다. 결국 차라투스트라가 말하는 최후의 인간은 '현대인'의 전형이라고 볼 수 있다.

> "우리 현대는 자기에 대한 소심한 염려와 이웃사랑, 노동과 겸허와 공정성과 과학성이라는 덕을 가지고서 — 수집적이고 경제적이며 기계적으로 의도하는 — 약한 시대로 드러난다. (...) 우리의 덕은 우리의 약함에 의해 제약되고 요청된다. (...) 어떤 것이 실제로 유사해지는 것을 의미하고, '평등권' 이론에서 그 표현을 얻는 '평등'은 본질적으로 쇠퇴에 속한다.(KSA 6, 138, 우상, 175-176쪽)

이러한 최후의 인간을 니체는 생리적인 데카당스적 인간형, 자기극복의 힘에의 의지를 상실한 인간형, 원한감정을 지닌 채 그것을 숨기며 살아가는 '군서동물적' 인간형(KSA 6, 139, 우상, 177쪽), 창조에의 의지가 거세된 인간형이라고 부른다. 그들은 창조적 인간이 성취해 놓은 것 옆에서 먹는 자들, 즉 '더부살이하는 자'(Schmarotzer)이다.

그들은 초인을 이해할 수 없으며, 이해한다 하더라도 초인을 싫어할 수밖에 없는 것이다. 그런데 최후의 인간이 초인을 이해하지 못하는 것은 그들이 초인보다 열등하고 작은 인간형임을 스스로 고백하는 일이기도 하다. 이 점을 니체는 다음과 같이 비유한다.

> "자신의 악기에 줄을 두 개만 매어 놓고 있는 사람은 더 많은 현으로 연주할 수 있는 사람들을 이해하지 못한다. 더 낮은 사람들에 의하여 항상 잘못 해석되는 것은 많은 현을 가진 높은 문화의 본질에 속한다."(KSA 2, 230, 인간 I, 276쪽)

이런 점을 고려하면 왜 군중이 초인 대신 최후의 인간을 선택했는지 이해할 수 있을 것이다.

11) 초인의 본질

머리말 5에서 차라투스트라의 첫째 말이 끝난 후, 군중은 "오, 차라투스트라여, 우리에게 그 최후의 인간을 달라, 우리를 최후의 인간이 되도록 하라! 그러면 우리가 그대에게 초인을 선사하겠다."라고 고함치며 환호한다. 그들은 이미 차라투스트라로부터 초인이 누구인지, 최후의 인간이 누구인지 들은 상태이다. 그런데 그들은 최후의 인간을 선택했고, 스스로 최후의 인간이 되기를 원했던 것이다. 이로써 차라투스트라의 말은 철저하게 실패로 끝난다. 그렇다면 군중은 왜 초인을 거부한 것일까? 차라투스트라가 말하는 초인은 누구인가?

차라투스트라는 초인을 첫째 스스로를 극복해 나가는 존재, 둘째 대지의 뜻, 셋째 바다와 같은 존재라고 부른다. 그렇다면 바다와 같은 존재라는 것은 무슨 뜻인가?

a. 바다와 같은 존재
차라투스트라는 초인을 바다와 같은 존재라고 규정한다.

"참으로 사람은 더러운 강물과 같다. 더럽혀지지 않은 채 더러운 강물을 모두 받아들이려면 사람은 먼저 바다가 되어야 한다. (...) 초인은 바로 너희의 크나큰 경멸이 그 속에서 가라앉아 몰락할 수 있는 그런 바다이다."(KSA 4, 15, 차라, 18쪽)

니체에게 고인 물은 거품이 이는 오염된 물이다. 이와 달리 바다는 끊임없이 움직이고 활동하는 힘 자체이다. 힘을 통해 바다는 오염된 물들을 정화하며 항상 순수한 물로 머문다. 이와 마찬가지로 초인은 오염된 인간, 경멸스러운 인간을 받아들이고 정화할 수 있는 순수한 존재이다. 또한 바다는 모든 강물이 흘러드는 종착지인 동시에 모든 생명체를 잉태한 원천, 근원이기도 하다. 이런 의미에서 니체의 바다는 모든 강물을 받아들이는 모성적 바다이다.

"바다는 모든 인간에게 모성적 상징 가운데 크고 변하지 않는 것의 하나이다."[77]

이 인용문에 의하면 차라투스트라가 말하는 초인 안에는 남성적 이미지뿐 아니라 여성적 이미지도 포함되어 있음을 알 수 있다. 초인은 남성성과 여성성을 포함하는 전인적인 이미지인 것이다. 이 점은 '천개나 되는 젖가슴을 갖고 있는 바다의 갈망' (KSA 4, 159, 차라, 206쪽)이라는 표현에서도 확인할 수 있다. 그리고 바다가 갖는 이미지는 넓음과 깊음이다. 바다는 항해자들이 꿈꾸는 먼 나라와 연결된 곳이며 영웅들의 모험이 시도되는 장소이다. 바다는 모험을 감행하는 자들에게만 허락되는 곳이며 아직 알려지지 않은 세계를 품고 있는 존재이다.

이와 같이 차라투스트라의 바다는 위험이 있는 곳이며, 그 위험을 즐기고 극복할 수 있는 사람들을 위한 장소이다. 바다가 위험한 것은 그것이 심연의 깊이를 간직하고 있기 때문이다. 그러나 바다의 깊이는 모험을 즐기는 탐험가들에게는 그들 용기의 높이를 반영한다.

---

77   가스통 바슐라르,『물과 꿈』, 이가림 옮김, 문예출판사, 1993, 164쪽에서 재인용

"나는 나의 운명을 안다. 그는 이윽고 슬픈 듯이 말했다. 좋다! 나는 이미 각
오하고 있다. 방금 나의 마지막 고독이 시작된 것이다. 아, 발아래 펼쳐져 있
는 검고 슬픔에 차 있는 바다여! 아, 무겁고 음울한 짜증스러움이여! 아, 숙
명이여 그리고 바다여! 나는 너희에게 내려가야 한다."(KSA 4, 195, 차라,
251쪽)

태양이 새로 떠오르기 위해 대지 아래로 내려가야 하듯이, 차라투스
트라의 바다는 초인이 되기 위해 겪어야 할 심연의 바다, 즉 몰락의 바
다이기도 하다. 그러나 태양의 뜨고 짐이 하나이듯이, 바다의 깊이는
곧바로 바다의 높이이기도 하다.

"이 높디높은 산들은 어디에서 오는 것일까? 나는 일찍이 이렇게 물은 바 있
다. 그때 나는 그들이 바다에서 솟아올랐다는 것을 알게 되었다."(KSA 4,
195, 차라, 252쪽)

차라투스트라의 바다는 대지 아래 있는 바다가 아니라 하늘의 바다
이며, 태양을 머금은 바다이다. 그 바다는 초인이 배를 타고 항해하게
될 하늘의 바다인 것이다. 이렇게 차라투스트라의 시학은 물에서 대지
로, 대지에서 불로, 불에서 공기로 높아지는 수직 지향성의 시학이다.[78]
　이렇게 차라투스트라의 바다는 '하늘', '대지'의 메타포와 연결된다.
차라투스트라의 바다는 대지로부터 흘러온 강물들이 모이는 곳이고,
태양의 뜨거움으로 가벼워져 하늘을 향하다가 다시 무거워져 대지를
향하는, 거대한 원운동을 하는 곳, 즉 영원히 회귀하는 바다인 것이다.

78　가스통 바슐라르, 『공기와 꿈』, 270쪽 참조

이 모든 것을 종합하면 차라투스트라가 초인을 바다와 같은 존재라고 표현한 것 안에는, 초인은 경멸스러움이란 오염을 정화하는 자, 모든 것을 받아들이는 모성적 근원, 자신 안에 심연적 깊이를 지니는 자, 위험성을 무릅쓰고 모험을 감행하는 자, 심연적 깊이를 하늘의 높이로 끌어올리는 자라는 의미가 들어 있는 것이다.

b. 대지의 뜻

차라투스트라는 "초인은 대지의 뜻이다. 너희의 의지를 말하도록 하라. 초인이 대지의 뜻이 되어야 한다고!"라고 말한다. 여기서 대지는 신의 세계에 대립되는 지상의 세계를 가리키지 않는다. 왜냐하면 신의 죽음과 동시에 그러한 대립도 사라졌기 때문이다. 이제 남은 것은 대지뿐이다. 그럼에도 사람들은 아직도 죽은 신을 따르면서 삶을 부정한다. 차라투스트라는 이러한 자들을 데카당스적인 인물이라고 규정한다.

> "나의 형제들이여, 맹세코 이 대지에 충실하라. 하늘나라에 대한 희망을 설교하는 자들을 믿지 말라! 그들은 그들 스스로가 알고 있든 모르고 있든 간에 독을 타 사람들에게 화를 입히는 자들이다. 그들은 생명을 경멸하는 자들이요, 소멸해 가고 있는 자들이며 독에 중독된 자들로서 이 대지는 이런 자들에 지쳐 있다."(KSA 4, 15, 차라, 17쪽)

하늘나라를 주장하는 사람들은 스스로 독에 중독된 자들이며, 다른 사람들도 중독시키고자 하는 사제적 의지를 지닌 자들이다. 이런 자들에 의해 대지에서의 삶은 부정된다. 그런데 여기서 표현되는 신의 죽음, 하늘나라의 무화는 그리스도교적 의미에 한정되는 것이 아니라 서구 형이상학 전체에 해당된다. 『우상의 황혼』에서 니체는 소크라테스가 죽기 전에 자신이 닭 한 마리를 빚졌다고 고백하는 장면을 다룬다. 여기서 닭을 빚졌다는 의미는 그리스인들이 병에서 회복되었을 때 감사의 표시로 아스클레피오스 신에게 닭을 바친 풍습에서 유래한다. 그렇다면 닭 한 마리를 빚졌다는 소크라테스의 표현은 그의 삶 전체가 '병든' 상태였다는 것을 고백하는 것이라고 니체는 해석한다.

> "심지어는 소크라테스마저도 죽으면서 말했다: '삶 — 이것은 오랫동안 병들어 있었다는 것을 의미한다네: 나는 구원자 아스클레피오스에게 닭 한 마리를 빚졌다네.' 소크라테스조차도 삶에 넌더리를 내고 있었던 것이다."(KSA 6, 67, 우상, 87쪽)

소크라테스는 병든 상태(삶)로부터, 회복된 상태(죽음)로 나아가기를 원했다는 것이다. 왜냐하면 그에게 죽음의 세계는 병으로부터 회복된 '진정한 삶'을 의미했기 때문이다.

> "소크라테스는 죽기 원했다: — 아테네가 아닌 자신이 스스로에게 독배를 주었으며, 그가 아테네로 하여금 자신에게 독배를 주게 강요했다. (…) '오로지 죽음만이 의사이고, (…) 소크라테스 자신은 오랫동안 병들어 있었을 뿐이다."(KSA 6, 73, 우상, 95쪽)

이러한 니체의 비판은 소크라테스뿐 아니라 플라톤에게도 적용된다.

> "우리는 의사로서 다음과 같이 물을 수 있을 것이다. '그 병은 어디에서 고대에 가장 아름답게 자라난 존재 플라톤에게 옮겨 왔는가? 사악한 소크라테스가 그마저도 타락시켰던 것일까?"(KSA 5, 12, 선악, 11쪽)

여기서 플라톤의 병은 이데아론을 가리킨다. 왜냐하면 이데아론이 제기되면서 현실 세계, 대지적 세계가 부정되기 때문이다. 플라톤의 이데아는 현실 세계의 다양함이나 시간의 흐름 속에서의 변화가능성 등을 제거하고 만들어진 추상적 개념에 불과하다.

"철학자들한테서 나타나는 특이 성질이 무엇이냐고 내게 묻는가? (...) 그들의 역사적 감각의 결여, 생성이라는 생각 자체에 대한 그들의 증오, 그들의 이집트주의가 그 예이다. 어떤 것을 영원이라는 관점에서 탈역사화하면서 그들은 그것을 영예롭게 만들고 있다고 믿는다. ― 그것을 미라로 만들면서 말이다. 철학자들이 지금까지 수천 년 동안 이용했던 모든 것은 죄다 개념의 미라들이었다. (...) 이들은 숭배하면서 죽여 버렸고, 박제로 만들어 버렸다 ― 이들은 숭배하면서 모두의 생명을 위협하는 것이다."(KSA 6, 74, 우상, 96쪽)

이데아를 주장한 플라톤의 시도는 삶에 대한 그의 태도, 즉 회의와 우울함으로 가득한 태도를 반영할 뿐이라는 것이다. 따라서 차라투스트라는 하늘나라를 희망하는 자들에게 이제 하늘나라로 돌아가라고 말하면서 대지에 남은 자들에게 중요한 것은 대지에 충실하게, 대지를 위해 살아가는 일이라고 강조한다.

"지난날에는 신에 대한 불경이 가장 큰 불경이었다. 그러나 신은 죽었고 그와 더불어 신에게 불경을 저지른 자들도 죽었다. 이 대지에 불경을 저지르고, 저 알 길이 없는 것의 뱃속을 이 대지의 뜻보다 더 높게 평가하는 것, 이제는 그것이 가장 두려워해야 할 일이다!"(KSA 4, 15, 차라, 17쪽)

신의 죽음과 더불어 위아래의 구분도 사라졌다. 이제 해야 할 일은 유일하게 남은 대지를 초월적으로 높이는 일이다. 대지는 차라투스트라의 동굴이 위치한 산과 같이 높아져야 한다. 대지는 높은 산과 같이 강렬하고 신선한 공기에 둘러싸여 있는 대지가 되어야 하며, 신에 의해 눌려 있던 무거운 대지가 아니라 스스로 상승하는 가벼운 대지가 되어야 한다.

"언젠가 사람들에게 나는 법을 가르치는 자는 모든 경계석을 옮겨 놓고 말 것이다. 모든 경계석 스스로가 그의 눈앞에서 하늘로 날아갈 것이고, 그는 이 대지를 '가벼운 것'이라는 이름으로 다시 세례를 베풀 것이다."(KSA 4, 242, 차라, 313쪽)

이와 같이 가벼워지고 자유로워진 대지에서 사람들은 대지적 존재로서 스스로 초극되어야 한다. 이 점을 니체는 '대지의 뜻'이라고 표현하는 것이다. 대지의 뜻을 말하면서 니체는 하늘과 대지라는 이원론적 구분을 부정할 뿐 아니라 영혼과 육체라는 이원론적 구분도 거부한다.

육체와 영혼의 분리라는 사상은 플라톤에서 본격적으로 강조되었다. 플라톤은『파이돈』에서 영혼이 불멸적 존재이자 더 완전한 존재라는 점을 증명한다. 불완전한 육체와 달리 육체가 죽은 후에도 영혼은 존재하며, 육체를 가지고 태어나기 전에도 영혼은 이미 존재했다는 것이다. 따라서 플라톤은 인간이 살아 있는 동안 자살을 해서는 안 되지만, 죽음을 두려워할 필요는 없다고 주장한다. 왜냐하면 살아 있다는 것은 육체(soma)라는 감옥(sema)에 갇혀 있는 것을 의미하고, 죽음은 육체로터 해방되어 완전한 인식에 도달하게 되는 즐거운 사건이기 때문이다. 죽음은 오염된 육체로부터 정화되는 사건이자 구속된 존재로부터 자유로운 존재로 이행하는 사건을 뜻한다. 그러나 니체에 의하면 이러한 플라톤의 주장은 삶에 지친 자들의 생리적 경향을 반영할 뿐이다. 즉 플라톤이 이러한 주장을 한 이유는 그것이 옳고 정당하기 때문이 아니라, 그렇게 주장하고 싶은 그의 생리적 상태에서 비롯되었다는 것이다. 그럼에도 불구하고 플라톤의 주장이 서구 형이상학의 역사 속에서 무비판적으로 받아들여진 것을 니체는 비판하는 것이다.

"지난날에는 영혼이 신체를 경멸했다. 그때만 해도 그런 경멸이 가장 가치 있는 것으로 받아들여졌다. 영혼은 신체가 메말라 있기를, 추하며 허기져 있기를 바랐다. 이렇게 함으로써 그는 신체와 이 대지에서 벗어날 수 있다고 생각했던 것이다. 오, 그러나 메말라 있고, 추하며 허기져 있는 것은 바로 영혼 그 자체였다. 잔혹함, 바로 그것이 이러한 영혼이 누린 쾌락이었으니!"(KSA 4, 15, 차라, 17쪽)

따라서 차라투스트라는 줄타기를 하다가 떨어져 죽어 가는 광대로부터 악마가 자신을 지옥으로 끌고 가고 있다는 두려움에 가득한 말을 듣고, 다음과 같이 대답한다.

"벗이여, 내 명예를 걸고 말하거니와 네가 말하고 있는 것들은 존재하지 않는다. 악마도 없고 지옥도 없다. 너의 영혼은 너의 신체보다 더 빨리 죽어 갈 것이다. 그러니 두려워할 것이 못된다!"(KSA 4, 22, 차라, 27쪽)

이 말은 육체는 죽어 없어지지만, 영혼은 계속 살아 남아 있다는 플라톤의 주장에 대한 니체의 답변이다. 그렇다면 니체는 영혼을 무엇이라고 이해하는가?

아리스토텔레스에 의하면 영혼은 육체의 작용, 혹은 육체를 살아 있
는 육체가 되게 하는 능력이다. 영혼은 육체와 분리된 채 스스로 존재
하는 것이 아니라, 육체와 더불어 육체를 통해 작용하는 능력인 것이
다. 따라서 아리스토텔레스는 "영혼은 신체가 없이는 영향을 주지도,
영향을 받지도 않는 것으로 보인다."[79]라고 말한다. 즉 영혼은 육체의
현실태이고, 육체는 영혼의 가능태라는 것이다. 영혼에 대한 니체의 입
장은 아리스토텔레스와 유사하다. 그러나 니체는 영혼을 육체의 현실
태로 파악한 아리스토텔레스를 넘어, 영혼은 육체의 일부분에 불과하
다고 주장한다.

"'나는 신체이자 영혼이다.' 어린아이는 이렇게 말한다. (…) 그러나 깨어난
자, 깨우친 자는 말한다. 나는 전적으로 신체일 뿐 그 밖의 아무것도 아니며,
영혼이란 신체 속에 있는 그 어떤 것에 붙인 말에 불과하다."(KSA 4, 39, 차
라, 51쪽)

영혼은 신체의 작용 중 어떤 것에 붙여진 이름이며, 그 본질에서는
허구라는 것이다. 그렇다면 왜 영혼이라는 이름이 붙여졌을까?
니체에 의하면 서구 형이상학은 어떠한 작용이 있을 때, 그 작용을
관리하는 주체가 존재한다고 생각한다. 그러한 판단이 영혼이라는 허
구를 하나의 실체로 만들게 되었고, 그 이후 서구 형이상학은 무비판적
으로 영혼이란 실체를 믿어 왔다는 것이다. 그러나 영혼이나 주체라는
개념은 수많은 작용을 일정한 통일성 아래로 포섭하려는 의도에서 만
들어진 것이다. 이러한 통일성에의 요구를 통해 영혼은 육체의 주체로

---

79   아리스토텔레스, 『영혼에 관하여』, 유원기 옮김, 궁리, 2001, 403a6-7

자리 잡게 된다. 그러나 니체에 의하면 주체라는 '아톰'(Atom)은 없으며, 주체는 실체가 아니라 그 자체로 강화를 위해 노력하는 어떤 것일 뿐이다. 그런데 더 많은 힘을 추구하는 것은 바로 육체이다. 따라서 육체야말로 영혼보다 앞서며, 영혼보다 더 큰 존재인 것이다.

> "신체는 커다란 이성이자 하나의 의미를 지닌 다양성이고, 전쟁이자 평화이고, 가축 떼이자 목자이다. 형제들이여, 너희가 '정신'이라고 부르는 그 작은 이성 역시 너의 신체의 도구, 이를테면 너의 커다란 이성의 작은 도구이자 장난감에 불과하다."(KSA 4, 39, 차라, 51쪽)

이제 영혼을 위해 육체를 부정하려는 모든 시도는 인간의 생명 자체, 삶 자체를 부정하는 결과가 된다. 인간의 대지적 존재인 육체는 어떤 경우에도 부정되어서는 안 된다. 이런 의미에서 차라투스트라는 초인을 대지의 뜻이라고 말하는 것이다.

c. 밧줄, 다리, 사다리

인간과 초인의 관계는 원숭이와 사람의 관계에 대비된다. 인간에게 원숭이가 웃음거리나 부끄러움이듯이, 초인에게 인간으로 머물러 있는 것도 마찬가지라는 것이다. 나아가 인간이라고 해서 그가 원숭이로부터 극복된 것은 아니다. 외형은 인간의 모습이지만, 그의 내면은 아직도 원숭이로, 심지어는 식물과 벌레에 머물러 있기도 하다는 것이다. 차라투스트라의 주장을 따르면, 식물, 벌레, 원숭이, 인간, 초인은 제각기 존재하는 실체가 아니라 존재방식의 차이로 이해되어야 한다. 인간 안에 아직도 극복되지 못한 벌레와 원숭이의 모습이 존재하듯이, 초인이 된다고 해서 인간은 자신의 인간존재를 떠나는 것이 아니다. 그는 인간이면서 인간을 넘어서는 방식으로 존재해야 하는 것이다.

> "나는 너희에게 초인(Übermensch)을 가르치노라. 사람은 극복되어야 할
> 그 무엇이다."(KSA 4, 14, 차라, 16쪽)

초인은 신적 존재나 초인간적 존재가 아니라 인간이면서 힘에의 의
지를 통해 자신의 존재를 항상 극복해 나가는 존재로 이해되어야 한다.
이런 의미에서 차라투스트라는 인간과 초인의 관계를 숯과 다이아몬드
의 관계에 비유한다.

> "'왜 그리도 단단한가?' 언젠가 숯이 다이아몬드에게 말했다. '우리는 가까
> 운 친척 사이가 아닌가?' 왜 그리도 무른가? 오, 형제들이여, 나는 너희에게
> 이렇게 묻는다. 너희는 나의 형제가 아닌가? 왜 그리도 무르며, 그리도 고분
> 고분하며 너그러운가? 왜 너희의 가슴 속에는 그토록 많은 부인과 거부가
> 자리하고 있는가? 그리고 어찌하여 너희의 눈길에는 그토록 적은 숙명밖에
> 없는가? 그리고 너희가 숙명과 가차 없는 것이 되고자 하지 않는다면 어떻
> 게 너희가 나와 함께 승리를 구가할 수 있겠는가? (...) 창조하는 자는 단단
> 하다. (...) 실로 고결한 자만이 단단하다. 이 새로운 서판, 오, 형제들이여,
> 그것을 나는 너희의 머리 위에 내건다. '단단해질지어다!'"(KSA 4, 268, 차
> 라, 348–349쪽)

숯과 다이아몬드는 모두 동일한 탄소의 결정체이다. 다만 단단한 정
도에서 차이를 지닐 뿐이다. 마찬가지로 인간과 초인의 관계는 분리된
두 실체가 아니라, 존재방식의 차이라고 할 수 있다. 초인은 인간이면
서 숙명에 맞서며 단단해지는 자, 창조하는 자라는 방식으로 존재하는

인간을 일컫는다. 인간은 자신 안에 머물면서(innerhalb des Menschli-chen) 자신의 가능성을 통해 자신을 넘어서는 자(über den Menschen hinaus)이어야 하는 것이다. 그렇다면 어떻게 인간으로부터 초인으로의 극복이 가능한가?

이때 등장하는 것이 밧줄과 다리의 메타포이다. 차라투스트라는 인간의 위치를 짐승과 초인 사이에 놓인 밧줄에 비유한다. 밧줄은 심연을 사이에 두고 양쪽을 이어 준다. 인간은 짐승의 위치에 머물러서는 안 되며 밧줄을 타고 다른 쪽을 향해 건너가야 한다.

그러나 건너가려 할 때, 당장 눈앞에 놓여 있는 거대한 심연이 현기증을 불러일으킨다. 두려워지고 그냥 이곳에 머물러 있고 싶은 욕망이 우세해진다. 그러나 그 자리에 머무는 것은 부끄러움이고 웃음거리로 남는 것이다. 따라서 건너야만 한다. 심연의 현기증은 극복되어야 한다. 건너가는 인간을 도와줄 수 있는 것은 아무것도 없다. 그만큼 밧줄을 건너는 일은 전적으로 위험하다.

"사람은 짐승과 초인 사이를 잇는 밧줄, 하나의 심연 위에 걸쳐 있는 하나의 밧줄이다. 저편으로 건너가는 것도 위험하고, 건너가는 과정, 뒤돌아보는 것, 벌벌 떨고 있는 것도 위험하며, 멈춰 서 있는 것도 위험하다."(KSA 4, 16, 차라, 19-20쪽)

이때 필요한 것은 위험을 무릅쓰고 시도하려는 용기이며, 비록 건너가다가 떨어지는 한이 있더라도 건너는 일을 감행하는 시도 자체이다. 그가 밧줄 저편에 도달한다면 가장 좋은 일이겠지만, 밧줄을 건너다 떨어지는 것도 이미 자신을 극복하려고 했다는 점에서 머물러 있는 것보다는 위대한 것이다. 이 점을 니체는 '다리'라는 메타포로 묘사한다.

"사람에게 위대한 것이 있다면 그것은 그가 목적이 아니라 하나의 교량이라는 점이다. 사람에게 사랑받아 마땅한 것이 있다면, 그것은 그가 하나의 과정이요, 몰락이라는 점이다. 나는 사랑하노라. 몰락하는 자로서가 아니라면 달리 살 줄을 모르는 사람들을. 그들이야말로 저편으로 건너가고 있는 자들이기 때문이다."(KSA 4, 16-17, 차라, 20쪽)

신이 죽었고 기존의 진리가 무가 되었다면, 이제는 새로운 진리를 만들기 위한 시도 자체가 중요하다. 그 시도가 성공할지 여부는 부차적이다. 오히려 더 중요한 것은 새로운 진리를 향해 한 걸음을 내디뎠다는 점이다. 따라서 신과 진리의 죽음 후, 이제 진리의 위치에 놓이는 것은 새로운 가치를 만들려는 '용기'이다. 용기가 곧 진리인 것이다. 이제 용기를 가지고 모험을 감행해야만 한다. 그리고 이러한 시도 자체가 곧 목적이 되는 것이다.

"나는 사랑하노라. 한 방울의 정신조차도 자신을 위해 남겨 두지 않고 전적으로 자신의 덕의 정신이 되고자 하는 자를. 그런 자는 이와 같이 정신으로 다리를 건너고 있는 것이다."(KSA 4, 17, 차라, 20-21쪽)

인간은 용기를 지닌 채 망치로 기존의 진리를 부수고 새로운 가치를 창조해 내는 자, 즉 '자유정신', '실험정신'을 가지고 시도하는 자(Versucher)가 되어야 한다. 비록 이런 시도 때문에 그가 유혹자(Versuchung)라고 비판받는 일이 있더라도.

이제 진리는 이성이 아니라 용기가 되고, 비진리는 오류가 아니라 비겁함이 된다. 용기를 가지고 시도하는 것 자체가 이미 인간을 극복하는 것이고 초인을 향해 나아가는 일이다. 그런데 밧줄이라는 메타포에서 밧줄 이쪽과 저쪽은 수평적인 관계가 아니다. 이쪽에 비해 인간이 건너가야 하는 저쪽은 높은 곳이다. 이렇게 차라투스트라의 밧줄이나 다리는 수평적이지 않고 수직적인 특징을 갖는다.

"나는 밧줄 사다리로 온갖 창문에 기어오르는 법을 배웠다."(KSA 4, 244, 차라, 317쪽)

이때 수직성을 방해하는 것이 중력의 영이다. 이렇게 무거운 사상을 떨어뜨리고 용기를 죽이려고 하는 중력의 악령을 극복하며 인간은 위를 향해 밧줄의 저편으로 건너가야 한다. 이러한 위험성을 니체는 '산비탈의 위험'이라고 표현한다.

"무서운 것은 산정이 아니라 산비탈이다! (...) 이럴 때 마음은 이중 의지로 인해 현기증을 일으킨다. (...) 이것이 나의 산비탈이며 위험이다!"(KSA 4, 183, 차라, 236쪽)

그러나 높이와 깊이의 현기증은 극복되어야 한다. 이러한 상승과 중력의 이중적 긴장 관계를 바슐라르는 '우리 내부에 위와 아래를 동시에 위치시킴으로써 우리를 잡아 찢는 것'[80]이라고 해석한다. 이와 같이 우리 존재 자체를 찢어 내는 것이 현기증의 본질이다. 밧줄을 건너지 못하도록 유혹하고 위협하는 현기증은 최후의 인간으로 남고자 하는 욕망, 복수정신으로 살아가고자 하는 욕망에서 기인한다. 따라서 현기증을 이겨 내고 밧줄을 통해 저편으로 건너가는 것은 복수정신으로부터

---

[80]   가스통 바슐라르, 『공기와 꿈』, 280쪽

의 해방을 뜻한다. 이렇게 해방된 자유정신을 지닌 존재, 현기증을 극복한 존재가 바로 초인이다. 초인에게는 더 이상 기존의 가치, 즉 그를 지시하는 방향은 존재하지 않는다. 그 스스로가 방향을 정하고 길을 찾아낼 뿐이다.

"내 일찍이 고요한 하늘을 내 머리 위에 펼쳐 놓고 내 자신의 날개로 내 자신의 하늘을 향해 날아갔더라면 (...) 새의 지혜는 말한다. '보라, 위도 없고, 아래도 없다! 네 몸을 던져라, 둘레에, 밖으로, 뒤로. 너 경쾌한 자여, 노래하라! 더 이상 말은 하지 말라!' (KSA 4, 291, 차라, 377쪽)

이렇게 현기증을 극복하고 하늘을 나는 존재인 초인은 그 스스로 하늘의 힘을 지닌 자, 즉 하늘의 '번갯불'과 같은 자이다.

"보라, 나는 이 번갯불이 내려칠 것을 예고하는 자요, 이 구름에서 떨어지는 무거운 물방울이다. 번갯불, 그것이 곧 초인이다." (KSA 4, 18, 차라, 22쪽)

이때 초인에 대한 메타포인 번갯불은 질료가 아니라 힘이며, 역동적이고 순간적인 벼락과 같은 것이다.

"니체의 불이 지니는 근본적으로 역동적인 성격을 잘 드러내는 증거들 중 하나는 그 불이 순간적이라는 사실이다. 니체적 불이란 순식간의 벼락이다. 그러므로 그것은 '진노', 신적이고 환희에 찬 진노의 투사이다."[81]

---

81   위의 책, 242쪽

이와 같이 초인은 불의 인간형, 공기의 인간형에 비유될 수 있다.

"니체에게 공기는 우리 인간 자유의 질료, 초인적 환희의 질료 그 자체이다. 니체적 환희가 초극된 인간의 환희이듯이. 공기는 일종의 초극된 질료 (...) 공기의 환희는 자유이다."[82]

이런 의미에서 니체의 공기는 횔덜린의 에테르와 유사하다. 횔덜린은 『휘페리온』에서 "불길로 우리를 힘차게 고무하는 우리의 형제된 영이여, 신성한 공기여!"[83]라고 말한다. 횔덜린의 에테르에 대하여 주느비에브 비앙키는 다음과 같이 해석한다.

"세계의 영혼이며 신성한 공기로서의 에테르는 순수하고 자유로운 산정의 공기이고, 우리를 향해 계절과 시간과 구름과 비, 빛과 벼락이 지어져 내려오는 그런 대기 바로 그 자체이며, 하늘의 푸르름인 그것은 순결함과 높음과 투명의 상징이요, 노발리스의 밤처럼 다가적 신화이다."[84]

비앙키의 지적과 같이 횔덜린의 에테르는 '행복과 힘이 종합된 아버지'로서 거의 신적인 존재이다. 이렇게 투명하고 자유로운 신적 공기인 에테르가 응축된 것이 하늘의 별들이다. 횔덜린의 별은 항상 생명이 가득한 것, 순진무구하게 움직이는 것, 항상 젊은 것, 카오스를 조화롭게 하는 것을 뜻한다.

---

82   위의 책, 246쪽
83   위의 책, 312쪽
84   위의 책, 311~312쪽에서 재인용

"별들은 불변함을 선택했습니다. 고요한 생명의 충만함 속에서 별들은 항상 떠돌며 노년을 모릅니다. 우리는 변화 가운데서 완성을 표현하고, 변화하는 멜로디 안에서 환희의 위대한 화음을 함께합니다."[85]

횔덜린의 별은 모든 것을 포함하며, 그것들을 하나의 거대한 조화 속으로 품는 존재이다. 이와 마찬가지로 차라투스트라의 초인은 자신 위로 동경의 화살을 쏘는 존재이며, 자신 안에 '춤추는 별'을 탄생시켜야 하는 존재이다. 이 별은 더 이상 가치에 얽매이지 않고 모든 필연성으로부터 벗어나 자유롭게 운행하는 우연의 별들이며, 신들의 주사위 놀이에 던져진 별들이다.[86] 왜냐하면 '별들을 감추고 있는 하늘'은 우연이라는 하늘이기 때문이다.

하늘은 "신성한 우연을 위한 무도장이며 신성한 주사위와 주사위 놀이를 하는 자를 위한 신의 탁자이다."(KSA 4, 210, 차라, 272쪽) 이 탁자 위에서 자유롭게 던져진 것이 바로 '춤추는 별'인 것이다. 이때 춤이란 것은 무거움을 가벼움으로, 필연을 우연으로, 슬픔을 웃음으로 변화시키는 운동이며, 끊임없이 계속되어야 하는 생성의 운동이자 놀이를 뜻한다.[87] 이와 같이 초인은 더 이상 사고하는 자(homo sapiens)가 아니라 놀이하는 자(homo ludens)이다.

---

[85]   프리드리히 횔덜린, 『휘페리온』, 장영태 옮김, 을유문화사, 2008, 246쪽
[86]   질 들뢰즈, 『니체, 철학의 주사위』, 신범순·조영복 옮김, 인간사랑, 1993, 69쪽 참조
[87]   위의 책, 322쪽 참조

12) 광대들: 중력의 영, 잽싼 원숭이, 난쟁이

차라투스트라가 시장에서 초인에 대하여 말했을 때, 군중은 초인에 대하여 아무런 이해도 하지 못하며, 그러한 말을 하고 있는 차라투스트라를 광대로 여긴다. 그들은 차라투스트라에게 더 이상 말은 그만두고 줄타기를 보이라고 요구한다. 이러한 군중의 반응에 차라투스트라는 당황한다. 그때 군중의 요구가 자신에게 한 말이라고 생각한 진짜 광대가 줄타기를 시작한다. 한 명의 광대가 줄타기를 하는 동안 차라투스트라는 계속해서 초인에 대하여 말한다. 그러나 군중의 반응은 더 차가워질 뿐이다. 그래서 차라투스트라는 초인에 대한 말을 그치고 최후의 인간에 대하여 말하기 시작한다. 그는 초인에 대하여 말할 때 "나는 사랑한다."라는 파토스에 가득한 말을 반복했듯이, 최후의 인간에 대하여 말할 때는 "슬프다."라는 표현을 반복한다. 그런데 군중은 최후의 인간에 대한 차라투스트라의 말에는 신기할 정도로 몰입하며 스스로 최후의 인간이 되겠다고 소리친다. 이 순간 줄타기를 하던 광대 뒤로 또 다른 광대가 나타나 줄타기를 시작하고, 마침내 앞선 광대를 뛰어넘는다. 이에 놀란 첫 번째 광대는 밧줄에서 떨어져 큰 부상을 당하고, 차라투스트라에게 영혼이나 지옥이 없다는 말을 듣고 편안하게 죽는다. 이러한 소동을 겪은 후, 시장에 모인 군중은 흩어지고, 광대를 죽게 한 또 다른 광대가 차라투스트라에게 다가와 이곳을 떠나라고 경고한다. 그렇다면 광대는 누구인가?

　『차라투스트라는 이렇게 말했다』에는 이처럼 줄타기하는 광대 두 명이 등장한다. 그런데 두 번째 광대는 차라투스트라가 광대처럼 말했기 때문에 살 수 있었다고 지적하면서 그 도시를 떠나라고 말하며, 그렇지 않으면 차라투스트라도 죽을 수 있다고 경고한다. 첫 번째 광대와 달리 그는 차라투스트라가 군중에게 선한 자도 의로운 자도 아니며, 오히려 군중을 경멸하고 그들에게 위험한 인물이라는 것을 알고 있으며, 군중도 차라투스트라의 정체를 알고 있다는 사실조차 파악한 자이다. 이렇게 차라투스트라의 정체와 군중의 본심을 알고 있는 두 번째 광대는 똑똑한 자이자 차라투스트라를 위험하는 자인 것이다. 또한 그는 군중이 원하는 질서와 가치를 제공하는 자이며, 이러한 가치가 붕괴되는 것을 원치 않는 자이다. 즉 기존의 가치를 제공하고 보존하며 유지하는 권력자인 것이다. 그러나 기존의 가치를 보존하는 자라는 사실이 그가 긍정적인 인물이라는 것을 입증하지는 않는다. 오히려 그는 기존의 가치가 무의미하지만 군중을 이끌기 위해 무에 불과한 가치를 견지하는 부정적 인물이다. 이러한 광대를 들뢰즈는 원숭이, 익살광대, 난장이, 중력의 영인 악마와 동일한 인물로 본다.[88] 나아가 광대는 "읽기와 쓰기에 대하여"에서 차라투스트라 안에 있는 또 다른 존재로 묘사된다. 즉 광대는 차라투스트라를 상승하지 못하게 하는 '중력의 영'인 것이다.

> "내가 나의 악마를 보았을 때 나는 그 악마가 엄숙하고 심각하며 심오하고 장중하다는 것을 알았다. 그것은 중력의 악령인 것이다. 그로 인해 모든 사물은 나락으로 떨어진다."(KSA 4, 49, 차라, 63쪽)

반면에 "새로운 우상에 대하여"에서 광대는 권력과 부, 돈, 왕좌를 탐하는 '잽싼 원숭이'로 묘사된다. 이들은 국가라는 우상을 믿고, 그 우상 밑에서 권력과 부를 얻고 있는 자들로서, 도처에 악취를 풍기는 자들이다. 그리고 "시장터의 파리들에 대하여"에서 광대는 시장에 모여 있는

---

88   위의 책, 299쪽 참조

독 파리로 묘사된다. 차라투스트라는 "시장터에는 성대하게 차려입고 요란을 떠는 어릿광대들로 가득하다."라고 말하면서, 이 어릿광대들을 독 파리로 부른다. 또한 "거울을 갖고 있는 아이"에서 광대는 차라투스트라의 가르침에 대한 적대자로 묘사된다. 결국 광대는 군중, 최후의 인간, 초월을 방해하는 악령으로 요약할 수 있다. 줄타기에서 묘사된 두 번째 광대는 그중 악령에 해당된다. 그는 군중을 최후의 인간이 되게 하고, 최후의 인간으로 머물게 하기 위해 유혹하고 협박하는 중력의 악령인 것이다. 따라서 차라투스트라에게 중력의 악령과의 전투는 피할 수 없다. 그리고 첫 만남에서부터 차라투스트라는 중력의 악령인 광대로부터 생명의 위협을 받는다. 그리고 두 번째 만남은 "환영과 수수께끼에 대하여"에서 이루어진다. 여기서 악령은 난쟁이로 묘사된다.

"위를 향하여, 반쯤은 난쟁이이고 반쯤은 두더지인, 절름발이면서 남까지 절룩거리게 만드는 그 중력의 악령이 내 등을 타고 있었고, 그가 나의 귀 속으로 무거운 납을, 나의 뇌 속으로 납덩이 같은 사상을 방울방울 떨어뜨리고 있었다."(KSA 4, 198, 차라, 255쪽)

여기서 난쟁이는 차라투스트라의 상승하려는 시도를 방해하고, 그러한 시도가 무의미하다고 유혹하는 자이다. 그는 차라투스트라에게 추락에의 현기증이란 공포를 심어 준다.[89] 추락의 공포를 토마스 드 퀸시는 다음과 같이 표현한다.

---

89   우리는 이러한 난쟁이의 말에서 밀턴의 『실낙원』의 한 장면, 즉 신의 수제자였던 '빛을 나르는 자'(Luzifer)가 천국에서 지옥으로 추락하는 장면을 떠올릴 수 있다. 그것은 높이 올라 빛 자체가 되고자 했던 천사가 사탄으로 전락하여 신으로부터 치명적인 상처를 받는 장면이다.

"나는 (...) 다시 되돌아올 수 있는 희망을 전혀 갖지 못한 채 구렁텅이 속으로, 또 (통념적으로) 알려진 그 모든 깊이 저 너머에 있는 빛도 없는 심연 속으로 내려가는 것 같았다."[90]

드 퀸시의 묘사는 단테의 『신곡』 중 지옥에 대한 묘사와 유사하다.

"여기 들어오는 너희는 온갖 희망을 버릴지어다."[91]

이렇게 심연의 공포, 지옥의 공포를 퍼뜨리는 난쟁이에 맞서는 차라투스트라에게 필요한 것은 용기이다. 용기를 회복한 차라투스트라가 "너인지, 혹은 나인지?"라고 묻자 난쟁이는 사라진다.

또 광대가 등장하는 장면은 "그냥 지나쳐 가기에 대하여"에서이다. 여기서는 '차라투스트라의 원숭이'라고 불렸던 광대가 묘사된다. 그는 차라투스트라의 말투와 어법을 익히고 흉내 내던 인물이다. 말하자면 그는 사이비 차라투스트라(Pseudo-Zarathustra)이다. 그는 거품과 욕정이 들끓고 있는 도시와 신문, 황금을 비판하지만, 자신의 피 속에 오염된 거품을 지닌 자이다. 그런데 이런 자야말로 차라투스트라가 누구인지 군중을 가장 오해하게 할 수 있는 인물이다. 따라서 차라투스트라는 다음과 같이 말한다.

"그러나 바보 같은 네 말은 그 말이 지당할 때조차도 내게 해를 입힌다! 심지어는 차라투스트라의 말이 백배나 지당할 경우에도 그렇다. 너는 언제나 나

---

90   가스통 바슐라르, 『공기와 꿈』, 179쪽에서 재인용
91   단테 알리기에리, 『신곡』, 한형곤 옮김, 서해문집, 2005, 제3곡, 9

의 가르침을 이용하여 부정을 저지르고 말리라!"(KSA 4, 225, 차라, 291쪽)

차라투스트라의 원숭이가 차라투스트라에게 가장 위험한 인물인 이유는 그가 언제라도 자신을 차라투스트라로 분장하고 결국엔 차라투스트라를 파멸시킬 수 있기 때문이다. 이 점에서 그는 두 번째 광대이기도 하다. 그는 첫 번째 광대를 죽게 한 후 차라투스트라를 찾아가, 이 도시를 떠나라고 경고하면서 "그렇지 않으면 내일 내가 그대를, 산 자가 죽은 자를 뛰어넘게 되리라."라고 협박한 자이다. 그러나 이러한 위협에 대해 차라투스트라는 스스로의 발로 걸어 올라간 자는 떨어지지 않으며, 누구도 그러한 사람을 뛰어넘을 수 없다고 반박한다.

"극복에는 다양한 길과 방법이 있다. 유념하라! 그러나 오직 어릿광대만이 '누군가가 사람을 뛰어넘을 수도 있다'고 생각한다."(KSA 4, 249, 차라, 323–324쪽)

그리고 4부 "보다 높은 인간에 대하여"에는 다음과 같은 표현이 있다.

"높이 오르고 싶으면 그대들 자신의 발을 사용하라! 실려 오르는 일이 없도록 해야 할 일이며, 낯선 사람의 등과 머리에 앉지도 말 일이다!"(KSA 4, 361, 차라, 468쪽)

다른 사람의 도움 없이 자신만의 용기와 발로 올라가는 자는 떨어지는 일이 없다는 것이다.

마지막으로 광대는 차라투스트라 자신이기도 하다. 시장터에서 차라투스트라는 초인과 최후의 인간에 대하여 말했지만, 결국 군중에 의해 광대로 취급받았다. 그것은 그가 광대처럼 행동했기 때문이다. 즉 차라투스트라는 처세를 위해 광대 아닌 광대 역할을 한 셈이다. 그가 광대라는 가면을 쓴 이유는 초인을 향하는 길에 놓여 있는 위험성을 잘 알고 있었기 때문이며, 이보다 더 중요한 것은 심각한 문제를 전달할 때 장중하고 비극적인 방식도 필요하지만 때로는 희극적인 방식도 큰 역할을 하기 때문이다.[92] 이런 점에서 볼 때, 차라투스트라는 광대극을 연출한 훌륭한 배우이기도 했던 것이다. 이 점은 『이 사람을 보라』에서 확인할 수 있다.

"나는 성자이기를 원치 않는다. 차라리 어릿광대이고 싶다. (...) 아마도 나는 어릿광대일지도 모른다. (...) 그럼에도 불구하고 아니, 그럼에도 불구하고가 아니라 오히려 — 성자들보다 더한 거짓말쟁이는 없었기에 — 나를 통해 진리가 말을 한다. — 하지만 내 진리는 끔찍한 것이다: 왜냐하면 지금까지는 거짓이 진리라고 불렸기 때문이다." (KSA 6, 365, 사람, 456-457쪽)

---

92   예를 들어 셰익스피어의 비극에서도 사건의 전말이 밝혀지기 전에, 그 사건에 대한 암시는 광대극을 통해 공연된다. 이 연극은 광대극이기 때문에 사건의 핵심을 담고 있다 하더라도 검열이나 구체적인 행동의 위협으로부터 벗어날 수 있다. 이것이 광대놀이가 갖는 강점이다. 이런 예를 우리는 찰리 채플린의 「위대한 독재자」에서도 볼 수 있다. 그는 웃긴 독재자였기 때문에 살아남을 수 있었다. 그러나 관객은 광대극을 통해 웃긴 독재자의 모습의 이면에 숨겨져 있는 독재자의 진실도 알게 되는 것이다.

2. 『차라투스트라는 이렇게 말했다』 1부: 메타포로 읽기

1) 낙타, 사자, 어린아이: 긍정, 부정, 디오니소스적 긍정

『차라투스트라는 이렇게 말했다』 1부 처음에서 차라투스트라는 '정신의 변화'에 대하여 말한다. 여기서 '낙타', '사자', '어린아이'라는 메타포가 등장한다. 우선 낙타에 대하여 차라투스트라는 다음과 같이 말한다.

> "공경하고 두려워하는 마음을 지닌 억센 정신, 짐을 넉넉히 질 수 있는 정신에게는 견뎌 내야 할 무거운 짐이 허다하다. 정신의 강인함, 그것은 무거운 짐을, 그리고 더없이 무거운 짐을 지고자 한다."(KSA 4, 29, 차라, 38쪽)

여기서 낙타는 매우 긍정적인 동물로 보인다. 낙타는 공경할 줄 아는 동물이고, 무거운 짐을 자진해서 지고자 하는 헌신적인 동물이며, 그것을 견뎌 낼 만한 강한 정신을 지닌 동물로 묘사되기 때문이다.[1] 그런데

---

1   1부에서 묘사되는 낙타는 4부에서 등장하는 나귀와 유사한 동물이다. 다만 낙타는 구속된 정신 일반을 지칭하는데 반해, 나귀는 그리스도를 지칭하기도 한다는 차이점을 보인다. 그리스도교적으로 보면 나귀는 그리스도의 예언을 실현하기 위해 등장하는 동

낙타의 긍정성은 부정적인 것을 아직 모르는, 혹은 알기 두려워하는 긍정성이다. 낙타는 자신이 알고 있는 가치가 진리인지 아닌지에 대하여 질문하지 않는다. 단지 자신에게 주어진 가치를 진리로 여기며 짊어질 뿐이다. 낙타가 공경하고 두려워하는 동물이란 표현은 바로 이런 의미에서이다. 그리고 낙타의 정신이 강인한 이유는 주어진 가치가 아무리 무거워도 짊어지려고 하며, 나아가 그 짐이 무거우면 무거울수록 자신이 위대하다고 느낀다는 데 있다. 이런 의미에서 차라투스트라는 나귀의 귀를 긍정과 부정의 소리를 구분할 수 없는 '큰 귀'라고 부른다.

> "모든 사람의 귀에 닿을 수 있는 그런 시는 되지 못하더라도 나는 이미 오래 전부터 긴 귀에는 마음을 쓰지 않는다."(KSA 4, 306, 차라, 396쪽)

진실 여부를 묻지 않고 순종하는 낙타는 현대인과 최후의 인간에 대한 메타포이다. 그는 현실주의자이며, 실재적인 것에 대한 관념만을 가지고 있다. 즉 낙타의 긍정은 실재에 집착하는 태도인 것이다. 그는 자신이 구속되었지만 자유롭지 못하다는 사실을 인지하지 못하고, 초월과 상승에의 욕구를 갖지 않으며, 오히려 이러한 시도를 거부한다. 이런 의미에서 낙타는 '중력의 영'의 또 다른 표현이다.

물이다. 예수는 즈가리야가 시온의 딸에게 한 예언, 즉 "여기, 암나귀와 또 그 지배를 받는 나귀 새끼를 타고, 당신에게 친절히 다가오는 당신의 왕이 계십니다."(풍자예술, 268쪽)라는 예언에 따라 나귀 새끼를 타고 예루살렘으로 향한다(마가 11장). 그런데 그리스도교를 비판하는 풍자화에 따르면 나귀는 십자가에 매달린 그리스도를 뜻하기도 한다. 이교도들에 의하면 십자가라는 형틀은 숭배의 대상이 될 수 없고, 십자가에서 죽은 예수 또한 신일 수 없기 때문이다. 따라서 그들은 십자가에 매달린 자가 신이 아니라 나귀에 불과하며, 그리스도인들은 이러한 당나귀를 숭배하고 있다고 조롱한다. 여기서 당나귀는 명백하게 그리스도교 숭배에 대한 패러디이다(풍자예술, 211쪽).

결국 낙타의 긍정은 '긍정에 대한 풍자적'인 표현인 셈이다. 왜냐하면 그의 긍정은 부정적인 것(허무주의)을 긍정하며 자기에게 주어진 부와 권력을 즐기며 살아가는 존재이기 때문이다. 이렇게 낙타는 허무주의를 견디며 그것을 실어 나르는 존재이다.

"짐을 넉넉히 질 수 있는 정신은 이처럼 더없이 무거운 짐 모두를 짊어진다. 그는 마치 짐을 가득 지고 사막을 향해 서둘러 달리는 낙타와 같이 그 자신의 사막으로 서둘러 달려간다."(KSA 4, 30, 차라, 39쪽)

여기서 '사막'은 점차 증대하고 있는 허무주의를 상징한다.

"사막은 자라고 있다: 화 있을지어다, 사막을 품고 있는 자에게!"(KSA 4, 380, 차라, 493쪽)

그런데 주어진 가치에 복종하도록 낙타에게 명령하는 존재가 '거대한 용'(der grosse Drache)이다. 용은 낙타에게 '너는 ~ 해야한다'(Du sollst)고 명령을 내리는 자이다.

"정신이 더 이상 그의 주인, 그리고 신이라고 부르려 하지 않는 그 거대한 용의 정체는 무엇인가? '너는 마땅히 해야 한다.' 그것이 그 거대한 용의 이름이다."(KSA 4, 30, 차라, 39쪽)

이 용은 무수히 많은 비늘로 덮여 있는데, 비늘들 각각에는 수천 년간 주어진 가치들이 새겨져 있다. 용은 이러한 가치들의 지배자로서 신이라 불려 왔다.

"이들 비늘에는 천 년이나 나이 먹은 가치들이 번쩍인다. 그리고 용 가운데
가장 힘이 센 그 용은 '모든 사물의 가치는 내게서 빛난다.' 라고 말한다."
(KSA 4, 30, 차라, 39-40쪽)

용의 명령은 어떠한 경우에도 거부되어서는 안 되는 것으로 여겨져
왔고, 낙타는 이러한 용의 명령을 충실하게 따르는 존재이다. 이런 의미
에서 낙타의 긍정은 두려워서 복종하는 긍정이다. 그러나 정신은 이러
한 가치들에 대하여 질문해야 하고, 옳고 그름을 따질 수 있어야 한다.

"오, 형제들이여, 그대들은 용기를 지녔는가? 그대들은 담대한가? 사람들
앞에서의 용기가 아니라, 내려다볼 그 어떤 신도 두고 있지 않은 은자의 용
기, 독수리의 용기가 있는가? 나는 차디찬 영혼, 당나귀, 눈먼 자, 술 취한
자를 두고 담대하다고 말하지는 않는다. 두려움을 아는 자, 그러면서도 그
두려움을 제어하는 자, 긍지를 갖고 심연을 바라보는 자만이 용기 있는 자이
다.(KSA 4, 358, 차라, 464쪽)

긍지에 찬 독수리와 같이 용기 있는 존재를 니체는 '사자' 라고 부른
다. 사자는 사막이라는 허무주의 속에서 살아가는 대신 허무주의의 근
거인 용과 대결을 벌인다. 낙타와 달리 사자는 용기를 가지고 수천 년
의 가치와 대결하고 승리하고자 하는 정신이다. 사자는 '나는 ~을 원
한다' (Ich will)고 말할 수 있는 존재이다.

"사자는 (...) 마지막 신에게 대적하려 하며, 승리를 쟁취하기 위해 그 거대
한 용과 일전을 벌이려 한다. (...) 사자의 정신은 (...) '나는 하고자 한다.'
라고 말한다."(KSA 4, 30, 차라, 39쪽)

사자는 부정하는 용기이고, 자유를 위해 투쟁하는 정신이며, 기존의 가치를 전도하는 정신, 말하자면 '성스러운 부정'을 말할 수 있는 존재이다.[2] 그런데 낙타의 정신의 입장에서 사자의 정신은 파괴자, 약탈자, 선악을 부정하는 자로 보인다. 그러나 사자의 정신에 도달하게 되면 낙타의 정신이 노예의 정신이었음을 알게 된다. 따라서 사자의 포효는 기존 세계의 해체와 새로운 세계의 조짐을 알리는 소리이다. 그러나 사자는 성스러운 부정을 할 뿐, 아직 성스러운 긍정에 도달하지는 못했다.[3]

> "새로운 가치의 창조 (...) 쟁취. 사자라도 아직은 그것을 해내지 못하지만 새로운 창조를 위한 자유의 쟁취, (...) 적어도 그것을 사자의 힘은 해낸다."(KSA 4, 30, 차라, 40쪽)

사자의 정신은 해체하고 파괴할 수 있는 자유정신, 즉 부정의 정신을 뜻할 뿐, 아직 새로운 창조를 해내지는 못한다. 따라서 사자의 정신은 새로운 것을 창조하고 긍정하는 정신인 '어린아이'로 변해야 한다. 어린아이의 긍정은 낙타의 긍정과 다르다. 낙타의 정신은 구속된 채 복종하는 긍정의 정신인데 반해, 어린아이의 정신은 부정을 극복한 긍정의 정신이다. 이렇게 부정을 극복하고 모든 것을 거룩하게 긍정하는 정신을 니체는 '디오니소스적 긍정'이라 부른다.[4] 디오니소스적 긍정은 부정의 부정을 통해 얻은 긍정을 뜻하며, 이렇게 거룩한 긍정에 도달한 존

---

2 질 들뢰즈, 『니체, 철학의 주사위』, 319, 321쪽 참조

3 이와 달리 4부에 등장하는 '웃는 사자들'은 "보다 높은 인간, 보다 강한 인간, 보다 혁혁하게 승리한 인간, 보다 쾌활한 인간, 신체와 영혼이 반듯한 인간"(KSA 4, 351, 차라, 456쪽)을 뜻한다.

4 질 들뢰즈, 『니체, 철학의 주사위』, 298, 309쪽 참조

재가 어린아이이다. 어린아이의 특징을 니체는 다음과 같이 묘사한다.

> "어린아이는 천진난만이요, 망각이며, 새로운 시작, 놀이, 스스로의 힘에 의
> 해 돌아가는 바퀴, 최초의 운동, 거룩한 긍정이다."(KSA 4, 31, 차라, 41쪽)

이 인용문에 의하면 어린아이는 '천진난만'한 존재이다. 천진난만이
란 단어는 빚, 부채, 죄책감으로부터 자유롭다는 뜻이다. 그런데 인간
은 놀랍게도 오래전부터 죄책감에 시달려 왔다. 죄책감은 그리스도교
적으로 인간의 죄와 연관된 것이기도 하고, 혹은 도덕적 요구에 부응하
지 못하는 데에서 오는 현상이기도 하다. 죄책감이 어디에서 유래했든,
그것은 인간으로 하여금 무엇인가에 대하여 자신이 부채가 있다는 느
낌, 혹은 그 부채를 갚지 못하는 데에서 오는 가책으로 나타난다. 따라
서 죄책감에 사로잡힌 인간은 자기 자신에 대하여 부끄러워하게 된다.

> "어떻게 하여 사람의 뺨이 빨개졌는가? 그것은 그가 그토록 자주 부끄러워
> 할 수밖에 없었기 때문이 아닌가? 오, 나의 벗들이여! 사물의 이치를 터득하
> 고 있는 자는 말한다. 수치심, 수치심, 수치심, 그것이 바로 인류의 역사라
> 고."(KSA 4, 113, 차라, 141쪽)

부끄러워하고 수치심에 눌려 있는 인간은 더 이상 웃지 못한다. 그런
데 인간으로부터 웃음을 제거한 것이 바로 서구 정신 ― 그것이 그리스
도교 가르침이든, 플라톤적 이데아론이든 ― 이다. 서구 정신은 현실의
삶을 거부하고 저세상으로 도피하기를 주장하는 정신이기 때문이다.
이제 이 세상에서 인간이 즐거워하고 기뻐할 수 있는 일은 없어지고,
인간의 역사에서 웃음은 사라진다. 그런데 웃음이 사라진 이 세상의 삶

이란 무엇인가? 이러한 세상이야말로 지옥이고, 이러한 세상에서 사는 것이야말로 인간에게 주어진 형벌이 아니겠는가? 이런 맥락에서 차라투스트라는 웃음을 상실한 인간 그 자체가 바로 인간에게 내려진 형벌이고 원죄라고 주장하는 것이다.

> "인간이 존재한 이래, 인간이 기쁨을 누린 일이 너무나도 적었다. 나의 형제들이여, 이것만이 우리의 원죄(Erbsünde)이다! 우리가 좀 더 기뻐할 줄 알게 된다면 다른 사람에게 고통을 준다거나 다른 사람들을 고통스럽게 할 궁리를 우리는 어느 때보다도 하지 않게 된다."(KSA 4, 114, 차라, 142쪽)

또한 인간을 웃지 못하게 하기 위해 고안된 개념이 바로 '죄'와 '양심의 가책'이다.

> "죄인과 악한 양심이라는 것도 마찬가지이다! (…) 양심의 가책은 사람들을 물어뜯도록 만든다."(KSA 4, 114, 차라, 143쪽)

이렇게 인간을 집요하게 물어뜯는 죄책감의 배후에는 '대가'(Lohn)라는 개념을 통해 인간을 지배하려는 사제나 도덕의 계책이 숨어 있다. 고통스러운 삶 대신 지복한 삶을 원한다면 그에 상응하는 대가를 치러야 한다는 것이다. 이 논리에 따르면 이제 인간에게 남은 것은 이 세상에서의 삶이라는 형벌을 감수하든가, 혹은 대가를 치루고 지복한 삶으로 넘어가는 일 뿐이다.

> "도덕군자들이여, 너희는 아직도 대가를 바라고 있다! 너희는 덕에 대한 대가로 보답을, 지상에서의 삶에 대한 대가로 천국을, 그리고 오늘에 대한 대

가로 영원을 소망하고 있지 않은가? (...) 사물의 바탕에다 (...) 있지도 않은 대가와 형벌이라는 것을 심어 놓았으니 말이다." (KSA 4, 120, 차라, 151쪽)

그러나 니체는 대가가 절대적이고 필연적인 개념이 아니란 점을 강조한다. 어머니의 사랑을 예로 들면서 니체는 인간이 대가, 보복, 징벌, 정의의 복수 따위의 개념들로부터 해방될 수 있으며, 또 해방되어야 한다고 말한다. 이렇게 인류를 지배해 왔던 죄책감, 대가라는 개념으로부터 자유로워진 인간이 바로 어린아이다. 어린아이는 죄책(Schuld)으로부터 해방된 존재이며, 이러한 특징을 니체는 '천진난만'(Unschuld)으로 표현하는 것이다.

니체가 제시하는 어린아이의 두 번째 특징은 망각(Vergessen)이다. 어린아이는 잘 잊는 존재이다. 그런데 왜 망각이 어린아이의 특징으로, 긍정적으로 평가되는 것일까?

망각이 좋은지 기억이 좋은지에 대한 입장은 철학자들 사이에서도 서로 다르다. 플라톤의 경우 망각은 죽음과 기억(상기)은 생명과 연결된다. 『티마이오스』에서 망각은 무지와 연결되고, 『파이돈』에서 망각은 이데아의 세계를 잊는 것으로 영혼의 죽음과 연결된다. 반면에 기억(상기)은 인간이 육체를 가지고 태어나기 전에 보았던 이데아의 세계를 다시 확인하는 일이다. 따라서 플라톤은 망각을 무지, 죽음과 연결시키고, 기억은 생명과 연결시키는 것이다. 이와 반대로 니체는 기억을 고통과, 망각을 즐거움과 연결시킨다. 왜냐하면 즐거웠던 일은 쉽게 망각되지만, 괴로웠던 일은 쉽게 잊히지 않고 계속 기억에 남기 때문이다.

"망각이란 천박한 사람들이 믿고 있듯이 그렇게 단순한 타성력(vis inertiae)이 아니다. 오히려 이것은 일종의 능동적인, 엄밀한 의미에서의 적극적인 저

지 능력이다. (...) 약간의 정적과 의식의 백지상태(tabula rasa) ─ 이것이야
말로 (...) 능동적인 망각의 효용이며, 마치 문지기처럼 정신적 질서와 안정,
예법을 관리하는 관리자의 효용이다: (...) 망각이 없다면 행복도, 명랑함도,
희망도, 자부심도, 현재도 있을 수 없다. 이러한 저지 장치가 파손되거나 기
능이 멈춘 인간은 소화 불량 환자에 비교될 수 있다."(KSA 5, 291, 도덕,
395-396쪽)

망각은 건강의 한 형식이고, 기억은 소화불량과 비슷한 상태라는 것
이다. 기억이 건강을 방해하는 이유는 기억이 '약속할 수 있는 인간'과
연결되기 때문이다. 이때 약속은 자신이 져야 할 책임에 대한 약속을
뜻한다. 약속이 잘 지켜지기 위해서는 약속을 이행하지 않았을 때 그에
상응하는 책임, 즉 대가가 따를 것이라는 공포심을 심어 줄 필요가 있
다. 따라서 기억은 약속, 책임, 대가, 공포와 연결되는 것이다.

"'어떻게 인간이라는 동물에 기억을 만들 수 있을까?' (...) '어떤 것이 기억
에 남으려면 그것은 달구어져야 한다: 끊임없이 고통을 주는 것만이 기억에
남는다.'"(KSA 5, 295, 도덕, 399-400쪽)

기억은 피, 고문, 희생과 같은 공포와 연결될수록 더 강력하게 지속
된다. 이렇게 기억은 인간을 괴롭히기 위해 도덕적, 종교적으로 만들어
진 개념이다. 반면에 망각은 능동적이고 강한 인간의 특징이다. 이렇게
잘 망각하는 인간의 모습을 니체는 어린아이로 표현하는 것이다.
　그가 제시하는 어린아이에 대한 세 번째 표현은 '새로운 시작'(Neu-
beginnen)이다. 어린아이는 순수한 가능성 자체이다. 어떠한 기존의 진
리도 그를 제약하지 못한다. 이런 의미에서 어린아이는 아직 진리 없이

살아가는 자이다. 따라서 "철학에 대한 우리 입장의 새로운 점은 그 어떤 시대도 이미 갖지 못했던 확신, 즉 우리는 진리를 갖고 있지 않다는 확신이다. 이전의 인간은 진리를 갖고 있었다."[5]라는 니체의 말은 어린아이에게 그대로 적용된다. 어린아이는 과거의 진리를 갖지 않은 첫 세대이자 새로운 진리를 만들어 가는 첫 발걸음이다. 그는 미래의 인간이며 기존의 인간을 뛰어넘는 인간이다. 새로운 존재로서 어린아이는 기존의 진리뿐 아니라 선악도 넘어서는 자이다.

> "이것은 새로운 선이요, 악이다! 참으로 새롭고 깊은 물결 소리요, 샘물 소리다."(KSA 4, 99, 차라, 124쪽)

어린아이가 창조할 수 있는 세계는 무한하다. 그는 영원한 시간의 흐름 속에서 아직 숨겨져 있던 인간의 모습을 드러낼 수 있는 무수한 가능성 자체이다.

> "아직 어느 누구의 발길도 닿지 않은 길이 천 개나 있다. 천 가지의 건강법이 있으며 천 개의 숨겨진 생명의 샘이 있다. 무궁무진하여 아직도 발견되지 않은 것이 사람이며 사람의 대지이다."(KSA 4, 100, 차라, 125-126쪽)

이렇게 스스로 자신의 존재를 창조해 나갈 수 있기 때문에 어린아이는 새로운 시작일 뿐 아니라 '스스로의 힘에 의해 돌아가는 바퀴', '최초의 운동'(erste Bewegung)인 것이다. 이때 어린아이는 창조자이자 명령을 내리는 자이다.

---

5   M. Heidegger, *Nietzsche I*, 290쪽에서 재인용

"너는 새로운 힘이며 새로운 권리인가? 최초의 운동인가? 제 힘으로 돌아가는 바퀴인가? 너는 별들을 강요하여 네 주위를 돌도록 할 수 있는가?"(KSA 4, 차라, 100쪽)

이처럼 어린아이는 스스로에게 새로운 선과 악을 부여하고, 자신의 의지를 '새로운 서판'에 적어 넣을 수 있는 자이다.

마지막으로 니체가 제시하는 어린아이의 특징은 '놀이'(Spiel), '거룩한 긍정'(heiliges Ja–Sagen)이다. 그것은 대지와 하늘 사이에서 벌어지는 신들의 주사위 놀이와 유사하다. 그것은 상승과 몰락을 즐기는 놀이이다.

"네 높이로 나를 던져 올리는 것, 그것은 나의 깊이이다! 너의 티 없는 맑음 속에 이 몸을 감추는 것, 그것은 나의 천진난만함이다!"(KSA 4, 207, 차라, 268쪽)

이렇게 던져 올림과 떨어짐의 놀이는 대지로부터 불을 통해 하늘로 오르는 일이자 동시에 하늘로부터 대지로 떨어지는 운동, 즉 하늘과 대지를 하나로 묶는 운동을 뜻한다. 하늘과 대지 사이를 오가는 운동은 최종적인 목적도 인과율적인 필연성도 갖지 않는다. 모든 것은 우연에 의할 뿐이며, 우연은 주사위 놀이를 더 흥겹게 만든다.

"우리 자신을 뛰어넘어 우리 자신에게 상승하는 법과 해맑게 미소 짓는 법을 함께 배웠다. 우리의 발아래에서 강제와 목적, 그리고 죄과라는 것이 마치 비처럼 자욱한 김을 뿜을 때, 밝은 눈을 하고 먼 곳에서 아래를 내려다보며 해맑게 미소 짓는 법을 배웠다."(KSA 4, 207, 차라, 269쪽)

주사위 놀이라는 비유를 통해 니체는 '근거가 없는 것은 없다'(Nihil est sine ratione)는 근거율를 거부하며, 오히려 모든 것은 '왜' 없이 존재한다고 주장한다. 이러한 입장을 괴테는 다음과 같이 표현한다.

"어떻게? 언제? 어디서? ― 신들은 말이 없다!
그대는 ― 때문에 머물 뿐, 왜라고 묻지 말라."[6]

"'때문'은 놀이 안으로 가라앉는다. 놀이는 '왜'가 없다. 그것이 놀이인 것은 그것이 놀이이기 때문이다. 그것은 단지 놀이로 머문다: 가장 높은 것이자 가장 깊은 것으로서."[7]

이러한 입장은 하이데거에서도 발견된다. 그는 실레지우스의 시를 인용하면서 놀이와 근거율이 무관함을 강조한다.

"장미는 '왜' 없이 존재한다: 그것이 피는 것은 그것이 피기 때문이다. 그것은 자신에 주의를 기울이지 않으며 사람들이 자신을 보는지 질문하지 않는다."[8]

이와 마찬가지로 니체는 근거율이 의존하는 최고의 근거인 이성을 부정한다. 왜냐하면 놀이는 이성이 아니기 때문이다. 그래서 니체는 우연을 긍정하는 천진난만한 놀이를 '거룩한 긍정'이라고 말하며, 바닷가에서 놀고 있는 어린아이의 모습에 비유한다. 어린아이는 파도가 빼앗

---

6   M. Heidegger, *Der Satz vom Grund*, Neske, Pfullingen, 1986, 206쪽에서 재인용
7   위의 책, 188쪽에서 재인용
8   위의 책, 68쪽

아 간 장난감 때문에 슬퍼하거나 화내지 않는다. 왜냐하면 파도가 또 다른 장난감을 가져다줄 것이기 때문이다. 어린아이들은 빼앗긴 것과 얻은 것을 구분하지 않는다. 오히려 그 모든 것을 즐거운 놀이로 즐긴다. 놀이를 놀이로 즐기는 것은 모든 것을 있는 그대로 긍정하고 존중하는 태도이다. 이렇게 놀이와 거룩한 긍정은 주사위 놀이와 같이 영원히 반복되는 삶을 삶 자체로 사랑하는 태도(Amor Fati)이다.

2) 도덕의 본질

a. 약자의 도덕: 원한감정

이타적인 행동이 찬양받는 것은 그 행위를 통해 이익을 얻은 사람들이 그런 행위를 좋은 행동으로 평가하기 때문이라는 주장에 대하여 니체는 '좋다' 라는 판단은 좋은 행위를 받은 사람이 아니라 그런 행위를 한 사람에 의해 평가되어야 하는 판단이라고 반박한다.

> "고귀함과 거리의 파토스(Pathos der Distanz), 좀 더 높은 지배 종족이 좀
> 더 하위의 종족, 즉 '하층민' 에게 가지고 있는 지속적이고 지배적인 전체 감
> 정과 근본 감정 ― 이것이야말로 '좋음' 과 '나쁨' 이라는 대립의 기원이다."
> (KSA 5, 259, 도덕, 354쪽)

니체에 의하면 강자의 도덕은 약자의 도덕과 전혀 다르며, 이 둘 중에서 더 근원적인 것은 강자의 도덕이다. 왜냐하면 약자의 도덕은 강자의 도덕에 대한 왜곡된 해석에서 출발하기 때문이다. 이 점에 대하여 그는 다음과 같이 말한다.

"도덕적인 가치 차별은 피지배 종족과 다르다는 것을 쾌감으로 의식하게 된
어떤 지배 종족 사이에서 생겨나거나 아니면 여러 등급의 피지배자들, 노예
들, 예속자들 사이에서 발생했다."(KSA 5, 208-209, 선악, 275쪽)

강자는 약자와 달리, 그들 자신의 기준을 통해 좋음(gut)과 나쁨
(schlecht)으로 구분하며, 좋음은 '고귀함'을, 나쁨은 '경멸할 만함'이란
의미를 지닌다. 반면에 약자의 도덕의 경우, 고귀한 자의 좋음과 나쁨은
서로 대각선으로 엇갈려, 좋음이 '악'(boese)으로, 나쁨이 '선'(gut)으
로 변한다. 그렇다면 왜 이런 일이 벌어졌는가?

니체에 의하면 약자는 '겁쟁이', '불안해하는 자', '소심한 자', '편
협한 이익만을 생각하는 자'라는 특징을 지닌다. 그들은 출생이 비천한
인간들(kakos)이며, 비겁하고 야비한 종족들(deilos)로서, '금발의 야
수'와 달리 검은 머리칼을 가진 어두운 자들(melas, malus)이다. 여기
서 니체는 악이라는 단어의 기원을 출생적 비천함이나 야비한 존재방
식과 연결시킨다. 그들은 현실적으로 자신들이 고귀한 인간이 아니라
는 점, 그리고 그들을 이길 수 없다는 점을 잘 알고 있다. 그럼에도 약
자 역시 강자를 이기고 싶은 욕망을 가지고 있다. 그 욕망을 이루기 위
해 그들은 강자의 좋음은 약자를 위협하는 악으로, 자신들의 약함은 선
으로 변형한다. 약자의 선은 강자를 이길 수 없기 때문에 만들어진 임
기응변술에 지나지 않는다. 이 임기응변술을 통해 약자는 스스로를 선
인으로, 강자를 악인으로 평가하고, 자신의 무력함을 선이라는 도덕적
가치로 끌어올린 것이다. 그러나 그들은 자신 안에 존재하는 무력감 자
체는 해결할 수 없다. 왜냐하면 그것은 이기고 싶지만 이길 수 없다는
절망적인 무력감이기 때문이다. 이 문제를 해결하기 위해 약자는 자신
들의 시선을 현실로부터 저세상으로 돌린다. 이런 이유로 차라투스트

라는 약자의 도덕을 '병든 자', '죽어 가는 자', '신체와 대지를 경멸하는 자'의 도덕이라고 말하는 것이다. 그는 이들을 '죽음의 설교자들', '노란 사람들', '영혼이 결핵에 걸려 있는 사람들'로 묘사하면서, 이들이 끊임없이 "살아 있는 자는 바보다. (...) 생은 고통일 뿐이다. (...) 너는 스스로 목숨을 끊어야 한다! (...) 감각적 쾌락은 죄다. (...) 연민의 정이 있어야 한다."(KSA 4, 56, 차라, 70쪽)라고 외치고 있다고 말한다. 그들은 '태어나자마자 죽기 시작하며, 피로와 체념에 대한 가르침을 동경하며, (...) 차라리 죽고 싶어 하는 자들'이지만, 스스로 죽는 대신 강자의 도덕의 가치를 전도함으로써 강자를 이기고자 한다. 이들은 강자의 가치들인 '좋음', '고귀함', '강력함', '아름다움', '행복함', '신의 사랑을 받음'을 약자의 가치들인 '나쁨', '비참함', '병듦', '고통받음', '추함'으로 전도하는 것이다. 그런데 약자가 시도한 가치 전도의 배후에는 '원한감정'(Ressentiment)이 놓여 있다.

"도덕에서의 노예 반란은 원한 자체가 창조적이 되고 가치를 낳게 될 때 시작된다: 이 원한은 실제적인 반응, 행위에 의한 반응을 포기하고, 오로지 상상의 복수를 통해서만 스스로 해가 없는 존재라고 여기는 사람들의 원한이다."(KSA 5, 270, 도덕, 367쪽)

강자의 도덕이 능동적이고 긍정적인 데 반해, 약자의 도덕은 강자의 도덕에 비해 반동적, 수동적, 부정적이다.

"고귀한 모든 도덕이 자기 자신을 의기양양하게 긍정하는 것에서 생겨나는 것이라면, 노예도덕은 처음부터 '밖에 있는 것', '다른 것', '자기가 아닌 것'을 부정한다: 그리고 이러한 부정이야말로 노예도덕의 창조적인 행위인 것이다. 가치를 설정하는 시선을 이렇게 전도하는 것 — 이렇게 시선을 자기 자신에게 되돌리는 대신 반드시 밖을 향하게 하는 것 — 은 실로 원한에 속한다: 노예도덕이 발생하기 위해서는 언제나 먼저 대립하는 어떤 세계와 외부 세계가 필요하다."(KSA 5, 270–271, 도덕, 367쪽)

약자는 강자의 덕에 증오를 가지고, 강자의 덕을 악으로 변화시키며, 악인(강자)의 최후를 지옥과 연결시킴으로써 그에 대한 복수를 완성시킨다. 나아가 이러한 복수를 확고히 하기 위해 약자는 지옥뿐 아니라 수치심, 대가, 양심의 가책이라는 개념을 고안해 낸다. 그렇다면 죄책감이나 양심은 어떻게 해서 생긴 것일까?

니체에 의하면 이러한 감정은 처음엔 단순히 채권자와 채무자라는 사회적 관계에 의해 생겨난 것이다. 인간은 자신이 필요로 하는 물건을 빌리려면 그것을 다시 갚겠다고 약속을 해야 한다. 일정 기간이 지난 후 그가 빌린 물건을 갚지 못한다면, 채권자는 채무자를 모욕하거나 고문할 정당한 권리를 갖는다. 약속을 이행하지 않는 사람은 공동체에 피해를 주기 때문이다. 따라서 공동체는 약속을 이행하지 않는 사람을 추방할 권리를 갖는다. 그런데 공동체가 점점 커짐에 따라 공동체는 약속 불이행자를 굳이 추방할 필요를 느끼지 않는다. 그를 추방하는 대신 공동체는 그가 공동체의 파괴자이며 약속 불이행자라는 것을 내면화함으로써, 마음 깊이 기억하게 만든다. 이와 같이 자신이 공동체에 죄를 범한 인간이라는 의식이 깊숙이 내면화되었을 때 나타난 것이 바로 '양심'이다.

"밖으로 발산되지 않는 모든 본능은 안으로 향하게 된다. — 이것이 내가 인간의 내면화라고 부르는 것이다: 이것으로 인해 후에 '영혼'이라고 불리는 것이 인간에게서 자라난다. (...) 거칠고 자유롭게 방황하는 인간의 저 본능을 모두 거꾸로 돌려 인간 자신을 향하게 하는 일을 해냈다. 적의, 잔인함과 박해, 습격이나 변혁이나 파괴에 대한 쾌감 ─ 그러한 본능을 소유한 자에게서 이 모든 것이 스스로에게 방향을 돌리는 것, 이것이 '양심의 가책'의 기원이다."(KSA 5, 286, 도덕, 431쪽)

양심의 가책은 일종의 '병'이다. 그런데 약자의 도덕을 만들어 낸 사제들은 양심의 가책, 죄책감, 대가, 형벌과 같은 것을 통해 사람들을 길들이기 시작한다. 그들은 이러한 죄책감을 궁극적으로 신에 대한 죄책감으로 발전시킨다. 이제 인간은 신에게 부채를 진 존재가 된다. 그 부채가 너무도 크기 때문에 인간은 스스로 부채를 면할 수 없다. 이때 인간은 자신을 학대하는 자로 변하며, 이러한 자기 학대를 통해 야수적인 인간은 도덕적 인간으로 길들여진다. 이를 통해 약자는 강자를 실제 이기고 지배하게 된다. 역사의 주체가 강자에서 약자로 옮겨지는 것이다.

"오늘날 우리에게 '인간'을 혐오하게 하는 것은 무엇인가? (...) '길들여진 인간', 구제할 수 없이 평범하고 달갑지 않은 인간이 벌써 자신을 목표와 정점으로, 역사의 의미로, '보다 높은 인간'으로 느낄 줄 안다는 사실이다."(KSA 5, 277, 도덕, 375쪽)

이렇게 약자는 강자에 대한 복수를 완성하고, 역사의 주체가 되며, 문명을 만들어 가고, 스스로를 '보다 높은 인간'으로 여긴다. 그러나 그들은 원한감정에 가득한 '최후의 인간'에 불과하다. 왜냐하면 그들의 본질은 자신과 타자 모두를 학대하는 자들이기 때문이다. 따라서 약자의 도덕은 비판되어야 하며, 강자의 도덕이 다시 회복되어야 한다.

b. 강자의 도덕: 베푸는 덕

앞에서 약자의 도덕 배후에는 강자에 대한 증오와 원한감정이 도사리고 있으며, 약자는 강자에게 승리하기 위해 강자의 좋음과 나쁨을 악과 선으로 전도했음을 확인했다. 또한 약자는 스스로를 선한 자라고 여기고, 강자는 저세상에서 심판받아야 될 자라고 규정하여 강자가 정죄하는 과정을 거치게 함으로써 약자가 역사 속에서 승리를 이루었다는 점에 대하여 말했다. 그러나 역사 속에서 약자의 승리는 강자가 창조한 새로운 길이 열린 다음에 비로소 이루어질 뿐이다. 또한 약자가 지배하는 세계에 문제가 생겼을 때, 그것을 해결하는 자도 강자이다. 강자는 역사의 흐름을 바꾸고 새로운 도덕과 가치를 창조해 내는 자이다. 이렇게 강자의 창조성을 통해 역사는 다음 단계로 넘어갈 수 있는 것이다. 이 순간은 강자가 승리하는 시간이다. 역사의 흐름 속에서 약자의 승리는 '지속적'인 반면, 강자의 승리는 '순간적'이라는 특징을 갖는다. 약자의 승리는 양적인 승리인 반면, 강자의 승리는 질적인 승리인 것이다. 그런데 역사를 상승시키는 계기가 되는 것은 지속적인 양의 많음이 아니라 순간의 폭발적인 힘이다. 따라서 약자의 승리가 오래 지속되는 것처럼 보일지라도, 역사의 진정한 승자는 강자인 셈이다. 그렇다면 강자의 도덕의 구체적인 특징은 무엇인가?

'좋음'이란 단어는 어원론적으로 볼 때, '고귀한', '귀족적인', '정신적으로 고귀한 기질의', '정신적으로 특권을 지닌' 등의 의미를 지닌다 (KSA 5, 261, 도덕, 356쪽). 고귀한 인간은 우월한 힘을 갖는 자로서 '힘이 강한 자', '주인', '명령하는 자'와 연결된다. 니체에 의하면 '좋음'에 해당되는 그리스어 agathos, esthlos는 '존재하는 자', '현실성을 지닌 자', '실질적인 자', '성실한 자', '귀족적인 자'를 뜻한다. 이 단어들은 '나쁜', '추한', '태생이 천한' 등의 의미를 지니는 kakos, 혹은 겁쟁이, 비참함 등의 의미인 deilos와 반대되는 개념이다. 또한 라틴어 bonus는 '좋음' 뿐 아니라, '투쟁하는' 사람, 즉 '전사'를 의미한다.

이와 같이 강자의 도덕은 자신의 힘에 대한 긍정적 평가를 바탕으로 형성된다. 그의 좋음과 나쁨은 자신의 힘에 대한 자긍심과 긍정에서 비롯되며, 이런 의미에서 타자에 대한 반동으로 형성된 약자의 선악과는 반대로 강자의 도덕은 강자 스스로가 창조해 낸 가치를 반영한다.

강자의 도덕은 신체와 대지를 경멸하고 부정하는 약자의 도덕과 달리 어떤 순간에도 자신의 신체와 대지를 떠나지 않는다. 물론 약자도 자신의 신체와 대지를 스스로 떠나려 하지 않는다. 이렇게 모순되고 이율배반적인 약자의 도덕에 대하여 차라투스트라는 다음과 같이 말한다.

"병든 자와 죽어 가는 자들이야말로 신체와 대지를 경멸하고 하늘나라와 구원의 핏방울을 생각해 낸 자이다. 그러나 이 감미롭고 음울한 독조차도 그들은 바로 신체와 대지로부터 얻어 냈던 것이다!"(KSA 4, 37, 차라, 48-49쪽)

약자조차 진정으로 원했던 것은 대지와 신체였다는 것이다. 그렇다면 약자의 도덕에서 대지와 신체가 거부되고 부정된 이유는 무엇인가? 서구 철학, 특히 스토아 철학과 그리스도교에 의하면 육체와 감각은 버려져야 할 것으로 여겨져 왔다. 예를 들어 신약 성서에 나오는 "네 눈이 죄를 짓거든, 눈을 빼 버려라."라는 구절의 핵심은 '모든 열정을 죽여야 한다'는 점에 놓여 있다. 그렇다면 왜 스토아 철학과 그리스도교는 열정을 제거하려고 했을까? 그것은 열정이 위험한 것이며 스스로 그러한 위험을 제어하기 어렵기 때문이다. 따라서 그들은 열정 자체를 부정함으로써 위험으로부터 벗어나려고 했던 것이다.

"자기 자신 안에 스스로 척도를 세우기에는 너무나 의지가 약하고 너무나 퇴락한 자들이 욕구와 싸울 때 그들은 거세와 멸절이라는 수단을 본능적으로 선택한다."(KSA 6, 83, 우상, 106쪽)

반면에 열정과 감각의 즐거움을 스스로 절제할 수 있다면 그것은 오히려 긍정되어야 할 덕목이다.

"감각적 쾌락, (신체를 경멸하는 자에게는 '찔러 대는 바늘이자 가시'인 반면, (...) 자유로운 마음을 지닌 자들에게는 천진난만한 것이자 자유로운 것이며, 지상 낙원에서 누리는 행복이자 모든 미래가 현재에 대해 갖게 되는 넘치는 고마움이다. (...) 다만 쇠잔해 있는 자들에게만 감미로운 독일 뿐, 사자의 의지를 갖고 있는 자들에게는 대단한 강심제요 정성스레 저장해 온 최상의 포도주이다."(KSA 4, 237, 차라, 308쪽)

이와 같이 강자의 도덕은 대지와 신체라는 감각적 쾌락을 긍정한다. 강자는 이러한 쾌락에 휩쓸리지 않고, 오히려 그것을 지배할 수 있기 때문이다. 이런 의미에서 강자의 도덕은 지배욕이라는 특징을 지닌다. 그는 자신이 높은 자임을 안다. 그는 밑에 있는 사람들에게 명령을 내리고 그들을 지배하고자 한다. 그리고 삶은 이렇게 자신을 극복한 자에게 호의를 베푼다. 왜냐하면 삶 자체의 본질은 더 많은 힘을 원하기 때문이다.

강자의 지배욕은 명령하고 새로운 가치를 창조해 내려는 의지에서 출발한다. 그것은 타자에게 새로운 가치를 부여하고 타자를 자유롭게 해 주는 행위이다. 이런 의미에서 니체는 강자의 지배욕을 '베푸는 덕'이라고 표현한다. 강자의 베푸는 덕은 타자로 하여금 자신의 존재를 극복하도록 한다는 점에서 일종의 선물과 같은 특징을 지닌다.

"최고의 덕은, (금과 같이) 평범하지 않고, 쓸씀이를 따로 갖고 있지 않으며, 빛을 내는가 하면 광채 속에서도 은은하다. 베푸는 덕(schenkende Tugend), 이것이야말로 최고의 덕이다."(KSA 4, 97, 차라, 121쪽)

강자의 지배욕은 약자 스스로 자유롭게 되기를 원하는 명령이다.

"그들(병든 자들)이 병으로부터 건강을 되찾는 자가 되어 자신을 극복하고 더 높은 신체를 창조하기를 바랄 뿐이다."(KSA 4, 37, 차라, 49쪽)

　그런데 강자의 도덕에서 가장 핵심적인 특징은 '이기심'에 있다. 일반적으로 이기심은 이타심에 비해 부정적으로 평가되어 왔다. 그렇다면 이타심이 강조되었던 이유는 무엇인가? 이에 대한 답변으로 우리는 이웃에 대한 사랑이 주는 자기만족을 들 수 있다. 어려운 처지에 있는 사람을 돕는 것은 자신에게도 즐거움을 주기 때문이다.
　아리스토텔레스에 의하면, 사랑(우정)에서 중요한 것은 사랑받는 것보다 사랑하는 것이다. 이러한 예로서 그는 어머니의 사랑이나 친구 간의 우정을 든다. 그러나 아리스토텔레스는 타자에 대한 사랑 모두를 긍정적으로 평가하지는 않는다. 타자에 대한 사랑이 의미가 있기 위해서는 그러한 행위가 자신의 진정한 덕목에서 우러나와야 한다. 즉 타자에 대한 사랑은 자기 자신에 대한 사랑에 근거해야 한다는 것이다. 이런 의미에서 아리스토텔레스는 유용성에 의거해 타자를 사랑하는 경우와 타자를 도외시하고 자기 자신만을 사랑하는 경우, 그리고 자기 자신에 대한 사랑으로부터 우러나와 타자를 사랑하는 경우를 구분한다.[9] 이때

9　아리스토텔레스, 『니코마코스 윤리학』, 최영관 옮김, 서광사, 1984, 9권, 4, 8장 참조

그가 긍정적으로 평가하는 사랑은 자신을 진정으로 사랑하는 사람, 즉 고귀한 사람이 행하는 타자에의 사랑이다. 이와 마찬가지로 니체도 이기심을 병든 이기심과 건전한 이기심으로 구분한다.

"이처럼 베푸는 사랑은 모든 가치를 강탈해 내는 도둑이 되어야 한다. 이런 이기심을 나는 건전하고 거룩한 것이라고 부른다. 또 다른 유형의 이기심이 있다. 언제나 훔치려 덤벼드는, 너무나도 가난하여 굶주린, 곧 병든 자의 병든 이기심이 바로 그것이다."(KSA 4, 98, 차라, 122쪽)

그리고 병든 이기심에 대하여 다음과 같이 말한다.

"이웃에 대한 너희의 사랑은 너희 자신에 대한 좋지 못한 사랑에 불과하다. 너희는 너희 자신에게서 도피하여 이웃에게로 달아난다. 그러고는 그런 행동을 하나의 덕으로 삼고 싶어 한다. (...) 너는 나보다 뿌리가 깊다."(KSA 4, 77, 차라, 97쪽)

이타주의적 사랑은 비겁함에서 비롯된다. 예를 들어 어떤 사람이 자신의 충분한 힘을 갖지 못한 채 권위적 명령에 의해 타인을 사랑한다면, 그것은 진정한 의미에서 타자를 사랑하는 것이 아니다. 그는 권위적 명령을 거부할 수 있는 용기를 지니지 못했거나 그 명령을 수행함으로써 얻게 되는 이익을 바랄 뿐인 것이다. 따라서 차라투스트라는 약자의 도덕인 타자에의 사랑 대신 자기 존재에 대한 우선적 사랑을 강조하는 것이다.

"나의 가르침은 사람들이 자기 자신을 건전하며 건강한 사랑으로써 사랑하는 법을 배워야 한다는 것이다. 자기 자신을 참고 견뎌 넘으로써 쓸데없이 배회하는 일이 없도록 하기 위해서이다. 이와 같은 배회는 자신에게 세례를 베풀고는 그 자신을 '이웃사랑'이라 부른다. 지금까지 자행된 것 가운데 가장 고약한 기만과 위선이 행해진 것도 바로 이웃사랑이라는 말 아래서였다."(KSA 4, 242, 차라, 313-314쪽)

이와 달리 진정으로 타자를 사랑하려면 우선 자기 자신을 사랑하고 긍정할 수 있어야 한다. 모든 위대한 사람은 본질적인 의미에서 이기적인 사람이다.

"이기주의란 고귀한 영혼의 본질에 속한다. (...) 내가 말하는 이기주의란 '우리는 존재한다'처럼 존재에 대해서 다른 존재는 자연히 종속되지 않으면 안 되고 희생되어야 한다는 저 확고한 신념이다. 고귀한 영혼은 자신이 이기주의라는 이 사실을 어떤 의문도 없이, 거기에 가혹함이나 강제와 자의의 감정 없이, 오히려 사물의 근본법칙에 바탕을 두고 있을지도 모르는 어떤 것처럼 받아들인다: ─ 그것에 대한 이름을 찾는다면 이 영혼은 '그것은 정의 그 자체이다.'라고 말할 것이다."(KSA 5, 219-220, 선악, 288쪽)

강자가 자신의 존재를 사랑하는 것은 너무도 당연한 일이며, 그것은 그의 존재에 걸맞는 것, 즉 정의라는 것이다. 그런데 정의 자체는 미래에 성취되어야 할 미덕이다. 따라서 이웃에 대한 사랑보다 더 시급한 것은 미래에 대한 사랑이다. 이러한 미래를 준비하는 것이 결혼의 목적이다. 결혼을 통해 인간은 자신을 넘어서는 존재를 산출해야 한다. 이를 위해 인간은 무엇보다 자기 자신에 대한 사랑, 즉 자기극복에의 의지를 수행하는 이기적 인간이어야 한다.

이기심은 모든 비겁함을 쫓아 버리고 애처로운 지혜를 경멸하며 노예근성에 침을 뱉는 강자의 의지를 반영하는 덕목이다. 그런데 이러한 강자의 덕목은 약자의 도덕에 의해 부정되어 왔다. 이제 필요한 것은 강자의 덕목, 즉 새로운 가치를 창조해 내는 일이다. 그렇다면 가치란 어떻게 형성된 것일까? 그리고 가치와 진리의 관계는 어떠한가?

3) 가치의 본질

a. 서구 형이상학의 오류

니체에 의하면 서구 형이상학의 특징은 삶에 대한 부정, 피안적 세계가 존재한다는 점, 절대적 진리가 존재한다는 점으로 요약될 수 있다. 첫 번째 특징, 즉 끊임없는 삶에 대한 피곤함과 염증, 그리고 부정의 태도는 플라톤 이래 수많은 철학자에 의해 주장되어 왔다.

> "어느 시대에서든 최고의 현자들은 삶에 대해 똑같은 판단을 내렸다: 삶은 별 가치가 없다고. (...) 언제나 그리고 어디서든 사람들은 그들의 입에서 똑같은 소리를 듣는다. ─ 회의와 우울 가득한, 삶에 완전히 지쳐 버리고 삶에 대한 저항이 가득한 소리를."(KSA 6, 67, 우상, 87쪽)

플라톤의 철학과 그리스도교는 이 삶이 불완전하고 가변적이며 꿈과 같은 허망한 것에 불과하다고 가르쳐 왔다. 이러한 주장이 확실하게 보였던 이유는 그것이 많은 현인에 의해 주장되었고, 서구 세계를 거의 2000년간 지배하여 왔기 때문이다. 많은 사람이 동조했고 오랫동안 지배적이었다는 사실은 이 주장이 진리라는 것을 입증해 주는 듯이 보인다. 그러나 많은 사람의 동의나 오랜 지속성이 곧바로 그 주장의 진리성을 입증하는 것은 아니다. 그것은 단지 그러한 주장을 한 사람들의 '생리적 일치'(physiologische Übereinstimmung)(KSA 6, 68, 우상, 88쪽)를 보여 줄 뿐이다. 즉 삶에 대해 진절머리가 나고, 삶으로부터 도피하고 싶은 사람들의 주장에 불과하다는 것이다. 또한 그 주장이 오래 지속되고 지배적일 수 있었던 이유는 왜곡된 사제적 힘에의 의지와 기꺼이 권위에 복종하려는 약자의 속성 때문이다. 또 다른 세상을 만들고 죄와 심판이라는 무기로 삶을 지배하려는 사제적 힘에의 의지와 기존의 가치에 함몰되고 복종하려는 약자, 즉 최후의 인간의 비겁함이 어우러져 그러한 주장이 진리처럼 지속되어 왔다는 것이다.

이러한 니체의 주장에 대하여, 서구를 지배해 온 가치가 부정직한 허구에 불과했다면 이미 그 정체가 발각되었을 것이라고 반박할 수 있다. 니체 역시 서구의 형이상학적 가치가 자신의 진리성을 유지할 수 있었던 이유는 나름대로의 논리성을 갖추고 있는 것처럼 보였기 때문이라고 말한다. 그러나 그 논리는 오해에서 비롯된 것이다.

피안적 세계가 존재한다는 주장은, '이 세계는 불완전하다. 따라서 어떤 완전한 세계가 있다'는 식의 추론에서 기인한 것이다. 그러나 이 세계가 제약적이고 모순에 가득하며 가변적이라는 점에서부터 무제약적, 무모순적, 불변적 세계가 존재한다는 것은 필연적으로 도출되지 않는다. 그럼에도 이러한 결론을 가능케 한 것은 이 세계에 대한 고뇌와 피안적 세계가 '존재했으면 좋겠다'는 소망이나 꿈 때문이라는 것이다. 말하자면 불완전한 세계로부터 완전한 세계를, 제약적인 세계로부터 무제약적인 세계를, 모순의 세계로부터 모순 없는 세계를, 생성의 세계로부터 존재의 세계를 추론하는 것은 형이상학적 배리일 뿐 아니라, 이 세계가 고통스럽다는 경험, 그리고 그 고통을 벗어나고 싶다는 소망을 반영하는 것이다. 또한 불완전한 세계에 대한 반대 명제는 완전한 세계가 아니라 정형화되지 못한 '혼돈의 세계'여야 한다.

> "현상-세계의 반대는 '참의 세계'가 아니라, 혼돈된 감각의 무형식적이고 형식을 갖출 수 없는 세계이다." (WzM, 388쪽)

이러한 세계는 인간들에게 공포나 불편함을 준다. 따라서 형이상학은 몰형식적인 세계 대신, 정형화되고 안정적이며 불변적인 것처럼 여겨지는 세계를 만들어 낸 것이다. 이 점은 형이상학이 주장하는 인과율, 필연성이란 개념에도 해당된다. 필연성이란 개념은 다음과 같은 논리적인 오류에 근거한다.

1. 보편타당하게 필연적인 것이 있다.
2. 필연성과 보편타당성은 경험으로부터 유래할 수 없다.
3. 그러므로 경험보다 앞선 필연성이 존재한다.

그러나 이러한 논리 역시 인간의 소망을 함축한 신앙에 불과하다. 왜냐하면 인과율이나 필연성이란 개념은 현실 자체를 더 안전하고 명확하게 해명하려는 인간의 욕망에서 발생했기 때문이다. 결국 인간은 현실 속에서 자기가 보고 싶은 것만을 보려고 했던 것이며, 그러한 개념들은 인간의 '인식이 부여한 해석'에 불과했던 것이다.

> "우리는, 우리 자신이 만들어 낸 세계만 파악할 수 있을 뿐이다." (WzM, 344쪽)

형이상학은 인간이 현실에 부여한 해석을 실제로 존재하는 것으로 주장해 왔던 것이다. 이런 주장은 마치 밤하늘의 수많은 별을 보고 상상력을 통해 별자리들을 만들어 낸 신화의 경우와 차이가 없다. 별자리의 조화로운 모습을 보고 감탄하는 것은 자신이 만들어 낸 의식 내용, 즉 자신의 표상에 감탄하는 것에 불과하다. 표상 세계는 인간이 인식 작용을 통해 도식화한 세계이며, 복잡한 작용들을 단순한 존재로 변화시킨 세계일 뿐이다. 이렇게 잘못된 추론으로부터, 모든 존재자는 최고의 존재에 의존한다는 인과율이 형성된다. 그러나 인과율은 인간이 결과를 보고 허구의 원인을 추론해 낸 논리학적 오류에 의한 것이다.

> "우리는 결과라는 도식에 따라 모든 원인을 날조한다. 결과는 우리에게 잘 알려져 있기 때문이다."(WzM, 374쪽)

어떠한 결과로부터 그에 부응할 만한 원인을 찾아내려는 시도는 인간의 강력한 충동들 중의 하나이다. 어떠한 결과에 대한 원인이 없다는 것은 인간에게 불안감을 주기 때문이다. 인간은 원인이 없는 것보다는 어처구니없는 원인이라도 있기를 원하며, 이 점은 꿈의 논리에서도 확인된다. 니체의 예를 따르면 어떤 사람이 잠결에 멀리서 들려오는 대포 소리를 듣는 경우, 그는 단지 그 소리만을 들었을 뿐이지만, 잠결에서도 그의 감각은 '왜 그러한 소리가 들렸는지'에 대한 원인을 찾기 시작한다. 그리고 대포 소리에 얽힌 이야기를 창작하기 시작한다. 그 원인은 전쟁일 수도 있고, 아니면 멀리서 벌어지는 불꽃놀이일 수도 있다. 중요한 것은 그가 대포 소리를 들은 이후에 꿈속에서 그 원인에 대한 이야기를 만들어 냈다는 점이다. 이러한 허구적 구성을 통하여 전쟁이나 불꽃놀이가 벌어지고, 그 결과로 대포 소리가 들리는 꿈을 꾸게 되는 것이다. 그런데 꿈속에서 구성된 원인은 현실에서 들은 대포 소리보다 시간적으로 뒤늦게, 추후에 구성된 것이다(KSA 6, 92, 우상, 118쪽). 이와 같이 정신이 구성한 원인은 결과를 산출한 원인이 아니라 결과로부터 형성된 허구로서의 원인인 것이다. 이런 점은 꿈속에서 뿐 아니라 깨어 있는 경우에도 마찬가지이다.

> "우리가 의식하는 한 조각의 외부 세계는 외부로부터 우리에게 미친 작용 이후에 태어난 것이며, 추후적으로 그 작용의 '원인'으로 투영된 것이다. (...) '내부 세계'의 현상론에서 우리는 원인과 결과의 연대기를 역전시킨다. '내적 경험'의 근본 사실은 결과가 발생하고 난 후에야 원인이 공상된다는 것이다."(WzM, 334쪽)

이와 같이 원인은 인간의 경험을 통해 확인되고 입증된 것이 아니라 인식을 통해 구성된 허구에 불과한 것이다. 그런데 서구 형이상학은 최고 원인자를 '신'이라 불러 왔고, 그에게 '존재'를 부여해 왔다. 그 이후 신은 스스로 '존재하는 신'으로 여겨져 왔다. 그러나 신이란 개념은 최초의 것이 아니라 '최후의 것'으로서, 아무런 경험적 내용을 갖지 않는 빈약하고 공허한 개념에 불과하다. 그럼에도 이렇게 공허한 개념을 존재로 여김으로써 "인류는 값비싼 대가를 치렀다."(KSA 6, 76, 우상, 99쪽)라는 것이 니체의 비판 내용이다.

이런 점은 '주체'라는 개념에도 적용된다. 니체에 의하면 주체는 존재하는 것이 아니라 논리적, 문법적 오류에 근거해 날조되고 첨가된 것이다. 왜냐하면 '사고 작용이 있다'는 사실로부터 사고 작용을 하는 주체가 '있다'(존재)는 것은 도출되지 않기 때문이다. 그런데 사고 작용으로부터 사고하는 주체를 떠올리는 이유는 '작용이 있으면 그 원인이

있다'는 논리적 오류나 '작용이라는 술어가 있으면 그에 상응하는 주어
가 있다'는 문법적 오류에 익숙해져 있기 때문이다. 이와 달리 주체라
는 것은 '감정의 다양한 계기를 통일하려는 우리의 신앙을 나타내는 술
어'(WzM, 339쪽)에 불과하다. 왜냐하면 현실적으로 볼 때 주체라는
아톰은 없으며, 단지 자기 자신의 강화를 위해 계속 증대하거나 감소하
는 다양한 힘이 존재할 뿐이기 때문이다. 그런데 주체가 존재하는 것이
아니라면 당연히 '실체'(Substanz)나 '객체'(Objekt)도 존재하지 않는
다. 나아가 실증주의자들이 주장하는 '사실'이라는 것도 존재하지 않는
다. 왜냐하면 사실이라는 것도 결국은 '해석된 사실'이기 때문이다.

"사실 자체는 없으며, 있는 것은 오직 해석뿐이다."(WzM, 337쪽)

이런 점은 서구 형이상학이 주장해 온 '선험성'(A priori)란 개념의
경우도 마찬가지이다. 니체에게 선험성은 인과율과 마찬가지로 인간의
신앙에 의해 고정된 개념에 불과하다. 그렇다면 어떻게 인간에게 선험
적 가치가 존재한다는 생각이 굳어졌을까?
예를 들어 A, B, C, D라는 가치를 알고 있는 종족이 있다고 가정하
자. 처음에 그 가치들은 모두 그 종족을 위해 필요한 가치들이었을 것
이며, 이 가치들 중 어느 하나가 특별히 우월한 지위를 차지하지는 않
았을 것이다. 그런데 시간이 흘러가면서 이 가치들 중 A라는 가치가 다
른 가치들보다 유용하다고 여겨질 때, 그 종족은 A를 선택하고 나머지
가치들은 버리게 된다. 그리고 A라는 가치만 다음 세대에게 전승한다.
그 과정이 길어지면 A는 구성원들에게 내면화되고 나머지 가치들은 망
각된다. 그리고 A가 선택된 이유와 과정이 망각될 때 그것은 후세들에
게 '선험적인 가치'로 여겨지는 것이다. 그러나 실제 A는 많은 가치 중

하나에 불과했던 것이다. 즉 선험적인 가치는 '유래가 망각된 경험적 가치'(WzM, 350-351쪽)인 것이다. 이와 같이 절대적, 선험적 세계는 그 본질에서 가치에 따라 응시된 세계, 즉 '어떤 특정 종의 보존이나 힘의 상승에 관한 유용성의 관점에 따라서 질서 잡히고 선택된 어떤 세계'(WzM, 386쪽)인 것이다. 이러한 세계는 인간의 이성이 구성해 낸 것이다. 따라서 선험적 세계가 우리에게 논리적인 것처럼 보인다면, 그것은 이성이 세계를 논리적으로 구성했기 때문이다(WzM, 358쪽).

그렇다고 이러한 허구의 세계가 무의미하고 헛된 것은 아니다. 왜냐하면 이러한 세계는 인간이 살기 위해 필요했기 때문이다. 다만 서구 형이상학이 범한 오류는 진리, 신, 물자체 등과 같은 개념들이 유용한 삶을 위해 구성된 수단, 즉 '논리적 관계개념'이라는 사실을 알지 못하고, 그 개념들이 존재한다고 여긴 점에 있는 것이다.

> "철학의 과오는 논리와 이성 범주 안에서 유용성을 목적으로 하여, 세계를 정돈하는 ('원리적'으로 유용한 위조로서) 수단을 사용하는 대신, 그 안에서 진리의 표지, 즉 실재성의 표지가 있다고 믿어 온 점에 있다."(WzM, 399쪽)

그렇다고 니체는 가상 세계가 인간의 삶을 통해 '일종의 실재성'을 갖는다는 점마저 부정하지는 않는다.

> "'목적과 수단', '원인과 결과', '주체와 객체', '능동과 수동', '물자체와 현상'. '이것들은 (사실이 아니라) 해석'이라고 한다면, (이러한 해석들은 어느 정도) 필연적 해석일까? ('보존하는' 해석으로서) ─ 이것들은 모두 힘에의 의지라는 의미에서 필연적 해석이다."(WzM, 410쪽)

이 인용문에서 니체가 강조하려는 것은 그러한 실재성이 단지 인간의 삶에 유용성을 제공하는 한에서만 그 존재 의미를 지닐 뿐이란 점이다. 즉 가상 세계는 실재성 자체로서 존재하는 것이 아니라 삶의 유용성을 위해 그 실재성을 부여받은 것에 불과하다는 것이다. 따라서 가상 세계는 그 자체로 영원하고 불변적이며 절대적으로 존재하는 것이 아니라, 인간의 삶의 조건에 따라 변화되고 재창조되어야 한다. 이러한 니체의 주장은 '진리'에 대한 논의와 연결된다.

b. 진리와 가치의 관계

서구 정신은 진리 자체가 존재한다는 전제에서 시작된다. 이 점은 고대 그리스 정신이나 히브리 정신에서 확인할 수 있으며, 현대 물리학에 이르기까지 지속되고 있다. 현대 물리학자 폴 데이비스는 "서구 문화 속에는 '무엇인가 모든 것을 시작하게 만들었을 것이다.'라는 믿음이 깊게 배어 있다."[10]라고 말한다. 이 간단한 표현 속에는 '1. 모든 것의 원인이 존재한다. 2. 그 원인은 시간과 공간, 모든 존재자보다 앞선다. 3. 그 원인은 시공간적 존재자가 아니다. 4. 그 원인에 대한 탐구는 존재자의 영역을 넘어선다'라는 주장이 포함되어 있다. 이 점을 폴 데이비스는 다음과 같이 말한다.

"이 '무엇'이 과학적 탐구의 영역 내에 존재할 수 없다는 가정 역시 폭넓게 받아들여지고 있다. 따라서 그 '무엇'은 어떤 의미에서 초자연적인 무엇이어야 하는 셈이다."[11]

---

10   폴 데이비스, 『현대 물리학이 탐색하는 신의 마음』, 과학세대 옮김, 한뜻, 1994, 49쪽
11   위의 책, 49쪽

이런 주장은 한동안 유행했던 빅뱅이론에서도 발견된다. 빅뱅이론에 의하면 150억 년 전 우주는 거대한 폭발과 함께 갑자기 탄생했으며, 이러한 우주 탄생과 더불어 비로소 시간과 공간도 출현하게 되었다는 것이다. 그러나 빅뱅은 어떠한 시점에서 시작된 것이 아니다. 왜냐하면 그러한 시점은 빅뱅과 더불어 비로소 출현했기 때문이다. 그렇다면 빅뱅은 무로부터 출현한 것인가? 적어도 폴 데이비스는 그렇다고 대답한다. 그렇다면 "어떻게 모든 존재가 무로부터 산출될 수 있는가?"라는 상식적인 질문이 가능하다. 이 질문은 서구 정신이 안고 있던 지난한 질문이다. 이미 아우구스티누스 역시 이러한 질문을 받았다. 그가 우주의 탄생은 '무로부터 신의 창조에 의한 것'이라고 말했을 때, 곧바로 "창조이전에 신은 무엇을 하고 있었는가?"라는 질문이 건네졌다. 이에 대하여 아우구스티누스는 "바로 너와 같은 자들을 위해 신이 지옥을 만들고 있었다."라고 대답했다고 한다. 이러한 대답은 대답이 불가능하다는 것을 반영한다. 이것은 빅뱅이론에도 해당된다. 만약 빅뱅이 어떠한 점, 즉 시간과 공간을 포함하는 점에서부터 시작되었다면, "그 점은 무엇으로부터 출현했는가?"라는 질문이 가능하다. 따라서 무로부터 빅뱅이 시작되고 그 폭발과 더불어 시간적·공간적 점들이 생겨났다고 한다면, 그 무는 시공간을 넘어서는 것, 즉 초-자연적, 초-시간적, 초-공간적인 무라고 볼 수밖에 없다. 이렇게 초월적인 최고 원인자로부터 우주가 시작되었다는 것은 과거부터 현재까지 서구 정신의 지반에 깔려 있는 전제이다. 이것은 플라톤의 이데아론과 그리스도교적 창조설에서부터 발견된다.[12]

---

12   우주의 시작, 탄생을 부정하고 우주는 끊임없는 순환이라고 보는 견해도 있다. 아낙시만드로스, 아낙사고라스, 엠페도클레스, 헤라클레이토스 등의 주장이 여기에 해당된다. 이 점은 현대 물리학의 경우도 마찬가지이다. 빅뱅이론에 대립해 우주는 팽창

이 사상에 의하면 진리는 그 자체로 존재하는 것이다. 그리고 모든 것이 진리 자체(인과율, 근거율)에 의해 창조되었다면, 모든 것은 진리 자체를 반영하며, 궁극적으로 이 진리 자체를 향할 때 자신의 존재도 진리 자체에 상응하게 된다. 따라서 서구 정신의 진리관은 자신의 존재를 진리 자체를 향하게 하고, 진리 자체에 상응하도록 일치시켜야 한다는 명제, 즉 '진리와 사태의 일치'(adaequatio intellectus et rei)라는 명제로 나타난다. 이러한 일치가 이성에 의해 가능하다면 진리는 이성적인 것이며 이성적인 진술을 통해 표현되는 것이다. 그런데 니체는 이러한 진리관을 부정한다. "신은 죽었다."라는 말은 그러한 진리가 존재하지 않는다는 것을 단적으로 표현한다.

진리 자체가 존재한다면 인간이 해야 할 일은 진리를 찾는 일이다. 그러나 진리 자체가 존재하지 않는다면 인간은 새로운 진리를 만들어 나가야 한다. 따라서 니체는 신의 죽음 이후의 인간을 '시도하는 자', '감행하는 자', '실험하는 자'라고 칭한다. 이러한 시도에서 인간은 때때로 오류에 빠질 수 있다. 그러나 오류에 빠지는 것이 진리를 시도하지 않는 것보다 더 낫다. 새로운 진리는 더 이상 진리 자체와의 일치가 아니라 새로운 진리를 시도하는 '용기'에 있으며, 비진리는 진리와의 불일치가 아니라 진리를 시도하지 않는 '비겁함'에 있는 것이다.

"어떤 정신이 얼마나 많은 진리를 견뎌 내는가? 얼마나 많은 진리를 감행하

과 수축을 반복한다는 알렉산더 프리드만이나 토마스 골드의 경우가 그렇다. 토마스 골드에 의하면 우주는 팽창기와 수축기를 갖는데, 이때 시간의 전이도 일어나기 때문에 우주의 시작은 없다는 입장이다. 결국 빅뱅과 빅크런치는 동일한 사건이라는 주장이다. 그럼에도 그리스도교화된 서구 정신의 기본적인 입장은 최고의 원인자가 존재하며, 모든 것은 이 원인자로부터 근거한다는 인과율과 근거율을 전제로 한다는 점이다.

는가? 이것이 나에게는 점점 진정한 가치 기준이 되었다. 오류 — 이상에 대한 믿음 — 는 맹목이 아니다. 오류는 비겁(Feigheit)이다."(KSA 6, 259, 사람, 325쪽)

사람들은 이렇게 불확실한 시도에 지쳐 다시 과거로 돌아갈 수 있다. 인간은 자신이 믿어 왔던 진리의 본질이 비진리라는 것이 드러난 경우에도 진리 없이 사는 것보다는 비진리를 진리로 여기고 살아가는 것을 원하기 때문이다. 니체 역시 과거의 진리가 쉽사리 사라지지 않을 거라는 점을 알고 있었다.

"새로운 투쟁 — 부처가 죽은 후에도 수 세기 동안 사람들은 동굴 안에서 엄청나게 크고 두려운 그의 그림자를 보여 주었다. 신은 죽었다. 그러나 인간의 방식이 그렇듯이 앞으로도 그의 그림자를 비추어 주는 동굴은 수천 년 동안 여전히 존재할 것이다. — 그리고 우리는 — 우리는 그 그림자와도 싸워 이겨야 한다!"(KSA 3, 467, 학문, 183쪽)

이 인용문에서 나오는 '동굴'이라는 메타포는 고요한 휴식, 보호된 휴식의 꿈[13]이나 인류 발생의 모태[14], 티크가 묘사하듯이 낭만적 경이나 신비한 은신처와 같은 낙원에 대한 향수[15]가 아니라, 지하적 이미지를 갖는 플라톤적인 비진리의 동굴, 아리아드네의 실을 갖지 못한 미궁,

---

13   가스통 바슐라르, 『대지 그리고 휴식의 몽상』, 205쪽
14   위의 책, 225쪽
15   티이크, 「황금 잔」, "멀리, 숲 덤불에 감춰진 채,/ 오랫동안 잊힌 동굴이 하나 있네/ 입구를 알아볼 수 있을까 말까 할 정도로/ 그 굴은 여태 담쟁이 덩굴에 깊이 파묻혀 있네 (...) 그곳은 유년 시절의 경이로운 동굴/ 그 문을 여는 일이 시인에게 허락되기를"(위의 책, 223-224쪽)

출구를 찾지 못하는 카프카적인 동굴, 빅토르 위고적인 빠져나올 수 없는 미로로서 하수구, 혹은 에드거 앨런 포적인 지하 감옥의 이미지를 갖는다.[16] 나아가 니체가 이 문장에서 표현하는 동굴은 허무주의를 허무주의로 이해하지 못하고, 허무주의를 스스로 찾아가는, 진정한 의미의 허무주의라는 이미지를 드러낸다. 그렇다면 왜 사람들은 허무주의의 근원인 동굴로부터 떠나지 않고, 오히려 그 동굴로 돌아가 머물기를 원하는 것일까? 이에 대한 대답은 진리의 본질에 대한 니체의 입장이 무엇인지를 통해 해명될 수 있을 것이다.

c. 진리의 본질

니체에게서 진리는 그 자체로 존재하는 것이 아니라 인간에 의해 투사되고 부여된 '가치'에 불과하다.

"'이러한 것은 이렇다고 내가 믿는' 가치 평가가, '진리'의 본질이다."(WzM, 348쪽)

'이렇다고 믿는다'라는 표현 안에는 현실 세계에 대한 부정과 더 나은 세계, 참 세계에 대한 동경, 희망, 꿈이 포함되어 있다. 이 꿈은 현실의 부조리와 모순을 피하고자 하는 욕망이 만들어 낸 것이다.

"인간은 '진리'를 구한다. 자기모순적이지 않고 속이지 않으며 변화하지 않는, 참의 세계를 ― 고통을 당하는 일이 없는 세계를 (...) 인간은 있어야 할 세계가 있다는 것을 의심치 않으며, 이 세계로 이르는 길을 탐구하기 원한

---

16   위의 책, 239, 269, 276, 282쪽 참조

다."(WzM, 401쪽)

인간이 현실 세계를 부정하고 진리의 세계를 꿈꾸었던 이유는 현실
에는 생성과 소멸이란 변화가 있을 뿐, 궁극적인 목적이나 올바른 단
하나의 길은 존재하지 않기 때문이다. 그런데 인간은 수많은 길 앞에서
특정한 이정표를 원하고 그 이정표를 통해 삶의 안전함과 마음의 편안
함을 얻고자 한다. 즉 진리의 세계는 변화의 세계를 존재의 세계로 바
꾸는 작업을 통해 만들어진 것이다.

> "진리에의 의지는 고정적인 것으로 만드는 것, 참되고 지속적인 것으로 만드
> 는 것, 거짓 특징들을 도외시하는 것, 이런 것을 존재하는 것으로 바꾸어 해
> 석하는 것이다."(WzM, 377쪽)

이러한 작업을 통해 인간은 안정되고 확실한 존재의 세계를 구축하
게 되며, 이 세계는 인간에게 위로와 질서, 생명의 안정감을 부여해 준
다. 말하자면 인간이 진리를 추구한 이유는 진리가 인간의 삶을 유지하
는 데 결정적이고 중요한 역할을 하기 때문이다. 그러나 진리는 그 자
체로 존재하는 것이 아니라 역사적·자연적 조건 속에 처한 인간이 삶
을 유지하기 위해 만들어 낸 '허구'에 불과하다. 따라서 니체는, "진리
는 그것 없이는 특정 종의 생명체가 살 수 없을지도 모르는 그러한 종
류의 오류이다. 결국엔 삶에 대한 가치가 결정적이다."(WzM, 343쪽)
라고 말하는 것이다. 형이상학적 진리는 그 자체로는 오류이지만 그 당
시 인간의 삶을 위해 만들어 낸 해석이란 점에서 볼 때, 그것들은 필연
적인 해석, 즉 진리였다는 것이다. 이런 측면에서 니체는 진리를 추구하
는 인간의 노력 자체를 부정하지는 않는다. 그가 문제 삼는 것은 진리를

고정된 존재로 환원하고 거기에 절대적인 가치를 부여하는 점이다.

그는 진리체계를 구축하고 그곳에 안주하려 했던 서구 정신을 반대하며, 진리는 항상 새롭게 재창조되어야 한다고 강조한다. 그리고 진리는 유일무이한 것이 아니라 이중적이거나 다양한 겹으로 얽혀 있고, 때로는 서로 모순되는 것을 포함하는 뫼비우스의 띠, 혹은 서로 비틀면서 서로를 포함하는 새끼줄과 같은 형태라는 점을 강조한다. 따라서 니체는 진리를 여성으로 표현하는 것이다. 여기서 '여성'이란 표현은 진리가 서로 모순되는 듯이 보이는 다양한 존재방식을 자신 안에 포함한다는 의미이다. 여성은 자신이 남성의 대립자로서 여성이면서 동시에 여성으로서 남성을 아는 존재이듯이, 진리 역시 비진리의 대립자로서 진리이면서 동시에 진리로서 비진리를 아는 것이어야 한다는 것이다. 이런 의미에서 니체가 주장하는 진리는 화장한 여성에 비유되기도 한다. 화장은 자신의 모습에 대한 부정이자 동시에 또 다른 자신을 주장하는 행위이다. 그러나 둘 모두 자신의 모습이다. 이와 같이 여성으로서 진리는 닫힌 존재가 아니라 자신 안에 다양성을 내포한 열린 존재인 것이다. 따라서 니체는 서구 정신이 주장해 온 진리의 독단성과 배타성, 절대성에 대하여 다음과 같이 비판한다.

"진리가 여성이라고 가정한다면 어떠한가? 모든 철학자가 독단주의자였을 경우, 그들이 여성을 제대로 이해하지 못했다는 혐의는 근거 있는 것은 아닐까? 지금까지 그들이 진리에 접근했을 때 가졌던 소름 끼칠 정도의 진지함과 서툴고 주제넘은 자신감이 바로 여성의 마음을 사로잡기에는 졸렬하고 부적당했다는 혐의는 근거 있는 것이 아닐까? 여성들의 호감을 사지 못했던 것은 당연하다. ― 그래서 모든 종류의 독단론은 오늘날에는 울적하고 힘없는 모습으로 서 있는 것이다."(KSA 5, 11, 선악, 9쪽)

독단적 진리를 추구해 왔던 서구 정신을 비판하면서 니체는 진리를 스핑크스에 비유하기도 한다.

"우리는 진리를 원한다고 가정했는데, 왜 오히려 진리가 아닌 것을 원하지 않는가? 왜 불확실성을 원하지 않는가? 심지어 무를 원하지 않는가? — 진리의 가치 문제가 우리 앞에 다가왔다. — 아니, 이 문제 앞에 다가선 것은 우리가 아니었던가? 우리 가운데 누가 여기에서 오이디푸스인가? 누가 스핑크스인가?"(KSA 5, 15, 선악, 15-16쪽)

니체는 이러한 질문이 아직까지 단 한 번도 시도된 적이 없다고 주장한다. 여기서 오이디푸스는 학문, 즉 서구 진리체계를 의미하고, 스핑크스는 학문에 의해 죽임을 당한 또 다른 진리를 뜻한다. 그 진리는 직접 작용하는 것이 아니라 거리를 두면서 작용하는 진리이다. 즉 그 진리는 그 자체로 존재하며, 그 자리에서 자신을 드러내는 것이 아니라 자신을 숨긴 채 멀리서 진리성을 작동시키는 진리인 것이다.

"아무리 아름다운 범선이라도 많은 소음과 소란이 있다. 유감스럽게도 허다하게 많은, 작고 가련한 소란들이! 철학자의 말을 빌리면 여자의 마력과 가장 강력한 작용은 원격 작용(actio in distans)인 것이다. 하지만 여기에는 무엇보다 우선 필요한 것이 있다. — 거리라는 것이!"(KSA 3, 425, 학문, 131쪽)

이와 같이 포착되거나 가둬지지 않고, 스스로 자신으로부터 거리를 두는 여성적 진리는 서구 정신이 주장했던 절대적, 배타적 진리를 부정하는 진리이자 동시에 이러한 부정을 넘어 새로운 창조를 시도하는 '긍정적, 예술가적, 디오니소스적 진리'[17]를 뜻한다. 이것은 그 자체로 존재하는 것이 아니라 계속해서 새롭게 재창조되어야 할 가치를 통해 진리로 드러날 수 있는 것이다.

d. 가치의 전도와 새로운 가치의 창조

니체에 의하면 해석되지 않은 사실이나 진실은 없다. 그런데 해석을 가능케 하는 선이해는 인간의 '충동, 호감과 반감, 경험과 비경험'(KSA 3, 561, 학문, 304쪽)을 통해 형성된 것이다. 선이해를 통해 인간은 세계와 사물에 가치를 부여한다. 가치를 규정하는 요소로는 인간의 생리학적 측면뿐 아니라 사회, 역사적 측면도 포함된다. 인간의 생리적인 측면이 가치를 어떻게 규정하는지에 대하여 니체는 『아침놀』 제2권 "감옥에서"에서 다음과 같이 말한다.

"내 눈이 지금 좋든지 나쁘든지 간에 나는 아주 가까운 거리밖에 보지 못한다. 내가 활동하고 사는 공간은 이렇듯 작은 곳이다. 이 지평선이 크고 작은 직접적인 내 운명을 규정하고, 나는 이 운명에서 벗어날 수 없다. 이와 같이 모든 존재는 그 자신에게 특유한 하나의 원에 둘러싸여 있으며, 이 원에는 중심이 있다. 마찬가지로 귀도 우리를 작은 공간에 가두며, 촉각도 마찬가지이다. 우리의 감각은 우리를 감옥의 작은 벽 속에 가두는데, 우리는 이런 지평에 따라서 세계를 측정하면서 이것은 가깝고 저것은 멀고, 이것은 크고 저것은 작다고 부른다. (...) 이 감각 기관들이 다시 우리의 모든 판단과 '인식'의 기초가 된다. 이것에서 벗어날 수 있는 방법은 없다. 실제 세계로 나아갈 수 있는 뒷길도 샛길도 없다! 우리는 자신의 그물 안에 갇혀 있다. 우리 거미

17　자크 데리다, 『에쁘롱』, 85쪽

는 이 그물 안에서 무엇을 붙잡든 바로 우리의 그물 안에 걸리는 것 이외에
는 아무것도 잡을 수 없다."(KSA 3, 110, 아침놀, 134~135쪽)

우리는 한계를 지닌 감각 기관을 가지고 있으며, 이것에 포착되는 것
만을 인식하고 판단할 수 있다. 예를 들어 우리는 일정한 주파수를 넘
어서는 우주의 소리, 지구가 자전하는 소리 등을 듣지 못한다. 이런 의
미에서 진리와 마찬가지로 가치도 그 본질에서는 오류이다. 그럼에도
오류는 불가피하다. 왜냐하면 그러한 오류를 부정하는 것은 인간의 삶
자체를 부정하는 것이 되기 때문이다.

"잘못된 판단을 포기하는 것은 삶을 포기하는 것이며 삶을 부정하는 것이리
라. 삶의 조건으로 비진리를 용인하는 것, 이것이야말로 위험한 방식으로 습
관화된 가치 감정에 저항하는 것을 의미한다. 이 일을 감행하는 철학은 그것
만으로도 이미 선과 악의 저편에 서 있게 된다."(KSA 5, 18, 선악, 19쪽)

관점주의적인 가치는 오류를 내포하지만, 그 오류는 삶을 위해 불가
피하다는 것이다. 그런데 이러한 사실을 이해하는 것만으로도 이미 습
관화된 가치의 껍질을 부수고 선악의 저편에 서게 된다.
인간이 규정하고 판단하며 부여한 가치가 관점주의적 특징을 지닐
수밖에 없다는 점은 감각 기관이나 생리적 측면뿐 아니라 사회·역사적
측면에도 해당된다. 이러한 가치 역시 각각의 민족이 자신의 자연적,
역사적 조건하에서 부여한 것이기 때문이다. 이런 의미에서 사회·역사
적 가치도 상대적일 수밖에 없으며, 선악이란 가치도 민족마다 상이한
것이다. 그러나 가치가 상대적이고 관점주의적이라는 점 때문에 니체
가 모든 가치를 다 긍정하는 것은 아니다. 그는 "그 가치가 힘에의 의지

를 반영하는가? 그렇지 않은가?"에 의해 긍정적인 가치와 부정적인 가치를 구분한다. 예를 들어 X라는 가치가 A에게는 높게 평가받고 B에게는 낮게 평가받는다면, 그것은 관점주의적인 입장에서 받아들여질 수 있다. 가령 물이 부족한 A에게 물은 높은 가치이지만, 물이 흔한 B에게 물은 그다지 높은 가치를 갖지 못할 수 있다. 그러나 물이 부족한 A는 물을 확보하기 위해 댐과 수로를 건설한 반면, A-1은 물 부족을 운명처럼 감수하고 지낸다면, 물을 대하는 A의 적극적인 태도는 A-1의 소극적인 태도보다 높게 평가되어야 한다. 이 점에 대하여 니체는 다음과 같이 말한다.

"세계의 가치는 우리의 해석 안에 있다는 것, (...) 지금까지의 해석은 삶 속에서, 즉 힘에의 의지 속에서 더 많은 힘을 얻기 위한 관점주의적 평가로서, 인간의 모든 향상은 보다 작은 해석들의 극복을 수반하며, 그때마다 획득한 힘의 강화와 확대는 새로운 관점을 열고 새로운 지평을 믿는 것과 다르지 않다. ― 이러한 주장이 나의 저작들을 관통하고 있다."(WzM, 418쪽)

각각의 민족들이 갖는 상대적 가치들은 그것이 힘에의 의지를 반영하는지 그렇지 않은지에 따라 구분되어야 한다는 것이다. 따라서 니체는 "세계는 무한히 해석될 수 있다. 각각의 해석은 성장의 징후이거나 몰락의 징후이다."(WzM, 413쪽)라고 말하는 것이다. 다양한 해석 가운데 성장의 징후를 가능케 하는 예는 다음과 같이 표현된다.

"어떤 민족을 지배자로 군림하게 하고 승리를 쟁취케 하며 영예를 누리게 하는 것, 이웃민족에게 전율과 질투심을 불러일으키는 것. 이와 같은 것이 그 민족에게는 가장 숭고한 것, 첫 번째의 것, 척도이자 의미로 간주된다."(KSA

4, 74, 차라, 94쪽)

어떤 민족에게 거룩한 가치로 여겨지는 것은 그 민족이 처한 고난을 극복하게 하고 해방시켜 줄 수 있게 하는 것이다. 따라서 어떤 민족에 대하여 "그 민족은 누구인가?"라고 질문한다면, 우리는 그 대답을 그 민족이 선택한 가치로부터 확인할 수 있는 것이다. 이 점에 대하여 니체는 다음과 같이 말한다.

"참으로 형제여, 네가 먼저 어떤 민족이 처한 곤경, 그 민족의 땅과 하늘, 그리고 그 민족이 누구와 이웃하고 있는지를 알아낸다면, 너는 그 민족이 이룩한 극복의 법칙과 어떤 이유에서 그 민족이 이러한 사다리를 타고 자신의 희망을 향해 오르는지를 미루어 알 수 있으리라."(KSA 4, 74, 차라, 94쪽)

어떠한 민족이 누구인가 하는 점은 그 민족이 처한 땅과 하늘과 연결된다. 그 민족을 둘러싸고 있는 '자연'이 그 민족의 정체성을 형성하는 데 큰 역할을 한다는 것이다. 예를 들어 바다에 인접한 곳에서 살아가는 민족이나 비옥한 대지를 지닌 민족, 그리고 사막에서 살아가야 하는 민족의 삶의 내용은 다를 수밖에 없다. 왜냐하면 그 민족을 둘러싸고 있는 자연은 그 민족을 탄생시키고 보존시키는 어머니와 같은 역할을 하기 때문이다. 어머니의 말을 듣고 성장하듯이 그 민족은 자신에게 주어진 자연의 근거로부터 자신의 삶과 정체성을 형성해 나가는 것이다. 이런 점은 그 민족이 사용하는 언어에도 영향을 끼친다. 추운 지역에 사는 민족의 언어는 삶의 생존과 유용성을 위한 의지를 반영하는 반면, 따뜻한 지역에 사는 민족의 언어는 삶의 활동성과 아름다움, 사랑과 이에 걸맞는 정념을 표현하는 경향을 지닌다. 또한 추운 지방의 언어는 단어의 끝 부분이 닫힌 채로 끝나는 반면, 더운 지방의 언어는 열린 채로 끝나는 경향을 지닌다. 이 점에 대하여 루소는, 북구인의 최초의 언어가 '나를 사랑해 줘요'가 아니라 '나를 도와줘요'이고, 북구인의 언어는 '둔하고 거칠며 분절되고 소란스러우며 단조로운' 반면, 남구인의 언어는 '경쾌하고 낭랑하며 악센트가 있고 대게 너무 힘이 넘쳐 모호한' 경향을 지닌다고 지적한다.[18]

이와 같은 언어의 특징을 하이데거는 '입의 꽃'(Die Blume des Mundes)이라고 표현한다.[19] '입의 꽃'이란 표현은 언어가 단순히 혀의 소리도, 혀와 무관한 소리도 아니라는 의미를 지닌다. 왜냐하면 혀는 그 민족을 둘러싼 대지와 하늘이라는 존재세계가 육화된 것을 뜻하기 때문이다. 따라서 혀를 통해 드러나는 소리는 그 민족이 처한 존재세계, 혹은 '고향의 대지와 하늘'이 어우러져 울리는 소리인 것이다. 이런 의미에서 하이데거는 "하늘이 울린다. 그것은 역운의 음성의 하나이다. 다른 음성은 대지이다. 대지도 울린다.", "대지는 '하늘의 메아리' 안으로 조율되어 울린다."[20]라고 말한다.

이와 같이 언어는 민족의 대지와 하늘을 반영한다. 그뿐만 아니라 언어는 민족의 역사도 반영한다. 이 점을 니체는 '민족이 처한 곤경', '그 민족이 누구와 이웃하고 있는지'라고 표현한다. 즉 민족의 정체성과 언어는 그 민족이 역사라는 시간의 흐름 속에서 자신을 선택하고 보존하며 확립해 나간 행동을 통해 정립되는 것이다. 이런 의미에서 하이데거

18   장 자크 루소, 『언어 기원에 관한 시론』, 주경복 옮김, 책세상, 2002, 88, 93쪽 참조

19   M. Heidegger, *Unterwegs zur Sprache*, Neske, Pfullingen, 1975, 206쪽 참조

20   M. Heidegger, *Erläuterungen zu Hölderlins Dichtung*, Vittorio Klostermann, Frankfrut, 1981, 166, 168쪽

도 민족의 언어는 대지와 하늘뿐 아니라 인간과 신적 존재를 반영한다
고 말한다.

> "네 가지 음성들은 하늘, 대지, 인간, 신의 울림이다. 이 네 가지 음성 안에서
> 역운은 무한한 관계 전체를 끌어모은다. 그럼에도 그중 어느 한 가지도 그
> 자체만을 위해 일방적으로 존재하지 않는다."[21]

이러한 표현을 통해 하이데거는, 민족의 언어는 보편적 언어가 아니
라 그 민족이 처한 공간과 시간을 반영하는 구체적인 언어라는 점을 강
조한다.

니체 역시 한 민족의 정체성은 구체적인 정체성이며, 그가 어떠한 이
웃을 두었는지, 그리고 그 민족과의 관계에서 어떠한 곤경을 경험하고
그것을 어떻게 극복했는지에 따라 정립된다고 말한다. 이때 그 민족이
역사를 극복할 때 결정적인 것이 바로 가치이다. 그 민족이 이웃민족과
의 역사적 갈등 속에서 어떠한 가치를 추구하고, 그 가치를 어떻게 실
현했는가에 따라 그 민족은 성장에의 징후를 드러내기도 하고, 쇠퇴와
몰락에의 징후를 드러내기도 하는 것이다. 이때 니체는 그 민족의 힘에
의 의지를 반영한 가치를 '숭고한 것', 민족의 '자부심'으로, 반면에 몰
락에의 의지를 반영한 가치를 '모욕과 웃음거리'로 표현한다.

예를 들어 이웃민족과의 대립 상황에서 자신의 존재와 자부심을 상
실하고 이웃민족의 세력 안으로 편입되는 경우, 그 민족은 이미 죽은
것이며 그들의 삶은 치욕적인 삶에 불과하다. 그들은 점차 왜소해지고,
그들의 정신은 혼미해지며, 멀리 바라보는 대신 눈앞의 일들에 급급해

하고, 자신의 존재보다 다른 민족의 존재를 부러워하며, 그 모습을 따르려 함으로써 결국엔 멸절하고 마는 것이다. 그들은 점차 좁아진 대지와 하늘 안에서 아비규환의 소리를 질러 대며, 바쁘고 배려 없는 삶을 살면서, 무엇을 위한 삶인지 어디로 향한 삶인지조차 질문하지 않는다. 그들은 벼룩처럼 작아진 최후의 인간이 되어, 아무 희망도 방향도 없이 하루하루를 바쁘고 숨차게 살아가는 것이다. 더 이상 그 민족에게 자부심은 없다. 그들은 자신의 운명을 다른 이웃민족들의 역학구도 속에 내맡긴 채, 이웃민족의 가치에 따라서 살아갈 뿐이다. 말하자면 그들은 이웃민족의 노예로서 살아가는 것이다. 그럼에도 그들은 자신들 안에서 또 다른 힘에의 의지를 추구한다. 그것은 그 민족의 기득권자들에 의해 자행된다. 그들은 자기 민족의 운명을 염려하는 대신, 자신의 안위와 권력을 걱정하고 그것을 유지하고 견고히 하는 데 몰두한다. 그들은 노예 의지 속에서도 자신의 힘에의 의지를 주장하는 것이다.

노예가 된 민족의 기득권자들은 자신들의 권력을 유지하기 위해 이웃민족에게 노예임을 천명하며 살아가지만, 이웃민족과의 관계에서 자신들이 하지 못한 지배에의 의지를 자기 민족 안에서 실현하려고 한다. 그런데 이들의 노예적 힘에의 의지는 강자의 힘에의 의지보다 더 잔인하고 무차별적인 성향을 띠게 된다.

니체는 이렇게 왜곡된 의지의 모습을 서구 형이상학과 그리스도교, 그리고 도덕에서 발견한다. 이것은 스스로 거세당하기를 원하는 의지이며 스스로 노예가 되기를 원하는 의지이다. 그럼에도 이것은 노예로서 주인이 되고자 하는 원한의 의지이다. 그것은 삶 대신 죽음을, 존재보다 무를 원하며 그러한 의지 속에서 스스로 지배자가 되기를 의욕하는 것이다. 이렇게 가치는 힘에의 의지를 척도로 하여 긍정적인 가치와 부정적인 가치로 구분된다. 이제 필요한 것은 부정적인 가치를 망치로 부수고, 새로운 가치를 창조해 내야 하는 일이다. 이것을 니체는 '가치의 전도'(umwerten), '새로운 가치의 창조'(neue Werte schaffen)라고 부른다. 새로운 가치의 창조를 통해 그 민족은 노예 상태로부터 벗어나 자신의 진정한 정체성을 회복할 수 있게 된다. 새로운 가치를 창조한다는 것은 이미 그 순간에 그 민족의 미래를 확립하는 일이다. 이 가치는 그 민족으로 하여금 단순히 생존에의 의지를 넘어 더 많은 '힘에의 의지'를 갖기를 지시하기 때문이다. 이렇게 파괴와 새로운 창조의 과정을 니체는 다음과 같이 말한다.

"오직 생명이 있는 곳, 그곳에 의지가 있다. 그러나 나는 그것이 생명에 대한 의지가 아니라 힘에의 의지라는 것을 가르치노라! 생명체에서 많은 것이 생명 그 자체보다 더 높게 평가되고 있다. 그러한 평가를 통해 말하는 것은 힘에의 의지이다! (...) 그러나 너희의 가치에서 더욱 강력한 폭력과 새로운 극복이 자라난다. 그것에 의해 알과 알 껍데기가 깨지고 만다. 그리고 선과 악의 창조자가 되어야 하는 자는 먼저 파괴자가 되어 가치들을 부숴 버려야 한다. (...) 우리의 진리에 의해 파괴될 수 있는 모든 것을 파괴하라! 지어야 할 집이 아직도 많이 남아 있지 않은가!"(KSA 4, 149, 차라, 191-192쪽)

새로운 가치를 창조하는 것은 용기와 모험을 필요로 한다. 기존의 진리가 사라지면 모든 것이 사라질 것 같은 두려움이 항상 존재하기 때문이다. 그러나 그것은 즐거운 일이기도 하다. 그것은 새로운 집을 짓는 일이기 때문이다. 따라서 각각의 민족은 자신의 고유한 힘에의 의지를 통해 자기 자신을 거듭거듭 극복해 나가야 한다. 그때 그 민족은 자유롭고 자긍심에 넘치며 그 자신으로 존재할 수 있게 되기 때문이다. 이것이 바로 니체가 말하는 '그 민족이 자신을 극복하기 위해 필요로 했던 사다리'이며, '극복의 법칙'인 것이다. 여기서 '사다리'라는 메타포는 '곧추선 뱀'과 같이 하늘을 향하는 대지적 동물의 몸짓이며, 동시에 죽음(노예 상태)에서 다시 태어나는 '독수리'의 몸짓이기도 하다.

이렇게 새로워진 세계를 니체는 "세 개의 악에 대하여"에서 '억센 날개를 가진 자에게는 접근이 가능한' 꿈의 세계라고 표현한다. 그 세계는 바다가 태양에 의해 삼켜지고, 드디어 빛 자체가 되는 변화를 통해 드러나는 세계이다. 이러한 세계를 향하는 사다리는 "위대한 동경에 대하여"에서 '조각배'에 비유되기도 한다.

"동경으로 가득 찬 조용한 바다 위에 황금빛 기적인 조각배(Nachen)가 뜨고, 그 황금의 둘레에 온갖 좋고 나쁜 놀라운 사물이 춤추듯 뛸 때까지."(KSA 4, 280, 차라, 364쪽)

조각배라는 메타포는 많은 시인이 애호하던 표현이다. 니체에 의하면 조각배를 타고 올라가 마주치게 되는 세계는 '황금빛 기적'의 세계이다. 황금빛 역시 시인들에게 중요한 메타포 중 하나이다. 이미 시인 핀다로스는 황금을 '모든 것을 두루 비추는 빛'(periosion panton)으로 묘사한다. 이 표현을 하이데거는 '은폐된 것'으로부터 '탈-은폐하는 비춤'으로 해석한다.[22] 황금빛은 모든 것을 바로 '그 자체'로 존재하도록 하는 빛을 뜻하는 것이다. 시인 트라클 역시 「어느 겨울 저녁에」라는 시에서 황금빛이란 표현을 쓴다.

---

22   M. Heidegger, *Unterwegs zur Sprache*, 24쪽 참조

"몇몇 사람은 방랑으로부터/ 어두운 길목을 따라 문 앞에 이른다/ 은총의 나무는 대지의 신선한 수액을 머금고/ 황금빛으로 피어 있다"[23]

여기서 은총의 나무는 대지와 하늘을 연결하는 사다리이며 하늘을 향하는 조각배이기도 하다. 그 은총의 나무가 황금빛으로 사방을 밝히고 있다. 이때 사다리, 조각배와 같은 나무를 통해 사방세계(대지, 하늘, 죽을 자들, 신적인 자들)가 바로 그 자체의 모습으로 드러나는 사건이 벌어지는 것이다. 트라클의 또 다른 시에는 다음과 같은 구절이 있다.

"검은 구름 위로/ 너는 아편에 취한 채/ 밤의 연못을 건너,/ 별이 총총한 하늘을 건너간다/ 누이의 달빛 음성이 끝없이/ 신비한 밤을 꿰뚫고 울려 퍼진다."[24]

이 시에는 하늘을 항해하는 조각배가 묘사된다. 이 조각배에는 부패하기 이전의 인간인 어린 소년 엘리스가 타고 있다. 그는 부패한 인간 종족에게 새로운 희망을 제시하는 자이며 새로운 존재론적 세계로 항해하는 자이다. 니체 역시 새로운 존재론적 세계로 항해하는 것을 '황금빛 기적인 조각배'로 묘사하는 것이다.

그러나 이러한 세계를 창조해 내기 위해서 인간은 우선 고독자가 되고 파괴자가 되어야 한다. 왜냐하면 노예 가치에 물들어 있는 최후의 인간 속에서 새로운 가치를 말하는 것은 고독과 방해와 위험을 수반하기 때문이다. 따라서 새로운 가치를 창조하는 일을 위해 인간은 전사가

---

23   위의 책, 17쪽에서 재인용
24   위의 책, 48쪽에서 재인용

되어야 하는데, 전사가 된다는 것은 비극과 몰락의 시작을 뜻하기도 한
다. 따라서 전사이자 초인을 가르치는 선생인 차라투스트라는 우선 몰
락하는 자로 묘사되는 것이다. 그런데 몰락은 삶과 죽음의 문제와 연결
된다. 그렇다면 삶과 죽음은 어떻게 이해되어야 하는가?

4) 탄생과 삶(사랑)과 죽음

니체는 "이웃사랑에 대하여"부터 "자유로운 죽음에 대하여"에서 인간
의 탄생(어린아이)과 삶(결혼), 그리고 죽음의 과정을 다룬다. 이 부분
의 주제는 '인간이란 누구인가?', '삶이란 무엇인가?', '죽음이란 무엇
인가?'이다. 말하자면 한 인간의 탄생에서부터 삶을 살아가는 과정, 그
리고 마지막에 죽음과 마주하게 되는 전체 과정이 다뤄지는 것이다. 그
렇다면 인간이란 누구인가?

a. 인간이란 누구인가?

니체에게 인간의 본질은 사고하는 인간이나 선험적 주체가 아니다.
인간이 누구인가 하는 질문은 한 인간의 탄생과 삶, 죽음을 두루 관통
하여 경험한 삶 자체를 통해 대답될 수 있다.

> "개인이란 존재는 홀로는 아무것도 아니다. 원자도 아니고, '사슬의 고리'도
> 아니며, 단순히 기존의 것을 물려받은 자도 아니다. ― 개인이란 그에게까지
> 이르는 인간이라는 하나의 연속선 전체인 것이다."(KSA 6, 132, 우상, 168쪽)

인간은 그 자체로 완결된 본질도 아니고, 전승된 가치의 고리 속에서

살아가는 수동적 존재도 아니다. 인간은 자신에게 주어진 삶의 전체 과정을 실존적으로 살아가는 존재이며, 그 존재 안에는 삶의 전체를 살아간 그의 모습이 담겨 있는 것이다.

일반적으로 탄생과 죽음은 인간이 선택할 수 없는 사건인 반면, 삶을 살아가는 방식은 인간 스스로 선택하고 실행할 수 있다. 이때 니체가 강조하는 것이 모든 인간은 각자 자신의 삶을 스스로 결정하고 자신만의 삶을 존중하고 사랑해야 한다는 점이다. 이것은 수동적, 반동적 삶에 대한 비판과 능동적이고 자유로운 삶에 대한 긍정으로 나타난다. 이 점은 "이웃사랑에 대하여"와 "창조하는 자의 길에 대하여"에서 대조적으로 묘사된다.

우리는 서구 근대 철학이 유아론적 주체를 강조함으로써 서구의 제국주의나 개인주의로, 즉 타자와 자연에 대한 침략과 지배, 전적인 파괴로 이어졌다고 비판하는 경우를 심심치 않게 듣는다. 나아가 서구 철학 전체가 유아론적 주체성에 입각한 실체론적 철학이고, 이를 극복하기 위해 '관계론적 철학'이 필요하다는 주장도 들려온다.

하이데거는 니체의 철학을 주체성의 철학, 나아가 허무주의를 완성시킨 철학이라고 비판한다. 니체에 대한 하이데거의 비판은 인간이 주체가 되고 다른 모든 존재자는 대상으로 변했다는 점[25], 주체성에 근거한 힘에의 의지는 대지를 지배하기 위한 투쟁으로 이어졌다는 점, 니체가 추구한 '위대한 정오'는 존재자의 존재를 힘에의 의지로 의욕하면서 세계를 대상화하고 존재자를 항존적인 부품으로 의욕하는 결과로 이어졌다는 점, 니체는 존재자의 존재를 질문하지 않고 그것을 가치로 규정했다는 점, 신의 죽음 이후 지배자로 등장한 초인의 모습은 이성적 동

---

25   M. Heidegger, *Holzwege*, 251, 252, 253, 255쪽 참조

물(animal rationale)을 넘어 잔인한 야수(brutum bestiale)로 변했다는 점[26], 결국 존재의 의미를 질문하지 못함으로써 새로운 가치를 통해 허무주의를 극복하려는 시도는 또 다른 허무주의에 빠졌다는 점으로 요약할 수 있다. 이런 맥락에서 하이데거는 니체의 시도에 대하여 다음과 같이 말한다.

> "니체는 허무주의의 완성이 시작되는 시점에서 허무주의에 대한 몇 가지 특징을 경험했지만 동시에 허무주의적으로 해석했으며, (따라서) (...) 허무주의의 본질을 결코 인식하지 못했다."[27]

하이데거는 힘에의 의지로 특징짓는 니체의 초인을 비판하면서 인간 현존재의 존재에 대한 질문을 시도한다. 이때 하이데거는 인간을 실체론적 주체가 아니라 그 자체로 '세계-내-존재', 즉 세계 속에 던져지고 세계 속에서 살아가며 세계를 기투해 나가는 존재자라고 규정한다. 인간 현존재가 세계-내-존재라는 점은 현존재가 이미 타자인 공동현존재(Mitdasein)와 함께 존재하는 존재자라는 의미를 포함한다. 그럼에도 하이데거에 의하면 각각의 현존재가 우선적으로 추구해야 할 것은 각각 '자기만의 존재'(Jemeinigkeit)이다. 즉 현존재는 자신의 고유한 존재를 기투함으로써 타자인 공동현존재를 만나게 되며, 이런 한에서 현존재와 공동현존재의 사이에서 주도권은 현존재에 놓인다. 이에 대하여 레비나스는 하이데거 철학 역시 주체성의 철학의 변형된 모습에 불과하다고 비판한다.

---

26   M. Heidegger, *Nietzsche II*, 200쪽 참조

27   M. Heidegger, *Holzwege*, 259쪽

"타자에 대한 동일자의 우월성은 하이데거의 철학에서 전적으로 보존되어 있다."[28]

레비나스에 의하면 타자는 주체의 대립자나 주체의 방해자 혹은 주체가 염려하고 보살펴야 할 주체의 타자가 아니다. 오히려 타자야말로 주체를 주체이게 하는 존재이다. 즉 타자야말로 주체로 하여금 그 자신의 진정한 존재가 무엇인지 질문하게 하고 드러내는 존재라는 것이다. 이런 예로서 레비나스는 "모든 것이 허용되었다."라고 외치며, 전당포 노파를 살해한 라스코리니코프로 하여금 그의 진정한 존재를 찾도록 한 소냐의 모습을 제시한다. 여기서 소냐는 라스코리니코프의 타자가 아니라, 오히려 라스코리니코프라는 주체의 존재를 드러내고 알게 해 주는 존재이다. 이런 의미에서 레비나스는 타자가 주체보다 앞서고, '나'는 타자를 통해 '나'를 발견하며[29], 주체의 의식 역시 타자로부터 발생한다고 주장하는 것이다.[30]

니체의 철학을 주체성의 철학이라고 비판한 하이데거나 하이데거를 포함해 주체성 철학 일반에 대하여 비판한 레비나스의 주장은 타당한 측면을 갖는다. 그러나 과연 주체성의 철학은 이들의 주장과 같이 부정적으로 평가되어야 하는가? 그리고 하이데거의 주장과 같이 니체의 철학은 주체성의 철학인가?

니체의 철학이 주체성의 철학이란 하이데거의 비판에 대하여 니체는 주체라는 것 자체를 부정한다는 점을 강조할 필요가 있다. 니체에 의하면 주체라는 것은 '주어진 것이 아니라, 첨가하여 날조한 것, 배후로 삽

---

28   E. Levinas, *Die Spur des Anderen*, 191쪽

29   E. Levinas, *Humanismus des anderen Menschen*, 38-39쪽 참조

30   E. Levinas, *Die Spur des Anderen*, 44쪽 참조

입된 것'(WzM, 337쪽)에 불과하다.

"너희는 '자아'(Ich)라고 말하고는 그 말에 긍지를 느낀다. 믿기지 않겠지
만 그보다 큰 것은 너의 신체와 그 신체의 커다란 이성이다. 이 커다란 이성
은 자아라고 말하는 대신에 자아를 행한다."(KSA 4, 39, 차라, 51쪽)

말하자면 주체성의 철학이 주장하는 '생각하는 자아'(cogitans ego)
라든가 그 자체로 존재하는 실체로서 주체는 모두 허구에 불과하다는
것이다. 즉 주체라는 표현은 인간 안에서 벌어지는 다양한 작용을 통일
하는 통제소와 같은 의미로 요구된 허구라는 것이다. 따라서 니체가 말
하는 주체는 '실체가 아니라, 오히려 그 자체의 강화를 위해 노력하는
어떤 것'이며, 이런 의미에서 — 만약 주체라는 것이 존재한다면 — 인
간 안에는 단 하나의 주체만 존재하는 것이 아니라 다수의 주체가 존재
할 수 있는 것이다(WzM, 341쪽). 그런데 이러한 주체가 실제로는 작
용들에 불과하다면 주체는 '존재하지 않는 것'이며, 주체가 존재하지
않으면 객체나 실체도 존재하지 않게 되는 것이다. 그러나 이 세상에는
무수한 객체와 인간이 존재하는 것이 사실인데, 이 모든 것이 허구에
불과하다는 니체의 주장은 좀 이상하지 않은가?

이에 대하여 니체는 형이상학적 주체는 통일하고 도식화하며 논리적
으로 만들려는 해석에 불과하다고 주장한다. 이 점은 현실적으로 존재
하는 것이 당연해 보이는 개체들의 경우도 마찬가지이다. 결국 형이상
학은 항상 변화하고 다양하게 작용 중인 것을 주체, 객체로 고정화하고,
존재라고 규정한 것이다. 이와 달리 니체에게는 항상 변화하는 작용과
이에 대한 해석이 있을 뿐이다. 그렇다면 해석은 누가 하는가? 니체는
형이상학과 실증주의적 입장을 비판하면서 또다시 해석하는 어떤 존재

를 주장하는 것은 아닌가? 이 점에 대해 니체는 다음과 같이 말한다.

"형제여, 너희의 사상과 생각, 느낌 뒤에는 더욱 강력한 명령자, 알려지지 않
은 현자가 있다. 이름하여 그것은 바로 자기(Selbst)이다. 이 자기는 너의 신체
속에 살고 있다. 너의 신체(Leib)가 바로 자기이다."(KSA 4, 40, 차라, 52쪽)

이때 자기, 즉 신체(몸)는 형이상학이 긍정해 왔던 정신(마음)과 부정
해 왔던 육체(몸)를 아우르는 표현으로서, 인식뿐 아니라 정서와 느낌,
흥분, 욕망을 두루 포함한다. 따라서 몸으로서 자기는 인식론적·생물학
적·생리학적·심리학적 측면을 포괄하는 더 본질적인 복합체(Kom-
plex, etwas Kompliziertes)이다.[31]

"본질적인 것: 신체로부터 출발하고 그것을 실마리로 삼는 것. 신체는 보다
명백한 관찰을 허용하는, 매우 풍부한 현상이다. 신체에 대한 신앙은 정신에
대한 신앙보다도 더 잘 확정되어 있다."(WzM, 366쪽)

니체의 주장과 같이 인간의 삶을 영위하는 것은 자신 안에서 다양한
작용을 일으키는 몸을 통해서이며, 타인과의 관계에서도 그의 몸을 통
해 그를 만나고 알게 되는 것이다. 그런데 그 몸은 자체 안에 다양한 작
용과 투쟁, 그리고 지배와 복종의 위계로 이루어진다.

"우리는 몸을 실마리로 하여 부분적으로 서로 투쟁하면서, 또 부분적으로는
서로 병렬적으로 정렬되거나 복속되어 정렬되면서, 그 개체적 존재의 긍정

---

31   M. Heidegger, *Nietzsche I*, 48쪽 참조

속에서 부지불식간에 전체를 긍정하는 살아 있는 존재의 복수성으로서의 인간을 알게 된다. 이러한 살아 있는 존재 밑에는 보다 높은 정도에서 복종자로서의 지배자인 그러한 것이 있다. 그리고 이 밑에는 다시 투쟁과 승리가 있다. 인간의 총체성은 우리에게 부분적으로 무의식적으로 남아 있고, '부분적으로는' 충동들의 형태로 의식되는 유기체적인 것의 저 모든 속성을 갖는다."(KSA 11, 282, 17권, 376-377쪽)

이러한 몸 중 일부인 자아를 형이상학은 주체라고 불러 왔던 것이다. 그러나 이 주체, 이 자아는 몸이 명령하는 것을 따르는 수행자에 불과하다. 자아는 몸에 비해 위계질서에서 하위에 속한다. 그런데 서구 형이상학은 이 하위 계층에 속하는 자아를 최고의 법정으로 여겼던 것이다. 이에 반해 니체는 몸과 자아(주체) 사이의 위계질서를 파헤친다. 그것은 '자유정신'이 해결해야 할 문제이기도 하다.

"여기 이곳에 더 높은 것, 더 깊은 것, 우리 가운데 있는 것, 엄청나게 긴 서열, 위계질서가 있다. 그것들을 우리는 보고 있다: 여기서 — 우리의 문제를! —"(KSA 2, 21-22, 인간 I, 19쪽)

몸과 자아의 관계가 새롭게 문제되어야 하는 이유는 모든 사람은 자기 자신에 대해 가장 먼 존재이며, 우리 자신에게 우리는 '인식하는 자'가 아니기 때문이다(KSA 5, 248, 도덕, 338쪽). 니체는 "신체를 경멸하는 자들에 대하여"에서는 몸과 자아 간의 위계질서를 능동적 작용과 수동적(혹은 반동적) 작용으로 구분한다.

"자기가 자아에게 말한다. '자, 고통을 느껴라!' 그러면 자아는 고통스러워하며 어떻게 그 고통을 면할까 생각해 본다. 그러기 위해 자아는 궁리해야 한다. 자기가 자아에게 말한다. '자, 기쁨을 느껴라!' 그러면 자아는 기뻐하며 앞으로 얼마나 자주 기뻐하게 될 것인가를 생각해 본다. 그러기 위해 자아는 궁리해야 한다."(KSA 4, 40, 차라, 52쪽)

자아, 혹은 이성은 몸이 지시한 것을 냉정하고 객관적으로 판단하는 자가 아니라, 이미 몸이 내린 명령을 정당한 명령으로 근거 짓는 역할을 할 뿐이다. 그런데 긍정적 작용으로서 몸은 "자발적으로 행동하고 성장하며, 자기 자신에게 더 감사하고 더 환호하는 긍정을 말하기 위해서 자신의 대립물을 찾는 반면에, 수동적(반동적) 작용으로서 자아나 이성은 긍정적 작용에 비해 '늦게 태어난 창백한 대조 이미지'"(KSA 5, 271, 도덕, 368쪽)에 불과하다.

이제 필요한 것은 형이상학이 부정했던 몸을 다시 회복하는 일이다. 왜냐하면 몸이 명령하는 소리는 '정직하고 순결한 음성'이며, 몸을 회복하는 것은 병으로부터 건강을 되찾고 더 높은 신체를 만나는 일이기 때문이다.

"건강한 몸, 완전하며 반듯한 몸은 더욱더 정직하며 순수하게 말한다. 이 대지의 뜻을 전해 주는 것도 바로 그런 몸이다."(KSA 4, 38, 차라, 50쪽)

이 몸은 더 많은 힘을 욕구한다. 그것이 바로 몸의 의지 자체이기 때문이다. 힘에의 의지를 통해 몸은 자기를 극복하고, 스스로에게 명령자가 되기를 욕구한다. 따라서 진정한 의미의 '해석자'는 하이데거가 비판하듯이 자아라는 주체가 아니라, 주체에게 명령을 내리는 몸 자체이며 힘에의 의지 자체이다.

"'도대체 누가 해석하는 자인가?' 라고 물어서는 안 된다. 오히려 힘에의 의지의 한 형식으로서 해석하는 행동 자체가 현존재를 ('존재'로서가 아니라 과정, 변화로서) 하나의 욕구로서 가지고 있는 것이다."(WzM, 381쪽)

이와 같이 해석의 주체라는 것이 있다면, 그것은 힘에의 의지이다. 그리고 해석의 주체인 힘에의 의지가 나의 몸을 통해 이루어진다고 하더라도, 그것을 부정적으로 보아야 하는지는 의문으로 남는다. 왜냐하면 결국 인간은 자기 자신을 원하는 존재이기 때문이다. 이런 의미에서 우리는 타자에 우선권을 부여하는 레비나스의 주장에 대해서 "과연 자신을 진정으로 사랑하지 않는 사람이 타자를 사랑할 수 있는가?"라고 질문할 수 있다. 물론 자기 사랑만큼이나 이타적 사랑도 인류에게 오랫동안 침잠된 가치라는 것은 분명하다. 이 점은 니체도 인정한다.

"너는 나보다 뿌리가 더 깊다. 너는 신성시되고 있지만, 나는 아직 그렇지 못하다."(KSA 4, 77, 차라, 97쪽)

그러나 인간이 타자를 진정으로 사랑할 수 있으려면 자기 자신에 대한 사랑이 있어야 한다. 왜냐하면 자신에 대한 사랑이 없는 이타적 사랑은 오래전부터 주어지고 강요된 가치를 따르는 수동적 행위이거나 자신에 대한 도피에 불과하기 때문이다. 이런 의미에서 니체는 진정한 의미의 이타적 사랑은 '자기 자신'이 그러한 사랑을 '스스로 원할 때' 가능하다고 주장하는 것이다.

b. 신성한 결혼과 힘에의 의지

인간은 탄생과 더불어 더 강한 힘을 욕구하는 자기로서 살아간다. 그

것은 생명의 본질이 더 많고 강한 힘을 요구하기 때문이다. 삶(생명)의
본질은 '정복의 기쁨과 위대한 사랑의 탐욕스러움 (...) 제압하며 자제
하고 스스로 간절히 권하고자 하는, 분출하는 힘에 대한 (...) 예술가의
충동, 활동'(KSA 11, 219, 17권, 288쪽)과 같은 것으로서, 삶 자체를
원할 뿐 삶을 부정하려는 어떠한 성향이나 징후에 대해서도 반대한다.
왜냐하면 더 강한 삶에의 의지를 부정하는 순간 삶도 부정되기 때문이
다. 이와 같이 삶은 끊임없이 삶을 원하며 삶을 파괴하려는 모든 것, 특
히 죽음을 부정한다. 이런 특징은『차라투스트라는 이렇게 말했다』에서
도 확인된다. 차라투스트라는 줄타기를 하다가 떨어져 죽어 가는 광대
에게 죽음 이후의 세계는 존재하지 않으며 죽음은 두려워할 것이 아니
라고 말하면서, 자신의 관심은 죽음이 아니라 삶이라고 독백한다.

> "한 가닥 빛이 떠올랐다. 이제는 길동무가, 내 어디로 가든 업고 갈 수밖에
> 없는, 그런 죽어 있는 길동무나 송장이 아니라 살아 있는 길동무가 있어야겠
> 다."(KSA 4, 25, 차라, 32쪽)

삶은 삶에의 의지이자 욕망, 삶에의 사랑(Eros)을 뜻할 뿐, 그 자체
안에 어떠한 죽음(Thanatos)에의 의지도 포함하지 않는다.

> "삶이란 무엇인가? ─ 삶, 그것은 죽음에의 의지를 자신으로부터 끊임없이
> 내치는 것을 의미한다. 삶, 그것은 우리 안에 있는 약하고 노쇠한 모든 것에
> 대해 잔혹하고 냉정한 태도를 취하는 것을 의미한다. 삶, 결국 그것은 죽어
> 가는 것, 고통받는 것, 노쇠한 것에 대한 경건함을 알지 못하는 것이 아닐
> 까? 끊임없는 살인자가 아닐까?"(KSA 3, 400, 학문, 101쪽)

　　죽음이 삶에 대한 부정이듯이, 삶은 죽음에 대한 부정이다. 삶과 죽음은 서로를 배척한다. 죽음이 삶의 멸절을 뜻하고, 살아 있는 인간에게 가장 중요한 것이 삶 자체라고 한다면, 삶을 긍정하는 것이 유일한 가치이고 삶을 부정하려는 모든 시도나 가치는 죽음에의 의지를 향하는 부정적 가치라는 점은 분명해진다. 이 점에 대해 니체는 다음과 같이 말한다.

　　"우리의 삶에 영원의 형상을 새기자! 이 생각에는 우리의 삶을 무상하다고 경멸하며 다른 어떤 불확실한 삶으로 눈길을 돌리도록 가르치는 그 모든 종교보다 더 많은 것이 들어 있다."(KSA 9, 503, 학문, 498쪽)

　　또한 니체는 건강한 인간이라면 건강을 강화하려고 노력하는 의사와 같아야 한다고 말한다.

　　"삶의 관심이, 상승하는 삶이 갖고 있는 최고의 관심이, 퇴화하는 삶을 무자비하게 억압하고 밀쳐 내도록 요구하는 경우들을 위해서 — 이를테면 생식의 권리, 태어날 권리, 살 권리 (...) 등을 위해 의사들의 새로운 책임을 창출하는 것."(KSA 6, 134, 우상, 171쪽)

　　인간은 더 강하고 지속적인 삶을 원한다. 그러나 그의 삶은 영원하지 않다. 이 모순을 해결하기 위한 존재방식이 바로 결혼이다. 니체가 신체를 긍정했다는 점을 고려하면, 결혼은 두 신체의 결합으로 여겨질 수 있다. 그러나 니체는 두 신체의 욕망이나 외로움을 해결하는 방식으로서의 결혼을 거부한다.

"너는 승승장구하고 있는 자, 자신을 제압한 자, 관능의 지배자, 네 자신의 덕
의 주인인가? 그것을 나는 네게 묻노라. 그것이 아니라면 네 안에 짐승과 절
박한 욕구라는 것이 있어 그 같은 갈망을 갖도록 하는 것인가? 아니면 외로
움, 그것도 아니라면 네 자신과의 불화 때문인가?"(KSA 4, 90, 차라, 112쪽)

이렇게 물으면서 니체는 일반적으로 받아들여지는 결혼을 '짝을 이
루고 싶어 하는 영혼의 궁핍함, 더러움, 안일함'이라고 부른다.

"허다한 짧은 어리석음들, 그것을 너는 사랑이라고 부른다. 그리고 너희는
혼인이라는 하나의 긴 어리석음으로써 그 허다한 짧은 어리석음에 종지부를
찍는다. 여자를 향한 너희의 사랑, 그리고 남자를 향한 여자의 사랑 (...) (이
것은) 대개의 경우 두 마리의 짐승이 서로를 알아볼 뿐이다."(KSA 4, 91, 차
라, 114쪽)

니체가 일반적으로 통용되는 사랑과 결혼에 대하여 부정적인 태도를
보이는 것은 이러한 것이 욕구에의 열망, 혼자이기를 두려워하는 열망,
자기보존을 위한 열망에 지나지 않기 때문이다.

"극단적인 충동으로서의 보존욕이라는 것에 반해: 오히려 생명체는 자신의
힘을 방출하기를 원한다. — 그것은 그러기를 '원하며', 또 '그래야만 한다.'
(...) 보존이란 하나의 결과일 뿐이다."(KSA 11, 222-223, 17권, 293쪽)

결혼은 자기보존을 위한 방식이 아니라 생명과 삶에의 의지가 확대
되고 강화되기 위한 방식이어야 한다는 것이다. 결혼은 타협이나 힘의
쇠퇴가 아니라 더 많은 힘의 쟁취와 승리, 그리고 자유를 위한 것이어

야 한다.

"결혼. 그것을 나는 본인들보다 더 뛰어난 사람 하나를 산출하기 위해 짝을 이루려는 두 사람의 의지라고 부른다. 이와 같이 의지를 갖고 있는 사람들에 대해 공경하고 두려워하는 마음으로서의 서로에 대해 공경하고 두려워하는 마음. 그것을 나는 결혼이라고 부른다."(KSA 4, 90, 차라, 113쪽)

(생식을 포함해)결혼은 자신의 힘을 감소시키거나 희생시키는 것이 아니라, 오히려 더 많은 힘을 형태화하기 위해 ─ 예를 들면 '새로운 유기체로의 경이로운 구성을 담지하는 알'과 같이 ─ '새로운 소재를 (...) 저장하고자 형상화하려는 힘'(WzM, 442쪽)이며, '개체의 최고 관심이고, 개체의 최고 힘의 표현"(WzM, 458쪽)을 뜻한다. 말하자면 결혼은 남녀가 각각 자신을 뛰어넘는 것을 사랑하는 일, 초인을 동경하고 창조하는 사랑에의 행위를 뜻하는 것이다.

"언젠가는 너희는 너희를 뛰어넘어 사랑하지 않으면 안 된다. 그렇다면 먼저 어떻게 사랑해야 하는지를 배우도록 하라. (...) 창조하는 자의 목마름, 초인을 향한 화살과 동경. 말하라, 형제여. 이것이 바로 너로 하여금 결혼하도록 만드는 의지인가? 나는 이와 같이 의지와 결혼을 신성시한다."(KSA 4, 92, 차라, 114-115쪽)

그런데 니체가 이러한 결혼을 위해 남성과 여성에게 동등한 권리를 부여하는지는 논란의 여지가 있다. 왜냐하면 그는 자유정신으로서의 여성에 대하여 부정적인 듯한 말을 하기 때문이다.

"자유정신과 결혼 — 자유정신이 여성들과 함께 살아갈 수 있을까? 일반적으로 나는, 자유정신이 고대의 예언하는 새처럼 현재의 진정으로 생각하는 자, 그리고 진리를 말하는 자로 혼자 나는 것을 선호할 것임이 틀림없다고 믿는다."(KSA 2, 279-280, 인간 I, 342쪽)

이 인용문에 의하면 니체는 여성이 자유정신으로 존재할 가능성에 대하여 부정적인 시각을 갖고 있는 것처럼 보인다. 더 부정적으로 보이는 표현도 있다.

"여자에게는 모든 것이 수수께끼이다. 그리고 여자에게 모든 것은 하나의 해결책을 갖고 있으니, 임신이 바로 그것이다."(KSA 4, 84, 차라, 106쪽)

"남자의 행복은 '나는 원한다'는 데 있다. 여자의 행복은 '그는 원한다'는 데 있다."(KSA 4, 85, 차라, 107쪽)

니체는 여성을 능동적 인간이기보다는 반동적 인간으로 평가 절하하는 듯이 보인다. 그런데 이 점은 다음 문장에서는 약간 다른 뉘앙스로 나타난다.

"여성은 실현하고 남성은 약속한다 — 자연은 여성을 통하여 지금까지의 인간상을 만드는 자신의 작업에서 무엇이 완성되었는지를 보여 준다; 자연은 남성을 통하여 극복하지 않으면 안 되는 것이 무엇인지, 그리고 인간에 대하여 무엇을 계획하고 있는지를 보여 준다."(KSA 2, 495, 인간 II, 164쪽)

여기서 여성은 남성을 통해 표출되는 극복에의 의지를 '실현하는 자'로 묘사된다. 여성은 사이렌, 판도라와 같이 유혹하고 파멸시키는 팜므파탈이 아니라, 에바의 본래적 의미인 '생명을 주는 자', 즉 극복에의 의지를 현실화하는 존재인 것이다. 물론 모든 여성이 그런 것은 아니다. 그것은 남성의 경우도 마찬가지이다. 남성 모두가 극복에의 의지를 지닌 것이 아니라 일부는 퇴락에의 의지를 추구하기도 한다. 결국 결혼에 대한 니체의 주장에서 우리는 남성, 여성 모두 더 강한 힘에의 의지를 추구하고 실현해야 한다는 것을 확인할 수 있다. 그것을 니체는 일반적인 결혼이 아니라 '신성한 결혼'이라고 표현하는 것이다.

c. 어린아이에 대하여

'어린아이'는 동서고금을 망라하고 새로운 가능성에 대한 메타포로 이해된다. 어린아이의 해맑은 얼굴에는 아무런 근심이나 두려움이 없다. 그는 기존의 퇴락한 가치로부터 자유로우며, 새로운 가치를 실현할 수 있는 가능성 자체이다. 그는 기존의 가치에 의해 평가되어야 할 대상이 아니라, 거꾸로 기존의 가치에 대하여 질문할 수 있는 권리를 가진 자이다. 그는 기존의 선악을 넘어서는 존재이며, 과거가 아니라 미래의 존재이다. 그에게는 죽음의 냄새가 아니라 왕성한 생명력의 냄새가 난다. 그에게는 소진되거나 고갈되지 않은 무한한 생명력이 시작되기 때문이다. 따라서 니체는 어린아이를 죄책이나 부끄러움에서 자유로운 '천진난만한 존재', 이전의 모든 왜곡된 가치를 '망각하는 존재', 아무런 전제도 없이 '새롭게 시작할 수 있는 존재', 스스로의 힘으로 돌아가는 '최초의 운동'이자 '스스로 명령을 내리는 자'라고 표현한다. 어린아이는 '우연', '놀이', '거룩한 긍정'을 상징한다. 그렇다면 어린아이가 우연을 상징한다는 의미는 무엇인가? 니체는 우연과 어린아이의 관계에 대하여 다음과 같이 말한다.

"우연이 내게 오도록 내버려 두어라. 그는 어린아이와 같이 천진난만하다."(KSA 4, 221, 차라, 285쪽)

일반적으로 우연성은 아무런 법칙을 갖지 않고 임의적이며 돌발적으로 벌어지는 성질을 가리킨다. 필연성이 법칙을 따르며 반드시 이루어져야 하는 성질이라면, 우연성은 벌어질 수도 있고 그렇지 않을 수도 있는 성질인 것이다. 우연은 자유라는 개념과도 다르다. 자유는 인간의 의지에 의해 발생하는 결단을 수반하지만, 우연은 아무런 의지도 반영하지 않는다. 이런 의미에서 우연은 대비할 수 없는 일, 무의미한 일로 간주되어 왔다. 왜냐하면 우연은 필연성에 의거한 진리의 세계에 속하지 않기 때문이다. 그런데 신의 죽음과 더불어 진리가 비진리임이 드러났다면, 이제 우연은 비진리가 아니라 인간이 마주할 수 있는 유일한 진리로 등장하게 된다. 우연은 진리가 존재하지 않고 진리를 갖지 못한 세대(어린아이)에게 주어진 진실의 세계인 것이다. 이렇게 기존의 진리, 필연성으로부터 자유로워진 우연의 세계를 니체는 '우연의 하늘'이라고 묘사한다.

우연의 하늘을 통해 이제 인간은 '강제와 목적, 그리고 죄과'라는 '자욱한 비'로부터 벗어나게 된다. 여기서 자욱한 김을 내뿜는 비나 청명한 하늘을 가리는 구름은 우연의 즐거움을 빼앗고 방해하는 '도둑고양이'에 비유된다. 수상쩍고 주정하는 구름을 없애기 위해 이제 인간은 '우레를 동반하는 폭풍우' 같은 투사가 되어야 한다. 그러나 그 투사는 비나 구름을 없애는 자에 그치지 않고, 구름이 걷힌 해맑은 하늘을 긍정하고 그 안에서 놀이를 즐기는 자가 되어야 한다. 이렇게 놀이를 즐기는 자가 어린아이의 모습이다. 이때 하늘은 그 안에서 어린아이가 춤을 추는 무도장으로 변한다.

"나는 일체의 사물에서 그들은 차라리 우연이라는 발로 춤을 추려한다는 저 행복한 확신을 발견했다. (...) 내게 너(하늘)는 신성한 우연을 위한 무도장이며, 신성한 주사위와 주사위 놀이를 하는 자를 위한 신의 탁자이다. 내게는 그것이 바로 너의 깨끗함이다!"(KSA 4, 209-210, 차라, 271-272쪽)

우연은 수많은 경우를 산출하는 주사위 놀이에 비유된다. 우연은 어떠한 강제나 죄책으로부터 자유로우며, 태초와 종말이라는 시간에 제약받지 않고 끊임없이 되풀이되는 놀이가 된다. 그럼에도 주사위 놀이를 놀이로서 즐기려면 놀이자들은 주사위가 지시하는 숫자를 긍정하고 지켜야 한다. 이것은 또 다른 의미의 '필연성'이다. 그러나 이것은 억압하는 필연성이 아니라 놀이자들이 자유롭게 긍정할 때 성립되는 필연성이다. 이런 의미에서 들뢰즈는 "한번 던져진 주사위는 '우연'의 긍정이며, 그 던져짐 위에서 이루어지는 조합은 '필연'의 긍정이다."[32]라고 말한다. 주사위 놀이에서 나타난 필연을 긍정하지 않는다면 놀이는 중단된다. 마찬가지로 주사위 놀이의 우연성이 긍정되지 않으면 놀이는 파괴된다. 주사위 놀이가 놀이로서 지속되려면 우연과 필연은 모두 긍정되어야 한다.

이 점은 주사위 놀이가 하늘로 던져 올림과 대지로 떨어짐을 반복하는 놀이라는 점에서도 확인된다. 대지로 떨어지는 주사위는 기존의 필연성을 태워 버리는 불과 같이 모든 필연성을 다수성과 우연성으로 해체하는 힘이며, 하늘로 던져 올려지는 주사위는 새로운 우연을 잉태하는 힘을 상징한다. 이러한 주사위 놀이를 니체는 '동경의 화살'이나 '춤추는 별'로 묘사한다. 이때 동경의 화살은 주사위 놀이 자체를, 그리

---

32   질 들뢰즈, 『니체, 철학의 주사위』, 60쪽

고 춤추는 별은 주사위 놀이에서 창조된 별을 뜻한다. 즉 어린아이는 동경의 화살을 쏘는 존재, 춤추는 별과 같이 모든 것을 긍정하고 창조하는 존재인 것이다.

결국 우연과 필연에 대한 긍정이라는 비유는 무한히 가능한 '힘에의 의지'와 동일하게 반복되는 '영원회귀'의 사상으로 이어진다. 수많은 우연을 창출해 내는 힘에의 의지와 중단되지 않고 지속되는 영원회귀는 주사위 놀이를 위해 요구되는 두 요소로서 모두 긍정되어야 한다.

이와 같이 '우연과 필연'이라는 개념 쌍은 니체에 이르러 '우연과 운명'이라는 디오니소스적 개념 쌍으로, 이것은 다시 삶 그 자체에 대한 사랑으로 변화된다. 이것을 실천하는 자가 차라투스트라이다. 그는 '스스로 존재하는 모든 것 중에 최고 유형'으로서 '기쁜 나머지 우연 속으로 떨어지는 가장 필연적인 영혼'이고, '춤추는 자'로서 '웅대하며 한없는 긍정과 아멘을 말하는 자'이며, '모든 심연 속에서 축복하는 긍정의 말'을 건네는 '디오니소스적인 인물'인 것이다(KSA 6, 344‒345, 사람, 431쪽).

d. 삶의 과정에서 건강과 병에 대하여

인간의 삶은 희노애락의 연속이다. 기쁜 일이 있으면 슬픈 일도 있고, 고통스러운 일이 있으면 행복의 순간도 있다. 또한 좋은 일이 과분하면 나쁜 결과로 이어질 수 있고, 나쁜 일도 잘 극복하면 좋은 결과로 이어질 수 있다. 다양한 일이 각 개인에게 운명적으로 찾아오는 경우도 있지만, 이러한 사건에 어떻게 대처하는가에 따라 각 개인의 운명은 달라질 수 있다. 삶을 살아가는 동안 어떤 일을 맞이하게 되는가보다 그러한 일을 어떻게 대처하고 극복하는가가 더 중요한 것이다. 어떤 일에 좌절하는가, 혹은 그것을 극복하는가는 인간의 '힘에의 의지'에 달려

있다. 그리고 힘에의 의지가 상승하는가, 혹은 쇠퇴하는가에 따라 인간
은 건강한 상태와 병든 상태로 구분된다.

니체는 삶에 부한 자(강자)를 '선물을 부여하는 자'로, 삶에 빈곤한
자(약자)를 '기식자'로 묘사한다(WzM, 37쪽). 강자, 즉 건강한 자는
자신 안에서 힘이 넘치는 느낌을 갖고, 그 힘을 자유롭게 발산할 수 있
는 자이다. 그는 자신이 건강하다는 것을 느끼며 자신의 건강한 시선을
통해 외부의 사물이나 사건들도 건강하게 바라본다.

"자신이 표현하고 느끼는 풍요함으로부터 저절로 넘쳐 나와 사물에게 나누
어 주며, 사물을 한층 더 충만하고, 강력하게 하며, 미래적으로 더 부유하게
하는 자 — 언제라도 선사할 수 있는 자"(WzM, 37쪽)

이런 점에서 건강한 자는 '천재'와 연결된다. 천재는 생리적, 역사적
으로 가장 강력한 힘을 담지한 폭발물과 같으며, 그 힘을 발산하고 넘
쳐흐르게 하는 자이다.

반면에 병자는 '자신이 보는 것을 왜소화하고 망가뜨리는 자'(WzM,
37쪽)이며, 자신의 시선을 외부가 아니라 자신의 내면으로 향하게 하는
자이다. 즉 자신의 허약한 시선을 통해 외부의 사물을 자신의 내적인
허약함에 비추어 바라보는 자이다.

"건강은 우리를 외부의 사물로 향하게 하고, 질병은 우리를 우리 자신 속으
로 되돌아가게 한다."[33]

---

33   루이 꼬르망, 『깊이의 심리학자, 니체』, 김응권 옮김, 어문학사, 1996, 143쪽

병자는 자기 스스로를 괴롭히고 외부 사물과 사건에게도 고통을 주는 자이다. 니체는 이러한 입장을 '탈진의 생리학'(Physiologie der Er-schöpfung)이라고 칭한다. 따라서 건강한 자와 병자에 대한 니체의 평가는 단호하다.

> "나는 약화하는 것 — 탈진하게 하는 것 모두에 대하여 아니오(Nein)를 가르친다. 나는 강화하는 것, 힘을 저축하는 것, 힘의 감정을 정당화하는 것 모두에 대하여 예(Ja)를 가르친다." (WzM, 41쪽)

병은 우선적으로 부정되어야 한다. 왜냐하면 병은 건강의 반대 개념이기 때문이다. 이런 맥락에서 니체는 건강한 자를 '의사'로, 병자를 '기생충'으로 묘사한다.

> "의사들을 위한 도덕 — 병자는 사회의 기생충이다. 계속 살아간다는 것은 어떤 경우에는 꼴사나운 일이다. 삶의 의미와 살 권리가 상실되어 버린 후에 의사들의 처방에 비겁하게 의존하여 계속 근근이 살아가는 것은 사회에서 심한 경멸을 받아 마땅하다. 의사들은 다시 그런 경멸을 전달하는 자여야만 한다." (KSA 6, 134, 우상, 171쪽)

건강한 자도 때때로 질병에 걸릴 수 있다. 그러나 이때 중요한 것은 건강한 자에게 질병은 건강을 더 높여 줄 수 있는 계기로 작용한다는 점이다.

> "천성적으로 병적인 존재는 나을 수 없으며, 특히 스스로는 치유될 수 없다. 반대로 천성적으로 건강한 존재에게 병은 삶의 본능이 움직이게 하고 힘차

게 자극을 줄 수도 있다."[34]

이런 주장은 니체 자신이 시달렸던 병과 그것을 극복한 경험과 관련이 있다. 그는 『우상의 황혼』에서 자신의 경험을 다음과 같이 묘사한다.

"상처 내부에도 치유력은 있다. 다음의 격언은 오랫동안 내 좌우명이었다 (...) '상처에 의해 정신이 성장하고 새 힘이 솟는다(incresunt animi, virescit volnere virtus)."(KSA 6, 57, 우상, 73쪽)

질병은 건강한 자를 더 건강하게 만든다. 질병을 극복하는 과정에서 건강한 자는 면역 능력을 갖게 되고, 결국은 질병에 대하여 승리하기 때문이다.

"악 — 최고의 생산적인 인간과 민족들의 삶을 조사하면서 이렇게 자문해 보라. 나무가 악천후나 폭풍을 겪지 않고 자랑스럽게 하늘 높이 자라날 수 있겠는가? (...) 약한 천성을 지닌 자를 멸망케 하는 독은 강한 자를 강화한다. — 이때 강한 자는 이것을 독이라 부르지 않는다."(KSA 3, 390, 학문, 90쪽)

따라서 니체는 질병이 주는 고통을 '지혜'라고도 칭한다.

"고통 속의 지혜 — 고통도 쾌락만큼이나 많은 지혜를 지니고 있다. 고통도 쾌락과 마찬가지로 종족 보존을 위한 최고의 능력에 속한다. 그렇지 않다면 고통은 오래 전에 소멸했을 것이다. (...) 고통이야말로 인간들에게 가장 위

---

34   위의 책, 141쪽에서 재인용

대한 순간을 가져다준다! 이들은 영웅적 인간들이며 인류에게 고통을 가져
오는 위대한 자들이다."(KSA 3, 550, 학문 290-291쪽)

이와 같이 니체는 병에 대하여 이중적으로 판단한다. 이 점은 니체의
고백에서도 나타난다.

"나에게는 어떠한 병적 특징도 없다. 가장 큰 병을 앓고 있는 순간조차도 나
는 병적이지 않았다."[35]

그는 의학적으로 규정된 병에 걸렸지만 그 병에 압도당하지 않고 오
히려 그 병을 이겨 냈기에, 그 자신이 병적이지 않았다고 말하는 것이
다. 이 점은 "나는 나의 병 덕분에 놀라운 건강을 누리고 있다.", "나의
철학이 있는 것은 병 덕분이다."[36]라는 표현에서도 나타난다. 니체에게
병은 '힘의 강화'를 위한 고통에 불과했을 뿐, 그는 자신의 병으로 인해
과도하게 힘을 소비하지는 않았다는 것이다. 만약 그랬다면 그는 철학
을 하지도, 힘에의 의지를 주장하지도 못했을 것이다. 따라서 니체는
병(고통)을 다음과 같이 구분한다.

"두 개의 고통이 있다. (…) 하나는 힘을 강화하기 위한 자극의 수단으로서
고통이며, 다른 하나는 힘의 과도한 소비에 따른 고통이다. 첫째 경우는 자
극물이고, 둘째 경우는 지나친 자극의 결과이다. 첫 번째는 저항을 유발하
고, 두 번째는 무능을 낳는 것이 특징이다."[37]

---

35   위의 책, 141쪽에서 재인용
36   위의 책, 144쪽에서 재인용
37   위의 책, 141쪽에서 재인용

첫째 경우에 대한 예로 니체는 자기 자신뿐 아니라 고대 그리스인의 태도를 거론하며, 이것을 '디오니소스적 심리학'이라고 부른다. 이때 병(고통)은 새로운 창조와 삶에 대한 영원한 긍정을 위해 반드시 요구되는 것으로 파악된다. 고대 그리스 신화에서 디오니소스에 관한 이야기는 부활을 위해 죽음에 이르는 고통이 필요하다는 점, 가장 강력한 심연의 고통인 죽음마저 극복할 때 새로운 탄생이 가능하다는 점을 보여준다. 니체는 병과 그 극복에 대한 가장 위대한 전형을 디오니소스 축제에서 발견하고, 이 축제를 '고통마저도 자극제로 작용하고 있는 넘쳐흐르는 삶과 힘의 느낌으로서 주신제의 심리학'이라고 칭한다.

"삶 자체에 대한 긍정이 삶의 가장 낯설고 가장 가혹한 문제들 안에도 놓여 있는 것이다: 자신의 최고 유형의 희생을 통해 제 고유의 무한성에 환희를 느끼는 삶에의 의지, ― 이것을 나는 디오니소스적이라고 불렀으며, 비극 시인의 심리에 이르는 다리로 파악했다. (...) 공포와 동정을 넘어서서 생성에 대한 영원한 기쁨 자체이기 위해서. (...) 파괴에서 오는 쾌락도 역시 내포하고 있는 쾌락이다."(KSA 6, 160, 우상, 203쪽)

이와 달리 둘째 경우에 해당되는 병은 부정적인 의미를 지닌다. 그런데 이 병은 다시 약간의 긍정적인 면을 갖는 병과 전적으로 부정적인 평가를 받아야 하는 병으로 구분된다. 우선 병이 너무 강력해서 그것에 반응을 하면 할수록 더 병적인 상태로 빠져 들게 되는 경우, 이때는 병에 대하여 저항하기보다 오히려 반응하지 않는 것이 좋기도 하다. 이러한 태도를 니체는 '러시아적 숙명론'이라 부른다.

"병들어 있다는 것 그 자체는 일종의 원한이다. ― 이에 대해 병자는 오직 하나의 위대한 치료책을 갖고 있을 뿐이다. — 나는 그것을 러시아적 숙명론(russischer Fatalismus)이라 부른다. 이것은 행군이 너무 혹독하면 결국 눈 위에 쓰러지고야 마는 러시아 군인의 무저항의 숙명론이다. (...) 이것의 위대한 이성은 가장 치명적인 상황하에서 삶을 유지하게 한다. 신진대사를 감소시키거나 완만하게 이끌어 일종의 겨울잠을 자게 만드는 의지로써 말이다. (...) 일단 반응을 하게 되면 너무 빨리 소모되어 버리기에 더 이상은 전혀 반응하지 않는다: 이것이 그 논리이다."(KSA 6, 272, 사람, 341-342쪽)

러시아 군인이 혹독한 추위에 맞서 격정에 사로잡힌다면, 그는 자신의 모든 힘을 소진하고 결국은 죽었을 것이다. 그러나 그는 반응하지 않는 무기력을 통해 신경에너지의 급격한 소모를 막을 수 있었던 것이다. 이와 같이 병에 대한 무능은 때로는 긍정적으로 작용하기도 한다. 니체는 이와 같은 무능력의 가치를 가장 잘 파악했던 인물로 부처를 든다. 이런 까닭에 그는 그리스도교와 달리 불교에 우호적이며, 부처의 가르침을 '위생법'이라고 칭하는 것이다.

"부처의 '종교'를 그리스도교 같은 비참한 것들과 섞어 버리지 않기 위해서는 그것을 위생법(Hygiene)이라고 명명하는 편이 더 나을 것이다. 불교의 효력과 원한에 대한 승리는 상호 의존적이다: 불교는 영혼을 원한으로부터 아예 해방해 버린다. — 그리고 이것이야말로 회복에 이르는 첫걸음인 것이다."(KSA 6, 273, 사람, 342쪽)

이러한 병과 달리 니체가 생각하는 진정한 의미의 병은 마지막에 해당되는 병이다. 이 병을 니체는 '병적인 의지', 즉 삶을 적대시하고 스스로 죽음을 향하려는 의지에서 발견한다. 이에 해당되는 대표적인 것이 바로 서구 형이상학, 도덕, 종교에의 의지이다. 니체에 의하면 이러한 것들은 병의 극복을 건강한 방식이 아니라, '일종의 정당화나 도덕화에 의하여, 즉 해석'(WzM, 36쪽)에 의하여 해결하는 방식이다.

그들은 병을 극복하고 치료하는 것이 아니라 병으로부터 도망치면서 병의 해결을 또 다른 세계로 전이시키는 자들이다. 니체는 이들을 '존재할 가치가 없는 자', '생명을 썩게 만드는 자들', '죽음의 설교자들', '노란 사람들', '검은 사람들', '영혼이 결핵에 걸려 있는 자들', '피로와 체념에 대한 가르침을 동경하는 자들', '차라리 죽고 싶어 하는 자들'로 묘사한다.

"죽음을 설교하는 자들이 있다. 그리고 이 대지는 생에 작별을 고하고 떠나야 한다는 설교를 들어야 하는 자들로 가득 차 있다. (...) 죽은 이 자들을 깨우는 일이 없도록, 그리고 살아 있는 이 관들에 흠집을 내는 일이 없도록 조심하자!"(KSA 4, 55, 차라, 69–70쪽)

삶을 거부하고 삶을 죽이는 죽음에의 의지가 지배적이었던 서구 형이상학, 그리스도교, 그리고 이로부터 유래한 서구 도덕과 달리, 니체는 에피쿠로스 철학에서 삶에 대한 긍정의 모습을 발견한다.

"죽음 이후 ― 그리스도교는 로마 제국 전역에 퍼져 있던 지옥의 형벌이라는 생각을 발견했다. (...) 에피쿠로스는 동료들을 위해 이러한 신앙의 뿌리를 제거하는 것보다 더 큰 일은 없다고 믿었다. (...) '죽음 이후'는 우리에게 더 이상 관심거리가 되지 못한다! 이것은 이루 말할 수 없을 정도로 좋은 일이지만, 이것이 그렇게 좋은 일로서 널리 느껴지기에는 아직 너무 이르다. 이제 에피쿠로스가 다시 승리를 거두게 된다!"(KSA 3, 70–71, 아침놀, 82–84쪽)

에피쿠로스의 위대함은 그가 죽음 자체에 대한 논의를 거부한 점이 아니라 삶 속에서 죽음을 추구하려는 '죽음에의 의지'를 거부한 점에 있는 것이다. 이런 의미에서 에피쿠로스 철학은 서구 형이상학과 그리스도교 전체에 대한 공격이며, 이를 통해 비로소 은폐되었던 삶의 빛이 드러날 수 있게 되었다는 것이다.

> "에피쿠로스 ─ (...) 나는 저 먼 하얀 바다 위 태양이 떠 있는 절벽 위에서 그의 눈을 본다. (...) 현존재의 바다가 그 앞에서 고요해지는 그런 눈, 다채롭고 우아하면서도 두려움을 주는 바다의 표면과 피부를 싫증 내지 않고 바라볼 수 있는 그런 눈의 행복. 그 이전에 이런 겸손한 열락은 존재한 적이 없었다."(KSA 3, 411, 학문, 114쪽)

삶이 고통스럽더라 하더라도 죽음에의 의지를 통해 허구의 세계로 도피하기보다는 삶 자체를 사랑하기를 배워야 한다는 것이다.

> "자신의 존재에 괴로워하는 자에게는 더-이상-자신의-존재에-괴로워하지-않는다는 것 외에는 구원이 없다. 어떻게 그는 그것에 이르는가? 빨리 죽거나 오래 사랑함으로써."(KSA 10, 210, 16권, 275쪽)

> "인간이 죽음에 대한 생각을 전혀 하지 않으려는 것을 보면 나는 행복을 느낀다! 나는 인간들에게 삶에 대한 생각이 수백 배 더 생각할 가치가 있도록 만들기 위해 어떤 일이라도 하고 싶다!"(KSA 3, 523, 학문, 257-258쪽)

결국 가장 부정해야 할 병은 신체적·생리학적 병이 아니라 삶을 거부하고 죽음을 선택하려는 의지, 즉 살아 있으면서 살지 않기를 원하거나 적극적으로 죽은 듯이 살아가기를 원하는 죽음에의 의지인 것이다. 그렇다면 니체는 신체적·생리학적 죽음을 어떻게 이해하는가?

e. 죽음에 대하여

니체에게 사랑은 '너'에 대한 사랑이 아니라 자기 자신에 대한 사랑을 뜻한다. 왜냐하면 자기 자신에 대한 사랑을 통해 비로소 인간은 자신만의 고유한 가치를 창조해 낼 수 있으며, 진정 자유로운 존재로서 타자에 대한 진정한 애정도 가능해지기 때문이다. 그런데 자기 자신에 대한 사랑은 현재의 자기뿐 아니라 미래의 자기 자신에 대한 사랑이기도 해야 한다. 이것을 성취할 수 있는 삶의 방식이 결혼이다. 결혼은 '더 먼 곳에 있는 사람과 미래의 사람에 대한 사랑'(KSA 4, 77, 차라, 97쪽)이다. 따라서 결혼은 승리의 사건이고 자유로운 창조의 사건이며 이를 통해 새로운 아이, 즉 스스로의 힘으로 돌아가는 바퀴를 잉태하는 사건이어야 한다. 그러나 인간은 결국 죽음과 마주치게 된다. 그렇다면 니체는 죽음을 어떻게 이해하는가?

– 죽음에 대한 일반적 이해

인간이 삶의 모습이 다양하듯이, 죽음에 대한 태도나 이해도 다양하다. 일반적으로 죽음은 마치 촛불이 꺼져 가듯 생명의 힘이 쇠잔해져 온화하게 삶을 마치는 노인의 죽음이나 유년기에 무참히 꺾이는 비참한 죽음, 전쟁에 의한 대량 살상으로서 죽음, 질병에 의한 고통스러운 죽음, 살인이나 처형과 같이 외부적인 강제적 힘에 의한 죽음 등으로 구분된다.[38] 죽음을 받아들이는 태도도 다양하다. 로미오와 줄리엣과

---

38   E. Fink, Eigentod und Fremdtod, in H. Ebeling(Hrsg), *Der Tod in der Mod-*

같이 죽음을 사랑의 완성으로 적극적으로 받아들이는 태도나 오이디푸스, 안티고네, 햄릿, 아킬레우스, 헥토르 등과 같이 죽음을 피할 수 없는 운명으로 받아들이는 태도, 나아가 예수나 소크라테스와 같이 죽음을 진리 사건의 계기로 받아들이는 태도 등이 존재한다.

그런데 인간이 죽음이라는 사건을 확인하게 되는 것은 우선 타자의 죽음을 통해서이다. 타자의 죽음은 생물학적으로 진행된 객관적 사실이다. 이 사실은 누구도 부정할 수 없는 진실이다. 이러한 죽음을 우리는 의학적으로 규정된 죽음에서 확인하게 된다.

타자 중 자신과 가까웠던 사람의 죽음을 마주했을 때, 우리는 죽은 자를 단순히 생명이 그친 자가 아니라 '나'와 관계가 있는 소중했던 사람으로 대한다. 이것은 죽음에 대한 사회학적 태도를 반영한다. 우리는 타자의 죽음을 무관심하고 중립적인 태도로 바라보는 것이 아니라 그의 죽음에서 어떠한 '의미'를 발견하려고 하는 것이다. 이것은 그의 죽음을 앞으로 다가올 자신의 죽음에 대입함으로써 가능하다. 그리고 타자의 죽음 속에서 자신의 죽음을 확인할 때 타자에 대한 애도와 추모가 가능해지는 것이다. 이러한 태도는 시신으로 변한 타자도 살아 있는 동안 '자기의식'과 '존귀함'을 가졌던 '인간'이었다는 사실을 인정하고 배려하는 태도이다. 우리는 이런 모습을 오빠의 시신을 흙으로 묻어 주려는 안티고네나 아킬레우스에 의해 모욕당한 자신의 아들의 시신을 찾아가려는 트로이 왕에게서 발견할 수 있다.

그런데 우리가 타자의 죽음을 자신의 죽음과 유비적으로 이해하려하는 순간에도, 결국 죽은 자는 타자이며 자신은 아직 죽지 않았다는 사실을 확인하게 된다. 타자는 죽었고 다시 돌아올 수 없는 데 반해, 자

---

erne, Anton Hain, Frankfrut, 1992, 146쪽 이하 참조

신은 아직 살아 있다는 사실이 타자와 자신 사이에 놓인 무한한 거리를 드러낸다. 이때 죽음은 무한하고 영원하며 돌이킬 수 없는 '이별의 사건'인 것이다. 이러한 이별이 견딜 수 없을 때, 죽음에 대한 또 다른 해석이 나타난다. 소위 말하는 '저세상'이라는 관념이다.

그리스도교의 경우 죽음은 생물학적·의학적 사건이 아니라 신과의 관계를 훼손한 대가, 즉 죄의 결과이다. 이때 죽음보다 더 무서운 것은 죄이다. 자연적인 죽음은 육체적 생명의 종말을 뜻하지만, 죄는 영원한 죽음을 뜻하기 때문이다. 그런데 그리스도의 죽음과 부활을 통해 자연적 죽음은 극복되었고, 이제 그리스도 안에서 영원한 죽음 대신 새로운 생명이 주어졌다는 것이다. 이러한 그리스도교적 교리를 도스토예프스키는 「카라마조프가의 형제들」에서 다음과 같이 문학적으로 재해석한다. 드미트리 카라마조프에게 모욕당하고 죽은 장교의 아들이 "부활이 무엇이냐?"라고 물었을 때, 드미트리의 동생인 알료샤는 '부활은 사랑하는 사람이 다시 만나는 것'이라고 대답한다. 즉 그리스도의 부활을 통해 영원히 이별할 수밖에 없었던 사람들이 다시 만나는 사건이 일어난다는 말이다. 이때 죽음은 삶의 종말이 아니라 또 다른 삶의 시작을 의미한다. 이 점은 소크라테스의 죽음에서도 묘사된다. 소크라테스는 죽음을 언도받은 후, 죽음에 대한 또 다른 의미를 주장한다. 소크라테스를 죽임으로써 소크라테스에게 승리할 수 있다는 사람들의 속셈에 대하여, 소크라테스는 죽음은 삶의 끝이 아니라, 오히려 더 좋은 삶으로의 여행일 수도 있다고 주장하는 것이다.

"그러나 또 만일 죽음이란 것이 이 세상으로부터 딴 곳으로의 여행과 같은 것이요, 또 죽은 자는 누구나 그곳으로 간다고 하는 전설이 사실이라고 하면, 오오 재판관이여, 이보다 더 좋은 사실이 어디 있겠습니까? 만일 누군가가 자칭 재판관인 이 사람들로부터 해방되어 하데스에 가서, 거기서 재판하고 있다고 사람들이 말하는 진정한 재판관들을 (...) 볼 수 있다고 하면, 이 여행이 과연 시시한 것일까요?"[39]

소크라테스는 죽음을 또 다른 삶, 진리의 세계로의 여행으로 해석한다. 이제 죽음은 단순히 슬픈 일이 아니라 즐거운 축제가 된다. 왜냐하면 죽음과 더불어 소크라테스의 육체 속에 은폐되었던 다이몬이 전면으로 드러나게 되었기 때문이다. 이렇게 소크라테스의 죽음은 또 다른 소크라테스인 다이몬이 살아나는 사건을 뜻한다. 소크라테스를 죽인 자들이 승리의 축제를 벌이는 동안, 다시 살아난 소크라테스 역시 또 다른 영원의 축제를 벌이기 시작하는 것이다. 그리고 이제 죽은 자가 산 자에 대하여 궁극적인 승리를 구가하기 시작한다. 이 점을 플라톤은 다음과 같이 묘사한다.

"이미 시간이 다 되어 떠날 때가 되었습니다. 저는 죽기 위하여, 여러분은 살기 위하여. 그러나 우리 중의 어느 쪽이 더 좋은 곳으로 가는지 신을 제외하고는 아무도 모릅니다."[40]

그리스도교와 소크라테스(플라톤주의)에 의해 죽음은 영원한 삶을 위한 하나의 계기로 바뀌며, 삶에 대하여 승리를 선포했던 죽음은 자신의 가공할 무기인 '가시'를 상실한다. 그리고 죽음의 자리에 영원한 삶이 들어서게 된다. 그러나 죽음에 대한 이러한 해석에도 여전히 분명한

---

39   플라톤, 『에우티프론/ 소크라테스의 변론/ 크리톤/ 파이돈』, 40d–41a

40   위의 책, 42a

사실은 현실에서 죽은 자는 산 자에 비해 절대적으로 무력한 위치에 있다는 점이다. 산 자는 말을 하고 변명을 하며 합리화하지만, 죽은 자는 말을 할 수 없기 때문이다.

이런 의미에서 사르트르는 죽음은 미화될 수 없으며, 살아 있는 타자에 의해 일방적으로 규정되고 지배되는 현상이라고 주장한다. 그에게 죽음은 형이상학적 규정이 아니라 단지 인간학적인 관점에서 해명되어야 하는 사건이다. 죽음은 우연의 끊임없는 출현이고, 나의 존재의 철저한 무화이며, 절대적인 부조리이자, 타자가 '나'를 지배하고 평가하게 되는 궁극적인 사건이다. '나'는 죽음과 더불어 더 이상 의식을 갖는 '대자적 존재'임을 상실하고, 단순한 '즉자존재'로 전락한다. 따라서 '나'는 이제 완전한 무력함 밑에 놓이며, 타자는 나의 존재 자체를 박탈하고 왜곡할 수 있는 지배자가 되는 것이다. 이와 같이 '나의 죽음'도 상이한 방식으로 해석될 수 있다. 그러나 이러한 경우들은 모두 '나에게 주어지는 죽음'에 해당된다. 이와 달리 '나' 스스로 죽음을 선택하는 경우도 있다. 자살이 그런 경우이다. 동물이나 신은 자살할 수 없다. 완전한 존재인 신이 스스로 죽는다는 것은 논리적으로 모순되며, 의식을 갖지 못한 동물이 스스로의 존재를 선택한다는 것도 받아들이기 어렵기 때문이다.

이와 달리 자신의 존재를 어느 정도 이해하고 선택하며 표현할 수 있는 인간만이 자살을 할 수 있다. 이때 자살은 한편으로는 삶의 부조리로부터 도피하는 방식이지만, 다른 한편으로는 그러한 삶이 부조리하다는 것을 조롱하고 표현하는 방식이기도 하다. 후자의 경우로서 우리는 그리스, 로마에서 행해진 자살을 예로 들 수 있다. 여기서 자살은 인간이 존엄성을 지키기 위해 스스로 선택한 명예로운 행위로 인정되어 왔다. 반면에 그리스도교의 경우 신에 의해 창조된 인간이 자살하는 것은 신을 모독하고 부정하는 죄로 여겨져 왔다. 따라서 인간에겐 자살할 권리는 주어지지 않는다.

　이 외에 죽음에 직면한 인간의 변화 과정을 다루는 사회심리학적인 죽음의 규정도 있다. 이것은 죽음 앞에서 인간 존재가 겪는 반항, 분노, 타협, 우울증, 죽음에의 인정 등의 과정을 다룬다. 그리고 죽음을 삶의 존재의미로 해석하는 하이데거적인 죽음론이 있다. 그는 죽음에 대하여 다음과 같이 말한다.

"현존재의 종말로서의 죽음은 현존재의 가장 고유하고 무연관적이며 확실하고 그 자체로서 무규정적이며 건너뛸 수 없는 가능성이다. 죽음은 현존재의 종말로서 자신의 종말을 향한 이 존재자와의 존재 속에 있다."[41]

　인간은 살아 있는 동안 항상 '죽음에의 존재'(Sein zum Tode)이며, 그의 실존은 바로 죽음에의 존재로서의 실존이어야 한다는 것이다.

　이와 달리 삶과 죽음을 분리된 존재방식으로 보는 에피쿠로스적인 입장도 있다. 그에 의하면 삶과 죽음은 서로 만나지 않는 평행선과 같기에 살아 있는 동안 죽음 때문에 괴로워할 필요가 없다는 것이다. 이렇게 상반된 두 입장을 절충하는 듯이 보이는 주장을 우리는 아우렐리우스에서도 발견할 수 있다. 그는 에피쿠로스와 달리 살아 있는 동안 죽음에 무관심한 것도 아니고, 그렇다고 살아 있는 것이 이미 죽음에의 존재라고 말하지도 않는다. 그는 삶과 죽음이 모두 우주의 원리이기에 우리는 우주의 이치에 기꺼이 따라야 한다고 말한다.

---

[41]　마르틴 하이데거, 『존재와 시간』, 이기상 옮김, 까치, 1998, 346쪽

"아, 인간들아, 그대는 이 거대한 세계라는 국가의 시민이었다. 5년이었든 1백 년이었든 무슨 상관이 있느냐? 그 도시의 법규가 명령하는 모든 것은 모든 사람에게 다 같이 공평하다. 그런데 무엇을 불평하느냐? 당신은 어떤 부당한 판관이나 폭군에 의하여 도시로부터 추방되는 것이 아니라, 그곳으로 당신을 데려왔던 바로 그 자연에 의하여 밀려나는 것이다. (...) 5막 중에 겨우 3막밖에 연기하지 않았는데 (...) 라고 말하겠느냐? (...) 그 연극이 완결되는 지점은 전에 당신의 출생을 관장했고, 오늘 당신의 분해를 관장하는 자가 결정하는 것이다. 태어나고 죽는 결정은 어느 것도 당신의 소관이 아니다. 그러니 웃는 낯으로 떠나라. 당신을 떠나는 자가 그랬듯이."[42]

이와 같이 죽음에 대한 논의는 다양하게 전개되어 왔다. 그렇다면 죽음이 무엇인지, 죽음에 대한 태도는 어떠해야 하는지에 대한 니체의 입장은 무엇인가?

– 니체의 죽음론: 축제로서의 죽음

생물학적으로 죽음은 모두에게 찾아오는 피할 수 없는 사건이다. 이러한 죽음에 대하여 니체는 익숙했다. 그는 이미 어린 시절에 가족들의 죽음을 경험했고, 젊은 시절부터 나타난 병적 증상을 통해 자신의 죽음에 대해서도 무관심할 수 없었다. 그러나 그는 자신에게 나타난 병적 증후에 압도되지 않고 병과 싸우며 이겨 나가는 자신의 모습을 관찰할 수 있었다. 이 점은 죽음에 대한 그의 태도에서도 나타난다. 니체에게 죽음은 언제 닥칠지 모르지만, 아직 젊고 건강한 사람에게는 당분간 오지 않을 것으로 밀쳐져 있었던 문제가 아니다. 니체에게 죽음은 릴케가

42   마르쿠스 아우렐리우스, 『명상록』, 천병희 옮김, 숲, 2012, 36쪽

묘사하는 '낯선 죽음'을 뜻하지 않는다.

> "아무리 죽음이 다가오고 또 물러가도, 아니 아무리 내 집 안에 있어도 우리
> 의 죽음은 아니고, 하나의 낯선 (...) 죽음은 결코 신의 사자가 아니다. 낯선
> 죽음, 나는 말하노니 아무도 그를 모르느니라."**43**

니체에게 죽음은 전혀 알 수 없는 것, 언제인지 모르게 갑자기 찾아
오는 낯선 자가 아니다. 오히려 죽음은 언제라도, 즉 지금 이 순간에도
올 수 있는 꺼림칙한 손님이다.

> "죽음에 대한 생각 (...) 이 모든 소란을 일으키는 사람들, 살아 있는 사람들,
> 삶에 목마른 사람들에게 이제 곧 정적이 찾아올 것이다. 각자의 뒤에는 그의
> 그림자, 그의 어두운 동반자가 서 있다! 언제나 그것은 이민자를 실은 배가
> 출항하기 전의 마지막 순간과도 같다. 사람들은 이전 어느 때보다 할 말이
> 많은데, 시간은 급박하게 다가오고, 대양과 그의 침묵은 참을성 없이 이 모
> 든 소란의 뒤편에서 자신의 먹이를 그리도 탐욕스럽고, 그리도 확고하게 기
> 다리고 있다. (...) 그로 인해 이 성급함, 이 비명, 이 마비 상태, 이 자기기만
> 이 생겨난다! (...) 그러나 죽음과 죽음의 정적만이 이 미래에서 유일하게 확
> 실하고, 모두에게 공통된 것이다!"(KSA 3, 523, 학문, 257-258쪽)

죽음이 모든 사람에게 반드시 일어나는 사건이라고 하더라도, 대부
분의 경우 사람들은 죽음에 대하여 의도적으로 잊으려고 한다. 이때 죽

---

43   오토 볼노브, 『실존철학이란 무엇인가』, 최동희 옮김, 서문당, 1996, 148쪽에서
재인용

음은 나와 상관없이 벌어지는 수많은 사건 중 하나로 여겨진다. 릴케는 이런 죽음을 '작은 죽음'이라 부른다. 작은 죽음은 임의의 시간에 준비되지 않은 사람들, 즉 군중에게 엄습하는 죽음을 뜻한다. 이러한 죽음의 모습에 대하여 릴케는 「말테의 수기」에서 다음과 같이 묘사한다.

"지금 569대의 침대 속에서 사망이 일어나고 있다. 두말할 것도 없이 대량 생산이다. 이 어마어마한 생산에서는 개별적인 죽음이 그렇게 잘 수행되어 있지 못하다. 또 그것이 중요하지도 않다. 군중이 그것을 수행한다. (...) 사람들은 출생하는 것과 꼭 마찬가지로 죽는다."[44]

그러나 죽음에 대한 무관심함을 통해 죽음의 문제는 해결되지 않는다. 죽음을 아직 오지 않은 미래의 사건으로 젖혀 놓는 순간에도, 죽음은 항상 삶 속에서 진행되고 있기 때문이다.

"깨달아라. 그러면 죽음은 삶 속에 있느니라. 둘은 서로 뒤섞여서 흐른다. 하나의 양탄자 속에서 실오라기가 가로세로 달리듯이. (...) 누가 죽을 때에 그것만이 죽음은 아니다. 그가 결코 죽을 수 없는 순간에도 죽음은 있다. 몇 번이고 죽음은 있다. 사람들은 그것을 묻어 버릴 수 없다. 우리 속에는 날마다 죽음과 출생이 있다."[45]

릴케의 표현과 마찬가지로, 니체에게 죽음은 대량 생산되는 익명의 죽음이나 평준화된 죽음이 아니라, 고유한 나의 죽음, 삶 속에서 준비

44　위의 책, 151-152쪽에서 재인용
45　위의 책, 149-150쪽에서 재인용

해야 하는 죽음이어야 한다. 왜냐하면 죽음은 삶과 동행하는 그림자와 같기 때문이다.

"살아 있는 것은 죽은 것과 반대되는 것이 아니고, 그것의 어떤 특수한 경우일 뿐이다."(KSA 9, 499, 학문, 494쪽)

인간은 살아 있는 동안 자신의 고유하고, 의미 있는 죽음을 대비해야 한다. 죽음은 삶을 끝내는 독일 뿐 아니라, 동시에 삶을 강화하는 약이기도 하기 때문이다.

"죽음 — 죽음에 대한 확실한 전망을 통해 모든 삶에도 맛있고 향기로운 경쾌함이 한 방울 섞일 수 있다. 그런데 너희 기이한 영혼의 약사들은 그것에서 맛없는 독약을 한 방울 만들어 내어, 그 독약으로 삶 전체를 몹시 불쾌하게 만들어 버린 것이다."(KSA 2, 695, 인간 II, 417쪽)

"진정, 내가 그대들에게 말한다: 단지 무덤이 있는 곳에서만, 또한 항상 부활이 있었다!"(KSA 10, 374, 16권, 485쪽)

이런 죽음을 맞이하기 위해서는 무엇보다 건강해야만 한다. 건강한 자만이 건강한 죽음을 맞이할 수 있으며, 죽음을 통해 더 건강해질 수 있기 때문이다. 이러한 죽음은 우연한 죽음일 수 없다. 왜냐하면 우연은 자신이 선택하는 것이 아니라 그에게 주어진 사건이기 때문이다.

"결코 제때에 살지 못하는 자가 어떻게 제때에 죽을 수가 있는가? 차라리 그런 자는 태어나지 않았어야 한다! 나는 존재할 가치가 없는 자들에게 이렇

게 충고하는 바이다."(KSA 4, 93, 차라, 116쪽)

니체에게 죽음은 — 인간의 삶이 매 순간 더 강하고 높은 삶을 위한 결단과 시도이어야 하듯이 — 우연히 찾아오는 자연적, 생물학적 사건이 아니라, 스스로 선택하고 준비하는 사건을 뜻한다. 이러한 죽음은 릴케가 묘사하는 '큰 죽음'과 유사하다.

"각 사람이 자신 속에 가지고 있는 큰 죽음, 이것은 모든 것의 중심으로 되는 과실이다."[46]

"어떤 죽음은 좋은 활동에 의하여 깊이 형성되어 있다. 저 고유한 죽음, 그것은 우리에게 매우 필요하다. 우리가 그 죽음을 위하여 살아야 하는 까닭에."[47]

릴케의 큰 죽음을 니체는 자신이 '스스로 원하는 죽음', '삶을 완성하는 죽음', '승리'로서의 죽음, '자유로운 죽음', '축제로서의 죽음'이라고 표현한다.

"죽음은 아직도 축제가 되지 못하고 있다. 사람들은 이 더없이 아름다운 축제를 벌이는 방법을 아직 배우지 못한 것이다. (...) 삶을 완성하는 자는 희망에 차 있는 자, 굳게 언약을 하는 자들에게 둘러싸여 승리를 확신하며 자신의 죽음을 맞이한다. 이와 같이 죽는 법을 사람들은 배워야 한다."(KSA 4, 93, 차라, 116쪽)

---

46   위의 책, 154쪽에서 재인용
47   위의 책, 155쪽에서 재인용

"자신의 죽음으로 축제를 만들어야 한다. 그리고 그것이 오로지 삶에 대한 악의에서 나온 것일 뿐일지라도. 우리를 떠나고자 하는 삶이라는 이 여자에 대한 악의에서 ─ 우리를!"(KSA 10, 198, 16권, 259쪽)

니체는 이러한 죽음의 모습을 구체적으로 다음과 같이 묘사한다.

"더 이상은 당당하게 살 수 없을 경우에 당당하게 죽는 것, 자발적으로 선택한 죽음, 적당한 시기에 자식들과 다른 이들이 지켜보는 가운데 명료한 의식 상태에서 기뻐하며 죽는 것: 그래서 작별을 고하는 자가 아직 살아 있는 동안 진짜로 작별을 고하는 것이 가능한 죽음, 또한 자신이 성취했던 것과 원했던 것에 대한 진정한 평가와 삶에 대한 총결산이 가능한 죽음 ─ 이 모든 것은 그리스도교가 죽음의 순간에 하는 비열하고도 무시무시한 코미디와는 정반대이다."(KSA 6, 134, 우상, 171쪽)

니체는 스스로 원하고 선택하는 '자유로운 죽음'을 주장한다. 그렇다고 니체가 죽음을 예찬하는 것은 아니다. 왜냐하면 그는 항상 삶 자체를 강조하기 때문이다. 그럼에도 자유로운 죽음, 축제로서의 죽음에 대하여 말하는 이유는 모든 죽음이 삶의 방식을 반영하기 때문이다. 즉 질병에 걸린 삶은 질병에 걸린 죽음을, 건강한 삶은 건강한 죽음을 원하기 때문이다. 따라서 니체가 자유로운 죽음에 대하여 말하는 것은 역설적으로 자유로운 삶을 강조하기 위해서이다.

"나의 벗들이여, 너희의 죽음이 인간과 이 대지에 대한 모독이 되지 않기를 바라노라. 내가 너희 영혼의 꿀에 간곡히 바라는 것이 바로 그것이다. 죽음을 맞이해서도 너희의 정신과 덕이 이 대지를 에워싸고 있는 저녁놀처럼 타

오르기를. 그렇지 않다면 너희의 죽음은 실패로 끝나리라."(KSA 4, 95, 차라, 119–120쪽)

여기서 니체는 자유로운 죽음을 '저녁놀'에 비유한다. 저녁놀은 뜨겁게 작열하던 태양이 몰락하면서 온 하늘과 대지를 적시는 선물이며, 곧이어질 태양의 죽음과 새로운 태양의 탄생을 연결하는 아름다운 죽음의 상징이기도 하다. 이런 모습은 가을이 깊어 갈 때, 새로운 탄생을 위해 스스로 죽어 가며 드러내는 단풍의 색상에서도 발견된다. 죽음이 저녁놀이나 단풍과 같기 위해서는 '제때에 죽은 일'이 필요하다. 왜냐하면 자유로운 죽음은 너무 이른 죽음이나 너무 늦은 죽음에서는 만날 수 없기 때문이다. 너무 늦은 죽음에 대하여 니체는 다음과 같이 말한다.

"신맛을 내는, 그리하여 마지막 가을날까지 기다려야 하는 운명을 지닌 사과도 있다. 그런 사과는 무르익자마자 노랗게 변색되고 주름투성이가 된다."(KSA 4, 94, 차라, 118쪽)

이러한 죽음은 너무 오랫동안 삶에 기생하는 죽음의 모습이다. 이렇게 너무 오래 나뭇가지에 매달려 있는 삶에 대해 니체는 거센 바람이 이 삶을 앗아가기를 원한다.

"너무나도 많은 자가 살고 있다. 그들은 너무 오랫동안 나뭇가지에 매달려 있다. 이 썩어 빠진, 그리고 벌레 먹은 것들을 모두 흔들어 떨어뜨릴 거센 바람이 불어닥치기를 나는 바란다!"(KSA 4, 94, 차라, 118쪽)

니체가 거센 바람을 바라는 이유는 이렇게 사는 삶은 더 이상 건강한 삶이 아니고, 건강한 죽음으로 이어지지도 않기 때문이다. 너무 늦은 죽음과 마찬가지로 니체는 너무 이른 죽음에 대해서도 부정적인 태도를 보인다. 너무 이른 죽음은 아직 삶을 이해하지 못했거나 건강한 삶에 실패한 모습이기 때문이다.

> "삶에 실패한 사람들이 많다. 독충이 이런 자들의 심장을 갉아먹는다. 이런 자들이 죽는 일에서나마 그만큼 더 성공할 수 있도록 애를 쓴다면 좋으련만. 허다한 자는 제맛을 내지 못한다. 이미 여름철에 썩고 말기 때문이다."(KSA 4, 94, 차라, 118쪽)

너무 이른 죽음의 모습 중 하나를 니체는 예수에게서 발견한다. 니체에 의하면 예수는 아직 삶의 다양함을 충분히 경험하지 못했다. 왜냐하면 그는 너무 일찍 죽음을 선택했기 때문이다. 물론 자신의 선택이란 면에서 예수의 죽음은 '우연적이거나 돌연적인 죽음이 아니라 자유로우면서도 의식적인 죽음'(KSA 6, 135, 우상, 172쪽)이라고 볼 수 있다. 그러나 고통과 슬픔을 극복하고 삶에 대해 웃을 수 있기를 배우기에 그의 죽음은 너무 빨랐다는 것이다.

이와 같이 예수의 너무 빠른 죽음을 비판하면서 니체는 차라투스트라를 통해 자유로운 죽음뿐 아니라, 제때에 죽는 죽음에 대하여 말한다. 왜냐하면 이러한 죽음을 통해서 비로소 죽음은 삶을 완성하는 죽음, 즉 온 하늘과 대지를 적시는 저녁놀과 같은 죽음이 되기 때문이다.

> "나 자신도 그렇게 죽고 싶다. 그리하여 너희가 대지를 더욱 사랑하도록 만들고 싶다. 그리고 나는 나를 낳아 준 것의 품속에서 안식하기 위해 다시 대지로 돌아가고 싶다."(KSA 4, 95, 차라, 120쪽)

"자유로운 죽음에 대하여"에서 차라투스트라는 자신의 죽음이 정신과 덕을 드러내는 죽음, 저녁놀처럼 불타오르는 죽음이기를 바란다고 말한다. 그 죽음은 삶을 극복하고 웃을 수 있는 죽음, 대지를 사랑하고 긍정하는 죽음을 뜻한다. 차라투스트라는 이러한 자신의 목표가 그의 제자들에 의해 다시 전해질 수 있기를 기대한다. 이런 의미에서 저녁놀로 묘사되었던 죽음은 이제 제자들이 이어받아야 할 목표인 '황금빛 공'으로 표현된다.

"차라투스트라에게는 하나의 목표가 있었다. 그는 그의 공을 던졌다. 그러니 벗들이여, 나의 목표를 상속할 자가 되어라. 나는 너희에게 황금빛 공을 던지노라."(KSA 4, 95, 차라, 120쪽)

자신의 목표를 제자들이 상속하기를 바라면서도 차라투스트라는 제자들이 차라투스트라가 아니라 그들 자신으로 살아가기를 당부한다. 왜냐하면 제자들이 계속 차라투스트라에게 머물러 있는 것은 자기 스스로를 잃는 일이기 때문이다.

"나의 제자들이여, 이제 나 홀로 나의 길을 가련다. 너희도 이제 한 사람 한 사람 제 갈 길을 가라! 내가 바라는 것이 그것이다. 진실로 너희에게 권하거니와 나를 떠나라. 그리고 차라투스트라에 저항하여 스스로를 지켜라. (...) 너희에게 명하노니, 이제 나를 버리고 자신을 찾도록 하라. 너희가 모두 나를 부인하고 나서야 나는 다시 너희에게 돌아오리라."(KSA 4, 101, 차라, 126-127쪽)

차라투스트라가 원하는 것은 복종하는 제자가 아니라 자기 자신으로 살아가기를 시도하는 인간인 것이다. 제자들은 차라투스트라를 부정해야 하고, 차라투스트라는 가장 소중한 제자들에 의해 부정되어야 한다. 이런 의미에서 니체는 『차라투스트라는 이렇게 말했다』를 전체적으로 '고독에 대한 송가'(KSA 6, 276, 사람, 346쪽)라고 말하는 것이다. 이렇게 고독한 자, 스스로 주인인 자, 즉 초인이 등장하기를 바라면서 『차라투스트라는 이렇게 말했다』 1부는 다음과 같이 끝을 맺는다.

"'모든 신은 죽었다. 이제 초인이 등장하기를 우리는 바란다.' 이것이 언젠가 우리가 위대한 정오를 맞이하여 갖게 될 마지막 의지가 되기를!"(KSA 4, 102, 차라, 128쪽)

3. 『차라투스트라는 이렇게 말했다』 2부: 메타포로 읽기

1)『차라투스트라는 이렇게 말했다』에 나타난 다양한 꿈

『차라투스트라는 이렇게 말했다』의 머리말과 1부에서는 최후의 인간, 초인, 자유정신, 저세상과 도덕에 대한 비판, 육체와 이성에 대한 문제, 진리와 관점주의적 해석의 문제 등을 다루며, 1부 마지막 부분에서는 탄생과 결혼, 죽음의 문제를 통해 새로운 인간의 존재방식에 대한 묘사가 이어진다. 이와 같이 1부에서는 이미 니체의 주요한 사상들이 소개된다. 그러나 그의 주장은 동시대인들에게 이해되고 호응을 얻기보다는 오히려 오해되고 왜곡되며 거부되기도 했다. 이 점은 니체 자신이 제노바에서 병석에 누워 있었던 사실과 로마에서 안티크리스트적인 지역을 찾느라 지친 채 고독 속에서 지냈던 사실, 그리고 『차라투스트라는 이렇게 말했다』 1부를 가능케 했던 '번개가 번쩍였던 성지'로 되돌아가 2부를 쓰기 시작했다는 자신의 고백에서도 확인된다(KSA 6, 341, 사람, 426쪽).

이러한 니체의 실제 경험은 2부의 처음인 "거울을 갖고 있는 아이"에서 차라투스트라의 사상이 동시대인에게 올바로 이해되지 않고 있으며, 이로 인해 차라투스트라가 상처받고 지친 채 자신의 동굴로 돌아오는 장면으로 묘사된다. 이것을 니체는 '꿈' 과 '거울' 이란 메타포를 통해 표현한다. 꿈에 대한 묘사는 2부 "더없이 고요한 시간"에서도 나타난다. 이렇게 2부는 꿈에 대한 묘사로 시작해서 꿈에 대한 묘사로 끝나는 구조적 특징을 지닌다. 그렇다면 니체에게 꿈은 어떤 의미를 지니는가?

a. 아폴론, 디오니소스적 꿈과 소크라테스적 꿈

일반적으로 꿈의 논리는 비이성적이고, 비논리적으로 여겨진다. 니체 역시 이 점을 인정한다. 니체에 의하면 꿈의 논리가 현실의 이성적 논리보다 부족한 이유는 꿈속에서 작용하는 기억력의 저하 때문이다. 이러한 기억력의 저하가 착각과 잘못된 추론의 원인이 된다.

> "꿈과 문화 — 잠 때문에 가장 저하되는 두뇌의 기능은 기억력이다: 기억력이 완전히 멈춘 적은 없었다. (...) (단지) 불완전한 상태로 후퇴했을 뿐이다. 이러한 기억력은 임의적이고 혼란스러운 상태에 있기 때문에 아주 피상적인 유사성에도 끊임없이 사물을 혼동한다. (...) 꿈속에서 우리는 이런 미개인과 마찬가지이다. 잘못된 재인식과 착각에 의한 동일시는 우리가 범하는 엉터리 추론의 근거가 된다. (...) 눈앞에 꿈을 생생하게 그려 보면, 우리 안에 이토록 많은 어리석음이 숨어 있다는 것에 스스로 놀란다."(KSA 2, 31-32, 인간 I, 32-33쪽)

니체가 꿈의 비논리성에 대하여 비판하는 이유는 꿈의 가치를 논박하기 위해서가 아니라, 오히려 그 반대이다. 왜냐하면 니체는 의식보다 무의식의 우위를 강조하기 때문이다.[1] 그에 의하면 꿈은 비논리적인 것이라기보다, 오히려 또 다른 논리성을 갖는다. 왜냐하면 꿈의 논리는 인간이 느낀 충동과 자극에 대한 원인을 찾고자 하는 표상(Suchen und Vorstellen der Ursachen)이기 때문이다. 그것은 하나의 전제(Hypoth-eses)와 믿음(Glaube), 그리고 형상화하는 표상 작용과 창작(Ausdich-tung)의 과정으로 이루어진다. 꿈의 논리는 어떠한 자극을 통해 시작되지만, 꿈은 그 자극의 원인을 창작해 냄으로써 완성된다. 꿈속에서 창작된 원인은 이야기 구성적인 측면에서는 자극보다 앞선 원인이지만, 사실적인 측면에서는 자극보다 나중에 지어진 허구이다. 그러나 이러한 허구를 만들어 내는 것이 꿈이 갖는 또 다른 논리성이다. 니체의 주장에 의하면 현실적 논리와 달리 꿈의 논리는 허구에 불과하지만, 현실적 논리 역시 허구로부터 자유로운 것이 아니다. 극단적으로 말하면 현실의 논리와 꿈의 논리는 본질적으로 동일하거나 현실적 논리가 꿈의 논리보다 자유롭고 풍요롭지 못하다는 것이다.

"깨어 있는 삶은 꿈꾸는 삶이 갖는 (...) 해석의 자유를 갖지 않는다. 그것도 창작력과 자유로움에서 뒤떨어진다. (...) 그러나 깨어 있을 때나 꿈꾸고 있을 때나 아무런 본질적인 차이도 없다. (...) 우리의 의식은 알려져 있지 않고 아마 알려질 수 없는, 그러나 느껴지고 있는 텍스트에 대한 다소 환상적인 주석일 수 있다."(KSA 3, 113, 아침놀, 138-139쪽)

이 점은 『비극의 탄생』에서도 나타난다.

"삶의 두 절반, 즉 깨어 있는 반쪽과 꿈꾸는 반쪽 중에서 우리는 전자를 비교

---

1   루이 꼬르망, 『깊이의 심리학자, 니체』, 188쪽 참조

할 수 없을 만큼 더 선호하고, 더 중요하고, 더 가치가 있고, 더 살 만한 가치가 있는 것, 요컨대 진정으로 산 것이라고 생각한다. 그러나 나는 (…) 저 비밀스러운 근거를 위해서 꿈에 대한 정반대의 가치 평가를 주장하고 싶다. (…) 우리는 이제 꿈을 가상의 가상으로, 가상에 대한 근원적 욕망의 보다 고차적인 충족으로 여겨야 한다."(KSA 1, 38, 비극, 45쪽)

현실의 논리나 꿈의 논리 모두 가상에 불과하다. 그런데 이러한 꿈의 논리가 현실 속에서 주도적으로 나타나기 시작한 것이 바로 형이상학적인 꿈이다. 형이상학적 꿈은 잠 속의 꿈과 마찬가지로, 현실에서의 고통과 불안의 원인을 찾기 위한 시도이다. 이 점을 니체는 『우상의 황혼』의 "네 가지 중대한 오류들" 중 '가상적 원인들이라는 오류'에서 다룬다. 그는 형이상학이 인류 정신사에 등장하기 시작한 것은 알려지지 않은 것을 알려진 것으로 환원하려는 욕망에서 비롯된 것이라고 주장한다. 알려지지 않은 것은 인류에게 불안과 두려움을 주었고, 인류는 이것을 자신이 알 만한 것으로 해석함으로써 위안과 만족을 얻으려 했기 때문이다. 즉 "어떤 설명이든 설명이 없는 것보다는 낫다."(KSA 6, 93, 우상, 119쪽)라는 원칙이 작용했다는 것이다. 이러한 설명 중 특정한 설명이 정선되고 선호되었을 때, 그것은 습관화되고 특정한 인과율로 고정된다. 이 점은 특히 형이상학과 도덕, 종교에서 강조되었는데, 니체에 의하면 이러한 주장들은 '오류의 심리학'에 불과하다. 오류의 심리학이 창작해 낸 대표적인 개념들이 신, 주체, 목적, 인과율 등이며, 그것은 소크라테스와 플라톤에 의해 시작되었다는 것이다. 이것은 '꿈의 형상이 병리적으로'(KSA 1, 27-28, 비극, 32쪽) 나타난 현상, 혹은 '데카당스의 공식'(KSA 6, 72, 우상, 95쪽)에 불과하다.

소크라테스에 이르러 꿈은 이성으로부터 비이성적으로 배척되고, 반면에 이성만이 도덕적이고 행복에 이르는 길이란 주장이 확립된다. 그런데 소크라테스의 이성이 죽인 것은 다름 아닌 그리스 정신, 아폴론과 디오니소스 정신이다. 소크라테스적 이성이 형이상학적 꿈이었다면, 아폴론적 정신은 '예술적 꿈'이었다. 소크라테스적 정신이 현실을 거부하는 꿈이었다고 한다면, 아폴론적 정신은 두려운 현실을 '아름다운 예술적 가상'으로 변화시키는 꿈이다. 소크라테스적 정신과 아폴론적 정신 모두 꿈의 정신이지만, 결정적인 차이는 전자가 현실을 부정하고 허구의 세계를 진리로 여기면서 살아가도록 하는 꿈인 반면, 후자는 두려운 현실을 아름다운 현실로 변형하고, 그러한 환상 속에서 현실을 극복하면서 살아가도록 하는 꿈이란 점에 있다. 즉 그리스인들은 삶이 공포와 경악스러운 것임을 알고 있었으며, 이를 극복하고 살기 위하여 올림포스 신들이라는 꿈의 산물을 만들어 냈다는 것이다.

> "그리스인들도 꿈 경험의 이러한 즐거운 필연성을 그들의 아폴론 속에 표현했다. 모든 조형력의 신 아폴론은 동시에 예언하는 신이다. (...) 그는 내면적 환상 세계의 아름다운 가상까지 지배한다. 불완전하게 이해되는 대낮 현실과 대립하는 이러한 상태의 보다 높은 진리와 완전성, 나아가 잠과 꿈속에서 치유하고 도와주는 자연에 관한 심오한 의식은 동시에 예언하는 능력의 상징적 유사물이며, 삶을 가능하게 하고 살 만한 가치가 있는 것으로 만들어 주는 예술 일반에 대한 상징적 유사물이다."(KSA 1, 27, 비극, 32쪽)

니체에게 모든 꿈은 가상이다. 그러나 형이상학적 꿈이 현실을 거부하는 가상인 반면, 예술로서 아폴론적 꿈은 '가상의 가상'(KSA 1, 38, 비극, 45쪽)으로, 다시 현실을 긍정하는 가상이다. 이런 의미에서 아폴론적 꿈은 현실을 현실이도록 '작용하는 것 자체', 현실을 현실로서 '살

아가는 것 자체'(das Wirkende, Lebende selbst)를 뜻한다.[2] 이러한 꿈
(가상)은 단순한 현재만이 아니라 꿈꾸는 자의 과거와 미래도 포함한다.
그런데 잊힌 과거와 미래의 모습은 꿈속에서 낯선 모습으로 나타난다.

> "잘 잊어버리는 사람들 — 열정이 폭발할 때, 꿈과 광기의 환상에 빠져 있을
> 때, 인간은 자신과 인류의 선사, 즉 야만적이고 찌푸린 얼굴을 가진 동물성을
> 재발견한다. 인간의 문명 상태는 이러한 근본경험들의 망각, 즉 기억의 중단
> 에서 발전하는 반면, 인간의 기억은 충분히 멀리 거슬러 올라간다."(KSA 3,
> 226, 아침놀, 286쪽)

낯선 존재는 자신과 무관한 자가 아니라 바로 자신의 심원적인 존재,
망각된 존재이기도 하다.

> "꿈과 책임 — 그대들은 모든 것에 책임지려 하지만 꿈에 대해서만은 책임지
> 려 하지 않는다! 그대들은 가련한 정도로 연약하며, 그대들에게는 일관성을
> 유지하려는 용기가 결여되어 있다! 어떤 것도 그대들의 꿈보다 그대들을 잘
> 나타내 주지 못한다! 그대들의 꿈이야말로 바로 그대들의 작품이다!"(KSA
> 3, 117-118, 아침놀, 143-144쪽)

이 점에서 꿈은 자신의 은폐된 존재를 더 잘 이해한다.

> "꿈의 논리 (...) 꿈은 자극받은 감각에 대한 원인, 즉 그렇다고 여겨지는 원
> 인을 탐구하고 표상하는 것"(KSA 2, 32, 인간 I, 33-34쪽)

---

2   G. Picht, *Nietzsche*, 308쪽 참조

"꿈을 통해 우리는 인간 문화 훨씬 이전의 상태들로 다시 돌아가고, 꿈은 그 상태를 더 잘 이해하는 수단을 제공한다."(KSA 2, 33, 인간 I, 35쪽)

"꿈으로 해석하기 — 꿈은 어떤 사람에 대해 양심의 거리낌이 없는지 있는지 — 깨어 있을 때는 종종 정확하게 알고 느낄 수 없었던 일에 대해서 매우 명백하게 가르쳐 준다."(KSA 2, 408, 인간 II, 59쪽)

자신의 은폐된 존재, 원초적 존재를 드러내는 꿈, 모든 존재와 근원적 일자 속에서 합일하는 꿈을 니체는 디오니소스적 꿈이라고 부른다.

"예술가는 이미 디오니소스적인 과정에서 자신의 주관성을 포기했다. 이제 세계의 가슴과 하나가 되었음을 그에게 보여 주는 영상은 꿈의 장면들인데, 그것은 가상의 근원적 쾌락과 함께 근원적 모순, 근원적 고통을 구체화한다."(KSA 1, 44, 비극, 51쪽)

이런 의미에서 니체적 꿈은 자신의 망각된 존재의 미래를 경고하고 드러내는 조짐으로서 예언, 소리 없이 말하는 것으로서 근원적 존재의 음성, 완전한 존재로의 합일을 통한 치유와 위로, 그리고 보상, 자신의 낯선 존재로 자신을 전환시키는 마스크의 역할을 한다.

b. 가위눌리는 꿈

다양한 꿈의 역할이 『차라투스트라는 이렇게 말했다』에서는 현실과 중첩되어 묘사된다. 이 점은 3부 "환영과 수수께끼에 대하여"에서 다음과 같이 묘사된다.

"나는 (…) 오르면서 꿈을 꾸기도 하고 생각에 잠기기도 했다. 그러나 모든 것이 나를 짓눌렀다. (…) 고약한 꿈에 놀라 깊은 잠에서 깨어난 병자와도 같았다."(KSA 4, 198, 차라, 256쪽)

"난쟁이는 방금 어디로 가 버렸는가? 성문을 관통하는 길은? 거미는? 그리고 모든 속삭임은? 나는 꿈을 꾸고 있었는가? 나는 깨어 있었나? 나는 험난한 절벽 사이에 홀연히 서 있었다. 홀로, 황량한, 더없이 황량한 달빛을 받으며."(KSA 4, 201, 차라, 259쪽)

여기서 꿈은 차라투스트라의 상승에의 의지를 억압하려는 중력의 영인 난쟁이의 모습으로 형상화된다. 이때 차라투스트라와 난쟁이의 투쟁이 전개되고, 그 투쟁은 가위눌림이란 형태의 꿈으로 나타난다. 이 꿈은 가장 두려운 결단 앞에서 자신을 선택하거나 자신을 포기하려는 순간의 꿈이기도 하다. 이때 차라투스트라에게 필요한 것은 스스로를 선택할 수 있는 용기이다.

"내게는 용기라고 부르는 어떤 것이 있었다. 용기는 지금까지 나의 모든 낙담을 제거해 왔다. 그 용기가 마침내 내게 멈춰 서서 말하도록 명했다. '너! 난쟁이여! 너인가, 아니면 나인가!'"(KSA 4, 198, 차라, 256쪽)

이 꿈은 자신을 압도해 보이는 사실 앞에서 피하고 싶은 현실과 그럼에도 그 사실과 마주하고 극복해야 하는 상황에 대한 두려움을 드러내는 꿈이라고 볼 수 있다. 그런데 그것이 너무 두려울 때, 현실은 가위눌리는 꿈으로 나타나거나 '수수께끼 같은 환영'(rätselhaftes Gesicht)으로 나타나는 것이다.

c. 아침 꿈

3부 "세 개의 악에 대하여"에서 묘사되는 꿈은 '위로의 꿈'이다. 이것은 아침 꿈으로 표현된다.

"꿈에, 오늘 아침 꿈에 나는 어느 갑 위에 서 있었다. 세계 저편에서 저울을 들고 세계를 저울질하고 있었다."(KSA 4, 235, 차라, 305쪽)

아침 꿈은 아무 편견 없이 가치들을 공정하게 평가할 수 있는 능력을 암시한다.

"내 오늘 이렇게 일찍 세계를 저울질할 수 있었으니 나의 아침 꿈이 얼마나 고마운가! 이 꿈, 마음을 위로해 주는 자는 인간적으로 보아 좋은 것으로서 나를 찾아왔다!"(KSA 4, 236, 차라, 306쪽)

여기서 꿈은 자신에게 닥친 갈등과 두려움을 극복한 후, 자신의 힘에의 의지에 따라 세계를 자유롭게 저울에 재어 볼 수 있게 하는 상태를 반영한다. 이것은 과거의 가위눌림이란 중압감을 극복한 차라투스트라의 현재적 존재를 반영하는 꿈이다. 이 꿈은 세 개의 무거운 질문을 저울에 다는 내용으로 이루어진다. 그것은 질문의 무거움에 대한 꿈이 아니라 그러한 무거움을 극복한 가벼움을 반영하는 꿈, 즉 '비상의 꿈'이다.[3] 새벽녘에 곳의 높은 곳에서 세계를 내려다보며 세계 자체를 저울에 달고 있는 차라투스트라의 꿈은 '힘찬 날개로써 무게를 이겨 내려는 꿈', 즉 '공기적 잠의 가벼운 삶'이며, 날개 달린 가벼움에 대한 행복한

---

3   가스통 바슐라르, 『공기와 꿈』, 254쪽 참조

의식'의 꿈이다.[4] 이러한 바슐라르의 해석은 차라투스트라의 표현에서
도 확인된다.

> "저울질 잘 하는 자에게는 저울질이 가능하고, 억센 날개를 가진 자에게는
> 접근이 용이한 (...) 내가 꿈속에서 본 세계는 그러한 것이었다."(KSA 4,
> 235, 차라, 305쪽)

d. 심연의 음성으로서의 꿈과 가벼운 꿈

3부 "건강을 되찾고 있는 자"에서 꿈은 차라투스트라의 심연의 소리
를 드러내는 음성으로 나타난다.

> "너, 심오한 사상이여, 나의 심연에서 올라오라! (...) 일어나라! 일어나라!
> 나의 목소리는 닭의 울음소리가 되어 너를 잠에서 깨우고 말리라!"(KSA 4,
> 270, 차라, 351쪽)

꿈은 심연에 감춰져 있던 차라투스트라 자신의 존재를 의식의 표면
위로 드러낸다. 그 꿈은 가장 심오한 사상 앞에서 두려워하고 병들어
있던 차라투스트라가 깊은 심연을 자신의 존재로 받아들임으로써 건강
을 회복하는 꿈을 뜻한다. 따라서 이제 1부에서 시작된 차라투스트라의
몰락은 끝나는 것처럼 보인다.

> "몰락하는 자가 그 자신을 축복할 때가 있다. 이렇게 차라투스트라의 몰락
> 은 끝난다."(KSA 4, 277, 차라, 360쪽)

---

4   위의 책, 256쪽 참조

그리고 4부 "정오에"에서 다시 꿈에 대한 묘사가 나타난다. 이 장면은 구원을 외치는 '보다 높은 인간들'의 절박한 외침 소리, 그리고 그들을 자신의 안전한 동굴로 피신시킨 후, 잠시 눈을 붙인 차라투스트라에게 나타난 꿈이다. 이 꿈의 내용은 '부드러운 바람', '매끄러운 바다', '가볍게 깃털처럼 춤추는 잠', '황금빛 행복', '황금빛 포도주', '황금으로 된 둥근 고리', '황금빛 공' 등의 메타포로 묘사된다.

부드러운 바람은 '격렬한 공기', 사나운 바람처럼 분노를 수반하는 '폭풍우의 현상학'이 아니라[5], 새롭게 완성된 세계의 현상학과 연결된다. 이런 세계를 드러내는 꿈이 가벼운 꿈인 이유는 그것이 모든 중력의 무게감을 떨쳐 버렸기 때문이다. 또한 황금빛 꿈이란 표현에서 황금빛은 '은은하게 사방으로 번져 나가는 빛', '완성된 최고의 빛', '지복스러운 빛'이란 의미를 지닌다. 그리고 어떠한 세계가 완성되었다는 것은 그 세계의 끝이 그 세계의 시초를 회복하고 완성시킨다는 의미를 내포한다. 이를 위해 이 꿈에서는 시초와 끝이 하나가 되는 '둥근 원', '둥근 고리', '황금빛 공'의 메타포가 등장한다. 황금빛 공으로서 이 세계는 춤추는 별과 다르지 않다. 춤추는 별로서 세계는 이제 모든 필연의 속박으로부터 벗어난 우연의 별이며, 황금의 별이기 때문이다. 이러한 별의 아름다움에 대하여 니체는 가스트에게 보낸 서한에서 다음과 같이 말한다.

"오늘날 나는 우연에 의해 차라투스트라가 의미하는 것: 황금의 별을 배웠다. 이 우연은 나를 매혹한다."[6]

---

5   위의 책, 400-406쪽 참조
6   질 들뢰즈, 『니체, 철학의 주사위』, 67쪽에서 재인용

이 모든 메타포는 궁극적으로 황금빛 포도주, 즉 디오니소스로 귀착
된다. 이 꿈과 더불어 은폐되고 억압되었던 차라투스트라의 심연적 존
재는 현실 위로 드러나고 완성된다. 이 시간을 니체는 '완성된 정오의
시간'이라 표현한다.

2) 거울과 꿈과 마스크

앞에서 2부가 꿈에서 시작해 꿈에 대한 묘사로 끝난다는 점을 지적했
다. 그렇다면 "거울을 갖고 있는 아이"에서 묘사되는 꿈의 의미는 무엇
인가? "거울을 갖고 있는 아이" 안에는 꿈속에서 들려오는 조짐과 경고
가 묘사된다.

이 꿈속에서 '거울'이라는 메타포가 등장한다. 거울은 전통적으로
실재를 반영하는 도구로 해석되어 왔다. 거울은 원상(Urbild)과 모상
(Abbild)를 연결해 주는 매개체인 것이다. 거울의 모상이론에 의하면
거울에 비친 상은 불완전한 모상에 불과하다. 그럼에도 원상과 모상은
서로 다른 존재가 아니라 동일한 존재이다. 거울 밖의 존재와 거울 속
존재는 동일하며 단지 존재의 정도에서 불완전하다는 차이를 지닐 뿐
이다. 이 점을 거울의 사실적 작용이라 부를 수 있다. 그런데 피히트에
의하면 거울의 사실적 작용은 단순히 원상을 비추기도 하지만, 니체의
거울은 원상보다 더 큰 자기 자신의 존재를 알게 하는 작용을 하기도
한다는 것이다. 즉 니체의 거울은 현실에 대한 비판과 치유(Heilung,
Psychotherapie)의 작용을 하는 것이다.[7] 이 점은 니체 자신의 표현에서

---

7   G. Picht, *Nietzsche*, 55쪽 참조

도 발견된다.

"점점 불길에 휩싸여 가는 시대의 우리, 더욱 정신적인 인간들은 (…) 이 시
대에 거울과 자기반성으로서 이바지할 수 있도록 (…) 모든 수단을 잡기 위
해 손을 뻗어야만 하지 않을까?"(KSA 2, 62, 인간 I, 68쪽)

니체는 치유 작용을 하는 거울의 이미지가 이미 그리스인의 올림포
스의 꿈에서 나타났다고 본다.

"계속 살아가도록 유혹하는 실존의 보완과 완성으로서 예술을 삶으로 불러
들이는 그 충동이 또한 올림포스의 세계를 탄생시킨 것이다. 이 세계 안에서
그리스적 의지는 아름답게 변용시키는 거울을 앞에 들고 있다. 이렇게 신들
은 스스로 인간의 삶을 살아감으로써 인간의 삶을 정당화한다."(KSA 1, 36,
비극, 42쪽)

이때 거울은 고통스러운 현실을 치유하는 예술로서의 거울을 뜻
한다.

"이것은 아름다움의 영역이었고, 그 속에서 그리스인들은 자신들의 거울 영
상인 올림포스적인 것을 보았다. 그리스의 '의지'는 이 아름다움의 거울을
가지고 예술가적 재능과 상관관계에 있는 고통을 받는 재능, 고통의 지혜에
이르는 재능에 맞서 싸웠다."(KSA 1, 38, 비극, 44쪽)

이와 달리 거울은 부정적인 작용을 하기도 하는데, 이때 거울은 주술
적 의미와 연결된다. 이 거울은 거울 밖 존재와 별개로 독자적인 혹은

더 큰 존재성을 갖기도 하며, 주술적 거울은 거울 밖 존재의 모습을 일 그러뜨리고 기괴스럽게 바꾸기도 한다. 이런 예로 「백설공주」나 헤세의 『황야의 늑대』에 등장하는 '마술극장' 속 거울을 들 수 있다. 이와 마찬 가지로 "거울을 갖고 있는 아이"에서 묘사되는 꿈은 거울 속에서 왜곡되고 기이한 모습으로 비춰지는 차라투스트라의 모습을 그린다. 이 꿈은 1부에서 표현되었던 차라투스트라의 새로운 가르침이 다른 사람들에 의해 왜곡되고 변형되고 있음을 경고한다. 즉 거울의 사실적 작용과 연결되는 무의식의 꿈이 '변형된 것을 사실로 반영'하는 것과 달리, 거울의 주술적 작용과 연결되는 꿈은 '변형된 것을 주술적 타자'의 모습으로 드러낸다. 이 꿈은 왜곡된 차라투스트라의 모습이 단순한 모상이 아니라 독자적인 실재성을 갖는 존재임을 알려 준다. 이것은 1부에서 말했던 차라투스트라의 말과 입장이, 2부엔 전혀 다른 상황에 놓여 있음을 암시한다. 이것은 당시 니체가 경험했던 실제 상황과 일치한다. 이러한 상황이 2부에서는 '거울 속 꿈'이란 형태로 묘사되는 것이다.

이런 점은 2부 "처세를 위한 책략에 대하여"에서도 — 비록 꿈이란 표현 형식은 아니지만 — 묘사된다. 여기서는 사람들의 오해로부터 벗어나기 위한 차라투스트라의 처세술, 즉 변장술에 대한 이야기가 전개된다. 니체에 의하면 변장은 일종의 가상이며 타자의 얼굴인 마스크를 통해 이루어진다. 이러한 작업을 하는 자가 시인이다. 시인은 그 자체로 꿈이며, 마스크이다. 차라투스트라 역시 디오니소스적 힘에 의해 인도되고 그 꿈을 형상화하는 시인으로서[8], 이러한 마스크를 통해 자신을 위험으로부터 보호하는 것이다. 이때 그가 쓰고 있는 마스크는 바로 어릿광대의 마스크였다. 이 점은 차라투스트라를 알아본 어릿광대의 말

---

8   위의 책, 319쪽 참조

에서 잘 나타난다.

> "'차라투스트라여, 이 도시를 떠나시오. (...) 그대는 진정 어릿광대처럼 이
> 야기 했소. (...) 그토록 자신을 낮추었기에 그나마 그대는 오늘 그대 자신을
> 구할 수 있었던 것이오. 하지만 이제는 이 도시를 떠나시오. 그렇지 않으면
> 내일 내가 그대를, 산 자가 죽은 자를 뛰어넘게 되리라.' 이 말을 마치고 그
> 어릿광대는 사라졌다." (KSA 4, 23, 차라, 29쪽)

이러한 상황은 2부 "처세를 위한 책략에 대하여"에서 다음과 같이 묘
사된다.

> "내 마음속에 있는 이 이중의 의지 (...) 눈길은 산 정상으로 치닫고, 손은 심
> 연을 잡고 몸을 지탱하고자 한다. 이것이 나의 산비탈이며 위험이다!" (KSA
> 4, 183, 차라, 236쪽)

> "나 또한 변장한 채 너희 틈에 앉아 있다. 누가 누구인지 알아보지 못하도록
> 하기 위해. 이것이 나의 (...) 처세를 위한 책략이다." (KSA 4, 186, 차라,
> 240쪽)

이러한 위기는 2부 마지막 부분인 "더없이 고요한 시간"에서도 지속
된다. 여기서는 꿈속에서 또 다른 차라투스트라가 등장하는 모습이 그려
진다. 그는 차라투스트라 안에 은폐된 '소리 없이 말하는 자'로서, 쫓기
고 있는 차라투스트라에게 위로와 치유의 말을 하는 자이다. 이 꿈속에
서 '말하는 자'인 또 다른 차라투스트라는 마치 소크라테스의 다이몬과
같이 현실의 차라투스트라에게 위로와 치유뿐 아니라, 그의 존재를 지

키고 그의 존재가 선택해야 할 방향을 제시하는 자이다. 이와 같이 2부
는 차라투스트라가 자신의 소리 없는 말에 따라 그의 벗들과 사람들로
부터 떠나 자신만의 고독 속으로 다시 들어가는 장면으로 끝을 맺는다.

3) 행복한 섬: 자유분방한 신들, 웃음

동굴과 고독으로부터 빠져나온 차라투스트라는 다시 자신의 말을 들려
주기 시작한다. 2부 "행복한 섬에서"부터 "이름 높은 현자에 대하여"까
지는 1부에서 말했던 주장이 부분적으로 되풀이된다. 그 주제는 신, 사
제, 도덕, 천민, 민주주의와 사회주의 등이다.

  "행복한 섬에서"에서 다뤄지는 것은 신의 존재 여부에 관한 문제이
다. 이것은 전통적인 서구 형이상학에서 꽤 오랫동안 다뤘던 문제이기
도 하다. "신은 존재하는가? 만약 존재한다면 신의 존재를 증명할 수
있는가?"가 그 문제이다. 서구 형이상학은 이 문제에 대하여 존재론적
증명, 목적론적 증명, 자연신학적 증명 등을 통해 대답해 왔다. 그럼에
도 신의 존재를 증명하려는 노력은 항상 딜레마로 남는다. 왜냐하면 신
을 믿는 사람에겐 신이 존재한다는 것을 증명할 필요가 없으며, 신을
부정하는 사람에겐 어떠한 증명도 신의 존재를 완전하게 입증할 수 없
기 때문이다. 그런데 여기서 니체가 다루는 것은 전통적인 신 존재증명
의 문제가 아니다. 오히려 그의 관심은 '왜 신이 존재해서는 안 되는지'
로 모아진다.

  니체에 의하면 신이 존재해서는 안 되는 첫째 이유는 전통적으로
신에게 부여되어 왔던 술어들 — 예를 들어 유일자, 부동자, 충족자,
불멸자, 영원자 등의 개념들 — 이 신이란 개념을 반복하는 것에 불

과하며, 나아가 시간, 변화, 결국엔 인간의 삶 자체를 부정하기 때문
이다.

"신이란 것은 반듯한 것을 모두 구부리고, 서 있는 모든 것을 비틀거리게 하
는 하나의 이념이다. (…) (이러한 가르침을) 나는 (…) 인간 적대적이라고
부른다!"(KSA 4, 110, 차라, 137-138쪽)

전통적인 신적 술어에 반대하면서 니체는 신적 술어와 신의 존재에
대한 전도를 시도한다.

"너희는 신을 사유할 수 있는가? 그러나 모든 것을 사람이 사유할 수 있는
것으로, 사람이 볼 수 있는 것으로, 사람이 느낄 수 있는 것으로 변화시키는
것. 그것이 진리를 향한 너희의 의지를 의미하기를!"(KSA 4, 109-110, 차
라, 137쪽)

이러한 니체의 주장은 신에 대한 그리스적 이해와 연결된다. 이에 의
하면 신의 존재는 신적 술어에 의해 비로소 규정되며, 신적 술어는 인
간적 삶, 시간, 변화와 연결된다. 따라서 그리스인의 경우 수많은 신이
존재할 수 있게 된다. 이렇게 인간적 술어를 갖는 그리스 신들에 대하
여 니체는 '뜨거운 남녘의 (…) 춤을 추면서 자신들이 걸치고 있는 옷
가지를 수치스럽게 생각하는 신들', '자유분방한 신들'(KSA 4, 247, 차
라, 321쪽)이라고 표현한다.

또한 신이 존재해서는 안 되는 둘째 이유는 만약 절대적인 신이 존재
하고 이때 인간의 자유로운 창조와 자유가 부정된다면, 그 신은 인간을
부정하는 신이기 때문이다.

이와 달리 니체가 주장하는 신적 술어가 인간적 술어라고 한다면, 이때 창조하는 인간은 신적인 존재가 될 수 있다.

"만약 신들이 존재한다면, 나는 내가 신이 아니라는 사실을 어떻게 참고 견뎌 낼 수 있겠는가? 그러니 신들은 존재하지 않는다."(KSA 4, 110, 차라, 137쪽)

이러한 니체의 주장은 인간이 신이 될 수 있다는 것을 뜻하지 않는다. 오히려 그는 인간이 자기를 극복하는 자라는 의미로서 신적인 존재가 되어야 한다고 주장할 뿐이다.

"너희는 과연 신을 창조할 수 있는가? 가능한 일이 아니니 일체의 신에 대해 침묵해야 할 것이다! 그러나 초인은 창조해 낼 수 있을 것이다."(KSA 4, 109, 차라, 136쪽)

신에 의해 모든 창조가 완료되고, 모든 것이 신의 필연성에 의해 이미 규정된다면, 대지 위에서 자기를 극복하는 자로서 인간의 자유와 역할은 부정된다.

"만약 신들이 존재한다면, 창조할 무엇인가가 아직 남아 있겠는가!"(KSA 4, 111, 차라, 139쪽)

또한 전통적인 신 개념에 의하면 신은 인간이 하는 일을 이미 알고 있는 절대적 존재, 전능자 등으로 불려 왔다. 그 신은 인간의 모든 생각과 행동을 감시하는 거대한 눈동자였던 것이다. 모든 것을 지켜보는 신

앞에서 인간이 느낄 수 있는 것은 부끄럽다는 감정, 수치심이다. 이런 의미에서 니체는 "수치심, 수치심, 수치심. 그것이 바로 인류의 역사이다!"라고 강조하며, 이러한 수치심으로 인해 웃음을 상실한 인간은 이미 지옥 속에서 살고 있는 것과 다르지 않다고 주장한다. 따라서 그러한 신은 존재해서는 안 된다.

이와 달리 니체는 인간이 웃기를, 웃을 수 있기를 원한다. 그러나 전통적인 신 개념은 이러한 웃음과 기쁨 대신 수치심과 두려움을 강요해 왔기에, 이제 그러한 신은 존재하지 않아야 된다고 주장하는 것이다. 또한 이러한 신 개념은 인간에게 대가를 요구해 왔으며, 그러한 요구가 정당하다는 근거로 양심의 가책을 예로 들어 왔다. 그러나 니체에 의하면 양심이라는 것은 인간에게 선험적으로 주어진 것이 아니라 인간의 채무—채권 관계가 변형된 것으로, 채무자의 빚이 내면화될 때 생겨난 현상에 불과하다. 말하자면 양심은 사회적인 사건이 개인적인 심리적 현상으로 내면화된 현상에 불과한 것이다. 종교와 도덕이 양심을 강조하면서 이제 양심은 물어뜯는 이빨을 가지게 되고, 그 이빨로 인간을 두렵고 부끄럽게 만든다. 이렇게 신은 인간이 빚진 자라는 사실을 반복적으로 되새기게 하면서 자신의 명령을 따를 것을 요구하고, 그렇지 않은 경우 보복과 징벌이라는 수단으로 인간을 위협하는 것이다. 이러한 주장은 결국 신을 따르는 인간에 대한 보상(구원)과 신을 따르지 않는 인간에 대한 처벌(지옥의 고통)로 이어진다. 니체는 이러한 그리스도교적 신을 취향이 좋지 않은 신이라고 비판한다.

"솜씨를 제대로 익히지 못한 이 옹기장이는 실수를 많이도 했던 것이다! 마음에 차지 않는다 하여 그는 그가 만든 그릇들과 창조물에 화풀이를 했던 것이다. 이것은 좋은 취향에 어긋나는 죄이다. (...) '그런 신이라면 사라져라!

차라리 내 손으로 운명을 개척하겠다. 차라리 바보가 되고, 차라리 내 자신
이 신이 되겠다.'"(KSA 4, 324-325, 차라, 421쪽)

결국 신이 존재해서는 안 된다는 니체의 주장은 그리스도교적인 신
이 삶에 적대적이고 비인간적이며 인간의 삶을 괴롭히는 신, 앙갚음하
는 신, 원한의 신, 가부장적인 신이기 때문이다. 이에 비해 니체가 주장
하는 춤추는 신은 '어머니 신'에 가깝다.

"그러나 그 어느 어머니가 아이에 대한 사랑의 대가를 원한단 말이냐? 있을
법한 이야기인가?"(KSA 4, 121, 차라, 152쪽)

그리고 신의 창조물로서 인간도 더 이상 선과 악이라는 틀 안에서 괴
로워하고 가위눌려 사는 자가 아니라, 어머니 앞에서 즐겁게 놀이하는
아이와 같아야 한다는 것이 니체의 입장이다.

"어린아이들은 바닷가에서 놀고 있었다. 그때 파도가 밀려와 그들의 장난감
을 바다 속 깊은 곳으로 쓸어 넣었다. 그러자 어린아이들은 운다. 그러나 바
로 그 파도가 새로운 장난감을 갖다 주리라. 그들 앞에 새롭고 알록달록한
조개들을 흩어 주리라! 그렇게 되면 그들은 위로받을 것이다. 그리고 그들
과 마찬가지로 너희 또한 위로받을 것이다. 벗들이여, 거기에다 새롭고 알록
달록한 조개껍데기를 얻을 것이다!"(KSA 4, 123, 차라, 155쪽)

이와 같이 니체가 종교적 인간을 부정하고 놀이하는 인간을 강조하
는 이유는 놀이하는 인간(homo ludens)이 곧 웃는 인간(homo ridens)
이기 때문이다.

4) 샘물의 메타포

니체의 사회 비판은 소위 말하는 당시의 교양인, 민중에 편승해 권력을 잡으려는 자, 학자연하는 글쟁이, 도시의 쾌락 추구자, 정의와 평등을 외치는 사회주의자, 그리고 언론인, 민주주의와 국가주의로 이어진다. 니체는 차라투스트라의 입을 통해 이렇게 천박한 자들과 자신을 구분하면서 샘물의 메타포를 사용한다.

니체에게 생명은 일종의 샘과 같다. 생명의 샘은 그 자체로 끊임없이 새롭고 맑은 물을 흘러넘치게 한다. 다만 그 샘물을 천박한 자들이 마실 때, 그 샘물에는 더러운 독이 퍼지기 시작하는 것이다. 이러한 물은 '불결한 자들의 주둥이'와 '역겨운 미소', 그리고 '욕정으로 더럽혀진 물'로 묘사된다. 이러한 물은 오염되어 거품이 일고, 악취를 풍기며, 그 자체로 끈끈해진 물이다. 이 물은 소금을 머금은 물이다. 2부 "크나큰 사건에 대하여"에서 차라투스트라는 연기를 내뿜는 화산을 지키는 불개를 찾아가서, 불개의 유창한 화술에 대하여 다음과 같이 외친다.

> "'너는 마음껏 바닷물을 들여 마신다. 소금에 절인 너의 짜디짠 웅변이 그것을 말해 주고 있다! (...) 전복의 악마와 분출의 악마가 하는 말을 들을 때마다 나는 그들도 너와 같이 짜디짜고 거짓스러우며 천박하다는 것을 확인할 수 있었다."(KSA 4, 168, 차라, 218쪽)

그런데 짜디짠 바닷물보다 더 끈끈해진 물이 쾌락의 물이며, 그것이 늪이다.[9] 늪과 같이 고인 물에 대한 니체의 경멸은 3부 "그냥 지나쳐 가

---

9   가스통 바슐라르, 『공기와 꿈』, 238쪽 참조

기에 대하여"에서 발견된다. 여기서 늪은 거품을 내는 피로 묘사된다.

반면에 차라투스트라의 샘은 '기쁨이 솟아오르는 샘', '깨끗한 샘', '성스러운 샘'이다. 이 샘은 아무나 도달할 수 없는 높이에 위치한 샘물이다. 이곳에 도달하기 위해서는 날개가 필요하다.

> "진실로 나는 기쁨의 샘을 되찾기 위해 더없이 높은 곳으로 날아올라야만 했다. 오, 형제들이여, 나는 샘을 찾아냈다! 여기 더없이 높은 곳에 기쁨의 샘물이 솟아오르고 있다!"(KSA 4, 125, 차라, 158쪽)

이 샘물은 독이 퍼지지 않은 순수하고 청명하며 차가운 높은 산정의 물이다. 이 샘물은 천박한 자들이 도달할 수 없는 곳에 있기에, 이곳에 도달한 자들은 스스로에게 긍지를 지닐 만한 자격이 있다.

> "이곳이야말로 우리의 높은 경지이자 고향이기 때문이다."(KSA 4, 126, 차라, 159쪽)

차라투스트라는 이 차갑고 맑은 샘물을 통해 스스로를 바라본다. 그리고 샘물 역시 차라투스트라와 그 주변의 모든 것을 되비춰 준다.

> "벗들이여, 맑은 시선을 나의 기쁨의 샘 속으로 던져 보아라! (...) 샘은 그의 깨끗한 눈길로 너희를 향해 마주 웃어 주리라."(KSA 4, 126, 차라, 159쪽)

차라투스트라의 샘물은 일종의 순수한 시선이며 샘물을 통해 바라보는 자를 활기차게 반영하는 거울이다. 그 샘물은 목욕하는 사람을 젊게 만드는 그리스 신화 속 청춘의 샘이기도 하고, "나에게 떠오를 수 있도록 나의 속에 잠기시오."[10]라는 슈테판 게오르게에게 들려온 물결 소리이기도 하다. 이런 의미에서 차라투스트라의 샘물은 그를 젊게 되비추는 '나르시스의 물'이다. 동시에 차라투스트라가 스스로를 바라보는 샘물은 자기중심적인 나르시시즘뿐 아니라, 동시에 세계 전체를 되비추는 '우주적 나르시시즘'[11]을 뜻한다.

이 샘물 안에는 차라투스트라, 높은 산, 차가운 공기, 맑은 하늘과 먹이를 물어 오는 독수리가 있다. 여기서 독수리는 불새이며, 그가 날라주는 먹을거리는 불의 음식이다. 그것은 높은 곳에 위치한 차가운 샘물에 도달한 자에게만 허락되는 음식이다. 왜냐하면 그 음식은 천박한 자들의 입을 태워 버릴 수 있기 때문이다.

"진정, 깨끗하지 못한 자들이 우리와 함께 맛보아서는 안 될 그런 음식을! 그 자들이 그 같은 음식을 받아먹는다면, 그들은 불을 삼킨 줄 알 것이며 그들의 주둥이를 불에 데게 되리라."(KSA 4, 126, 차라, 159쪽)

반면에 그 음식은 차라투스트라에게는 '차가운 불'이다. 니체적 불이 차가운 불이라는 점은 3부 "감람산에서"에서도 확인할 수 있다.

"우상을 경배하기보다는 차라리 얼마만큼 이를 덜덜 떨겠다! 그것이 내 성미에 맞는 일이다. 나는 특히 발정을 하여 김을 내뿜는 후텁지근한 불의 우상 모두를 싫어한다."(KSA 4, 218, 차라, 282쪽)

---

10   가스통 바슐라르, 『물과 꿈』, 208쪽
11   위의 책, 41쪽

이와 같이 차가움과 높음, 그리고 불의 메타포는 서로 연결된다.[12] 이 것들은 지금 차라투스트라의 샘물 안에 들어 있다. 그의 샘물은 마치 발자크가 "물은 불타는 물체이다.", 혹은 노발리스가 "물은 젖은 불꽃 이다."[13]라고 말한 것과 같은 의미의 '불의 물'이다. 불의 물로서 차라 투스트라의 샘물은 엠페도클레스가 자신의 몸을 던진 에트나 화산의 물과 같이 고독한, 그러나 자유로운 불의 물이다.[14] 스스로 소멸함으로 서 다시 살아나는 에트나 화산이 갖는 관념성은 횔덜린이 추구한 '부성 의 에테르'[15]이기도 하고, 니체가 주장하는 디오니소스이기도 하다.

이렇게 니체는 천박한 자들의 물과 차라투스트라의 샘물이라는 메타 포를 대비한다. 그렇다면 메타포를 통해 니체가 비판하려는 천박한 자 들에 속하는 부류는 누구인가?

이들은 "천민들에 대하여"에서 '권력을 추구하는 자들', '글이나 갈 겨쓰는 자들', '쾌락이나 쫓는 자들'이라고 묘사된다. 이들이 누구인지 는 여러 곳에서 다뤄지는데, 여기서는 "타란툴라에 대하여", "이름 높 은 현자에 대하여", "크나큰 사건에 대하여", 그리고 3부 "그냥 지나쳐 가기에 대하여"를 중심으로 살펴보고자 한다. 여기서 다뤄지는 주제는 민주주의, 사회주의, 언론, 대도시, 교회, 국가, 돈(자본주의)이다.

---

12   가스통 바슐라르, 『공기와 꿈』, 244쪽 참조

13   가스통 바슐라르, 『물과 꿈』, 138, 140쪽

14   가스통 바슐라르, 『불의 시학의 단편들』, 189쪽 참조

15   위의 책, 206쪽

5) 사회주의 비판

"타란툴라에 대하여"에서 차라투스트라는 사회주의를 비판한다. 그는 사회주의자들의 본질이 원한감정, 복수심에 있다는 것을 밝힌다.

> "평등을 설교하는 자들이여, 영혼에 현기증을 일으키는 너희에게 나는 비유를 들어 말하련다. 너희야말로 타란툴라요, 은밀하게 복수심을 불태우고 있는 자들이다!"(KSA 4, 128, 차라, 161쪽)

여기서 차라투스트라는 사회주의가 주장하는 평등이란 개념과 평등을 이루기 위한 방법을 비판한다. 왜냐하면 인간은 평등하지 않기 때문이다.

> "사람들은 평등하지 않다 (...) 사람들은 평등해서는 안 된다!"(KSA 4, 130, 차라, 164쪽)

모든 인간은 각각 자기 자신을 초극해야 하는 존재이다. 자신을 극복하고 상승해야 하는 존재로서 인간은 모순과 불평등을 필요로 한다.

> "(사람들은) 천 개나 되는 교량과 작은 판자 다리를 건너 미래를 향해 돌진해야 한다. 그리고 그들 사이에 더 많은 전투가 벌어지고 더 많은 불평등이 조성되어야 한다. 나의 위대한 사랑이 내게 이렇게 말하도록 하고 있다!"(KSA 4, 130, 차라, 164쪽)

이때 등장하는 메타포가 '다리', '기둥', '사다리'이다. 다리는 이쪽에서 저쪽으로 옮겨 가기 위해 필요한 존재자로서 머리말에서 묘사되는 밧줄과 다르지 않다. 또한 기둥과 사다리는 위로 향하려는 상승에의 의지를 표현한다.

> "생은 스스로 기둥과 사다리를 사용하여 자신을 높이 세우고자 한다. 생은 먼 곳을, 행복한 아름다움을 내다보고 싶어 한다. 그러기 위해 생은 높이 오를 필요가 있는 것이다."(KSA 4, 130, 차라, 164쪽)

인간은 자신 안에서도 평등하지 않은 존재이다. 상승에의 의지는 저절로 이루어지는 것이 아니라 스스로의 노력을 필요로 하기 때문이다.

> "나의 가르침은 언젠가 나는 법을 배우고자 하는 자는 먼저 서는 법, 걷는 법, 달리는 법, 기어오르는 법, 춤추는 법부터 배워야 한다는 것이다. 처음부터 나는 법을 배울 수는 없는 일이다."(KSA 4, 244, 차라, 317쪽)

따라서 평등이 가능하다면 단지 스스로를 초월하는 자들 사이의 평등이 가능할 뿐이다. 반면에 사회주의자들이 외치는 평등은 중력의 악령에 의해 낮아진 평등을 뜻한다. 이 점은 정의에 입각한 지배계급의 평등과 피지배계급 사회주의자들의 평등을 구분하는 니체의 입장에서도 확인할 수 있다.

> "지배계급의 고상한 (...) 대표자들은 아마 '우리는 인간을 평등하게 다루고 그들에게 동등한 권리를 인정하려고 한다.' 라고 맹세할 수도 있을 것이다. 그러한 한에서는 정의에 입각한 사회주의적 사고방식이 가능하다. 그러나 이것은 (...) 정의를 실행하는 지배계급 내에서만 가능한 일이다. 이에 반해

서 피지배계급의 사회주의자들과 (...) 같이 권리의 평등을 요구하는 것은 더 이상 정의의 발로가 아니라 욕망의 발로이다."(KSA 2, 293, 인간 I, 361쪽)

사회주의자들이 외치는 평등은 모든 인간을 가축 떼로 낮추려는 시도이며, 그것은 자신보다 우월한 존재에 대한 질투와 시기에서 비롯되었다는 것이다. 그들은 평등을 성취하기 위해 필요한 힘을 사람의 '수'를 통해 확보하려고 하며, 이를 위해 '선동'을 한다는 것이다.

"우리의 앙갚음이 일으키는 폭풍우에 세계가 온통 휘말리는 것이야말로 우리에게는 정의이다."(KSA 4, 128, 차라, 162쪽)

그런데 선동을 통해 확보된 평등은 또다시 힘을 갖게 된 수의 평등일 뿐, 그 수에 속해 있는 개개인의 평등은 아니다.

"사회주의는 단순히 개인주의의 선동 수단에 불과하다. 사회주의는, 어떤 것을 달성하기 위해 사람을 총체적 활동에로, 하나의 '힘'으로 조직해야 한다는 점을 파악하고 있다. 그러나 사회주의가 의욕하는 것은 개인들의 목적으로서의 사회 조직이 아니라, 다수의 개인들을 가능하게 만들기 위한 수단으로서 사회 조직이다."(WzM, 522쪽)

사회주의자들의 주장은 인간 개개인의 존재를 목적으로 하는 것이 아니라 단지 다수의 군중이란 수를 확보하려는 시도이며, 이때 진정한 의미의 개인은 말살된다.

"그들(타란툴라)이야말로 일찍이 누구보다도 세계를 비방했던 자들이요, 이

단자를 화형에 처한 자들이 아니었던가."(KSA 4, 130, 차라, 163~164쪽)

이런 한에서 사회주의는 그리스도교적 '죽음의 설교자' 나 전제주의의 또 다른 형태라고 볼 수 있다.

"수단의 관점에서 본 사회주의 ― 사회주의는 거의 노쇠해 버린 전제주의의 뒤를 이으려는 공상적인 동생이다. 따라서 사회주의의 노력들은 가장 깊은 의미에서 반동적이다. 왜냐하면 사회주의는 전제주의만이 가졌던 것과 같은 국가권력의 충만함을 갈망하기 때문이며, 개인의 진정한 파멸을 추구함으로써 과거의 모든 것을 능가하기 때문이다. (...) 따라서 사회주의는 은밀히 공포정치의 조짐을 보이고, 제대로 교육받지 못한 대중에게 머리에 못을 박듯이 '정의' 라는 단어를 머리 속에 박아 둔다."(KSA 2, 307, 인간 I, 378쪽)

개개인의 초월에의 의지를 부정하고 모든 인간을 군중이라는 수로 환원하는 사회주의자들은 이미 데카당스적인 자들이다.

"이들이야말로 악랄한 족속이며 열등한 피를 타고난 족속이다. 이들의 얼굴에서 사형 집행인과 정탐꾼의 모습을 볼 수 있지 않은가."(KSA 4, 129, 차라, 163쪽)

"소유하고 더 많이 소유하기를 의욕하는 것, 한마디로 성장하려는 것, 그것이 삶 자체이다. 사회주의의 가르침 안에는 '삶의 부정에의 의지' 가 숨어 있다. 이러한 가르침을 고안해 내는 것은 태생이 나쁜 인간이나 종족임에 틀림 없다."(WzM, 91쪽)

나아가 니체는 사회주의자들이 주장하는 '공평한 소유'에 대해서도 부정적으로 평가한다. 왜냐하면 역사적으로 볼 때, 공평한 소유를 확보하려는 시도는 평등한 분배나 소유권을 폐지하고 공동체에 귀속하는 방법으로 가능하며, 진정한 의미의 평등한 토지 분배는 역사적으로 성취된 적이 없기 때문이다. 니체에 의하면 인간은 이상주의자들의 견해와 같이 그렇게 낙관적으로 볼 수만은 없는 존재로서, 평등한 분배를 행하는 과정에서 나타나는 타자에 대한 의심과 질투심, 그리고 평등한 정도 자체에 대한 의심과 시기가 항상 평등한 분배를 방해했다는 것이다. 또한 소유권을 폐지하고 공동체에 귀속해야 한다는 당시 사회주의자들의 주장에 대하여, 니체는 이러한 주장 역시 플라톤에 의해 시작된 인간에 대한 오해에서 비롯되었다고 비판한다.

"플라톤이 소유의 폐기와 함께 이기심도 지양된다고 생각했다면, 이기심이 없어지면 아마도 인간에게는 어떤 경우에든 네 가지 덕도 남지 않게 될 것이라고 대답해야 할 것이다. (...) 허영심과 이기심이 없다면 ― 도대체 인간의 덕이란 무엇이란 말인가. (...) 사회주의자들에 의하여 계속 찬양되고 있는 플라톤의 유토피아적인 기초 선율은 인간에 대한 지식의 결여에 근거하고 있는 것이다."(KSA 2, 680, 인간 II, 398쪽)

이와 달리 니체는 인간을 너무 낙관적으로도 너무 비관적으로도 이해하지 않는다. 오히려 인간은 수많은 가능성을 자신 안에 간직한 존재로, 인간에게 중요한 것은 이렇게 다양한 존재의 파편을 어떻게 극복해 내고 새로운 자신의 존재를 창조해 낼 수 있는가에 달려 있다.

"선과 악, 부유함과 빈곤함, 숭고함과 저열함, 그리고 가치의 모든 명칭. 이것들은 무기가 되어야 하며, 생은 항상 자기 자신을 극복해야 한다는 것을 말해 주는 달그락거리는 표지가 되어야 한다."(KSA 4, 130, 차라, 164쪽)

말하자면 사회주의자가 비판하거나 주장하는 사회 문제 모두는 역사적으로 다양한 전사를 가지고 있으며, 역사를 살아가는 인간은 유산자나 무산자 모두 그러한 전사로부터 자유로울 수 없다는 것이다. 따라서 사회주의자들이 제기하는 문제는 오히려 인간의 '정신'의 극복을 통해 성취되어야 한다는 것이 니체의 입장이다.

"부당한 생각은 가진 것이 없는 사람들의 마음속에도 숨겨져 있다. 그들은 소유한 자들보다 더 선하지도 않고 도덕적인 우선권을 가지고 있지도 않다. (...) 강제적인 새로운 분배가 아니라 점진적인 의식의 개조가 필요한 것이다. 정의는 모든 사람 속에서 좀 더 커지고, 폭력적인 본능은 더 약해져야만 한다."(KSA 2, 293-294, 인간 I, 361-362쪽)

이런 일은 사회주의자들과 같이 소란스러운 선동에 의한 것이 아니라 조용한 말과 고요한 시간에 이루어질 수 있는 것이다.

"가장 큰 사건들, 그것은 우리의 더없이 요란한 시간이 아니라 더없이 적막한 시간이다. 새로운 소란을 일으키는 사람이 아니라 새로운 가치를 창출하는 사람 주위로 세계는 돈다. 소리 없이 조용히 돈다."(KSA 4, 169, 차라, 218쪽)

6) 자본주의 비판

사회주의와 자본주의는 외형적으로 볼 때 서로 반대되는 제도처럼 보이지만, 그 본질에서는 고귀한 이념과 정신을 부정하고 모든 가치를 오직 물질에 둔다는 공통점을 지닌다. 니체에 의하면 자본주의는 정신이 사라진, 정신이 없어진, 혹은 정신을 오도하는 제도이다.

> "우리의 시대는 경제에 대하여 아무리 말을 많이 해도 낭비의 시대이다. 그것은 가장 귀중한 것, 즉 정신을 낭비한다."(KSA 3, 158, 아침놀, 196쪽)

자본주의는 정신을 말살한 상태로, 단지 물질만을 추구한다. 이 점에서 자본주의는 농촌이 아니라 대도시와 밀접하게 연결된다. 왜냐하면 대도시야말로 수많은 상품과, 이것을 구매하고 팔려는 사람들로 넘쳐나기 때문이다. 자본과 욕망이 어우러져 만들어진 대도시를 니체는 차라투스트라의 원숭이를 통해 '모든 포말이 모여 거품을 내는, 커다란 허섭쓰레기', 혹은 죽은 정신에 의해 악취가 나는 곳으로 묘사한다.

> "벌써 정신을 도살하고 요리하는 도살장과 요릿집 냄새가 나고 있지 않습니까? 이 도시는 도살된 정신이 내뿜는 증기로 자욱하지 않습니까?"(KSA 4, 222–223, 차라, 287–288쪽)

대도시는 '독 파리들이 윙윙대는 시장터'와 연결되며, 대도시에 살고 있는 사람들은 '잽싼 원숭이', 혹은 '성대하게 차려입고 요란을 떠는 어릿광대'로 묘사된다. 이들은 모든 것을 작게 만들고, '근절되지 않는 벼룩'과 같은 최후의 인간이다. 그들은 스스로 행복을 만들어 냈고

자신도 행복하다고 생각하지만, 사실은 행복이 무엇인지 자기 자신의
존재가 무엇인지도 모르는 '가장 경멸스러운 자'이다. 그들이 추구하는
것은 단지 더 많은 물질과 권력뿐이다. 이것들을 얻기 위해 그들은 모
든 수단과 방법을 가리지 않는다.

"이들 존재할 가치가 없는 자들을 보라! 부를 축적하지만 그들은 점점 가난
해진다. 그들은 권력을 원하며 그 무엇보다도 먼저 권력의 지렛대인 돈을 원
한다. 이 무능력하기 짝이 없는 자들은! 이들 잽싼 원숭이들이 어떻게 기어
오르는가를 보라! 그들은 앞다투어, 남을 타고 넘어 기어오르다가 모두 진흙
과 나락으로 떨어지고 만다."(KSA 4, 63, 차라, 79쪽)

자본주의 시대에 대도시에 사는 사람들이 이렇게 살아가는 이유는
그들 모두 자본주의가 확대 재생산한 욕망에 사로잡혀 있기 때문이다.
그들은 끊임없이 물질을 소유하려는 욕망으로 가득 차 있다. 그러나 욕
망은 자신이 욕구하는 특정한 물질을 얻는다고 해도 해결되지 않는다.
욕망이 정작 욕구하는 것은 특정한 물질이 아니라 끊임없이 새로운 물
질이며, 더 정확히 말하면 물질 자체가 아니라 물질에 대한 욕망 자체
이기 때문이다. 욕망은 이미 소유한 것에 대하여 더 이상 욕구를 느끼
지 않으며, 항상 소유하지 못한 것을 향해 움직이는 특징을 지닌다. 확
대된 욕망을 근거로 자본주의는 끊임없이 새로운 상품을 생산하며 그
것을 소비하도록 유혹한다. 이와 같이 자본주의는 '부재하는 것에 대한
욕망'을 통해 유지되고 확대되는 제도인 것이다. 부재하는 것에 대한
욕망을 부추기기 위해 자본주의는 비밀스러운 전략을 필요로 한다. 그
것이 바로 매스 미디어이다. 그것은 광고나 문화 산업의 형태로 대도시
인들을 유혹하고 그들의 판단력을 잃게 만든다. 매스 미디어의 시대에

언론은 '소리치고 귀를 먹먹하게 하며 자극하고 놀라게 하여' 현대인의 '청각과 감각을 잘못된 방향으로 돌리게 하는 영원한 눈먼 소'(KSA 2, 511, 인간 II, 185쪽), 혹은 대도시가 내뿜는 개숫물과 같은 것이다.

> "그대는 어떻게 하여 정신이 한낱 말장난으로 전락했는지를 들어 보지 못했습니까? 정신은 여기에서 역겨운 말의 개숫물을 토해 내지요! 그리고 사람들은 이와 같은 말의 개숫물로 신문이라는 것을 만들어 내지요."(KSA 4, 223, 차라, 288쪽)

이런 점에서 자본주의 자체나 자본주의를 그럴듯하게 포장하는 매스미디어는 진리나 정의, 도덕성에는 아무런 관심도 갖지 않는다. 자본주의는 단지 더 많은 부와 권력을 원할 뿐이며, 이렇게 획득한 힘과 부를 통해 자본주의는 진리와 정의 또한 획득할 수 있다고 주장하는 것이다. 이런 의미에서 현대의 자본주의는 '정의는 강자의 이익'이라고 외쳤던 소피스틱을 반영하고 있는 것이다. 즉 자본주의와 언론이 추구하는 전략의 본질은 소피스틱인 것이다. 그러나 현대인은 자본주의의 본질이 소피스틱이라는 점을 알지 못한다. 왜냐하면 '그들은 하나같이 병들어 있고 여론이란 것에 중독되어 있기'(KSA 4, 223, 차라, 288쪽) 때문이다.

현대인들이 욕망과 물질을 탐닉하는 또 다른 이유는 현대인의 내부에 알 수 없는, 혹은 알지 못하는 불안이 지배하기 때문이다. 불안하기 때문에 현대인은 더 많은 돈과 권력을 추구하며, 더 많은 욕망에 스스로를 묻어 버리는 것이다. 니체에 의하면 자본주의 현상의 배후엔 욕망뿐 아니라 불안이 야기하는 초조함이 놓여 있다.

이러한 초조함과 불안으로부터 벗어나기 위해 그들은 소비하고 욕망할 뿐 아니라 노동을 하기도 한다. 노동은 일종의 '소일거리'이기 때문

이다. 그런데 즐거움을 주는 노동의 배후에도 현대인의 불안과 공포가
깔려 있다.

> "노동을 찬미하는 사람 — 사람들이 '노동'을 찬미하고, '노동의 축복'에 대
> 해 지치지 않고 말할 때, 나는 그것들에서 (...) 모든 개인적인 것에 대한 공
> 포를 본다. 사람들은 지금 이러한 노동 — 고된 노동 — 을 보며 이런 노동이
> 야말로 최고의 경찰이며, 그것이 모든 사람을 억제하고 이성, 열망, 독립욕
> 의 발전을 강력히 저지할 수 있다는 사실을 깊이 느낀다. (...) 고된 노동이
> 끊임없이 행해지는 사회는 보다 안전하게 될 것이다. 그리고 이 안전이 현재
> 는 최고의 신성으로서 숭배되고 있다."(KSA 3, 154, 아침놀, 191쪽)

노동을 통해 현대인은 자신이 전체 사회에 편입되어 있다는 사실을
확인하고, 그로부터 편안함을 느낀다. 노동은 자신이 홀로 존재하는 개
인이라는 점을 잊게 해 준다. 이러한 편안함은 자본주의 체제하에서 또
다른 노예가 된다는 조건하에서 얻어진 편안함이다. 자본주의는 더 많
은 자본을 얻기 위해 노동자에게 과잉 노동을 요구하기 때문이다. 따라
서 과거의 노예제도로부터 벗어나고자 했던 인류의 모든 노력과 상반
되게도, 자본주의 사회에 이르러 새로운 형태의 예속과 노예 상태가 나
타나게 되는 것이다. 그것은 노예의 노동보다 더 열악해진 노동이다
(KSA 2, 296, 인간 I, 365쪽). 왜냐하면 현대의 노동자들은 자신의 노
동으로부터 소외된 노동을 착취당할 뿐 아니라 기술과 결합된 자본주
의 사회에서 기계에 의해서도 소외를 당하기 때문이다.

> "기계는 어느 정도 굴욕감을 주는가. — 기계는 비인격적이며 노동에서 긍
> 지를 앗아 가고, 기계에 의하지 않는 모든 노동에 붙어 다니는 개인적인 장

점과 결점 ― 즉 한 줌의 인간미를 앗아 간다. 과거에는 수공업자들에게서 물건을 사는 것은 모두 그 인물을 표창하는 것이었으며 그 인물의 표시에 사람들은 둘러싸여 있었다: 가구와 의복은 그렇게 상호 가치 평가와 인격적 동질성의 상징적 표현이 되었다. 반면에 오늘날 우리는 익명의, 그리고 비인격적인 노예 상태 한가운데 살고 있는 것처럼 여겨진다 ― 노동의 편의를 너무 비싼 값으로 사서는 안 될 것이다.”(KSA 2, 682-683, 인간 II, 401쪽)

이와 같이 자본과 기계에 의해 소외된 노동과 달리, 니체는 바람직한 노동에 대해서도 말한다. 그것은 '정의로운 노동'이다.

“노동의 가치 ― 모든 노동은 그것이 강함과 약함, 그리고 지식과 욕망이 필연적으로 복합될 때 좋거나 나쁜 것이 되는 것과 마찬가지로, 그렇게 좋은 노동이 되거나 나쁜 노동이 된다. (...) 오직 이익이라는 관점만이 노동의 평가를 만들어 내는 것이다. (...) 정의라고 부르는 것은 이러한 부분에서 아마 최고로 세련된 유용성이라는 자리에 있는 것이리라. 그 유용성은 그 순간만을 고려하여 기회를 이용하는 것이 아니라 모든 상황의 영속성을 생각하고, 따라서 노동의 복지와 노동자의 육체적 정신적 만족에도 주의를 기울인다. (...) 오늘날 사람들이 이해하고 있는 것처럼 노동자의 착취는 어리석은 행위이며 미래를 대가로 하는 약탈이자 사회를 위태롭게 하는 것이다.”(KSA 2, 681-682, 인간 II, 399-400쪽)

7) 민주주의 비판

헤겔에 의하면 국가는 절대정신이 실현된 존재를 뜻한다. 국가는 개인
에 비해 월등하게 우월한 가치를 지니며, 개인은 국가를 위한 계기에
불과하다. 이러한 헤겔적 국가관은 당시 독일 철학뿐 아니라, 정치사회
적인 측면에서도 타당한 것으로 여겨졌다. 국가지상주의자들에게 국가
는 과거의 신에 해당되는 현실성을 뜻하기 때문이다. 이런 의미에서 국
가는 다음과 같이 외쳐 댄다.

> "이 땅에서 나보다 더 위대한 것은 없다. 나는 질서를 부여하는 신의 손가락
> 이다."(KSA 4, 62, 차라, 77쪽)

이러한 국가에 대하여 니체는 부정적이다.

> "국가란 온갖 냉혹한 괴물 가운데서 가장 냉혹한 괴물이다. 이 괴물은 냉혹
> 하게 속인다. 그리하여 그의 입에서 '나, 국가가 곧 민족'이라는 거짓말이
> 기어 나온다."(KSA 4, 61, 차라, 76쪽)

최대의 가치로서 국가는 국민에게 자신의 가치를 따를 것을 강요한
다. 국가의 명령을 따르는지 아닌지에 따라 선과 악이 결정된다. 그러
나 국가가 제시하는 선악이란 가치는 그 자체로 선험적이거나 절대적
으로 타당한 가치가 아니라, 오히려 거짓일 뿐이다.

> "국가는 선과 악이라는 온갖 말로 사람들을 속인다. 국가가 무슨 말을 하든
> 그것은 거짓말이다. 그리고 국가가 무엇을 소유하든 그것은 그가 훔친 것이

다.”(KSA 4, 62, 차라, 77쪽)

그럼에도 사람들은 국가라는 절대적인 가치를 원하고, 그 가치에 순종하며 의지하기를 원한다. 왜냐하면 국가는 사람들에게 안락과 편안함을 제공하기 때문이다. 그러나 니체에 의하면 국가의 본질은 진리가아니라 진리의 탈을 쓴 거짓, 즉 우상에 불과하다.

> “국가는 낡은 신을 극복한 너희까지도 꿰뚫어 본다! 너희는 전투에 지쳤고, 지친 나머지 새로운 우상을 섬기게 된 것이다 (…) 너희가 그에게 경배만 한다면 이 새로운 우상은 너희에게 무엇이든 주려 한다.”(KSA 4, 62, 차라, 77-78쪽)

국가가 사람들에게 제공하는 것은 로토파겐과 같은 거짓된 즐거움에 불과하며, 그 본질에서는 사람의 존재 자체를 멈추게 하고 결국은 천천히 죽게 하는 독과 같다.

> “좋은 사람과 나쁜 사람을 가리지 않고 모든 백성이 독배를 들게 되는 곳, 그곳을 나는 국가라고 부른다.”(KSA 4, 62, 차라, 78쪽)

자기 자신의 고유한 존재를 추구하고 매 순간 자신을 극복하려는 개인과 국가는 서로 양립할 수 없는 개념이다. 국가를 구성하는 사람들은 최후의 인간이며, 이들에게 국가는 약간의 따뜻함, 약간의 사랑, 단꿈을 꾸게 하는 얼마간의 독, 소일거리, 말하자면 약간의 행복을 제공하는 것이다.

"너무나도 많은 사람이 태어난다. 국가는 바로 존재할 가치조차 없는 이들
을 위해 고안된 것이다! 보라, 어떻게 국가가 이들 많은-너무나도-많은-자
들을 꼬드기는지를! 어떻게 그들을 삼켜서 씹고 되씹는지를."(KSA 4, 62,
차라, 77쪽)

국가는 교육과 교양, 문화, 언론을 통해 자신의 입장을 합리화함으로
써 자신들이 요구하는 명령과 권위를 반드시 따라야 할 법으로 규정한
다. 그러나 법의 본질은 더 많은 권력을 잡기 위한 추악한 욕망에 불과
한 것이다.

"국가 혹은 조직화된 비도덕성 — 내부적으로 경찰, 형법, 계급, 상업, 가족
이; 외부적으로는 힘, 전쟁, 정복, 복수에의 의지이다."(WzM, 485쪽)

이런 한에서 초인에의 길과 국가가 요구하는 길을 따르는 것은 서로
모순될 수밖에 없다.

"국가가 무너져야, 존재할 가치가 있는 사람, 꼭 있어야 할 사람들의 삶이 시
작된다. (...) 국가가 무너지고 있는 저쪽을 보라! 무지개와 초인에 이르는
다리가 보이지 않느냐?"(KSA 4, 64, 차라, 80쪽)

그럼에도 역사적으로 국가는 대다수의 사람에 의해 절대적인 존재로
인정되고 요구되어 왔다. 다만 민주주의에 이르러 국가의 절대적인 자
기주장과 명령이 어느 정도 약화되었을 뿐이다. 이러한 경향은 서구 유
럽 사회에서 되돌릴 수 없이 진행되어 왔다. 이 점에 대하여 니체는 다
음과 같이 말한다.

"유럽의 민주화 경향은 저지할 수 없다. (...) 유럽의 민주주의화는 바로 근대의 사상이며, 그것으로 우리가 중세와 현저하게 차별되는 저 거대한 예방학적 대책이라는 사슬의 일환인 것처럼 보인다."(KSA 2, 671-672, 인간 II, 387-388쪽)

근대에 성취된 민주주의라는 제도의 가장 큰 장점은 독재를 방지할 수 있는 검역 기관의 역할을 한다는 데 있다.

"백 년 동안의 검역 ― 민주주의 제도들은 독재적 야심이라는 오래된 전염병에 대한 검역 기관이다: 이러한 것으로서의 민주주의는 매우 유익하며 또 매우 지루한 것이다."(KSA 2, 683, 인간 II, 401쪽)

이러한 민주주의 제도는 유럽에서 사회주의가 확산되는 것을 막는 역할도 했다. 왜냐하면 당시 사람들은 민주주의 제도야말로 사회주의로부터 유럽을 보호할 수 있는 효과적인 제도라고 보았기 때문이다.

"민주주의의 승리 ― 오늘날의 모든 정치 세력들은 강해지기 위해 사회주의에 대한 불안을 활용하려는 시도를 하고 있다. 그러나 지속적으로는 결국 민주주의만 거기서 이익을 얻게 될 것이다. 왜냐하면 모든 당파는 이제 '민중'에게 아첨하고 대중에게 온갖 종류의 편의와 자유를 주고 있어서, 대중은 마침내 절대적인 힘을 가진 존재가 될 것이고 (...) 사회주의를 망각하게 될 것이다."(KSA 2, 683-684, 인간 II, 402쪽)

그런데 니체는 사회주의뿐 아니라 민주주의에 대해서도 비판적 입장을 취한다. 민주주의의 본질 속에서 그리스도교와 같은 데카당스적인

특징을 발견하였기 때문이다. 즉 민주주의는 그리스도교가 자연화된
제도라는 것이다.

> "민주주의는 자연화된 그리스도교이다. 그리스도교는 극단적인 반자연성을
> 통해 반대 가치들이 극복된 이후 나타난, 일종의 '자연에의 복귀'이다 — 그
> 결과, 귀족주의적 이상은 이제 자신의 자연성을 박탈당하게 된다."(WzM,
> 155쪽)

또한 니체가 민주주의를 비판하는 이유는 민주주의가 위대한 개인을
거부하는 제도이며, 그것은 귀족정치에 대한 부정을 뜻하기 때문이다.

> "귀족정치는 엘리트들이나 고급 계급에 대한 신앙을 대표한다. 민주정치는 위
> 대한 인간들이나 엘리트 사회에 대한 불신앙을 대표한다: '각각의 사람은 모
> 두 동일하다', '근본적으로 우리 모두는 가축이자 천민이다.'"(WzM, 504쪽)

이렇게 니체는 근대 민주주의를 '위대한 개인'이 아니라, '가축 떼'
에 의해 구성된 제도로 본다. 그런데 새로운 것을 창조할 수 있는 개인,
스스로 자신의 존재를 책임질 수 있는 개인과 달리, 가축 떼로서 군중
은 무책임성을 자유라고 생각하고, 정당한 권위를 구속으로 생각하며,
단지 자신의 이익만을 위해 재빠르게 살아갈 뿐이다. 이 점에서 니체는
가축 떼로 구성된 민주주의를 국가가 붕괴되는 상태로 파악한다.

> "현대성 비판 (...) 민주주의는 언제든지 조직력의 쇠퇴 형국이었다: 나는
> 『인간적인 너무나 인간적인 I』, 318에서 이미 현대 민주주의와 '독일제국'
> 과 같은 (...) 불완전하고 어중간한 형태를 통틀어 국가의 붕괴 형국으로 규

정한 바 있다. (...) 제도들이 존재하기 위해서는 (...) 전통에의 의지가, 수
세기 동안 지속되는 책임에의 의지가, 과거와 미래로 무한한 세대의 연속이
라는 연대성이 있어야 한다. (...) (그런데) 서구 전체는 제도들을 자라나게
하고, 미래를 자라나게 하는 본능들을 더 이상은 갖고 있지 않다. (...) 사람
들은 오늘을 위해 살고, 아주 재빠르게 살아간다. ─ 아주 무책임하게 살아간
다: 바로 이것을 사람들은 '자유'라고 부른다. (...) '권위'라는 말이 소리를
내기만 해도 사람들은 새로운 노예 상태의 위험이라고 믿는다. 우리의 정치
가와 우리의 정당들의 가치 본능에는 데카당스가 그만큼 심해져 있다."(KSA
6, 140-141, 우상, 178-179쪽)

민주주의는 항상 권력이 존재하고 권력의 의지에 의해 다스려지는
왕정과 달리, 다수의 의견을 반영하고 다수에게 지지받는 정당에 의해
권력이 변화되는 제도이다. 이런 점 때문에 민주주의는 잘못된 권력의
독재를 예방할 수 있는 장점을 지니지만, 동시에 다수의 의견이 잘못될
경우, 그리고 권력을 잡으려는 정당들이 그러한 다수를 만들어 나가거
나 다수의 의견에 무비판적으로 따를 경우, 그것은 또 다른 위험한 상
태로 빠져들 수 있게 된다.

"발언을 청하는 것 ─ 선동적인 성격과 대중에게 영향을 미치려는 의도는 현
재 모든 정치적 정당의 공통점이다: 모든 정당은 바로 이러한 의도 때문에
그들의 원칙들을 너무나 큰 우둔한 벽화들로 변형하여 그대로 벽에 그려야만
했다. 거기에서는 아무것도 바꿀 수 없다. 게다가 지금은 그 일에 대해서 이
의를 제기하는 일도 필요하지 않다. 왜냐하면 이 분야에서는 대중이 판단에
관여할 때에 모든 것이 끝이라는 볼테르의 말이 타당하기 때문이다."(KSA
2, 285, 인간 I, 351쪽)

민주주의는 독재로부터 해방을 약속하지만, 동시에 또 다른 전제정
치를 야기할 수도 있다.

"왕들의 위험 — 민주주의는 어떤 폭력 수단도 사용하지 않고 단지 끊임없이
합법적인 압력을 가하는 것만으로도 왕권과 제국을 텅 빈 것으로 만들 수 있
다: (...) 오늘날 왕들은 그렇게 텅 빈 것이 될 위험을 예방하기 위해서 (...)
전쟁, 즉 비상사태를 필요로 한다. 그 속에서는 민주주의적 폭력이 가진 그
완만한 합법적인 압력은 중단되기 때문이다."(KSA 2, 676, 인간 II, 393쪽)

이와 같이 민주주의에 대한 니체의 입장은 부정적으로 보인다. 그러
나 그는 또 다른 형태의 민주주의에 대해서도 언급한다. 그는 민주주의
에 의해 또 다른 전제정치가 벌어질 수도 있지만, 진정한 의미의 '전제
적 지배자'의 출현도 가능하다는 점을 지적한다.

"유럽의 민주화는 가장 미묘한 의미에서 노예근성을 준비하는 인간 유형을
산출하는 데 이르게 된다. (...) 동시에 유럽의 민주화는 본의 아니게 전제적
지배자를 — 이 용어를 모든 의미에서 또한 가장 정신적인 의미에서 이해한다
면 — 길러 내는 것을 준비하는 것이 된다."(KSA 5, 183, 선악, 239-240쪽)

이 인용문에 의하면 니체가 민주주의를 비판하고 귀족정치를 옹호한
다고 성급하게 결론을 내리기는 어려워 보인다. 물론 니체가 귀족정치
에 대하여 매우 긍정적인 태도를 보이는 것은 분명한 사실이다. 이러한
입장은 다음과 같은 문장에서 발견된다.

"우리는 더 고귀하다. — 충성, 관대함, 자신의 명예에 대한 염려. 이 세 가지

가 결합된 하나의 정신을 우리는 귀족적이고 고귀하며 고결하다고 부른
다."(KSA 3, 173, 아침놀, 215쪽)

"귀족의 미래 ─ 고귀한 신분을 가진 사람들의 거동에는 힘에 대한 의식이
그들의 사지 안에서 끊임없이 매력적으로 작용하고 있다는 사실이 표현된
다."(KSA 3, 175, 아침놀, 217쪽)

그러나 유럽에서 민주주의가 실제 진행되고 있다는 점과 귀족정치로
의 회귀가 현실적으로 쉬운 일이 아니라는 점을 고려한다면, 우리는 새
로운 형태의 민주주의에 대한 니체의 주장에 관심을 가져야 할 것이다.
니체는 당시의 실제 민주주의에 대하여 비판하지만, '자신의 과제를 달
성하고, 오래된 병이 재발하는 것을 극복한 상태의 민주주의'(KSA 2,
305, 인간 I, 376-377쪽)에 대한 희망 역시 표현하기 때문이다.

"민주주의의 목표와 수단 ─ 민주주의는 가능한 한 많은 사람에게 자유, 즉
의견, 생활양식, 영업의 자유를 주고 또 그것을 보장하려 한다. 그러기 위해
서는 민주주의는 무산자뿐 아니라 진정한 부자들에게 정치적 투표권을 인정
해 주지 않아야 할 필요가 있다. (…) ─ 나는 어떤 도래하고 있는 것으로서
의 민주주의에 대하여 말하고 있다. 지금 이미 민주주의라고 불리고 있는 것
은 단순히 새 말을 타고 달린다는 점에서만 과거의 통치 형태와 다를 뿐이
다: 길은 여전히 옛 길이고 수레 역시 여전히 옛 수레인 것이다. ─ 민족의
복지를 실은 이러한 마차의 위험은 과연 줄어든 것일까?"(KSA 2, 685, 인간
II, 403-404쪽)

여기서 니체는 당시의 민주주의와 도래하고 있는 민주주의를 비교한

다. 이러한 민주주의가 어떤 형태와 구조를 갖는지에 대하여 니체는 더이상 언급하지 않는다. 그러나 그러한 민주주의는 자신의 존재를 극복하고 스스로 책임지는, 자유정신을 지닌 '귀족적인 개인'에 의해 자발적으로 구성된 민주주의일 것이라는 점은 분명해 보인다.

8) 세 노래

a. 밤의 노래: 샘물

니체는 『즐거운 학문』 342번에서 차라투스트라의 등장과 더불어 비극이 시작되었다고 말한다. 이에 따르면, 『차라투스트라는 이렇게 말했다』는 전체적으로 볼 때, 비극적 작품이고 고독한 인간의 자기고백이며 고독 자체에 대한 노래이자 송가이다.

> "내 인간애는 끊임없는 자기극복이다. — 하지만 나는 고독이 필요하다. (...) 내게는 회복, 내 자신에게 되돌아옴, 자유롭고 가볍게 유희하는 공기의 숨결이 필요하다. (...) 내 『차라투스트라는 이렇게 말했다』 전체는 고독에 대한 송가이다."(KSA 6, 276, 사람, 346쪽)

물론 이 작품 안에는 부분적으로 유쾌하고 자긍심 넘치며 행복에 가득 찬 부분도 있다. 예를 들어 니체는 3부 "해 뜨기 전에"를 '에메랄드 빛 행복, 신적인 부드러움에 대한 송가'(KSA 6, 345, 사람, 432쪽)라고 묘사한다. 그럼에도 이 작품을 지배하는 주도적인 분위기는 비극이며, 그중에서도 "밤의 노래"는 가장 우울한 송가에 속한다.

"디오니소스의 가장 깊은 우울 또한 송가가 되었다; 이에 대한 표시로 나는 '밤의 노래'를 들어 보겠다. 이 노래는 빛과 힘의 충일 때문에, 그리고 자기의 태양적인 본능 때문에 사랑할 수 없는 비운을 타고난 데에 대한 불멸의 탄식을 하고 있다."(KSA 6, 345, 사람, 432쪽)

이러한 디오니소스적 송가는 "밤의 노래", "춤의 노래", "무덤의 노래"로 이어진다. 이 세 노래는 『차라투스트라는 이렇게 말했다』에서 제목이 '노래'로 표현되며, "춤의 노래"를 제외한 "밤의 노래"와 "무덤의 노래"의 마지막 부분은 "차라투스트라는 이렇게 노래했다"로 끝난다. 그렇다면 이렇게 표현한 이유는 무엇일까?

'밤의 노래'라는 제목에서 '밤'과 '노래'는 무엇을 의미하는가? 전통적으로 서구 형이상학에 의하면 밤과 어둠은 부정적인 의미로 사용되었다. 어둠을 비진리의 영역으로 낙인찍은 파르메니데스가 전해 주는 신화 속 진리의 길은 어둠으로부터 밝음으로 향하는 길이다. 진리를 원하는 자는 인식의 밤과 어둠으로부터 벗어나야만 한다. 밤은 낮의 진리성이 결핍된 상태에 불과하며, 빛의 확실한 인식과 달리 불확실하고 불명확한 인식에 머물러 있다. 나아가 파르메니데스에게 밤은 '존재하지 않는다'. 다만 사람들이 인식의 편이성을 위해 낮과 밤을 대립시켰을 뿐이다. 낮이 존재하는 것과 달리, 밤은 존재하지 않으며, 단지 이름만 가지고 있을 뿐이다.

이러한 주장은 소크라테스와 플라톤에 이르러 절정에 이른다. 플라톤의 철학은 '빛의 철학'이라 불린다. 그가 진리를 해명하기 위해 자주 사용한 메타포는 '태양', '빛'이다. 진리는 태양과 태양이 위치한 청명하고 높은 하늘과 연결된다. 반면에 낮고 불투명한 대지는 비진리의 장소가 된다. '태양의 비유'를 통해 플라톤이 제시하는 것은 사물을 명확하고 올바로 보기 위해 인간의 눈과 빛, 그리고 빛의 근원인 태양이 필요하듯이, 정신적 존재를 명확하고 올바로 인식하기 위해서는 정신의 눈과 진리의 빛, 그리고 진리의 근원인 신(선의 이데아)이 존재해야 한다는 것이다. 이제 진리의 장소는 신, 그리고 신적 이성에 놓이게 된다. 이로부터 낮-밝음-이성-진리-선-미-하늘-영혼-남성이 한 계열에 속하게 되고, 그 반대 계열에 밤-어둠-비이성-비진리-악-추-대지-신체-여성이 속하게 된다. 나아가 밤은 비진리일 뿐 아니라 악의 영역으로 전락한다.

그러나 형이상학적 사고 이전의 고대 그리스 정신에 의하면 밤에 대한 이해는 전혀 달랐다. 예를 들어 헤시오도스의 「신통기」에 따르면 혼돈(Chaos)으로부터 밤(Nyx)과 어둠(Erebos)이 태어난다. 그리고 밤과 어둠 사이에서 낮(Hemera)과 푸른 하늘(Aether), 불화(Eris), 죽음(Thanatos), 잠(Hypnos), 운명(Moira), 꿈(Oneiroi) 등이 태어난다. 우리는 헤시오도스의 「신통기」에서 밤이 어둠, 잠, 죽음 등과 연결된다는 점 외에, 밤으로부터 낮이 태어났다는 것을 확인할 수 있다. 밤과 낮, 밤의 어둠과 낮의 밝음은 대립 개념이 아니다. 밤의 어둠은 낮의 밝음이 결핍된 상태를 뜻하지 않는다. 오히려 밤은 낮을 탄생시켰으며, 이런 의미에서 밤은 낮의 존재 근원이다. 이렇게 그리스 신화에서 밤은 낮에 비해 부정적인 의미나 결여적인 의미를 지니지 않는다.

니체의 밤은 서구 형이상학적인 개념이 아니라 그 이전의 고대 그리스 정신과 연관된다. 니체에게 밤은 낮보다 더 근원적이다. 낮은 존재자들을 개별화하고, 분리하는 데 반해, 밤은 그렇게 개별화된 각각의 존재자를 다시 거대한 통일성 안으로 끌어들인다. 낮의 언어는 개별화되고 분절된 언어인데 반해, 밤의 언어는 개별화 이전의 언어이다. 밤의 언어는 낮의 말로부터 해명될 수 없다. 이런 의미에서 밤의 말은 말이전의 말, 혹은 말이 아닌 말이다. 밤이 건네는 말은 침묵의 말이며, 무언의 침묵 앞에서 낮의 말은 더 이상 존재할 수 없는 것이다. 이런 경험을 니체는 다음과 같이 표현한다.

"거대한 침묵 속에서 (...) 돌발적으로 우리를 엄습하는 이러한 거대한 침묵은 아름답고 소름 끼치는 것이다. 이때 가슴은 충만하게 된다. (...) 그것은 새로운 진리 앞에서 경악을 금치 못한다! 내 가슴도 말을 할 수 없게 된다. (...) 말하는 것뿐 아니라 사유하는 것이 내게는 가증스러운 것이 된다."
(KSA 3, 259–260, 아침놀, 331–332쪽)

이렇게 더 이상 말이 아닌 침묵의 말을 니체는 '노래'라고 표현한다. 말이 그치는 곳에서 음악이 울려 퍼지기 시작하고, 음악이 그칠 때 말의 소음이 일어나는 것이다. 이 외에도 니체가 "밤의 노래"라는 제목을 선택한 이유는 노래(음악)가 밤의 예술이기 때문이다.

"밤과 음악 — 사람들이 어둠에 대한 두려움에 사로잡혔던 시대는 인류 역사상 가장 길었던 시대였던 바, 이러한 시대의 생활양식에 따라 두려움의 감각 기관인 귀는 오직 밤과 깊은 숲과 동굴의 어둠 속에서만 오늘날 볼 수 있는 것처럼 훌륭하게 발전할 수 있었다. 밝음 속에서 귀는 그다지 필요하지 않다. 바로 이것이 음악이 밤과 석양의 예술이라는 성격을 갖게 된 이유이다."
(KSA 3, 205, 아침놀, 258쪽)

밤에 대한 니체의 찬가는 독일 낭만주의자들에 의해 시도되었던 고대 게르만적인 고향에 대한 향수와 무관하지 않다. 슈펭글러는 게르만 신화와 밤의 관계에 대하여 다음과 같이 말한다.

"게르만의 신들과 영웅 주위에는 일찍부터 거부적인 넓이와 수수께끼 같은
암흑이 퍼져 있었다. 그것들은 밤의 음악 속에 잠겨 있었다. 왜냐하면 대낮
의 빛은 육안에 대해 한계를 만들고, 따라서 체구적인 사물을 만들기 때문이
다. 밤은 해체하고, 낮은 혼을 제거한다. 아폴론과 아테나는 '혼'을 지니지
않는다. (...) 발할라에겐 빛이 없다. 파우스트는 그 깊은 한밤중에 서재에서
깊은 생각에 잠긴다."[16]

밤에 대한 예찬은 노발리스의「밤의 찬가」나 횔덜린의「빵과 포도주」
에서도 확인할 수 있다. 횔덜린은 밤을 '호의'로 파악한다.

"숭고하디 숭고한 밤의 호의는 놀랍기만 하다. 또한 아무도/ 밤에 어디서,
어떤 일이 발생할지 전혀 알지 못한다/ (...)/ 그대에겐 밤보다 깨어 있는 낮
이 더 낫게 생각될 테니./ 허나 명료한 눈은 때로는 그림자를 사랑하는 법이
다."[17]

횔덜린에게 밤은 디오니소스의 시간이고, 시인은 디오니소스의 밤의
노래를 따라 부르는 사제이다.

"허나 그대는 말한다. 시인은 마치 성스러운 밤에 여러 나라를
배회하는, 포도주 신의 성스러운 사제와 같다고."[18]

이런 의미에서 밤은 낮의 빛과는 다르지만, 일종의 또 다른 빛이라고

---

16   오스발트 슈펭글러,『서구의 몰락』1권, 박광순 옮김, 범우사, 2000, 316쪽
17   프리드리히 횔덜린,『빵과 포도주』, 박설호 옮김, 민음사, 1997, 28~30쪽
18   위의 책, 44쪽

볼 수 있다. 따라서 서구 형이상학이 강조해 왔던 빛과 어둠, 낮과 밤의 구분은 더 이상 의미가 없다. 니체에게 빛과 어둠은 동시적이며, 순환적인 존재의 두 모습인 것이다. 그리고 "밤의 노래"에서 묘사되는 차라투스트라는 낮의 태양이 아니라 또 다른 의미의 태양, 즉 밤의 태양인 셈이다. 차라투스트라는 자신에게 다음과 같이 말한다.

"나는 내 자신의 빛 속에서 살고 있다. 나는 내게서 솟아 나오는 불꽃을 내 안으로 되마신다."(KSA 4, 136, 차라, 172쪽)

"오, 베푸는 모든 자의 불행이여! 오, 내 태양의 일식이여! 오, 갈망을 향한 갈망이여! 오, 포만 속에 도사리고 있는 게걸스런 허기여!"(KSA 4, 136-137, 차라, 173쪽)

차라투스트라는 스스로를 태양보다 더 빛나는 태양으로 생각하기도 한다.

"많은 태양이 황량한 공간 속에서 돌고 있다. 일체의 어두운 것에게 그들은 빛으로 말하지만, 내게는 침묵한다. 오, 이것이 빛을 발하는 자에 대한 빛의 적개심이다. 빛은 무자비하게 그의 길을 운행한다."(KSA 4, 137, 차라, 174쪽)

빛을 발하는 자로서 차라투스트라는 스스로에게 자긍심을 느낀다. 왜냐하면 모든 사람은 그의 빛에 의해 비로소 사물들을 볼 수 있으며, 빛의 근원으로서 차라투스트라는 모든 사람에게 환하게 빛나는 자이기 때문이다.

"자신의 빛이 비치고 있음을 보는 것 — 슬픔, 질병, 죄책감이라는 어두운 상태에서도 우리가 다른 사람들에게 빛을 비추고 있다면, 그리고 그들이 우리를 밝은 달을 쳐다보듯 바라보고 있다면, 우리는 기뻐할 것이다. 이러한 우회로에서 우리는 밝게 비출 수 있는 우리 자신의 능력에 관심을 가지게 된다."(KSA 2, 405, 인간 II, 53쪽)

이러한 자긍심에도 불구하고 차라투스트라는 자신의 빛 속에서 지독한 고독감을 느낀다. 그는 자신에게 빛을 던져 줄 수 있는 사람을 그리워하며, 자신이 오히려 밤과 같이 어둡기를 바란다. 이 점을 니체는 마치 마이다스가 모든 것을 황금으로 만들어 버리는 자신의 능력을 저주하고, 더 이상 자신의 손에 의해 황금으로 변하지 않는 것을 갈망하는 것에 비유한다.

"황금과 굶주림 — 만지는 모든 것을 금으로 변화시키는 인간이 존재한다. (...) 어느 날 그는 자기가 그 때문에 굶어 죽어야 한다는 것을 발견할 것이다. (...) 이제 그는 자신이 황금으로 절대로 바꿀 수 없는 사물들을 갈망한다."(KSA 3, 288, 아침놀, 367-368쪽)

이렇게 차라투스트라가 겪는 괴로움을 니체는 '디오니소스의 고통'(KSA 6, 348, 사람, 435쪽)이라고 부른다. 결국 "밤의 노래"에 등장하는 '나'는 차라투스트라이고, 그는 또 다른 태양이며, 그 태양은 도취의 태양으로서, 디오니소스인 것이다. 즉 스스로 태양이며, 디오니소스인 차라투스트라가 "밤의 노래"에서 '나'라는 일인칭 대명사를 통해 자신의 자긍심과 고독을 노래하는 것이다. 그 노래 첫 부분은 다음과 같다.

"밤이다. 이제 솟아오르는 샘들은 더욱 소리 높여 이야기한다. 나의 영혼 또한 솟아오르는 샘이다."(KSA 4, 136, 차라, 172쪽)

이 문장은 밤이라는 시간에 대한 규정으로 시작된다. 밤의 시간은 낮의 시간과는 전혀 다르다.

"꿈꾸는 자는 자기 내면으로부터 생기를 얻을 수 있음을 알게 되고, 걱정도 충돌도 없는 저 규칙적인 시간을 살기를 배우게 된다. 그것이 바로 밤의 시간이다. (...) 수많은 임무로 점철된 대낮의 시간, 숨 가쁜 행동들 속에 흩어져 버리고 잃어버린 시간, 반복 습관적으로 산 그런 시간은 그저 헛된 것임이 드러난다. (반면) 고요한 밤중에 꿈꾸는 자는 휴식하고 있는 시간이라는 저 경이로운 피륙을 발견한다."[19]

"밤의 노래"에서 밤은 다시 '샘물'과 연결된다. 이 샘은 두렵게 하는 죽음의 물도 아니고, 에드거 앨런 포의 '침묵의 물'[20]도 아니다. 또한 보는 자와 주위 세계를 비춰 주는 나르시스적인 거울의 물도 아니다. 오히려 밤의 샘물의 의미는 그것의 '역동성'에 있다. 샘물은 맑고 신선한 물을, 항상 젊음을 유지하는 물을 내뿜어 준다. 샘물의 역동성은 낮 동안 은폐되고 망각되었던 언어를 새롭게 솟아오르게 한다. 이 샘물은 트리스탕 차라의 표현대로 '목소리의 거울'[21]이기도 하고, 폴 포르의 표현대로 '물이 되어 가는 언어'[22]이기도 하다. 말하자면 밤이 되면서 그동

---

19   가스통 바슐라르, 『공기와 꿈』, 326쪽

20   가스통 바슐라르, 『물과 꿈』, 99쪽

21   위의 책, 274쪽

22   위의 책, 273쪽

안 들지 못했던 새로운 말이 샘물처럼 솟아오르며 이야기하기 시작하는 것이다. 그러한 샘물의 말은 '잠에서 깨어난 언어', '사랑하는 자들의 언어'이다.

> "밤이다. 이제야 비로소 사랑하는 자들의 모든 노래가 잠에서 깨어난다. 나의 영혼 또한 사랑하는 자의 노래이다."(KSA 4, 136, 차라, 172쪽)

밤의 말은 낮의 언어와 달리 망각된 시원적 세계의 흔적을 회상하는 잠에서 깨어난 말이고, 동시에 모든 친숙한 것을 해체하는 망치의 말이며, 새로운 아침을 열어젖힐 수 있는 성스러운 말, 즉 노래이다. 또한 샘물이 들려주는 노래는 차라투스트라의 영혼 자신의 노래이기도 하다.

> "내 안에는 진정되지 않은 것, 진정시킬 수도 없는 무엇인가가 있다. 그것이 이제 소리 높여 말하고자 한다. 내 안에는 그 스스로 사랑의 말을 속삭이는, 사랑을 향한 갈망이 있다."(KSA 4, 136, 차라, 172쪽)

샘물의 노래에서 차라투스트라는 자신의 영혼 깊은 곳으로부터 들려오는 노래를 발견한다. 그것은 자신이 빛이라는 사실에 대한 자긍심의 노래이다. 동시에 그 노래는 자신이 어둠 속에서 유일하게 빛나는 태양이라는 사실, 그런데 만약 자신이 밤이었다면 자신도 태양의 빛을 탐하는 즐거움을 누릴 수 있었으리라는 '고독의 노래'이기도 하다.

> "나는 빛이다. 아, 내가 밤이라도 된다면! 내가 빛에 둘러싸여 있다는 것, 이것이 나의 고독이다. 아, 내가 어둡고 밤과 같은 것이라면! 그러면 내 얼마나 빛의 젖가슴을 빨려 했겠는가!"(KSA 4, 136, 차라, 172쪽)

이와 같이 "밤의 노래"에서는 "베푸는 자의 불행이여!", "베푸는 모든 자들의 외로움이여!"와 같은 탄식이 주조를 이룬다. 그러나 차라투스트라는 이러한 고독마저도 자신의 자긍심과 마찬가지로 자신의 운명으로 받아들인다. 그는 자신의 고독한 운명을 일종의 행복으로 긍정하는 것이다. 왜냐하면 온통 어둠으로 둘러싸인 곳에서 자신이 태양이 아니라면, 그 어둠은 결코 제거될 수 없을 것이기 때문이다.

"만약 인간이 태양이 없이 달빛과 등잔불로 밤과 싸워야 한다면, 어떤 철학이 그 베일로 인간들을 감싸 줄 수 있겠는가!"(KSA 2, 544-545, 인간 II, 227쪽)

고독과 자긍심이 서로 얽힌 채 진행된 "밤의 노래"는 말미에서 처음 부분의 내용을 약간 바꿔 되풀이한다. 처음 부분이 자긍심에서 시작해 고독으로 이어지는 데 반해, 마지막 부분은 고독으로 시작해 자긍심으로 끝난다. 그리고 그것은 낮의 언어로 말해질 수 없기에 노래의 형식을 띠게 되며, 맨 끝은 "차라투스트라는 이렇게 노래했다."로 표현된다.

b. 춤의 노래: 프시케(생명), 큐피트(사랑), 차라투스트라(지혜)

"춤의 노래"에는 춤추는 소녀들과 어린 신인 큐피트, 그리고 차라투스트라가 등장한다. 차라투스트라를 보고 춤을 멈춘 소녀들에게 그는 자신이 춤의 훼방꾼인 중력의 영이 아니라 '악마 앞에서 신을 대변하는 자'라고 소개한다. 한편 어린 신인 큐피트는 잠들어 있다가 차라투스트라의 호통에 깨어난다. 차라투스트라는 어린 소녀들과 큐피트에게 춤을 출 것을 권하며, 춤에 맞춰 노래를 부르기 시작한다. 이 장면에서 어린 소녀들이 누구인지는 분명하게 지칭되지 않지만, 그리스 신화에 의

하면 큐피트와 어울리는 소녀는 프시케와 그 자매들이다. 프시케는 일
반적으로 영혼이라고 번역되지만, 크게 본다면 인간을 뜻하는 단어이
다. 이러한 프시케를 니체는 생명이라고 부른다.

　"춤의 노래"에 등장하는 인물들은 프시케와 큐피트, 그리고 차라투
스트라이다. 차라투스트라는 프시케(인간, 혹은 생명)와 큐피트(사랑)
에게 춤을 추라고 권하고, 자신은 노래를 부르기 시작한다. 차라투스트
라가 부르는 노래는 '생명'에 관한 노래이자, '지혜'에 관한 노래이다.
여기서 인간–생명–지혜–사랑이란 단어들이 서로 연결된다. 말하자면
니체는 프시케에 해당되는 '소녀들'이란 인물을 생명으로 묘사하면서
생명이 지혜와 닮았다고 주장하는 것이다. 그리고 생명과 지혜를 말하
면서 사랑에 대하여 언급한다. 이런 점을 고려하면 니체가 묘사하는 프
시케–큐피트–지혜(소피아)라는 연결 고리는 지혜에의 사랑, 즉 철학을
향함을 알 수 있다. 말하자면 프시케와 소피아에의 사랑이 서로 어우러
져 춤을 추도록 차라투스트라는 '춤의 철학'을 노래하는 것이다. 그렇
다면 니체는 왜, 그리고 어떻게 생명과 사랑과 지혜를 춤으로 연결시킬
수 있었는가? 이를 위해 니체의 생명, 사랑, 지혜, 철학, 그리고 춤이 어
떤 의미를 지니는지 밝히는 것이 필요하다.

　니체에게 인간은 이성적 동물, 정신, 신의 피조물이 아니다. 인간에
대한 이러한 정의들은 인간을 생리적으로 부정하고 약화하는 개념들에
불과하다.

"생리학자는 퇴화된 부분을 잘라 내기를 요구하고 (...) (반면) 사제는 퇴화
된 부분을 보존한다. (...) 영혼, 정신, 자유의지, 신 등의 거짓 개념이자 도
덕의 보조 개념은 그것들이 인류를 생리적으로 파괴하지 않는다면 무슨 의
미가 있단 말인가? (...) 우리가 몸의 자기보존이나 힘의 상승에 대한, 즉 생

명의 자기보존이나 힘의 상승에 대한 진지함을 다른 쪽으로 돌려 버린다면,
(...) 이것이 데카당스의 처방과 무엇이 다른가?"(KSA 6, 331, 사람, 416쪽)

이러한 형이상학적 규정 대신 니체는 인간을 '생명을 지닌 존재'라
고 부른다. 그렇다면 니체에게 생명은 어떤 의미를 지니는가?
생명이 무엇인지 혹은 어떠한 가치를 지니는지에 대하여 우리는 절
대적인 판단을 할 수 없다. 왜냐하면 생명의 본질에 대하여 절대적인
규정을 내릴 수 있으려면 판단자로서 우리는 생명의 밖에서 생명을 관
조할 수 있어야 하기 때문이다. 그러나 그것은 불가능하다. 왜냐하면
생명을 규정하기 위해 생명의 밖에 위치한다는 것은 곧 죽음을 뜻하기
때문이다.

"삶의 가치라는 문제를 살짝이라도 건드릴 수 있기 위해서는, 사람들은 삶
의 외부에 위치해야만 하고, 다른 한편으로는 각 개인이 체험하듯이, 많은
사람이 체험하듯이, 모든 사람이 체험하듯이 그 모든 삶의 내용에 정통해야
만 한다: 이 점은 삶의 가치라는 문제가 우리로서는 접근 불가능한 문제라
는 점을 파악하게 하는 충분한 근거가 된다."(KSA 6, 86, 우상, 110쪽)

판단자인 인간이 생명의 밖에서 생명을 바라볼 수 없다면 유일하게
남은 가능성은 생명의 한가운데서 생명에 대하여 관점주의적으로 바라
보는 일이다. 그러나 생명은 인간의 관점과 판단을 넘어서는 복잡하고
다양한 심연과 같은 것이다. 생명은 존재가 아니라 무수히 많은 투쟁과
모순이 집약된 복합체이기 때문이다. 생명은 개념이나 인식능력에 의
해 포착되지 않는다. 따라서 니체는 생명을 다음과 같이 다양하게 표현
하는 것이다.

"너, 우리를 속박하는 자, 휘감는 자, 유혹하는 자, 탐색하고 발견하는 위대
한 여인이여, 그 누가 너를 미워하지 않으랴! (…) 그 누가 너를 사랑하지 않
겠는가!"(KSA 4, 283, 차라, 367쪽)

"너의 머리카락의 혀(뱀)"(KSA 4, 282, 차라, 366쪽)

"난폭한 자, 귀여운 말괄량이, 사악한 도약 자"(KSA 4, 283, 차라, 367쪽)

"날쌔고 경쾌한 몹쓸 뱀이여, 그리고 미끄러워 좀처럼 손에 잡히지 않는 마
녀여!"(KSA 4, 283~284, 차라, 368쪽)

여기서 니체는 생명의 다양하고 서로 모순되는 특징을 메타포를 통
해 묘사한다. 생명은 미끄러운 뱀과 같이 개념으로 포착되지 않는 것으
로서, 한편으로 유혹적이며 누구나 사랑하길 원하는 것이지만, 다른 한
편으로 뱀의 머리카락을 지닌 메두사와 같이 인간을 위협하는 것이기
도 하다. 이렇게 복합적인 특징과 연관해 니체는 생명을 다음과 같이
정의 내리기도 한다.

"'생명'은, 다양한 투쟁자들로 하여금 서로 다르게 성장하게 하는 힘을 확립
하는 과정의 지속적인 형식이라고 정의될 수 있을 것이다."(WzM, 433쪽)

복합체로서 생명은 다양한 방식으로 자신을 드러낸다. 어떤 경우에
생명은 데카당스적인 방향으로 진행되기도 하고, 또 다른 경우엔 도약
적인 방향으로 진행될 수도 있다. 이러한 방향성은 고정된 것이 아니
다. 생명이 데카당스적으로 진행되다가 곧바로 도약적인 방식으로 전

환될 수도 있고, 심지어는 상반된 경향이 거의 동시적으로 진행될 수도 있다. 생명은 더 많은 생명을 위해 일시적으로 생명의 죽음을 선택하기도 한다.

"진실로 몰락이 일어나고 낙엽이 지는 곳에서 생명은 자신을 희생한다. 힘을 얻기 위해!"(KSA 4, 148, 차라, 190쪽)

반대로 풍부한 생명력이 인간에게 항상 좋은 것만도 아니다. 왜냐하면 생명이 너무 강할 때 인간은 그 생명력에 압도당할 수 있기 때문이다. 이런 경우 인간은 생명력이 약해지기를 바라기도 한다. 이 점을 표현하기 위해 니체는 생명을 마치 사랑스런 연인과 같은 모습으로 묘사한다.

"네가 가까이 있으면 나는 너를 두려워하고, 네가 멀리 있으면 그리워한다. 네가 달아나면 나의 마음은 네게 끌리고, 네가 찾으면 나는 꼼짝할 수가 없다. 나는 괴로워하고 있다. 그러나 너를 위해 내 어떤 괴로움을 마다했던가!"(KSA 4, 282-283, 차라, 367쪽)

생명이 무엇인지, 어떤 생명이 좋은 것인지 단적으로 규정하는 일은 어렵다. 생명은 존재상태가 아니라 '생성' 중인 활동성으로서, "하나의 운동, '보다 더'로 향하는 운동, 생명의 확장, 상승적인 생명"[23]을 추구하기 때문이다. 따라서 생성, 혹은 '힘의 성장형식의 표현'(WzM, 476쪽)으로서 생명의 특징은 생성 자체의 특징과 동일하다.

---

[23] 루이 꼬르망, 『깊이의 심리학자, 니체』, 71쪽

"1. 생성은 어떠한 목표 상태도 갖고 있지 않으며, '존재' 속으로 흘러들어 가지 않는다.

2. 생성은 어떠한 가상 상태도 아니다. 아마 존재 세계야말로 가상일 것이다.

3. 생성은 매 순간 동등한 가치를 지니며, 그 가치의 총계는 동일하다. 즉 생성은 어떠한 가치도 갖지 않는다. 왜냐하면 생성은 측정될 수 없고, 그것과 연관해 '가치'라는 말이 의미를 가질 수 있는, 그러한 것이 결여되어 있기 때문이다."(WzM, 480쪽)

생명은 생성과 동일하기는 하지만 차이점도 지닌다. 생성과 달리 생명은 더 많은, 더 강한 생성을 추구한다. 이런 의미에서 니체는 생명의 단계를 셋으로 구분한다. 우선 생명 안에는 '순종'하려는 경향이 있다. 이것보다 상위에 있는 생명은 '명령'하는 생명이다. 그리고 이보다 더 높은 생명의 단계는 '시도와 모험'을 감행하는 생명이다.

"명령을 할 때 생명체는 언제나 자기 자신을 거는 모험을 한다."(KSA 4, 147, 차라, 189쪽)

말하자면 가장 높은 생명의 본질은 항상 더 높은 생명을 원하고 매 순간 자신의 단계를 극복해 나가는 데 있는 것이다. 이런 의미에서 생명은 영원한 젊음이라는 특징을 지닌다.

"신도 아니고 인간도 아니다. 오로지 그들 자신의 청춘만이 할 수 있다. 이 청춘의 사슬을 풀어 주어라. 그러면 너희는 청춘과 함께 생명도 해방할 것이다. 왜냐하면 생명은 감옥 속에 감추어져 있을 뿐, 아직 시들어 죽은 것은 아니기 때문이다."(KSA 1, 329, 반시대, 383쪽)

　니체가 주장하는 보다 가치 있는 생명은 보다 아름답고, 보다 강렬하며, 보다 살아갈 만한 생명을 뜻한다. 이러한 생명의 근저에는 더 많은, 더 강한 힘을 원하는 의지가 놓여 있다. 생명의 본질은 생명을 보존하려는 의지가 아니라 더 많은 생명을 원하는 의지, 즉 '힘에의 의지'에 있는 것이다.

> "생명은 하나의 특수한 경우로서 (...) 최대한의 힘의 감정을 추구한다. 그것은 본질적으로 더 많은 힘을 추구하는 것이고, 추구한다는 것은 힘을 추구한다는 것 외에 아무것도 아니며, 그것의 가장 깊고 가장 내적인 것은 바로 의지이다."(WzM, 467쪽)

　니체는 생명의 심연적 깊이 앞에서 현기증을 느끼는 차라투스트라에게 다시 생명을 향하도록 한 것은 바로 생명 자체의 힘이었음을 분명히 한다. 그리고 생명의 힘에 의해 높이 끌어올려진 차라투스트라의 모습은 3부 "또 다른 춤의 노래"에서는 다음과 같이 묘사된다.

> "오. 생명이여, 나는 얼마 전에 너의 눈을 들여다본 일이 있다. 나는 너의 밤의 눈동자 속에서 황금이 반짝이는 것을 보았다. 나의 심장은 이 환희에 잠시 고동을 멈추었다."(KSA 4, 282, 차라, 366쪽)

　이와 같이 "또 다른 춤의 노래"에서는 생명의 비밀을 어느 정도 아는 차라투스트라의 모습이 묘사되고 있다. 반면에, "춤의 노래"에서 차라투스트라는 생명의 노래를 부르지만 아직은 생명에 혼란스러워 한다. 이런 상황에서 니체는 생명을 지혜와 연결시킨다. 지혜는 생명을 칭송하는 차라투스트라에게 다음과 같이 말한다.

"지혜가 화가 나서 내게 말했다. '너는 원하고 갈망하며 사랑한다. 단지 그 때문에 너는 생명을 찬미하고 있는 것이다!'"(KSA 4, 140, 차라, 178쪽)

차라투스트라가 생명을 칭송하는 이유는 생명이 원하고 갈망하고 사랑할 만한 것이기 때문이다. 그리고 투덜거리는 지혜에 대하여 차라투스트라는 지혜도 생명과 마찬가지라고 응답한다.

"내가 지혜에 대하여 다정하게, 때때로 너무나도 다정하게 대하는 것은 바로 그것이 생명을 곧잘 일깨워 주기 때문이다! 지혜에게는 눈이 있고 웃음이 있으며 심지어는 작은 황금 낚싯대까지 있다. 생명과 지혜, 이들이 서로 그토록 닮아 있는데, 난들 어찌하겠는가?"(KSA 4, 140, 차라, 178쪽)

지혜와 차라투스트라의 대화를 듣고 있던 생명은 그 둘의 대화가 바로 자신에 대한 말이라고 응수한다.

"내가 생명에게 이렇게 말하자 생명은 음흉하게 웃고는 눈을 감았다. 그리고 이렇게 말했다. '지금 누구 이야기를 하고 있느냐? 내 이야기가 아닌가?'"(KSA 4, 141, 차라, 179쪽)

그렇다면 지혜란 어떠한 것일까? 니체는 지혜에 대하여 말할 때 프로메테우스나 오이디푸스의 예를 든다. 이들은 모두 제우스와 운명에 의해 범죄자로 낙인찍히고, 그에 상응하는 고통을 받은 자들이다. 적어도 그들은 사랑하지 않아야 할 사람을 사랑했거나 자연의 화신인 스핑크스의 수수께끼를 풀지 못했어야 좋았을 인물들이다. 그러나 니체에 의하면 프로메테우스나 오이디푸스가 범죄자로 규정될 수 있었던 것은 아폴론적인 시각에 의할 뿐이라는 것이다.

"인간에 대한 거인적 사랑 때문에 프로메테우스는 독수리에 의해 갈기갈기 찢어져야만 했고, 스핑크스의 수수께끼를 풀 정도의 과도한 지혜(Übermäßige Weisheit) 때문에 오이디푸스는 범행의 어지러운 소용돌이 속에 빠져들어야만 했다. 델포이의 신(아폴론)은 그리스의 과거를 이렇게 해석했다. (...) (그러나) 아폴론은 디오니소스 없이는 살 수 없었다!"(KSA 1, 40, 비극, 47쪽)

지혜를 사랑했던 두 인물을 아폴론적 시각이 아니라 디오니소스적 시각으로 바라보면, 그들은 범죄자가 아니라는 뜻이다. 니체는 자신의 해석을 뒷받침하기 위해 소포클레스의 입장을 소개한다. 소포클레스는 오이디푸스에게 무죄를 선고하기 때문이다.

"소포클레스는 그리스 연극의 가장 비극적인 인물, 불행한 오이디푸스를 고귀한 인간으로 이해했다. 지혜로움에도 불구하고 오류를 저지르고 비참한 처지에 처할 운명을 타고난 인물, 그러나 그는 가혹한 수난을 거치고 난 후 드디어 복된 마력을 자기 주변에 발휘하게 되고, 이 마력은 그의 사후에도 지속적으로 영향을 미친다. 이 생각이 깊은 시인은, 고귀한 인간은 죄를 범하지 않는다고 우리에게 말하고 싶은 것이다."(KSA 1, 65, 비극, 77쪽)

그렇다면 '디오니소스적 지혜'는 어떤 것일까? 그것은 존재의 배후에 있는 심연을 들여다볼 수 있는 지혜이다. 그 지혜는 아폴론적 입장에서 보면 자연에 대한 거역을 뜻하지만, 디오니소스적 입장에서 보면 자연에 대한 거역을 통해 자신의 존재마저 부정되는 것을 경험하는 지혜이다. 이러한 부정과 해체를 통해 디오니소스적 지혜가 보는 것은 존

재의 찢어짐과 동시에 이를 통한 새로운 생명의 탄생이다. 디오니소스
적 지혜는 아폴론적 지혜에 의해 모든 것이 경계 지어지고 개별화되며
결국엔 이집트적 뻣뻣함과 차가움으로 굳어 버리는 것을 막기 위해, 아
폴론적 의지가 설정한 모든 작은 경계선을 휩쓸고 파괴해 버리는 지혜
이다(KSA 1, 70, 비극, 83쪽). 이러한 지혜는 찢어진 신, 디오니소스
자그레우스를 반영한다. 그는 찢김을 통해 원초적인 공기와 물, 흙, 돌
과 같은 원소로 돌아가지만, 데메테르를 통해 다시 탄생함으로써 새로
운 세계를 드러낸다. 이런 점에서 디오니소스의 지혜는 관상적 지혜
(theorein sophia)가 아니라 꿈꾸며 행동하는 지혜이며 '경이롭고, 새
로우며, 전율적이고, 아이러니에 가득 찬 지혜'이다.

> "자신이 꿈꾸고 있다는 것을 알고 있는 꿈꾸는 자는 자신이 상징이라는 것을
> 꿰뚫어볼 수 있는 상징이다. 그는 '관조자의 망상'에서 해방된 프로메테우
> 스에 비견된다. 그러나 이러한 지혜는 디오니소스적 지혜이다. 왜냐하면
> (학문 54번에 등장하는) '경이로운', '새로운' '전율적인' '아이러니적인'
> 등은 니체가 디오니소스적 상태로 묘사한 개념이기 때문이다."[24]

이러한 문학적인 표현 외에, 니체는 다른 곳에서 지혜가 무엇인지,
어떻게 지혜에 이르게 되는지를 밝힌다. "지혜에로의 길. 도덕의 극복
을 위한 방향 제시"라는 제목의 경구에 의하면 지혜에 이르기 위한 첫
번째 길은 '더 공경하기 (순종하고 배우기). 모든 공경할 만한 것을 자
신 안에 모으고 서로 투쟁하게 함. 모든 어려운 것들을 견뎌 냄. 정신의
금욕주의'로, 두 번째 길은 '공경하는 마음을 부수는 (...) 자유정신. 독

---

24   G. Picht, *Nietzsche*, 319쪽

립성. 황야의 시대. 모든 공경된 것에 대한 비판 (...) 전도된 가치 평가의 시도'로, 마지막으로 세 번째 길은 '긍정을 위한 위대한 결단 (...) 내 위에 어떤 신도 어떤 인간도 존재하지 않는다. (...) 위대한 책임과 순진무구함' (KSA 11, 159쪽, 17권, 211쪽)으로 표현된다. 즉 지혜에 이르는 길은 기존의 지식에 대한 파괴와 해체, 그리고 자유정신의 탄생, 그리고 마지막엔 모든 것에 대한 위대한 긍정의 순서를 따른다는 것이다. 이것은 『차라투스트라는 이렇게 말했다』에서 묘사되는 낙타의 정신, 사자의 정신, 어린아이의 정신에 해당된다. 이와 같이 디오니소스적 지혜는 파괴와 탄생의 지혜이며, 이를 위해 모든 존재의 심연까지 꿰뚫고 부순 후 다시 근원적인 통일성을 확립하는 지혜라고 볼 수 있다. 이러한 지혜를 갈망하는 차라투스트라의 모습은 "밤의 노래"에서 다음과 같이 묘사된다.

"내 안에는 진정되지 않은 것, 진정시킬 수도 없는 무엇인가가 있다. 그것이 이제 소리 높여 말하고자 한다. 내 안에는 그 스스로 사랑의 말을 속삭이는, 사랑을 향한 갈망이 있다."(KSA 4, 136, 차라, 172쪽)

그런데 지혜를 향한 진정될 수 없는 사랑은 곧 철학이다. 디오니소스적 지혜에 대한 사랑으로서 철학은 기존의 서구 철학과 달리 "인간들에 대한 사랑도, 신에 대한 사랑도, 진리에 대한 사랑도 아닌 '있는 그대로의 존재'의 사랑, 정신적이고 육체적인 완전함의 감정에 대한 사랑, (...) 긍정적이고 창조적 힘으로 넘치는 감정으로부터 생기는 사랑과 동의어이다."[25]

---

25   루이 꼬르망, 『깊이의 심리학자, 니체』, 68쪽에서 재인용

이렇게 새로운 철학의 특징을 우리는 니체의 나무 비유에서 확인할
수 있다. 니체에 앞서 데카르트는 피코에게 보낸 서한에서 철학을 나무
에 비유해 다음과 같이 말한다.

"이렇듯 철학 전체는 하나의 나무와 같습니다. 그 뿌리는 형이상학이요, 그
줄기는 자연학이요, 그리고 이 줄기로부터 뻗어 나온 가지들은 여타의 다른
학문들입니다."[26]

데카르트의 철학의 나무에는 열매가 없다. 데카르트의 나무는 산출
하지 못하는 나무이다. 그의 나무에서 강조점은 뿌리에 놓여 있다. 뿌
리는 줄기와 가지에 영양을 공급하는 근거이기 때문이다. 또한 뿌리의
핵심은 '사유하는 자아'(cogitans ego)에 놓여 있다. 이렇게 모든 학문
의 출발점과 도착점은 사유하는 자아를 향한다. 이에 반해 니체가 그리
고 있는 철학의 나무는 전혀 다르다.

"우리 이해하기 어려운 자들 ― 오해받고, 잘못 판단되고, 오인되고, 중상받
고, 잘못 듣고, 빠뜨리고 듣는 것에 대해 우리가 불평해 본 적이 있는가?
(...) 우리는 잘못 간주된다. ― 왜냐하면 우리 자신은 계속 자라며 변화한
다. 우리는 우리의 허물을 벗고 매해 봄마다 새 껍질을 입으며, 계속해서 더
욱 젊어지고 미래로 가득 차며, 더 커지고 더 강해지기 때문이다. 우리는 우
리의 뿌리를 더 강하게 땅속으로 ― 악 속으로 ― 깊이 박는다. 또한 동시에
우리가 더욱더 사랑스럽고 더 넓게 하늘을 신봉하는 동안, 우리의 모든 가치

─────────────
26   Martin Heidegger, *Wegmarken*, Vittorio Klostermann, Frankfrut, 1928, 361쪽
에서 재인용

와 잎들을 통해 더욱더 갈망하며 그들의 빛을 흡입한다. 나무들처럼 우리는 자란다 — 모든 생명처럼. 이것은 이해하기 어렵다. — 한 장소만이 아닌 모든 곳에서, 한 방향이 아닌 위로 아래로 밖으로 안으로 똑같이 성장한다. 우리의 에너지는 줄기, 가지, 그리고 뿌리에서 동시에 일하고 있다."(KSA 3, 622-623, 학문, 376쪽)

니체의 나무는 뿌리, 줄기, 가지에 머무는 것이 아니라 뿌리보다 깊은 대지를, 가지보다 높은 하늘을 향한다. 그것은 나무라는 실체를 벗어나는 나무이며, 대지와 하늘, 선과 악의 구분을 넘어서는 나무이다. 이 점은 『아침놀』과 『이 사람을 보라』에서 잘 표현된다. 『아침놀』에서는 '뿌리보다 깊은 대지'에 대하여 다음과 같이 묘사한다.

"이 책에서 사람들은 '지하에서 작업하고 있는 한 사람'을 보게 될 것이다. 그는 뚫고 들어가 파내고, 밑을 파고들어 뒤집어엎는 사람이다."(KSA 3, 11, 아침놀, 9-10쪽)

『이 사람을 보라』에서는 '가지보다 높은 하늘'이 묘사된다.

"내 책들의 공기를 맡을 수 있는 자는 그것이 높은 곳의 공기이며 강렬한 공기임을 안다. 이 공기의 찬 기운으로 인해 병이 나게 될 위험이 적지 않기 때문에, 사람들은 이 공기에 알맞게 그것을 견뎌 낼 수 있게끔 되어 있어야만 한다. (...) 내가 지금까지 이해하고 있는 철학, 내가 지금까지 실행하고 있는 철학은 얼음과 높은 산에서 자발적으로 살아가는 것이다. (...) 우리는 금지된 것일수록 얻으려 애쓴다(Nitimur in vetitum): 이런 표지 아래 나의 철학은 언젠가 승리할 것이다."(KSA 6, 258-259, 사람, 325쪽)

이런 의미에서 새로운 철학을 시도하는 자는 필연적으로 고독을 견
뎌야 한다. 왜냐하면 그는 홀로 날아가는 독수리와 같은 존재이기 때문
이다.

"철학자들은 서로 사랑하도록 만들어져 있지 않다. 독수리는 결코 무리를 지
어 날지 않는다. 그런 일은 자고새나 찌르레기에게나 어울린다. (...) 위로
날아오르고, 발톱을 갖는다는 것, 이것이 위대한 천재의 운명이다."(WzM,
655쪽)

새로운 철학은 스스로의 존재를 부정해야 될 수도 있다. 왜냐하면 새
철학은 시대를 앞서는 철학이며, 그 누구에 의해서도 이해되기 어렵기
때문이다.

"시인과 새 ― 불사조가 시인에게 불에 타 재가 되려는 두루마리 하나를 보
여 주었다. '놀라지 말라!' 라고 불사조가 말했다. '이것은 그대의 작품이다!
이것은 시대의 정신을 갖고 있지 않으며, 게다가 시대에 반하는 자들의 정신
은 훨씬 더 가지고 있다. 따라서 이것은 태워 버려야 한다. 그러나 이것은 좋
은 징후이다. 많은 종류의 아침놀이 존재한다."(KSA 3, 329-330, 아침놀,
420-421쪽)

니체의 나무가 보여 주는 또 다른 특징은 그 나무가 고정된 존재가
아니라 계속해서 자라고 변화하는 나무라는 점이다. 그 과정에서 나무
는 껍질이 벗겨지는 아픔과 새로운 껍질을 입는 즐거움을 경험하게 된
다. 또한 니체의 나무에서 가장 중요한 것은 뿌리가 아니다. 니체의 나
무에는 중심이 없다. 더 정확히 말하면 중심은 어디에나 있다. 그리고

각각의 중심이 서로 제각기 나무의 생명을 향상시킨다. 이와 같이 생명과 지혜, 그리고 지혜에의 사랑으로서 철학은 모두 존재로 규정될 수 없다는 공통점을 지닌다. 이것들은 모두 생성 중에 있으며, 더 깊고 더 높은 곳으로 향하려는 운동성으로 존재한다. 따라서 니체는 생명과 지혜, 차라투스트라의 관계를 다음과 같이 말한다.

"우리 셋의 관계는 이렇다. 나는 진심으로 생명만을 사랑한다. 진실로 어느 때보다도 내가 그것을 미워할 때 그러하다!"(KSA 4, 140, 차라, 178쪽)

이렇게 깊이를 알 수 없는 생명, 그렇지만 더 많은 힘을 향해 솟구치려는 생명의 모습은 그 자체로 춤이기도 하다. 따라서 니체는 생명을 노래하면서 그 제목을 '생명의 노래'가 아니라, '춤의 노래'로 표현하는 것이다. 이때 춤을 추는 자는 어린 소녀들(생명)과 큐피트이고, 노래를 부르는 자는 차라투스트라이다. 그렇다면 차라투스트라는 무슨 노래를 부르며, 소녀들과 큐피트는 어떤 춤을 추는 것일까?

우선 차라투스트라가 부른 노래가 어떤 것이었는지를 우리는 바그너 음악에 대한 니체의 입장에서 추측해 볼 수 있다. 니체는 자신이 바그너의 음악을 디오니소스적인 예술로 파악했던 적이 있었음을 고백한다. 그러나 『니체 대 바그너』에서 니체는 바그너의 음악이 '삶의 충일'에 의해 고통받는 디오니소스적 예술과 달리, '삶의 빈곤'에 의해 고통받는 예술로서 쇼펜하우어적인 염세주의적 경향을 띠고 있음을 확인한다(KSA 6, 425, 니체 대 바그너, 530쪽). 이때 니체는 바그너의 음악을 마치 기분 나쁜 땀이 솟구치게 하는 시로코와 같은 덥고 습한 바람에 비유한다(KSA 6, 13, 바그너, 17쪽). 그렇다면 니체가 바그너의 음악을 거부하는 이유는 무엇인가?

첫째, 바그너의 음악은 '구원의 문제'를 다루기 때문이다. 이러한 예로서 니체는 바그너의 오페라 중 「로엔그린」을 언급한다.

"「로엔그린」은 탐구와 물음에 대한 엄숙한 금지를 포함하고 있습니다. 이렇게 해서 바그너는 '너는 믿어야 하며 믿지 않으면 안 된다.'라는 그리스도교적 관념을 대변하는 것입니다."(KSA 6, 17, 바그너, 23쪽)

둘째, 바그너의 음악은 염세주의적일 뿐 아니라 종교적 구원을 고취하는 '반계몽주의적' 음악이기 때문이다.

"바그너의 예술은 정신적인 것 중 지쳐 있는 것, 죽어 버린 것, 삶에 위협적인 것, 세계 비방적인 것은 모두 비밀리에 보호하고 있습니다. — 이것이 그가 이상이라는 빛의 장막 안에 감추어 둔 가장 비열한 반계몽주의입니다. 그는 온갖 허무적인 (불교적인) 본능에 아첨하며, 이 본능을 음악으로 꾸며 냅니다. 그는 그리스도교적 정신 전부에, 데카당스에 대한 모든 종교적인 형식에 아첨을 합니다. (...) 초월과 피안이라는 날조된 모든 것은 바그너의 예술에서 가장 고상한 후원을 받습니다."(KSA 6, 42–43, 바그너, 57–58쪽)

셋째, 바그너의 음악은 '이상주의적' 음악으로서 결국엔 하나의 '이념'으로 전락했기 때문이다.

"바그너는 그것을(헤겔적 취향) 음악에 적용시켰을 따름입니다. — 그는 헤겔의 유산이 되어 버렸습니다. (...) '이념'으로서의 음악."(KSA 6, 36, 바그너, 49쪽)

넷째, 바그너의 음악에서 중요한 것은 음악이 아니라 '언어' 이기 때문이다. 이것은 바그너의 음악이 — 구원을 주제로 — 극장의 무대 위에서 벌어지는 오페라로 변모되었기 때문에 나타난 현상이기도 하지만, 음악 그 자체로 볼 때도 언어가 되어 버린 음악은 단지 저급한 음악에 불과하다.

"바그너는 음악의 언어적 능력을 무한대로 증진했습니다. — : 언어로서의 음악 (...) 바그너의 음악은 극장-취향이라는 몹시 관대한 취향에 의해 보호받지 않는다면, 단순히 저급한 음악일 뿐입니다."(KSA 6, 30, 바그너, 41쪽)

다섯째, 바그너 음악이 보여 주는 '무한선율' 에의 강조는 리듬감각의 완벽한 퇴화로 이어질 수 있기 때문이다.

" '무한선율' 은 바로 시간과 힘의 균등을 깨 버리고자 하며, 이것을 때때로 멸시하기도 한다. (...) 리듬감각의 완벽한 퇴화인 혼돈이 리듬의 자리를 차지해 버리는 위험."(KSA 6, 422, 니체 대 바그너, 526쪽)

여섯째, 바그너의 음악은 당시 등장한 '독일제국' 의 정치적 성향을 따르고 있기 때문이다.

"바그너의 무대는 오로지 하나만을 필요로 합니다. — 독일인만을! (...) 독일인에 대한 정의: 복종과 명령의 재빠른 수행 (...) 바그너의 등장이 '독일제국' 의 등장과 시기적으로 맞아떨어지는 것에는 매우 깊은 의미가 있습니다: 이 두 사실은 동일한 것을 입증합니다. — 복종과 명령의 재빠른 수행을."(KSA 6, 39, 바그너, 52쪽)

결국 니체는 바그너의 음악에서 '취향의 부패', '리듬감각의 퇴화', '개념의 타락', '이상주의자가 되어 버리는 위험', '신경의 타락'(KSA 6, 44, 바그너, 59쪽)을 수반하는 병적 징후를 발견한다.

"바그너의 예술은 병들었습니다. 그가 무대 위에 올리는 문제들 ─ 모두 히스테리 환자들의 문제 ─ 그의 발작적인 격정, 그의 과민한 감각, 점점 더 강한 양념을 원하는 그의 취향, 그가 원리라는 옷을 입히는 그 자신의 불안정성, 생리적 전형으로 간주하는 자기의 남녀 주인공의 (...) 선정에서 적지 않은 경우: 이 모든 것이 다 같이 병든 모습을 보여 주며 (...) 바그너는 노이로제 환자입니다."(KSA 6, 22, 바그너, 30쪽)

이런 점을 종합하면 바그너 음악에 대한 니체의 비판은 바그너의 음악 자체를 향하기도 하지만, 동시에 바그너 음악이 갖는 형이상학적, 종교적, 도덕적, 정치적, 상업적 성향을 향하기도 하는 것이다. 이것은 서구 사상 전체에 대한 니체의 비판과 맥을 같이 한다. 따라서 니체는 바그너의 음악이 결핍하고 있는 문제점을 다음과 같이 정리한다.

"바그너 음악에서 아쉬운 점: "즐거운 학문을: 가벼운 발걸음을: 재기와 불꽃과 기품을: 위대한 논리를: 별들의 춤을: 과감한 정신을: 남방 빛의 전율을: 매끄러운 바다를 ─ 완전성을."(KSA 6, 37, 바그너, 50쪽)

여기서 제시되는 단어들인 '즐거운 학문', '가벼운 발걸음', '별들의 춤', '과감한 정신' 등은 니체가 차라투스트라를 통해 제시하려고 했던 표현들이다. 그렇다면 차라투스트라가 부른 노래는 적어도 바그너의 음악과 같은 노래는 아니라고 추측할 수 있다. 그가 부른 노래는 종교적 구원이나 도덕적 선악을 제시하는 노래가 아니고, 염세주의적이고 반계몽주의적인 데카당스적 노래도 아니며, 언어와 이상주의적 이념에 의해 지배당한 노래도 아니고, 문화산업이 양산하는 저급한 노래나 정치적인 명령에 복종하는 노래가 아니라는 것은 분명하다. 그렇다면 이와 다른 음악은 무엇인가? 니체는 다음과 같이 말한다.

"여기가 로도스이다. 여기서 춤춰라(Hic Rhodus, hic salta). (…) 음악이여, 다음의 세 가지, 즉 숭고함, 깊고 따뜻한 빛, 완벽한 일관성의 환희를 동시에 느끼는 것이 가능하다는 것을 보여 줘라!"(KSA 3, 277, 아침놀, 353–354쪽)

여기서 '숭고함, 깊고 따뜻한 빛, 그리고 완벽한 일관성의 환희를 동시에 느끼게 하는 음악'이 무엇을 의미하는지 우리는 또 다른 문장에서 확인할 수 있다.

"음악은 지중해처럼 되어야만 한다. (…) 자연과 건강과 명랑과 젊음과 덕으로의 회귀!가 그것들입니다."(KSA 6, 16, 바그너, 21쪽)

이와 같이 자연의 음악, 건강한 음악, 명랑성의 음악, 고귀한 덕을 갖춘 음악을 니체는 비제의 음악에서 발견한다. 그것을 니체는 가볍고 탄력 있고 정중한 음악으로서 '사랑할 만한' 음악이라고 평가한다.

"내가 생각하기에 비제의 음악은 완전한 것 같습니다. 이 음악은 가볍고 탄력 있으며 정중하게 다가옵니다. 이것은 사랑할 만합니다. 이것은 땀을 흘리지 않습니다. '선한 것은 가볍고, 신적인 모든 것은 물결처럼 부드럽게 흘러간다' : 내 미학의 첫 번째 명제입니다."(KSA 6, 13, 바그너, 17–18쪽)

결국 차라투스트라가 부른 노래는 디오니소스적인 비극의 노래로서, 건강함과 명랑성, 도덕의 선악을 넘어선 삶의 긍정의 노래라고 볼 수 있다(KSA 5, 201, 선악, 263쪽). 그렇다면 이러한 차라투스트라의 노래에 따라 생명이 추는 춤은 어떠한 춤일까?

춤은 인간의 몸짓에서 유래한 것이다. 몸짓은 언어보다 오래된 것으로 신경 자극에 의해 표현된다. 이때 몸짓은 어떠한 것을 모방하면서 모방되는 대상을 모방하는 사람 몸의 감각으로 드러낸다(KSA 2, 176, 인간 I, 209쪽). 이것은 아폴론적이기보다 디오니소스적인 표현이다.

"(아폴론적)꿈은 보고, 연결하며, 시를 짓는 (...) 예술적 능력이고, (디오니소스적)도취는 몸짓, 격정, 노래, 춤을 위한 예술적 능력이다."(WzM, 534쪽)

니체에게 음악과 춤은 모두 디오니소스적인 예술에 속한다. 디오니소스적 예술의 특징은 눈에 집중된 아폴론적 예술과 달리 모든 감각 전체를 자극하고, 이를 통해 모방 대상을 한꺼번에 표현한다는 점에 있다.

"디오니소스적 상태에서는 (...) 격정의 체계 전체가 자극되고 고조된다: 그래서 그 상태는 모든 종류의 표현 수단을 한꺼번에 분출하고, 재현과 모방과 변형과 변화의 능력, 모든 종류의 흉내와 연기를 동시에 드러낸다."(KSA 6, 117, 우상, 149쪽)

이런 점은 모방자와 모방 대상 사이에서만 일어나는 것이 아니라, 음악(노래)과 춤이라는 디오니소스적 예술 사이에서도 일어난다. 니체에게 음악은 단지 귀를 위한, 귀를 통한 예술이 아니라 '응용생리학'으로서 귀뿐 아니라 몸 전체에 영향을 끼치는 것이다. 따라서 음악은 이미 춤을 요구하고, 춤을 통해 표현되는 것이다.

"바그너 음악에 대한 내 반박은 생리적인 반박이다: 왜 이런 생리적 반박이 먼저 미적 형식으로 위장하는가? 미학이란 것은 응용생리학에 지나지 않기 때문이다. —내 '사실', 내 '자그마한 진실'은 그런 음악이 내게 영향을 미치기 시작하면 나는 더 이상은 편하게 숨쉬지 못한다는 것이다: 내 발이 곧장 그것에 분개하며 반항한다는 것이다."(KSA 6, 418, 니체 대 바그너, 521쪽)

이 인용문에서 니체는 음악과 춤의 직접적인 관계를 강조한다. 이 점은 "또 다른 춤의 노래"에서도 발견된다. 여기서 생명과 음악과 춤은 상호적이며 동시적인 것으로 묘사된다. 우선 생명이 부르는 노래에 따라 몸이 춤으로 반응하는 것에 대하여 니체는 다음과 같이 말한다.

"너(생명)는 작은 손으로 캐스터네츠를 고작 두 차례 쳤을 뿐이다. 그런데도 나의 발은 벌써 춤을 추겠다고 야단이었다. 나의 발꿈치는 일어서고 (...) 춤추는 자는 그의 귀를 발가락에 달고 있는 것이다!"(KSA 4, 282, 차라, 366쪽)

이런 춤은 생명과 무관한 것이 아니라 바로 생명이 자극하는 것을 따르는 춤이다.

"나는 춤을 추며 너(생명)를 뒤쫓고 있으며 (...)"(KSA 4, 283, 차라, 367쪽)

그뿐만 아니라 반대의 경우도 가능하다. 노래를 부를 때, 이에 따라 생명도 춤을 출 수 있다. 말하자면 생명이 춤을 자극할 뿐 아니라, 반대로 춤에 의해 생명도 변화될 수 있는 것이다.

> "내가 네게 노래를 불렀으니, 이제는 네가 외쳐야 할 것이다! 내 채찍 소리
> 에 맞춰 너는 춤추며 외쳐야 한다!"(KSA 4, 284, 차라, 368쪽)

위의 인용문에 의하면 니체는 좀 더 바람직한 음악과 춤을 비판받아
야 할 바그너적인 음악과 춤과 비교한다. 그에게 바람직한 음악과 춤은
'가볍게 하고 황홀하게 하는' 것이다.

> "내 발은 박자와 춤과 행진을 필요로 한다. (...) 내 발은 음악에 무엇보다도
> 황홀감을 요구한다. 훌륭한 걸음이나 춤에서 느껴지는 황홀감을 (...) 내 몸
> 은 음악에 의해 가벼워지기를 바란다는 생각이 든다: 마치 모든 동물적인 기
> 능이 가볍고 대담하며, 거칠 것이 없고 자기확신적 리듬에 의해 촉진되어야
> 만 한다는 듯이: 마치 청동 같은 삶, 납 같은 삶이 황금빛 부드러운 기름처럼
> 매끄러운 멜로디에 의해 자기의 무게를 잃어버려야 한다는 듯이. 내 우울은
> 완전성에 몸을 숨기고 완전성의 심연에서 편히 쉬기를 원한다: 그러기 위해
> 나에게는 음악이 필요하다."(KSA 6, 418-419, 니체 대 바그너, 521쪽)

이러한 춤은 『차라투스트라는 이렇게 말했다』에서는 '삶을 가볍게
해 주는 춤'이라고 묘사된다.

> "나의 덕이 춤추는 자의 덕이라면, 그리고 내가 두 발로 황금과 에메랄드의
> 환희 속으로 뛰어 들어가 보았다면 (...) 무거운 모든 것이 가볍게 되고, 신
> 체 모두가 춤추는 자가 되며, 정신 모두가 새가 되는 것. 그것이 내게 (...)
> 알파이자 오메가이다!"(KSA 4, 290, 차라, 376쪽)

이와 달리 중력의 영은 춤을 추지 못한다. 왜냐하면 그는 무거운 발을 가지고 있기 때문이다.

"병든 종자, 천민종자 (…) 그들은 무거운 발에 후텁지근한 심장을 가지고 있다. 그들은 춤출 줄을 모른다. 이런 자들에게 어떻게 대지가 가벼울 수 있는가!"(KSA 4, 365, 차라, 473쪽)

반면에 상승하고 날아다니는 새의 정신을 가진 사람만이 춤을 출 수 있다. 이때 그들의 춤은 안과 밖, 위와 아래, 좌와 우의 경계를 넘어서는 춤이며, 모든 필연적인 경계를 허물어뜨리는 춤은 곧 우연을 긍정하는 춤, 울음을 극복하고 웃을 수 있는 자의 춤이다.

"울지 않으려면 (…) 너는 노래를 불러야 하리라. (…) 크고 작은 많은 짐승과 보랏빛 오솔길을 달릴 수 있을 만큼 가볍고 놀랄 만한 발을 지닌 모든 것이 춤추듯 뛸 때까지."(KSA 4, 280, 차라, 364쪽)

이 춤은 생명의 고통과 어려움, 나아가 자기 자신을 극복한 자의 춤이기도 하다.

"자신의 목표에 접근한 사람은 춤을 춘다. (…) 그리고 이 대지에 늪이 있고 짙은 우수가 있을지라도 발길이 가벼운 자는 진창을 가로질러 저 너머로 달리며, 마치 말끔히 쓸어 놓은 얼음 위에서 추듯 춤을 춘다."(KSA 4, 365, 차라, 474쪽)

이와 같이 자기 자신을 극복한 자는 춤을 추면서 그 춤을 추는 것이 자신 안에 있는 또 다른 신임을 알게 된다. 말하자면 이런 춤 안에서 인간과 신은 하나가 되는 것이다.

> "나는 춤을 출 줄 아는 신만을 믿으리라. (…) 악마는 중력의 악령 (…) 이제 나는 가볍다. 나는 날고 있으며 나 자신을 내려다보고 있다. 이제야 어떤 신이 내 몸속에서 춤을 추고 있다."(KSA 4, 49-50, 차라, 63쪽)

이러한 춤을 니체는 동경의 화살, 춤추는 별, 어린아이와 같이 스스로의 힘으로 돌아가는 춤, 거룩한 긍정의 춤이라고 부른다. 이때 내 안에서 춤을 추는 신은 춤추며 스스로를 변형하는 자, 무한한 즐거움의 신인 '폴리게테스'(Polygethes)로서 '디오니소스'이다.[27]

> "그대들의 가슴을 들어 올려라, 높이, 더 높이! (…) 그대들의 다리도 들어 올려라, 그대들 춤을 멋지게 추는 자들이여. (…) 웃는 자의 이 왕관, 이 장미 화환의 관, 나는 이 왕관을 스스로 머리에 썼다. 그리고 나 스스로 나의 웃음을 신성한 것이라고 말한다. (…) 춤추는 자, 차라투스트라, 날개로 신호하는 가벼운 자, 차라투스트라, 모든 새에게 신호를 보내면서 날아오를 준비가 되어 있는 자, 준비가 끝난 자, 축복받은 가벼운 자."(KSA 1, 22, 비극, 23쪽)

웃음의 춤, 날개를 지닌 가벼운 춤, 신성한 춤은 생명의 무한한 생성을 긍정하는 춤이기도 하다. 이 점을 들뢰즈는 다음과 같이 종합한다.

---

27   질 들뢰즈, 『니체, 철학의 주사위』, 48쪽 참조

"차라투스트라의 웃음에 관련하여 놀이 그리고 춤은 변이의 긍정적인 권력이다: 춤은 무거움을 가벼움으로 변이시키고, 웃음은 고통을 기쁨으로 변이시키며, 주사위 던지기 놀이는 낮음을 높음으로 변이시킨다. 그러나 디오니소스의 춤에 관련하여 웃음과 놀이는 개발의 긍정적인 권력이다. 춤은 생성과 생성의 존재를 긍정한다."[28]

차라투스트라가 원하는 춤은 여기에 그치지 않는다. 그 춤은 몸의 춤뿐 아니라 정신의 춤이기도 해야 한다. 말하자면 차라투스트라의 춤은 많은 힘과 유연성을 간직한 '높은 문화의 춤'(KSA 2, 228-229, 인간 I, 274쪽)이어야 하고, 결국엔 펜의 춤, 즉 지혜의 춤, 지혜에의 사랑의 춤, 말하자면 철학의 춤이어야 한다.

"생각이 춤의 일종이라는 것 (...) 춤이라는 것은 어떤 형식이든 고급 교육과 분리될 수 없다. 다리를 가지고 춤출 수 있지만, 개념들과 말을 가지고도 춤을 출 수 있다는 것: 펜을 가지고서도 춤출 수 있어야만 한다는 것을 아직도 말해야 할까?"(KSA 6, 109-110, 우상, 139쪽)

이렇게 차라투스트라의 노래와 소녀들과 큐피트의 춤이 한바탕 어우러진 후 "춤의 노래"는 끝난다.

c. 무덤의 노래: 시간과 공간의 변형의 노래

"무덤의 노래"에서 차라투스트라는 자신의 젊은 시절이 묻혀 있는 무덤을 향해 바다를 건넌다. 이때 등장하는 '바다'는 "이름 높은 현자

---

28   위의 책, 322쪽

에 대하여"에서 차라투스트라가 헤쳐 나가야 할 도전의 무대라는 의미
를 지닌다.

> "너희는 사나운 바람 앞에 움츠린, 잔뜩 부풀어 오른 돛을 달고는 떨면서 바
> 다 위를 지나가는 돛배를 본 적이 있는가? 나의 지혜는 그 돛배처럼 정신의
> 광포함 앞에서 떨며 바다를 가르면서 간다. 나의 사나운 지혜는!"(KSA 4,
> 134-135, 차라, 171쪽)

이때 바다는 차라투스트라가 극복해야 할 위험한 곳이다. 이 위험한
바다는 마치 오디세우스를 유혹한 세이렌의 노래가 있는 바다와 같다.
세이렌의 바다는 오디세우스가 자신의 고향인 이타카에 도착하기 위해
필히 거쳐야 할 실험 무대이다. 이와 같이 위험한 바다는 모험가와 서
로 대립 쌍을 이룬다. 이런 바다의 모습은 "환영과 수수께끼에 대하여"
와 "뜻에 거슬리는 행복에 대하여"에서는 다음과 같이 묘사된다.

> "그때까지 나는 미지의 바다 위를 떠돌 것이다. (...) 결전의 시간은 아직 오
> 지 않았다. 아니면 지금 오고 있는 중인가? 참으로 나를 에워싼 바다와 생이
> 음험한 아름다움을 띠고 나를 바라보고 있구나!"(KSA 4, 206, 차라, 266쪽)

이 바다는 심연과 같이 깊고 어두운 바다이다. 그리고 높은 산정에
이르기 위해 반드시 거쳐야 할 길이기에, 이 깊은 바다는 차라투스트라
에게는 피할 수 없는 숙명의 바다이기도 하다. 바다가 자신이 해결해야
할 삶의 수수께끼라면, 차라투스트라는 바다로부터 도망쳐서는 안 된
다. 오히려 그는 바다의 심연의 깊이를 산 정상의 높이로 끌어올려야
한다. 바다는 하늘의 청정한 공기로 변해야 한다. 이러한 모습은 "때 묻

지 않은 앎에 대하여"에서 다음과 같이 묘사된다.

"바다는 태양의 갈증이 자신에게 입맞춤하고 자신을 마셔 버리기를 소망한
다. 그리하여 대기가 되어 높이 오르고 빛이 흐르는 길이 되며 빛 자체가 되
기를 소망한다!"(KSA 4, 159, 차라, 206쪽)

그런데 "무덤의 노래"에서 묘사되는 바다는 이러한 바다와는 또 다
른 의미를 지닌다. 여기서 바다는 차라투스트라의 젊은 날과 현재를 구
분하는 공간을 뜻한다. 바다를 사이에 두고 차라투스트라는 현재로부
터 자신의 젊은 시절, 즉 과거로 돌아간다. 이렇게 바다는 두 장소를 구
분하는 공간적 의미뿐 아니라 차라투스트라의 과거와 현재 사이를 구
분하는 시간적 의미도 지닌다. 이때 과거라는 시간과 무덤이라는 공간
이 상응한다. 이와 같이 "무덤의 노래"에서 바다는 삶과 죽음을 가르는
사이-공간, 사이-시간이란 의미를 지닌다. 이 점은 다음의 묘사에서도
확인할 수 있다.

"'저기 무덤의 섬이, 적막한 섬이 있다. 저기 내 젊은 시절이 묻혀 있는 무덤
들도 있다. 그곳으로 나는 늘 푸른 생명의 화환을 가져가리라.' 마음속으로
이렇게 다짐하면서 나는 바다를 건너갔다."(KSA 4, 142, 차라, 181쪽)

여기서 바다는 생명과 죽음을 구분하는 카롱의 배가 떠다니는 바다
처럼 보이기도 한다. 그렇다면 바다를 건너는 차라투스트라에게서 우
리는 카롱의 모습을 볼 수 있을까? 그렇지 않다. 왜냐하면 산 자를 죽음
의 세계로 이끄는 죽음의 항해자인 카롱과 달리 차라투스트라는 자신
의 무덤(죽음)에 생명의 화환을 가져가는 항해자이기 때문이다. 바다를

건너가는 차라투스트라의 여행은 죽음에의 여행이 아니라 삶에의 여행
이다. 따라서 니체가 묘사하는 바다는 "오오, 죽음이여, 늙은 선장이여,
이제 시간이다. 닻을 올리자."[29]라고 한 보들레르의 입장과 전혀 다르
다. 또한 바다를 사이에 두고 있는 생명과 죽음의 공간과 과거와 현재
의 시간은 기존의 형이상학이 주장해 왔던 단절된 두 공간과 두 시간을
뜻하지 않는다. 기존의 형이상학에 의하면 생명과 죽음은 안과 밖이란
상반된 공간과 시간에 속한다.

> "형이상학자가 선을 긋지 않는다면, 그는 사유하겠는가? 열려 있음과 닫혀
> 있음은 그에게는 바로 사상들인 것이다. (...) 이승과 저승도 안과 밖의 변증
> 법을 암암리에 되풀이한다."[30]

이러한 구분은 전통적인 형이상학적 지도 제도법에 의한 것이다. 이
런 구분에 대하여 앙리 미쇼는 「그늘이 있는 공간」에서 "공간 (...) 그
지긋지긋한 안–밖"[31]이라고 말한다. 왜냐하면 안과 밖을 단절시키고 구
분하는 형이상학은 자신의 '밀실공포증과 광장공포증'[32]을 반영하기 때
문이다. 이와 달리 "무덤의 노래"에서 차라투스트라는 죽음을 생명 속
에서 기억하고 회상하면서, 또 다른 생명의 존재방식으로 전환한다.

> "오, 내 젊은 시절의 환상과 환영이여! 오, 사랑스러운 눈길이여, 성스러운
> 순간들이여! 어찌 너희는 그리도 일찍 죽어 갔는가! 죽어 간 나의 벗을 떠올

29　가스통 바슐라르, 『물과 꿈』, 110쪽에서 재인용
30　가스통 바슐라르, 『공간의 시학』, 356쪽
31　위의 책, 362쪽에서 재인용
32　위의 책, 366쪽

리듯이 나는 오늘 너희를 떠올린다."(KSA 4, 142, 차라, 181쪽)

지나간 젊은 시절을 되살리는 것은 쉬운 일이 아니다. 그 시절은 차
라투스트라의 적들에 의해 죽임을 당했기 때문이다.

"너희는(나의 적들) 내 젊은 시절의 환상과 더없이 사랑스러운 경이를 죽여
버렸다! 나의 놀이동무인 행복한 정신을 앗아가고 만 것이다! 그들에 대한
추억 앞에 나는 이 화환과 저주를 내려놓는다."(KSA 4, 143, 차라, 183쪽)

이와 같이 차라투스트라는 자신의 젊은 시절이 죽은 것과 그것을 죽
인 적들에 대한 분노에서 벗어나지 못하고 있다. 그는 자신의 존재 안
에서 혼란함을 느끼고 있다. 말하자면 그는 '존재의 중심에서 방황하고
있는 것'[33]이다. 그러나 차라투스트라는 자신의 과거 존재로부터 단절
된 것은 아니다. 오히려 과거와 현재, 그리고 미래는 차라투스트라의
존재 안에서 순환하고, 거대한 원운동을 일으키며, 그의 존재는 끊임없
이 회귀하는 나선형 소용돌이 안에 빠져 있다.

"존재에서는 일체가 순환이고, 일체가 둘러감이고 돌아옴이고 계속되는 담
론이며, (…) 일체가 끝없는 노래의 후렴이다. 그러니 인간 존재는 얼마나
긴 나선인가!"[34]

이러한 순환을 통해 차라투스트라는 그의 신성한 과거 존재와 다시

---

33   위의 책, 360쪽
34   위의 책, 358쪽

만난다. 그의 존재의 안과 밖은 단절되지 않으며, 뫼비우스의 띠처럼 서로 순환한다. 그의 존재의 안과 밖은 서로 내밀하게 연결된 계기들인 것이다.

> "존재는 차례차례 파열하여 분산되는 응집이기도 하고, 중심으로 역류하는 분산이기도 하다. 안과 밖은 둘 다 내밀하다. 그 둘은 언제나 서로 도치되고 서로의 적의를 교환할 준비가 되어 있다."[35]

이런 의미에서 차라투스트라는 안과 밖을 두루 포괄하는 존재이며, 안과 밖을 향해 각각 열려 있는 존재이기도 하다.[36] 그는 바슐라르의 표현대로 '반쯤 열린 존재'이다. 그럼에도 과거와 현재를 가로막는 적들로 인해 차라투스트라는 고통받고 있다. 따라서 차라투스트라는 생명과 무덤의 섬 사이에 놓인 바다에서 자신의 모든 짐을 던져 버려야 한다. 이 점을 니체는 다음과 같이 묘사한다.

> "네 가장 무거운 것을 심연에 던지라! (...) 네 가장 무거운 것을 바다에 던져 버리라! 바다가 여기 있다. 너 바다에 뛰어들라!"[37]

이 시에서 니체는 '우리의 모든 무게와 모든 회오와 모든 원한을, 과거를 향해 있는 마음속 모든 것을 멀리 던져 버리라.'[38]고 말한다. 이와 같이 적에 대한 망각을 통해 차라투스트라는 분열된 자신의 존재를 극

---

35   위의 책, 363쪽
36   위의 책, 369쪽 참조
37   가스통 바슐라르, 『공기와 꿈』, 258쪽에서 재인용
38   위의 책, 258쪽에서 재인용

복하고 '초인'에의 길을 향할 수 있는 것이다.

> "'너 바다에 뛰어들라.' 라고 명령하는 것은, 거기 망각 속에서 죽음을 찾기
> 위해서가 아니라 네 마음속에 잊히지 않고 남아 있는 그 모든 것을, 이 모든
> 육신적이며 대지적 존재, 이 모든 인식의 잿더미, 이 모든 결과의 집적, 인간
> 존재와 다름없는 이 모든 탐욕스런 수확을 죽이기 위해서이다. 바로 그럴 때
> 너에게 초인의 표지를 부여할 결정적 역전이 실현되며, 너는 공기와 같이 되
> 어 자유로운 하늘을 향해 수직적으로 위로 떠오를 것이다."[39]

이러한 시도는 자신의 과거·현재·미래 사이의 간격을 극복할 때, 그
리고 자신의 적들의 공격으로부터 자유로워졌을 때 비로소 완성될 수
있는 것이다. 이렇게 '사이–존재'로서 자신의 존재의 양극단을 화해시
킬 때 차라투스트라는 비로소 자신을 극복하고 자신만의 고유한 존재
로 살아가게 되는 것이다. 릴케에 의하면 이러한 존재의 모습을 그리는
예술작품이 "무덤의 노래"인 것이다. 왜냐하면 '예술작품은 언제나 위
험을 감연히 맞선 사람 — 경험의 끝까지, 어떤 인간도 넘어서지 못하는
곳까지 가 본 사람에게서 태어나는 법'[40]이기 때문이다.

그렇다면 "무덤의 노래"가 전하는 구체적인 내용은 무엇인가? 차라
투스트라가 바다를 건너서 가려고 하는 곳은 그의 젊은 시절의 무덤이
놓여 있는 섬이다. 이 젊은 시절에 대하여 니체는 '환상', '환영', '사랑
스러운 눈길', '성스러운 순간들', 혹은 '감미로운 향기가 나는 벗들'이
라고 표현한다. 니체에게 후각은 가장 구체적인 감각 기관이며, 향기는

---

39   위의 책, 259–260쪽
40   가스통 바슐라르, 『공간의 시학』, 367쪽에서 재인용

가장 구체적인 감각 내용이다. 이와 같이 차라투스트라는 자신의 과거의 모습을 향기 속에서 만난다. 그때 과거 존재가 현재의 차라투스트라에게 말을 건넨다. 그것은 과거에 차라투스트라의 '순결'과 '지혜'가 그에게 건넸던 말이기도 하다.

> "언젠가 내 행복했던 시간에 나의 순결은 이렇게 말했다. '모든 것이 내게 신성하기를.'"(KSA 4, 143, 차라, 183쪽)

> "언젠가 내 젊은 날의 지혜는 이렇게 말했다. '모든 나날이 내게 신성하기를.'"(KSA 4, 143, 차라, 183쪽)

이렇게 말한 순결과 지혜는 지금 무덤을 찾은 차라투스트라에게 다시 말을 건넨다. 그의 순결은 "모든 존재자가 신성하기를", 그의 지혜는 "모든 시간이 신성하기를"이라고 말한다. 즉 과거의 차라투스트라는 현재의 차라투스트라에게 모든 성스러운 존재자와 모든 성스러운 시간에 대하여 말하는 것이다. 비록 그의 적들에 의해 이 말들이 죽임을 당했고 현재의 차라투스트라 역시 고통을 당하고 있지만, 과거의 신성한 말은 미래의 신성한 말이 되어야 한다고 외치는 것이다. 현재의 차라투스트라는 그 고통을 극복하고 미래의 말을 현재에 실현할 수 있을 정도로 충분히 성숙했기 때문이다. 그는 다음과 같이 고백한다.

> "나는 어떻게 이 일을 견뎌 냈는가? 내 어떻게 이 같은 상처를 이겨 내고 극복했던가? 어떻게 나의 영혼은 이들 무덤에서 소생했는가?"(KSA 4, 144, 차라, 185쪽)

"무덤의 노래"에서는 이 모든 어려움을 극복하게 한 것, 그래서 과거의 신성한 말들을 무덤에서 다시 살려 내게 한 것은 바로 차라투스트라 자신의 '의지'였다고 밝힌다.

"그렇다. 내게는 불사신적인 것, 결코 영원히 묻어 둘 수 없는 것, 바위까지 폭파해 버릴 수 있는 어떠한 것이 있다. 나의 의지가 바로 그것이다. 그것은 말없이, 그리고 변함없이 세월을 가로질러 간다. (…) 내 젊은 시절에 구제받지 못한 것이 네 (의지) 안에서 아직도 숨 쉬고 있다. (…) 그렇다 너는 아직도 내게는 온갖 무덤을 파괴하는 자이다. 나의 의지여 건투를 빈다! 부활은 무덤이 있는 곳에만 있다."(KSA 4, 145, 차라, 185-186쪽)

이와 같이 "무덤의 노래"는 차라투스트라의 과거와 현재, 그리고 미래의 존재 사이의 노래이기도 하며, 죽음과 생명 사이의 노래이기도 하다. 그런데 이 모든 노래를 가능케 한 것은 바로 의지이기에, "무덤의 노래"는 '의지의 노래'이기도 하다. 그러나 "무덤의 노래"에서는 무엇이 어떻게 극복되었는지에 대해서는 구체적으로 묘사되지 않는다. 이 문제가 무엇이었는지는 "구제에 대하여"에서 비로소 밝혀진다. 그것은 바로 '시간'의 문제였던 것이다. 시간의 문제는 다시 동일한 것의 영원회귀를 묘사하는 "환영과 수수께끼에 대하여", "건강을 되찾고 있는 자"로 이어진다. 그리고 "무덤의 노래"에서는 자신을 극복하게 한 것이 의지라고 밝히지만, 아직 그 의지 자체에 대하여는 구체적으로 다루지 않는다. 이 주제는 세 노래 다음에 위치한 "자기극복에 대하여"에서 다뤄진다.

9) 자기극복에 대하여: 힘에의 의지의 본질

'힘에의 의지'(Wille zur Macht)라는 표현은 이미 "천 개의 목표와 하나의 목표에 대하여"에서 나타난다. 그런데 여기서 다뤄진 주제는 힘에의 의지가 아니라 가치이다. 여기서는 어떻게 가치가 평가되고 변화되어야 하는지, 그리고 얼마나 많은 가치가 존재할 수 있는지를 논하면서, 이 모든 가치의 배후에는 힘에의 의지가 놓여 있다는 것을 밝힌다.

> "저마다의 민족 위에는 저마다의 가치 목록이 걸려 있다. (...) 그것은 저마다의 민족이 지닌 힘에의 의지의 목소리이다."(KSA 4, 74, 차라, 93쪽)

이러한 힘에의 의지가 무엇을 의미하는지는 "자기극복에 대하여"에서 생명과 연관해 논의된다. 말하자면 앞선 "밤의 노래", "춤의 노래", "무덤의 노래"에서 주요 주제였던 생명이 "자기극복에 대하여"에서는 힘에의 의지와의 연관 속에서 다시 다뤄지는 셈이다. 이 내용을 다루기 전에 우선 힘에의 의지라는 표현이 니체의 사상적 흐름 속에서 어떤 변화 과정을 겪었는지 알아보는 것이 필요하다.

a. 니체 작품들 속에 나타난 '힘에의 의지' 개념의 변화 과정

니체의 초기 작품들에서는 '힘에의 의지'란 표현이 등장하지 않고 '힘', '의지'란 단어가 각각 사용되며, 이때 힘은 '악'이란 의미와 연결된다. "지칠 줄 모르고 힘(Macht)과 영광을 갈망하는 우울한 의지(Wille)로 가득 찬 젊은 바그너"라는 표현에서 힘은 '성공'과 같은 세계적인 힘으로, 그러나 그 본질에서는 악으로 이해된다.[41]

　　힘과 의지가 결합된 힘에의 의지라는 표현은 1870년대 후반에 처음
으로 등장한다. 이때 힘에의 의지는 일원론적인 근거로서의 힘이 아니
라 두 가지 심리학적 현상 중 하나로 파악된다.

　　"공포(부정적)와 힘에의 의지(긍정적)는 인간의 생각에 대한 우리의 강력한
　　관심을 설명해 준다."[42]

　　『인간적인 너무나 인간적인』(1878), 『아침놀』(1881), 『즐거운 학문』
(1882)에 이르기까지 힘에의 의지라는 표현은 명시적으로 나타나지 않
는다. 이 시기에 힘은 우주적 힘이 아니라 쾌 · 불쾌와 연관된 심리 현상
으로 파악되며, 심리적인 근본충동으로서 힘은 선악을 규정할 수 있는
도덕적 가치로 나타난다. 힘은 감사함이나 선과 연결되며, 무력함은 악
과 연결된다. 반면에 『인간적인 너무나 인간적인』에서는 힘이 다음과
같이 묘사된다.

　　"감사와 복수 ― (...) 모든 선한 사람, 즉 근본적으로 강자(힘이 있는 자)의
　　사회는 감사를 첫 번째 의무 중의 하나로 삼는다."(KSA 2, 66, 인간 I, 73쪽)

　　"(지배하는 종족과 계급의 영혼은) 선에는 선으로, 악에는 악으로 보복할 수
　　있는 힘을 가지고 있고, 실제로 보복한다: 반면 무력하고(unmächtig) 보복
　　할 수 없는 사람은 좋지 않은 것으로 여겨진다."(KSA 2, 67, 인간 I, 74쪽)

41　　W. Kaufmann, *Nietzsche*, 209-210쪽 참조
42　　위의 책, 209쪽에서 재인용

여기서 힘은 도덕적으로 긍정적인 가치로 파악되며, 힘에 대립되는 것은 두려움(Furcht)이다. 그런데 두려움은 무화되는 것보다도 더 나쁜 감정으로 평가된다.

"증오하고(hassen) 두려워하는(fürchten) 것보다는 오히려 멸망하는 편이 낫다. 또 자신을 증오하고 두려움을 느끼게 만드는 것보다는 오히려 멸망하는 편이 두 배나 낫다. — 이것은 언젠가 모든 개별적인 국가사회에서도 최고의 원칙이 되어야 한다!"(KSA 2, 679, 인간 II, 396쪽)

힘과 두려움의 대비는 『아침놀』에서도 계속된다. 그런데 여기서 힘은 좀 더 다양한 방식으로 해석된다. 우선 『아침놀』에서 힘은 '감정'으로 파악된다.

"위대한 정치에 대하여 — (개인들과 국민들을) 앞으로 나아가게 몰아대는 가장 강력한 물은 힘의 감정(Machtgefühl)에 대한 욕구이다. (...) 인간은 힘의 감정을 가질 때, 자신이 선하다고 느끼고 자신을 선한 사람이라고 부른다. 그리고 (...) 그가 자신의 힘을 방출하지 않으면 안 되는 대상인 타인들은 그를 악한 사람이라고 부른다."(KSA 3, 161-162, 아침놀, 200-201쪽)

둘째, 힘은 '돈'과 연관되어 파악된다.

"다나에와 황금의 신 — (...) 돈에 대한 끔찍한 욕망과 애정이 밤이든 낮이든 그들을 몰아대는 것이다. 그러나 이러한 초조감과 애정 속에서 힘에 대한 저 열광적인 욕망(Machtgelüste)이 다시 나타난다."(KSA 3, 180, 아침놀, 223-224쪽)

셋째, 힘은 희생을 통해 얻어지는 역설적 힘으로 파악되기도 한다. 이런 힘은 '도덕적·종교적 힘'을 뜻한다.

> "희생동물의 도덕 (...) 그대들은 열광적으로 자신을 헌신하고 자신을 희생물로 만들어, 신이든 인간이든 그대들이 그대 자신을 바치는 강력한 존재와 지금 하나가 되었다고 생각하고 도취되는 것이다. 그대들은 그대들의 희생을 통해 다시 한 번 확인되는 저 강력한 존재가 갖는 힘의 느낌(Gefühle der Macht)에 탐닉한다. 사실 그대들은 단지 희생하는 것처럼 보일 뿐이다." (KSA 3, 191–192, 아침놀, 240–241쪽)

넷째, 힘은 세속적 행복에 대립되는 또 다른 신적 존재인 '다이몬'으로 파악된다. 다이몬으로서 힘은 한편으로는 세속적 행복과 구분되는 긍정적인 존재로 해석되기도 하지만, 다른 한편으로는 유혹적이며 악마적인 존재로 여겨지기도 한다.

> "힘이라는 다이몬 — 필요도 아니고 욕망도 아니고, 힘에 대한 사랑(Liebe zur Macht)이야말로 인간의 다이몬이다. 인간에게 모든 것, 즉 건강, 음식, 주택, 오락을 줘 보라. 그들은 여전히 불행하고 불만스러울 것이다. 왜냐하면 다이몬을 기다리면서 이 다이몬을 원하고 있기 때문이다."(KSA 3, 209, 아침놀, 260쪽)

다섯째, 힘은 '고상한 것'이라는 긍정적인 가치로 평가된다.

> "힘의 감정 (...) 힘의 감정을 획득하고자 하는 사람은 모든 수단에 호소하며 그 감정을 길러 줄 수 있는 어떤 것도 경멸하지 않는다. 그러나 힘의 감정을

소유한 사람은 취향이 매우 까다롭고 고상하게 되었다."(KSA 3, 348, 아침놀, 302-303쪽)

여섯째, 고상한 것으로서 힘은 '행복'으로 파악되며, 그것은 다시 세 가지 특징으로 나타난다.

"행복의 효과 — 행복이 가져오는 첫 번째 효과는 힘의 감정이다. (…) 힘의 감정은 자신을 표현하고 싶어 한다. 자신을 표현하는 가장 흔한 방식은 선사하는 것, 조롱하는 것, 파괴하는 것이다. 이 셋은 모두 하나의 공통된 근본충동에 근거한다."(KSA 3, 240, 아침놀, 305-306쪽)

그런데 니체는 이러한 힘에 대한 평가를 고대 그리스인에게서 확인한다. 그들에게 힘은 그 어떤 가치보다 우월한 가치였다는 것이다.

"그리스인들은 (…) 많은 악한 일을 한 것으로 기억되는 힘이, 단지 선하기만 한 것으로 평가되는 무력함(Ohnmacht)보다 더 가치가 있다고 느꼈다. 즉 그들에게서 힘의 감정은 그 어떤 유용성이나 좋은 평판보다 더 높이 평가되었다."(KSA 3, 241, 아침놀, 307쪽)

이와 같이 『아침놀』에서 힘은 한편으로는 돈, 도덕, 종교적 힘이라는 부정적인 의미로, 다른 한편으로는 다이몬적인 의미로, 또 다른 한편으로는 고상함이나 행복이라는 긍정적인 의미로 사용된다. 그리고 아직도 힘과 두려움은 대립되는 개념으로 쓰이는데, 힘은 능동적이고 긍정적인 의미로, 두려움은 반동적이고 부정적인 의미로 사용된다.

"우리의 가치 평가 — 모든 행위는 가치 평가에 의거하고, 모든 가치 평가
는 자신의 것이거나 받아들여진 것인데, 대부분 후자에 해당된다. 우리는
왜 그것들을 받아들이는가? 두려움 때문이다."(KSA 3, 92, 아침놀, 112-
113쪽)

여기서 두려움은 '힘이 없음'이란 의미로 사용되며, 스스로 주인이
되기보다는 노예가 됨으로서 편안함을 얻는 방식으로 파악된다. 이와
같이 『아침놀』에서 힘은 두려움과 대립되는 개념이면서, 그 자체적으로
긍정적 의미로도, 동시에 부정적 의미로도 사용된다. 여기서 힘의 의미
가 혼재된 상태로 사용되는 이유는 『아침놀』이란 책이 바로 기존 '도덕
에 대한 전투서'로서, '모든 가치의 전도'를 시도하며, 과거에 부정적인
의미를 지녔던 것이 긍정적인 의미로 변화되는 과정에 있기 때문이다
(KSA 6, 329-330, 사람, 413-414쪽). 즉 기존의 도덕과 그것을 파괴하
려는 시도가 혼재된 채 진행되기에, 『아침놀』에서는 '힘'이라는 동일한
단어가 긍정적 의미와 부정적 의미로 사용되는 것이다. 이 점은 『즐거
운 학문』에서도 마찬가지이다. 여기서도 힘은 쾌감이나 불쾌감을 주는
감정으로 나타난다.

"힘의 감정에 대한 가르침 — 기쁨을 주거나 고통을 주는 것을 통해 사람들
은 자신의 힘을 타자에게 행사한다."(KSA 3, 384, 학문, 83쪽)

이때 힘은 이성이나 지성보다 더 우위에 있는 것으로 평가된다.

"고귀한 인간은 비이성적이다. — 왜냐하면 고귀하고 관용적이고 희생적인
인간은 실제적으로 자신의 충동에 따르며, 이러한 최고의 순간에 그의 이성

은 멈추기 때문이다."(KSA 3, 374, 학문, 71쪽)

이제 힘이 이성과 대립되는 개념으로 변함으로써, 힘이란 개념은 기
존의 악이라는 개념에 해당하게 된다. 힘은 기존의 덕을 지키려는 자에
게는 독이 되기 때문이다(KSA 3, 390, 학문, 90쪽). 그러나 악이나 독
으로서 힘은 기존의 진리를 파괴하고 새로운 것을 창조할 수 있기 위해
반드시 필요한 것이다.

"위대함에 속하는 것 ─ 자신에게 커다란 고통을 가하는 힘(Kraft)과 의지
(Wille)를 내면에서 발견하지 않는다면, 누가 위대한 것에 도달할 것인
가?"(KSA 3, 553, 학문, 294쪽)

그러나 『즐거운 학문』에서도 모든 것을 포괄하는 일원론적 근거로서
힘에의 의지란 표현은 등장하지 않는다. 다만 '진리에의 의지'(Wille
zur Wahrheit)란 표현이 부정적 의미로 다뤄질 뿐이다(KSA 3, 575, 학
문, 320쪽 이하). 그렇다면 힘에의 의지라는 개념이 일원론적인 존재근
거로 확립된 것은 어떻게 가능했을까?

카우프만에 의하면 니체에게서 일원론적 근거이자 자체 안에 대립과
투쟁을 포함하는 표현인 '힘에의 의지'는 고대 그리스의 아곤(Agon)
개념과 무관하지 않다.[43] 경기, 투쟁 등으로 번역되는 Agon은 서로 자
웅을 겨뤄 보는 운동이자 유희로서, 당시 비극작가들 사이, 올림픽 운
동선수들 사이, 심지어 플라톤 철학과 소피스트들 사이의 대결에 적용
되는 포괄적인 개념이었으며, 그리스 문화의 근저에 놓여 있는 일원론

---

43   위의 책, 223쪽 이하 참조

적 개념이었던 것이다.[44]

이렇게 모든 존재현상의 배후에 놓여 있는 일원론적 근거라는 개념으로부터 힘과 의지가 결합된 힘에의 의지라는 표현이 나타나게 되었다는 것이다. 이러한 카우프만의 해석도 타당성이 있지만, 니체의 힘에의 의지는 생명 자체에 대한 이해, 그리고 힘이나 의지 자체에 대한 이해에서 비롯되었다고 보는 것이 좋을 것이다. 그런데 이러한 개념들에 대한 이해가 니체의 저작을 통해 변화한다는 점을 고려하면 힘에의 의지의 의미는 니체 사상의 변화 과정에서 찾아보아야 할 것이다.

앞에서 살펴봤듯이 『인간적인, 너무나 인간적인』이나 『아침놀』에서 힘은 쾌·불쾌와 연관된 심리 현상으로 파악되었다. 이 점은 『즐거운 학문』에서도 이어진다. 그런데 『즐거운 학문』 3부 127번에 의하면 쾌·불쾌의 현상은 의지와 연결된다. 그리고 4부 310번에 따르면 의지는 끊임없이 되돌아오지만(마치 '동일한 것의 영원회귀' 개념과 유사하게), 그때마다 매 순간 모든 힘을 다해 밀려드는(마치 '힘에의 의지' 개념과 유사하게) 파도에 비유된다.

"의지와 파도 — 마치 무엇엔가에 도달하는 것이 중요하다는 듯이, 얼마나 탐욕스럽게 파도는 이곳으로 밀려오고 있는가! 얼마나 두려운 초조감을 가지고 파도는 바위 틈 협곡의 가장 내밀한 구성 안으로 기어들고 있는가! (...) 그리고 이제 파도는 더 천천히 그리고 흥분으로 창백하게 되어 (...) 되돌아오고 있다. (...) 그러나 이미 또 다른 파도가 더 탐욕스럽고 더 거칠게 가까이 오고 있다. 그리고 그 파도의 영혼 역시 비밀과 보물을 파려는 욕구로 가득 차 있는 듯이 보인다. 이렇게 파도는 살아가며 — 의욕하는 자(die

---

44   위의 책, 223–224쪽 참조

Wollenden)인 우리 역시 그렇게 살아간다."(KSA 3, 546, 학문 285쪽)

여기서 우리는 힘에 부여되었던 의미가 의지로 표현되며, 힘에의 의지가 이미 동일한 것의 영원회귀 — 물론 이런 생각이 당시에는 선명하게 떠오르지는 않았지만 — 사상과 연결되는 조짐을 볼 수 있다.[45] 그렇다면 힘, 의지가 결합된 힘에의 의지의 새로운 특징은 무엇인가?

---

45   힘에의 의지란 표현 외에도 우리는 『즐거운 학문』 안에서 『차라투스트라는 이렇게 말했다』와 연관된 주제와 내용들을 발견할 수 있다. 3부 108번에서는 신의 죽음 이후에도 스스로 극복하기를 추구하기보다 죽은 신에 의존해 살아가려는 인간의 모습이 묘사된다. 이런 모습은 『차라투스트라는 이렇게 말했다』 4부에서 다시 다뤄진다: "새로운 투쟁 — 붓다가 죽은 후에도 인간들은 여전히 수 세기 동안 동굴 안에 그의 그림자를 안치했다. — 거대하고 섬뜩한 그림자를. 신은 죽었다. 그러나 인간의 세상이기에 필시 수천 년에 걸쳐 신의 그림자가 나타나는 동굴이 존재하는 것이다. — 그리고 우리 — 우리는 계속 이들 신의 그림자를 정복해야만 한다."(KSA 3, 467, 학문, 183쪽) 『즐거운 학문』 108번에서 "신은 죽었다."라는 표현이 처음 등장하며, 이것은 『차라투스트라는 이렇게 말했다』 머리말, 2부 "연민의 정이 깊은 자에 대하여", 3부 "배신자에 대하여"에서 다시 표현된다. 그런데 이 내용들은 이미 『즐거운 학문』 3부 125번에서 문학적으로 표현된다. 이 외에도 『즐거운 학문』 5부 371번의 "우리 이해받기 어려운 자들"이나 377번의 "우리 고향을 잃은 자들", 382번의 "위대한 건강"에서 우리는 차라투스트라의 모습을 발견할 수 있다. 특히 382번에는 "새로운 자들, 이름 없는 자들", "인간적인-초인적인 즐거움과 즐거움에의 욕망이라는 이상", "비극이 시작된다"라는 표현들이 등장한다. 또한 4부 341번에는 "환영과 수수께끼에 대하여"의 내용이, 342번 "비극이 시작되다"에는 『차라투스트라는 이렇게 말했다』의 머리말이 이미 말해진다. 이와 같이 『즐거운 학문』과 『차라투스트라는 이렇게 말했다』 사이에 긴밀한 연관성이 있다는 점은 니체 자신에 의해서도 말해졌다: 『즐거운 학문』은 『차라투스트라는 이렇게 말했다』의 서두 자체이고, 그 4부의 끝에서 두 번째 장에서는 차라투스트라의 근본사유를 보여 주고 있다."(KSA 6, 336, 사람, 420쪽) 여러 가지 정황을 볼 때, 힘에의 의지라는 표현은 『차라투스트라는 이렇게 말했다』에 이르는 니체의 사상의 변화 과정에서, 특히 『즐거운 학문』과의 연관성에서 이해해야 한다는 점을 보여 준다.

b. 힘에의 의지에서 힘과 의지의 관계

힘에의 의지라는 표현이 처음 등장한 것은 『즐거운 학문』1년 뒤에 쓰인 『차라투스트라는 이렇게 말했다』1부 "천 개의 목표와 하나의 목표에 대하여"에서이다.[46] 그런데 힘과 의지가 결합된 '힘에의 의지'란 표현에 대하여 우리는 몇 가지 오해를 피해야 한다.

첫째, '힘에의 의지'는 서로 독자적인 '힘'과 '의지'라는 개념을 전치사 'zu'를 통해 단순하게 연결해 놓은 것이 아니다.

둘째, 'zu'라는 전치사를 통해 '힘'과 '의지'라는 개념 사이에 어떠한 우열관계나 지향성의 관계가 성립되는 것도 아니다. 흔히 'zu'의 일반적 의미를 따를 때, 우리는 의지가 힘을 향하고 있다는 식으로 오해하기 쉽다. 이 경우 의지는 힘보다 열등한 것으로 평가될 수 있다. 왜냐하면 힘을 향하고 있는 의지는 아직 완전한 힘을 갖추지 못한 '결핍'의 상태로 오해될 수 있기 때문이다. 이러한 오해는 힘에의 의지에 대한 낭만주의적 해석에 기인한다. 이 점을 하이데거는 다음과 같이 말한다.

"(낭만주의적 해석에 의하면) '힘에의 의지'는 아직도 '결핍의 감정'을 표현하고 있다. '~에의(zu) 의지'는 아직 힘 자체가 아니다. 왜냐하면 이 의지는 아직도 고유하게 힘을 갖고 있지 못하기 때문이다. 아직 존재하지 않는, 어떤 것을 요구하는 것은 낭만주의적인 표지로 볼 수 있다."[47]

즉 의지는 힘보다 열등하거나 힘을 결핍한 것이 아니라는 것이다.

---

46   하이데거는 '힘에의 의지'란 표현이 처음 나타나는 곳은 『차라투스트라는 이렇게 말했다』2부 "자기극복에 대하여"라고 주장한다. M. Heidegger, *Holzwege*, 229쪽 참조

47   M. Heidegger, *Nietzsche II*, 263쪽

셋째, 힘에의 의지에서 힘은 의지의 밖에 위치하는 것, 의지가 향해야 하는 목적이 아니다. 이 경우 힘은 의지가 도달하려는 궁극적인 목적이 되고, 의지는 그러한 목적을 위한 원인으로 오해될 수 있다. 그러나 하이데거에 의하면 니체의 의지라는 개념은 '작용을 미치는 원인'이 아니라 거꾸로 그러한 원인의 근거이다.[48]

넷째, 힘에의 의지에서 의지는 전통 형이상학이 구별한 것과 같이 오성, 감정 외에 인간 영혼의 또 다른 존재방식으로, 즉 심리학적으로 오해되어서도 안 된다. 물론 니체는 의지를 영혼의 능력으로도 파악했다. 이 점에서 의지는 심리학적으로 고찰할 대상처럼 보이기도 한다. 그러나 니체는 의지의 본질을 심리학으로부터 해명하기보다, 오히려 심리학의 본질을 힘에의 의지를 통해 파악한다.[49] 이런 점에 대하여 니체는 '심리학은 힘에의 의지의 형태론과 진화론'(Morphologie und Entwicklungslehre des Willens zur Macht) (KSA 5, 38, 선악, 44쪽)이라고 분명히 밝힌다. 그렇다면 니체가 힘에의 의지라는 표현을 사용했던 이유를 알기 위해서 우선 힘과 의지의 본질이 무엇인지를 살피는 일이 필요하다.

힘의 본질은 무엇인가? 힘은 의지의 밖에 있는 것도 의지의 목적도 아니다. 힘은 일정한 상태에 만족하며 정지해 있는 것이 아니라 항상 더 많은 힘을 의욕한다. 왜냐하면 힘은 스스로 안에서 항존적으로 의욕할 때, 비로소 힘이기 때문이다.

"힘이 힘으로 존재할 수 있는 것은, 단지 힘이 그때마다 도달한 힘의 단계를

---

48   M. Heidegger, *Nietzsche I*, 47쪽 참조
49   M. Heidegger, *Nietzsche II*, 263쪽: *Holzwege*, 229쪽 참조

넘어서서 주인이 될 때이다."⁵⁰

힘의 본질에는 힘 자체를 넘어섬(Übermächtigung)이라는 특징이 있다. 이렇게 자신 안에서 주인이 되고 더 많은 힘을 얻기 위해 힘은 '더 많은-힘을-의욕하는 것'(ein-Mehr-Macht-Wollen)이며, 그러한 힘을 스스로에게 '명령하는 자'이다. 힘은 스스로 더 강해지고 더 높아지기를 스스로에게 명령한다. 힘은 항상 힘에의 도상으로 존재한다.

"이렇게 힘은 항상 힘 자체에로의(zu) 도상에 있다. 즉 그다음 힘의 단계로의 도상이 아니라 힘의 순수한 본질을 강화하는 도상에 있는 것이다."⁵¹

이렇게 힘의 본질은 '더 많은-힘에의 힘'(Macht zur Mehr-Macht)에 있는 것이다. 이 점은 의지의 경우도 마찬가지이다. 의지는 의욕하는 것(Wollen)이며, 의욕하는 것의 본질은 '더-강하기를-의욕하는 것'(stärker-werden-Wollen)이다.

"인간이 의욕하는 것, 살아 있는 유기체의 가장 작은 부분조차 의욕하는 것, 그것은 힘의 증가(Plus von Macht)이다. (...) 원형질은 자신에게 저항하는 것을 찾기 위해, 자신의 위족을 뻗친다. — 그것은 배고픔 때문이 아니라 힘에의 의지 때문이다. 이를 통해 원형질은 자신의 저항물을 극복하고 자기의 것으로 동화시켜 섭취하기를 시도한다: — 즉 '영양'이라 불리는 것은 더 강

50　M. Heidegger, *Nietzsche II*, 266쪽
51　위의 책, 266쪽

해지려는 근원적 의지가 드러난 단순한 현상이거나 응용 방식에 불과하다."(WzM, 474쪽)

'의욕함'은 자신을 넘어서서 주인 존재가 되기를 의욕하는 것이다. 즉 의지는 자신이 주인이 되기를 명령하는 것이며, 더 많은 의지를 의욕하는 것이다. 이런 의미에서 의지의 본질은 '의지에의 의지'(Wille zur Wille)에 있다.[52]

힘의 본질인 힘에의 힘과 의지의 본질인 의지에의 의지는 모두 더 많은 힘과 의지를 의욕하고, 자신의 주인이 되기를 명령한다는 공통점을 갖는다. 힘의 본질은 의지의 본질과 동일하다. 그러나 니체에 의하면 힘은 단순히 어떠한 의지가 아니다. 마찬가지로 의지도 단순히 어떤 힘을 의욕하는 것이 아니다. 오히려 힘의 본질은 항상 의지 자체를 원하고, 의지의 본질은 항상 더 많은 힘을 의욕하는 데 있다. 이러한 힘과 의지의 본질을 니체는 '힘에의 의지'라고 표현한 것이다. 즉 힘의 본질은 항상 힘에의 의지로 존재하고, 의지의 본질도 항상 힘에의 의지로 존재하는 것으로서, 니체의 힘에의 의지란 표현은 힘과 의지가 서로 순환하면서 서로의 존재를 완성시키는 존재방식을 표현하기 위한 단어인 것이다.

c. 진리에의 의지와 힘에의 의지

"무덤의 노래" 후반부는 무덤과 부활을 대비시키면서 끝난다. 그리고 곧바로 이어지는 "자기극복에 대하여"에서는 생명과 연관해 새로운 부활의 가능성이 구체적으로 묘사된다. 이를 위해 맨 처음 부분에서

---

52   위의 책. 266쪽 참조

'진리에의 의지'가 언급된다. 니체에 의하면 진리에의 의지는 소위 말하는 '가장 지혜로운 자들'이 주장해 왔던 것이다. 이들은 진리에의 의지를 통해 존재하는 모든 것을 지배하기를 추구해 왔으며, 이를 위해 선악이라는 가치를 규정해 왔다. 이렇게 가치를 진리, 비진리 혹은 선악으로 고정하고, 고정된 가치를 토대로 존재를 평가하고 지배하려는 의지가 바로 진리에의 의지의 본질이다. 그러나 니체에 의하면 모든 고정된 가치는 허구에 불과하다. 이 점은 우리가 사실이라고 주장하는 것에도 해당된다.

> "'정신'도, 이성도, 사유도, 의식도, 영혼도, 의지도, 진리도 없다; 이들 모두는 (...) 허구이다."(WzM, 336쪽)

모든 것이 해석임에도 진리에의 의지가 주장된 이유는 어떠한 특정한 시간과 공간에서 특정한 해석이 삶을 유지하고 보존하기 위해 필수적으로 요구되었기 때문이다. 이런 이유 때문에 가장 지혜로운 자들은 진리를 영원하고 절대적인 것이라고 주장하였던 것이다. 그러나 그들의 주장 배후에는 이러한 진리를 통해 타인을 지배하고자 하는 욕망이 놓여 있다. 이 점은 "자기극복에 대하여"에서 다음과 같이 묘사된다.

> "존재하는 것 모든 것을 사유 가능한 것으로 만들려는 의지, 나는 너희(가장 지혜로운 자들)의 의지를 이렇게 (진리에의 의지라고) 부른다. (...) 그러나 존재하는 것 일체는 너희에게 순응해야 하며 굴복해야 한다! 너희의 의지가 바라는 것이 이것이다."(KSA 4, 146, 차라, 187쪽)

이들은 자신들이 주장하는 진리에의 의지 역시 일종의 힘에의 의지

라는 점을 알지 못한다. 따라서 그들은 고정된 진리를 주장하는 것이
다. 반면에 힘에의 의지는 생성을 멈추는 일이 없다. 힘에의 의지는 항
상 더 많은 힘을 욕구한다. 진리에의 의지가 힘에의 의지의 한 방식이
라면 진리에의 의지 역시 항상 더 많은 진리를 향해 욕구해야만 한다.
말하자면 생명을 강화할 수 있는 새로운 해석을 끊임없이 욕구해야 하
는 것이다.

"진리의 표지는 힘의 감정의 상승 안에 있다." (WzM, 367쪽)

그러나 형이상학이 주장하는 진리에의 의지는 생성에의 의지를 부정
한다. 따라서 니체는 진리에의 의지를 비판한 후, 힘에의 의지의 본질
을 생명의 본질과 연관해 다룬다. 니체에 의하면 생명의 본질은 스스로
를 보존하려는 생명에의 의지에 있는 것이 아니라 지배하고 더 강해지
고자 하는 '힘에의 의지'에 있는 것이다. 그런데 생명은 다양한 모습으
로 전개되고 드러난다. 이때 생명의 본질인 힘에의 의지는 의식적 자아
가 아니라 무의식적인 생명력 자체에서 나오며, 개인과 사회를 유지하
는 도덕적인 가치를 넘어선다.

"하나의 세포가 보다 강한 다른 세포의 기능으로 변화하는 데 덕이라는 것
이 있는가? 그 세포는 달리 어떻게 할 수가 없는 것이다. 그리고 가장 강한
세포가 가장 약한 세포를 흡수하는 데 악의가 있는가? 그것 역시 달리 어떻
게 할 수가 없는 것이다." (KSA 3, 476, 학문, 194쪽)

강한 세포나 약한 세포는 모두 힘을 추구한다. 그것이 생명의 본질이
기 때문이다. 힘에의 의지는 강한 생명체나 약한 생명체 모두에게 존재

하며, 나아가 유기체로부터 인간의 인식과 심리적 상태, 자연과 사회 전체에 걸쳐서 나타난다. 그렇다면 대자연에서 드러나는 힘에의 의지는 어떠한 특징을 지니는가?

인간은 자연 안에서 합목적성과 질서, 규칙들을 발견하고, 그러한 법칙들에 진리를 부여해 왔다. 이러한 진리 중 대표적인 것이 세계에 대한 기계론적인 해석이다. 기계론적 세계관은 자연의 운동과 변화를 단순히 기계적인 인과 관계로 해석하는 방식이다. 그러나 니체에 의하면 원인과 결과라는 관계성은 허구에 지나지 않는다. 예를 들어 A가 원인이 되어 B라는 결과를 산출한 것처럼 보일 때, 기계론적 세계관은 A가 원인이고, B는 그 결과라고 주장하지만, A와 B 사이에는 필연적인 인과 관계가 존재하지 않는다. 왜냐하면 A라는 원인 속에는 B라는 결과를 불러일으킬 아무런 필연성도 없으며, B 역시 A의 필연적 결과로서 산출된 것이 아니라, 단지 여러 힘의 투쟁 속에서 우연히 B로 나타났을 뿐이기 때문이다. 만약 'A가 나타났을 때, 많은 경우 B가 이어진다'는 이유로 A와 B 사이에는 인과율이 있다거나 A와 B의 관계는 필연적이라고 말한다면, 즉 A와 B 사이에는 일정한 '법칙'이 있다고 말한다면, 이것은 심리적 오해에서 비롯된 것이다. 필연성이나 법칙에 대하여 니체는 다음과 같이 말한다.

> "기계론에 대한 비판 — 여기서 우리는 '필연성'과 '법칙'이라는 통속적인 두 개념을 멀리한다. 필연성은 거짓된 강제성을, 법칙은 잘못된 자유를 세계 안으로 집어넣기 때문이다."(WzM, 427쪽)

필연성이란 개념은 존재하지 않는 거짓 개념을 사물들 사이에 강제적으로 집어넣은 것이며, 법칙이란 개념은 존재하지 않는 거짓 개념을 자유롭게 적용시킨 것에 불과하다는 것이다. 이와 달리 니체는 A와 B 사이에 존재하는 관계성이 인과 관계나 법칙 관계가 아니며, 단지 서로 다른 힘 사이에서 벌어지는 힘들의 관계일 뿐이라고 주장한다.

"현존해 있는 것, 어떤 방식으로든 이루어진 어떤 것은 그보다 우세한 힘에 의해 새로운 견해로 언제나 다시 해석되며 새롭게 독점되어 새로운 효용성으로 바뀌고 전환된다. 유기체적 세계에서 일어난 모든 생기는 하나의 제압이자 지배이며, 그리고 다시금 모든 제압과 지배는 지금까지의 '의미'와 '목적'이 필연적으로 불명료해지거나 완전히 지워져야 하는 새로운 해석이자 정돈이다."(KSA 5, 313, 도덕, 421쪽)

인과율과 법칙이 가능하기 위해서는 사물이라는 것이 존재해야 하지만, 니체에 의하면 그러한 사물, 즉 '원자'는 존재하지 않는다. 왜냐하면 원자라는 개념 역시 인간의 심리적, 논리적 오류에 의해 생겨난 것이기 때문이다.

"물리학적인 원자에 반대하여 — 세계를 파악하기 위해서 우리는 세계를 계산할 수 있어야 한다. 세계를 계산할 수 있기 위해서 우리는 고정불변의 원인을 가져야만 된다. 그런데 우리는 현실 속에서 그러한 고정불변의 원인을 발견하지 못하기 때문에, 그러한 것을 — 원자를 날조한다. 이것이 원자론의 기원이다."(WzM, 422쪽)

기계론적 의미에서 인력과 척력이란 개념도 니체는 부정한다. 왜냐하면 인력과 척력이란 것은 '의도'와 연관된 개념인데, 사물에는 의도가 없기 때문이다(WzM, 424쪽).

또한 기계론은 모든 힘을 '양'으로 해석하려는 시도이다.

"'기계론적 세계관'은 양 이외에 아무것도 바라지 않는다."(WzM, 442쪽)

물론 니체가 기계론적 세계관을 비판하면서 힘이 양이란 사실을 모두 부정하는 것은 아니다. 니체에게도 힘은 우선 양적 특징을 갖는다.

"우리의 인식은, 그것이 수와 양을 적용할 수 있는 정도에 따라 과학적이 된다. 가치의 과학적 질서가 힘의 수적이고 양적인 규모 위에서 단순하게 구성될 수 있는지에 대하여 알아보아야 한다. 모든 그 외의 '가치들'은 편견이고 순진함, 오해들이다. 그것들은 어디에서나 힘의 수적, 양적인 규모로 환원된다."(WzM, 480쪽)

그러나 니체는 기계론적 세계관이 모든 힘을 단지 양으로만 해석하는 것에 대하여는 강하게 반대한다. 왜냐하면 양은 '자기 동일화와 동등화의 경향'을 지니며, 이때 양 안에 있는 차이는 무시되기 때문이다.[53] 니체에 의하면 힘은 단순한 양뿐 아니라 '질'이란 특징도 지닌다.

"우리는 단지 양적인 차이들이 양과는 근본적으로 구별되는 어떤 것, 즉 서로 더 이상 환원될 수 없는 질들이라고 느끼지 않을 수 없다."(WzM, 385쪽)

힘이 일정한 양을 획득했을 때, 그 힘은 이전의 힘과 전혀 다른 질적인 차이를 지니게 된다. 이 점은 사물이나 인간, 그리고 인간 사회에서

---

[53]　질 들뢰즈, 『니체, 철학의 주사위』, 86쪽 참조

도 확인할 수 있다. 예를 들어 많은 사람이 모였을 때, 그들의 모임은 단순히 양적인 숫자가 아니라 사회의 질을 변형할 수 있는 힘이 된다는 것은 잘 알려진 사실이다. 이처럼 양은 질로 변함으로써 새로운 힘으로 나타나게 된다. 그런데 양에서 질로 변한 힘은 또다시 더 큰 양을 추구하기 시작한다. 왜냐하면 일정하게 변화된 질 속에 머무는 것은 더 이상 힘이 아니기 때문이다. 이와 같이 힘은 양과 질의 유비적인 관계 속에서 새로운 힘으로 드러나는 것이다. 이 점을 들뢰즈는 "모든 힘은 다른 힘들과의 양적인 차이를 지니며, 이러한 양적 차이는 힘의 질로써 표현된다."[54]라고 말한다. 이렇게 양과 질을 모두 포함하는 힘을 니체는 기계론적인 힘과 구분해 힘에의 의지라고 부른 것이다. 이러한 힘에의 의지의 특징을 들뢰즈는 4가지로 해명한다.[55]

첫째, 니체에 의하면 힘은 서로 차이를 지니며, 스스로 발생한다는 의미에서 계보론적이다. 그런데 힘들 사이에 차이와 힘의 발생을 가능케 하는 근거가 힘에의 의지이다.

"힘에의 의지는 (…) 힘의 차이성을 한정하고 규정한다."(WzM, 433쪽)

이렇게 계보론적인 힘에의 의지가 각각의 생명체에게 힘의 양과 질을 규정한다. 힘과 힘의 관계가 투쟁, 대립, 정복, 지배의 관계이듯이, 힘에의 의지는 다른 힘을 이기고 지배하며 명령하는 양적, 질적 힘들의 근거이자 원리이다.

둘째, 힘들의 양과 질의 차이는 지배와 피지배의 관계를 구성한다.

---

54   위의 책, 95쪽
55   위의 책, 97, 99–103, 114쪽 참조

이때 지배적인 힘은 능동적인 힘으로, 피지배적인 힘은 반동적인 힘으로 불린다.

셋째, 힘들의 질의 원칙이 힘에의 의지이다. 어떠한 생명체를 살아가게 하고, 해석하게 하는 것은 각각의 생명체가 아니라 힘에의 의지이다. 어떠한 생명체로 하여금 해석하게 하는 힘에의 의지의 본질은 궁극적으로 그 생명체가 지배자가 되도록 하는 데 있는 것이다.

> "힘에의 의지는 해석한다. (...) 해석은 어떤것에 대하여 주인이 되기 위한 수단 자체이다."(WzM, 433쪽)

이렇게 지배하기 원하는 능동적인 힘에의 의지는 긍정과, 지배받기 원하는 반동적인 힘에의 의지는 부정과 연결된다.

넷째, 힘에의 의지가 궁극적으로 의욕하는 것은 '가치 평가' 하는 것이다. 이때 어떠한 가치가 더 능동적이고 긍정적인지의 여부는 가치 평가하는 힘에의 의지의 질에 의해 규정된다. 예를 들어 비천함, 비열함, 노예 등은 반동적이고 부정적인 힘에의 의지를 반영하고, 고상함, 고귀함, 주인 등은 능동적이고 긍정적인 힘에의 의지를 반영한다.

이렇게 힘에의 의지는 힘의 양과 질을 결정하는 근거이지만, 그 힘에의 의지가 드러나는 것은 바로 '힘들' 을 통해서이다. 힘들은 힘에의 의지에 의해 규정되지만, 힘에의 의지 역시 힘들에 의해 구체적으로 명시될 수 있는 것이다. 말하자면 힘에의 의지는 힘들을 결정하면서, 동시에 힘들에 의해 결정되는 것이다. 따라서 힘에의 의지는 힘들을 규정하고 판단하기 전에, 힘들에 대한 민감성과 감수성을 지니고 있어야 한다. 이런 의미에서 힘에의 의지는 이성, 개념, 판단보다 앞서 '느끼는' 것이다. 느낌으로서 힘에의 의지는 존재보다 앞서며, 나아가 생성보다도 앞선다. 왜냐하면 힘에의 의지가 스스로 힘을 느낄 때 힘들이 발생할 수 있으며, 이러한 힘들의 발생이 비로소 생성을 가능케 하기 때문이다. 따라서 니체는 "힘에의 의지는 존재도 아니고 생성도 아니며, 파토스(Pathos)이다."(WzM, 429쪽)라고 말하는 것이다.

이와 같이 힘에의 의지는 모든 존재와 생성을 가능케 하는 근거이다. 근거로서 힘에의 의지는 자연 전체에 걸쳐 두루 나타나며, 자연 자체를 가능케 한다. 자연은 힘에의 의지에 의해 다양한 힘이 생성되고 소멸되며 또 다른 형태로 계속 이어지는 곳이다. 이때 힘들은 서로 대립하거나 다른 힘들을 지배하기도 한다. 이러한 힘의 충돌과 대립을 거부하고 자연 현상 안에서 단순한 조화만을 주장한다면, 그러한 자연은 이미 죽은 자연이다.

그런데 어떠한 힘들이 서로 마주치고 투쟁하는지는 전적으로 우연에 의한 것이다. 따라서 자연을 긍정한다는 것은 힘들의 차이와 다양성을 인정한다는 것, 우연을 긍정한다는 것을 뜻한다.[56] 이 점은 "해 뜨기 전에"에서 다음과 같이 묘사된다.

"모든 사물은 영원의 샘가에서, 그리고 선악의 저편에서 세례를 받기 때문이다. 선과 악 그 자체는 단지 중간에 끼어든 그림자, 누기 있는 슬픔, 그리고 떠도는 구름일 뿐이다. '모든 사물 위에 우연이라는 하늘, 천진난만이라는 하늘, 의외라는 하늘, 자유분방이라는 하늘이 펼쳐져 있다.' 내가 이렇게 가르친다면 그것은 축복일망정 모독은 아니다. (...) 그렇게 하여 나는 모든 사물을 목적이라는 것의 예속에서 구제해 주었다."(KSA 4, 209, 차라, 271쪽)

---

56   위의 책, 87쪽 참조

자연현상이 힘들의 차이와 대립에 의해 일어나는 우연적인 것이라면, 자연현상 안에서 법칙이나 필연성, 인과율을 찾는 일은 무의미하다.

"어떤 일이 이렇게 발생하고 다르게 발생하지는 않는다 하더라도, 그 안에는 어떠한 '원리'도 어떠한 '법칙'도 어떠한 '질서'도 없으며, 힘의 양이 있을 뿐이다."(WzM, 467쪽)

나아가 자연현상 안에서 인격적인 요소나 도덕적인 감성을 찾는 것도 무의미하다. 왜냐하면 그러한 것은 자연현상 안에 있는 것이 아니라 인간이 자신의 심리적 해석을 자연에 투사한 것에 불과하기 때문이다. 인과율의 경우도 그렇다.

"'힘에의 의지'와 인과율 ─ 심리학적으로 표현하면, '원인'이라는 개념은 (...) 의욕에 관한 우리의 힘의 감정이다."(WzM, 466쪽)

자연은 단지 무수한 힘의 경연장일 뿐이며, 자연은 어떠한 것에 대하여 특별한 애정을 갖지 않는다.

"힘에의 의지가 동반되지 않는 어떤 변화도 상상할 수 없다. 우리는 하나의 힘에 의한 다른 하나의 힘을 잠식하지 않고 변화를 끌어낼 수는 없을 것이다."[57]

---

57   루이 꼬르망, 『깊이의 심리학자, 니체』, 107쪽에서 재인용

이러한 힘에의 의지는 인간에게도 적용된다. 인간의 지식이 갖는 궁극적인 목적은 이해가 아니라 '지배' 하는 것이다. 이러한 정복에의 의지를 사람들은 의식, 인식, 혹은 지식이라고 불러 왔던 것이다. 이때 인간은 외부 세계를 보는 것이 아니라 자기 자신을 보는 것이며, 특히 자신의 힘에의 의지란 입장에서 보는 것이다.

"우리가 의식하는 모든 것은 (...) 먼저 조정되고 단순화되고 도식화되고 해석되어 있다. (...) 우리는 결코 '사실' 과 만나지 못한다." (WzM, 332쪽)

결국 세계는 인간이 부여한 가치 판단에 불과한 것이고, 가치 판단은 힘에의 의지에 의한 것이다.

"우리의 가치 판단은 우리가 받아들이는 사물들은 어떤 것이어야 하는가, 그리고 그것들을 어떻게 받아들여야 하는가를 결정한다. 하지만 이 판단을 불러들이고 조정하는 것은 우리의 힘에의 의지이다. (...) 가치들과 이것들의 변모는 이것들을 정의하는 자가 지닌 힘의 성장에 비례한다."[58]

인간이 자신 안에서 느끼는 심리적인 감정 역시 그 배후에는 힘에의 의지가 놓여 있다. 예를 들어 기쁨은 인간이 자신에게 저항하는 힘을 극복하였을 때 느끼는 힘의 감정인 것이다.

"기쁨이란 항상 어떤 것이 저항하고 있다는 것과 그것을 극복해야 한다는 것을 전제함으로써 힘이 주는 어떤 만족감이다."[59]

---

58   위의 책, 117쪽에서 재인용

"쾌감이란 달성된 힘의 감정의 한 징후이며, 차이성의 의식이다. (...) 모든 몰아붙이는 힘은 힘에의 의지이며, 이외에 어떠한 물리적, 역학적, 심리적 힘은 없다."(WzM, 465쪽)

이와 반대로 불쾌감은 힘이 감소하는 느낌을 뜻한다. 그런데 불쾌감이 모두 부정적인 의미를 갖는 것은 아니다. 왜냐하면 불쾌감이 단순히 부정적인 의미만을 지닌다면 삶의 과정에서 겪게 될 모든 불쾌한 감정이나 불쾌감을 야기하는 모든 사건도 부정되어야 하기 때문이다. 이와 달리 우리는 삶의 과정 동안에 불쾌감을 느끼게 하는 많은 사실을 만나게 된다. 이때 불쾌감을 야기하는 사건은 단순히 부정하고 외면함으로써 해결되는 것이 아니라 그것을 극복했을 때 해결될 수 있는 것이다. 이런 의미에서 니체는 불쾌감을 둘로 구분한다. 하나는 힘의 감소의 느낌으로서, 다른 하나는 새롭게 힘을 자극하는 느낌으로서의 불쾌감이 그것이다.

"불쾌는 힘을 강화하는 자극 수단으로서의 불쾌와 힘이 탕진되어 버린 후의 불쾌가 있다. 전자는 하나의 자극제이며, 후자는 과도한 자극의 결과이다." (WzM, 474쪽)

모든 자연현상과 인간의 내면적 현상이 힘에의 의지가 만들어 내는 것이라면, 과연 인간에게 자유 혹은 자유의지라는 것이 존재하는 것일까? 니체에 의하면 서구 형이상학이 주장해 왔듯이, 실체로서 자유의지는 없다. 그것은 허구이다. 그러나 힘의 능력으로서 자유의지는 존재한

---

59   위의 책, 114쪽에서 재인용

다. 이때 능력이란 표현은 힘이 지닌 '가능성, 혹은 잠재성'이란 의미의 dynamis가 아니라, 하이데거의 주장대로 항상 '작동 중인 것으로서의 힘'이란 의미의 energeia를 뜻하는 것으로 보아야 한다.[60] 그리고 자유의지가 energeia, 혹은 entelecheia의 의미를 지닌다면, 자유의지는 자신에 저항하는 힘과의 연관성 안에서 파악되어야 한다. 즉 자유의지는 저항하는 힘을 극복하는 힘의 느낌을 뜻하는 것이다.

> "우리는 활동하는 존재이며 힘이다. 이것이 우리의 근본적 믿음이다. 자유롭다는 것이 의미하는 것은 부딪치지도 않고, 밀리지도 않으며, 어떠한 구속감도 없다는 것이다. 우리가 굴복해야 할 어떤 저항을 만날 때, 우리는 자유로움을 느끼지 못한다. 그러므로 우리는 구속된 힘과 비교하여 구속하는 힘에 대한 우리의 의식을 '자유의지'라 부른다. 모든 의지적 행위 속에는 정열이 있다."[61]

우리는 이러한 힘에의 의지의 특징을 인간 사회 안에서도 확인할 수 있다. 한 사회가 갈등이나 대립 없이 평화롭게만 존재한다는 것은 그 사회의 발전을 저해하는 것을 뜻한다. 왜냐하면 힘들은 서로 차이를 지니기 때문이다.

> "우리는 가장 유용한 상태로 간주되는 화합과 평화라는 잘못된 개념에 사로잡혀 있다. 현실적으로 유익하고 강한 어떤 것을 발전시키기 위해서는 강렬한 갈등이 필요하다. (...) 현존하는 힘들은 불평등하기 때문이다."[62]

---

60   M. Heidegger, *Nietzsche I*, 76쪽 참조
61   루이 꼬르망,『깊이의 심리학자, 니체』, 115쪽에서 재인용
62   위의 책, 118쪽에서 재인용

이런 맥락에서 니체는 평화에 대하여 부정적인 입장을 보인다.

"내가 너희에게 권하는 것은 평화가 아니라 승리이다. 너희의 노동이 전투가 되고, 너희의 평화가 승리가 되기를 바란다! (...) 이웃사랑보다는 전쟁과 용기가 위대한 일을 더 많이 해 왔다."(KSA 4, 59, 차라, 73쪽)

여기서 전쟁은 실제적인 전쟁을 가리키는 것이 아니라, '전쟁은 만물의 어머니'라는 헤라클레이토스적 사상을 표현한다. 즉 전쟁이란 표현은 대립되는 것을 넘어서고 극복하는 힘에 대한 강조라는 의미로 이해되어야 한다.

"아직도 아름다움 속에는 전투와 불평등이, 힘과 그것을 뛰어넘는 힘을 쟁취하기 위한 전쟁이 존재한다."(KSA 4, 131, 차라, 165쪽)

이 점은 평등에 대하여도 마찬가지이다. 니체는 평등이란 주장 안에서 힘의 무력감, 강자에 대한 원한감정을 발견한다.

"'우리는 우리와 평등하지 않은 사람 모두에게 앙갚음하고 욕을 퍼부으려 한다.' 이렇게 타란툴라의 심보는 다짐한다. (...) 평등을 설교하는 자들이여, 무기력함의 폭군의 광기가 너희의 가슴 속에서 '평등'을 갈구하여 외쳐댄다."(KSA 4, 128-129, 차라, 162쪽)

니체에 의하면 평등이란 구호는 다양하고 상이한 힘을 모두 동일한 힘으로 만들려는 반동적 의지이며, 이것은 생명의 본질에도 어긋나는 것이다.

"(평등의 원리는) 생명의 부정이고 해체와 타락의 원리이다. (…) 생명 그 자체는 본질적으로 이질적인 것과 좀 더 약한 것을 자신의 것으로 만드는 것이고, 침해하고 제압하고 억압하는 것이며 냉혹한 것이고, 자기 자신의 형식을 강요하고 동화시키는 것이며, (…) 적어도 착취이다. (…) '착취'란 부패된 사회나 불완전한 원시 사회에 속하는 것이 아니다. 이것은 유기체의 근본 기능으로 살아 있는 것의 본질에 속한다. 이것은 생명의지이기도 한 본래 힘에의 의지의 결과이다."(KSA 5, 207–208, 선악, 273–274쪽)

이 점은 정의의 경우도 마찬가지이다. 정의는 『차라투스트라는 이렇게 말했다』가 쓰인 시기의 니체에게 중요한 주제 중 하나였다.[63] 니체는 정의를 두 가지로 구분한다. 첫째는 정의를 약자의 원한감정에서 해석하는 경우이다. 이때 정의는 무력감으로서 '선', '겸허', '순종', '비겁함', '인내', '용서', '사랑'이란 개념과 연결된다.

"그들이 종종 이야기한 것들, 즉 '우리 착한 사람들 — 우리야말로 정의로운 자이다.'라는 내용이 이제야 들립니다: — 그들이 열망하던 것, 이것을 그들은 보복이라고 부르지 않고, '정의의 승리'라고 부릅니다."(KSA 5, 282–283, 도덕, 382쪽)

여기서 정의는 힘이 없는 자들이 자신들의 무력함을 선으로 전도시키고, 자신들을 정의로운 자라고 부른 데서 유래한 것이다. 그러나 정의는 복수의 감정이 전도된 것이다. 이러한 정의는 단지 피해 감정이 발전한 것에 불과하며, 반동적인 힘을 그 자체로 존중하고 능동적인 힘

---

63   M. Heidegger, *Nietzsche I*, 632쪽 이하 참조

처럼 보이게 위장한 것이다. 따라서 이러한 정의와 연결된 위의 개념들을 니체는 '가면을 쓴 힘에의 의지'(WzM, 515쪽)라고 부른다.

둘째는 정의를 능동적인 힘으로부터 규정하는 경우이다. 이 점은 "자유의 길들"이란 제목의 1884년 메모에서 발견할 수 있다.

"자유의 길들: 가치 평가로부터 건축하고, 잘라 내고, 무화하는 사유방식으로서의 정의; 생명 자체의 최고의 대변자."[64]

정의는 가치 평가와 연결되며, 다시 생명 자체와 연결된다. 정의는 생명의 본질인 힘에의 의지로부터 가치를 평가하면서 건립하는 것이고, 부정해야 할 가치를 잘라 내는 것이며, 마지막으로 지금까지 검증되지 않은 가치들을 파괴하고 무화하는 것이다. 정의는 힘에의 의지를 통해 기존의 왜곡된 가치를 잘라 내고 부정하면서 새로운 가치를 건립하는 결단성을 통해 정초되어야 하는 것이다.[65] 또 『차라투스트라는 이렇게 말했다』 3부와 4부 사이에 쓰인 메모에는 다음과 같은 문장이 있다.

"선과 악이라는 협소한 관점 너머로 바라보는, 따라서 보다 넓은 유용성의 지평을 — 이러저러한 개인 이상의 어떠한 것을 획득하려는 의도를 — 가지고, 멀리 두루 돌아보는 힘의 기능으로서 정의."[66]

여기서 정의는 힘에의 의지가 명시적으로 드러난 것을 뜻한다. 이러

---

64   위의 책, 645쪽; M. Heidegger, *Holzwege*, 242쪽
65   M. Heidegger, *Nietzsche I*, 645쪽 이하 참조
66   위의 책, 645쪽; M. Heidegger, *Holzwege*, 242쪽

한 정의는 기존의 선과 악이라는 도덕적 가치를 넘어서는 것으로서, 이러한 힘에의 의지에 의해 정립된 정의를 니체는 '좋은 의지'(der gute Wille)라고 부른다.

> "이러한 최초 단계에서의 정의란 거의 동등한 힘을 지니고 있는 사람들 사이에서 서로 타협하고 조정을 통해 다시 '합의'하려는 좋은 의지이다. ― 그리고 힘이 열등한 자에 대하여 말하자면, 그들 상호 간에 조정할 수 있도록 강제하는 선한 의지인 것이다."(KSA 5, 306-307, 도덕, 413쪽)

이러한 니체의 입장은 법에 대해서도 적용된다. 그에게 법과 불법이란 단어는 그 자체로 긍정적 의미와 부정적 의미를 갖는 것이 아니다. 왜냐하면 불법이란 개념은 어떠한 것이 법으로 규정되었느냐에 따라 그 의미가 바뀔 수 있기 때문이다. 예를 들어 약자의 경우, 불법이란 개념은 힘을, 법이란 개념은 무력함을 뜻한다. 반면에 생명 자체로부터 본다면 생명은 항상 폭력성을 지니는 것이며, 이러한 폭력성은 불법이 아니라 생명의 법이기도 한 것이다.

> "법과 불법을 그 자체로 이야기하는 것은 전혀 의미가 없다. 생명이란 본질적으로, 즉 그 근본 기능에서 다치기 쉽고 폭력적이며 착취적이고 파괴적으로 작용하며, 이러한 성격 없이는 전혀 생각할 수 없는 것인 한, 당연히 침해, 폭력, 착취, 파괴란 그 자체로 '불법적인 것'이 될 수 없다."(KSA 5, 312, 도덕, 420쪽)

약자에 입각한 법 개념과 달리 원래 법은 정의와 마찬가지로 힘이 동등한 사람들 사이에 맺어진 계약과 같은 것이라는 것이 니체의 입장이다.

> "수단으로서의 법적 상태 ― 동등한 사람들 사이의 계약을 토대로 하고 있는
> 법은, 계약을 체결한 사람들의 힘이 똑같거나 비슷한 상태에서 성립하는 것
> 이다: 비슷한 세력 간의 불화와 쓸모없는 소모를 더 이상 하지 않기 위하여
> 인간의 영리함이 만들어 낸 것이 법이다. 그러나 한쪽의 힘이 다른 쪽보다
> 결정적으로 약해졌다면, 마찬가지로 이것 역시 궁극적으로 끝이 난다. 그러
> 면 종속이라는 것이 나타나게 되고 법은 중지된다."(KSA 2, 560, 인간 II,
> 245쪽)

즉 법과 정의는 자신의 힘을 긍정할 수 있는 자유로운 사람들 사이에
서 성립되어야 한다는 것이다.

d. 강자와 약자의 힘에의 의지의 차이

"자기극복에 대하여"에서 니체는 가장 지혜로운 자들의 의지와 자
신의 의지를 구분한다. 가장 지혜로운 자들은 자신들이 주장하는 의지
의 본질을 '진리에의 의지'라고 부른다. 그것은 존재하는 것을 사유
가능한 것으로 만들려는 의지이다. 이러한 의지는 서구 형이상학을
통해 '존재와 사유의 동일성'으로, 혹은 데카르트에 의하면 존재는
'사유하는 주체(cogitans ego)에 의해 사유된 것(cogitata)'이라는 식으
로 규정되어 왔다. 그런데 니체는 차라투스트라의 말을 통해 존재를
사유된 것으로 규정하려는 진리에의 의지는 존재를 지배하려는 의지
와 다르지 않다고 주장한다. 서구 형이상학이 시도한 진리에의 의지의
본질은 지배하려는 의지라는 것이다. 서구 형이상학은 모든 존재자를
지배하기 위해 진리에의 의지를 통해 가치를 평가해 왔으며, 이러한

가치를 지혜롭지 못한 자들에게 강요함으로써 이들마저 지배해 왔던 것이다.

> "본래 지혜롭지 못한 자들, 즉 민중은 한 척의 조각배가 헤쳐 나가고 있는 강
> 물과도 같다. 그 조각배에는 가치 평가가 가면을 쓴 채 엄숙하게 앉아 있
> 다."(KSA 4, 146, 차라, 187쪽)

여기서 니체는 가장 지혜로운 자들이 진리에의 의지를 통해 만들어 낸 가치가 사실은 가면을 쓴 가치, 즉 '가면을 쓴 힘에의 의지'라고 비판한다. 그리고 진리에의 의지라는 가면 속에 숨겨진 힘에의 의지의 본질이 무엇인지를 묻는다. 이를 위해 니체는 생명의 본질을 다시 추적한다. 그리고 생명의 본질이 생명에의 의지가 아니라 더 많은 생명, 즉 힘에의 의지라는 것, 그리고 이러한 힘에의 의지는 다시 두 종류로 구분된다는 점을 제시한다. 그 내용은 다음에서 확인된다.

> "생명체를 발견할 때마다 나는 힘에의 의지도 함께 발견했다. 심지어 누군가
> 를 모시고 있는 자의 의지에서조차 나는 주인이 되고자 하는 의지를 발견할
> 수 있었다. 보다 약한 자 위에 주인으로서 군림하려는 의지는 보다 강한 자
> 에게 예속되어야 할 것이라고 자신을 설득한다. 약자도 주인이 되는 즐거움
> 하나만은 버릴 수가 없다. 보다 작은 자가 한층 작은 자에 대해 즐거움과 힘
> 을 갖기 위해 보다 큰 자에게 헌신하듯, 이렇게 더없이 큰 자 또한 헌신하며
> 힘을 얻기 위해 그의 생명을 건다. 모험과 위험, 목숨을 건 주사위 놀이, 이
> 것이 더없이 큰 자가 하는 헌신이다."(KSA 4, 146, 차라, 189-190쪽)

이 인용문은 먼저 모든 생명체는 그것이 약하든 강하든 모두 주인이

되고자 하는 의지를 지녔다는 점에 대하여 말한다. 모든 생명체의 본질은 주인이 되고자 하는 힘에의 의지에 있다는 것이다. 그다음 이렇게 규정된 힘에의 의지가 다시 구분된다. 약자는 자신보다 더 약한 자의 주인이 되고자 하는 힘에의 의지를 지녔으면서, 동시에 자신을 지키기 위해 자신보다 더 강한 자 앞에서는 스스로 굴복한다는 것이다. 말하자면 모든 생명체의 본질은 힘에의 의지이며, 힘에의 의지를 지닌 생명체는 순종하는 힘에의 의지를 지닌 것과 명령하는 힘에의 의지를 지닌 것으로 구분된다는 것이다. 그리고 마지막으로 순종보다 명령이 더 어렵다는 것, 그리고 그 이유로서 명령에는 '시도와 모험'이 따르기 때문이라는 점을 말한다. 그렇다면 어떻게 약자는 주인이 되고자 하면서, 동시에 더 강한 자에게 예속되고자 하는가? 주인이 되려는 힘에의 의지와 예속되려는 힘에의 의지의 차이는 무엇인가?

모든 약자가 주인이 되고자 하는 것은 생명체가 갖는 근본적인 특징이다. 약자도 더 큰 힘을 갖기를 원하기 때문이다. 그럼에도 약자가 강자에게 스스로 굴복하는 이유는 현실적으로 강자를 이길 수 있는 힘을 가지고 있지 못하기 때문이다. 약자는 생존하기 위해 스스로 강자에게 굴복한다. 그러나 굴복하는 것 역시 일종의 힘에의 의지이다. 왜냐하면 굴복하지 않을 때 약자는 살아갈 수 없기 때문이다. 이렇게 타자에 의해 방향 지어지는 힘에의 의지의 특징은 그것이 반동적 힘이라는 데 있다. 반동적 힘은 타자에 대응하기 위한, 부분적으로 한계 지어진 힘을 일컫는다. 반동적인 힘은 '열등하고 지배받는 상태의 힘'으로서 '기계적이고 공리주의적인 힘'이라는 특징을 갖는다.[67] 반동적인 힘은 스스로 드러내는 자발적인 힘이 아니라 강자의 힘에 대하여 반응하는 힘이

---

67   질 들뢰즈, 『니체, 철학의 주사위』, 82쪽 참조

다. 그런데 반동적인 힘은 강자에 굴복하지만, 동시에 강자의 힘을 왜
소화, 혹은 무력화하는 방식으로 작용하기도 한다. 나아가 반동적인 힘
은 스스로를 부정하는 힘, 즉 스스로를 무화하는 힘으로도 나타난다.[68]
그러나 자신을 부정하는 것은 진정한 의미에서 자신을 부정하는 것이
아니라 살아남기 위해 전략적으로 부정하는 것이다. 우리는 이러한 예
를 '무에의 의지'에서 찾아볼 수 있다. 무에의 의지는 무 자체를 의욕하
려는 것이 아니라 아무것도 의욕하지 않는 것보다 차라리 무라는 목표
라도 갖기를 원하는 전략에 따르려는 의지이다.

"인간의 의지는 하나의 목표가 필요하다. — 이 의지는 아무것도 의욕하지
않는 것이 아니라, 오히려 무를 의욕하는 것이다."(KSA 5, 339, 도덕, 451쪽)

이러한 무에의 의지는 서구 형이상학과 도덕, 그리스도교, 금욕주의
를 통해 나타났다. 이것들은 모두 현실적으로 강한 힘을 갖지 못한 상
태에서 또 다른 허구의 세계인 무를 만들어 내고, 이 무에 모든 가치를
부여했다. 이것이 허무주의의 본질이다. 말하자면 허무주의의 본질은
약화된 힘이 아니라 반동적 힘이라는 점에 놓여 있는 것이다.
　스스로 예속되려는 반동적 힘과 달리, 스스로 명령하고 지배하려는
힘에의 의지는 능동적 힘이란 특징을 지닌다. 능동적 힘은 전유하고 지
배하며 복종시키는 힘, 정복하는 힘이다. 능동적인 힘은 타자와 무관하
게 자신 안에서 자신의 힘의 한계를 시도하는 모험적인 힘이다. 또한
능동적인 힘은 자신의 힘이 갖는 우월한 차이를 긍정하고, 그 차이를
즐기는 힘이다.[69] 이를 위해 능동적인 힘은 스스로 결정하며, 그에 따르

는 위험을 감수한다. 이런 점을 니체는 '모험과 위험, 목숨을 건 주사위 놀이'라고 표현하는 것이다. 그런데 이 표현 뒤에는 다음과 같은 문장이 이어진다.

"희생과 봉사, 그리고 사랑의 눈길이 있는 곳에도 주인이 되고자 하는 의지는 있다. 보다 약한 자들은 뒷길로 해서 보다 강한 자의 요새 속으로, 심장 속으로 숨어든다. 그러고는 힘을 훔쳐 낸다."(KSA 4, 148, 차라, 190쪽)

이 문장에서 니체는 약자도 주인이 되려는 힘에의 의지가 있으며, 약자들이 뒷길로 강자의 힘을 무력화하고, 강자에 대하여 승리를 거둔다고 말한다. 약자가 강자를 이길 수 있고, 또 이겨 오기도 했다는 것이다. 그렇다면 그것은 어떻게 가능한가? 니체에 의하면 인류의 역사는 능동적 힘을 가진 강자와 반동적 힘을 가진 약자의 투쟁의 역사이다.

"좋음과 나쁨, 선과 악이라는 두 개의 대립되는 가치는 이 지상에서 수천 년간 지속되는 무서운 싸움을 해 왔던 것이다."(KSA 5, 285, 도덕, 386쪽)

이러한 투쟁을 니체는 로마 대 유대의 싸움이라고 칭하기도 한다. 이것은 힘의 차이, 즉 위계(Hierarchie)의 투쟁이다. 이때 능동적 힘을 즐기는 강자는 '긴 사다리'를 갖고 더 높은 곳, 더 깊은 곳을 향할 수 있는 자유정신을 지닌 자이며(KSA 2, 21-22, 인간 I, 19쪽), 약자를 높은 곳에서 내려다보며 약자와의 '거리의 파토스'를 즐기는 자이다(KSA 5, 205, 선악, 271쪽). 그는 마치 게르만 신화 속 오딘(보탄) 신과 같은 자

---

69   위의 책, 113쪽 참조

이다.

> "고귀한 인간은 (...) 스스로 가치를 결정하는 자, 창조하는 자이다. (...) 고
> 귀한 인간은 자기 안에 있는 강자를 존경하고 (...) 자기를 지배할 힘이 있는
> 자, 말하고 침묵하는 법을 아는 자, 기꺼이 자신에 대해 준엄하고 엄격한 자
> 이며 (...) 긍지 있는 바이킹 족의 영혼인 보탄(과 같은 자이다)."(KSA 5,
> 209, 선악, 276쪽)

반면에 약자는 충분한 힘을 갖지 못한 자, 자신에게 힘이 부족하다는
것을 알고 있는 자이다. 이러한 약자를 니체는 '병들어 있는 자', '길들
여진, 약화된, 용기를 잃은, 섬세해진, 연약해진, 거세된 자'(KSA 5,
391, 도덕, 514쪽)라고 부른다. 약자는 자신의 무력함에 대하여 스스로
절망하고 경멸하는 자이다.

> "나는 나 자신에 대해 진저리가 난다! (...) 자기경멸의 이러한 땅 위에서, 진
> 정한 늪지대에서 모든 잡초, 온갖 독초가 자라나며, 이 모든 것은 그렇게 작
> 게, 그렇게 숨어서, 그렇게 비열하게, 그렇게 달콤하게 자라나는 것이
> 다."(KSA 5, 368, 도덕, 487쪽)

만약 강자와 약자가 이렇게 힘의 차이를 보인다면 그들의 투쟁에서
강자가 승리하리라는 것은 너무도 당연해 보인다. 그러나 니체는 역사
적으로 볼 때 승리자는 강자가 아니라 약자였음을 지적한다.

> "투쟁이 발생하는 곳에서는 힘을 위한 투쟁이 일어난다. (...) 그런데 이런
> 투쟁이 있다고 가정해 보면 (...) 그 결과는 유감스럽게도 다윈학파가 바라

는 (...) 결과와는 완전히 정반대일 것이다: 즉 강자나 특권자들이나 운 좋은 예외자들에게 불리할 것이다. (...) 약자가 계속해서 강자를 지배한다."(KSA 6, 120, 우상, 153쪽)

그렇다면 어떻게 약자가 강자에게 승리할 수 있을까? 그것은 약자도 항상 강자가 되기를 욕구하기 때문이다.

"이들 약자들 ─ 그들 역시 언젠가는 강자가 되고자 한다. 의심할 여지없이 언젠가는 그들의 '나라' 역시 도래해야 할 것이다."(KSA 5, 283, 도덕, 383쪽)

약자 역시 강자가 되려는 의지를 가지고 있지만, 강자와 정면으로, 즉 서로 능동적인 힘의 대결을 통해 승리할 가능성은 없다. 그들은 승리를 위해 힘의 방식을 바꾼다. 그들은 반동적인 힘을 통해 강자의 능동적인 힘에 대하여 투쟁을 벌이는 것이다. 이러한 전략은 '허구 세계의 창조', '형벌이라는 공포감 조장', '양심과 죄의식 강화' 등을 통해 이루어진다.

"금욕주의적 이상은 퇴화되어 가는 삶의 방어본능과 구원본능에서 생겨난 것이다. 그러한 삶은 모든 수단을 강구해 자신을 보존하려 하며 자신의 생존을 위해 투쟁한다. (...) 새로운 수단이나 착상으로 투쟁한다. (...) 금욕주의적 성직자, 외견상 삶의 대적자, 이 부정하는 자 ─ 그는 바로 삶의 아주 거대한 보존하는 힘과 긍정하는 힘에 속하는 것이다."(KSA 5, 366, 도덕, 484쪽)

반동적 가치를 통해 약자는 강자의 힘을 분리하고 분쇄했던 것이다. 즉 반동적 힘은 마치 기생충과 같이 능동적 힘을 자체 내에서 분리함으로써 와해에 이르게 하는 전략인 것이다.

> "이 단계에서도 니체가 반동적 힘의 승리를 능동적 힘보다 우월한 힘의 통합
> 으로서 제시하지 않고, 그보다는 빼기나 나누기로서 제시했다는 것에 주목
> 하는 것이 중요하다. (...) 원한, 양심의 가책, 금욕주의 분석(은) 반동적 힘
> 이 어떤 우월한 힘을 형성함으로써 승리한 것이 아니라, 능동적인 힘을 '분
> 리' 함으로써 승리했다는 것을 보여 준다."[70]

약자는 자신들의 열등한 힘을 인지하고, 그것을 반동적 힘으로 바꿈
으로써 강자의 능동적 힘에 대한 승리를 쟁취하게 된다. 그러나 그들이
승리했다고 해도 그들의 힘은 여전히 반동적 힘으로 남는다. 따라서 약
자는 자신들의 반동적 힘을 능동적 힘인 것처럼 바꿀 필요성을 느낀다.
왜냐하면 그런 방식을 취해야 자신들의 힘이 역사를 통해 지속적인 영
향력을 가질 수 있기 때문이다. 이러한 방식으로 약자는 자신들의 반동
적 힘을 능동적 힘인 것처럼 고착화한다. 말하자면 이제 약자의 반동적
힘에 패배한 강자의 능동적 힘을 악으로 배척하고, 약자의 힘을 선으로
칭송하는 것이다. 약자의 반동적 전략을 통해 강자의 능동적 힘은 허구
적 힘에 의해 밀려나며, 강자는 약자에게 굴복하게 되는 것이다.

또한 약자의 승리는 '약자의 조직화'를 통해 이루어진다. 서로 흩어
지려는 강자와 달리 약자는 항상 서로 어울리고 모이기를 시도한다. 이
것은 또 다른 힘이 된다.

> "상호성을 지향하는 의지, 무리를 형성하려는, 공동체를 지향하는, 집회를

하려는 의지 속에서 (…) 힘에의 의지가 하나의 새롭고 좀 더 완전한 형태로 발생한다."(KSA 5, 383, 도덕, 505쪽)

모든 힘을 한꺼번에 쏟아붓고 탕진해 버리는 강자와 달리, 약자는 조직화를 통해 힘의 영속성을 확보한다. 그 힘을 유지하기 위해 약자는 공포심과 같은 가치를 계속해서 기억하게 한다. 자신의 행위에 대하여 만족하고 그것을 망각하는 강자와 달리, 약자는 '기억'을 통해 자신들의 가치를 지속시키는 것이다. 그런데 기억이라는 반동적 방식도 일종의 힘에의 의지이다.

"망각이 필요한 동물에게 망각이란 하나의 힘, 강건한 건강의 한 형식을 나타내지만, (…) 그 반대 능력, 즉 기억의 도움을 받아 (…) 망각을 제거하는 능력을 길렀던 것이다. (…) 기억은 다시 벗어나지 않으려는 능동적인 의욕 상태(로서) (…) 본래적인 의지의 기억이다."(KSA 5, 292, 도덕, 396쪽)

기억에 오래 남기기 위해 약자는 양심, 죄책감, 벌 등의 고통을 주었던 것이며, 고통이 오래 지속되었을 때 반동적인 힘은 능동적 힘으로, '정상적인 속성으로 여겨지고 (…) '그렇다'라고 긍정하는 것으로 여겨지게'(KSA 5, 301, 도덕, 407쪽) 되는 것이다. 이러한 방식으로 약자는 승리를 거둔다. 이것이 바로 약자가 갖는 유용성의 원리, 그리고 영리함이다(KSA 5, 273, 도덕, 370쪽). 그러나 약자의 승리에도 그들의 반동적 힘은 여전히 반동적 힘으로 남는다. 그리고 반동적 힘의 근거는 허구이다. 따라서 니체는 반동적 힘의 승리를 허무주의라고 부르는 것이다. 이러한 허무주의에 반하여 니체는 "자기극복에 대하여"에서 힘에의 의지의 본질을 해명하고, 능동적 힘의 복귀를 주장한다. 또한 니체는 "자기극복에 대하여" 중반 이후에서 생명의 본질과 힘에의 의지에 대한 관계를 종합적으로 제시한다. 우선 생명에 대하여 니체는 다음과 같이 말한다.

> "그리고 생명은 이 비밀도 내게 직접 말해 주었다. '보라, 나는 항상 스스로를 극복해야 하는 존재라는 비밀을.'"(KSA 4, 148, 차라, 190쪽)

생명은 그 자체를 보존하는 것이 아니라 항상 더 많은 생명력, 힘을 의욕하는 것이다. 이 점은 아주 작은 생명체인 원형질에서부터 가장 진화한 동물인 인간에 이르기까지 마찬가지이다. 왜냐하면 이 모든 존재자는 다 생명체이기 때문이다.

> "너희는 그것(생명)을 불러 생식을 향한 의지 또는 목적, 보다 높은 것, 보다 먼 것, 보다 다양한 것을 향한 충동이라고 부르겠지만, 이 모든 것은 하나이며 동일한 비밀이다."(KSA 4, 148, 차라, 190쪽)

모든 생명체의 본질이 힘에의 의지에 있다는 것은 『선악의 저편』에서 다음과 같이 요약된다.

> "우리의 총체적인 충동의 생명을 한 의지의 근본형태가 — 힘에의 의지가 — 형성되고 분화된 것으로 설명된다면, 또 우리가 유기적 기능을 모두 이러한 힘에의 의지로 환원할 수 있고, 그 힘에의 의지 안에서 생식과 영양섭취 문제를 해결하는 방안도 찾아낸다면 (…) 작용하는 모든 힘을 명백하게 힘에의 의지로 규정할 수 있는 권리를 얻을 수 있을 것이다."(KSA 5, 55, 선악, 67쪽)

생명의 본질은 질적, 양적으로 다양하게 구성된 모든 생명체 안에서, 즉 세포나 원형질로부터 인간에 이르기까지 발견된다. 물론 니체는 생명 현상의 단계적 차이에 대해서도 말한다. 예를 들어 어떠한 생명체가 생존하기 위해 먹는 경우 영양은 '만족할 줄 모르는 동화 작용'에 불과하고, 생식은 '생명체가 더 이상 자신의 존재를 지배할 수 없을 때 나타나는 고육책'에 불과하다. 이때 생식은 힘에의 의지와 모순되는 현상처럼 보이기도 한다.

> "원형질 안에서의 가장 낮고 가장 원시적인 활동성은 자기보존의 의지에서 유래하지 않는다. 왜냐하면 그것은 보존을 위해 필요한 것 이상을 불합리하게도 체내로 흡수하기 때문이다. (...) 무엇보다 이렇게 그것은 '자기를 보존'하는 대신 분열한다. (...) 여기서 지배적인 충동은 자기보존을 의욕하지 않는 것으로 설명된다."(WzM, 436쪽)

원형질이 둘로 분리되는 것은 더 많은 생명력을 위한 표현이 아니다. 오히려 분열한다는 것은 원형질이 자신의 존재를 충분히 지배할 수 없을 때 나타나는 현상, 즉 '무력함의 결과'(WzM, 437쪽)이다. 그러나 이것 역시 또 다른 의미의 힘에의 의지를 반영하는 활동이다. 왜냐하면 분열시키면서 또 다른 형태를 만들어 내기 위해서는, 항상 새로운 존재를 형성하려고 의욕하는 힘에의 의지가 작용되어야 하기 때문이다. 이러한 힘에의 의지는 인간에 이르러 사고하고 느끼며 원하는 지적인 힘에의 의지로 나타난다. 이러한 방식으로 생명체는 점차 완성된 형태를 이뤄 가며, 이것은 힘에의 증대를 뜻한다. 그러나 완성을 향한 생명체의 운동이 반드시 힘의 증대라는 방향성을 통해서만 이뤄지는 것은 아니다. 왜냐하면 어떠한 생명체가 더 많은 힘을 구성하기 위해 때로는 자신의 부분을 스스로 훼손해야 할 때도 있기 때문이다. 예를 들어 낙엽은 힘에의 의지의 감소를 뜻하지만 더 큰 생명체인 나무를 살리기 위한 전략의 방식이다. 낙엽은 더 큰 나무의 생명을 위한 힘에의 의지의 표현이라고 볼 수 있는 것이다.

> "유기체 전체가 본질적으로 성장함에 따라 개별적인 기관의 '의미'도 바뀐다. ― 상황에 따라서 그 기관들이 부분적으로 소멸하거나 (...) 그 수가 줄어드는 것은 커지는 힘과 완전성을 나타내는 기호일 수 있다. (...) 부분적으로 효용성이 없어지는 것, 위축과 퇴화, 의미와 합목적성의 상실까지도, (...) 죽음까지도 실제적인 진보의 조건에 속한다: 이 실제적인 진보는 언제나 더 큰 힘을 향한 의지와 행로의 모습으로 나타나며, 언제나 수많은 더 작은 힘들을 희생시킴으로써 이루어진다."(KSA 5, 315, 도덕, 422-423쪽)

이렇게 본다면 생명체가 진화하고 적응하는 것은 자기보존이 아니라 더 큰 힘, 더 새로운 힘을 확보하기 위한 것이란 점은 분명하다. 그런데 더 큰 힘을 의욕하는 것은 힘에의 의지 자체이다. 만약 힘에의 의지가 없다면 진화나 적응도 불가능하다. 즉 생명체의 진화 과정은 다윈의 주장처럼 자기 유지를 위해 이뤄진 것이 아니며, 진화를 통해 생존의 힘을 갖게 되는 것도 아니라, 반대로 힘에의 의지가 있을 때 진화도 가능한 것이다.

> "(생명에서) 자발적이고 공격적이며 침략적이고 새롭게 해석하며 새롭게 방향을 정하고 조형하는 힘들 ― 이 힘들의 작용으로 비로소 '적응'도 이루어진다."(KSA 5, 316, 도덕, 424쪽)

이와 같이 힘에의 의지는 일직선적으로 진행되는 것이 아니라, 경우에 따라서는 힘의 감소처럼 보이는 과정도 필요로 한다. 그런데 힘이 완성되는 최종적인 목적지는 존재하지 않으며, '완성'이란 의미는 계속적인 힘의 증대란 의미로 이해되어야 한다(WzM, 442쪽). 왜냐하면 모든 생명체의 본질은 투쟁을 통해 모순을 극복하고 새로운 존재를 만들어 나가는 데 있기 때문이다. 생명은 자신이 만들고 창조한 것을 또다시 부정해야만 한다.

> "내가 무엇을 창조하고 내가 그것을 얼마나 사랑하든, 나는 곧 내가 창조한 것과 나의 사랑에 대적하는 자가 되어야 한다. 그렇게 되기를 나의 의지는 원하고 있다."(KSA 4, 148, 차라, 190쪽)

이 점은 가치의 경우에도 해당된다. 창조된 가치는 다시 파괴되어야 한다. 이때 '파괴'는 새로운 가치를 창조하기 위한 파괴를 의미하며, 계속적인 파괴와 생성이 바로 생명의 본질이고 힘에의 의지의 존재인 것이다. 이렇게 힘에의 의지의 반복, 즉 힘에의 의지의 '영원회귀' 안에서 '생성'과 '존재'는 만나게 되는 것이다. 이것을 니체는 다음과 같이 표현한다.

> "변화에 존재의 특징을 각인하는 일 — 이것이 최고의 힘에의 의지이다. (...) 모든 것이 회귀한다는 것은, 존재의 세계에로 변화의 세계가 극단적으로 접근하는 것이다. — 고찰의 절정."(WzM, 418쪽)

10) 니체의 쇼펜하우어 비판: 태양과 창백한 달

"때 묻지 않은 앎에 대하여"와 "예언자"에서는 금욕주의에 대한 비판이
다뤄진다. "예언자"에 등장하는 '재' 라는 표현을 머리말과 연관해 생각
한다면, 그리고 꿈 이야기에서 차라투스트라가 한때 "납골실에서 죽음
의 관을 지키고 있었다."라고 표현하는 점을 고려한다면 이 글들에서
다루는 것은 쇼펜하우어에 대한 비판이라고 볼 수 있다.[71] 이 점은 니체
가『도덕의 계보』III에서 금욕주의적 이상을 다루면서 5번 이하에서는
쇼펜하우어를 언급하는 데서도 확인할 수 있다.

> "우리는 더 진지한 문제에 봉착해 있다: 한 사람의 진정한 철학자가, 즉 쇼
> 펜하우어(와 같은) (…) 남자이자 기사가 금욕주의적 이상을 신봉한다면, 이
> 것은 무엇을 의미하는 것인가."(KSA 5, 345, 도덕, 458–459쪽)

쇼펜하우어에 대한 니체의 입장은 이중적이다. 초기에 니체는 쇼펜
하우어로부터 큰 영향을 받았고, 그를 존경했다.『반시대적 고찰』III은
교육자로서 쇼펜하우어를 기리는 작품이다.

> "오늘 나는 자랑으로 생각해야만 할 선생이며 엄한 규율 감독자인 아르투어
> 쇼펜하우어를 기리고자 한다."(KSA 1, 341, 반시대, 396쪽)

이 시기에 니체는 자신이 쇼펜하우어를 신뢰했고, 그의 말에 귀를 기
울였으며, 쇼펜하우어의 책은 마치 니체 자신을 위해 쓴 것처럼 여겨졌

---

71   위의 책, 31, 148쪽 참조

다고 술회한다. 니체는 쇼펜하우어에게서 '정직성과 명랑성, 변함없음', '불안과 초조에 떨지도 않고 흔들림 없이 위로 솟아오르는' 힘을 발견했다고 믿었다(KSA 1, 350, 반시대, 406쪽). 그러나 초기에 힘찬 불꽃과 같이 다가왔던 쇼펜하우어에게서 염세주의적 경향을 확인하고 니체는 그에게서 점차 멀어진다. 그 결정적인 이유는 의지에 대한 이해의 차이에서 비롯된다.

『차라투스트라는 이렇게 말했다』 머리말에서 쇼펜하우어는 더 이상 힘찬 불꽃이 아니라 사그러진 '재'로 표현되는 반면, 차라투스트라는 '불덩이'를 나르는 자로 묘사된다. 머리말에서 죽은 재와 살아 있는 불덩이로 묘사된 쇼펜하우어와 니체의 관계는 "때 묻지 않은 앎에 대하여"와 "예언자"에서는 '달'과 '태양'으로 표현된다. 태양은 스스로 빛과 열을 발산하는 능동적이고 자주적인 항성인데 반해, 달은 태양의 빛을 단순히 전달하는 위성이다. 달은 반동적인 천체이다. 달에 해당되는 쇼펜하우어에 대하여 니체는 '밤에만 돌아다니는 몽상가', '달 속의 수도사' '남성적이지 않은 자', '살금살금 기어 다니는 수고양이'라고 묘사한다. 차라투스트라의 동물이 높이 창공을 날며 힘찬 발톱으로 먹이를 움켜잡는 독수리인데 반해, 쇼펜하우어의 동물은 고양이인 것이다. '움켜쥔 발톱으로 빛을 찢는' 독수리에 비해 고양이는 여성적 특징을 지닌다.[72] 그리고 달과 고양이 모두 정직하지 않은 존재에 대한 메타포이다. 그런데 니체는 초기에 쇼펜하우어의 특징 중 하나를 정직성이라고 말했다. 그렇다면 왜 지금 니체는 그를 정직하지 않다고 비판하는 것일까?

쇼펜하우어에 의하면 삶은 맹목적인 의지가 서로 충돌하는 곳으로서, 여기에는 아무런 의미도 존재하지 않는다. 삶은 살 만한 가치가 있

---

72   가스통 바슐라르, 『공기와 꿈』, 276쪽 참조

는 것이 아니라는 것이다.

"모든 것은 공허하다. 모든 것은 한결같다. 모든 것은 이미 끝났다!" (KSA 4,
172, 차라, 222쪽)

이런 시각에 의하면 삶의 모습은 '독', '노랗게 태워진 들녘과 심장',
'바싹 마른 재와 먼지', '바싹 마른 샘물'로 둘러싸여 있다. 어느 곳에
도 생명력은 없고, 모든 것은 공허하며 죽어 갈 뿐이다.

"정녕 우리는 너무 지쳐 죽을 기력도 없다. 그리하여 우리는 아직 깨어 계속
살아가고 있는 것이다. 무덤 속에서 말이다!" (KSA 4, 172, 차라, 223쪽)

이러한 삶은 새로운 것을 산출할 수 있는 생명력이 고갈된, 죽음과
같은 삶에 불과하다. 죽을 수도 없고 살 수도 없는, 따라서 살아 있지만
죽은 듯이 살아가는 삶. 니체는 쇼펜하우어라는 달에서 이러한 모습을
확인한 것이다. 그는 쇼펜하우어를 '삶에 대한 허무적인 총체적 폄하를
위해 (...) '삶에의 의지'의 위대한 자기 긍정이나 삶의 풍요로운 형식
들을 전쟁터로 보내는 악의에 찬 천재적 시도' (KSA 6, 125, 우상, 159
쪽)를 한 자로 평가한다.
쇼펜하우어의 더 큰 문제는 삶의 다양한 의지와 고통들로부터 벗어
나기를 원한다는 점에 있다. 그는 『의지와 표상으로서 세계』 1권에서
다음과 같이 말한다.

"이것은 에피쿠로스가 최고의 선이요, 신들의 상태라고 찬미했던 고통 없는
상태이다. 그 순간이야말로 우리는 보잘것없는 의지의 충동에서 벗어나는

것이다. 우리는 의욕의 고역의 안식일을 축하하며, 익시온(Ixion)의 수레바퀴는 조용히 멈추는 것이다."[73]

삶의 충동과 맹목적 의지로부터 벗어나 행복에 도달하기 위한 방법을 쇼펜하우어는 '관조'라고 부르며, 이러한 앎을 니체는 '때 묻지 않은 앎'이라 부른다.

"나는 백 개의 눈을 지닌 거울처럼 사물들 앞에 드러누울 뿐, 그 사물들에게서 아무것도 원치 않을 때, 그런 것을 나는 온갖 사물에서 때 묻지 않은 앎이라고 부른다."(KSA 4, 157, 차라, 203-204쪽)

그러나 세계를 관조하면서 느끼는 행복에 대하여 니체는 다음과 같이 비꼰다.

"그것은 관조 속에서 행복을 누리는 것, 의지를 죽이고 자기중심주의에 매달리거나 그것을 욕구하지 않는 것이요, 몸은 차갑고 타다 남은 재와 같지만 취기 어린 달의 눈을 하고 있는 것이리라!"(KSA 4, 157, 차라, 203쪽)

쇼펜하우어에 대한 니체의 비판은 그의 예술론에 대한 비판으로 이어진다. 쇼펜하우어는 예술이란 '무관심하게 즐거움을 주는 것'이라는 칸트의 정의에 따라 아름다움을 '무관심한 것'으로 파악한다. 예술이 추구하는 아름다움은 의지의 충동을 억제하고, 그것으로부터 벗어나게

---

73   아르투르 쇼펜하우어, 『의지와 표상으로서의 세계』 1권, 홍성광 옮김, 을유문화사, 2009, 231쪽

하는 구원의 역할을 한다.

"쇼펜하우어는 우울한 열정에 취해 아름다움에 대해 말한다. (...) 아름다움
이란 다리는 그에게 찰나적인 '의지'에서의 구원이며, — 그 다리는 영원한
구원으로 유혹한다. (...) 특히 쇼펜하우어는 아름다움을 '의지의 초점'으로
부터의 구원자, 성으로부터의 구원자로 찬미한다. — 미 속에서 생식 충동이
부정되고 있다고 본다."(KSA 6, 125, 우상, 159-160쪽)

반면에 니체가 인용하는 스탕달에 의하면 아름다움은 '행복을 약속
하는 것'이다(KSA 5, 347, 도덕, 461쪽). 아름다움은 무관심이 아니라
관심을, 무의지가 아니라 의지를 자극하는 것이며, 행복은 삶을 부정함
으로써 얻어지는 고요함이 아니라 삶의 힘이 상승하는 느낌을 뜻한다.
스탕달과 같이 니체는 아름다움과 삶의 관계를 다음과 같이 말한다.

"미학의 진리; 퇴락한 인간보다 더 추한 것은 없다. (...) 생리적으로 고찰해
보면 추한 모든 것은 인간을 약화시키고 슬프게 한다. 그것은 인간에게 쇠
퇴, 위험, 무력을 상기시킨다; 이러면서 인간은 실제로 힘을 상실한다. (...)
힘에 대한 느낌, 그의 힘에의 의지, 그의 용기, 그의 긍지 — 이런 것이 추한
것과 함께 사라지며, 아름다움과 함께 상승한다. (...) 추함은 퇴화에 대한 암
시이자 징후로 이해된다. (...) 자기 유형의 쇠퇴."(KSA 6, 124, 우상, 158쪽)

추함은 힘의 쇠락의 느낌, 무력감이며, 아름다움은 힘의 상승의 느낌
이다. 따라서 니체는 쇼펜하우어의 달적인 때 묻지 않은 앎과 달리, 자
신의 태양적인 앎은 의지를 그 자체로 긍정하는 앎이며, 아름다움이란
것도 의지를 일깨우고 힘차게 하는 것이라고 주장한다. 이것은 천진난

만한 앎이고, 아름다운 앎이며, 사랑을 향한 앎이다.

쇼펜하우어와 니체의 앎의 차이는 '소나무'라는 메타포에서 분명하게 나타난다. 심연 가장자리에 서 있는 소나무를 보면서 쇼펜하우어는 소나무가 단단한 바위와 중력의 힘에 저항해 버티는 것으로, 즉 생존의지의 표현이라고 해석한다.[74] 반면에 『차라투스트라는 이렇게 말했다』 4부 "환영인사"에서 묘사되는 소나무는 수직적이고 역동적이다.

"이 나무는 의지의 축일 뿐만 아니라 니체주의에 특유한 수직적 의지의 축이다. (...) 물질적이라기보다 한층 더 역동적인 니체의 나무는 악과 선을 잇는 전능한 연결선, 땅과 하늘을 잇는 더할 나위 없이 강력한 끈이다."[75]

이런 맥락에서 바슐라르는 쇼펜하우어의 소나무를 물질적인 나무로, 니체의 소나무를 자주적인 힘의 나무로 해석한다. 쇼펜하우어의 소나무는 '의지-질료'로서의 의지인 반면, 니체의 소나무는 '의지-힘'으로서 의지를 뜻하는 것이다.[76] 또한 자신만의 관조적 행복을 강조한 쇼펜하우어의 소나무와 달리, 니체의 소나무는 그를 통해 인류가 더 강해지고 스스로를 극복해 나갈 수 있도록 돕는 나무이기도 하다.

"인류라는 나무와 이성 (...) 인류는 한 그루의 나무가 되어 지구 전체에 그림자를 던져 주고, 모두 함께 열매를 맺게 될 수십 억의 꽃을 피워야만 하며, 지구는 스스로 이 나무에 양분을 줄 수 있도록 준비해야만 한다. 지금은 아직 작은 싹이 즙과 힘을 증대해 가는 것, 전체와 개체를 양육하기 위한 즙은

---

74   가스통 바슐라르, 『공기와 꿈』, 264쪽 참조

75   위의 책, 267쪽에서 재인용

76   위의 책, 266쪽 참조

수많은 수맥을 통해 두루 흘러야 한다는 것. (...) 우리 모두 이 나무가 때가
오기 전에 썩어 버리지 않도록 하자!"(KSA 2, 635, 인간 II, 341쪽)

이제 삶을 부정하고 삶으로부터 도피함으로써 행복을 얻으려는 쇼펜
하우어적 염세주의는 힘에의 의지에 의해 극복되어야 한다. 이 과정이
"예언자"에서는 묵시적으로 묘사된다. 니체는 자신이 한때 쇼펜하우어
적인 사상에 머물러 있었던 사실을 꿈을 통해 묘사하면서, 그때 자신은
죽음을 지키는 '묘지기'였으며, 자신이 처했던 상황은 '납골실'과 같았
다고 고백한다. 이러한 메타포는 탈출하기 위해 문을 열려고 해도 열
수 없는 '녹슨 열쇠'로, 죽음의 냄새를 맡는 '까마귀 울음'과 같은 메타
포로 이어진다. 이후 꿈을 깨우는 거대한 소리, 천둥처럼 문을 두드리
는 소리가 묘사된 후, 죽음의 관 속에 있던 자도 니체 자신이었고, 죽음
의 문을 열어젖힌 자도 자신이었다고 말한다. 이렇게 니체는 쇼펜하우
어로부터 벗어나는 과정이 만만치 않았음을 "예언자"에서 보여 준다.
그리고 극복한 상태에 도달한 자신과 쇼펜하우어를 태양과 그 앞에서
부끄러워하며 창백해진 달로 묘사한다.

"저쪽을 보라! 정체를 드러낸 달이 아침놀 앞에 창백하게 서 있지 않는가!
작열하는 자, 벌써 태양이 떠오르고 있으니 어찌하랴. 대지에 대한 그의 사
랑이 다가오고 있는 것이다! 순박하고 창조의 열망에 있는 것들이야말로 태
양이 온몸으로 사랑하는 것들이다!"(KSA 4, 159, 차라, 206쪽)

여기서 떠오르는 태양에 대한 니체의 묘사는 풍경에 대한 회화적 표
현이 아니라 태양의 행동성 자체를 향한다.

"일출은 니체에게 정경을 제시하는 것이 아니라 행동을 제시한다. (...) 그것
은 관조의 차원이 아니라 결단의 차원에 속한다. 니체적 해돋이란 돌이킬 수
없는 결단의 행위이다. 그것은 힘의 영원회귀, 수동형에서 능동형으로 옮겨
진 영원회귀의 신화, 바로 그것이다."[77]

달의 떠오름과 달리 태양의 떠오름은 삶 자체의 떠오름을 위한 메타
포이며, 삶 자체에 대한 사랑, 즉 '있는 것 자체에 대한 사랑'을 위한 메
타포이다.

11) "구제에 대하여"에 나타난 시간의 의미

"구제에 대하여"는 "무덤의 노래"와 연결된다. "무덤의 노래"에서 차라
투스트라는 자신의 젊은 시절의 무덤이 있는 섬을 찾는다. 그는 자신의
젊은 시절을 '환상과 환영, 사랑스러운 눈길, 성스러운 순간들'이라고
표현하며, 젊은 시간이 죽어 버린 것에 대하여 한탄한다. 그는 젊은 시
절을 돌아보면서, 그때 자신의 순결이 "모든 것이 내게 신성하기를", 그
리고 자신의 지혜가 "모든 나날이 내게 신성하기를"이라고 말했던 것을
회상한다. 그리고 젊은 시절이 죽어 버렸을 때 자신이 얼마나 큰 고통을
느꼈는지, 그 고통을 어떻게 극복했는지를 떠올린다. 그것을 극복할 수
있었던 것은 자신의 의지였다고 고백하면서 "무덤의 노래"는 끝난다.
  "무덤의 노래"에서 차라투스트라는 과거의 아름다움과 과거의 죽음,
그리고 고통을 극복할 수 있었던 것은 자신의 의지라고 말할 뿐, 자신

---

77   위의 책, 279쪽에서 재인용

의 의지가 '무엇을', '어떻게' 극복했는지에 대해서는 묘사하지 않는다. 그 내용과 방식은 "구제에 대하여"에서 밝혀진다. "무덤의 노래"와 "구제에 대하여"를 연결시키는 그 무엇은 바로 '시간'이다.

"구제에 대하여"의 전반부에는 불구자에 대한 묘사가 나오고, 중반 이후에 시간에 대한 논의가 전개된다. 얼핏 볼 때, 신체적, 정신적 불구자와 시간은 아무 상관이 없어 보인다. '불구자'는 어떠한 것에 의해 병들고 쇠약해지며 결국 죽어 가는 자이다. 그런데 인간의 삶을 궁극적으로 병들고 쇠약하게 하는 것이 죽음이며, 죽음은 시간의 사건이라고 한다면, "구제에 대하여"에서 니체가 불구자와 시간을 연결하는 것은 매우 주도면밀한 글쓰기 전략이라고 볼 수 있다. 이때 '다리'라는 메타포가 등장한다. "구제에 대하여"의 첫 문장은 다음과 같다.

> "어느 날 차라투스트라가 큰 다리를 건너가고 있을 때였다. 불구자와 거지들이 그를 에워쌌다."(KSA 4, 177, 차라, 228쪽)

여기서 다리는 밧줄, 사다리와 마찬가지로 극복을 뜻하는 메타포이다. 머리말 4에는 '짐승과 초인 사이를 잇는 밧줄'이 묘사되는데, 밧줄이나 다리는 모두 이쪽과 저쪽을 연결하는 사이-존재, 과정-존재를 뜻한다. 머리말 3에 의하면 다리 이쪽에는 사람에 미치지 못하는 존재들이, 다리 저편에는 사람을 넘어서는 존재들이 거주하는 것으로 묘사된다.

> "사람에게 원숭이는 무엇인가? 일종의 웃음거리 아니면 일종의 견디기 힘든 부끄러움이 아닌가. 초인에 대해서는 사람이 그렇다. (...) 너희는 벌레에서 사람에 이르는 길을 걸어왔다. 그러나 너희에게는 아직도 많은 것이 벌레이다. 너희는 한때 원숭이였다. 그리고 사람은 어떤 원숭이보다도 더 철저한

원숭이이다. 너희 가운데 더없이 지혜로운 자가 있다 할지라도 역시 식물과 유령의 불협화음이자 튀기에 불과하다."(KSA 4, 14, 차라, 16-17쪽)

다리를 건널 때 차라투스트라는 구제를 간구하는 불구자들과 마주친다. 그들은 마치 치유의 기적을 통해 예수가 그리스도임이 확인되었듯이, 자신들을 치유함으로써 자신이 차라투스트라임을 증명하라고 말한다. 이에 대하여 차라투스트라는 모든 인간은 일종의 불구자라고 말한다. 곱사등이나 절름발이만 불구자인 것이 아니라 모든 사람은 눈이든 귀든 혀든 코든 심지어 머리든 불구자로 살아가는 것이다. 말하자면 모든 사람은 아직도 식물과 유령의 튀기, 벌레이며, 기껏해야 원숭이인 것이다. 그런데 이러한 불구자들보다 더 고약한 것은 자신이 온통 눈하나이거나 귀 하나이면서, 말하자면 더 지독한 불구자이면서도 자신이 불구자라는 것을 알지 못하는 경우이다. 이러한 불구자를 차라투스트라는 '전도된 불구자'(ein umgekehrter Krüppel)라고 부른다. 이들에게 필요한 것은 차라투스트라라는 타자의 도움, 치료의 기적이 아니라 스스로 줄을 타고 다리를 건널 수 있는 용기와 모험심, '극복에의 의지'인 것이다. 그럼에도 이들은 외적인 도움을 요구한다. 이렇게 불구자들에 둘러싸인 자신의 상황을 차라투스트라는 마치 '사람들의 깨어진 조각과 수족 사이'를 거닐 듯 살아가고 있다고 표현한다. 그는 사지가 찢어진 채 살아가는 불구자들 사이에서 살아가고 있다는 것이다. 이것은 끔찍한 일이다. 따라서 차라투스트라는 그의 눈길을 과거로 돌려 본다. 그러나 그곳에도 현재와 마찬가지로 사지가 찢어진 불구자들만이 보일 뿐이다. 끔찍한 일은 현재에서도, 과거에서도 발견되는 것이다.

"이 지상에서의 오늘날과 지난 세월, 아! 벗들이여, 내게는 그것이 가장 견
디기 힘든 일이다."(KSA 4, 179, 차라, 230쪽)

결국 차라투스트라는 불구자들의 문제의 근본 원인이 '시간'이라는
사실을 확인한다. 이제 문제는 "어떻게 현재와 과거를 극복할 것인가?"
로 집약된다. 이를 위해 차라투스트라는 자신이 현재와 과거에서 사람
들의 깨어진 조각들 사이를 거닐었듯이, 이제 자신의 눈을 미래로 돌려
'미래의 파편으로서 사람들 사이를' 거닐어 본다. 그렇다면 이때 무엇
이 달라지는가?
미래를 바라보는 자는 예언을 하는 자이다. 그는 미래를 통해 과거와
현재가 어떠한 의미를 지녔고, 지닐 수 있는지를 아는 자이다. 이런 의
미에서 미래를 보는 자는 과거와 현재의 '수수께끼를 푸는 자'이다. 이
렇게 미래를 통해 차라투스트라는 과거의 '그랬다'를 우선 '나는 그렇
게 되기를 원했다'로 바꾼다.

"지난날의 사람들을 구제하고 일체의 '그랬다'를 '나는 그렇게 되기를 원했
다'로 전환시키는 것, 내게는 그것만이 구제이다!"(KSA 4, 179, 차라, 231쪽)

과거의 '그랬다'를 '나는 그렇게 되기를 원했다'로 바꿀 때 변하는
것은 무엇인가? '그랬다'는 인간이 어떻게 할 수 없는 외적 사건을 뜻한
다. 나는 과거에 일어난 일에 대하여 전적으로 무력한 것이다.

"'그랬다.' 이것이 의지의 절치와 더없이 고독한 우수의 이름이다. 이미 일
어난 일에 대해 무기력한 의지는 일체의 과거에 대해 악의를 품고 관망하는
자이다. 의지는 과거로 돌아가기를 소망할 수 없다. 시간의 흐름과 그 시간

의 갈망에 거역할 수 없는 것, 이것이 의지에게는 더없이 쓸쓸한 우수이다."
(KSA 4, 179–180, 차라, 231–231쪽)

반면에 '나는 그렇게 되기를 원했다'의 경우 과거의 사건은 내가 그렇게 원했던 사건으로 변한다. 나는 과거의 사건의 감옥으로부터 벗어날 수 있는 가능성을 갖게 되는 것이다. 말하자면 과거 앞에서 무력했던 의지가 자기 자신을 주장할 때, 어쩔 수 없어 보였던 과거라는 감옥 문이 열리기 시작하는 것이다. 이제 의지는 '그랬다'라는 시간, 즉 과거에 대하여 적의를 품고 앙갚음을 시도한다. 이때 과거는 나를 덮치는, 마치 운명과 같은 불가항력적인 필연성이 아니라 나의 자유로운 선택, 나의 의미가 될 수 있는 것이다. 그러나 강력한 존재인 시간은 의지의 시도 역시 무의미하다고 말한다. 그것은 모든 인간의 생명을 먹어 치우는 '광기'의 소리이다.

"'모든 것은 사라진다. 그리하여 모든 것은 사라질 만하다!'라고 광기가 설교한다. '그 자신의 아이들을 먹어 삼켜야 한다는 시간의 법칙, 그것이 바로 정의 자체이다.' 광기는 이렇게 설교했다."(KSA 4, 180, 차라, 233쪽)

여기서 광기는 그리스 신화에 나오는 크로노스를 가리킨다. 크로노스는 거대한 낫으로 자신의 아버지인 우라노스를, 즉 하늘의 힘을 무력화한 자이며 자신이 낳은 자식 모두를 먹어 치우는 자이다. 모든 생명체는 시간 앞에서 무력하다. 그런데 크로노스는 이렇게 삼켜지는 것이 바로 정의라고 설교하는 것이다. 그의 경고와 같이 죽음은 삶을 찌르는 '가시'로서, 이미 삶 속에서 작용하며 삶이 유한하다는 것을 끊임없이 알려 준다. 산다는 것, 살기 위해 태어난다는 것, 삶을 "출발한다는 것,

그것은 조금씩 죽는 일이다."[78]

모든 현재와 미래는 조금씩 과거가 된다. 모든 것은 과거로 흘러가며, 그 끝은 죽음이다. 크로노스는 이러한 생명의 흐름을 피할 수 없는 정의라고 외친다. 크로노스는 차라투스트라에게 과거는 영원하고 어떻게 변화될 수 없는 것, 모든 것은 과거가 되며 결국 죽어 없어질 것이라고 위협한다. 또한 과거가 변화될 수 없다면, 과거의 무게, 과거로 인한 고통은 영원해야만 한다는 것이다.

> "'그랬다'라는 돌은 굴릴 수 없다. 그렇다면 모든 벌 또한 영원해야 한다! 이렇게 광기는 설교했다. 어떤 행위도 말살될 수 없다. 어떻게 그런 행위가 징벌을 통하여 행위로 옮겨지지 않을 수 있는가! 생존 또한 영원히 되풀이해서 행위가 되고 죄가 되어야 한다는 것, 이것이야말로 생존이라는 징벌에서 영원한 것이다."(KSA 4, 181, 차라, 233쪽)

그렇다면 크로노스, 즉 시간으로부터 구제는 불가능한 것인가? 그리스 신화에는 제우스가 크로노스로부터 살아나는 장면이 묘사된다. 제우스는 크로노스의 자식으로서 죽지 않고 죽음을 이겨 낸 첫 번째 존재이다. 제우스는 꾀를 통해 크로노스를 극복한다. 이성이 죽음을 이기는 순간이다. 그런데 니체는 크로노스를 극복하기 위해 제우스의 이성 대신 의지를 제시한다. 그 의지는 '그랬다'를 '나는 그렇게 되기를 원했다'로 바꿈으로써, 피할 수 없는 절대성을 인간의 자유로운 선택으로 변화시킨다. 나아가 의지는 '나는 그러기를 원한다', '나는 그러기를 원하게 될 것이다'라고 말함으로써, 과거뿐 아니라 모든 시간의 감옥으

---

78   가스통 바슐라르,『물과 꿈』, 109쪽

로부터 탈출하게 한다. 이로써 '그랬다' 라는 수수께끼가 필연도 우연도 아니고, 나의 자유로운 선택임을 확인하게 된다. 즉 과거는 '나의 과거', '내가 원했던 과거'가 되는 것이다. 그런데 이 수수께끼는 미래에의 의지, 변화하려는 의지, 창조하려는 의지만이 풀 수 있다.

> "창조하는 의지가 덧붙여 '그러나 나는 그러기를 원한다! 나는 그러기를 원하게 될 것이다!' 라고 말할 때까지는 말이다."(KSA 4, 181, 차라, 234쪽)

그렇다면 이제 모든 것이 과거로부터 구제되었는가? 차라투스트라는 크로노스의 위협을 극복하게 된 것인가? 이 질문에 대하여 "구제에 대하여"는 의지가 시간과의 화해를 가능케 할 수 있으며, 그 의지의 본질은 힘에의 의지라고 밝히는 데에서 끝난다. 차라투스트라는 아직 시간을 극복하지 못한 것이다. 즉 "구제에 대하여"에서는 시간이야말로 그가 풀어야 할 가장 심오하고 두려운 수수께끼로 여전히 남아 있는 것이다.

12) "더없이 고요한 시간"에 나타난 시간의 의미

『차라투스트라는 이렇게 말했다』 1부는 차라투스트라가 제자들에게 자신으로부터 떠나 그들 자신만의 길을 걸어가도록 명령하고, 자신 역시 '위대한 정오'를 위해 떠나는 장면으로 끝난다. 이와 달리 2부는 꿈에 대한 묘사로 시작해서 꿈에 대한 이야기로 끝난다. 이것은 니체가 처한 위급하고 힘든 상황을 묘사하기 위한 전략이다. 그런데 2부의 시작 부분에서 차라투스트라는 자신의 고독 속으로 스스로 돌아가는 데 반해,

2부 마지막은 그가 고독 속으로 돌아갈 수밖에 없는 상황을 묘사한다.

> "그렇다. 차라투스트라는 다시 한 번 그의 고독 속으로 돌아가야만 한다. 곰
> 이 이번에는 마지못해 자신의 굴로 돌아가는 것이다!"(KSA 4, 187, 차라,
> 241쪽)

그렇다면 그 이유는 무엇인가?『차라투스트라는 이렇게 말했다』2부
에서 니체는 세 가지의 노래들과 힘에의 의지, 그리고 시간에 대하여
말한다. "무덤의 노래"와 "구제에 대하여"에서 묘사되는 시간이라는 주
제와 부딪쳐 니체는 차라투스트라가 충분히 성숙하지 못했음을 인정한
다. 따라서 차라투스트라는 동굴 속 고독으로 다시 돌아갈 수밖에 없었
던 것이다. 이 점은 그에게 명령 내린 자가 시간이라는 표현에서 명확
해진다.

> "누가 내게 명하여 그렇게 하도록 한단 말인가? 아, 성난 내 여주인이 그것
> 을 원하여 내게 명한 것이다. (...) 어제 저녁 무렵 나의 더없이 고요한 시간
> 이 내게 말했다. 더없이 고요한 시간, 그것이 나의 두려운 여주인의 이름이
> 다."(KSA 4, 187, 차라, 241쪽)

이제 시간이란 문제를 풀기 위해 차라투스트라에게는 '고요한 시간'
이 필요하다. 그런데 차라투스트라는 시간의 문제와 부딪쳐 당황해한
다. 그것은 이성의 한계를 넘어서는 문제이기 때문이다. 따라서 니체는
"더없이 고요한 시간"의 내용을 차라투스트라와 시간 사이에서 오고간
'꿈속의 대화'로 진행시킨다. 꿈속에서 고요한 시간은 차라투스트라에
게 묻는다.

"너는 그것을 알고 있지?"(Du weisst es?)(KSA 4, 187, 차라, 242쪽)

이 문장에서 목적어가 무엇을 의미하는지는 알 수 없다. 그리고 시간
은 차라투스트라의 대답을 듣지 않은 채, 그를 대신해 대답한다.

"너는 그것을 알고 있다."(KSA 4, 188, 차라, 242쪽)

이에 대하여 차라투스트라는 자신도 알고 있다고 대답한다.

"그렇다. 나는 알고 있다."(Ich weiss es)(KSA 4, 188, 차라, 242쪽)

그러면서 차라투스트라는 '그것'에 대하여 "말하지 않겠다.", "말하
고 싶지 않다."라고 대답한다. 이에 시간은 말하지 않는 것은 숨기는 일
이라고 비판한다. 이에 대해 차라투스트라는 자신도 말하고자 했지만
말할 능력이 부족하다고 고백한다. 그는 시간의 물음 앞에서 당황해하
고, 영원회귀 사상을 말하기에 앞서 망설이는 것이다. 그렇다면 시간의
본질을 말하기 위해 고요한 시간이 등장하는 이유는 무엇인가?
　고요한 시간은 모든 외적 소리로부터 차라투스트라를 해방해 주며,
스스로를 돌아볼 수 있게 하기 때문이다. 고요한 시간은 차라투스트라
로 하여금 자신을 신뢰하든가, 혹은 부정하든가를 결정할 수 있게 해
준다. 이때 그의 결정은 타율적인 것도, 다수의 의견에 의한 것도, 판단
력을 죽여 버리는 선동에 의한 것도 아니다. 오히려 그 결정은 차라투
스트라의 가장 깊은 심연으로부터 우러나오는 결정이다. 따라서 차라
투스트라로 하여금 결정하도록 하는 말은 가장 고요한 말이어야 한다.
왜냐하면 침묵의 말만이 가장 깊은 말이기 때문이다. 이 점은 가장 고

요한 시간의 말에서 확인된다.

> "이슬은 더없이 고요한 밤에야 풀 위에 내리지 않는가?"(KSA 4, 188, 차라, 243쪽)

> "폭풍을 일으키는 것, 그것은 더없이 잔잔한 말들이다. 비둘기처럼 조용히 찾아오는 사상, 그것이 세계를 끌고 가지 않는가."(KSA 4, 189, 차라, 244쪽)

여기서 차라투스트라에게 건네는 고요한 시간의 말은 곧 차라투스트라 자신의 말이기도 하다. 이 침묵의 말은 3부에서 '소리로 발언될 말'을 품고 있는, 마치 폭풍 전야의 고요함과 같은 말이다. 이를 위해 고요한 시간은 차라투스트라로 하여금 가장 깊은 고독 속으로, 가장 고요한 침묵의 말 속으로 돌아가기를 명령하는 것이다.

4. 『차라투스트라는 이렇게 말했다』 3부: 메타포로 읽기

『차라투스트라는 이렇게 말했다』 3부는 "방랑자"에서 차라투스트라의 방랑에 대한 묘사로 시작하여, "일곱 개의 봉인"에서 생명의 기쁨과 영원에 대한 찬가로 끝난다. 그 중간에는 차라투스트라가 풀어야 할 어려운 문제들이 다뤄지며, 이러한 문제를 풀기 위해 2부 마지막 부분은 차라투스트라가 다시 자신의 동굴로 돌아가는 장면으로 끝난다. 이러한 문제들을 풀기 위해서는 힘을 회복하는 일이 필요했기 때문이다. 이런 점에서 볼 때, 3부는 차라투스트라의 모든 사상이 드러나는 부분이다. 그런데 그것은 강한 힘과 용기를 필요로 한다. 따라서 3부 처음과 마지막 배경에 '높은 산'과 '깊은 바다'라는 메타포가 배치된다. 그리고 3부의 마지막 "일곱 개의 봉인"에서는 차라투스트라의 모든 사상을 말한 상태이기에, 승리의 분위기가 나타난다. 이때 '노래', '새', '고요한 하늘', '영원'이라는 메타포가 등장한다. 이런 맥락에서 볼 때, 『차라투스트라는 이렇게 말했다』 3부는 사건의 발달과 전개에 이은 절정에 해당되는 부분이라고 볼 수 있다.

1) 방랑자: 나의 길

"방랑자"는 차라투스트라가 행복의 섬을 떠나 바다 건너편으로 가려는 장면으로 시작된다. 그는 산등성이를 오르면서 자신의 삶이 한곳에 머물지 않고 계속된 방랑의 삶이었음을 회상한다. 머리말과 4부 마지막과 같이 3부 시작 부분도 차라투스트라의 '떠나감'으로 시작되는 것이다. 이것은 그의 삶 자체가 떠나감의 삶, 즉 움직이는 바로 그때 존재하는 노마디즘적 삶이라는 것을 보여 준다.

> "나는 방랑하는 자이다. 산을 오르는 자이다. 그는 마음속으로 말했다. 나는 평지를 좋아하지 않는다. 나라고 하는 자는 오랫동안 한곳에 조용히 앉아 있지도 못하는 모양이다."(KSA 4, 193, 차라, 249쪽)

노마디즘적 삶은 안락한 집에 머무르지 않기 때문에 항상 위험과 마주칠 수밖에 없다. 그는 위험에 압도되거나 위험을 극복할 수 있다. 압도된다는 것은 죽음을 의미한다. 따라서 살기 위해서는 자신 앞에 닥친 위험을 극복할 수 있는 용기와 결단이 요구되지만, 그에게 조언을 해 줄 사람은 없다. 모든 결단은 단지 자신의 자유로운 판단과 용기에 의해 이루어져야 한다. 이 점에서 그의 방랑은 항상 고독한 방랑이며, 고독함은 그에게 닥친 위험이 커질수록 더 깊어지는 것이다.

> "나는 지금 마지막 정상, 오랫동안 내게 남겨진 것을 앞에 두고 있다. (…) 아! 나는 더없이 험난한 나의 길을 가야 한다! 아, 나의 더없이 외로운 방랑이 시작된 것이다!"(KSA 4, 193–194, 차라, 250쪽)

모든 결단이 자신의 결단이었다면 어떠한 위험이 다시 닥친다고 하더라도 그의 결단은 동일할 것이다. 따라서 그에게 과거로 돌아갈 길은 존재하지 않으며, 스스로 앞을 향해 나가는 일이 필요하다.

여기서 '산 오르기', '사다리'와 같은 상승에의 의지를 뜻하는 메타포가 등장한다. 이제 올라야 할 산 정상은 모든 것보다 더 위에 있는 '푸른 하늘빛 고독'(azurne Einsamkeit) (KSA 6, 343, 사람, 429쪽)의 장소이다. 그곳은 더 이상 오를 높은 곳이 없는 곳, 모든 것을 눈 아래로 볼 수 있는 곳이다. 이러한 곳은 별을 내려다볼 수 있는 높이로 묘사된다.

> "그렇다! 나 자신과 나의 별을 내려다볼 수 있는 경지, 그것을 나는 나의 정
> 상이라고 부른다. 바로 그 경지가 내가 오를 마지막 정상으로 여전히 남아
> 있는 것이다."(KSA 4, 194, 차라, 251쪽)

그러나 위에서 언급했듯이 나의 결단이 다시 요구된다고 하더라도 다시 동일한 결단을 내릴 수밖에 없다면, 나의 결단은 우연한 결단일 수 없다. 오히려 그 결단은 나의 존재를 반영하는 필연적인 결단이며, 시간이 흐르더라도 그러한 결단은 되풀이될 것이다.

> "사람은 필경 자기 자신만을 체험할 뿐 아닌가. 내게 우연한 일들이 일어날
> 수 있는 그런 때는 지나갔다. 이미 내 자신의 것이 아닌 그 어떤 것이 새삼
> 내게 일어날 수 있다는 말인가!"(KSA 4, 193, 차라, 249쪽)

여기서 니체는 우연과 필연의 일치를 주장한다. 우연처럼 보이는 일은 일어날 수밖에 없는 필연적인 사건이며, 필연적인 사건처럼 보이는

것도 어떤 외적 원칙이나 규칙, 섭리에 의한 것이 아니라 나의 자유로
운 선택, 즉 우연에 의한 것이라는 말이다. 그렇다면 더 이상 우연은 무
의미한 것도 아니고 카오스적인 것도 아니다. 우연은 '나의 우연'이며,
우연은 나의 자유로운 결단, 즉 나 자신의 존재를 반영하기에 그 우연
은 '나의 필연'인 것이다. 나의 과거는 나의 현재 결단과 동일한 것이
된다. 이 부분에서 니체는 자신이 풀어야 할 문제가 우연과 필연의 관
계 외에 '시간'에 대한 것임을 밝힌다.

"되돌아올 뿐, 끝내 내게 되돌아올 뿐이다." (KSA 4, 193, 차라, 249쪽)

이러한 시간에 대한 문제가 자신 앞에 놓여 있는 가장 높은 산의 정
상의 문제임을 밝힌다.

"나는 지금 마지막 정상을 (…) 앞에 두고 있다. (…) 나와 같은 부류의 사람
은 이러한 시간을 모면하지 못한다. 이렇게 말하는 시간을. '이제야 비로소
너는 위대함을 향해 너의 길을 간다. 산정과 심연은 이제 하나가 되었다.'"
(KSA 4, 193–194, 차라, 250쪽)

나의 결단은 단순히 과거의 결단에 그치는 것이 아니라 미래의 결단
과 연결된다. 그리고 가장 위험한 상황 앞에서 결단한다는 것은 나의
가장 깊은 존재를 통해 결단하는 것을 뜻한다. 이렇게 가장 높은 정상
은 나의 가장 깊은 심연과 만나게 된다. 그것은 과거, 현재, 미래가 하
나의 '순간'으로 모아지는 사건이다. 이런 의미에서 니체는 산 정상을
'더없이 검은 큰 물길', '검고 슬픔에 찬 바다'와 연결시킨다. 이 바다
는 태곳적 시간과 존재를 은닉하는 '무거운 물'[1]이다. 특히 어둠 속의

검은 바다는 그 깊이를 가늠할 수 없는 두려움을 주는 존재로, 이러한 두려움은 우주적 단계로 확장된 '오필리아의 콤플렉스'[2]나 차라투스트라를 죽음으로 몰아낼 수도 있는 '요나의 바다'[3]를 반영하기도 한다. 이렇게 차라투스트라가 올라야 할 가장 높은 정상은 그의 가장 깊은 심연의 존재인 바다와 서로 만나게 된다. 그것들은 하나로, 산 정상은 그의 존재의 가장 깊은 심연이 겉으로 드러난 모습이고, 가장 깊은 심연은 가장 높은 산의 골짜기인 것이다.

이처럼 가장 깊고 가장 높은 문제, 우연이면서 동시에 필연인 문제, 그것이 바로 시간의 문제인 것이다. 시간은 차라투스트라를 가장 두렵게 하는 심오한 문제로서, 그것은 모든 말을 앗아간다. 따라서 니체는 차라투스트라를 휘감고 있는 배경을 가장 조용한 분위기로 묘사한다.

"만물이 잠들어 있구나. (…) 바다조차 잠들어 있구나."(KSA 4, 195, 차라, 252쪽)

그러나 괴물과 같이 가장 조용하고 깊은 바다는 깨어나야 하고, 차라투스트라는 산의 정상에 올라야 한다. 그것은 '환영과 수수께끼에 대하여'에서는 '동일한 것의 영원회귀'의 문제로 다뤄진다.

---

1   가스통 바슐라르, 『물과 꿈』, 86쪽
2   위의 책, 126쪽
3   가스통 바슐라르, 『대지와 의지의 몽상』, 197쪽

2) 환영과 수수께끼에 대하여

a. 영원회귀 사상의 배경

"환영과 수수께끼에 대하여"에서는 '동일한 것의 영원회귀', 즉 시간의 문제가 다뤄진다. 영원회귀 사상은 "환영과 수수께끼에 대하여"와 "건강을 되찾고 있는 자"의 주제에 그치지 않고, 『차라투스트라는 이렇게 말했다』 전체를 관통하는 가장 중요한 주제이기도 하다. 이 점을 니체는『이 사람을 보라』에서 다음과 같이 밝힌다.

> "이제 나는 차라투스트라의 내력을 이야기하겠다. 이 책의 근본사상인 영원회귀 사유라는 그 도달될 수 있는 최고의 긍정의 형식은 ─1881년 8월의 것이다: 그것은 '인간과 시간의 6천 피트 저편'이라고 서명된 종이 한 장에 휘갈겨졌다. 그날 나는 실바프라나 호수의 숲을 걷고 있었다: 수르레이에서 멀지 않은 곳에 피라미드 모습으로 우뚝 솟아오른 거대한 바위 옆에 나는 멈추어 섰다. 그때 이 생각이 떠올랐다."(KSA 6, 335, 사람, 419쪽)

이 글에서 고백하듯이 영원회귀 사상이 니체에게 번개 같이 떠오른 시기는 1881년이다. 그리고 이 사상은 『즐거운 학문』에서 처음으로 묘사된다.[4]

> "최대의 무게 ─어느 날 혹은 어느 밤, 한 악마가 가장 적절한 고독 속에 잠겨 있는 네 뒤로 다가와 다음과 같이 말한다면 너는 어떻게 할 것인가! '네

---

4   『즐거운 학문』의 1판은 서곡과 1-4부가 수록되어 있다. 2판에서 5부와 부록이 첨가되었다. 그런데 영원회귀의 사상이 실려 있는 것은 1판 4부 341번이다.

가 현재 살고 있고 지금까지 살아온 생을 다시 한 번, 나아가 수없이 몇 번이고 되살아야만 한다면 (...) 존재의 영원한 모래시계는 언제까지나 다시 돌아오며 (...) 너 자신 역시 돌아올 것이다.' (KSA 3, 570, 학문, 314–315쪽)

이 내용은 "환영과 수수께끼에 대하여"와 "건강을 되찾고 있는 자"에서 다시 묘사된다. 그런데 이 사상이 떠오른 시기가 1881년 이후라고 니체는 밝히지만, 이전부터 이 문제로 고민한 흔적은 몇몇 곳에서 발견된다. 19세에 니체는 다음과 같은 글을 썼다.

'결국엔 인간마저도 둘러싸는 '원'은 어디에 있는가? 그것은 세계인가? 신인가?"[5]

이 글에서 니체는 모든 사물을 그렇게 존재하도록 하는 근거에 대하여 묻는다. 사물들을 존재하게 하는 것이 세계인지 신인지 묻는 것이다. 그런데 이때 그 근거가 '원'(Ring)으로 표현된다. 원이란 표현은 그 후 '영원한 원의 순환'이란 표현으로 확대된다.

"제4권, 디오니소스 찬가 식으로-영원한 원의 순환(Annulus aeternitatis). 모든 것을 다시 한 번 그리고 영원히 체험하고 싶은 욕구"[6]

1881년에 출간된 『아침놀』에는 "아직 밝혀지지 않은, 너무나 많은 아침놀이 있다."라는 표현이 있는데, 하이데거는 '밝혀지지 않은 아침놀'

---

5   M. Heidegger, *Nietzsche I*, 262쪽에서 재인용
6   위의 책, 262쪽에서 재인용

은 영원회귀 사상을 가리킨다고 주장한다.[7] 하이데거에 의하면 이 사상
은 니체가 젊은 시절부터 예감하고 있었던 문제이고, 그것이 1881년에
구체적으로 떠올랐다는 것이다. 그럼에도 발표하기를 망설였던 이유는
니체 자신이 이 사상에 대하여 확신을 갖지 못했고, 또한 이 사상이 당
시 서구 사상과 너무도 상이하였기 때문에 우선 소수의 사람에게만 전
하려 했기 때문이라는 것이다. 하이데거는 자신의 주장을 근거 짓기 위
해 1881년 8월 14일 실스마리아에서 페터 가스트에게 보낸 니체의 서
한을 인용한다.

"친애하는 나의 친구여! 8월의 태양은 우리 위에 있고 시간은 흘러가고 있
다. 산과 숲은 더욱 고요하게 되고 평화롭게 되고 있다. 그전에는 아직 보지
못했던 사상이 나의 지평선에 떠올랐다. 그것에 대해서 나는 아무것도 발설
하고 싶지 않다. 나는 그저 흔들리지 않는 평온 속에 머물고 싶다. 나는 아마
도 몇 해 동안은 더 살아야만 할 것이다."[8]

이 인용문에서 볼 수 있듯이 니체가 이 사상 때문에 심각한 고민에
빠졌고, 이 사상을 섣불리 공개하기를 꺼렸다는 점은 분명해 보인다.
이 점은 『차라투스트라는 이렇게 말했다』에서도 발견된다. "방랑자"에
는 "나는 지금 마지막 정상을 (...) 남겨 두고 있다."라는 표현이, "환영
과 수수께끼에 대하여"에는 '나의 심연의 사상', '나 자신의 사상과 속
사상이 두려웠기 때문'이라는 표현이, "건강을 되찾고 있는 자"에는
'심오한 사상'이라는 표현이 나타난다. 이런 점을 고려할 때 우리는 니

---

7   위의 책, 265쪽 참조
8   위의 책, 264쪽

체의 영원회귀 사상이 이미 19세 때 싹트기 시작했고, 1881년에 명료해
지기 시작했으며,『아침놀』,『즐거운 학문』,『차라투스트라는 이렇게 말
했다』에서 점차적으로 완성되었다고 볼 수 있을 것이다. 따라서 니체의
영원회귀 사상을 단순히 그의 종교적인 신념으로 보는 알프레드 보임
러의 주장[9]이나 '후기 니체의 기만적이고 우롱적인, 망상적 비의'로 보
는 에른스트 베르트람의 주장[10], 칸트적 '정언명령'으로 보는 오스카 에
어발트[11]의 주장은 근거가 없어 보인다. 이와 달리 니체의 영원회귀 사
상은 가장 무거운 사상이며, 그의 사상 진체의 중심에 놓여 있는 '내적
인 힘', '사상 중의 사상'[12]으로 보아야 할 것이다.

b. 영원회귀와 시간의 문제

영원회귀에 대한 질문은 시간에 대한 질문이다. 시간에 대한 니체의
질문은 "무덤의 노래", "구제에 대하여"에 이어, "환영과 수수께끼에 대
하여", "건강을 되찾고 있는 자"에서 다시 다뤄진다. 그런데 시간에 대
한 질문을 다루기 전에 우선 '동일한 것의 영원회귀' 사상을 전후한 니
체의 입장, 특히 기존의 형이상학적, 그리스도교적 진리에 대한 니체의

9   A. Baeumler, *Nietzsche. Der Philosoph und Politiker*, Philipp Reclam Jun,
Leipzig, 1931, 80쪽 이하; M. Heidegger, *Nietzsche I*, 30쪽 이하 참조. 보임러는 영원
회귀 사상은 힘에의 의지 사상과 모순되며, 따라서 헤라클리트의 사상을 이집트화한 것
에 불과하다고 비판한다. 영원회귀 사상이 그의 정치적 해석과 일치하지 않기 때문이기
도 하다.
10   E. Bertram, *Nietzsche, Versuch einer Mythologie*, Georg Bondi, Berlin, 1918,
12쪽; M. Heidegger, *Nietzsche I*, 256쪽 참조
11   O. Ewald, *Nietzsches Lehre in ihren Grundbegriffen: Die ewige Wiederkunft
des Gleichen und der Sinn des Übermenschen*, Ernst Hofmann & Co, Berlin, 1903,
in: W. Kaufmann, *Nietzsche. Philosoph-Psychologe-Antichrist*, 377쪽 이하 참조
12   M. Heidegger, *Nietzsche I*, 274쪽

변화된 입장을 간단히 제시하는 것이 필요하다. 왜냐하면 기존의 진리
관은 시간에 대한 이해도 지배해 왔기 때문이다. 1881년『아침놀』을 쓸
당시 니체는 진리에 대하여 다음과 같이 말한다.

"철학에 대한 우리 입장의 새로운 점은 그 어떤 시대도 이미 갖지 못했던 확
신, 즉 우리는 진리를 갖고 있지 않다는 확신이다. 이전의 인간은 진리를 갖
고 있었다. 회의주의자들조차도."[13]

그런데『차라투스트라는 이렇게 말했다』를 위한 기획에는 다음과 같
은 표현이 있다.

"우리는 진리를 시도하고 있다. 아마도 이로 인해 인간은 몰락할 수도 있을
것이다! 그래도 좋다!"[14]

1881년에 니체는 기존의 진리가 부정되었고 이제 아무런 진리도 존
재하지 않는다고 말하는 데 반해, 바로 위의 인용문에서는 새로운 진리
를 시도하려는 의지가 표현되고 있다. 그는 새로운 시대를 위한 말이,
즉 아직은 기존의 가치에 의해 희생당할 수도 있는 말이가 되기를 원했
던 것이다. 이러한 니체의 입장은 시간에 대한 이해에도 그대로 적용된
다. 이제 그는 새로운 시간관을 시도한다. 이로 인해 몰락할 수 있다는
점도 그는 알고 있다. 왜냐하면 시간을 영원회귀로 해석하려는 시도는
'최대의 허무주의'와 만날 수 있기 때문이다. 그러나 허무주의에 의해

---

13   위의 책, 290쪽에서 재인용
14   위의 책, 290쪽에서 재인용

제물로 바쳐지더라도 니체에게 시간에 대한 새로운 해석은 절실해 보인다. 이 점을 염두에 두고 우선 "환영과 수수께끼에 대하여"와 "건강을 되찾는 자"에 나타난 난쟁이와 동물들, 그리고 차라투스트라 사이에서 오고 간 대화의 구조와 내용을 살펴보기로 한다.

"환영과 수수께끼에 대하여"에서 차라투스트라는 자신이 본 환영과 수수께끼를 묘사한다. 이 글에서 차라투스트라는 '환영을 본 자', '더 없이 고독한 자', '수수께끼를 내는 자', '예견하는 자'이다. 그가 본 환영의 내용은 차라투스트라 자신과 난쟁이의 대화로 이루어진다. 그 대화는 다음과 같다.

> (차라투스트라는 아래로 끌어내리려는 중력의 영에 대항해서 자신만의 길, 즉 '산속의 오솔길'을 '올라가고' 있다. 차라투스트라의 등 위에는 중력의 악령인 난쟁이가 타고 있다.)
> "차라투스트라여, (...) 너는 위를 향해 네 자신을 높이 던졌다. 그러나 높이 던져진 돌은 하나같이 떨어지기 마련인 것을!"(KSA 4, 198, 차라, 255쪽)

난쟁이는 삶을 무겁게 하는 자, 위를 향해 자신을 극복하려는 시도를 방해하는 자이다. 그는 초월을 시도하는 차라투스트라에게 상승에의 의지가 갖는 위험성을 강조함으로써, 차라투스트라로 하여금 높은 곳의 현기증을 불러일으키려고 노력한다. 추락에의 현기증은 차라투스트라를 위협할 수 있는 가장 효과적인 방법이다. 왜냐하면 추락은 심연으로의 추락이지만, 추락은 새로운 심연을 만들어 내기도 하기 때문이다. 이 점을 토마스 드 퀸시는 다음과 같이 묘사한다.

> "나는 떨어진다. 고로 한 심연이 내 발아래로 열린다. 나는 계속 떨어진다.

고로 심연은 깊이를 헤아릴 수 없다."[15]

이러한 모습은 밀턴의 「실락원」에서 사탄이 무한한 깊이로 떨어지는 장면에 비견된다. 이와 같이 무한히 깊어지는 심연의 공포를 난쟁이는 조장하는 것이다. 이러한 공포는 난쟁이의 말이 끝난 후 이어지는 '침묵'으로 인해 배가된다. 왜냐하면 침묵 역시 그 깊이를 알 수 없는 말의 심연이기 때문이다. 이런 상황에서 차라투스트라는 묵묵히 산을 오른다. 왜냐하면 저항하기 어려운, 괴로운 생각에 사로잡혀 있을 때, 그것으로부터 벗어나기 위해 필요한 것은 또 다른 생각이 아니라 행동이기 때문이다. 행동은 두려운 생각을 잊게 해 준다. 이렇게 두려움에 맞설 수 있는 여유와 거리를 갖게 되었을 때, 즉 자신 안에서 우러나오는 용기가 '심연에서 느끼는 현기증'을 없애 주었을 때, 차라투스트라는 난쟁이에게 도전적인 말을 건넨다.

"너! 난쟁이여! 너인가, 아니면 나인가!" (KSA 4, 198, 차라, 256쪽)

이 말은 전 존재를 건 투쟁이고 모험이다. 부분적인 승리나 패배는 불가능하다. 한쪽이 이기든 지든 그때 승부는 갈리는 것이다. 차라투스트라와 난쟁이의 싸움은 삶과 죽음을 건 싸움이다.

그런데 "환영과 수수께끼에 대하여"(2)에서 차라투스트라는 자신이 난쟁이보다 더 많은 용기를 지녔고, 그의 사상 역시 더 심오하다는 점을 확인한 후, 난쟁이에게 다음과 같이 묻는다.

---

15   가스통 바슐라르, 『공기와 꿈』, 179쪽에서 재인용.

"멈춰라! 난쟁이야! 나인가, 아니면 너인가!"(KSA 4, 199, 차라, 257쪽)

여기서 '나'와 '너'라는 표현의 순서가 뒤바뀌어 있는데, 그것은 난쟁이에 대한 차라투스트라의 승리를 반영한다. 그러자 난쟁이는 차라투스트라의 등에서 뛰어내린다. 그리고는 성문으로 난 길 위의 돌 위에 앉는다. 그리고 둘 사이의 대화가 계속된다.

- 차라투스트라의 첫째 질문과 난쟁이의 첫째 대답

1-1. 차라투스트라: "이 길을 보라! (...) 그것은 성문을 기점으로 두 개의 얼굴을 갖고 있다. 두 개의 길이 이곳에서 만난다. (...) 뒤로 나 있는 긴 골목길, 그 길은 영원으로 통한다. 그리고 저 밖으로 나 있는 긴 골목길, 그것은 또 다른 영원이다. 이들 두 길은 서로 모순이 된다. (...) 그들은 여기, 바로 성문에서 만난다. (...) 난쟁이여, 이 길들이 영원히 모순되리라 믿는가?"(KSA 4, 199-200, 차라, 257쪽)

여기서 길은 시간을 뜻한다. 차라투스트라는 난쟁이에게 과거의 시간과 미래의 시간은 각각 영원으로 이어진다는 점, 그리고 두 시간은 현재라는 성문에서 서로 만난다는 점을 지적한 후, 시간이 돌이킬 수 없는 직선인지 순환하는 곡선인지, 시간은 유한한지 무한한지, 그리고 과거와 미래의 시간이 서로 방향은 다르지만 성문에서 서로 만난다면 이것은 모순되는 것인지에 대하여 묻고 있다.

1-2. 난쟁이: "곧은 것은 한결같이 속인다. 진리는 하나같이 굽어 있으며, 시간 자체도 일종의 둥근 고리이다."(KSA 4, 200, 차라, 258쪽)

난쟁이는 차라투스트라의 질문에 대하여 경멸하듯 대답한다. 시간은 직선이 아니라 순환하는 곡선이고, 무한하며, 결국엔 거대한 둥근 고리를 이룬다는 것이다. 여기서 차라투스트라와 난쟁이는 모두 그리스도교적인 시간관을 거부한다. 차라투스트라는 시간이 시초가 있고, 종말이 있으며, 태초로부터 종말을 향해 일직선적으로 진행된다는 주장을 거부하는 것이다. 따라서 차라투스트라의 질문과 난쟁이의 대답은 동일한 것처럼 보인다. 그러나 난쟁이의 시간관은 차라투스트라의 경우와 다르다. 난쟁이의 경우, 시간은 끊임없이 흘러가는 '지금'의 연속을 뜻한다. 과거는 지금이 끊임없이 뒤로 흘러간 흐름이며, 미래는 지금이 끊임없이 앞으로 흘러갈 흐름이다. 과거는 '더 이상-아닌-지금'(nicht-mehr-Jetzt)이고, 미래는 '아직-아닌-지금'(noch-nicht-Jetzt)이며, 과거와 미래는 그 자체로 존재하지 않는 지금들이 계속해서 이어지는 물리적 흐름을 뜻한다. 지금은 지금이 되자마자 더 이상 지금이 아니게 되는 식으로 지속적으로 흘러가는 것이다. 그런데 이러한 흐름이 무한해질 경우, 과거와 미래의 흐름은 서로 모순되는 것이 아니라 지금이라는 빈 공간 안에서 다시 만나게 되는 곡선적 흐름이라고 난쟁이는 대답한다. 이것은 시간이 봄, 여름, 가을, 겨울을 관통해 흘러가면서, 겨울이 다시 봄의 시간으로 이어지는 것과 같다. 시간은 흘러가지만 흘려보낸 처음으로 되돌아가는 것이다. 이런 의미에서 난쟁이는 시간은 곡선이며 거대한 둥근 고리라고 말하는 것이다. 이러한 난쟁이의 시간관은 "더 많이 배우고 더 많이 알게 될수록 모든 것이 원 안에서 순환한다는 사실을 인식하게 된다."[16]라는 괴테의 말과 유사하다. 이러한 시간관과 존재자 일체의 관계에 대하여 하이데거는 다음과 같이 해석한다.

---

16   M. Heidegger, *Nietzsche I*, 295쪽에서 재인용

"스스로-안에서-순환하는 시간, 그리고 이와 더불어 시간 안에서 모든 존재자의 동일한 것이 항상-다시-회귀한다는 것은 존재자 전체가 존재하는 방식이다. 그것은 영원회귀의 방식 안에서 존재한다. 이렇게 난쟁이는 수수께끼에 대하여 답하고 있는 것이다."[17]

그런데 곧 바로 차라투스트라는 이러한 난쟁이의 대답에 반대하여 자신의 생각은 난쟁이의 대답과 전혀 다르다고 강조한다.

"너 중력의 영이여! (...) 너무 쉽게 생각하지 말라!"(KSA 4, 200, 차라, 258쪽)

그 둘의 사상의 차이는 바로 '순간'이라는 시간에 있다. 따라서 그는 "보라, 이 순간을!"이라고 말하면서 두 번째 질문을 제시하는 것이다.

– 차라투스트라의 둘째 질문과 난쟁이의 둘째 대답

2-1. 차라투스트라: "이 순간이라는 길에서 하나의 길고 긴, 영원한 골목길이 뒤로 내달리고 있다. 우리 뒤에는 하나의 영원이 놓여 있다. 만물 가운데 달릴 줄 아는 것이라면 이미 언젠가 이 골목길을 달렸을 것이 아닌가? (...) 만약 모든 것이 이미 존재했었다면 (...) 이 길 또한 이미 존재했었음에 틀림없지 않은가? (...) 이 길에 앉아 있는 나와 너, 우리 모두는 이미 존재했었음이 분명하지 않은가? 그리고 되돌아와 우리 앞에 있는 또 다른 골목길, 그 길고도 소름 끼치는 골목길을 달려가야 하지 않는가? 우리도 영원히 되돌아올 수밖에 없지 않은가?"(KSA 4, 200, 차라, 258-259쪽)

---

17   위의 책, 294쪽

얼핏 보기에 차라투스트라의 둘째 질문은 그의 첫째 질문이나 난쟁이의 첫째 대답, 즉 모든 것이 영원히 순환한다는 내용과 비슷해 보인다. 그러나 차라투스트라는 둘째 질문에서, "시간이 무한하게 순환한다면, 유한한 세계의 진행은 필연적으로 완료되었어야 하는 것이 아닌가? 모든 것이 순환하고 영원히 반복된다면, 지금 존재하는 것은 이미 과거에 존재했었고, 미래에 존재할 것도 이미 존재했었으며, '느릿느릿 기어가고 있는 이 거미와 저 달빛 자체', 그리고 '나와 너, 우리' 모두 역시 이미 존재했던 것이 아닌가?"라고 묻는 것이다. 즉 차라투스트라의 첫째 질문에서는 "시간이 순환하는가?"라는 질문을 향하는 반면, 둘째 질문에서는 "순환하는 시간에 따라 '존재하는 것' 모두 순환하며, 되풀이되는 것이 아닌가?"라고 묻는 것이다. 첫째 질문이 시간의 순환에 대한 질문이라면, 둘째 질문은 시간의 순환과 그에 따른 존재자의 순환 여부에 대한 질문인 것이다. 시간이 순환한다는 사실과 시간이 순환하기 때문에 어떠한 존재자가 바로 그 존재자로 다시 존재한다는 것은 전혀 다른 질문이다. 왜냐하면 시간이 순환하더라도 어떠한 존재자는 바로 그 자신이 아니라 그의 후손들로 이어지면서 존재하는 경우, 시간은 순환하지만 어떠한 존재자 자체가 순환하는 것은 아니기 때문이다.

2-2. (난쟁이의 사라짐, 차라투스트라의 두려움)

차라투스트라의 둘째 질문에 대하여 난쟁이는 더 이상 대답하지 못하고 사라져 버린다. 그리고 수수께끼를 낸 차라투스트라도 자신의 사상에 두려워하며 혼란에 빠져든다.

"나 자신의 사상과 속사상이 두려웠다."(KSA 4, 200-201, 차라, 259쪽)

그런데 차라투스트라는 자신의 둘째 질문이 '흐름으로서 시간'과 '순간으로서 시간'에 대한 질문이라는 점은 알고 있다. 이 점은 둘째 질문 중에 표현된다. 그 내용은 다음과 같다.

"만약 모든 것이 이미 존재했었다면, 난쟁이여 이 순간을 어떻게 보는가? (...) 이 순간이 앞으로 일어날 모든 사물을 자기 자신에게 끌어당기는 방식에 따라 모든 사물은 이처럼 견고하게 연결되어 있는 것이 아닌가? 이렇게 하여 자기 자신까지도?"(KSA 4, 200, 차라, 258쪽)

이처럼 차라투스트라의 둘째 질문은 '시간'(골목길)이 아니라, '순간'(성문)에 대한 질문이다. 그는 순간을 중심으로 시간이 새로운 방식으로 다시 사유되어야 한다는 점에 대하여 말하는 것이다. 그리고 차라투스트라와 난쟁이는 순간에 대한 이해에서 차이를 보이고 있다.[18]

차라투스트라와 난쟁이 사이에서 질문과 대답이 오간 후, 결국 대답하지 못한 난쟁이는 사라진다. 그리고 차라투스트라는 자신이 본 '환영'에 대하여 말한다. 그 환영은 차라투스트라를 가위눌리게 할 정도로 두려운 것이지만, 차라투스트라 역시 그것이 무엇을 의미하는지는 아직 알지 못한다. 이 문제는 "건강을 되찾고 있는 자"에서 해결된다.

3) 건강을 되찾고 있는 자

"환영과 수수께끼에 대하여"에서 차라투스트라는 자신의 사상에 두려

---

18   위의 책, 295쪽 참조

위하며, 그것이 꿈인지 깨어 있는 상태인지 헷갈려 한다. 그런데 "건강을 되찾고 있는 자"에서 차라투스트라는 깨어 있으면서 자신의 사상을 '잠꾸러기 벌레'라고 부른다. 땅바닥에 누워 일어나려고 하지 않는 벌레는 독수리의 부리를 둥그런 원형으로 휘감고 있는 '뱀'과 대조된다.[19] 이제 심연에 누워 있는 벌레는 자신의 친구인 독수리를 타고 하늘로 날아오르는 뱀과 같이 높은 곳으로 올라와야 한다. 그 사상은 깨어나야 하고, 그 사상의 뇌성은 울려 퍼져야 한다. 그러나 막상 그 사상이 들려오기 시작할 때, 차라투스트라는 매스꺼움을 느낀다. 영원회귀의 사상은 이제 표면 위로 높이 솟아올라야 하지만, 그 사상은 구토(Ekel)를 유발하는 괴로운 사상이기도 한 것이다.

   이 이야기는 "건강을 되찾고 있는 자" 2에서 차라투스트라의 아픔, 그리고 그의 동물인 독수리가 노랗고 빨간 딸기와 어린 양 두 마리 등의 먹을거리를 구해 오는 장면으로 이어진다. 여기서 묘사되는 '노랑'과 '빨강'이라는 색은 "중력의 악령에 대하여"에서 차라투스트라의 취향을 드러내는 색으로 묘사된다. 이러한 비유에 대하여 하이데거는 노랑이 '가장 깊은 허위, 오류, 가상'의 색이며, 빨강은 '최고의 격정과 불타오르는 창조'의 색이라고 해석한다.[20] 하이데거의 해석은 일면 모순되어 보인다. 왜냐하면 그의 해석을 따를 경우, 독수리는 차라투스트라에게 오류와 창조의 진리를 동시에 가져다준 것처럼 보이기 때문이다. 그러나 이러한 해석은 니체의 사상을 잘 반영한다고 볼 수 있다. 왜냐하면 니체에게 진리의 본질은 뫼비우스의 띠처럼 서로 연결된 "오류"(Irrtum)이기도 하기 때문이다(WzM, 343쪽). 따라서 독수리가 노

19   위의 책, 303쪽 참조
20   위의 책, 304쪽 참조

란 딸기를 물어 온 것은 부정적인 의미를 지니지 않는다.

또한 니체에게 노랑은 "생명이라는 뱀의 배에 비치는 유혹적인 황금 빛 섬광"(WzM, 392쪽)을 뜻하기도 한다. 이때 노랑은 생명의 따리, 즉 생명의 순환 고리를 상징한다. 이런 의미에서 하이데거는 노랑은 '영원 회귀'를, 빨강은 '힘에의 의지'를 상징하는 색이라고 해석한다.[21] 그리고 독수리가 물어 온 먹거리들은 새의 음식, 즉 상승하는 자를 위한 음식을 뜻한다. 차라투스트라는 "중력의 악령에 대하여"에서 다음과 같이 고백한다.

> "나의 위장, 그것은 아마도 독수리의 위장이 아닐까? (...) 어쨌든 새의 위장임에는 틀림없다. 실로 때 묻지 않은 것을 조금만 먹은 나는 하늘을 날아갈 준비를 하고 초조하게 기다리고 있다. 나의 천성이 이러한데, 어찌 그것이 새의 천성이 아니겠는가!"(KSA 4, 241, 차라, 312쪽)

독수리가 물고 온 노랗고 빨간 음식을 먹고 7일 째 되던 날, 차라투스트라는 건강을 회복한다. 이것을 본 동물들은 차라투스트라에게 동굴 밖으로 나가 바람과 시냇물의 향기를 맡으라고 권하면서 영원회귀에 대한 자신들의 입장을 말한다.

a. 차라투스트라의 동물들의 첫째 주장과 차라투스트라의 대답

1-1. 동물들: "모든 것은 가며, 모든 것은 되돌아온다. 존재의 수레바퀴는 영원히 돈다. 모든 것은 죽는다. 모든 것은 다시 피어난다. 존재의 시간은 영원히 흐른다. 모든 것은 깨지며, 모든 것은 다시 결합한다. 똑같은 집이

---

21   위의 책, 305쪽 참조

영원히 지어진다. 모든 것은 작별하며 모든 것은 다시 만나 인사를 나눈
다. 존재의 수레바퀴는 영원히 자신에게 충실하다. 매 순간 존재는 시작
된다. 모든 여기를 중심으로 저기라는 공이 굴러간다. 중심은 어디에나
있다. 영원의 오솔길은 굽어 있다."(KSA 4, 272-273, 차라, 355쪽)

　동물들의 주장은 난쟁이의 첫째 주장 "모든 것은 굽어 있다."와 유사
하지만, 차라투스트라의 둘째 질문에 대답하지 못한 난쟁이의 질문을
넘어선다. 그들의 주장은 순간을 중심으로 시간과 존재를 연결시키는
차라투스트라의 둘째 질문과 동일해 보인다. 그런데 "환영과 수수께끼
에 대하여"에 의하면 차라투스트라는 이 질문을 하면서 두려움에 사로
잡히고, 자신이 꿈꾸고 있는지 깨어 있는지 혼란스러워한 데 반해, 이제
동물들은 차라투스트라의 둘째 질문과 거의 동일한 내용을 주장하면서
도 두려워하지 않고, 오히려 당당하다. 심지어 동물들은 이러한 질문에
대하여 "만물이 제 스스로 춤을 춘다."라고 유쾌하게 말한다. 이러한 동
물들에 대하여 차라투스트라는 어떠한 진실을 추구할 때, 진실과 대립
되는 것보다 진실과 비슷해 보이는 것이 더 위험하다고 비판한다. 왜냐
하면 진실과 전혀 다를 때 사람들은 자신의 의견을 철회할 수도 있지만,
그들의 의견이 진실과 비슷해 보일 때 그들은 자신들의 의견과 진실의
차이가 무엇인지 알지 못할 뿐 아니라 자신의 의견을 진실이라고 확신
하기 때문이다. 이 점을 차라투스트라는 다음과 같이 말한다.

"더없이 비슷한 것 사이에서 가상이 가장 멋지게 거짓말을 한다. 더없이 좁
은 틈이 다리를 놓기에 더없이 어렵기 때문이다."(KSA 4, 272, 차라, 354쪽)

그리고 차라투스트라는 동물들의 주장에 다음과 같이 응수한다.

1-2-1. 차라투스트라: "오, 너희 어릿광대여! (...) 이레 동안 성취되어야
했던 것을 너희는 어찌도 그리 잘 아는가?"(KSA 4, 273, 차라, 355쪽)

이 문장에서 차라투스트라는 동물들의 주장에 대하여 긍정하는 것이
아니라 비아냥거린다. 동물들의 말은 차라투스트라의 사상과 비슷해
보이지만 큰 차이를 지니며, 차라투스트라에게 말은 서로 다른 것을 이
어 주는 '무지개이자 가상 교량'이기도 하지만, 비슷한 것 사이에 건립
하기 어려운 다리이기도 하다. 차라투스트라는 동물들이 자신의 심오
한 사상을 잘 알고 있는 것처럼 주장하지만, 사실은 전혀 모르고 있음
을 비판하는 것이다. 그러나 "환영과 수수께끼에 대하여"에서와 달리 7
일 동안 아팠다가 이제 다시 건강해진 차라투스트라는 동물들의 말에
대하여 비판하면서도 웃고 있다. 여기서 웃음(Lächeln)은 아픔(Krank)
과 대조된다. 그런데 웃음과 아픔은 차라투스트라의 영원회귀 사상이
갖고 있는 특징이기도 하다. 이와 달리 동물들은 이 사상에서 단지 웃
음의 측면만을 이해한다. 이것이 차라투스트라와 동물들의 이해의 차
이이다. 이 차이는 "환영과 수수께끼에 대하여" 마지막 부분에서 분명
하게 드러난다.
　"환영과 수수께끼에 대하여"에는 시커먼 뱀에 의해 질식하기 직전에
있는 젊은 양치기가 묘사된다. 공포에 질려 있는 그에게 차라투스트라
는 뱀을 "물어뜯어라!"라고 외친다. 그런데 그 양치기가 차라투스트라
자신이었다는 것이 "건강을 되찾고 있는 자"에서 밝혀진다. 즉 차라투
스트라는 그의 동물들과 달리, '공포, 증오, 역겨움, 연민, 좋고 나쁜 모
든 것이 하나로 솟아오르는' 순간을 직접 경험한 자였던 것이다. 이러
한 공포와 역겨움을 이겨 낸 후 그는 비로소 웃음을 찾을 수 있었다. 반
면에 동물들은 이 경험이 무엇을 의미하는지 알지 못한다. 왜냐하면 그

들은 단지 외부적으로 그 사건을 보았기 때문이다. 따라서 차라투스트라는 벌써 노래를 부르는 동물들을 비판하는 것이다. 왜냐하면 영원회귀 사상은 가장 공포스럽고 역겨운 뱀과 같은 사상이며, 가장 추악하고 보잘것없는 자도 회귀한다는 사실, 그들에 대한 권태 역시 회귀한다는 사실도 포함하기 때문이다.

> 1-2-2. 차라투스트라: "사람에 대한 크나큰 권태. 그것이 나를 질식시키고 말았으며 내 목구멍으로 기어들어 왔던 것이다. 그리고 예언자가 예언했던 것 '모든 것은 한결같다. 아무 소용이 없다. 앎이 사람을 질식시키고 만다'는 것이."(KSA 4, 274, 차라, 356쪽)

> "더없이 왜소한 자들의 영원한 되돌아옴! 이것이 모든 현존재에 대한 나의 싫증이었다! 아, 역겹다! 역겹다! 역겹다!"(KSA 4, 274, 차라, 357쪽)

동물들이 영원회귀 사상을 축하하려는 시점에 차라투스트라는 그 사상의 역겨움에 대하여 말한다. 모든 것이 회귀한다면 추악하고 혐오스러운 것 역시 회귀한다는 사실도 피할 수 없다. 그것이 바로 역겨움의 본질이다. 이때 영원회귀 사상은 가장 심각한 허무주의의 사상인 것이다.

이러한 대화가 끝난 후 동물들은 차라투스트라에게 더 이상 말하지 말고 노래하라고 요청한다. 왜냐하면 차라투스트라는 이제 역겨움이란 병에서 회복되었기 때문이다. 동물들의 권유를 받은 차라투스트라 역시 이제는 노래가 필요하다는 점을 인정한다. 그리고 영원회귀 사상에 대한 동물들의 노래(말)가 이어진다.

b. 차라투스트라의 동물들의 둘째 주장과 차라투스트라의 대답

2-1. 동물들: "오, 차라투스트라여, 그대의 동물들은 그대가 누구이며 누구
　여야 하는지를 잘 알고 있다. 보라, 그대는 영원회귀를 가르치는 스승이
　시다. 이제 그것이 그대의 운명인 것이다."(KSA 4, 275, 차라, 358쪽)

"보라, 그대가 무엇을 가르치고 있는지, 그것을 우리는 알고 있다. 만물이
영원히 되돌아오며, 우리 자신도 더불어 되돌아온다는 것이 아닌가. 우리
가 이미 무한한 횟수에 걸쳐 존재했으며, 모든 사물 또한 우리와 함께 그
렇게 존재했다는 것이 아닌가."(KSA 4, 276, 차라, 359쪽)

이러한 동물들의 말 다음에 이어지는 말은 차라투스트라의 말처럼
보이지만, 사실은 동물들의 말이다. 그런데 동물들의 말은 차라투스트
라의 말을 드러낸다. 따라서 그 말은 차라투스트라의 말이기도 하다.

2-2. 차라투스트라: "나는 다시 오리라. 이 태양과 이 대지, 이 독수리와 뱀
　과 더불어. 그렇다고 내가 새로운 생명이나 좀 더 나은 생명, 아니면 비슷
　한 생명으로 다시 오는 것이 아니다. 나는 더없이 큰 것에서나 더없이 작
　은 것에서나 동일한 생명으로 영원히 되돌아오는 것이다. 또다시 만물에
　게 영원회귀를 가르치기 위해."(KSA 4, 276, 차라, 360쪽)

이 말을 할 때 차라투스트라는 영원회귀를 더 이상 역겹고 공포스러
운 사상으로 여기지 않는다. 오히려 그는 이 사상을 긍정한다. 이 점은
차라투스트라가 건강을 회복하고, '빛으로 감싸인 자'로 변화되었다는
점, 웃고 있다는 점, 노래를 부른다는 점에서 확인된다. 그렇다면 영원
회귀 사상이 어떻게 한편으로는 극단적인 허무주의의 사상이면서, 다

른 한편으로는 허무주의를 극복한 사상일 수 있는가?

그것은 뱀에 목구멍이 막혀 질식한 자와 그것을 물어뜯어 끊어 버린 자의 차이에서 비롯된다. 뱀은 시간을 뜻한다. 자신의 존재를 방기하고 크로노스적인 시간의 흐름에 끌려가는 자에게 영원회귀 사상은 가장 끔찍한 허무주의인 것이다. 왜냐하면 자신이 아닌 존재로 살아가는 모습, 혹은 다시 보고 싶지 않은 모습으로 살아가는 자에게 그러한 삶이 회귀한다는 것은 너무도 끔찍한 일이기 때문이다.

반면에 뱀의 대가리를 물어뜯어 버리는 자는 크로노스적인 시간의 흐름을 끊어 버린 자이다. 서로 부딪치는 두 길(시간)을 성문(순간)에서 잘라내는 자, 즉 크로노스적 시간을 카이로스적 순간으로 끊어 냄으로써 크로노스적 시간으로부터 자유로워진 자, 그리고 카이로스적인 자신만의 시간을 획득한 자, 마지막으로 힘에의 의지를 통해 자기를 극복한 자, 이러한 자에게 영원회귀는 즐거운 사상인 것이다. 왜냐하면 힘에의 의지를 통해 카이로스적인 순간을 성취한 자에게 그의 삶이 되풀이된다면, 그것은 괴로운 것이 아니라 즐거운 일이며 자부심에 넘치는 일이기 때문이다. 이제 영원회귀라는 거대한 원의 길은 낙담스럽고 권태로운 길이 아니라 즐겁게 춤추며 걸을 수 있는 길이 된다. 그는 자신의 삶을 성실하게 긍정하는 '행복한 시시푸스'[22]와 같은 자로서, 위대한 긍정이라는 명랑성 안에서 삶을 있는 그대로 사랑할 수 있게 되는 것이다. 이때 그의 자유는 그의 필연성과 일치하게 된다. 이 점에 대하여 니체는 다음과 같이 말한다.

22　A. Camus, *The Myth of Sisyphus*, Penguin Modern Classics, London, 1981, 111쪽

"나의 가르침이 말하는 것은: 그대가 다시 살기를 원할 수밖에 없는 방식으로 살라는 것. 그것이 과제이다. ─ 그대는 언제라도(jedenfalls) 그대가 되어라!"[23]

이러한 카이로스적인 시간을 차라투스트라는 '위대한 정오'라고 부른다. 결국 영원회귀 사상이 허무주의인지, 그 극복인지 여부는 그 시간을 대하는 힘에의 의지에 의해 구분되는 것이다. 왜냐하면 힘에의 의지를 통해 영원회귀는 긍정적인 영원회귀로 드러나며, 영원회귀에 의해 힘에의 의지는 능동적인 힘에의 의지로 드러나기 때문이다.

4) 차라투스트라의 정원과 행복한 시간

"환영과 수수께끼에 대하여"의 마지막 부분에는 뱀의 대가리를 물어뜯어 버리고 공포로부터 벗어나 '빛에 감싸인 채 웃고 있는 자'의 모습이 묘사된다. 그러나 그 젊은이(차라투스트라)는 아직 뱀의 위협으로부터 벗어난 상태는 아니다. 아직 수수께끼를 풀지 못한 상태에서 차라투스트라는 비통한 감정에 휩싸인 채, 지난날의 행복했던 시간을 떠올린다. 이것을 차라투스트라는 '생애의 오후'라고 표현한다. 이제 차라투스트라의 이야기는 회상 장면으로 이어진다.

한때 그는 자신의 사상을 뿌리내리기 위해 길동무와 아이들을 찾아나섰다. 그러나 그는 이들을 발견할 수 없었다. 왜냐하면 어떠한 자가 발견(finden)되기 위해서는 그들이 먼저 존재(sein)해야 하지만, 차라

---

23   M. Heidegger, *Nietzsche I*, 397쪽에서 재인용

투스트라가 찾는 자들은 아직 존재하지 않기 때문이다. 따라서 그러한
자들이 창조(schaffen)되어야 한다. 이러한 자를 창조하려면 창조하려
는 자, 즉 차라투스트라가 먼저 자기 자신을 창조해 나가야 한다. 이렇
게 스스로를 사랑할 때, 자신이 사랑하는 자도 창조할 수 있는 것이다.
이 점을 차라투스트라는 '잉태의 조짐'(der Schwangerschaft Wah-
rzeichen)이라고 칭하며, 이러한 자들을 '내 정원과 내 최상의 토양에
뿌리내린 나무들'이라고 부른다. 그들은 차라투스트라의 정원에서 자
라는 나무들이다. 그렇다면 차라투스트라의 정원은 어떠한 곳인가?

　정원은 "건강을 되찾고 있는 자"에서도 등장한다. 여기서 차라투스
트라는 영원회귀 사상 때문에 고통받는데, 그가 회복될 즈음에 그의 동
물들이 차라투스트라에게 건네는 말에서 정원이란 표현이 나타난다.

> "동굴 밖으로 걸어 나가 보아라. 세계가 마치 정원이 양 그대를 기다리고 있
> 다. 바람은 그대에게 오려는 짙은 향기를 희롱하고 있다. 시냇물은 모두 그
> 대를 뒤쫓아 달리고 싶어 한다. (...) 동굴에서 나가라! 만물이 그대를 치유
> 하는 의사가 되어 주고자 한다!"(KSA 4, 271, 차라, 353쪽)

여기서 정원은 목가적인 평화가 지배하는 곳, 병이 치유되는 곳처럼
묘사된다. 그러나 이것은 차라투스트라의 동물들이 지껄여 대는(schwät-
zen) 소리에 불과하다. 그것은 동물들의 수다에 의해 덧씌워진 모습이다.
차라투스트라의 정원은 그의 동굴과 마찬가지로, 안락하고 평화로운 목
가적 피난처가 아니다. 또한 아무 방해도 받지 않고 한가롭게 소요할 수
있는 에피쿠로스의 정원과 같은 개념으로 이해되어서도 안 된다.[24] 이와

24　위의 책, 306쪽 참조

반대로 차라투스트라의 정원은 고독이 지배적인 곳이고, 투쟁과 극복이 이루어지는 곳이다. 이것이 차라투스트라가 보는 세계, 즉 정원의 본질이다. 말하자면 차라투스트라의 정원은 비극적 장소이며, 동시에 이를 극복한 명랑성의 장소이기도 하다. 이 점을 우리는 다음에서 확인할 수 있다.

> "존재가 전적으로 관철되기 위해서는, 즉 치유되고 강해지기 위해서는 어느 시간 동안의 고독이 필수적이다. 공동체의 새로운 형식 — 스스로 전투적으로 주장하는 것. 그렇지 않으면 정신은 해이해진다. 어떠한 '정원'도, 단순히 '대중으로부터 도피'도 존재하지 않는다. 상이한 사상들과 그 군대들 간의 전쟁(그러나 화약이 없는 전쟁)."[25]

차라투스트라의 동물들은 정원의 외적이고 피상적인 면만을 알고 있는 것이다. 반면에 차라투스트라의 정원은 전쟁과 고독이 지배적이고 존재의 본질이 관철되어야 하는 비극적 세계를 뜻한다. 이와 마찬가지로 "뜻에 거슬리는 행복에 대하여"에서 묘사되는, 차라투스트라의 아이들이 자라고 있는 정원 역시 목가적인 정원이 아니라 고독과 자기극복이 시도되고 성공되어야 하는 정원이다. 그리고 이러한 나무들이 있는 정원이 바로 '행복한 섬'이다. 행복한 섬(차라투스트라의 정원)에서 자란 나무들은 비바람과 폭풍을 견뎌 내느라 옹이가 굵어진 나무들이다.

> "그들은 굽힐 줄 모르는 삶의 살아 있는 등대로서, 옹이로 울퉁불퉁하고 휘

---

25   위의 책, 306쪽에서 재인용

어진 채, 부드러우면서도 굳세게 바닷가에 서 있어야 한다. 폭풍이 바다로 내
몰아 치는 곳, 그리고 산맥의 끝자락이 물을 빨아들이는 곳, 그곳에서 그들
나무 하나하나는 저마다의 시련과 사물의 이치를 터득하기 위해 파수꾼이
되어 밤낮을 뜬눈으로 보내야 할 것이다."(KSA 4, 204, 차라, 263−264쪽)

시련과 고통, 그리고 극복을 통해서 차라투스트라의 나무들은 비로
소 그와 함께 추수하는 수확의 기쁨과 축제를 나눌 수 있게 되는 것이
다. 그런데 이러한 나무들은 아직 존재하지 않는다. 차라투스트라 스스
로 그러한 나무들(아이들)을 자라게 해야 한다. 이것이 가능하려면 차
라투스트라 스스로 자신의 마지막 시험을 극복하고 깨달음에 이르러야
한다. 그때 그는 높은 산으로서, 스스로 '흐르는 산'이 되어 그 산을 따
르는 작은 산들과 함께 거대한 산맥을 이룰 수 있게 되는 것이다.[26]

"나는 내 둘레에 원을 만들어 신성한 경계로 삼는다: 산이 높아질수록 나와
함께 산을 오를 자는 그만큼 적어진다. ― 나는 더욱 신성해지는 산들로 하
나의 산맥을 만들어 낸다."(KSA 6, 343, 사람, 429쪽)

이를 위해 차라투스트라는 자신의 최후의 시험과 마주한다. 이때 그
의 내부에 있는 모든 존재는 각각의 파편으로 깨어져야 한다. 왜냐하면
그러한 파편 조각을 통해 차라투스트라는 자신의 모든 존재의 모습을
확인할 수 있기 때문이다. 따라서 그는 '혹독한 추위와 겨울을 갈망'한
다. 여기서 '겨울'이라는 메타포는 만물을 움직이지 못하게 얼려 버리
는 겨울, 즉 생성은 없고 모든 것은 존재뿐이라고 외치는 겨울이 아니

---

26   이청준, 「흐르는 산」, 문학과 비평, 1987(봄) 참조

라 '후텁지근한 불의 우상'과 투쟁을 벌이는 겨울을 뜻한다. 맑고 차가운 겨울의 공기는 차라투스트라로 하여금 자신의 존재를 직시하고, 그것을 극복하도록 의지를 일깨운다.

"공기는 추위 덕분에 공격적 능력을 확보하고, 냉랭한 지고의 자유 속에서 냉엄한 의지로써 추위에 대처하려는 의지, 힘에의 의지를 일깨우는 저 '즐거운 심술'을 갖게 된다. 세찬 공기의 공격을 받아 인간은 '보다 높은 신체'를 획득한다."[27]

차가운 공기가 자극하는 힘에의 의지를 가지고, 차라투스트라는 얼음처럼 조각난 파편들 속에서 자신의 과거를 확인한다. 이미 "무덤의 노래"나 "자기극복에 대하여"에서도 묘사되었듯이, 차라투스트라에게 큰 고통 중 하나는 바로 과거였으며, 이것과 연관된 시간의 문제, 즉 영원회귀의 문제였던 것이다. 이 문제는 "환영과 수수께끼에 대하여"에서도 해결되지 않은 채 남아 있었다. 그런데 이제 차라투스트라는 자신의 문제와 부딪치기를 시도한다. 이렇게 시도하는 순간이 바로 '그의 시간'이다. 이 점은 다음과 같이 묘사된다.

"모든 것이 이처럼 징표로서 '시간이 되었다!'라고 내게 소리쳤다."(KSA 4, 205, 차라, 265쪽)

그런데 차라투스트라는 자신이 카이로스적인 시간을 알게 된 것은 가장 심오한 사상인 영원회귀 사상이 자신을 물어뜯었을 때였다고 고

---

27   가스통 바슐라르, 『공기와 꿈』, 251쪽

백한다.

> "그러나 나는 듣지 못했다. 마침내 나의 심연이 요동을 치고 나의 사상이 나를 물어뜯을 때까지는. 아, 심연의 사상. 너, 나의 사상이여! (...) 지금까지 나는 너를 감히 위로 불러올리지 못했다."(KSA 4, 205, 차라, 265쪽)

이제 차라투스트라는 결전의 시간을 기다리며 준비한다. 그는 행복했던 자신의 과거의 시간들을 물리쳐 버린다. 왜냐하면 그것은 진정한 의미의 행복한 시간이 아니었기 때문이다. 그리고 마지막 시험을 준비하며 기다린다. 그럼에도 이러한 준비를 가능하게 한 것은 지나간 행복한 시간을 떠올렸기 때문이다. 그러나 그 시간은 다시 거부되어야 한다. 왜냐하면 그때 비로소 진정으로 행복한 시간이 다가오기 때문이다.

> "마침 저녁이 가까워 오고 있다. 해는 기울고 있다. 가라, 나의 행복이여! (...) 그리고는 밤새 그의 불행을 기다렸다. 그러나 헛수고였다. 밤은 밝고 조용했다. 오히려 그에게 서서히 다가온 것은 행복이었다."(KSA 4, 206, 차라, 266-267쪽)

5) 해 뜨기 전에

불완전했던 과거의 행복을 물리쳤을 때, 차라투스트라는 진정으로 행복한 시간이 뜻하지 않게 다가오는 것을 느낀다. 이러한 일이 벌어진 순간은 조용한 밤이 지나고 새로운 아침이 밝아 오는 시점이다. 이때 차라투스트라는 하늘을 쳐다보며 그곳이 바로 자신의 존재의 높이이자 깊이임을 확인한다. "춤의 노래"에서 차라투스트라가 염려했던 것은 자신이 '충분히 높이 날지 못한 것'[28]이었던 데 반해, 이제 그는 하늘과 동일한 높이에 올라와 있는 것이다. 그는 하늘과 굳이 대화를 나눌 필요가 없다. 단지 미소를 짓는 것만으로 충분하다.

이 경지는 '천진난만함', '별들을 품고 있는 곳', '강제와 목적, 죄과에서 자유로운 곳', '선악의 저편', '우연과 자유분방함', '이성을 넘어서는 곳', '신성한 우연을 위한 무도장', '신성한 주사위 놀이가 벌어지는 신의 탁자'와 같은 곳이다. 그런데 "해 뜨기 전에"에서는 차라투스트라가 이미 하늘과 같은 높이에 올랐다는 사실뿐 아니라 그의 삶이 이러한 상승 자체였다는 점, 즉 그의 '역동성'이 강조된다. 역동성으로서 높이는 일정하게 정해져 있는 높이가 아니라 '높음을 향해 높아짐'을 뜻한다. 높아지려는 자는 항상 높이 오르는 의지 속에 있어야 한다.

"내 의지가 한결같이 열망하고 있는 것은 (...) 너(하늘)의 품속으로 날아드는 것 그 하나뿐이다!"(KSA 4, 208, 차라, 269쪽)

이때 차라투스트라의 의지는 새의 날갯짓과 같은 것이다.

"사나운 날개 소리를 내는 나의 크나큰 동경은 (...) 때때로 나를 웃음 한가운데서 앞으로, 위로, 저쪽으로 낚아챘다. 그때 나는 화살처럼 파르르 떨면서 햇빛에 취한 희열 속으로 날아갔다."(KSA 4, 247, 차라, 320~321쪽)

차라투스트라의 상승에의 의지는 마치 독수리가 날아올라 '발톱으로

---

28 위의 책, 275쪽

햇살을 움켜잡는'(KSA 4, 406, 차라, 526쪽) 것과 같다. 그의 상승에의
의지는 '약탈적인 비상'[29]인 것이다. 약탈성은 하늘을 숨기려는 구름,
즉 일종의 또 다른 중력의 영에 대한 공격으로 이어진다.

> "나는 자주 톱니처럼 날카로운 번개의 황금 줄로 떠도는 구름들을 묶어 두기
> 를, 그리고는 불쑥 올라온 구름의 배를 북으로 삼아 천둥처럼 내려쳤으면 하
> 고 갈망했다."(KSA 4, 208, 차라, 270쪽)

이렇게 번개로서 구름을 내려치는 망치질은 부정적인 구름을 부정하
는 긍정의 행동이다. 말하자면 차라투스트라가 말하는 '긍정과 아멘이
라는 축복의 말'은 고정된 상태가 아니라 끊임없이 구름을 제거하는 역
동성으로서의 긍정을 뜻하는 것이다.[30]

> "나는 모든 심연 속으로 축복 어린 긍정의 말을 가져간다. 나는 축복하는 자
> 가 되었으며 긍정하는 자가 된 것이다. 나는 그것을 위해 (...) 오랫동안 싸
> 워 온 투사였던 것이다."(KSA 4, 209, 차라, 270쪽)

이제 그는 자신을 머리말과 "밤의 노래"에서 묘사하는 '태양'과 동일
한 존재로 묘사한다.

> "우리는(차라투스트라와 하늘) 처음부터 친구 사이가 아닌가. 우리는 비통
> 과 공포 그리고 그 바탕까지도 함께 나누고 있지 않은가. 심지어는 태양까지

---

29   위의 책, 275쪽
30   위의 책, 267쪽 참조

도 (...) 너는 나의 타오르는 불에서 나오는 빛이 아닌가?" (KSA 4, 207, 차라, 268~269쪽)

그러나 차라투스트라는 아직 어린아이와 같이 자신을 극복하지는 못했다. 이러한 상태를 차라투스트라는 '해 뜨기 전'이라고 부른다. 아침놀의 붉은빛은 정오의 투명한 빛이 되어야 한다. 그런데 차라투스트라는 자신이 이미 정오에 가까이 있음을 느낀다. 따라서 그는 이제 '해 뜨기 전의 하늘'과 작별을 고하고 떠나야 한다. 그가 살 길은 아직도 멀다. 왜냐하면 영원회귀라는 산 정상뿐 아니라, 아침 하늘이 보여 주는 세계 역시 깊기 때문이다. 앞으로 그는 '시간'과 '세계'라는 두 수수께끼를 풀어야만 한다. 이 문제는 "해 뜨기 전에" 마지막 부분과 "왜소하게 만드는 덕에 대하여"에서 다뤄진다.

6) 왜소하게 만드는 덕에 대하여: 작은 집들, 작은 인간들

솟아오르는 태양을 뒤로 한 채 차라투스트라는 길을 떠나면서 세계의 모습이 어떻게 변했는지 확인하고자 한다. 차라투스트라가 원하는 집은 참된 의미의 '거주함'이 이루어지는 공간으로서, 수직성, 즉 상승에의 의지를 반영하는 곳이자 거주자의 존재가 응집된, 중심으로서의 공간이다.[31] 그의 집은 단순한 건축물이 아니라 그곳에 거주하는 존재를 위험으로부터 보호하는 곳, 열린 공간, 자유로운 공간을 뜻한다.[32] 반면에 차라투스트라가 발견한 것은 작은 집들이다. 그 집들은 릴

---

31   위의 책, 96쪽 참조

케가 말한 것처럼 '시련에 의해 튼튼하게 단련된 집'[33]이 아니며, 길을 잃고 헤매는 인간들에게 등불의 역할을 하는 집도 아니다.[34] 심지어 홀로 머무는 은자의 집도 아니며, 초인에 도달하지 못하고 좌절한 '보다 높은 인간들'을 보호해 주는 집도 아니다. 그 집에는 존재의 중심도 수직성도 없다. 그 집들은 왜소해진 '기하학적 집들'에 불과하다.[35] 그것은 베르그송의 표현대로 획일화된 기성복과 같은 '서랍'[36], 혹은 어린아이들이 자신들의 장난감을 보관하는 '상자'와 같은 집이다.

> "어떤 멍청한 아이가 장난감 상자(Sachtel)에서 이 작은 집들을 꺼내 놓은 것이 아닐까? 그렇다면 또 다른 아이가 나와 그것들을 다시 상자에 집어넣었으면 좋겠다."(KSA 4, 211, 차라, 273쪽)

차라투스트라가 본 집은 미니어처와 같은 왜소한 집이다. 이 집 안에는 '모든 것을 작게 만드는 최후의 인간'이 살고 있다. 여기서 '작은 집(새집)', '상자', '벼룩'은 작은 것, 그리고 모든 것을 작게 만드는 자들에 대한 비유이다. 이제 대지도 작아졌다. 이러한 집들 앞에서 차라투스트라는 마치 소인국에 도착한 걸리버와 같은 당혹감을 느끼며, "모든 것이 왜소해지고 말았구나!"라고 슬픔을 토로한다. 그리고 "왜소하게 만드는 덕에 대하여" 2에서 모든 것을 왜소하게 만든 원인이 바로 '왜소한 덕'(verkleinderde Tugend)이었음을 밝힌다.

---

32   M. Heidegger, *Vorträge und Aufsätze*, Neske, Pfullingen, 1997, 143쪽 이하 참조

33   가스통 바슐라르, 『공간의 시학』, 129쪽

34   위의 책, 118쪽 참조

35   위의 책, 107쪽 참조

36   위의 책, 171쪽

왜소한 덕은 소극적이고, 안일을 바라며, 똑바로 걷지 못하면서 똑바로 걷고 있다고 생각하고, 앞으로 나가기보다는 뒤를 돌아보는 과거 지향적 덕을 뜻한다. 왜소한 덕은 자신의 의지를 갖고 명령하기보다는 타자의 의욕 대상으로 머물게 하며, 주어진 상황을 극복하기보다는 거기에 안주하는 '체념의 덕'으로서, 상승도 몰락도 거부하고 산술적인 중간치에 머무는 덕이다. 즉 왜소한 덕은 수동적이고 반동적인 덕을 일컫는 것이다.

차라투스트라는 이렇게 왜소한 도덕을 따르는 것보다는 차라리 반도덕자가 되는 것이 낫다고 주장한다. 이것은 "나는 신을 믿지 않는 자, 차라투스트라이다!"라는 표현으로 나타난다. 왜소한 덕과 달리 차라투스트라의 도덕은 강탈하는(rauben) 도덕이며, 자기 자신을 사랑하기를 원하는 도덕이다. 이와 같이 차라투스트라가 주장하는 도덕의 토양은 유순한 흙이 아니라 '단단한 바위'(harte Felsen)와 같다. 그 덕을 실현하려면 단단한 바위를 뚫고 자라나는 '단단한 뿌리'(harte Wurzeln)가 필요하다. 따라서 왜소한 덕과의 일전은 피할 수 없다.

"그러나 그들의 시간은 오고 있다! 그리고 나의 시간 또한 오고 있다!"(KSA 4, 217, 차라, 281쪽)

차라투스트라는 모든 것을 황무지로 만드는 왜소한 덕을 상대로 삶과 죽음을 무릅쓴 최후의 일전을 예고한다. 이것은 신들과 거인 사이의 마지막 전쟁인 라그나뢰크와 같은 사건이다.[37]

---

[37] 이러한 사건을 차라투스트라는 앞에서 뱀에게 먹히느냐, 뱀의 대가리를 물어뜯어 버리느냐의 싸움으로 묘사하였다. 이런 의미에서 차라투스트라가 말하는 '위대한 정오'는 단순히 물리적, 크로노스적 시간의 흐름에 의해 도래하는 것이 아니라, 삶과 죽

"오, 복된 번개의 시간이여! 오, 정오 이전의 비밀이여! 언젠가 나는 너희를
달리는 불로 만들고 불꽃의 혀를 지닌 예고자로 만들리라. 언젠가 너희는 불
꽃의 혀로 이렇게 알려야 한다. '오고 있다. 이미 가까이에 와 있다. 위대한
정오는.'"(KSA 4, 217, 차라, 281쪽)

이제 차라투스트라는 자신이 치러야 할 최후의 일전, 즉 불의 전쟁을
향해 다가간다. 그것은 "감람산에서"부터 "배신자에 대하여"(혹은 "귀
향")까지 이어진다.

7) "감람산에서"부터 "배신자에 대하여"에 이르는 구조적 형태

"감람산에서"부터 "배신자에 대하여"까지는 문학기법상 절정을 향해
갈등이 고조되는 부분에 해당된다. 이 점은 그리스도교 성서의 경우도
마찬가지이다.

그리스도교 성서에 의하면 감람산은 예수가 예루살렘의 멸망과 종말
에 대하여 예언한 곳이다. 감람산은 예수가 거대한 도시인 예루살렘으
로의 입성을 결단한 곳이고, 제자인 유다의 배반에 의해 죽은 곳이며,
또한 부활한 곳이다. 그런데 그리스도교 성서에 나타난 감람산, 예루살
렘, 제자의 배신의 구조는 『차라투스트라는 이렇게 말했다』에서는 '감
람산', '거대한 도시', '배신자'라는 형태로 나타난다.

음을 무릅쓴 거대한 최후의 일전을 통해 도래하는 사건을 뜻한다.

a. 차라투스트라와 예수의 감람산: 겨울과 후텁지근함

"감람산에서"에서 차라투스트라는 자신의 집에 머무른다. 이 집은 산에 있는 동굴이 아니라 '감람산'이라고 불린다. 이 표현은 차라투스트라가 자신의 동굴 외에 또 다른 집을 가지고 있다는 것이 아니라 감람산에서 그의 존재의 중요한 결단과 실행이 벌어지게 된다는 것을 의미한다. 감람산은 지리적인 의미의 집이 아니라 그의 결단과 행동이 이루어지는 장소로서의 집을 뜻하는 것이다. 이 점은 감람산에서 예수가 자신이 메시아임을 공개적으로 밝히는 것과 맥락을 같이 한다. 예수는 감람산에서 제자들에게 나귀 새끼를 구해 오도록 명령한다. 그리고 사람들은 메시아의 도래를 환호와 흥분 속에서 반긴다. 말하자면 새롭고 획기적인 사건의 시작을 기대하는 군중의 흥분과 열기가 감람산을 가득 뒤덮고 있었던 것이다. 이에 반해 차라투스트라가 머무는 감람산은 겨울로 묘사된다. 군중의 환호성과 열기로 인해 냉철한 판단력이 상실되는 성서 속 감람산과 달리, 차라투스트라의 감람산은 파리나 모기의 소란이 그치는 곳이며, 수많은 사람으로부터 벗어난 차라투스트라가 자신만의 심오한 사유와 고독을 즐기는 곳이다.

이런 맥락에서 '고약한 손님인 겨울'과 '김을 내뿜는 후텁지근한 불의 우상'이 대비된다. 겨울 하늘은 '길고 밝은 침묵'(das lange lichte Schweigen)의 시간이고 '자신 안에 태양을 숨기고 있는' 좋고 분방한 공간이다. 이것은 차라투스트라의 존재를 반영한다.

"오, 너 내 영혼과 그 분방함에 대한 천상의 비유여!"(KSA 4, 220, 차라, 285쪽)

겨울 감람산은 차라투스트라 자신의 '근거와 최종 의지'(Grund und

letzter Wille)가 은폐된 곳이다. 감람산에서 예수가 자신이 메시아임을 드러낸 것과 달리 차라투스트라는 자신의 의지와 존재를 숨긴다.

> "그 누구도 나의 근거와 최종 의지를 들여다보는 일이 없도록 하기 위해 나는 길고 밝은 침묵을 고안해 냈다."(KSA 4, 220, 차라, 284쪽)

여기서 차라투스트라는 일반적으로 알려진 밝은 로고스와 어두운 침묵을 도치한다. 그의 침묵은 '밝은 침묵'이다. 그의 침묵은 진정한 존재를 은폐한 채 간직하고 있기 때문이다. 반면에 영리한 로고스의 인간들은 질투심과 비방을 일삼는 자들로서, 이들이야말로 진정한 의미에서 어두운 로고스의 인간이다. 이와 반대로 밝은 침묵의 인간은 '밝은 자, 과감한 자, 투명한 자들'을 뜻한다. 이들과 마찬가지로 차라투스트라도 자신의 존재를 숨기며, 단지 외적인 일면만을 드러낸다.

> "그들은 다만 나의 휘몰아치는 겨울 폭풍 소리를 들을 뿐이다. 동경에 찬, 무겁고 무더운 남풍처럼 따뜻한 바다 위를 달리는 내 소리는 듣지 못한다."(KSA 4, 220, 차라, 285쪽)

여기서 차라투스트라는 자신을 겨울 감람산의 추위 속에서도 '따뜻한 발과 따뜻한 생각을 품은' 자로 묘사한다. 그의 따뜻함은 군중의 뜨거움과 달리 자신 안에 심오한 존재, 즉 태양을 품고 있는 따뜻함이다. 이와 같이 감람산에서 차라투스트라는 자신의 존재를 '침묵의 노래' 안에 숨기는 것이다.

b. 대도시를 지나쳐 가는 차라투스트라와 대도시로 들어가는 예수

"그냥 지나쳐 가기에 대하여"에서는 큰 도시가 묘사된다. 성서에 의하면 이 부분은 예수가 감람산에서 출발해 예루살렘으로 들어가는 대목에 해당된다. 예수에게 대도시 예루살렘은 종교적·세속적 권력과 돈, 향락과 소문들, 그리고 악덕이 횡행하던 곳이며, 결국엔 예수를 죽음으로 몰아댄 곳이다. 성서의 구조와 유사하게 감람산을 떠난 차라투스트라는 큰 도시를 방문한다. 그 도시에 들어가기 전에 그는 '차라투스트라의 원숭이'라고 불리는 사람과 만나게 된다. 그는 차라투스트라에게 대도시는 위대한 사상이 삶아지고, 위대한 감정이 부패하는 곳이라고 알려 준다. 대도시에서는 정신을 말장난으로 만들어 '말의 개숫물을 토해 내는' 신문 때문에 도처에서 '정신을 도살하고 요리하는 도살장과 요릿집 냄새'가 진동한다는 것이다. 그런데 차라투스트라에게 역겨운 냄새라는 것은 참을 수 없는 것이다.

"초인에게 주어진 후각은 어떤 불순한 기미가 조금이라도 느껴지기만 하면 곧바로 그것을 멀리할 수 있기 위한 것이다. 니체적 인간은 냄새 속에서 편안하지 않다."[38]

끊임없이 새롭게 솟아 나오는 차갑고 맑은 샘물에서는 냄새가 나지 않는다. 냄새는 고여 있는 물, 썩어 가는 물에서 풍겨 나온다. 즉 과거에 머물러 있는 시간과 세계에서 악취가 풍기는 것이다. 그런데 미래를 향하는 차라투스트라에게 과거는 떨쳐 버려야 할 냄새이다.

---

[38]   가스통 바슐라르, 『공기와 꿈』, 247쪽

"니체적 상상력은 그것이 과거에서 벗어나 있는 만큼 냄새 또한 떨쳐 버린다. 그와 반대로 복고주의는 파괴할 수 없는 냄새들을 꿈꾼다."[39]

대도시에서 신문은 사태 자체와는 무관한, 검증되지 않은 주장들을 내뱉고 있으며, 이렇게 신문이 풍기는 냄새에 의해 사람들은 중독되고 병들어 있다. 그들은 어느 방향으로 가야 하는지 알지 못한다. 이 점은 군주의 경우도 마찬가지이다. 이들 모두를 지배하는 것은 소상인의 황금이다. 이제 황금은 신이 된 것이다. 이렇게 오물과 부패, 역겨운 냄새가 가득한 대도시에 대하여 차라투스트라의 원숭이는 차라투스트라에게 도시에 들르지 말고, 오히려 침을 뱉으라고 말한다. 그는 도시, 찌그러진 영혼, 글쟁이와 고함쟁이, 야심가와 모든 부패에 대하여 "침을 뱉으라."라고 다섯 번씩이나 외친다. 이러한 그에게 차라투스트라는 왜 그 역시 큰 도시라는 거대한 '늪'에서 살고 있는지 반문하며 그를 이미 늪에 물든 자, 나아가 늪 자체로 평가한다. 여기서 늪은 강한 바람, 높은 산과 연결되는 '건조함'이란 표현과 대비된다.

"늪이 무엇인지 아시는지? (...) 이것이 늪이라는 것이니: 불손, 불명료, 무지, 그리고 — 몰취미가 뒤섞여 있는 것 말이다. (...) 건조한 상태여야 한다 (...) 수렁을 휘저어서는 안 된다. 사람들은 산 위에서 살아야 한다: 나의 아들 차라투스트라는 이렇게 말했다."(KSA 11, 254, 17권, 335쪽)

나아가 늪은 유럽 전체를 일컫는 표현이기도 하다. 4부 "사막의 딸들 틈에서"에서 방랑자는 차라투스트라를 '좋은 대기'에 비유한다.

---

39   위의 책, 249쪽

"그대만이 그대 주변의 대기를 강하고 맑게 할 수 있다! 내 일찍이 이 지상
에서 그대 곁에 있는 이 대기처럼 한량없이 좋은 대기를 마셔 본 일이 있었
던가?"(KSA 4, 379, 차라, 492쪽)

반면에 방랑자는 자신이 머물던 유럽을 늪과 같이 습하고 우울하며
우수에 가득 찬 곳으로, 동방은 상쾌하며 맑은 공기가 가득한 곳으로
묘사한다. 이런 맥락에서 볼 때 큰 도시를 상징하는 늪은 '허무주의'를
지칭하는 메타포이기도 하다. 그런데 허무주의라는 병은 모든 것을 대
워 없애는 거대한 불에 의해서만 극복될 수 있다.

"이 큰 도시에게 화 있을지어다! 이 도시를 태워 없앨 불기둥을 볼 수 있으
면 좋으련만."(KSA 4, 225, 차라, 291쪽)

이렇게 대도시를 지나쳐 가면서 차라투스트라는 유럽의 허무주의를
태워 버릴 불, 즉 종말론적인 불을 요구하는 것이다.[40] 이 불은 위대한
정오 전에 성취되어야 할, 전적인 부정과 해체의 작업을 뜻한다.

"너는 너의 불길 속에서 너 스스로를 태워 버려야 하리라. 먼저 재가 되지 않
고서 어떻게 거듭날 수 있겠는가!"(KSA 4, 82, 차라, 103쪽)[41]

---

40   이러한 차라투스트라의 외침은 성서에서 예수가 선포하는 종말의 현상과 구조적
인 일치를 보인다.
41   이러한 표현들에 나오는 거대한 불길은 그리스도교적인 아마겟돈의 불뿐 아니라
게르만 신화에 나오는 최후의 전쟁인 라그나뢰크에 벌어질 거대한 불길을 떠올리게 한
다. 또한 불길과 재, 그리고 부활의 구조는 '불새'의 이미지를 떠올리게 한다.

종말을 대하는 차라투스트라의 입장은 예수의 경우와 전혀 다르다. 예수가 자신의 죽음을 위해 예루살렘이라는 큰 도시를 선택한 반면, 차라투스트라는 죽음이 아니라 계속되는 삶을 위해 큰 도시에 들르지 않고 그냥 지나쳐 간다. 그리스도교 성서가 예수의 죽음과 부활에 대하여 선포하는 것과 달리, 차라투스트라는 계속되는 삶과 살아가야 할 방식에 대하여 말하는 것이다. 이러한 차이점은 삶의 의미가 죽음이나 부활이 아니라 오직 삶 속에서, 삶을 통해서, 삶의 방식으로만 얻어질 수 있다는 차라투스트라의 입장에서부터 비롯된다.

이와 같이 『차라투스트라는 이렇게 말했다』 안에서 우리는 예수를 떠올릴 수 있는 내용들과 그리스도교 성서와의 구조적인 일치점들을 발견할 수 있지만, 삶과 죽음에 대한 이해에서 니체는 예수와 단호하게 결별하는 것을 볼 수 있다. 왜냐하면 니체에게 삶은 오직 삶으로서만 의미가 있기 때문이다. 이러한 니체의 입장은 차라투스트라가 예수에 대하여 말하는 부분에서도 잘 나타난다. 차라투스트라는 예수가 너무 일찍 죽은 것에 대하여 안타까워한다. 왜냐하면 삶은 죽음이라는 극적인 사건을 통해 단숨에 해결되는 것이 아니라 오히려 완만한 삶의 과정들이 모여서 드러나는 것이기 때문이다.

"그 히브리인은 너무 일찍 죽어갔다. 그의 때 이른 죽음은 그 후 많은 사람에게는 숙명이 되지 않았는가."(KSA 4, 95, 차라, 119쪽)

또한 삶의 지혜도 한순간에 획득되는 것이 아니라 삶의 경험을 통해서서히 축적되고 이해되는 것이다. 따라서 젊은이가 확신하던 지혜도 시간이라는 삶의 과정 속에서 얼마든지 변할 수 있는 것이다. 이런 맥락에서 니체가 안타까워하는 것은 예수의 때 이른 죽음이 그로 하여금 충분히 성숙할 시간을 앗아 갔으며, 특히 삶이 눈물과 우울이 아니라, '웃을 만한 것'이라는 사실을 배울 시간마저 빼앗아 갔다는 데 있다. 니체가 예수를 비판하는 가장 큰 이유는 그가 '웃는 예수'를 볼 수 없었기 때문이다.

"그러나 그는 아직 미숙했다. (...) 그 젊은이의 정서와 정신의 날개는 아직도 묶여 있었으며 무거웠던 것이다."(KSA 4, 95, 차라, 119쪽)

이렇게 아직 젊은 나이에 죽음을 향해 대도시로 들어간 예수와 달리, 차라투스트라는 삶을 위해 큰 도시를 지나쳐 가는 것이다.

c. 배신자: 차라투스트라의 신앙인, 예수의 제자들

십자가에서의 죽음을 전후해 예수가 그의 제자들로부터 배신을 당하는 장면이 성서에 기록되어 있다. 이와 마찬가지로 큰 도시를 지나친 차라투스트라는 '배신자'에 대하여 묘사한다. 성서에서는 예수의 죽음을 중심으로 제자들의 배신이 묘사되는 반면, 『차라투스트라는 이렇게 말했다』에서는 차라투스트라의 삶 속에서 벌어진 배신에 대하여 다뤄지고 있다. 성서에서는 예수의 죽음이 진정한 삶을 위한 사건이라는 점을 모르는 제자들이 문제가 되는 반면, 『차라투스트라는 이렇게 말했다』에서는 신앙이라는 이름으로 삶으로부터 떠나려는 사람들이 문제가 된다. 성서에서는 살기를 원하는 제자들이, 『차라투스트라는 이렇게 말했다』에서는 살기를 거부하는 신앙인이 문제가 되는 것이다. 또한 성서에서는 배신자가 신앙을 잃어버린 자인데 반해, 『차라투스트라는 이렇게 말했다』에서는 신앙으로 돌아간 자를 의미한다.

차라투스트라는 싱싱하고 건강한 삶으로부터 신앙으로의 회귀를 '파

랗고 다채로운 초원'이 '말라 버린 잿빛'으로 변하고, '씩씩한 걸음걸
이, 깨달음의 발, 아침녘의 씩씩함', '춤추는 자의 웃음'이 '새우등'을
한 자의 모습으로 변한 것으로 묘사한다. 이들은 스스로를 경건한 자라
고 부르지만, 그들의 본질은 '겁쟁이'에 불과하며, 찬란한 삶의 빛을 두
려워하고 은밀한 밤을 좋아하는 자들, 어두운 밤에 활동을 하면서 작은
불빛을 향해 몰려드는 '나방'과 같은 자이다.

　얼핏 나방은 불새와 같은 특징을 지니는 듯 보인다. 그러나 불새는
불에 타 버린 후 재 속에서 부활하는 생명의 새인 데 반해, 나방은 스스
로 죽기를 원하는 곤충, 즉 마조히즘적인 곤충이다. 그들은 십자가라는
작은 불빛 속에서 스스로 산화되기를 원한다. 그런데 이들을 기다리는
것은 '교활한 십자 거미들'(listig lauernde Kreuzspinne)이다. 이 거미
들은 반동적인 힘에의 의지를 추구하는 자들이며, 나방은 자신의 힘에
의 의지를 포기한 자들이다. 이러한 나방들은 앞에서는 낙타로 묘사되
기도 했다.

　그 후 차라투스트라는 두 야경꾼의 대화를 통해 그리스도교의 성부
와 성자의 사건에 대하여 말한다. 이 사건을 의심하는 한 야경꾼은 아
들을 죽인 성부가 과연 인간의 아버지보다 나은지, 아들을 죽인 신은
과연 누구인지 질문하고, 다른 야경꾼은 이에 대하여 대답한다.

　　"그는 아버지로서 자신의 아이들을 제대로 보살피고 있지 않다. 이 점에서
　　는 인간의 아버지가 더 낫다!"(KSA 4, 229, 차라, 296쪽)

　야경꾼은 신의 존재, 그리고 성부와 성자라는 신의 존재방식에 대하
여 질문하면서, 그리스도교가 주장하는 증명의 본질은 증명 이전에 '신
앙'에 근거한 것이라고 비판한다. 그리스도교인들은 신의 존재를 증명

하기 이전에 이미 신을 믿고 있었던 것이며, 그들에게는 이러한 믿음 (신앙)이 가장 확실한 증명이었던 것이다. 이렇게 신앙으로 돌아간 자 (나방, 낙타), 그리스도교의 신에 대하여 의심하는 자들(야경꾼들)에 대한 묘사가 끝난 후, 차라투스트라는 이들의 대화에 대한 자신의 입장을 말한다. 그에 의하면 신들의 죽음은 오래 전에 일어난 일이며, 그 원인은 어떤 한 신이 자신만이 유일한 신이라고 다른 신들에게 외쳤기 때문이라는 것이다. 이러한 주장은 다른 신들을 웃게 만들었고, 그 후 신들은 너무 웃다가 죽었다는 것이다.

그 후 사람들은 '하나의 신'에 대한 신앙으로 되돌아갔다. 그러나 그들의 태도에 대하여 차라투스트라는 아쉬워하지 않는다. 왜냐하면 그들은 사자와 어린아이의 정신을 향해 자기 자신의 의지를 욕구하며 자신의 세계를 되찾으려는 사람들이 아니라 스스로 무거운 짐을 지고 기뻐하는 낙타의 정신에 머물기를 원하는 자들이기 때문이다. 차라투스트라의 태도는 잃어버린 양 한 마리까지도 찾으려는 성서 속 예수의 모습과 달리 단호하다. 이것이 그의 냉정함이다.

"달리할 수 있었다면 그들도 달리했을 것이다. 이도 저도 아닌 것이 전체를 더럽힌다. 나뭇잎은 시든다. 그렇다고 해서 한탄할 것이 있는가! 오, 차라투스트라여, 나뭇잎들이 떨어져 나가도록 내버려 두어라. 그리고 그 때문에 한탄하지 말라. 오히려 그들 사이로 바스락 소리를 내는 바람을 일으켜라." (KSA 4, 227, 차라, 293쪽)

d. 동굴-고향-고독-어머니-침묵의 장소로서 고향: 말과 이야기

차라투스트라는 많은 사람으로부터 배신당한 채 자신의 동굴로 돌아온다. 이 부분은 구조적으로 십자가 사건을 홀로 견뎌 내는 겟세마네에서의 예수의 모습에 해당된다. 그런데 삶과 죽음의 길목에 서 있는 예수와 달리, 차라투스트라는 자신의 존재를 돌아본다. 이때 '동굴', '고향', '고독', '어머니', '침묵'이란 단어들이 서로 연결된다. 이 단어들은 차라투스트라가 철저하게 홀로 자신의 존재와 마주하고 있음을 보여 준다. 그의 고향인 동굴은 지리적인 장소뿐 아니라 군중으로부터 벗어나 자기 자신에게로 돌아온 상태를 뜻한다. 그 고향은 침묵의 세계이며, 고독의 세계이다. 이렇게 '지복스러운 적막'(selige Stille) 속에서 그는 자신의 지나간 삶을 돌이켜 보고, 그 모습을 '버림받음'(Verlassenheit)이라고 표현한다. 그는 사람들로부터 배신당하고, 결국은 버림받은 자였던 것이다. 그러나 자신의 고향으로 돌아온 지금, 차라투스트라는 자신의 적막과 '고독'(Einsamkeit)을 즐긴다.

버림받음과 고독함은 사람들로부터 벗어나 홀로 머문다는 공통점이 있지만, 그 차이는 엄청나다. 고독은 스스로 원해서 사람들로부터 멀어진 것인데 반해, 버림받음은 사람들에 의해 버려진 것을 뜻한다. 이러한 차이점은 "귀향"에서 '말'(Wort)과 '이야기'(Rede)의 차이로 나타난다. 그렇다면 말과 이야기의 차이는 무엇인가?

"귀향"에서 이야기는 저 아래서 들려오는 사람들의 소리로 묘사된다. 반면에 말은 고독 속에서 들려오는 차라투스트라 자신의 깊은 소리이다. 이야기는 무익하고 헛되게 오가는 언어들의 나열이나 논쟁에 불과하며 사태 자체를 향하지 않는다. 이야기는 게오르게의 시「말」에서 묘사되는 것과 같이, 언어의 여신인 노르네가 지키고 있는 사태 자체의 깊은 샘(tiefe Brunnen)에는 도달하지 못하고[42] 표면적 물의 언어에 머

---

[42]   M. Heidegger, *Unterwegs zur Sprache*, 162, 220쪽: 최상욱, 『하이데거와 여성적 진리』, 철학과현실사, 2006, 357쪽 이하: 최상욱, 『니체, 횔덜린, 하이데거, 그리고 게르만 신화』, 308쪽 이하 참조

문다. 반면에 말은 깊은 샘의 언어이다. 말은 신선하고 차가운 물의 언어이자 항상 새롭게 솟구치는 창조적인 힘의 언어이다. 말은 얼음과 같이 차가운 언어이기에, 사람들이 접근할 수 없는 고독의 언어이기도 하다. 이렇게 말은 차가움-깊음-고독-침묵이란 개념들과 연결된다. 즉 말은 차갑고 깊은 사태 자체의 언어이며 고독한 자의 내면에서 울려 퍼지는 침묵의 언어인 것이다. 이 점은 이야기에 대한 묘사와 비교할 때 더 분명해진다.

"귀향"에서 말은 차라투스트라의 동굴이 위치한 높은 산의 말로서, '순수한 향기'(reine Gerüche)를 풍기는 '순수한 숨결'(reiner Athem)로 묘사되는 반면, 이야기는 사람들로 북적거리는 저 아래에서 들려오던 '소음'과 '더러운 숨결'로 묘사된다.

> "아, 내가 그토록 오랫동안 그들의 소란(소음)과 불결한 호흡(숨결) 아래서 살아왔다니!/ 오, 나를 감싸고 있는 이 행복한 적막이여! 오, 나를 감싸고 있는 이 순수한 내음이여! 오, 이 적막함이 깊은 가슴으로부터 어찌도 그리 정결한 숨결을 내쉬는가! 오, 이 행복한 적막은 그 숨소리에 얼마나 열심히 귀 기울여 주고 있는가!"(KSA 4, 233, 차라, 301쪽)

이런 의미에서 말은 언어의 '고향'이다. 그리고 차라투스트라는 사람들의 이야기로부터 지금 자신만의 고독의 말 속으로 '귀향'하고 있는 것이다. 언어의 고향으로서 말은 '고향-지복성-고독-정적'(Heimat-Seligkeit-Einsamkeit-Stille)으로 이어지는 언어이다. 그것은 지복스러운 일이다. 반면에 사람들의 이야기는 수없이 오가는 불결한 언어일 뿐 아니라 진정한 이해를 방해하는 소음이다. 사람들의 이야기는 울림으로부터 벗어나고(Überklingen), 듣는 것으로부터 벗어난다(Überhören).

사람들의 이야기는 서로 주의 깊게 듣게 하는 언어도, 이해하게 하는 언어도 아니다. 사람들의 이야기는 아무것도 드러내지 못하는, 아무런 생명도 잉태하지 못하는 언어인 것이다.

> "모두가 (알을 낳았다고) 꼬꼬거리지만, 아직도 조용히 그의 둥지에서 알을 품으려 하는 자가 있는가?"(KSA 4, 233, 차라, 302쪽)

병아리가 태어나려면 암탉이 알을 품어야 한다. 또한 건강한 병아리가 태어나려면 그 병아리는 암탉의 도움뿐 아니라 스스로의 힘으로 알을 깨고 나와야 한다. 이런 의미에서 말의 본질은 기존의 이야기를 파괴하고 새로운 언어를 창조하는 언어라는 점에 있다.

이와 달리 이야기는 찢어진 언어(zerredet)에 불과하다. 이야기는 시대적 상황에 따라 언제든지 의미가 달라질 수 있는 가변적 언어이며, 동시에 모든 것을 드러낼 수 있다고 자부하는 정보의 언어이기도 하다. 이때 사람들은 자신들의 이야기를 통해 사태 자체의 비밀이 풀렸다고 외쳐 대지만, 그 언어는 나팔수 소리나 나비의 날갯짓 소리에 불과하다.

> "그들은 모든 것을 이야기하며, 모든 것이 누설된다. 그리고 한때 비밀로 불리고 심오한 영혼의 은밀함으로 불리던 것도 오늘날은 거리의 나팔수와 그 밖의 퍼덕이는 나비들의 것이 되고 말았다."(KSA 4, 233, 차라, 302쪽)

이와 대조적으로 차라투스트라의 '고향의 말', '고독의 말'은 파괴하고 새롭게 창조하는 언어이다. 모든 사물은 새롭게 창조하는 언어를 기다린다. 왜냐하면 그러한 말에 의해 사물은 자신의 새로운 존재를 부여받기 때문이다.

이제 차라투스트라는 왜곡된 언어이며 생명을 상실한 언어인 이야기로부터 언어의 본질인 말로의 귀향을 행한다. 그의 말은 아직 드러나지 않았던 사태 자체를 드러내며, 이러한 말을 통해 존재는 바로 그 자체로 존재할 수 있게 된다. 이 점을 횔덜린은 다음과 같이 시로 쓴다.

"그러나 지금 날이 밝는다! 나는 기다렸고 그것이 오는 것을 보았다.
그리고 내가 본 성스러운 것은, 나의 말이 될 것이다."[43]

이 '말'은 마치 게르만 신화 속 오딘이 지혜를 알기 위해 자신의 한쪽 눈을 미미르의 샘에 담가 둔 후 볼 수 있었던 언어와 같다.[44] 이러한 언어의 본질인 말을 니체는 위에서 인용했듯이, 순수한 향기를 풍기는 순수한 숨결이라고 표현하는 것이다. 이때 숨결은 존재의 가장 내밀한 바람을 뜻한다. 그렇다면 언어의 본질인 말은 순수한 산의 숨결, 즉 프뉴마(Pneuma)인 셈이다. 차라투스트라는 이러한 말을 자유의 언어라고도 부른다.

"나는 복 받은 코로 다시 산의 자유를 들이마신다. 마침내 나의 코가 모든 인간이 내뿜는 악취에서 구제된 것이다!"(KSA 4, 234, 차라, 304쪽)

"귀향"에서 다뤄지는 말은 예수의 죽음 후 나타난 성령의 말과 대비될 수 있다. 성서는 예수의 죽음 후 부활의 언어, 즉 성령의 언어를 묘사한다. 이에 반해 차라투스트라가 찾는 언어는 죽음 후의 언어가 아닌 삶

---

43   M. Heidegger, *Erläuterungen zu Hölderlins Dichtung*, 57쪽
44   최상욱, 『니체, 횔덜린, 하이데거, 그리고 게르만 신화』, 262, 304쪽 이하 참조

자체의 언어이다. 이러한 말은 하이데거가 횔덜린의 시를 빌려 '입의 꽃', 혹은 '정적의 울림' [45]라고 표현한 '본질의 언어'와 유사하다.

이렇게 본질의 언어인 말을 되찾은 후, 차라투스트라는 자신이 자유롭고 건강하다고 외친다. 그는 죽음 후 부활의 말이 아니라 살아가면서 삶에 대하여 말하기를 주장한다. 그것은 "세 개의 악에 대하여", "중력의 악령에 대하여", 그리고 "낡은 서판과 새로운 서판에 대하여"로 이어진다. 이때 『차라투스트라는 이렇게 말했다』의 구조는 성서 속 예수의 예루살렘행, 그의 죽음과 부활이라는 구조와 결별한다.

차라투스트라는 예수와 달리 삶에 대하여 새롭게 말하기 시작하며, 그것은 "낡은 서판과 새로운 서판에 대하여"에서 절정을 이룬다. 이 가르침은 예수의 산상수훈과 모세의 십계명 선포 부분과 비교될 수 있다.

e. 세 개의 악: 저울질하는 꿈

이 이야기는 꿈에 대한 묘사로 시작한다. 아침에 꾼 꿈에서 차라투스트라는 어느 갑 위에 서서 세계를 저울질한다. 갑은 바다와 비교된다. 바다는 공평하게 저울질하는 것을 방해하는 존재인 반면, 갑은 '세계의 저편'(jenseits der Welt)을 지칭한다. 세계의 저편은 피안적 세계가 아니라 초월적 세계를 뜻한다. 그것은 기존의 가치로부터 벗어난 자유로운 장소이다. 이 세계는 '시원하고 부드러운 파괴를 자랑하는 탐스러운 황금 사과', 여행자들에게 휴식을 제공하는 '늠름한 나무'에 비유된다. 갑 위의 세계는 '광란하는 바다'에 휩쓸린 모든 가치를 부드럽게 파괴하고, 모든 가치를 저울에 달아 그 고유한 무게를 잴 수 있는 곳이

---

45   M. Heidegger, *Unterwegs zur Sprache*, 203, 206, 215쪽

다. 이제 차라투스트라는 꿈에서 본 대로 세계를 저울 위에 놓고 재어 본다.

> "낮이 되자 나는 꿈에서 본 대로 행동하고 그 꿈의 가장 훌륭한 점을 모방하고 배울 생각이었다. 그리하여 나는 이제 더없이 사악한 것 셋을 저울에 올려놓고 인간적인 관점에서 제대로 저울질해 보고자 하는 것이다!"(KSA 4, 236, 차라, 306쪽)

차라투스트라는 이런 시도를 가능케 한 꿈을 '인간적으로 좋은 것'(menschlich gutes Ding)이라 부르며, '인간적'과 '좋은 것'이란 표현을 반복적으로 사용한다. 이것은 초월적 세계가 현실의 실상을 드러내는 세계임을 가리킨다. 차라투스트라는 꿈을 따라서 가장 악하다고 여겨졌던 것 셋을 저울질하며, 그것이 왜 악인지 질문한다. 이것은 악으로 여겨져 왔던 기존의 평가를 모두 해체하고, 아무런 전제 없이 그 가치의 무게를 달아 보려는 시도이다. 차라투스트라는 자신이 디케(Dike)가 되어 정의로운 저울질을 감행하는 것이다. 그런데 니체에 의하면 정의는 약자들이 타협의 산물로 끌어낸 평등이 아니라 거의 동등한 힘을 지닌 사람들 사이에서 합의를 이뤄 낸 '좋은 의지'를 필요로 한다. 따라서 차라투스트라의 저울질은 힘과 좋은 의지, 즉 '좋은 힘에의 의지'(guter Wille zur Macht)를 통해 저울 양쪽의 무게가 정의로운 균형을 이루는지 재는 작업을 뜻한다. 이 작업은 질문의 형태로 시작되며, 이 질문을 차라투스트라는 '세 개의 무거운 질문'(drei schwere Fragen) 이라고 부른다.

첫째 질문은 '감각적 쾌락'(Wollust)에 대한 것이다. 플라톤 철학과 그리스도교의 가르침 이래로 감각적 쾌락은 악으로 평가 절하되었다.

그것은 피안적 세계로 가는 것을 방해하는, '찔러 대는 바늘이자 가시', '세속적인 것', '불태우는 불길'로 여겨져 왔다. 그런데 차라투스트라는 감각적 쾌락을 '사자의 의지'를 지닌 자에겐 '천진난만한 것', '지상에서의 행복', '강장제요 정성스레 저장해 온 최상의 포도주'라고 판결한다. 왜냐하면 삶의 가장 근본적인 요소이자 토대인 감각적 쾌락을 부정하는 것은 삶 자체를 부정하는 일이기 때문이다. 이렇게 판결 내린 후 차라투스트라는 자신의 생각의 둘레에 울타리를 친다.

둘째 질문은 '지배욕'(Herrschsucht)에 대한 것이다. 기존 사상에 의하면 지배에의 욕구는 악으로, 이웃에 대한 사랑과 헌신, 그리고 순종은 선으로 평가되어 왔다. 그러나 후자의 경우를 차라투스트라는 중력의 악령에 순종하는 태도라고 비판하며, '낙타' 혹은 '타조'에 비유한다. 타조는 가장 빨리 달리는 새이지만, 하늘이 아니라 대지 속에 머리를 처박고 달리는 새이다. 그러면서 자신이 날지 못하는 이유를 '대지와 삶이 무겁기' 때문이라고 말한다. 타조는 낙타와 마찬가지로 무거움을 스스로 즐기는 자를 뜻한다. 또한 차라투스트라는 이러한 인간형을 '두더지'나 '난쟁이'로 묘사한다. 이들은 자신의 가치를 스스로 저울질하지 못하고, 단지 주어진 가치를 절대적으로 받아들이고 신봉하는 자들이다. 나아가 이들은 이렇게 주어진 가치들을 질문하지 않고 닥치는 대로 집어삼키기에 '돼지'의 정신으로, 혹은 그대로 긍정한다는 의미에서 "이-아"라고 밖에 울지 못하는 '나귀'의 정신으로 불린다. 한마디로 이들은 '더부살이하는 자들'이며, 이미 죽은 자들, 미라나 유령에 불과하다. 반면에 지배욕은 순결하고 자족할 만큼 높은 자가 스스로에게 내리는 명령으로서의 의지이다. 이들은 지배욕을 통해 스스로를 지배하고 타자도 지배하고자 한다. 이것은 스스로의 힘이 넘쳐흐르기 때문에 일어나는 현상이다. 이러한 지배욕에는 병적인 탐욕이 포함되어 있지 않다.

> "지배욕. 높은 자가 아래로 내려와 권력을 열망할 때 누가 그것을 두고 병적 탐욕이라고 부르겠는가! 참으로 그 같은 열망과 하강에는 병적인 것도 탐욕적인 것도 없다! 고독의 저 높은 경지가 영원한 고독을 마다하고 자족하지 않으려는 것. 산이 골짜기로 내려오고, 높은 곳에 있는 바람이 낮은 곳으로 불어 내리는 것."(KSA 4, 238, 차라, 309쪽)

이러한 덕을 차라투스트라는 '베푸는 덕'이라고 부른다. 이 덕은 금과 같이 자신의 고귀함과 광채를 은은하게 드러내는 덕이며, 샘처럼 끊임없이 새롭게 솟아나는 덕이다. 그것은 '위를 향해 날아가는 덕'으로서 '신체와 상승에 대한 비유'이다. 그것은 높은 곳에서 초연하게 머물면서 명령을 내리고, 새로운 선과 악을 평가하는 덕이다. 이렇게 베푸는 덕을 차라투스트라는 궁극적으로 '황금의 태양'(goldne Sonne)이라고 부른다. 즉 그것은 힘에의 의지가 정점에 도달한 위대한 정오의 덕인 것이다.

셋째 질문은 '이기심'(Selbstsucht)에 대한 것이다. 전통적으로 이기심은 이웃사랑에 비해 열등한 것, 심지어 악한 것으로 여겨져 왔다. 이와 달리 차라투스트라가 말하는 이기심은 자기 자신을 치유하는 건강한 사랑을 뜻한다. 이러한 사랑은 정신 건강뿐 아니라 육체 건강도 요구한다. 영혼은 '힘찬 영혼'(mächtige Seele)이어야 하고, 육체는 '고상한 육체'(hoher Leib)이어야 하는 것이다. 자기 사랑으로서 이기심은 자신에게 '자기희열'(Selbst-Lust)을 제공하며, 이러한 희열이 비로소 다른 사람에 대한 사랑도 가능케 하는 것이다. 따라서 건강한 정신과 육체가 제공하는 자기희열이야말로 건강한 이기심의 본질이며, 모든 덕의 근거이자 원천인 것이다.

> "고상한 신체, 아름답고 막강하며 생기 있는 신체가 속해 있는, 그리고 그 주위에 있는 모든 사물이 거울이 되어 되비추어 주고 있는 그러한 힘찬 영혼에서 솟아오르는 그 건강하며 건전한 이기심을. 그 유연하고 설득력 있는 신체, 비유와 정수를 자기희열적인 영혼으로 지닌 춤추는 자. 이같은 신체와 영혼의 자기희열이 스스로 '덕'이라고 일컫는다." (KSA 4, 238, 차라, 309-310쪽)

덕의 원천을 묘사하면서 차라투스트라는 '성스러운 숲'이란 표현을 사용한다. 여기서 숲이란 표현은 니체뿐 아니라 독일 작가들에게 익숙한 개념이다. 클로프슈토크는 「언덕과 숲」이란 송가에서 독일문학을 '숲의 문학'으로 특징짓는다.[46] 괴테도 「파우스트」에서 "이상한, 부드러운 동경이/ 나를 몰아 숲이나 들을 떠돌게 한다."[47]라고 말한다. 나아가 숲은 고대 게르만인들에게 신성한 곳으로 숭배되었다. 숲은 여신 헤르타가 임재하는 곳이며, 게르만 종족의 중요한 회합(Thing)이 이루어지는 곳이다.[48] 숲은 전통적으로 신적인 존재가 임재하고, 역사적으로 중요한 사건, 즉 삶과 죽음을 결정하는 중요한 회합이 이루어지는 곳이다. 이와 유사하게 차라투스트라는 전통적으로 악으로 평가되어 온 세 가지 덕에 대한 중요하고 새로운 결정을 성스러운 숲에서 내리는 것이다.

---

[46]   박찬기, 『독일 문학사』, 일지사, 1976, 112쪽 참조
[47]   오스발트 슈펭글러, 『서구의 몰락』 1권, 314쪽
[48]   타키투스, 『타키투스의 게르마니아』, 이광숙 편역, 서울대학교 출판부, 2005, 88쪽; 마르틴 하이데거, 『횔덜린의 송가 〈이스터〉』, 245쪽 참조

"이 같은 자기희열은 성스러운 숲을 두르듯 우량과 열악이라는 말로 자신을 감싼다. 그러고는 행복이라는 이름 아래 온갖 경멸스러운 것을 내쫓는다." (KSA 4, 239, 차라, 310쪽)

성스러운 숲은 전통적인 선악 판단을 부정하고, 세계 저편에서 공정하게 저울질하는 곳을 뜻한다. 성스러운 숲에서 저울질을 마친 후 차라투스트라는 위대한 정오가 다가오고 있음을 예고하면서 낡은 서판과 새로운 서판을 공개한다. 이러한 차라투스트라의 모습에서 우리는 신의 계시 내용을 고지하는 모세의 모습을 떠올릴 수 있다.

f. 낡은 서판과 새로운 서판: 모세와 차라투스트라

"낡은 서판과 새로운 서판에 대하여" 1은 2부터 30까지의 글들을 위한 도입문에 해당된다. 글 1의 첫 문장은 다음과 같다.

"나 여기 앉아 기다리고 있다. 내 곁에는 부서진 낡은 서판과 새롭게 반쯤 쓰인 서판이 있다. 나의 시간은 언제 올 것인가?"(KSA 4, 246, 차라, 319쪽)

이 문장에서 '여기'가 어디인지는 확실하지 않다. 다만 그는 어딘가에 앉아 있다. 그가 앉아 있는 곳이 산 정상에 위치한 그의 동굴 앞일 수도 있다. 왜냐하면 차라투스트라가 앉아 있는 곳엔 그 혼자만 있는 것으로 보이기 때문이다. 이 점은 글 1과 2에서 "내가 사람들에게 다가갔을 때"라는 표현에서 확인할 수 있다. 그가 산과 같이 높은 곳에 있었다는 점은 글 4에서 "나와 함께 이 서판을 골짜기 아래로 (...) 날라 줄 나의 형제들은 어디에 있는가?"라는 표현에서 알 수 있다. 또한 차라투스트라의 모습에서 모세의 모습을 떠올릴 수 있다는 점을 고려하면 '여기'는 산 정상에 가까운 곳이라고 추측할 수 있다.

이러한 곳에 차라투스트라는 앉아 있다. 그의 모습에서 우리는 미켈란젤로의 「모세상」을 떠올릴 수 있다. 미켈란젤로의 「모세상」을 보면 모세의 몸은 정면을 향하고 있고, 눈은 왼쪽을 향하고 있다. 그의 왼팔은 배 위에, 오른팔은 십계명이 적힌 서판을 간신히 지탱하고 있다. 서판의 위쪽은 아래를 향해 떨어지려는 듯이 보이며, 모세는 자신의 오른팔로 위와 아래가 전도된 서판을 간신히 잡고 있다. 그의 오른쪽 다리는 의자에 앉은 형태를 유지하는 반면, 왼쪽 다리는 일어서려는 동작을 취하고 있다. 미켈란젤로의 「모세상」에서는 신으로부터 받은 십계명이 떨어져 깨지기 직전의 위기감과 아론의 황금 송아지와 그것을 경배하는 이스라엘인들을 향한 분노, 그들을 응징하려고 몸을 일으키려는 역동적 동작이 묘사된다. 이러한 모세상의 분위기를 일련의 학자들은 '폭풍 전의 고요함', '최후의 망설임'(부르크하르트), 곧 이어질 신의 진노와 모세의 몰살 명령, 그리고 분노한 모세에 의해 십계명 서판이 깨지려는 순간으로 해석한다.

반면에 프로이트는 모세가 십계명 서판을 깨뜨리려는 것이 아니라, 오히려 분노에도 불구하고 그 서판을 보호하기 위해 수염에서 오른손을 놓고 있는 것이라고 주장한다. 즉 십계명 서판 때문에 모세는 자신의 분노를 삭이고 있다는 해석이다.[49] 이렇게 미켈란젤로의 「모세상」은 앉은 의자로부터 일어나려는 모세의 역동적 자세와 고조되는 긴장감을 묘사한다. 이와 달리 산 정상에 앉아 있는 차라투스트라의 분위기는 고요하고 차분하다. 낡은 서판은 이미 깨어진 채 차라투스트라의 옆에 놓

---

49   지그문트 프로이트, 『예술, 문학, 정신분석』, 정장진 옮김, 열린책들, 2003, 309쪽 이하 참조

여 있다. 그는 자신의 시간과 그 시간을 알리는 징조를 기다릴 뿐이다. 그러나 차라투스트라의 기다림은 단순히 시간이 흘러가기를 기다리는 것을 뜻하지 않는다. 왜냐하면 그의 기다림은 사람들에게 다가가기 위한 시간, 몰락하는 시간을 결단하기 위한 기다림이기 때문이다.

"나의 시간은 언제 올 것인가? 내가 하강하고 몰락할 시간은. 내 다시 한 번 사람들에게 가고자 하기 때문이다."(KSA 4, 246, 차라, 319쪽)

이런 의미에서 차라투스트라가 앉아 있는 산 정상의 분위기는 단순히 고요하고 차분한 것만은 아니다. 오히려 앞으로 진행될 번개와 천둥의 소리를 머금은 고요함이라고 보아야 한다. 이 점은 글 7, 10, 13, 15, 25에서 반복되는 "그 낡은 서판을 부숴 버려라. 부숴 버려라!"라는 격정적인 표현에서 확인할 수 있다. 그러나 그의 격정과 분노는 낡은 서판을 깨는 것에 그치는 것이 아니라 새로운 서판을 쓰기 위한 것이기에, 그의 분노는 한편으로는 즐거운 분노이기도 하다. 이 점을 차라투스트라는 '웃는 사자'의 등장에 비유한다.

"먼저 나의 시간이 되었음을 알리는 조짐이, 말하자면 비둘기 떼를 거느린 웃는 사자가 나타나야 하기 때문이다."(KSA 4, 246, 차라, 319쪽)

– 새로운 가치: 신, 세계, 선과 악

낡은 서판에는 선과 악이 무엇인지 적혀 있다. 사람들은 그러한 낡은 서판에 자부심을 느끼며 그 안에 머물러 있다. 낡은 서판을 적은 자들은 위대한 도덕군자와 성인, 시인과 구세주, 음울한 현자, 참회의 설교자들이다. 차라투스트라는 이들을 '생명의 나무 위에 위협적으로 앉아 있던 검은 허수아비'로 묘사한다. 그들은 검은 자들, 죽은 자들이다. 죽은 자들이 생명을 가로막고 생명을 위협하고 있는 것이다. 그들 주위에는 죽음의 냄새를 맡은 독수리들이 모여들고 있고, 썩은 고기의 악취를 풍기는 무덤들이 놓여 있다. 여기서 '검은 허수아비', 썩은 고기를 맴도는 '독수리', 악취를 풍기는 '무덤'은 낡은 서판을 상징하는 메타포들이다. 그런데 사람들은 이러한 죽음의 세계를 원한다. 이에 차라투스트라의 '거친 지혜'(wilde Weisheit)는 분노를 느낀다. 그러나 그의 분노는 '크나큰 동경'(grosse Sehnsucht)에 의해 웃음으로 변한다. 그 웃음은 새로운 서판에 대하여 말한다. 선과 악은 이미 존재하는 것이 아니라 창조하는 자에 의해 비로소 결정되어야 하는 것이라고.

> "창조하는 자는 (...) 목표를 제시하고, 대지에 의미를 부여하며, 미래를 약속하는 자이다. 그가 비로소 어느 것이 선이고 악인지를 결정한다."(KSA 4, 247, 차라, 320쪽)

이들을 향하는 자신의 동경을 차라투스트라는 '파르르 떨면서 햇빛에 취한 희열 속으로 날아가는 화살'에 비유한다. 이 화살은 과거가 아니라 미래를 향해 날아가는 태양의 화살이며, 과거의 낡은 서판을 불태워 버리는 불새의 비상이다. 불새는 새로운 서판에 걸맞는 세계를 향해 날아가 그 세계를 보여 준다. 그곳은 신이 벌거벗은 채 자유롭게 춤추는 세계이다.

> "아직 그 어떤 꿈도 꾼 적이 없는 멀고 먼 미래를 향하여, 그 어떤 조형자도 머릿속에 그려 보지 못한 더욱 뜨거운 남녘을 향하여, 춤을 추면서도 그 자신들이 걸치고 있는 옷가지를 수치스럽게 생각하는 신들이 있는 그곳을 향

하여."(KSA 4, 247, 차라, 321쪽)

여기서 묘사되는 신들의 세계는 고대 그리스이다. 그러나 차라투스트라가 새로운 서판에서 원하는 세계는 더 이상 과거의 그리스가 아니라 고대 그리스적인 자유분방한 가치를 '미래적'으로 드러낼 수 있는 곳이다. 그 세계 속에서 존재하는 신들은 더 이상 근엄하고 죄의 대가를 물으며 자신의 명령에 복종하기를 원하는 신이 아니라, 자유롭게 춤추며 자신들의 진정한 모습을 거추장스러운 옷가지로 감추는 것을 부끄러워하는 신들이다. 이 신들은 모든 존재자를 필연성이라는 체계 속에 정돈하고 모아들이는 절대적 근거나 원인이 아니다. 오히려 모든 존재자는 신들로부터 자유롭게 자신들만의 존재를 스스로 생성해 나가는 식으로 존재한다. 즉 모든 존재자는 생성과 소멸, 그리고 새로운 생성으로 이어지는 '변화'(Werden)로서 '존재'(Sein)하는 것이다.

"일체의 생성이 내게 신들의 춤과 신들의-자유분방함으로 생각되며, 이 세계가 해방되어 제멋대로이며 자기 자신을 향해 다시 도망치고 있는 것으로 생각되는 그곳에서는."(KSA 4, 247, 차라, 321쪽)

세계는 신들이 다른 신들을 향해 '지복스럽게 스스로 말을 걸고, 스스로 말을 듣고, 스스로에게 속하는' 공간, '영원히 스스로로부터 도망치고 스스로를 다시 찾는' 생성이 이루어지는 자유의 공간을 뜻한다. 이때 신들의 자유는 신들의 세계라는 필연성과 모순되지 않는다. 이렇게 신들의 변화가 신들 세계의 존재와 모순되지 않는 세계, 신들의 자유와 필연이 일치하는 세계를 차라투스트라는 새로운 서판에 적고 있는 것이다. 이러한 세계에서 시간은 자유와 필연성이 유희를 통해 어우러지는 순간으로서의 시간을 뜻한다.

이와 같이 글 2에서는 가치의 문제 중, 특히 신과 세계에 대한 내용을 다룬다. 그런데 "낡은 서판과 새로운 서판에 대하여"에서 '가치' 의 문제는 체계적으로 진행되지는 않는다. 그럼에도 우리는 이 글들을 니체가 의도했던 주요 주제에 따라 분류할 수 있다.

우선 글 2는 신과 세계라는 가치에 대한 논의로 시작되며, 가치의 문제는 글 7에서 다시 발견된다. 여기서는 '진리' 와 '선악' 의 연관성에 대한 논의가 다뤄진다. 전통 형이상학과 그리스도교에 의하면 진리와 선은 하나로 연결되어 왔다. 신의 존재와 그가 창조한 세계는 진리의 세계이며 선한 세계였던 것이다. 진리는 선을 보증해 주며, 선은 진리가 진리로서 드러나는 것을 확인해 준다. 이때 신은 선한 세계의 최종, 최고의 근거이며, 선한 세계는 신의 존재를 드러내는 공간이다. 그리고 인간의 선함은 인간 안에서 들려오는 신적인 음성, 즉 양심을 따르는 데 있다. 이러한 진리–양심–선이라는 연결고리는 이미 소크라테스부터 시작되었다. 그러나 차라투스트라는 이러한 주장이 생명과 삶을 부정하는 요설에 불과하다고 비판한다. 이 점은 글 13에서 다음과 같이 표현된다.

> "'왜 사는가? 모든 것은 덧없도다! 삶. 그것은 밀짚을 터는 것과 같다. 삶. 그것은 스스로를 불태우고도 따뜻해지지 않는 것이다.' 예로부터 전해 오는 이 같은 요설이 아직도 '지혜' 로 간주되고 있다."(KSA 4, 256, 차라, 332쪽)

이러한 낡은 서판에 대하여, 차라투스트라는 이 삶에는 즐거운 것들이 많다는 점을 지적한다.

"잘 먹고 잘 마시는 것, 형제들이여, 그것은 참으로 헛된 기술이 아니다!"
(KSA 4, 256, 차라, 332쪽)

이러한 삶의 즐거움을 부정하는 염세주의적 태도는 저세상에 대한
예찬론자들, 신앙인들의 태도와 연결된다. 그들은 세계를 정면으로 직
시하기보다는 세계의 배후에서 바라보며 마음의 위안을 얻는다.

"누구보다도 이 세계를 그 배후에서 보지 않고서는 마음 편히 쉴 수 없는 자
들, 즉 저편의 또 다른 세계를 신봉하고 있는 자들이 그러하다!"(KSA 4,
256, 차라, 333쪽)

이러한 시각을 통해 그들은 자신들이 아무런 오물도 없는 세계에서
살고 있다고 주장한다. 그러나 차라투스트라는 이러한 주장에 반대하
며, 이 세계에는 어차피 오물이 존재한다는 사실, 그러나 그렇기 때문
에 세계 자체가 오물은 아니라는 점, 심지어 세계의 오물이야말로 역겨
움을 극복하게 한다는 점을 강조한다. 그 내용은 새로운 서판에 다음과
같이 적혀 있다.

"이 세계에는 많은 것들이 악취를 내뿜고 있다고 하는데, 이 말 속에 지혜가
들어 있다. 역겨움 자체가 날개와 샘처럼 용솟음치는 힘을 창조해 내는 것이
다!"(KSA 4, 257, 차라, 333쪽)

생명의 높은 곳을 향하려는 자는 깊은 곳에서 풍겨 나오는 악취를 극
복해야 하며, 그때 비로소 그는 청정한 샘물이 있는 산 정상에 도달할
수 있는 것이다.

이와 달리 저 세계를 신봉하는 자는 오물이 없는 저 세계를 주장하거나, 이 세계에 오물이 존재한다면 사람들로 하여금 악취를 실컷 맡도록 하여 결국엔 그 세계로부터 돌아서도록 한다. 그것은 삶 자체를 단념하게 만드는 것이다.

> "'세계로 하여금 세계이게끔 하라! 그것에 반대하여 손가락 하나도 들어 올리지 말라! (...) 이렇게 그들은 이 세계를 단념하는 것을 배운다."(KSA 4,
> 257, 차라, 334쪽)

그러나 이런 이유 때문에 삶을 단념하는 것은 노예정신을 지닌 약자에게만 해당할 뿐이다. 따라서 차라투스트라는 '즐거워할 줄 모르는 자들의 서판', '이 세계를 비방하는 사람들의 말'이 담긴 서판을 깨부수라고 외치는 것이다. 그리고 차라투스트라는 글 17에서 세계를 부정하는 자들의 정체를 밝힌다. 그들은 항상 말로는 이 세계를 거부하고 저 세계를 찬미하지만, 이 세계로부터 떠나가기를 원치 않는 자들이라는 것이다. 따라서 차라투스트라는 그들에게 다음과 같이 묻는다.

> "저기 조각배가 떠 있다. 길은 아마도 저 너머 광대한 허무로 나 있으리라.
> 그러나 그 누가 이 '아마도'라는 것에 올라타겠는가?"(KSA 4, 259, 차라,
> 336쪽)

여기서 조각배는 전형적인 카롱의 배를 암시하며, 저 너머에 있는 허무(Nichts)는 이 세계를 부정하는 자들이 주장하는 저 세계를 뜻한다. 카롱의 배는 항상 '신비로운 배'이며, 그 배가 항해하는 물은 '싸늘한 하늘'이다.[50] 카롱의 배는 인간이 극복할 수 없는 '불행에 숙명적으로

결부된 상징'이다.[51] 이 점은 미켈란젤로가 그의 벽화에 그리스도와 성모 마리아, 성자들과 함께 뱃사공 카롱을 그렸을 때도 마찬가지이다.[52]

미켈란젤로의 묘사와 같이 비록 저 세계를 신봉하는 자들에게 카롱의 배는 무의 세계가 아니라 신이 주재하는 세계를 향하는 항해라고 하더라도, 누구도 카롱의 배를 타려고 하지는 않는다. 신앙인조차도 완전하고 지복스러운 저 세계를 향하는 카롱의 배는 거부하는 것이다. 이런 점을 거론하면서 차라투스트라는 그들이 주장하는 저 세계는 결국 거짓임을 지적한다.

> "너희 가운데는 그 죽음의 조각배에 오르려는 자가 없다! 그런데도 너희가 이 세계에 싫증나 버린 자들이란 말인가!"(KSA 4, 259, 차라, 336쪽)

차라투스트라에 의하면 저 세계를 신봉하는 자들이 원하는 것은 실제로는 바로 이 세계였던 것이며, 그들이 그리는 저 세계의 아름다운 모습도 실제로는 이 세계의 모습을 이상화한 것에 지나지 않는 것이다.

> "세계에 싫증이 나 있는 자들! 그러면서도 너희는 아직까지 한 번도 이 세계를 등진 일이 없다! 나는 너희가 아직도 대지를 탐하고 있음을 발견했으며, 심지어는 세계에 대한 너희 자신의 싫증을 아직 깊이 사랑하고 있음도 발견했다!"(KSA 4, 259, 차라, 336쪽)

결국 차라투스트라는 이들이 이 세계를 떠나기 원하지 않지만, 그럼

---

50   가스통 바슐라르, 『물과 꿈』, 114쪽 참조

51   위의 책, 115쪽 참조

52   위의 책, 115쪽 참조

에도 이 세계에 싫증이 난 병자들, 혹은 이 세계의 달콤한 열매를 숨어서 즐기려는 간교한 '쾌락의 고양이' 라는 사실을 밝혀낸 뒤, 이들에게 다시 생기를 불어넣기 위해 회초리로 때리던가, 혹은 모든 것이 불가능하다면 이 치유 불가능한 환자를 버릴 것을 주장한다.

"치유 불가능한 환자를 위해 의사가 되고자 해서는 안 된다. 이렇게 차라투스트라는 가르친다. 너희는 사라져야 한다!"(KSA 4, 259, 차라, 337쪽)

차라투스트라는 이러한 경향이 쇼펜하우어적인 의지에 대한 부정이란 형태로 다시 나타난 것이라고 지적하면서, 그것을 '새로운 서판' 이라고 칭한다.

"'아무것도 갈망하지 말라!' 이 새로운 서판이 시장터에 걸려 있는 것을 나는 발견했다. 때려 부숴라, 형제들이여. 이 새로운 서판까지도 부숴라!"(KSA 4, 258, 차라, 334쪽)

여기서 차라투스트라가 말하는 새로운 서판은 산 정상의 서판이 아니라, '시장터' 에 걸려 있는 서판이다. 즉 그 서판은 오래전부터 있어 왔던 낡은 서판이며, 단지 새로운 겉모습을 한 채 시장터에 나타나 걸려 있는 서판에 불과한 것이다. 그것은 약하고 피로에 지친 자들의 서판이며, 그 서판에는 "모든 것은 같다.", "너희는 아무것도 의욕 해서는 안 된다."라고 적혀 있다. 이와 달리 차라투스트라의 새로운 서판에는 '사자의 의욕을 지닌 자들의 기쁨'(Lust dem Löwen-willigen), '기쁨이 솟아오르는 샘'(Born der Lust)이란 표현이 적혀 있다. 슈테판 게오르게의 시에 의하면 여기서 샘은 운명의 여신 노르네가 자신의 보물을 간직하고 있는 장소이다.[53] 즉 차라투스트라가 묘사하는 샘은 여신 노르네의 보물이 숨겨져 있고, 끊임없이 보물을 흘려보내는 샘인 것이다. 이 보물을 차라투스트라는 '의욕'이라고 말한다. 그런데 의욕이라는 보물을 흘려보내는 샘은 힘에의 의지이다. 힘에의 의지로부터 흘러나오는 의욕은 해방과 창조를 가능하게 한다. 이와 같이 차라투스트라의 새로운 서판에는 '해방의 의지', '창조의 의지'가 적혀 있는 것이다.

– 진실함과 힘에의 의지

글 2에서는 진실함과 선함의 문제에 대한 두 서판 간의 차이점이 다뤄진다. 기존의 형이상학의 주장과 달리 니체에게 진실함(Wahr sein)은 삶에 대한 능동적인 힘에의 의지의 표현이다. 반면에 선함은 반동적인 힘에의 의지가 드러내는 일종의 질병 현상이다.

"오, 선한 자들이여! 선한 자들은 결코 진실을 말하지 않는다. 그들처럼 선하게 되는 것, 정신에게는 그것이 하나의 병이다."(KSA 4, 251, 차라, 326쪽)

진실하기 위해서는 형이상학이 주장해 온 선 개념으로부터 멀어져야 하며, 오히려 악으로 평가되어 왔던 것에 가까워져야 한다. 왜냐하면 형이상학이 악이라고 평가한 것은 비-형이상학적 세계, 생명의 세계였기 때문이다. 이 생명의 세계는 차라투스트라에게 더 이상 악이 아니라

---

53 최상욱, 『하이데거와 여성적 진리』, 357쪽; 『니체, 횔덜린, 하이데거, 그리고 게르만 신화』, 308쪽 이하 참조

생명을 시도하는 인간에게 주어진 진실한 세계를 뜻한다. 그럼에도 지금까지 악으로 평가되어 왔던 것과 가까워지는 것은 위험과 모험을 수반한다. 그러나 이러한 모험을 통해 비로소 진실한 것은 진실한 것으로, 즉 '진리'로 평가될 수 있는 것이다.

> "대담한 모험, 끈질긴 의혹, 매정한 거부, 싫증, 생명 속으로 파고들기. (…) 진리는 이같은 씨앗에서 탄생하는 것이다!"(KSA 4, 251, 차라, 326쪽)

니체는 진리에 대하여 새로운 평가를 내린다. 어떠한 가치가 능동적인 힘에의 의지에 의해 생명의 상승을 추구한다면 그 가치는 진리이며, 이때 진리라는 표현은 더 이상 부정적인 의미가 아니라 긍정적인 의미로 사용되는 것이다.

이 점을 우리는 글 7에서 확인할 수 있다. 여기서 진리는 형이상학적 진리가 아니라 힘에의 의지를 통한 생명의 진리를 일컫는다. 생명의 진리는 은폐되어 있던 진리를 드러내기 위해 망치의 폭력성을 필요로 한다. 이런 의미에서 글 7에서 차라투스트라는 "그 낡은 서판을 부숴 버려라, 부숴 버려라!"라고 외치는 것이다.

– 존재와 변화: 겨울과 봄

글 8에서는 형이상학적인 '존재'와 '변화'의 차이점이 다뤄진다. 그것은 겨울과 봄의 메타포로 비교된다. 겨울과 봄의 대립적 관계는 이미 게르만 신화에서도 나타난다.

게르만 신화에 의하면 태초엔 아무것도 존재하지 않았다. 단지 추위와 더위만이 존재했을 뿐이다. 혹독한 추위는 모든 것을 얼어붙게 만들었다. 마침 남쪽으로부터 따뜻한 바람이 불어오자, 얼음들 속에서 최초의 생명체가 드러나기 시작한다. 그의 이름은 이미르이다. 뒤이어 거대한 암소 아움둘라가 모습을 드러낸다. 아움둘라가 소금기 어린 얼음을 핥자 추위에 얼어 있던 신들의 조상인 부리(아버지란 뜻)가 드러난다. 부리는 스스로 뵈르(아들)를 낳고, 뵈르는 오딘, 베, 빌리라는 신을 낳는다. 이후 오딘은 이미르를 공격하고 그의 죽은 몸으로 세계를 만든다.

게르만 신화에서는 왜 신들이 존재하기 시작했는지에 대한 근거는 설명되지 않는다. 신들의 탄생은 어떠한 필연성이나 근거를 갖지 않는다. 신들이 존재한 이유는 단지 신들이 존재했기 때문, 즉 '우연히' 그렇게 존재했기 때문이다. 이유가 있다면 추위와 더위가 있었을 뿐이다.

신들의 삶이 묘사된 후, 게르만 신화는 라그나뢰크란 최후의 사건을 다룬다. 그것은 신들과 거인들 사이의 삶과 죽음을 건 최후의 전쟁이다. 이 전쟁을 대비해 발키리는 죽은 용사들을 발할이란 곳에 머물게 한다. 라그나뢰크의 사건이 터지는 날, 오딘을 비롯한 신들은 거인들과의 전쟁에서 모두 죽는다. 그때 태양도 거인들의 늑대에 의해 삼켜지고 온 세계는 화염에 의해 암흑과 혼돈으로 되돌아간다. 다시 혹독한 추위가 몰아치고, 추위는 살아 있던 모든 것을 얼음 속에 파묻는다. 어느 정도 시간이 흘렀을 때, 더운 바람이 불어오고 얼음 속에 묻혀 있던 신들은 다시 깨어난다.

게르만 신화에 의하면 겨울, 얼음, 존재, 죽음이 한편의 계열에, 봄, 물, 변화, 생명이 다른 한편의 계열에 속한다. 신들과 세계의 탄생이나 몰락의 이유는 언급되지 않으며, 이 모든 것은 우연일 뿐이다. 생명과 죽음은 서로 다른 극점에 위치한 사건이 아니라, 생명은 죽음으로, 그리고 죽음은 다시 생명으로 이어진다. 시간의 처음과 종말이 있는 것도 아니고, 시간은 처음에서 종말로, 그리고 종말은 다시 처음으로 이어진다. 이러한 이어짐은 계속해서 되풀이된다. 신의 조상인 부리와 뵈르, 그리고 오딘과 그의 아들은 다른 신들이 아니라 동일한 신들의 다른 모습에 불과하다. 부리는 오딘이며, 죽은 오딘은 다시 살아난 그의 아들과 동일한 인물이다. 즉 게르만 신화 속 신들은 동일한 인물로 영원히 회귀하는 것이다. 그리고 게르만 신화에서 신들은 죽을 운명을 지닌 존재이다. 신들은 탄생하는 순간 이미 죽을 운명이라는 사실을 고지받는다. 이와 같이 게르만 신화에서 신의 죽음은 당연한 전제로 깔려 있다. 또한 게르만 신화에서 추위, 존재와 같이 변화하지 않는 것은 이미 죽은 것으로 여겨지며, 진리도 그 자체로 존재하는 영원한 것이 아니라 신들이 자신의 결단을 행동으로 시도할 때 드러나는 — 하이데거의 표현을 빌리면 — '비-은폐성'(A-letheia)이라는 특징을 지닌다. 진리는 은폐된 것을 벗겨 내는 폭력성(A-Privativum)으로서의 활동성을 뜻한다.[54]

이러한 게르만 신화가 니체의 사상과 연결되는지 쉽게 결론을 내리기는 어렵다. 그러나 한때 니체를 열광시켰던 바그너가 게르만 신화를 새롭게 재조명했다는 점, 그리고 독일 낭만주의 작가들이 자신의 정체성을 찾기 위해 게르만 신화와 민담에 열광했다는 점을 고려하면, 적어도 니체가 게르만 신화에 대하여 잘 알고 있었다고 추측할 수 있다. 혹은 의식적으로 게르만 신화에 관심을 갖지 않았다고 하더라도, 그것의 영향으로 그의 의식 깊은 곳에 '원형적 사고'(Archetype)가 잠재되었을 가능성도 있다. 이에 대한 논의는 앞으로의 과제로 남겨 두고, 단지 게르만 신화와 니체의 사상에서 볼 수 있는 뚜렷한 공통점만을 지적해 보면, 신들의 죽음, 폭력성에 의해 드러나는 진리, 힘에의 의지와 초인(영웅)을 요구하는 점, 가치는 그것을 탈취하는 신들에 의해

---

54   최상욱, 『니체, 횔덜린, 하이데거, 그리고 게르만 신화』, 206, 270쪽 이하 참조

항상 새롭게 규정된다는 점(관점주의), 시간은 영원히 회귀한다는 점
등이다.

글 8에서 차라투스트라는 서구 형이상학에서 나타난 존재와 변화의
관계를 봄과 겨울, 흘러감과 얼어붙음이란 대립 개념으로 묘사한다. 그
는 겨울에 대하여 다음과 같이 말한다.

"'근본적으로 모든 것은 정지해 있다.' 이것이 겨울이 가르치고 있는 참된
가르침의 하나로서 불모의 시기를 위해 좋은 것이고, 겨울잠을 자는 자나 집
에 틀어박혀 있는 자들에게는 훌륭한 위안이다."(KSA 4, 252, 차라, 327쪽)

반면에 봄에 대한 그의 표현의 다음과 같다.

"'근본적으로 모든 것은 정지해 있다.' 그러나 봄바람은 이 가르침에 반대되
는 설교를 한다! 봄바람은 (...) 성난 뿔로 얼음을 깨부수는 난폭한 수소이며
파괴자이다!"(KSA 4, 252, 차라, 327쪽)

겨울과 얼음은 존재에 대한 서구 형이상학과 그리스도교의 믿음을
반영하는 메타포이다. 이미 파르메니데스는, 존재는 감각과 변화로부
터 벗어난 영원하고 불변적이라는 점을 강조하였다.

"존재의 길에는 아주 많은 징표가 있으니, 그것은 생겨난 것이 아니라 불멸
하는 것이다. (...) 그것은 움직이지 않고 끝이 없다."[55]

---

55   H. Diels · W. Kranz, *Die Fragmente der Vorsokratiker*, 235쪽(단편 8번)

반면에 감각에 의해 포착되는 모든 것, 생성과 소멸을 겪는 것은 존재에 비해 부족한 것, 결핍된 존재에 불과하다. 그것은 존재가 갖는 실재성을 갖지 못하는 비-존재이며, 단지 '이름'만 가질 뿐이다.

"그들은 두 가지 형태의 이름을 주기로 결정을 했는데, 그중 하나는 이름을 주어서는 안 되므로, 이 점에서 그들은 잘못하였다. 그들은 형태에 따라 대립적인 것들을 구분하였고, 그것들에 서로 다른 이름을 주었다."[56]

존재는 그 자체의 실재성과 이름을 모두 갖는 것인 데 반해, 변화 중에 있는 것은 실재성을 갖지 못한 채 단지 이름만을 부여받았다는 것이다. 따라서 변화하는 것을 따르는 것은 비진리의 길이고, 존재를 따르는 것은 진리의 길을 뜻한다.

"이제 나는 그대에게 생각할 수 있는 유일한 탐구의 길이 무엇인지 이야기하고자 한다: 그 하나의 길에 의하면 존재는 존재하고, 비존재는 존재하지 않는다. 이 길은 진리를 따르기 때문이다. 다른 또 하나의 길에 의하면, 존재는 존재하지 않고 비존재가 반드시 요구되는 길이다."[57]

그런데 존재의 길은 단지 사유를 통해서만 도달할 수 있다.

"사유와 존재는 동일하다."[58]

---

56   위의 책, 239-240쪽(단편 8번)

57   위의 책, 231쪽(단편 2번)

58   위의 책, 231쪽(단편 3번)

여기서 사유는 플라톤과 서구 형이상학으로 이어지는 전통 속에서 '이성'을 뜻한다. 이렇게 파르메니데스는 이성이 포착하는 존재와 존재 자체는 동일하다고 주장한다.

"사유와 존재가 존재한다는 생각은 동일하다."[59]

이와 달리 니체는 사고와 존재 모두를 부정적으로 평가한다. 왜냐하면 사고는 포착될 수 없는 것을 포착하기 위해 많은 부분을 잘라 버려 단순화하고 도식화하는 작용일 뿐이며, 존재 역시 그렇게 사고에 의해 도식화된 것을 부르는 개념에 불과하기 때문이다. 따라서 사고나 존재는 그 본질에서 '허구'이다. 이런 의미에서 니체는 파르메니데스에 반대하여 다음과 같이 말한다.

"파르메니데스는 '존재하지 않는 것은, 사유되지 않는다.'라고 말했다. — 우리는 다른 극단을 취하며 말한다. '사유될 수 있는 것은 허구임에 틀림없다.'라고."(WzM, 369쪽)

이러한 존재의 세계를 글 8에서는 겨울의 세계, 얼음의 세계로 묘사한다. 그곳에서 모든 것은 영원불변한 것처럼 보인다. 그러나 그것은 차갑게 죽어 있는 것에 불과하다. 왜냐하면 죽은 것은 변화하지 않고 그 자체로 머물러 있는 것처럼 보이기 때문이다. 이것은 많은 사람에게 환상을 불러일으키기도 했으며, 그 환상이 존재, 진리, 선악 등의 허구를 만들어 낸 것이다.

---

59 위의 책, 238쪽(단편 8번)

"그들은 말한다. 만물이 유전하고 있다고? 들보와 난간이 강물 위에 저렇게 버젓이 있는데도! 강물 위에 있는 모든 것, 이를테면 사물의 모든 가치, 교량들, 개념들, 일체의 '선'과 '악'은 고정되어 있다. 이 모든 것은 고정되어 있다."(KSA 4, 252, 차라, 327쪽)

이에 반하여 니체는 변화의 진리성을 주장한다. 그것은 봄바람에 대한 예찬으로 나타난다. 봄바람은 고정되어 있는 듯이 보이는 모든 존재를 다시 변화로 돌려보낸다. 봄바람에 힘입어 얼어붙은 모든 것은 다시 흐르기 시작한다. 이러한 주장은 헤라클레이토스에 의해 '만물은 흐른다'(panta rei)라는 표현으로 제시되었다. 니체는 헤라클레이토스에 대하여 다음과 같이 말한다.

"존재라는 것이 공허한 허구 중 하나라고 하는 한에서 헤라클레이토스는 영원히 옳다. (...) '참된 세계'란 단지 가상 세계에 덧붙여서 날조된 것일 뿐이다."(KSA 6, 75, 우상, 98쪽)

헤라클레이토스가 주장하는 흐름이 가능하려면, 봄바람은 겨울이 만들어 낸 얼음의 세계를 파괴할 수 있어야 한다. 이 점에서 봄바람은 따뜻하고 유순한 것이 아니라 모든 것을 파괴하는 난폭한 바람이다.

이제 얼음은 봄바람에 의해 파괴되어 흐름을 시작하며, 그동안 고정되어 있던 모든 존재는 다시 흐르기(변화) 시작한다. 존재, 진리, 선악이라는 얼음이 흘러내려 사라지기 시작하는 것이다. 그것은 형이상학에 익숙했던 자들에겐 재앙의 시작이지만, 차라투스트라에겐 축복의 시작을 알리는 종소리이다.

"'재앙이로다! 축복이로다! 따뜻한 봄바람이 불어오고 있다!' 나의 형제들
이여, 골목골목을 누비면서 이렇게 설교하라!"(KSA 4, 252, 차라, 327쪽)

― 최후의 인간과 초인: 기식자, 벌레와 새로운 귀족

니체는 글 18에서, 교양인, 더부살이하는 자로 대변되는 '최후의 인
간'과, 고귀한 영혼, 새로운 귀족으로 대변되는 '초인'을 비교한다.

교양인은 고달픔에 지치고 게으르며 태만한 자, 한마디로 기력을 잃
은 자(Verschmachtende)이다. 그들은 자신의 목표를 향해 달려갈 생각
도 않고, 심연 위에 놓인 줄타기는 더더욱 엄두도 내지 못하는 자들이
다. 그들은 시간이 흘러가기만을 바라며, 누군가가 와서 그들을 깨워
일으켜 세울 때까지 먼지 속에서 뒹굴고 있는 자들이다.

"여기 기력을 잃은 자를 보라! 목표를 겨우 한 뼘 정도 남겨 두고 있을 뿐인
데도 지쳐서 먼지 속에서 꼼짝 않고 누워 있다."(KSA 4, 260, 차라, 337쪽)

이들은 자기 자신이 되기를 스스로 거부한 자라는 의미에서 역설적
으로 용감한 자, 혹은 영웅으로 불리기도 한다. 이러한 표현 방식은 니
체가 소크라테스식으로 비꼬는 반어법(Ironie)에 속한다(KSA 6, 70,
우상, 91쪽).

글 19에서 교양인은 자신의 존재의미를 상실하고 타인의 결단과 성
취에 무임승차하는 인간으로 그려진다. 그들은 자신뿐 아니라 다른 사
람들과 역사를 위해서 아무런 공적이 없는 자들이다. 니체는 이들을 글
18에서 '우글거리는 해충'(das schwärmende Geschmeiss)으로, 글 19
에서 '더부살이하는 자', 즉 기식자로 묘사한다. 그들은 새로운 세계를
열어젖히는 진정한 영웅들(Helden)의 공로에 기생해 살아갈 뿐 아니라,

그들의 상처와 약점을 집요하게 파고들며, 그곳에 자신의 안식처를 꾸미는 자들이다. 그들은 스스로도 죽어 있는 존재이며 동시에 항상 강한 자들의 피를 빨고 살면서, 그들을 죽이는 자들, 즉 벌레(Gewürm)이다.

> "더부살이하는 자, 그것은 너희의 상처 난 구석에 붙어 자신들을 살찌우려는, 기어다니는 벌레, 나긋나긋한 벌레이다. (...) 강한 자의 취약한 곳, 고결한 자의 지나치게 유순한 곳, 그곳에다 그는 그의 역겨운 둥지를 튼다. 더부살이하는 자는 위대한 자가 지닌 보잘것없는 상처 한구석을 거처로 삼는다."
> (KSA 4, 260-261, 차라, 339쪽)

영웅들은 창조자이며 생산하는 자인 반면, 더부살이하는 자들은 아무것도 생산하지 않으면서 남의 생산물을 가로채는 자들이다. 그런데 창조자와 더부살이하는 자의 연쇄 고리는 단 하나로 그치는 것이 아니라 끝없이 이어진다. 예를 들어 미셸 세르는 이솝 우화에 나오는 「서울 쥐, 시골 쥐」 이야기를 생산자와 첫째 기식자인 징세청부업자, 그리고 둘째 기식자인 시골 쥐의 연쇄 고리로 해석하면서, 세계는 창조자와 그것에 빌붙어 사는 기식자, 그리고 그 기식자에 다시 빌붙어 사는 기식자의 연결망이라고 주장한다.[60] 세계는 창조자와 기식자들이 엮어 내는 '체계'인 것이다.[61] 그 체계 속에서 기식자는 모방자이자 반복자로, 그리고 초대받지 못했음에도 생산자의 식탁에 개입하고 방해하는 자들로 존재한다. 그들은 창조자를 방해하는 자들이다. 그러나 그들은 엄밀한 의미에서 '약탈자들'과 구분된다.[62] 약탈자와 달리 기식자들은 숙주인

---

60 미셸 세르, 『기식자』, 김웅권 옮김, 동문선, 2002, 13쪽 이하 참조
61 위의 책, 26쪽 참조
62 위의 책, 18쪽 참조

창조자를 완전히 죽이지 않으며, 오히려 그들의 몸속에서 같이 살아간다. 그곳은 캄캄하다. 기식자들이 다니는 길은 캄캄한 밤이다. 그들은 마치 '지붕 위를 기어 다니는 수고양이'처럼 살금살금 다닌다.

이렇게 기식자들은 소리를 죽여 은밀하게 접근하고 사라진다. 그러나 그들이 아무런 소리도 내지 않는 것은 아니다. 그들의 숨죽인 소리도 결국엔 들리게 마련이다. 그 소리는 창조자의 행동을 방해하는 '소음'이다.[63] 소음은 일시적으로 창조자와 기식자의 체계를 중단시키기도 하지만, 체계는 곧바로 운행된다. 왜냐하면 기식자들이 내는 소음은 점차적으로 익숙한 소리로 여겨지기 때문이다. 이것은 종교인, 도덕인과 같은 기식자들에 의해 이루어진다.[64] 그들은 자신들의 소음을 아름다운 소리로 위장한 채, 창조자의 식탁에 '값싼 소음'을 식비로 제공하는 것이다. 그러나 그들의 소리는 결국 소음과 악취에 불과하다.

"그 같은 자들은 식탁에 자리할 때조차 아무것도, 심지어는 허기까지도 지참하지 않는다. 그러면서 그들은 '모든 것은 덧없다!'며 비방을 해 댄다"(KSA 4, 256, 차라, 332쪽)

이러한 방식으로 기식자들은 창조자의 피를 빨아먹으면서 자신들의 소음을 세계로 바꿔 간다. 이때가 바로 기식자들이 창조자를 이기는 순간이다. 그리고 역사는 기식자들의 승리로 점철되어 온 것처럼 보인다. 그러나 기식자들의 승리는 항상 창조자의 소리에 의해 다시 위협받게 된다. 이때 창조자가 내는 소리는 기식자들의 소음과 달리, 체계 자체

---

63 위의 책, 31쪽 참조
64 위의 책, 65쪽 참조

를 뒤흔들고 부수는 거대한 망치의 소리이다. 그것은 '사자의 소리'이다. 사자의 소리는 쥐들의 소음과 다르다. 사자의 소리가 쥐들의 소음에 의해 패배한 채 역사가 진행되는 듯이 보일 때조차, 역사의 돌쩌귀는 결정적인 순간에 창조자의 소리에 자리를 내주면서 쥐들의 소음을 막아 버린다. 이와 같이 사자의 소리는 쥐들의 소음을 극복하는 포효이다. 사자의 포효가 들리지 않을 때조차도 기식자들의 승리는 항상 전복될 수 있다. 왜냐하면 그들은 창조자가 존재하는 한 존재할 수 있기 때문이다. 이런 맥락에서 창조자의 소리는 비록 은폐되고 왜곡되어 있을 때에도 기식자들의 소음에 대하여 우위를 지닌다. 말하자면 창조자는 기식자들에 대하여 우월한 존재이며, 세계의 흐름은 항상 창조자로부터 흘러나와 기식자들의 방향으로 움직이는 것이다. 그럼에도 역사는 기식자들의 승리의 연속처럼 보이기도 한다. 이러한 역설을 니체는 다음과 같이 말한다.

"모든 존재자 가운데 무엇이 최상의 족속이며 무엇이 최하의 족속인가? 더부살이하는 자가 최하의 족속이다. 그런데 최상의 족속이 대부분의 더부살이하는 자들을 먹여 살린다."(KSA 4, 261, 차라, 339쪽)

그러나 창조자가 기식자들을 먹여 살리는 것은 창조자가 약자로 전락했기 때문이 아니라, 그들이 '강자' 자체이기 때문이다. 그들은 자신들의 강한 힘과 의지를 기식인들에게 베푸는 것이다.

강자는 약자에게 굴복하고 그들을 섬기는 것이 아니라, 단지 자신의 넘치는 힘을 흘려보냄으로써 기식자들을 먹고 살 수 있게 해 주는 것이다. 그리고 강자는 그 대가를 요구하지 않는다. 왜냐하면 강자가 약자에게 식탁을 베푸는 이유는 강압적인 명령이나 동정에 의한 것이 아니라 자신의 넘치는 힘 때문에 벌어진 일이기 때문이다. 이때 강자는 자신의 넘치는 힘을 즐길 뿐, 그 힘을 가로채는 기식자들에게 관심을 갖지 않는다. 따라서 강자가 기식자들에게 식탁을 제공하는 것은 어쩌면 당연하다.

"어떻게 이 영혼 곁에 (…) 많은 더부살이하는 자들이 모여들지 않겠는가?"
(KSA 4, 261, 차라, 339쪽)

이러한 창조자를 니체는 초인이라 부른다. 글 19에 의하면 벌레와 같이 짧은 다리로 꾸물꾸물 기어 다니는 기식자들과 반대로, 초인은 긴 다리를 갖고 심연을 건너뛰어 다른 산 정상으로 걸어갈 수 있는 자이다. 초인의 긴 다리, 즉 '사다리'는 상승과 초월의 능력을 가리키며, 심연은 그의 높이에 걸맞는 깊이를 지시한다. 이렇게 초인은 내적 깊이를 지닌 채, 자신의 존재를 향해 줄을 건너가는 자이다. 그는 자신의 존재를 끊임없이 시도하는 자이다. 그 시도는 그의 자유에서 발원하는 것이지만, 그의 자유는 바로 그의 존재 자체를 향하는 것이기에 자유와 필연성은 서로 만나게 되는 것이다.

"자기 자신의 내면으로 더없이 멀리 뛰어들고, 그 속에서 방황하며 배회할 만큼 더없이 포괄적인 영혼, 기쁜 나머지 우연 속으로 떨어지는 가장 필연적인 영혼."(KSA 4, 262, 차라, 339쪽)

그가 자신을 넘어서려고 시도하는 한 그는 항상 자신으로부터 떠나는 자이며, 동시에 그의 떠남은 자기 자신에게로 돌아오는 길이기도 하다.

"자기 스스로에게서 도망쳐 버리는, 더없이 큰 동그라미 속에서 자기 자신
을 따라잡는 영혼."(KSA 4, 261, 차라, 339쪽)

초인은 자신의 힘에의 의지를 통해 끊임없이 자신으로부터 떠나면
서, '동일한 것의 영원회귀'라는 방식으로 자기 자신으로 돌아오는 존
재인 것이다. 그의 존재는 항상 움직이는 변화로서만 생명력을 갖는다.
그는 항상 오가는 썰물과 밀물의 흐름으로서 존재한다. 이러한 초인을
글 19에서는 '가장 고귀한 영혼'(die höchste Seele)이라고 칭한다.
　이러한 초인은 글 3에서는 '교량', '새로운 아침놀에 이르는 도정',
'위대한 정오', '새로운 밤과 새로운 별'이란 메타포로 표현된다. 초인
은 자신에 이르는 길, 그것도 도중으로서의 길이고, 새로운 '밤의 노래'
를 들려주는 자이며, 새롭게 '춤추는 별'을 보여 주는 자이다. 또한 과
거라는 시간의 굴레로부터 해방해 주는 자, 수수께끼를 푸는 자, 미래
를 창조하는 자이다. 이러한 가르침을 위해 그는 스스로 몰락하는 자이
다. 그러나 그의 몰락은 창백하고 빛바랜 몰락이 아니라 위대한 정오의
햇살을 간직한 채 저무는 태양과 같이 광활한 바다 위를 황금빛으로 물
들이는 몰락이다.

"나는 지는 태양, 저 넘치는 자에게서 그것을 배웠다. 태양은 지면서 무진장
한 풍요로부터 황금을 바다에 뿌린다. 그리하여 더없이 가난한 어부조차도
황금으로 된 노를 젓는다!"(KSA 4, 249, 차라, 323쪽)

이러한 초인을 글 5에서는 '고귀한 영혼'(edle Seele)이라고 표현한
다. 여기서 '고귀함'은 무임승차하는 기식자들과 달리, 스스로 자신의
삶을 책임지고, 그것을 향유하며 즐기는 존재방식을 뜻한다.

"'생이 우리에게 약속한 그것을 우리는 생에 지키고자 한다.' 라고 말한다면 그것은 참으로 품위 있는 이야기이다."(KSA 4, 250, 차라, 324쪽)

그런데 자신의 존재와 생 자체를 즐길 수 있으려면 향락을 부정하거나 향락에 압도되는 의지가 약한 자와 달리, 자신이 원하는 것을 스스로 즐길 수 있는 능력이 있어야 한다. 이런 의미에서 초인은 향락에 대하여 무거운 가치 평가를 제시했던 '예언자나 점성술사'와 달리, 스스로 향락의 가치를 자유롭게 결정하는 순진무구한 자인 어린아이와 같은 자이다. 이때 어린아이는 어른 이전의 상태인 미완성의 인간형을 뜻하는 것이 아니라 최후의 인간으로 전락한 어른으로부터 새롭게 태어나는 미래적인 인간형을 뜻한다. 이러한 미래적 인간형을 니체는 글 11, 12에서 '새로운 귀족'(neuer Adel)이라 부른다.

"오, 형제들이여, 나는 너희를 새로운 귀족으로 서품하여 귀족이도록 명령하노라. 너희는 미래를 위한 증인과 배양자가 되어야 하며 씨 뿌리는 자가 되어야 한다."(KSA 4, 254, 차라, 330쪽)

새로운 귀족에게 요구되는 명예는 미래를 향하는 의지, 자신을 뛰어넘고자 하는 의지 자체이다. 이들은 새로운 어린아이들이며, 아직 발견되지 않은 처녀지와 같은 존재이다. 이제 필요한 것은 이러한 어린아이를 찾는 일이며, 그들을 사랑하는 일이다. 이를 위해 아직 발견되지 않는 처녀지를 향해 돛을 올리고 광망한 바다로 위험한 항해를 시작해야 한다. 이때 가장 필요한 덕목이 용감함이다. 왜냐하면 위험한 항해를 하려면 크나큰 경악과 구토와 뱃멀미를 극복하고 나아가는 '용감하고 참을성 있는 항해자'가 되어야 하기 때문이다. 이러한 길을 걷는다는

것은 아직 권력을 쥐고 있는 과거에 의해 죽임을 당할 수 있다는 위험
도 무릅써야 하는 일이다.

> "그들은 새로운 가치를 새로운 서판에 쓰는 자를 십자가에 못 박아 처형한
> 다. 이렇게 하여 그들은 그들 자신을 위해 미래를 제물로 바친다. 전 인류의
> 미래를 십자가에 못 박아 처단하는 것이다. 선한 자, 그들은 언제나 종말의
> 발단이었다."(KSA 4, 266, 차라, 346쪽)

맨 처음 새로운 길을 가는 자들은 거의 필연적으로 과거의 마지막이
될 수밖에 없다. 그가 새로운 첫걸음일 수 있는 이유는 그가 과거의 마
지막 걸음이 되었기 때문이다. 이것이 바로 초인을 향하는 자들이 겪게
될 운명이다.

> "오, 나의 친구들이여. 아이들 가운데 맏이는 항상 제물이 되어 바쳐진다. 이
> 제는 우리가 맏이다. 우리 모두는 비밀 제단에서 피를 흘린다. 우리 모두는
> 낡아 빠진 우상들에게 영광을 돌리기 위해 불에 타며 구워진다."(KSA 4,
> 250–251, 차라, 325쪽)

그러나 그를 태운 불의 지진은 역설적이게도 새로운 존재의 샘
(Quelle)과 원천(Ursprüngen)을 드러낸다. 비록 맏이는 불에 태워져
죽지만, 그 불의 지진을 통해 은폐되었던 또 다른 존재를 드러낸다는
점에 그의 위대함이 있다. 이때 그의 존재는 또 다른 불이다. 그의 불은
그를 태우는 불에 의해 사라지지 않는다. 이와 반대로 그를 태운 불이
꺼졌을 때 그의 불은 새롭게 불타오르기 시작하며, 그를 죽인 불을 오
히려 삼켜 버리는 것이다. 이러한 방식으로 그의 종말은 그의 시작이

된다. 이러한 사건을 통해 비로소 '인류의 미래'(Menschen-Zukunft)가 시작될 수 있으며, 이를 위해 니체는 숯과 다이아몬드에 대한 우화를 통해 거듭해 "단단해질지어다."라고 외치는 것이다.

이것은 초인을 향하려는 자뿐 아니라 차라투스트라 자신에게 하는 말이기도 하다. 그는 자신의 존재의 정오를, 혹은 자신이 정오의 태양 자체가 되는 순간을 기다리며 준비해야 하기 때문이다.

> "내 자신에 대해 그리고 가장 은밀하게 감추어져 있는 내 의지에 대해 준비되어 있기를. (...) 그 자신의 정오를 맞이할 준비를 하고 있고, 성숙한 별, 압도적인 태양의 화살로 인해 불타오르고, 꿰뚫리고 행복해하는 별로서. 승리 속에서 섬멸할 채비를 하고 있는 태양 그 자체와 냉혹한 태양의 의지로서!"(KSA 4, 269, 차라, 350쪽)

이렇게 니체는 새로운 서판에서 가치와 초인, 힘에의 의지, 미래에 대한 내용을 다룬다. 그런데 가장 중요한 문제인 시간, 즉 영원회귀에 관한 문제는 새로운 서판에 거의 등장하지 않는다. 그 대신 니체는 이 주제를 "건강을 되찾고 있는 자"에서 독립적으로 다룬다.

g. 힘에의 의지와 영원회귀: 자유와 운명의 종합

"건강을 되찾고 있는 자"의 배경은 동굴이다. 차라투스트라는 자신의 거주처에서 무시무시한 소리를 지른다. 그러나 일어날 생각을 하지 않는다. 그만큼 그가 맞닥뜨려야 할 주제가 무겁고 두렵기 때문이다. 그는 이것을 자신의 깊은 곳에 있는 '심연의 사상'(abgründlicher Gedanke)이라고 부른다. 이 사상은 지금까지 피해 왔지만, 이제는 해결해야 할 문제거리이다. 그는 이 사상을 자신의 내부에 깊게 감추어진 곳으

로부터 끄집어낸다. 그것은 영원회귀에 대한 문제, 즉 시간에 대한 문제
이다. 이제 차라투스트라는 자신이 시간의 대변자임을 자처한다. 시간
의 대변자라는 표현은 자신이 시간의 지평 속에서 벌어지는 모든 사건,
즉 삶의 대변자이자, 동시에 삶 속에 포함되어 있는 고통에 대한 대변자
임을 뜻한다. 따라서 심오한 사상이 자신의 앞까지 올라왔을 때, 차라투
스트라는 메스꺼움을 느낀다. 그리고 차라투스트라는 다시 쓰러져 7일
동안 식음을 전폐한 채 누워 있다. 이 모습은 차라투스트라가 맞닥뜨
린 사상이 얼마나 어려운 것인지를 다시 한 번 보여 준다.

이와 대조적으로 차라투스트라가 누워 있는 뒤 배경은 목가적이고
조화로운 분위기로 묘사된다. 그의 주변엔 '노랗고 빨간 딸기, 포도송
이, 장미사과, 향기로운 풀과 솔방울'이 병풍처럼 둘러싸고 있다. 그의
코로는 좋은 향기가 스며든다. 마치 정원과 같은 세계가 그의 배경을
이루는 것이다. 물론 이 정원은 모든 갈등이 존재하지 않는 소박한 정
원이 아니라, 오히려 센티멘탈한 세계의 갈등을 극복하고 도달해야 할
'완성된 전원적 목가'라는 과제를 품고 있는 정원이다. 그런데 차라투
스트라의 동물들은 이러한 정원에서 단지 소박한 면만을 본다. 그들은
이렇게 말한다.

> "차라투스트라여, 우리처럼 생각하는 자들에게는 만물이 제 스스로 춤을 춘
> 다. 다가와 손을 내밀고는 웃고 달아난다. 그리고는 다시 돌아온다."(KSA
> 4, 272, 차라, 354쪽)

이러한 동물들의 말에 차라투스트라는 어찌도 그리 잘 아느냐고 비
아냥거린다. 왜냐하면 차라투스트라에게 심오한 사상을 에워싸고 있는
분위기는 단순히 소박한 정원이 아니라 질식할 뻔 했던 자신이 뱀의 모

가지를 물어뜯어 뱉어 버린 경험, 즉 끔찍하고 죽음에 가까웠던 경험을 포함하는 '센티멘탈한' 정원이기 때문이다. 차라투스트라에게 정원의 센티멘탈한 모습은 영원회귀라는 시간이 보여 주는 두렵고 메스꺼운 면, 즉 가장 왜소한 자도 되돌아온다는 사실과 연결된다. 따라서 그는 계속해서 메스껍다고 외치는 것이다. 가장 왜소한 자도 회귀한다는 것에 대한 권태와 싫증은 차라투스트라를 갈등과 병, 즉 센티멘탈한 상태로 몰아갔던 것이다. 그것은 영원회귀라는 시간 이해가 가장 극단적인 허무주의를 뜻하기도 한다는 사실에 대한 역겨움이다.

그러나 다른 한편 차라투스트라는 뱀의 대가리를 물어뜯은 자이다. 그는 허무주의라는 병으로부터 회복된 자이기도 하다. 회복된 자로서 차라투스트라는 허무주의를 극복한 영원회귀에 대하여 알리고자 한다. 이때 영원회귀라는 원은 더 이상 벗어날 수 없는 뱀의 똬리가 아니라, 오히려 힘에의 의지를 통해 차라투스트라가 스스로 만들어 가는 원으로, 즉 사랑스러운 '반지'로 바뀐다. 차라투스트라 역시 영원회귀라는 매듭에 구속되어 있지만, 그에게 매듭은 강요된 매듭이 아니라 스스로 원하는 매듭이 되는 것이다. 따라서 차라투스트라는 영원회귀의 길을 노래하면서 즐겁게 걸어갈 수 있는 것이다. 왜냐하면 이러한 길과 이러한 순간이 다시 회귀한다고 하더라도, 그러한 회귀는 더 이상 피하거나 부정하고 싶은 역겨움이 아니라 스스로에게 노래를 보낼 수 있는 자부심에 찬 순간이기 때문이다.

"그러나 나를 얽어매고 있는 원인의 매듭은 다시 돌아온다. (...) 나 스스로 영원한 회귀의 여러 원인에 속해 있는 것이다. 나는 다시 돌아오리라. (...) 동일한 생명으로 영원히 되돌아오는 것이다. 또다시 만물에게 영원회귀를 가르치기 위해."(KSA 4, 276, 차라, 359–360쪽)

전자는 영원회귀의 필연성을 말하는데 반해, 후자는 영원회귀에 대한 차라투스트라의 자유에 대하여 말한다. 이것은 회귀하는 필연성, 즉 운명은 그의 자유와 대립되지 않는다는 것을 보여 준다. 그의 자유는 이제 필연성이 되는 것이다.

이로써 차라투스트라는 동일한 것의 영원회귀라는 트라우마로부터 벗어나게 된다. 이제 중요한 것은 영원회귀라는 거대한 순환을 염려하거나 기다리는 것이 아니라 영원회귀를 통해 다시 반복되는 각각의 길들을, 즉 자기 자신 앞에 주어진 순간순간의 길들을 힘에의 의지를 통해 어떻게 걸어가는가에 놓여 있는 것이다. 이렇게 "건강을 되찾고 있는 자"는 힘에의 의지를 통한 영원회귀에 대한 긍정으로 끝을 맺는다. 이 점은 "위대한 동경에 대하여"와 "일곱 개의 봉인"으로 이어진다.

h. 위대한 동경: 화해된 시간-공간-윤무

『차라투스트라는 이렇게 말했다』라는 책을 전체적으로 볼 때, 3부는 발단과 전개를 거쳐 절정에 해당되는 부분이다. 그중 "건강을 되찾고 있는 자"는 절정의 절정에 해당되는 것처럼 보인다. 왜냐하면 여기서 모든 문제가 일단 해결된 듯이 보이기 때문이다. 이런 점은 바로 이어지는 "위대한 동경에 대하여"의 경우도 마찬가지이다.

이 글에서 차라투스트라는 영원회귀에 대한 심각한 내적 투쟁을 마친 후, 자기 영혼과 대화를 나눈다. 말하자면 "위대한 동경에 대하여"에서는 심오한 사상의 무게를 떨쳐 낸 차라투스트라가 자신과 나누는 독백이 묘사되는 것이다. 독백을 감싸고 있는 분위기는 사뭇 평온하고 즐거워 보인다. 이 점을 우리는 '춤', '노래', '웃음' 등의 표현에서 찾아볼 수 있다. 그것은 한마디로 긍정의 표현이다. 이 점은 첫 문장에서 묘사되는 모든 시간과 공간에 대한 긍정에서도 확인할 수 있다.

"오, 나의 영혼이여. 나는 네게 '오늘'을 말할 때, 마치 '앞으로 언젠가는', '이미 일찍이'를 말하듯 하라고 가르쳤으며, 일체의 여기와 저기, 그리고 거기를 뛰어넘어 윤무를 추도록 가르쳤다."(KSA 4, 278, 차라, 361쪽)

여기서 차라투스트라는 현재(Heute), 미래(Einst), 과거(Ehemals)가 화해된 '시간'과 이곳(Hier), 저곳(Da), 그곳(Dort)이 화해된 '공간'에 대하여 말한다. 화해된 시간과 공간은 윤무(Reigen)와 연결된다. 이 춤은 처음과 끝이 서로 이어진 거대한 원환을 이루는, 즉 영원회귀와 같은 모습의 춤으로 묘사된다. 이와 같이 이 글에서는 시간-공간-윤무가 시각적으로 그려진다. 그러나 화해된 시간-공간-윤무가 차라투스트라에게 완전히 주어진 것은 아니다. 오히려 이러한 상태를 눈앞에 두고 차라투스트라와 그의 영혼은 아직 분리되어 있다. 여기서 차라투스트라의 영혼은 차라투스트라 자신이기도 하지만, 차라투스트라에 의해 반성되는 존재이기도 하다. 차라투스트라는 스스로 자신의 영혼을 바라보면서, 그 영혼이 자신과 같기를 말하는 것이다. 그렇다고 그의 영혼은 단순히 대상도 아니다. 그의 영혼은 자신만의 문제에 직면하여 그것을 해결하려고 애쓰는 또 다른 주체이기 때문이다. 그럼에도 차라투스트라 자신과 그에 의해 반성되는 그의 영혼이 완전히 동일한 것은 아니다. 차라투스트라는 그의 영혼을 이끌어 가는 자이며, 그의 영혼은 차라투스트라에 의해 이끌려지는 존재이기 때문이다.

차라투스트라는 자신의 영혼에게 화해된 시간-공간-윤무를 제시해 주었다고 말한다. 그러나 그의 영혼은 이러한 존재세계에 아직 도달하지 못한 것으로 묘사된다. 차라투스트라는 그의 영혼에게 '먼지와 거미, 애매한 것', '사소한 수치심과 구석진 덕'을 쓸어 내 주었다고 말한 후, '맨몸으로 태양의 눈길 앞에 서도록' 설득한다. 차라투스트라는 그

의 영혼에게 죄를 목 졸라 죽이고, 대신 '구름 한 점 없는 확 트인 하늘'
을 보여 주었다고 말하면서, 이제 그의 영혼으로 하여금 스스로 '예'와
'아니요'를 말하기를 요구한다. 이렇게 차라투스트라는 그의 영혼이 자
신의 높이로 올라오기를 설득한다.

> "오, 나의 영혼이여, 나는 그 자신의 높이에까지 올라오도록 바다를 설득하
> 는 태양처럼 네 근거들을 네게 오도록 설득하라고 가르쳤다."(KSA 4, 278-
> 279, 차라, 362쪽)

이제 그의 영혼은 거세게 파도치는 바다를 내려다보는 하늘을 '동
경'해야 한다.

> "너의 충만은 거세게 파도치는 바다 저 너머를 바라보며 구하고 기다리고 있
> 다. 넘치는 충만에 대한 동경이 너의 웃음 어린 눈동자의 하늘에서 내려다보
> 고 있다!"(KSA 4, 279, 차라, 363쪽)

자신의 영혼에게 제시하는 바다 너머로의 동경을 차라투스트라는
'위대한 동경'(die grosse Sehnsucht)이라고 부른다. 이를 위해 차라투
스트라는 자신의 영혼에게 모든 지혜와 새로운 포도주, 즉 '언제 담았
는지 알 수 없을 만큼 오래 묵은, 도수 높은 지혜의 포도주'를 주었다고
말한다. 그 지혜는 '태양과 밤, 침묵과 동경'을 포함하는 지혜이다. 즉
차라투스트라가 준 지혜는 태양의 지혜뿐 아니라, 밤의 지혜이기도 하
다. 차라투스트라가 준 지혜는 형이상학이 주장하는 이분법적인 가치
저편에 있는 가치, 모든 것을 포괄하고 넘어서는 가치를 뜻한다. 이러
한 지혜를 통해 이제 차라투스트라의 영혼은 충분히 성숙해진다. 이때

'황금', '포도'와 같은 메타포가 제시된다. 포도나무는 식물 중 가장 순수한 액을 머금은 나무를 뜻한다.

"포도나무의 수액이 올라오는 도관은 워낙 좁아서 대지에서 자아올려진 가장 순수하고 가장 감미로운 수액만을 통과시킨다."[65]

『차라투스트라는 이렇게 말했다』에 등장하는 황금과 포도나무는 사자와 더불어 연금술적인 최고의 상징들이다. 포도송이 안에는 태양의 황금이 녹아 있다. 이것으로 만든 포도주는 포도의 피이다. 그리고 사자 안에서 면면히 흐르는 피는 황금빛 포도주와 다름없다. 또한 태양의 황금빛 햇살은 모든 곳에 편재하며 두루 비춘다. 이와 같이 '탁월한 보편성, 우주적 힘과 기능'을 상징하는 황금과 포도는 모든 갈등 저편의 '시간-공간-유희'를 벌어지게 하는 원형이다.[66] 이러한 메타포를 통해 니체는 차라투스트라의 영혼이 충분히 성장했다는 점을 보여 준다.

"오, 나의 영혼이여, 너 포도넝쿨은 이제 넘칠 만큼 풍요롭게 자라나 부풀어 오른 젖가슴에 다갈색 황금 포도송이를 주렁주렁 달고서 저기 힘겹게 서 있다."(KSA 4, 279, 차라, 362쪽)

여기서 자신의 영혼이 '힘겹게 서 있다'라고 표현한 이유는 그의 존재나 그가 닥친 상황이 무겁기 때문이 아니라, 오히려 '부풀어 오른 젖가슴'이란 표현이 암시하듯이, 자신 안에 차고 넘치는 생명력 때문이

65   가스통 바슐라르, 『대지와 의지의 몽상』, 359쪽
66   위의 책, 357, 359, 361, 362쪽 참조

다. 그럼에도 차라투스트라의 영혼 안에는 아직도 눈물과 울음이 존재
한다. 이러한 영혼에게 차라투스트라는 울음 대신 웃음을, 눈물 대신
노래를 부를 것을 명령한다.

눈물과 울음을 넘어 웃음과 노래를 부를 수 있는 세계의 모습을 그는
'동경으로 가득 찬 조용한 바다 위에 황금빛 기적인 조각배가 뜨고, 그
황금의 둘레에 온갖 좋고 나쁜 놀라운 사물이 춤추듯 뛰는 곳', 즉 시
간-공간-윤무가 이루어지는 곳이라고 묘사한다. 차라투스트라는 자신
의 영혼에게 '위대한 동경'의 세계를 보여 주면서 이제 감사하며 노래
를 부를 것을 명령한다. 그럼에도 위대한 동경의 세계는 아직 도달되지
않는다. 왜냐하면 차라투스트라는 자신의 영혼뿐 아니라 자신의 지혜,
그리고 생명 자체와의 대화를 남겨 두고 있기 때문이다.

위대한 동경은 궁극적으로 그의 지혜가 되어야 하고, 그것은 곧 생명
자체와 화해되어야 한다. 그러나 생명은 고분고분하고 만만한 것이 아
니다. 따라서 3부 거의 마지막 장에서 니체는 생명의 문제를 다시 다룬
다. 이제 남은 유일한 문제는 바로 생명 자체이기 때문이다.

i. 또 다른 춤의 노래: 생명의 노래

"또 다른 춤의 노래"는 2부 "춤의 노래"에 이은 '생명에 대한 노래'
이다. "춤의 노래"에서 차라투스트라는 생명에 대한 자신의 사랑을 고
백하면서 자신은 아직 생명의 높이에 이르지 못했음을 고백한다.

"오, 생명이여, 나는 최근에 너의 눈을 들여다본 적이 있다! 그때 나는 헤아
릴 수 없을 만큼 깊은 곳으로 가라앉고 있는 듯싶었다. 그러나 너는 황금 낚
시로 나를 끌어올렸다."(KSA 4, 140, 차라, 177쪽)

깊은 곳으로 가라앉고 있는 차라투스트라를 끌어올린 것은 생명의 황금 낚싯줄이다. 말하자면 차라투스트라는 아직 생명 자체에 대하여 충분히 이해할 만한 높이에 이르지 못한 것이다. 따라서 2부에서 차라투스트라는 생명에 대한 노래를 부를 뿐 아직 춤을 추지는 못하고 있으며, 생명은 마치 심연과 같이 헤아릴 수 없는 것으로 남아 있다.

"아, 이제 너는 다시 눈을 뜬다, 오 사랑스러운 생명이여! 그리고 나는 그 깊이를 헤아릴 수 없는 것 속으로 다시 가라앉고 있는 듯싶다."(KSA 4, 141, 차라, 179쪽)

그리고 2부의 마지막은 생명에 대한 질문으로 끝난다.

"춤이 끝나고 소녀들이 모두 다 나가자 그는 서글퍼졌다. (…) 웬일인가! 차라투스트라여! 너는 아직 살아 있는가? 무슨 이유로? 무엇을 위해? 무엇으로써? 어디로? 어디에서? 어떻게? 아직 살아 있다는 것, 그것은 어리석은 일이 아닌가? 아, 벗들이여, 내 속에서 그런 물음을 던지는 것은 저녁이다. 나의 슬픔이여, 나를 용서하라! 저녁이 되었다. 용서하라, 저녁이 된 것을!"(KSA 4, 141, 차라, 179쪽)

이렇게 질문하는 차라투스트라를 둘러싸고 있는 배경은 싸늘한 바람이 불어오는 저녁 무렵이다. 그런데 3부 "또 다른 춤의 노래"의 배경도 싸늘한 바람이 부는 저녁 무렵이다. 2부와 거의 비슷한 시간을 배경으로 "또 다른 춤의 노래"는 "춤의 노래"의 내용과 거의 유사하게 시작한다.

그 첫 문장은 2부의 내용과 유사하지만 차이점도 있다. 2부에서와 달리 이제 차라투스트라는 더 이상 생명으로부터 멀리 떨어진 깊은 곳이 아니라 생명의 눈동자 속에 황금빛이 비추는 것을 볼 수 있을 만큼 가까운 곳에 위치한다. 그곳에서 그는 오르내리는 생명의 조각배를 바라본다. 그뿐만 아니라 3부에서 차라투스트라는 단순히 생명에 대한 노래를 부르는 자가 아니라, 춤을 추는 자로 묘사된다.

> "나의 발은 벌써 춤을 추겠다고 야단이었다."(KSA 4, 282, 차라, 366쪽)

차라투스트라는 생명을 외부적으로 관찰하고 칭송하는 자가 아니라 생명 자체를 경험하고 생명의 오르내림(도약과 몰락)을 직접 춤으로 표현하는 자가 된 것이다. 그는 생명이란 문제를 생명 자체를 통해 경험하고 이해하게 된 것이다. 이때 그는 생명의 본질이 이중적임을 경험한다. 생명은 생명에 몰입하는 순간 슬그머니 뒤로 사라지고, 이와 반대로 생명으로부터 멀어졌을 때 다시 모습을 드러내는 존재라는 것이다. 즉 생명은 생명 자체의 과도한 힘과 부딪치려는 자에겐 위험한 것으로 나타난다. 그때 생명은 머리카락 하나하나가 뱀인 메두사와 닮아 있다.

> "나는 서둘러 네가 있는 곳을 향해 도약했다. 그러나 너는 달아나고 말았다. 달아나면서 휘날리는 너의 머리카락의 혀가 나를 향해 날름거렸다! 나는 너와 휘날리는 너의 뱀들에게서 서둘러 도망치고 말았다."(KSA 4, 282, 차라, 366쪽)

그러나 생명의 힘을 상실해 가는 자에게 생명은 한없이 그리운 존재이다. 이와 같이 생명은 너무 가까운 것도, 너무 먼 것도 허용하지 않는 이중적인 존재이다. 이러한 생명의 특징을 차라투스트라는 '속박하는 자, 휘감는 자, 유혹하는 자, 탐색하고 발견하는 위대한 여인 (...) 난폭한 자, 귀여운 말괄량이' 등으로 묘사한다. 이렇게 가까움과 멂 모두를 거부하는 생명에게 차라투스트라는 화해할 수 있기를 요구한다.

> "나는 너와 함께 좀 더 순탄한 오솔길을 걸어가고 싶다! 조용하고 다채로운 덤불을 가로질러 나 있는 사랑의 오솔길을! 아니면 저기 황금빛 물고기들이 헤엄치며 춤추고 있는 호숫가를 따라서!"(KSA 4, 283, 차라, 368쪽)

이렇게 생명에 다가가려는 차라투스트라에게 생명의 비밀은 포착되지 않고 단지 생명이 할퀸 자국만이 남아 있을 뿐이다.

> "그토록 지쳐 있는가? 그렇다면 내가 너를 업고 가겠다. (...) 오, 날쌔고 경쾌한 몹쓸 뱀이여, 그리고 미끄러워 좀처럼 손에 잡히지 않는 마녀여! 어디로 가 버렸느냐? 나는 너의 손이 내 얼굴에 남겨 둔 두 개의 자국과 붉은 반점만을 느낀다!"(KSA 4, 283, 차라, 368쪽)

이 점은 생명의 과도함이나 과소함 모두 결국에는 죽음을 향하게 된다는 점을 암시한다. 왜냐하면 생명의 힘이 더 많은 힘을 과도하게 추구할 때 생명은 생명 자체를 넘어서려는 경향을 띠며, 생명의 힘을 상실해 최소한의 생명력만을 유지할 때 생명은 생명의 본질을 상실하게 되기 때문이다. 따라서 생명을 경험하기 위해 중요한 것은 생명의 과도함과 과소함 사이의 화해점을 찾는 일이다. 그러나 이곳은 선악이란 가치 평가를 넘어서는 곳이다. 왜냐하면 선악은 생명의 힘, 즉 힘에의 의지에 의해 규정되는 것일 뿐, 그 반대로 선악이 힘에의 의지, 즉 생명을 규정하는 것은 아니기 때문이다. 이 점을 니체는 다음과 같이 말한다.

"우리는 선과 악의 저편에서 우리가 머물 섬과 우리 둘만의 푸른 초원을 찾
아냈다. 우리 단둘이서! 그러니 우리는 이제 서로 화목해야 한다!"(KSA 4,
284, 차라, 369쪽)

진정한 화해점을 찾으려면 차라투스트라와 생명 사이의 밀고 당기는
노력은 계속되어야 한다. 이런 상황에서 생명은 차라투스트라에게 그
가 자신을 버릴 것이라고 염려한다. 왜냐하면 이제 차라투스트라는 생
명의 비밀 문을 열고 생명의 본질을 목격하게 될 것이고, 생명 자체가
얼마나 사랑스러우면서 동시에 얼마나 위험한지를 알게 될 것이며, 생
명을 알려는 그의 시도에 비하여 생명의 깊이가 얼마나 깊은지를 알게
될 것이기 때문이다. 이 점을 감지한 생명은 차라투스트라가 자신을 떠
날 것을 두려워한다.

"윙윙 울리는 소리를 내는, 낡고 무거운 종이 하나 있다. 그 소리는 밤중에
너의 동굴까지 울려 퍼진다. 자정이 되어 시간을 알리는 종이 울리면 너는
하나에서 열둘 사이에서 궁리한다. 너는 궁리한다. 오, 차라투스트라여, 나
는 알고 있다. 네가 곧 나를 버리고 떠날 궁리를 하고 있다는 것을!"(KSA 4,
285, 차라, 370쪽)

자정에 울리는 종소리는 차라투스트라와 생명 사이의 관계를 결단해
야 하는 시각을 알리는 소리이다. 이것은 조종의 울림일 수도 있고 환
희의 울림일수도 있다. 이 사이에서 차라투스트라는 생명의 문제가 자
신이 넘어야 할 마지막 산 정상임을 느끼며, 그 어려움 앞에서 울음을
터뜨린다. 그리고 종소리와 더불어 마치 묵시록의 한 장면과 같이, 최
후의 판결을 강요하는 '생명의 소리'가 수수께끼처럼 울려 퍼진다. 생

명의 소리가 열두 번 울려 퍼지면서 "또 다른 춤의 노래"는 끝난다. 그리고 "일곱 개의 봉인"에서 차라투스트라의 사랑의 노래가 울려 퍼진다. 그것은 솔로몬의 「아가」와 같은 사랑의 노래, 즉 생명의 비밀에 응답하는 차라투스트라의 사랑의 노래이다. 이 점을 차라투스트라는 "'그렇다'와 '아멘'의 노래"라고 부른다.

j. 일곱 개의 봉인: 영원한 사랑의 노래

"또 다른 춤의 노래" 3에서는 차라투스트라가 해결해야 할 생명의 비밀에 대한 논의가 다뤄진다. 그것은 깊은 자정이 말하는 것이 무엇인지 유의하라는 점, 세계는 깊다는 점, 낮이 생각한 것보다 더 깊다는 점, 그 깊이만큼이나 세계의 고통도 깊다는 점, 그럼에도 기쁨은 마음의 근심보다 더 깊다는 점, 그리고 고통은 "사라져라"라고 말하는 반면, 기쁨은 "영원하라"라고 말한다는 점, 그것도 깊고 깊은 영원을 원한다는 점이다. 이 말(노래)에 대한 구체적인 해명은 4부 "밤의 여행자의 노래"에서 다룰 것이다. 여기서 우리는 "또 다른 춤의 노래" 3에서 묘사되는 주제들, 즉 생명이 깊은 고통을 수반한다는 점, 그럼에도 생명의 기쁨은 고통보다 더 크다는 점, 따라서 생명에의 사랑은 영원하다는 점에 유의하고자 한다.

이러한 생명의 특징은 "일곱 개의 봉인"에서 '영원한 사랑'의 형태로 묘사된다. 그것은 생명의 고통에도 불구하고 생명을 긍정하고 예찬하는 차라투스트라의 모습으로 나타난다. 차라투스트라는 생명 자체와 맞닥뜨리고, 생명의 고통을 넘어서 생명의 기쁨과 환희에 대하여 '거룩한 긍정'을 하는 자로 묘사된다. 여기서 긍정은 부정과 무관하거나 부정을 외면한 긍정이 아니라, 부정을 극복한 후 만나게 된 긍정을 뜻한다. 이러한 긍정을 차라투스트라는 사랑, 그것도 '영원한 사랑'이라고 표현한다. 이런 점에서 그의 사랑은 영웅적 사랑이지만 비극적 사랑이기도 하다. 왜냐하면 그는 이제 생명의 '진실을 말하는 자'(Wahrsager)로서 생명의 고통과 기쁨 모두를 말하고 고통까지도 긍정하려고 하기 때문이다. 이런 맥락에서 차라투스트라는 자신을 진실을 말하는 자, '그렇다'라고 말하는 자, '그렇다'라고 웃는 자로 소개하면서, 동시에 자신이 이러한 과제를 위해, 즉 '미래의 섬광'을 불붙이기 위해 아직은 산 정상 위에 머무는 '무거운 폭풍우'로 머물러야 한다고 말한다.

> "참으로 언젠가 미래의 섬광에 불을 붙이려는 자는 오랫동안 무거운 폭풍우가 되어 산 위에 걸쳐 있어야 한다."(KSA 4, 287, 차라, 372쪽)

이제 차라투스트라는 후텁지근하고 낮은 지대가 아니라 높은 산 정상에 머무르며, 현재라는 찰나가 아니라 과거와 미래 사이를 자유롭게 떠도는 구름과 같은 존재로서, 미래의 아이를 잉태한 '임산부'로 묘사된다. 그는 이렇게 높은 대지와 화해된 시간이야말로 자신이 추구한 생명의 비밀에 이르는 길이라는 것을 확인하고, 이 길에 대한 영원한 사랑을 노래한다.

> "오, 내 어찌 영원을, 반지 가운데 결혼반지인 회귀의 반지를 열망하지 않을 수 있으리오? 내 아이들을 낳아 줄 만한 여인을 나는 아직 발견하지 못했다. 내가 사랑하는 이 여인 말고는, 나, 너를 사랑하기 때문이다. 오, 영원이여! 나, 너를 사랑하기 때문이다. 오, 영원이여!"(KSA 4, 287, 차라, 372쪽)

이 후렴구는 글 1부터 글 7까지 계속 반복된다. 이 노래에서 생명은 영원히 회귀하는 것으로 묘사되며, 이렇게 회귀하는 생명에 대한 긍정을 차라투스트라는 사랑의 노래로써 찬미하는 것이다. 이런 점에서 생명이란 여인은 차라투스트라의 '누이이자 신부'이다.[67] 그는 지금 자신의 누이이자 신부와 결혼하기를 원하며, 그 징표로서 영원회귀를 상징하는 '반지 중의 반지'(Ring der Ringe)를 열망하는 것이다.

글 2에 의하면 그가 열망하는 세계는 과거의 무덤과 경계석을 파괴하고 낡은 서판과 옛 신들의 기념비를 부순 후, 그 사이로 보이는 '순수한 눈을 지닌 하늘'과 같은 세계이다. 그 하늘은 형이상학이 주장해 왔던 최고의 근거, 최초의 원인, 모든 존재자가 향해야 할 궁극적 목적이 아니며, 모든 존재자에게 자신을 향하기를, 자신과 일치하기를 요구하는 하늘도 아니다. 오히려 그 하늘은 우연을 긍정하는 하늘이며, 새로운 창조를 위한 숨결을 보내 주는 하늘이다. 이때 숨결은 모든 바람을 일으키는 근원적 바람, 즉 생명의 근원으로서 프뉴마를 암시하며, 바람의 울림으로서의 소리는 새로운 말, 말하자면 '노래'를 뜻한다.[68] 이렇게 우연의 하늘은 숨결을 통해 생명과 말을 전달하는 존재이다. 또한 우연의 하늘은 거대한 별들의 윤무가 이루어지는 무대이다.

"일찍이 창조적인 숨결에서 그리고 아직도 우연들을 강요하여 별의 원무를 추게 하는 그 천상의 필연에서 한줄기 숨결이 내게 다가왔다면."(KSA 4, 288, 차라, 373–374쪽)

이러한 세계는 신들의 탁자로서 '대지'를 가리킨다. 진실을 말하는 자로서 차라투스트라가 지시하는 세계는 '순수한 눈을 지닌 하늘'과

---

67   아가서, 4–5장 참조

68   최상욱, 『하이데거와 여성적 진리』, 367쪽 이하; M. Heidegger, *Unterwegs zur Sprache*, 196쪽 이하 참조

'신들의 탁자인 대지'가 어우러진 세계인 것이다. 이때 대지는 형이상
학이 주장하는 질료, 즉 형상에 대립되는 개념이 아니다. 오히려 대지
는 모든 존재자를 탄생시키고 간직하며 다시 받아들이는 대지, 모든 존
재자의 순환을 담지하는 대지이다. 이런 의미에서 대지는 감각적 질료
나 도덕적 악이 아니라, 그 모든 것 저편에 있는 코라와 같은 존재이
다.[69] 대지는 신의 주사위 놀이, 즉 우연의 놀이가 이루어지는 신의 탁
자이며, 그 자체로 신적인 존재(ein Götterisch)이다.

> "내 일찍이 신들의 탁자인 이 대지에 앉아 이 대지가 요동치고 터져 불길을
> 토하도록 신들과 주사위 놀이를 했다면."(KSA 4, 288, 차라, 374쪽)

이 대지는 놀이를 통해 지진을 일으키고 불을 내뿜는 대지이다. 그
것은 모든 것을 태워 버리고 다시 만들기 위한 불길(Feuerflüsse)이다.
대지의 지진과 불길은 대지 깊은 곳에 있는 불을 말로써 드러내기도
한다.

> "이 대지가 신들의 도박대이고, 창조적인 새로운 말들과 신들의 주사위 놀이
> 로 인해 떨고 있기 때문이다."(KSA 4, 289, 차라, 374쪽)

대지의 '창조적이고 새로운 말'은 하늘의 '창조적인 숨결'과 어우러
져 '그렇다'라는 긍정의 말을 드러낸다. 이와 같이 니체는 글 3에서 하
늘과 대지, 그리고 새로운 말이 어우러진 윤무를 묘사하고, 후렴구에서
이에 대한 사랑을 반복한다.

---

69   줄리아 크리스테바, 『공포의 권력』, 서민원 옮김, 동문선, 2001, 38쪽 이하 참조

이러한 세계의 모습은 글 4에서 좀 더 구체적으로 나타난다. 대지와 하늘이 어우러져 춤을 추는 세계는 자신 안에 모든 다양한 것이 '좋게 혼합된'(gut gemischt) 세계를 뜻한다. 그 세계는 단순히 한쪽 세계만을 주장하는 것이 아니라 각각의 차이를 포함하며, 그럼에도 차이들이 전체 안에서 좋게 혼합된 그러한 세계, 즉 다양한 것을 좋게 혼합시킨 '믹서'와 같은 세계이다.

"내 일찍이 온갖 것이 잘 섞여 있는, 그리하여 거품이 일고 있는 저 향신료 항아리에서 실컷 마셨더라면."(KSA 4, 289, 차라, 374쪽)

그 세계는 필연과 근거, 법칙에 의해 체계적으로 정돈된 세계가 아니라 다양한 차이가 만들어 내는 놀이의 세계이다. 이곳에서 먼 곳과 가까운 곳, 불과 정신, 즐거움과 고통, 나쁜 것과 좋은 것은 더 이상 대립되는 것들이 아니다. 오히려 이것들 각각은 전체로서 놀이를 만들어 내는 긍정적인 역할을 한다.

"내 일찍이 더없이 먼 것을 더없이 가까운 것에, 불을 정신에, 즐거움을 고통에, 더없이 나쁜 것을 더없이 좋은 것에 부어 주었더라면."(KSA 4, 289, 차라, 374쪽)

이렇게 차이를 지니는 것들은 이 모든 것을 혼합시키는 그릇(믹서), 즉 차라투스트라의 세계 안에서 좋은 혼합물로 만들어진다. 이때 다양한 차이를 결합시키는 것은 형이상학적인 로고스가 아니라, '소금'이다. 형이상학적 로고스에 의하면 좋은 것은 그 자체로 좋은 것이고, 나쁜 것은 그 자체로 좋지 않은 것이다. 이 둘 사이엔 거대한 경계선이 놓

여 있다. 반면에 차라투스트라가 말하는 소금에 의하면 좋은 것과 나쁜
것은 서로 대립되는 것이 아니다. 오히려 차라투스트라의 세계에서는
좋은 것이 좋은 것으로 존재하면 그것은 좋은 것이고, 나쁜 것이 나쁜
것으로 존재하면 그것도 좋은 것이다. 이와 같이 소금은 로고스와 달
리, 좋은 것을 좋은 것으로, 나쁜 것을 나쁜 것으로 유지시키는 힘이며,
좋은 것과 나쁜 것이 서로 섞일 수 있도록 하는 힘이다.

> "선과 악을 이어 주는 소금이 (...) 있다. 그리고 한없이 악한 것이라 해도 향
> 신료가 될 가치가 있고 마지막 거품을 넘쳐흐르게 할 가치가 있다."(KSA 4,
> 289, 차라, 375쪽)

　차이들을 좋게 혼합시키는 그릇 안에서 모든 것은 빙글빙글 돌아가
게 된다. 이러한 윤무를 묘사하면서 차라투스트라는 이에 대한 사랑을
반복한다. 그런데 이 세계는 주어진 세계가 아니라 창조적인 항해자들
에 의해 발견되어야 할 세계, 즉 아직 '발견되지 않은' 세계이다. 이 세
계를 향해 돛을 올리고 항해하는 것은 거친 파도와 싸워야 하는 일이
다. 거친 파도는 새로운 세계를 발견하려는 자에겐 오히려 그의 시도의
가치를 입증하고 그의 용기를 북돋운다. 따라서 항해자에게 화를 내는
거친 파도는 오히려 사랑스러운 것이다.

> "내가 바다에게, 그리고 바다와 같은 성질의 것 모두에게 호의를 품고 있다
> 면. 어느 때보다도 그것이 노하여 내게 덤벼들 때 더없는 호의를 품고 있다
> 면. 미지의 세계로 돛을 올리게 하는 그 탐색의 기쁨이 내 안에 있고, 항해자
> 의 기쁨이 내 기쁨 안에 있다면."(KSA 4, 290, 차라, 375쪽)

여기서 차라투스트라는 자신을 거친 파도와 싸워 나가는 항해자로, 그리고 자신의 즐거움을 '탐구하는 즐거움', '항해자의 즐거움'이라고 표현한다. 새로운 항해 길은 항상 새로운 길을 찾는 일로서, 그것은 굴하지 않는 실험정신과 용기를 필요로 한다. 용기는 모든 장애물을 벗겨 줄 수 있기 때문이다.

"눈에서 해안이 사라졌다. 이제 마지막 족쇄가 떨어져 나갔다."(KSA 4, 290, 차라, 375쪽)

자유정신을 통해 모든 족쇄로부터 벗어났을 때, 그의 눈앞에는 더 이상 바다가 아니라 미지의 세계가, 즉 저 멀리 새로운 공간과 시간이 열리기 시작하는 것이다.

"무한한 것이 내 주위에서 물결치고 있으며 저 멀리 공간과 시간이 반짝인다."(KSA 4, 290, 차라, 375쪽)

이렇게 차라투스트라의 세계는 새로운 공간과 시간이 펼쳐지는 세계, 공간과 시간이 원무를 이루는 세계, 즉 시간–공간–유희의 장소인 것이다. 그는 이러한 세계에 대한 사랑을 다시 반복한다.

글 6에서 차라투스트라는 덕에 대하여 말한다. 그것은 새로운 덕, '베푸는 덕'이다. 이 덕을 차라투스트라는 은은한 광채를 내는 황금으로 묘사한다. 이러한 덕은 한때 대지로부터 추방된 덕이며, 이제 다시 찾아야 할 새로운 덕으로서, '춤추는 자의 덕'(Tugend eines Tänzers)이라고 불린다. 춤추는 자는 그의 양쪽 발로 황금과 에메랄드의 환희를 밟는다. 이것이 그의 덕이 주는 기쁨이다. 이 덕은 스스로 새로운 선악을 규정한다. 새로운 덕 안에서 춤추는 자는 이제 과거의 선악을 넘어 춤출 수 있는 것이다.

> "웃음 속에 온갖 악이 서로 이웃하고 있지만, 악은 그 자체의 행복을 통하여 신성시되고 사면되기 때문이다."(KSA 4, 290, 차라, 376쪽)

춤추는 자의 덕은 더 이상 중력에 의해 고통받지 않는다. 그 덕은 자유롭게 춤추면서 하늘을 향해 올라가도록 하는 덕이다. 새로운 덕의 정신은 곧 '새의 정신'이다. 이렇게 차라투스트라는 자신의 새로운 세계에서 새와 같이 자유로운 정신으로 춤추기를 원하며, 이것이 그가 말하고자 하는 처음이자 마지막이라고 강조한다.

마지막으로 글 7에서 차라투스트라는 자신의 세계 안에서 자유롭게 비행하는 장면에 대하여 말한다. 이제 그는 중력의 영으로부터 완전히 벗어난 것이다. 그것은 무거움을 포함하는 생명과 대면하여 생명의 무거운 측면까지도 극복하고 긍정하는 단계를 뜻한다. 그는 이제 '새의 지혜'(Vogel-Weisheit)에 도달한다. 새의 지혜를 가지고 그는 저 멀리 빛 속 깊은 곳으로 헤엄쳐 날아간다.

새로운 세계를 새의 지혜와 새의 날개로 헤엄쳐 가면서 차라투스트라는 더 이상 위와 아래, 안과 밖이 없는 세계를 경험한다. 이러한 세계는 이미 『즐거운 학문』에서도 묘사되었다. 그러나 이 작품에서는 위와 아래가 없어진 세계를 미친 자의 말을 통해 '허무주의'의 세계로 묘사한다.

> "우리가 신을 죽였다. (...) 우리는 무슨 짓을 한 것일까? (...) 우리는 끊임없이 추락하고 있는 것은 아닐까? 뒤로 옆으로 앞으로 모든 방향으로 추락하

고 있는 것은 아닐까? 아직도 위와 아래가 있는 것일까? 무한한 허무를 통과하고 있는 것처럼 헤매고 있는 것은 아닐까?"(KSA 3, 481, 학문, 200쪽)

이러한 절규를 마친 후 미친 자가 교회에 뛰어들어가 신의 대한 진혼곡을 부르는 장면으로 『즐거운 학문』 125번은 끝난다. 여기서 신의 죽음, 위아래, 좌우의 사라짐은 추락, 허무로 표현된다. 이와 달리 『차라투스트라는 이렇게 말했다』 3부 마지막 부분에서 새의 지혜를 가진 차라투스트라는 위아래의 사라짐을 더 이상 허무주의로 생각하지 않는다. 오히려 그는 지금 '자유롭다'라고 고백한다. 이렇게 그가 도달한 세계, 즉 '생명의 세계'는 자유로운 놀이의 세계, 노래와 춤의 세계, 시간-공간-유희의 장소로 경험되는 것이다.

이때 차라투스트라는 말을 무거운 정신과, 새의 지혜에 도달한 경쾌한 자를 노래와 연결시킨다. 이로써 생명에 대한 차라투스트라의 근심은 극복되고, 그는 노래와 춤과 웃음이 지배하는 시간-공간-유희-세계에 도달한다. 그리고 그는 이러한 생명에 대한 간절한, 그러나 애달픈 사랑을 반복한다.

"오, 내 어찌 영원을, 반지 가운데서 결혼반지인 회귀의 반지를 열망하지 않을 수 있으리오! (...) 오, 영원이여! 나, 너를 사랑하기 때문이다. 오, 영원이여!"(KSA 4, 291, 차라, 377쪽)

이렇게 3부에서 차라투스트라의 비극은 끝이 나는 듯 보인다. 즉 머리말, 1부, 2부, 3부를 통해 발단-전개-절정과 대단원에 이른 듯이 보인다. 이런 측면에서 보면 4부는 사족처럼 보일 수도 있다. 그러나 생명은 항상 새롭게 전개되며 새로운 문제를 산출하는 능력이고 힘이다. 이러한 생명의 문제를 완전하게 해결하는 방식은 존재하지 않는다. 그렇다고 생명의 문제를 죽음 이후의 삶이란 형태로 해결할 수도 없다. 따라서 차라투스트라는 죽어서는 안 된다. 그리고 3부에서 해결된 듯이 보이는 생명의 문제도 그 자체로 완결된 것이 아니라면 차라투스트라는 생명을 충분히 살아 보고 경험하는 인물, 즉 노인이 되어야 한다. 이러한 점이 4부가 쓰여야 하는 이유이기도 하다.

『차라투스트라는 이렇게 말했다』 전체를 보면, 머리말, 1부, 2부, 3부 안에서 발단-전개-절정-대단원이란 구조가 완성되지만, 3부에서 도달한 절정과 대단원은 4부에서 다시 시작되는 발단-전개-절정-대단원이라는 구조와 연결된다. 이러한 '구조 안의 구조'라는 형태는 삶의 가변성과 지속성, 즉 힘에의 의지와 동일한 것의 영원회귀를 종합하는 방식이라고 볼 수 있다.

5. 『차라투스트라는 이렇게 말했다』 4부: 메타포로 읽기

4부는 『차라투스트라는 이렇게 말했다』 전체로 볼 때 대단원에 해당되지만, 그 안에는 다시 발단과 전개, 절정과 대단원이라는 구조가 놓여 있다. "꿀 봉납"과 "구조를 간청하는 외침"에서 시작된 4부의 내용은 "왕들과의 대화"부터 구체적으로 전개되고, "환영인사"와 "만찬"을 거쳐 "각성", "나귀의 노래", "밤의 여행자의 노래"에서 절정에 이르며, "조짐"에서 대단원을 내린다.

　이렇게 독자적인 구조를 지닌 4부는 내용면에서도 머리말부터 3부까지와 차이를 지닌다. 3부까지는 차라투스트라가 주요 등장인물이고, 그의 말이 중심축에 놓여 있다면, 4부의 초점은 '초인을 시도하던 중 좌절한 보다 높은 인간들'에, 그리고 차라투스트라의 말보다는 보다 높은 인간들과 차라투스트라 사이에서 벌어지는 '사건'에 놓인다. 또한 3부까지는 차라투스트라가 인간을 향해 산 정상으로부터 내려갔던 데 반해, 4부에서는 보다 높은 인간들을 차라투스트라 자신의 높이로 올라오게 하려는 노력이 묘사된다. 이런 의미에서 몰락, 혹은 내려감을 통해 시작되는 3부와 달리, 4부는 '올라감'을 통해 시작되는 것이다. 그리고 4부를 구성하는 주요 개념은 '연민'과 '웃음'이다. 4부 처음에는 차라투스트라의 웃음이, 중간에는 연민에 의한 최후의 유혹이, 마지막에는 유혹을 극복하고 다시 확보한 웃음이 묘사되는 것이다.

1) 차라투스트라의 천년제국을 확보하기 위한 사건의 발단

4부의 주제 중 하나가 '연민'(Mitleiden)이라는 점은 "꿀 봉납" 바로 앞의 인용문에서 확인된다. 이 글에서는 신의 죽음이 인간에 대한 연민 때문이었다는 것을 밝힌다.

> "언젠가 악마가 내게 이렇게 말한 일이 있다. '신 또한 자신의 지옥을 갖고 있다. 사람에 대한 사랑이 바로 그의 지옥이다.' 그리고 최근에 나는 그가 이런 말을 하는 것을 들었다. '신은 죽었다. 사람들에 대한 연민 때문에 죽고 말았다.'"(KSA 4, 294, 차라, 380쪽)

이 인용문은 연민이 4부의 전체 주제 중 하나이며, 연민은 차라투스트라가 극복해야 할 시험이라는 점을 알려 준다. 그런데 4부의 시작 부분인 "꿀 봉납"에서는 '웃음'이란 표현이 계속 반복된다. 이렇게 4부는 한편으로 연민에 의해 차라투스트라가 몰락할 수 있으리라는 염려와, 다른 한편으로 차라투스트라가 연민을 극복하고 웃게 될 것이란 점이 서로 대립되면서 진행된다.

"꿀 봉납"은 3부 이후 차라투스트라가 무슨 일을 했는지 알리지 않고, 곧바로 노인이 된 차라투스트라의 이야기로부터 시작된다. 백발이 된 차라투스트라는 산 위 자신의 동굴에 머물고 있다. 그의 동물들이 보기에 차라투스트라는 충분히 행복해 보인다. 동물들은 차라투스트라에게 "하늘처럼 파란 행복의 호수에 누워 있다."라고 말을 건넨다. 이에 대하여 차라투스트라는 자신의 행복은 동물들이 생각하는 행복과 다르다고 대답한다. 왜냐하면 차라투스트라에게 행복은 가벼운 하늘이나 잔잔한 호수와 같은 것이 아니라, 하나의 무거운 과제와 연결되기 때문이다. 그것은 높은 산을 향해 '보다 높은 인간들'을 끌어올리는 일이다. 이 일은 결코 쉽지 않은 일이다. 그러나 그 일은 차라투스트라가 원하는 일이고 해야만 하는 일이기에, 그의 행복이기도 하다. 차라투스트라는 동물과의 대화를 마치고 홀로 산 위에 올라 마음껏 웃은 후, 자신의 행복을 위한 과제가 무엇인지 다음과 같이 말한다.

"세계는 이처럼 크고 작은 진기한 것들로 가득 차 있다! 특별히 사람들의 세계, 사람들의 바다가 그렇다. 이 바다를 향해 황금 낚싯줄을 던지고는 나는 말한다. '열려라, 너 인간의 심연이여!' (...) 나는 오늘 최상의 미끼로 사람이라는 더없이 진기한 고기를 낚고 있다! 나는 내 자신의 행복까지도 사방으로 그리고 멀리, 일출과 정오 그리고 일몰 사이로 내던진다. 사람이라는 많은 고기가 나의 행복을 잡아당기고 버둥거리는 것을 배우지 않을까 싶어서이다."(KSA 4, 296-297, 차라, 383쪽)

차라투스트라는 사람들이 자신의 행복을 배우고, 그들의 행복이 자신의 높이까지 올라오기를 원하는 것이다.

"그들이 나의 감춰져 있는 예리한 낚시에 물려 나의 높이로 끌려 올라올 때까지 (...). 자, 사람들이여, 그러니 이제부터는 내가 있는 곳으로 올라오는 것이 좋겠다."(KSA 4, 297, 차라, 383-384쪽)

이와 같이 4부에서 차라투스트라는 사람들에게로 내려가는 대신, 그들을 자신에게로 끌어올리려 한다. 이때 그는 성서의 표현과 같이, '사람을 낚는 낚시꾼'으로 묘사된다. 그러나 그는 사람들이 자신을 구세주로 알고 경배하는 대신, 그들 각자의 존재방식을 배우고, 그 방식대로 자신만의 삶을 살아가기를 원한다. 이러한 존재방식을 그는 "있는 그대로의 네가 되어라."라고 표현한다. 이 표현에 의하면 각각의 사람은 아직은 그 자신으로 살아가는 것이 아니다. 그들은 자신이 상실하고 망각한 자신만의 존재를 실현해야 한다. 그러나 그들은 자신 이외의 다른 사람이 되는 것이 아니다. 왜냐하면 사람은 결코 다른 사람이 될 수 없으며, 되어서도 안 되기 때문이다. 따라서 이 표현은 각각의 사람은 진정한 자신만의 존재를 향해 끊임없이 자기를 극복하고 넘어서야 한다는 것을 뜻한다. 이를 위해 우선적으로 요구되는 것은 '자기 자신에 대한 사랑'이다.

이와 반대로 사람들을 배회하게 만드는 것은 '이웃사랑'이라는 유혹이다. 이웃사랑은 사람들로 하여금 자기 자신을 찾아가도록 하는 것을 방해하는 오래된 가치이다. 이 가치의 유혹을 벗어나는 일은 어렵고, 심지어 두려움을 야기할 수도 있다. 왜냐하면 그 가치는 역사를 통해 인간의 내부 깊숙이 침전되어 왔기 때문이다. 그러나 자기 자신이 되려면 이웃사랑으로부터 돌아서서 자기 자신에 대한 사랑을 시도해야 한다. 따라서 4부의 서두에서 차라투스트라는 '건강한 사랑에의 의지'를 보다 높은 인간들에게 요구하는 것이다. 이것은 차라투스트라가 낚싯줄을 통해 그들을 자신의 높이로 끌어올리는 장면으로 묘사된다. 나아가 그의 요구는 산 밑 바다 속에 있는 모든 사람과 사물에게로 확대된다.

"모든 바다 속에 있는 것 가운데 내게 속해 있는 것, 일체의 사물 속에 있는

나의 즉자와 대자, 그것을 내게 낚아 올려라. (...) 밖으로, 밖으로, 나의 낚
시여! 안으로, 밑으로, 나의 행복의 미끼여."(KSA 4, 298, 차라, 385쪽)

이렇게 모든 것을 자신의 높이로 끌어올리는 것이 바로 차라투스트
라의 과제이자, 운명이며, 4부의 중심 주제인 것이다. 그것은 '차라투스
트라의 천년제국'(Zarathustra-Reich von tausend Jahren)을 건설하는
일이다.

2) 차라투스트라의 최후의 유혹

4부의 전체 의도가 "꿀 봉납"에서 제시된 후, "구조를 간청하는 외침"에
서부터 "그림자"까지는 위급한 상황에 처한 보다 높은 인간들의 모습과
그에 대한 차라투스트라의 도움이 묘사된다.

"구조를 간청하는 외침"에서는 차라투스트라가 꿀 봉납을 위해 산
정상으로 올라갔던 날 하루 뒤에 벌어진 일을 다룬다. 그날은 차라투스
트라가 동굴 앞에 있는 '자신의 돌' 위에 앉아 있는 장면으로 시작된다.
이때 돌은 4부의 내용이 하루 동안 벌어졌던 사건임을 확인해 주는 중
요한 징표 역할을 한다. 이 점은 4부 마지막인 "조짐"의 다음 문장에서
확인된다.

"곧바로 기억이 되살아났다. 그는 어제와 오늘 사이에 무슨 일이 일어났는지
를 한눈에 파악할 수 있었다. '그렇다. 여기 바로 그 돌이 있다.'"(KSA 4,
407, 차라, 528쪽)

그 돌은 사건의 시간을 알려 주는 이정표이자, 동시에 차라투스트라가 겪은 '최후의 유혹'이 진행되는 동안 그가 앉아 있던 장소이고, 그의 존재의 근거이기도 하다. 이 점에서 그 돌은 미실레의 표현처럼, 존재의 수수께끼를 제시하는 스핑크스가 앉아 있던 돌과 유사하다.[1] 왜냐하면 그 돌은 차라투스트라가 자신에게 하루 동안 벌어진 유혹을 저울질하는 장소이며, 유혹을 견뎌 내고 극복한 차라투스트라 자신의 존재가 현현한 장소이기 때문이다.[2]

또한 차라투스트라의 돌은 시시푸스가 끌어올리던 돌과 유사하다. 왜냐하면 유혹을 견뎌 낸 차라투스트라의 돌은 바로 차라투스트라 자신의 아픔과 행복을 뜻하기 때문이다. 이 돌은 차라투스트라를 '행복한 차라투스트라'이게 하는 상징이다.[3]

나아가 그 돌은 차라투스트라의 동굴이 위치한 산 위에 솟아 있는 대지 자체이기도 하다. 왜냐하면 그 돌은 노발리스적인 '원시의 바위들'이나 D. H. 로렌스적인 '인류 이전 시대의 강력한 대지의 신비로운 힘의 구현'을 뜻하기 때문이다.[4]

마지막으로 그 돌은 차라투스트라가 새로운 인간, 즉 보다 높은 인간을 위한 초석이라는 점도 암시한다. 왜냐하면 차라투스트라가 새로운 인간을 낚기 위해 앉아 있는 그 돌은, 곧 '지혜의 돌'인 차라투스트라 자신이기도 하기 때문이다.

---

1   가스통 바슐라르, 『대지와 의지의 몽상』, 316쪽 참조

2   멀치아 엘리아데, 『성과 속』, 139쪽 참조

3   가스통 바슐라르, 『대지와 의지의 몽상』, 314쪽 참조

4   위의 책, 308, 312쪽 참조

a. 행복한 섬

차라투스트라가 처음 만난 '위기에 처한 자'는 '권태의 예언자'이다. 그는 "모든 것은 한결같다. 아무 소용없다. 세계는 무의미하다. 지식은 우리의 목을 조른다."라고 말했던 예언자, 2부에서 '때 묻지 않은 앎'을 설교하던 예언자이다. 이 예언자는 죽은 것과 다름없는 삶을 살아가는 자, 심지어 죽을 힘조차 없는 자로서, 삶을 재, 먼지에 불과하다고 외쳤던 예언자이다. 차라투스트라는 이 예언자를 스스로 빛과 불을 뿜어내지 못하는 '창백한 달'로 묘사한 바 있다. 그는 작열하는 태양과 달리, 삶의 의지를 거부한 채 관조 속에서 행복을 누리려는 자이다. 이런 의미에서 그 예언자는 납골실을 지키는 자이기도 하다. 이러한 권태의 예언자가 차라투스트라를 찾아와 그에게 닥칠 위험에 대하여 말한다. 그 위험을 예언자는 '커다란 곤궁과 우수의 파도'라고 묘사한다. 예언자는 이러한 위험이 차라투스트라가 겪어야 할 유혹이라는 점, 그리고 그 유혹은 차라투스트라가 느끼게 될 연민이라는 점을 분명히 한다.

> "'연민이다!' (…) '오, 차라투스트라여, 나는 그대를 그대의 마지막 죄로 유혹하기 위해 왔노라."(KSA 4, 301, 차라, 389쪽)

그는 차라투스트라에게 도움을 요청하는 자가 보다 높은 인간들이라는 점도 알린다. 그리고 유혹자로서 그는 차라투스트라에게 "행복한 섬들(glückselige Inseln)이 더 이상 존재하지 않는다!"라고 주장한다. 이 표현은 안셀름이 신의 존재를 증명하기 위해 제시한 명제, 즉 '더 이상 그보다 높은 존재를 생각할 수 없는 존재는 단지 개념뿐 아니라 존재도 포함한다'는 주장에 대하여, 가우닐로가 반박한 내용을 연상시킨다. 가우닐로는 가장 완전한 존재인 신이 완전하기 위해서는 개념뿐 아니라 그의 존재도 포함해야 한다는 안셀름의 주장에 대하여, "(그렇다면) 가장 아름다운 섬도 존재해야만 하는가?"라고 되묻는다. 그리고 가우닐로는 가장 완전한 섬, 혹은 가장 아름다운 섬은 단지 개념일 뿐 존재를 포함하지 않는다고 비판한다.[5]

이와 마찬가지로 권태의 예언자는 이 세계에서 행복한 섬은 존재하지 않는다고 선언한다. 이것은 신의 죽음을 선포한 차라투스트라에게 던지는 질문이자 유혹이다. 이러한 비판에 대하여 차라투스트라는 비록 신이 죽었다 하더라도 이 세계 안에 "행복한 섬은 아직도 존재한다."라고 반박한다. 왜냐하면 삶 자체 외에 다른 어떤 곳에 행복한 섬이 따로 존재하는 것이 아니기 때문이다. 즉 신의 죽음과 더불어 삶 자체가 커다란 곤궁과 우수의 파도 속에 빠져드는 것이 아니라, 오히려 신의 죽음을 통해 그동안 왜곡되어 왔던 삶 자체의 의미가 행복으로 드러날 수 있기 때문이다. 이런 의미에서 권태의 예언자가 제시한 질문은 삶 자체의 문제가 아니라 그 예언자 자신의 문제를 드러내는 것이다. 따라서 차라투스트라는 그가 더 이상 해를 입지 않도록 자신의 안전한 동굴 안으로 초대한다.

b. 천민의 제국

예언자를 자신의 동굴로 보낸 후, 차라투스트라는 비명 소리가 나는 곳을 찾아가던 중 두 명의 왕과 만나게 된다. 그들은 왕이기는 하지만 더 이상 과거와 같은 권력과 힘을 가진 왕이 아니다. 그들이 무력하고 가난하다는 것은, 그들이 갖고 있는 것이 고작 나귀 한 마리와 그 위에 실려 있는 짐이 전부라는 데에서도 알 수 있다. 그들이 왕이라는 것은,

---

5   프레데릭 코플스톤, 『중세철학사』, 박영도 옮김, 서광사, 1988, 219–222쪽 참조

단지 그들이 입고 있는 옷과 쓰고 있는 왕관을 통해서 알 수 있을 뿐이다. 그들은 겉으로만 왕의 모습을 지닐 뿐이며, 실제로는 세계를 지배하는 천민들의 요구대로 왕의 역할을 하고 있을 뿐이다. 급기야 그곳으로부터 도망을 치면서, 두 왕은 천민 세계와 그들에 의해 형성된 상류 사회에 대하여 비판한다.

천민들은 자신들의 세계를 바른 예절을 지닌 상류 사회라고 부르며, 금이라는 경제적 힘과 요란스런 화장으로 자신을 치장하고 자신들을 귀족이라고 자칭하지만, 그들의 내부에서는 아직도 존경할 줄 모르며, 경제적, 정치적 권력 앞에서 '알랑거리고 추근대는 개들'과 같은 속성이 흐르고 있다는 것이다.

"그곳에 있는 모든 것은 하나같이 거짓스럽고 썩어 있다. 무엇보다도 피가 그렇다. (…) 여기는 천민의 제국이다."(KSA 4, 305, 차라, 394쪽)

여기서 '피'는 왕, 귀족과 천민을 구분했던 과거적 의미의 혈통이 아니라, 왜곡되고 거짓되며 썩어 있는 정신, 또는 그러한 존재방식으로 살아가는 자를 뜻한다. 이미 "천민들에 대하여"에서 차라투스트라는 이러한 자들을 '독으로 오염된 샘물, 악취를 내뿜는 불꽃, 추잡한 꿈과 생명의 빵 속에 파고든 애벌레들'이라고 묘사한 바 있다. 또한 그들이 천민인 이유가 혈통 때문이 아니라는 점은 농부에 대한 왕들의 긍정적인 평가에서도 확인된다.

"오늘날에는 농부가 최선의 존재이다. 그러니 농부 종족이 주인이 되어야 한다! 그러나 여기는 천민의 제국이다."(KSA 4, 305, 차라, 394쪽)

농부가 최선의 존재인 이유는 그들이 비록 거칠기는 하지만 참을성 있고 강건하며 삶의 토대인 대지와 더불어 살아가는 건강한 사람들(ge-sunder Bauer)이기 때문이다. 그들은 생명의 원리를 부정하지 않으며 생명의 어렵고 힘든 과정을 몸 자체로써 이겨 나가는 사람들이다. 반면에 왕들이 살아가는 세계에서 권력을 잡은 자들은 천민들이다. 그것은 역겨운 일이다. 그런데 그것보다 더 역겨운 것은 천민들 세계에서라도 왕 노릇을 하기 위해 자신의 고귀함을 부정하고 천민들의 비위를 맞추고 있는 왕들 자신의 모습이다. 이제 왕들의 존재방식은 가상이자 사이비(falsch)로서만 유지될 뿐이다.

> "우리는 으뜸가는 자들이 아니다. 그런데도 그런 척해야 한다. 그러나 이제는 이런 속임수도 지긋지긋하며 메스껍다. (...) 천민들 사이에서 으뜸가는 자인 척하다니! 아, 역겹다! 역겹다! 역겹다! 우리 왕들이 이제 무슨 소용이랴!"(KSA 4, 305, 차라, 395쪽)

천민의 세상에 대하여 왕이 느끼는 역겨움은 진정한 왕인 차라투스트라의 제국과 천민의 제국의 대립으로 이어진다. 차라투스트라의 제국은 왕이 왕으로 존재하던 과거의 제국과 미래에 도래해야 할 제국 모두를 뜻한다. 이런 의미에서 천민의 제국으로부터 탈출한 왕은 이미 미래를 향해 발걸음을 내디딘 자이며, 차라투스트라는 이 왕들을 '보다 높은 인간들'이라고 부르는 것이다.

이어서 차라투스트라는 미래 왕의 제국이 지녀야 할 덕목에 대하여 말한다. 그것은 '창녀의 소굴이 되어 버린 로마, 가축으로 전락한 황제, 유태인이 되어 버린 신'으로 하여금 자신의 본래적인 존재를 다시 회복하게 하는 일이다. 그러기 위해 무엇보다 필요한 덕목은 '전쟁'이다. 여기서 전쟁은 일반적인 의미의 전쟁이 아니라 '황금빛 태양'과 같이 최상의 가치를 지니는 '베푸는 덕'을 획득하기 위한 전쟁이며, 저세상을 향하는 가치로부터 대지를 향하는 정신의 전쟁, 사상의 전쟁을 뜻한다.

"너희는 자신들의 적을 찾아내어 전쟁을 벌여야 한다. 너희의 사상(Gedanken)을 위한 전쟁을!"(KSA 4, 58, 차라, 73쪽)

이를 위해 천민의 제국에서 사이비 역할을 하던 왕들은 이제 전쟁을 준비하는 용기를 가져야 한다. 그것은 시장, 배우들의 소란, 독 파리들의 윙윙거림, 어릿광대들, 독으로 오염된 샘물, 악취를 내뿜는 불꽃, 추잡한 꿈과 생명의 빵 속에 파고든 애벌레들, 그리고 그들로 인한 역겨움으로부터 벗어나는 일이다. 그 일은 자신의 현재와 미래 사이의 모순을 극복하고, 맑고 깨끗한 물, 높은 산정, 미래의 보금자리, 독수리, 만년설, 태양과 이웃하는 곳에 이르기 위한 자신과의 전쟁을 필요로 한다.

이와 같이 자신의 사다리와 계단을 타고 높은 곳으로 오르는 작업을 차라투스트라는 전쟁이라고 표현하면서, 이러한 전쟁을 '모든 것을 신성하게 하는 좋은 전쟁'이라고 부르는 것이다.

그러나 차라투스트라는 천민의 제국을 탈출한 왕들의 얼굴에서 전쟁에의 용기를 발견하지 못한다. 따라서 그는 왕들에게 자신의 제국에서 기다리라고 말하고, 구조를 간청하는 또 다른 외침을 향해 길을 떠난다.

c. 흡혈주의적 학문과 즐거운 학문

차라투스트라는 왕들을 자신의 동굴로 보낸 후, 구조를 요구하는 외침 소리를 찾아 나선다. 이 장면의 배경은 숲과 늪으로 묘사된다. 늪지대를 품고 있는 숲 속 나무의 이미지는 뿌리로 모아진다. 늪 속에 잠겨

있는 나무의 뿌리는 살아 있는 죽은 존재, 혹은 지하의 생명력을 암시
한다. 늪 속의 뿌리는 '지하의 나무'로서, '공기적 현실'과 대립된다.[6]
또한 늪 속에 잠겨 있는 뿌리는 그 자체로 또 다른 늪이다. 사르트르는
「구토」에서 이러한 뿌리를 '물컹한 반죽'으로 묘사한다.

"이 뿌리는 존재 속에서 반죽되었던 것이다."[7]

물컹한 질료로서 뿌리는 자신의 이름을 상실한다.

"뿌리는 벌써 자기 자신을 먹여 키우는 대지와 반쯤 동화되어 있다. 뿌리는
대지의 살아 있는 응괴이다."[8]

늪 속의 나무는 중력의 '힘' (쇼펜하우어), 혹은 청정한 대지를 거부
하는 '사상' (발레리), 혹은 전도된 '플라톤적 야심'으로서의 나무이다.[9]
늪 속의 나무인 뿌리는 모든 것을 늪 깊숙이 자신에게로 끌어들이는 나
르시스적인 나무이자, 모든 것을 자신의 근거로 향하게 하는 나르시스
적 시선이다.[10] 이 깊은 곳에서 모든 것은 운동을 멈추게 된다. 이런 의
미에서 늪을 이루고 있는 물은 '대지의 피'이며, '죽은 자를 환기하는'
물이다.[11] 늪의 물은 헤라클레이토스적인 흐르는 물이 아니라 멈춰 버리
고 썩어 버린 죽은 물이다. 그것은 경쾌한 생명의 운동을 거부하는 접착

---

6   가스통 바슐라르, 『대지와 의지의 몽상』, 320, 322쪽 참조
7   위의 책, 332쪽에서 재인용
8   위의 책, 348쪽
9   위의 책, 342–343쪽 참조
10   위의 책, 39쪽 참조
11   위의 책, 44, 92, 96쪽 참조

성의 물이며, 이 안에서 모든 것은 살바도르 달리의 '늘어진 시계'와 같이 피로함을 드러낼 뿐이다.[12] 이렇게 뿌리, 근거, 토대, 지하적인 것, 죽음, 피로함 등의 이미지가 혼재된 분위기로부터 "거머리"는 시작된다.

　이 글에서는 어떤 자와 차라투스트라 사이의 대화가 묘사된다. 두 인물은 고독한 자라는 공통점을 지닌다. 그러나 그 본질에서는 서로 대립되는 인물이다. 차라투스트라의 상대자는 거머리에 물린 자이다. 그뿐만 아니라 차라투스트라에 의해 밝히는 불운을 당한 자이기도 하다. 그는 자기 자신을 '정신의 양심을 지닌 자'(der Gewissenhafte des Geistes)라고 부른다.

　"나는 정신의 양심을 지닌 자이다. 그리고 정신의 문제에서 나보다 더 엄격하고 엄밀하며 가혹한 자는 없다."(KSA 4, 311, 차라, 402쪽)

　여기서 우리는 늪 속에 누워 있는 자, 거머리에게 피를 빨리고 있는 자가 '학자'라는 것을 알 수 있다.

　"거머리의 두뇌(Blutegels Hirn), (...) 그것이 나의 세계이다!"(KSA 4, 311, 차라, 403쪽)

　그는 늪이라는 학문의 세계에서, 뿌리(Grund)를 찾는 자이다. 그는 학문이 사물의 근거를 다루는 것이며, 근거를 향하는 방법은 엄밀하고 엄격해야 한다고 강조하면서, 완전하게 알지 못하는 것보다는 차라리 아무것도 모르는 것이 낫다고 주장한다.

12　위의 책, 102, 153쪽 참조

"나의 정직함이 끝나는 곳에서 나는 내가 장님이기를 (...) 바란다. 그리고 내가 알고자 하는 곳에서 나는 성실하기를, 말하자면 가혹하고 엄격하며 엄밀하고 잔인하며 가차 없기를 바란다."(KSA 4, 312, 차라, 403쪽)

그러나 거머리에 물린 자는 자신이 추구하는 학문이 늪 속의 학문인지 청정한 공기를 지닌 학문인지 구분하지 못한다. 그는 학문의 본질이 무엇인지 알지 못한 채, 거머리에게 피를 뜯기고 있는 것이다. 따라서 그를 차라투스트라는 '상처 입은 자'라고 부른다.

"내게 와 그대의 상처를 치료하지 않겠는가?"(KSA 4, 310, 차라, 401쪽)

차라투스트라에 의하면 피를 뜯고 있는 거머리는 학문의 흡혈적 특징을 나타내는 메타포이다. 그렇다면 학문의 본질은 무엇인가?

니체는 『비도덕적 의미에서의 진리와 거짓에 관하여』에서 학문에 대한 여러 가지 메타포를 다룬다.

"그는 이 모든 인상들을 우선 탈색된 무미건조한 개념들로 만들고 난 다음, (...) 위계와 정도에 따라 거대한 피라미드 모양의 질서를 건립하는 것, 법칙과 특권과 종속과 경계 설정의 새로운 세계를 창조하는 것이 가능해진다. (...) 모든 직관의 비유는 개별적이고 똑같은 것이 없으며, 따라서 표제어를 붙일 수 없는 데 반하여, 거대한 개념의 건축물은 로마 납골당의 융통성 없는 규칙성을 보여 주고 있으며 (...) 개념들의 주사위 놀이 안에서 '진리'가 뜻하는 바는 ― 모든 주사위를 표시된 대로 사용하는 것, 즉 주사위의 눈을 정확히 읽고 올바른 제목을 달고 카스트 질서와 카스트 계급의 순서를 절대 어기지 않는 것이다. (...) 그는 마치 흐르는 물 위와 같이 움직이는 토대 위에 무한히 복잡한 개념의 대성당을 쌓아 올리는 데 성공한다. 물론 이와 같은 토대를 지주로 삼으려면, 그것은 거미줄로 엮은 것과 같은 건축물이어야 하고, 파도와 함께 옮겨 다닐 수 있을 정도로 부드러워야 하며, 바람에 산산조각이 나지 않을 정도로 확고해야 한다."(KSA 1, 881-882, 3권, 451-452쪽)

니체에 의하면 학문이라는 건축물은 죽은 미라를 담고 있는 납골당과 같은 것이다.

"개념들을 건축하는 작업에는 본래 언어가, 그리고 나중에는 학문이 참여한다. 꿀벌이 꿀벌 집의 봉방을 짓고 동시에 이 방들을 꿀로 채우는 것처럼, 학문은 끊임없이 저 거대한 개념들의 납골당과 직관의 무덤을 짓는 작업을 하고 항상 더 높고 새로운 층을 쌓아 올리며, 낡은 방에 버팀목을 세우고 청소하고 개축한다."(KSA 1, 886, 3권, 457쪽)

이렇게 학문은 개념 안에 스스로의 건축물을 세우는 자기만족, 나르시스적 환상에 불과하다. 동시에 학문은 사람들을 자신의 시선 안으로 끌어들이려고 한다. 이것은 먹이를 유혹하는 거미줄의 '기만적 유혹'과 비슷하다.[13] 거미줄의 유혹에 사로잡힌 곤충은 거미의 먹이가 될 수밖에 없다. 그는 거미에게 피를 뜯기는 것이다. 이와 같이 니체는 기존 학문의 본질을 '꿀벌', '벌집', '피라미드', '납골당', '중세의 대성당', '거미' 등의 메타포를 통해 묘사한다. 이러한 특징이 "거머리"에서는 '늪', '근거', '거머리' 등의 메타포로 나타나며, 이것은 기존의 학문의 본질이 '흡혈주의'였음을 분명히 보여 준다.

---

13   앨런 슈리프트, 『니체와 해석의 문제』, 163, 166쪽 참조

"철학자들은 삶의 음악을 부정하였다. (그들은) 모든 음악이 마녀 사이렌의 음악이었다고 (…) 철학자들의 냉정하고 빈혈인 모습에도 불구하고 혹은 이런 모습이 아닐 때조차 이념들은 우리의 감각들보다 나쁜, 유혹하는 여성이다. 이념은 항상 철학자들의 '피'를 먹고 산다. (…) 이 늙은 철학자들은 심장이 없다. 철학하기는 언제나 일종의 흡혈주의(Vampirismus)였다. (…) 당신은 감각에서 시작해 앙상한 뼈와 객설만으로 끝나 버리는 사람의 배후에 오랫동안 숨어 있는 흡혈귀를 느끼지 못하는가?"(KSA 3, 624, 학문, 377-378쪽)

"거머리"에서 묘사되는 학자는 아직 '즐거운 학문'(la gaya scienza)에 도달하지 못한 자이다. 따라서 그는 이제 학문이라는 거머리에게 물리는 대신, 차라투스트라라는 '위대한 양심의 거머리', '좀 더 아름다운 고슴도치'에게 물리기를 원한다. 차라투스트라는 그에게 다음과 같이 말한 후, 또 다른 구조 외침을 향해 길을 떠난다.

"길은 저 위 나의 동굴로 나 있다. (…) 나는 그대를 밟았다. 나는 기꺼이 그대의 신체에 그것을 보상하고자 한다."(KSA 4, 312, 차라, 404쪽)

d. 마술사: 아리아드네의 탄식(디오니소스 송가)

"마술사"는 두 부분으로 나뉘는데, 1에서는 마술사의 탄식의 시를, 2에서는 '정신의 참회자' 역을 수행하는 마술사와 그의 연기의 진정성에 대한 차라투스트라의 대화를 다룬다. 1에서 다루는 시는 1888년에 발표된『디오니소스 송가』(Dionysos-Dithyrambus)에서 다시 등장한다.

"마술사"에서는 이 시의 제목이 없는 데 반해,『디오니소스 송가』에서는 '아리아드네의 탄식'이란 제목이 붙어 있다. 두 시의 표현에는 약간의 차이가 있다. 예를 들어 『디오니소스 송가』의 「아리아드네의 탄식」에서는 마침표가 말없음표로 바뀌고, 시의 몇몇 행에서 첫 단어의 위치가 들여쓰기로 되어 있으며, 몇몇의 행의 위치와 '미지의 신'이란 표현이 '매복자'로 바뀐 것 정도의 차이를 보인다. 그러나 전반적인 시의 내용에서 변한 것은 거의 없다. 단지 '아리아드네의 탄식'이란 제목이 달리고, 시의 마지막 부분인 "미지의 신이여! 나의 고통! 나의 마지막 — 행복" 다음에 "번갯불, 디오니소스는 아름다운 에메랄드빛으로 나타난다"라는 표현이 추가되었을 뿐이다. 시에 붙은 제목과 마지막 부분에 추가된 표현을 통해, 우리는 『차라투스트라는 이렇게 말했다』에서 묘사되는 마술사와 미지의 신의 관계는 결국 아리아드네와 디오니소스의 관계임을 알 수 있다. 『디오니소스 송가』에 의하면 이 시에 등장하는 두 사람은 아리아드네와 디오니소스이며, 이 시는 숨어 있는 신 디오니소스를 아리아드네가 애타게 찾는 내용을 담고 있다.

그런데 그리스 신화에 의하면 아리아드네를 찾는 사람은 테세우스이다. 그는 미로에서 빠져나오기 위해 아리아드네로부터 도움을 받는다. 이때 도움을 주는 자가 아리아드네이고, 테세우스는 그녀의 도움을 받아 미로에서 탈출할 수 있는 것이다. 이와 달리 『디오니소스 송가』에 의하면 찾는 자는 테세우스가 아니라 아리아드네이다. 그리고 테세우스가 탈출하려던 미로는 바로 디오니소스 자신이다. 이 점은 「아리아드네의 탄식」 바로 다음에 실려 있는 시 「디오니소스」에서 확인할 수 있다. 그 시는 다음과 같다.

"현명해라, 아리아드네! (…)/ 너는 작은 귀를 가졌으며, 너는 내 귀를 갖고 있느니:/ 그 안에 현명한 말 하나를 꽂아 넣으라! —/ 자기에게서 사랑해야 하는 것을 먼저 미워해서는 안 되지 않겠는가? (…)/ 나는 너의 미로이다."

(KSA 6, 401, 15권, 502쪽)

이 시에 의하면 디오니소스를 찾지 못해 화가 난 아리아드네에게 디오니소스가 모습을 드러내 보이고, 그녀에게 미워하기보다 사랑해 달라고 말한다. 그러면서 아리아드네가 찾아 헤맸던 미로는 바로 디오니소스 자신이었다고 밝힌다. 말하자면 아리아드네는 자신과 항상 동행하고 있던 디오니소스를 애타게 찾고 있었다는 것이다.

그런데 『이 사람을 보라』에서 니체가 자신을 디오니소스라고 표현한 점("나를 이해했는가? ─ 디오니소스 대 십자가에 못 박힌 자"(KSA 6, 374, 사람, 468쪽))을 고려하면 아리아드네가 찾던 디오니소스는 니체 자신이기도 하다. 이 디오니소스, 혹은 니체가 『차라투스트라는 이렇게 말했다』에서는 '차라투스트라'로 묘사되는 것이다. 그렇다면 차라투스트라를 찾고 있는 마술사는 아리아드네에 해당되며, 아리아드네와 디오니소스가 이미 같이 있었듯이, 동행하고 있는 차라투스트라는 디오니소스라고 볼 수 있다. 이런 점을 염두에 두고, 『차라투스트라는 이렇게 말했다』 4부에 실려 있는 마술사의 탄식을 ─ 『디오니소스 송가』를 고려하지 않은 채 ─ 살펴보기로 한다.

탄식의 시에서 마술사는 자신을 '모든 세계로부터 버림받은 자, 혼자된 자'라고 칭한다. 차라투스트라의 눈에 그는 광포하게 미친 늙은이로 보인다. 차라투스트라는 이 늙은이를 도우려 하지만, 별 소용이 없다. 그때 마술사는 탄식의 시를 읊기 시작한다. 그 시는 미지의 신을 향한다. 그 신은 '형언키 어려운 자, 베일에 싸여 있는 자, 소름끼치는 자', '구름 뒤에 숨어 화살을 쏘는 자', '경멸의 눈으로 쳐다보는 자'이다. 이 신이 마술사를 괴롭힌다. 그러나 마술사는 그 이유나 그 신의 정체를 알지 못한다. 그는 외친다.

"그대, 알 수 없는 신이여!"(KSA 4, 314, 차라, 401쪽)

1연에서 마술사는 자신을 추위로부터 구해 줄 수 있는 자, 자신을 사랑해 줄 수 있는 자를 찾는다. 그리고 자신을 노려보는 미지의 신을 발견한다. 그 신은 마술사를 도와주기는커녕 경멸의 눈초리로 감시하는 신이다.

2연에서 이 신은 '남을 괴롭히면서 즐거워하는 신'(schadenfroher Gott)으로 묘사된다. 마술사는 자신이 이 신으로부터 '고문'을 당하고 있다고 여긴다. 이러한 고통 앞에서 마술사는 차라리 죽기를 원하지만, 이러한 고문으로 인해 괴로워하는 것만은 아니다. 오히려 마술사는 고문을 원한다.

"더 깊이 맞혀라! 다시 한 번! 심장을 찌르고 파헤쳐라!"(KSA 4, 314, 차라, 406쪽)

마술사를 괴롭히는 신이 남을 괴롭히면서 즐거워하는 신이라면, 마술사는 신의 고문에 괴로워하면서 동시에 더 큰 고문을 원하는 자이다. 그의 태도는 전형적인 마조히즘이다. 그러나 그는 신이란 존재에 대해서는 마조흐(Mazoch)이지만, 자기 자신에 대해서는 사드(Sade)이다.

3연에서 마술사는 미지의 신이 자신의 내부로 들어와 자신의 생각을 훔쳐 갈까 봐 두려워한다. 여기서 미지의 신은 마술사의 생각까지 훔쳐내고 소유하려는 자로 묘사된다. 그 신은 '샘이 많은 신'이다. 그것의 본질은 잘못된 사랑, 즉 집착이다. 그러나 집착과 본래적인 의미의 사랑은 동전의 양면이다. 미지의 신이 마술사를 고문하는 것은 사랑하기 때문이며, 마술사가 괴로워하면서도 그 신을 원하는 것은 그의 내면에 마조히즘과 사디즘이 혼재된 채 그 신을 사랑하기 때문이다. 따라서 마술사는 그 신을 '사형집행인-신' (Henker-Gott) ─ 정확하게 교수형을 집행하는 신 ─ 이라고 부르면서, 동시에 그 신 앞에서 '사랑의 꼬리를 쳐야 하는지' 고민한다.

4-5연에서 마술사는 그 신에게 원하는 것이 무엇인지 처음으로 질문한다. 그는 자신이 개처럼 꼬리를 치더라도 그 신의 고문이 계속되리라는 것을 파악한다. 그는 자신이 더 이상 그 신의 개가 아니라 단순한 사냥감이며, 그 신이 원하는 것은 자신의 존재 전체임을 알게 된 것이다.

"나를 ─ 너는 원하는가? 나를?/ 나를 ─ 나, 전부를?"(KSA 4, 316, 차라, 409쪽)

6연에서 마술사는 그 신에게 대적하기 시작한다. 오히려 마술사가 이제 그 신을 원하는 것이다.

"내게 ─너를!"(KSA 4, 316, 차라, 409쪽)

이러한 용기는 마술사가 보다 높은 인간에 속할 수 있음을 보여 준다. 마술사의 용기 앞에서 미지의 신은 사라진다.

"사라졌다!/ 그는 달아났다."(KSA 4, 316, 차라, 409쪽)

그러나 미지의 신은 적이자 모든 세계로부터 버림받은 마술사에게 남은 유일한 동료였다. 말하자면 그 신은 마술사와 동일한 자였던 것이다. 마술사는 마지막 연에서 그 신이 다시 돌아오기를 외친다. 마술사

는 비록 자신에게 고문을 가하는 신이지만, 그 신에게서조차 버림받는
것은 더 견딜 수 없었던 것이다. 따라서 사디즘적 신에게 마술사는 마
조히즘적 태도로 사랑을 고백하는 것이다.

> "돌아오라! 냇물처럼 흐르는 내 눈물은 모두/ 네게로 달려간다!/ 그리고 나
> 의 심장의 마지막 불꽃은 ― / 너를 향하여 타오르고 있다!/ 오, 돌아오라/
> 미지의 신이여! 나의 고통! 나의 마지막 ― / 행복이여!"(KSA 4, 316-317,
> 차라, 410쪽)

이와 같이 미지의 신은 마술사를 고문하는 사형집행자, 즉 '불행'의
원천이면서 동시에 그가 살아갈 수 있는 마지막 이유, 즉 '행복'의 근원
이기도 한 것이다.

마술사의 시가 끝난 후, 차라투스트라는 그가 연기를 하고 있다고 비
판한다. 마술사 역시 자신의 시 낭송이 하나의 연기였음을 인정하면서
그것은 차라투스트라를 시험하기 위해서였다고 밝힌다. 차라투스트라
가 그의 연기에 속았다는 것은 차라투스트라가 그의 진정한 모습을 오
랫동안 알아차리지 못한 데서 드러난다. 그러나 차라투스트라는 마술
사의 정체를 파악하고, 그의 존재 안에 신에 대한 마조히즘과 사디즘,
즉 노예의 의지와 주인의 의지가 혼재되어 있다는 사실을 알아챈다. 노
예의 의지와 주인의 의지가 혼재된 채 마술사는 주인에의 의지를 향해
노력했으며, 이를 위해 정신의 참회자의 연기를 했다고 말하는 것이다.
그런데 '정신의 참회자'란 표현에서, 우리는 왜 마술사가 글 1에서 시
를 낭송했는지 알 수 있다. 그것은 시를 읊은 마술사가 시인이기도 했
기 때문이다. 시인은 정신의 참회자가 될 수 있는 가능성을 지닌 자이
기도 하다.

니체에게 시인은 한편으로 '거짓말을 하는 자', 존재하지 않는 것을 꿈꾸는 자, 그것을 궤변으로 유혹하는 자, '피상적인 자', '얕은 바다', '그들의 정신 자체가 공작 가운데 공작이자 허영의 바다인 자'에 불과하다. 그러나 다른 한편으로 시인은 정신의 참회자로 변할 수 있는 자이기도 하다.

> "나는 시인들이 변해 있는 것을, 그 눈초리가 자기 자신을 향하고 있는 것을 보았다./ 나는 정신의 참회자들이 오는 것을 보았다. 그들은 시인으로부터 성장한 자들이다."(KSA 4, 166, 차라, 215쪽)

4부에 등장하는 마술사는 2부에서 묘사된 시인 중 한 명이라고 볼 수 있다. 그는 한편으로 시의 내용처럼 허황된 꿈을 꾸는 자이기도 하지만, 다른 한편으로는 이미 정신의 참회자를 향하는 자, 진정으로 자기 자신의 존재를 향하여 눈길을 돌리는 자이기도 하다. 이런 점은 마술사가 정신의 참회자 연기를 했다고 밝힌 점, 그리고 그것이 연기였지만 그 연기 안에도 진실한 점은 있었다고 밝힌 점, 그리고 차라투스트라가 마술사의 연기 안에 들어 있는 진실성에 대하여 존경한다고 밝힌 점에서 확인된다. 이제 마술사는 애증에 가득 찬 신으로부터 돌아서서 차라투스트라를 향한다.

> "오, 차라투스트라여, 모르고 있는가? 나는 차라투스트라를 찾고 있다."
> (KSA 4, 319, 차라, 414쪽)

이것은 차라투스트라에 대한 마술사의 유혹이기도 하다. 왜냐하면 마술사는 차라투스트라가 아니라 바로 자기 자신을 향해야 했기 때문이다. 따라서 차라투스트라는 자기를 향하려는 마술사에게 대답 대신 침묵한다. 긴 침묵이 끝난 후, 그는 마술사에게 자신의 동굴이 있는 길을 제시한다. 그리고 차라투스트라는, 이 세계에는 아직 위대한 자가 없고, 이 세계는 천민의 제국이며, 이 시대는 천민의 시대라고 한탄한다. 이러한 세계와 시간은 '배를 잔뜩 부풀린 개구리'로 묘사되며, 이것은 차라투스트라의 동물인 독수리와 뱀과 대조를 이룬다.

e. 마지막 교황의 우울

"실직"은 마지막 교황에 대한 이야기이다. 마술사로부터 떠난 차라투스트라는 요사한 기술을 부리는 또 다른 마술사와 마주친다. 그는 '깡마르고 창백한 낯빛'을 한 채, 검은 옷을 입은 사제로, '검은 사람', '창백한 사람'이다. 그는 우수에 찬 듯한 변장을 하고 있는 것이다. 그는 '창백함', '검정', '우수', '연민', '우울'이란 메타포와 연결된다.

마지막 사제인 교황에게 이러한 속성이 주어진 이유는 그가 섬기던 신이 죽었기 때문이다. 신이 죽은 후 교황은 확고하고 안전한 방향성을 상실해 버렸다. 그는 길을 잃고 만 것이다. 길을 잃은 자로서 교황은 어떤 길이 올바른 길인지 찾아 나선다. 맨 먼저 그는 머리말에 등장한 은자를 찾아 나선다. 숲 속의 은자는 인간을 피해 숲 속에 혼자 머물며 신을 위한 노래를 짓고 신을 찬양하던 자로, 아직 신이 죽었다는 소식을 듣지 못한 자였다. 그러나 그는 죽고 없었다. 신도 죽고, 신을 찬양하던 마지막 은자도 죽고 만 것이다. 이제 교황은 자신의 일거리를 상실하고 길을 잃었을 뿐 아니라 그를 보호해 줄 신이나 사람도 없고, 이 세계는 완전히 낯선 세계가 되었다는 것을 알아챈다. 그래서 그는 죽음을 애도하는 검은 옷을 입고 창백한 얼굴을 한 채, 신의 죽음 이후 살아가야 할 방식을 찾아 헤맸던 것이다. 이런 상황에서 교황은 차라투스트라와 마주치게 된다. 차라투스트라는 교황에게 신이 연민 때문에 죽었다는 소문이 사실인지 물어본다. 이 질문에 대하여 교황은 그 신이 젊었을 때부터 늙었을 때까지의 모습을 묘사하면서 마지막엔 '세상사에 지치고 만사에 의욕을 잃은 채, 어느 날 너무나도 큰 연민에 질식하여' 죽었다고 대답한다. 교황이 마지막까지 모셨던 신은 인간에 대한 연민으로 인해 세계와 의지를 상실한 채 스스로 죽었다는 것이다. 인간에 대한 사랑이 그 신에게는 자신의 지옥이었던 것이다. 이러한 교황의 주장에 대하여 차라투스트라는 그가 신의 죽음을 직접 보았는지 되묻는다. 왜냐하면 차라투스트라는 신의 죽음이 다양한 방식으로 이뤄질 수 있다고 여겼기 때문이다. 여기서 우리는 라그나뢰크라는 최후의 전쟁을 치르고 영웅답게 죽는 게르만 신들이나 "나만이 신이다."라고 외쳤던 히브리 신의 말을 듣고 웃다가 죽어 간 그리스 신들의 모습을 떠올릴 수 있다. 이렇게 다양한 신의 죽음 가운데 차라투스트라는 연민으로 인한 죽음에 대해서는 비판적인 입장을 취한다. 그것은 그리스도교에 대한 비판이기도 하다. 왜냐하면 그리스도교의 신은 인간을 사랑한 연민의 신이었기 때문이다. 그런데 연민은 자신이 창조한 인간의 죄에 대한 심판과 연결된다.

이런 의미에서 차라투스트라는 좋은 취향과 나쁜 취향을 구분한다. 그는 그리스도교의 신을 나쁜 취향을 지닌 신이라고 비판하고 그 신의 죽음이 슬퍼할 일이 아니라고 말하면서, 검은 옷을 입고 창백해진 교황에게 "신으로 하여금 가게 하라!"라고 권한다. 이런 차라투스트라의 요구에 부응하듯, 교황은 만약 신이 죽었다면 이제 필요한 것은 신을 믿지 않는 자 중에서 가장 '경건한 자'를 찾는 일이라고 대답한다. 자신은 차라투스트라를 찾고 있었다는 것이다. 이 부분에서 교황은 '경건함' (Frömmigkeit)과 '정직성'(Redlichkeit)이라는 미덕에 대하여 말한다.

즉 과거에는 신에 대한 경건함과 정직성이 최고의 미덕이었다면, 이제
는 삶에 대한 경건함과 정직성이 최고의 미덕이라는 것이다. 그것은 삶
의 밖에 위치하는 절대적 관점으로부터 삶을 규정하는 것이 아니라, 삶
의 다양한 요소를 있는 그대로 받아들이고 긍정하는 태도를 가리키는
덕목이다. 따라서 교황은 차라투스트라에게 다음과 같이 말한다.

> "오 차라투스트라여, 그대는 그같은 불신앙으로 말미암아 그대 자신이 믿고
> 있는 것보다 한층 더 경건하다! 그대 안에 어떤 신이 있어 그대로 하여금 신
> 의 존재를 믿지 않도록 만든 것이다. 그대로 하여금 그 어떤 신도 더 이상 섬
> 기지 못하도록 만든 것. 그것은 그대의 경건성이 아닌가? 이제는 그대의 차
> 고 넘치는 크나큰 정직성이 그대를 선과 악의 저편으로 인도하리라!"(KSA
> 4, 325, 차라, 421쪽)

이러한 교황의 말에도 불구하고 차라투스트라는 교황이 아직도 우울
함에 사로잡혀 있다는 것을 인지한다. 따라서 그는 교황을 포함해 보다
높은 인간이 되려는 사람들을 '단단한 땅 위에, 굳센 발로 설 수 있게'
하는 것이 자신의 과제임을 확인하면서 교황에게 다음과 같이 말한다.

> "이 늙은 신은 더 이상 살아 있지 않다. 철저하게 죽은 것이다."(KSA 4, 326,
> 차라, 422쪽)

f. 죽음의 제국

4부에서 차라투스트라는 삶에 지친 권태의 예언자에게 '행복한 섬'
이 존재한다는 사실을, 천민의 제국이 된 시대에 구토를 느끼는 왕에게
'좋은 전쟁'을, 흡혈주의라는 특징을 지녔던 학문을 연구하는 학자에게

'즐거운 학문'을, 신에 대한 애증에 사로잡혀 있는 마술사에게 '정신의 참회'를 말한다. 그리고 끝까지 자신의 신을 섬겨 왔던 교황에게 신을 보내 주라고 말한 후, 이제 '더없이 추악한 자'와 만나게 된다. 이와 같이 차라투스트라가 풀어 가는 수수께끼, 그가 걸어가는 미로는 세계로부터 신에 대한 수수께끼로 이어지며, 신에 대한 수수께끼는 "더없이 추악한 자"에서 절정에 이른다.

마술사와 교황은 신에 대한 애증을 지닌 자, 끝까지 신에게 경건하려고 했던 자였던 데 반해, 더없이 추악한 자는 스스로 신을 죽인 자이다. 따라서 이 "더없이 추악한 자"의 배경에는 죽음에의 그림자가 깔려 있다. 이 이야기는 검붉은 절벽들, 풀이나 나무, 새소리도 없는, 심지어 맹수도 피해 다니는 골짜기를 배경으로 전개된다. 그곳은 '흉하고 굵은 녹색 뱀'들이 죽으러 오는 곳, '뱀의 죽음'이라 불리는 곳, '죽음의 제국'이다.

이곳은 산 정상을 원하는 차라투스트라와 대립되는 중력의 영의 거주처이다. 그곳은 정상의 대립점으로 바닥을 알 수 없는 죽음의 공포가 모든 것을 휘감는 곳이다. 이런 분위기를 에드거 앨런 포는 "모든 사물 위로, 저 끔찍한 애무로써 죽음이 무거운 휘장을 덮는다."[14]라고 묘사한다. 이곳에는 모든 것을 내리누르는 무거운 공기인 두려운 현기증과 원초적 두려움이 가득 차 있다. 죽음의 제국은 두려움과 추락의 메타포가 지배하는 곳이다.

추락의 현기증에 대한 묘사는 이미 "읽기와 쓰기에 대하여", "산허리에 있는 나무에 대하여", "처세를 위한 책략에 대하여", "세 개의 악에 대하여", "환영과 수수께끼에 대하여"에서 발견된다. "읽기와 쓰기에

---

14   가스통 바슐라르, 『공기와 꿈』, 191쪽에서 재인용

대하여"에서는 무거움이라는 악령을 극복한 차라투스트라의 '극복된 현기증'[15]이 묘사된다. "산허리에 있는 나무에 대하여"에서는 상승과 추락의 필연적인 관계가 표현된다. "처세를 위한 책략에 대하여"에서는 상승하려는 자의 현기증이 묘사된다. "세 개의 악에 대하여"에서 상승과 추락은 높은 산과 광란하는 바다의 대립으로 나타난다.

그런데 뱀의 죽음이라는 골짜기에 들어선 차라투스트라는 자신이 언젠가 그곳에 와 본 적이 있던 것처럼 여긴다. 왜냐하면 그곳은 "환영과 수수께끼에 대하여"의 배경이었기 때문이다. "환영과 수수께끼에 대하여"에서는 그곳을 '잡초나 관목도 찾아볼 수 없는 심술궂고 호젓한 오솔길'로 묘사했다. 그곳에서 차라투스트라는 자신을 심연으로 끌어당기는 중력의 영에 대적해 위를 향하여 오르고 있었다. 차라투스트라는 중력의 악령이 누르는 무거움, 그가 자신의 귓속으로 떨어뜨리는 사상, 즉 '무거운 납'과 투쟁하고 있었다. 그리고 중력의 악령은 차라투스트라에게 최후의 유혹의 말을 건넸다.

> "오, 차라투스트라여, 너 지혜의 돌, 투석기의 돌이여, 별을 파괴하는 자여! 너는 네 자신을 그토록 높이 던졌다. 그러나 높이 던져진 돌은 하나같이 떨어지기 마련인 것을!"(KSA 4, 198, 차라, 255쪽)

이러한 두려움 앞에서 차라투스트라는 용기를 내어 중력의 악령에게 다음과 같이 외치면서 추락의 현기증을 벗어났다.

> "너! 난쟁이여! 너인가, 아니면 나인가!"(KSA 4, 198, 차라, 256쪽)

---

15   위의 책, 265쪽

그때 그는 여기서 묘사되는 '험난한 절벽'에 있었던 것이다. 거기서 차라투스트라는 뱀에 의해 목구멍이 막힌 사람의 환영을 보았는데, 4부에서는 사람의 모습을 하고 있지만 사람 같지 않은 자, 즉 더없이 추악한 자와 마주치고 있는 것이다. "환영과 수수께끼에 대하여"에서 영원회귀 사상에 대한 두려움이 절정에 이르렀듯이, 이제 "더없이 추악한 자"에서는 '신 → 신의 죽음 → 신을 죽인 자'로 이어지는 사상의 두려움이 점증한다. 그것은 신을 죽인 자가 내는 수수께끼와 그것을 풀어가는 차라투스트라 사이의 대화를 통해 진행된다.

더없이 추악한 자는 마치 스핑크스와 같이, 차라투스트라에게 수수께끼를 낸다. 그가 낸 수수께끼의 내용은 바로 그 자신이다. 즉 그가 누구인지 맞혀 보라는 것이다. 그런데 차라투스트라는 더없이 추악한 자의 질문이 무엇을 의미하는지, 그에 대한 대답이 어떠해야 하는지 이미 알고 있다. 차라투스트라에 의하면 그는 신을 죽인 자이다. 왜냐하면 그는 자신의 모습을 목격한 자, 즉 인간을 아르고스의 눈과 같이 100개의 눈으로 감시하는 신을 견딜 수 없었기 때문이다. 그에게 신은 인간과 세계 모두를 정확히 감시하는 커다란 눈 자체였던 것이다. 그 눈은 감시하는 눈이고, 보이는 자에게 수치심을 안겨 주는 눈이다. 이러한 신 앞에서 모든 인간은 마치 사르트르가 묘사하듯이, 몰래 열쇠 구멍으로 방을 들여다보다가 그 모습을 들켰을 때와 같이 수치심을 느끼게 된다. 모든 것을 보는 눈앞에서 인간은 완전히 발가벗겨진 채 노출되고 마는 것이다. 따라서 그는 감시자 신을 죽였던 것이다.

> "그는 죽을 수밖에 없었다. 그는 모든 것을 보았던 그런 눈으로 사람의 깊은 속내와 바탕을, 은폐된 치욕과 추함을 남김없이 보고 말았던 것이다. (...) 그는 언제나 나를 지켜보고 있었다. 이 같은 목격자에게 나는 앙갚음을 하려

했다. 아니면 내 자신이 죽어 없어지든가. 모든 것을, 사람까지도 지켜보고 있던 신, 그 신은 죽어 마땅했다! 사람들은 그 같은 목격자를 두고 있다는 사실을 참을 수가 없었던 것이다."(KSA 4, 331, 차라, 428-429쪽)

더없이 추악한 자는 거대한 눈으로 인간을 지켜보던 신을 참을 수가 없었다. 그러한 신 앞에서는 그 누구도 자기 자신으로 존재할 수 없기 때문이다. 이러한 신을 두고 할 수 있는 일은 신을 죽이든가, 혹은 그 자신이 신이 되는 것뿐이다. 이 갈림길에서 더없이 추악한 자는 신을 죽이는 일을 선택한 것이다. 이러한 자의 행동과 의도에 사람들은 공감하고, 그에게 연민을 보인다. 그러나 더없이 추악한 자는 그러한 인간들의 연민도 거부한다. 왜냐하면 사람들이 보내는 연민의 눈 역시 목격자의 눈을 닮았기 때문이다. 따라서 더없이 추악한 자는 "연민은 귀찮고 성가신 것이다."라고 말한 차라투스트라를 찾았던 것이다. 왜냐하면 차라투스트라가 "연민으로부터 커다란 구름이 몰려온다. 조심하라, 인간들이여!"라고 말한 것처럼, 더없이 추악한 자 역시 연민은 무거운 빗방울 가득 담고 있는 먹구름과 같이 모든 인간을 적셔 버릴 수 있는 위험한 것이라는 점을 알고 있었기 때문이다. 그는 연민이 모든 인간을 왜소한 인간, 회색 인간으로 만들고, 이러한 인간들이 선하다고 말하는 것이 선, 진리, 힘이 된다는 것을 알고 있었던 것이다. 그는 차라투스트라가 연민의 사랑 대신 '창조의 사랑'에 대하여 말한 것도 알고 있었다.

그런데 더없이 추악한 자는 차라투스트라에게 두 가지를 경고한다. 그것은 연민을 거부하는 차라투스트라가 맞게 될 가장 큰 유혹도 연민이며, 따라서 연민을 조심하라고 점, 그리고 신이 죽을 수밖에 없었던 이유가 감시하는 목격자였기 때문이라면 차라투스트라도 또 다른 목격자가 되지 않아야 된다는 것이다. 연민을 조심하라는 첫째 경고는 유혹에 대한 경고로, 4부 전체에서 계속 주제화된다. 반면 자신의 목격자가 되지 말라는 둘째 경고는 다음과 같은 호의 어린 당부를 통해 해결된다.

"나를 보지는 말라! 그렇게 함으로써 나의 추악함에 경의를 표해 달라!"(KSA 4, 329, 차라, 425쪽)

그럼에도 차라투스트라가 더없이 추악한 자를 볼 가능성은 남아 있다. 따라서 그는 차라투스트라에게 다음과 같이 경고한다.

"경고하노니 그대는 나 자신도 경계해야 할 것이다. 그대는 나 자신의 더없이 고약한 수수께끼를, 곧 나 자신이 누구이며 내가 무엇을 했는지를 알아냈다! 나는 그대를 넘어뜨릴 수 있는 도끼를 알고 있다."(KSA 4, 331, 차라, 428쪽)

이러한 경고에 대하여 차라투스트라는, 자신은 결코 더없이 추악한 자의 길을 따라가지 않는다는 점을 분명히 하고, 오히려 이제 그가 자신의 길을 따라와야 한다고 말한다. 그리고 그를 자신의 동굴로 초대한다. 그 후 차라투스트라는 더없이 추악한 자야말로 그 자신을 가장 사랑한 자이며, 동시에 가장 경멸한 자였다고 평가한다. 즉 차라투스트라는 더없이 추악한 자의 자기 사랑과 자기 경멸이 목격자인 신을 살해한 것이며, 이런 한에서 그는 보다 높은 인간에 가까운 자가 아닌지 자문하는 것이다.

g. 가장 부유한 자의 가난함

이 이야기는 산상수훈자, 즉 예수에 관한 이야기이며, 그 배경은 예수가 민중에게 이야기를 전해 주었던 곳과 같은 산이다. 그런데 여기서는 산 대신 '언덕'(Anhöhe)이란 표현이 나타난다. 언덕은 산보다 낮은 곳이다. 산상수훈의 배경을 언덕으로 묘사한 것은 높은 산을 좋아하는 차라투스트라와 언덕에 있는 예수 사이의 높이의 차이를 드러내기 위한 것이라고 볼 수 있다.

차라투스트라는 더없이 추악한 자를 자신의 동굴로 보낸 후, 추위와 고독에 휩싸인 자신의 마음이 다시 따뜻해지고 즐거워지게 된 이유를 언덕 위에 모여 있는 암소들 때문이라고 말한다. 이때 '추위'와 '더위', 그리고 '암소'라는 메타포가 연결된다.

앞에서 우리는 추위와 더위, 암소라는 메타포들이 게르만 신화에서는 '창조하는 능력'과 연관된다는 점을 밝혔다. 그리고 "세 단계의 변화에 대하여"라는 차라투스트라의 첫 번째 가르침, 즉 차라투스트라의 산상수훈이 선포된 곳의 이름이 '얼룩소'였으며, 그 내용은 인간이 자신을 극복하고 새로운 가치를 창조해야 한다는 것이었다는 점을 고려하면, 추위와 더위, 암소라는 메타포의 연결은 창조, 혹은 창조자와 연결된다고 볼 수 있다. 또한 니체가 예수 역시 창조자로 보고 있다는 추측도 가능해진다. 이러한 추론이 가능한 것은 앞에서 지적했듯이, 예수에 대한 니체의 입장이 상반적이기 때문이다.

니체가 자신을 '십자가에 달린 자에 맞서는 디오니소스'라고 표현할 때, 그는 예수를 적대자로 여기는 듯이 보이지만, 다른 곳에서 그는 예수를 사랑에의 의지를 지닌 자, 일종의 창조자라고 평가하기도 한다. 이런 점들로부터 우리는 왜 니체가 4부에서 예수를 보다 높은 인간들에 속하는 인물로 묘사하는지 그 이유를 알 수 있다.

"자발적으로 거지가 된 자"에서 예수는 행복을 찾는 자, 천국에 이르기 위해 암소같이 되새김을 해야 한다고 가르치는 자로 묘사된다. 예수가 암소들이 있는 언덕으로 온 이유는 천박함과 복수심이 지배하는 세상에 역겨움을 느꼈기 때문이다. 이러한 예수를 차라투스트라는 '일찍이 그 많은 재산을 버리고 자발적으로 거지가 된 자'라고 부른다.

그런데 부유함과 가난함에 대한 표현을 우리는 『디오니소스 송가』에서 찾아볼 수 있다. 『디오니소스 송가』에서는 가장 부유한 자로 묘사되는 차라투스트라가 '가장 부유한 자의 가난'에 대하여 노래하는 장면이 묘사된다. 이 노래에서 차라투스트라는 '지나치게 부자'이면서, 동시에 '모든 부자 중에서 가장 가난한 자'이다. 그가 부자인 이유는 가장 높은 지혜와 진리를 가졌기 때문이고, 그가 가장 가난한 자인 이유는 그가 모든 것을 낭비하고 선물로 주었기 때문이다. 이 점은 "밤의 노래"에서도 잘 나타난다.

그런데 "자발적으로 거지가 된 자"에서 차라투스트라는 예수를 부자이면서, 동시에 모든 것을 잃고 거지가 된 자로 부른다. 말하자면 차라투스트라와 예수는 모두 부자이면서 동시에 가난한 자로 표현되는 것이다. 그러나 차라투스트라와 달리 예수는 '제대로 주는 법'을 몰랐고, 바로 앞에서 지적했듯이, '높이'가 다르다는 차이점을 지닌다. 예수는 언덕과 연관된 '부유한 자'(der Reiche)인 반면, 차라투스트라는 산과 연관된 '가장 부유한 자'(der Reichste)(KSA 6, 409, 15권, 508쪽)인 것이다.

h. 방랑자와 그림자의 관계

자발적으로 거지가 된 자를 자신의 동굴로 보낸 후, 차라투스트라는 구조를 외치는 또 다른 소리를 듣는다. 그것은 차라투스트라의 그림자의 소리이다. 그렇다면 그림자는 누구인가?

1879년 여름에 쓰인 『방랑자와 그의 그림자』에 의하면 그림자는 '방랑자의 그림자'이다. 방랑자와 그림자는 거의 동일한 존재이면서, 동시에 모순되는 존재이다. 방랑자가 빛을 향한 존재라면, 그림자는 어둠을 향한 존재이다. 그러나 빛과 어둠이 서로 대립하면서 사물의 형태를 이루어 내듯이, 방랑자와 그림자는 하나의 존재를 구성하는 두 요소이다.

"얼굴의 아름다움, 말의 명료함, 성격의 선량함과 건실함이 존재하기 위해서는 그림자도 빛만큼이나 필요한 것이지."(KSA 2, 538, 인간 II, 218쪽)

방랑자와 그림자는 서로 구분될 뿐 아니라 서로를 원하기도 한다.

"나는 빛을 사랑하는 것처럼 그림자도 사랑하고 있다."(KSA 2, 538, 인간 II, 218쪽)

서로 대립되는 빛과 어둠이 서로를 원하는 이유는 빛이 사라지면 그림자도 사라지기 때문이다.

"그들은 적이 아니야; 오히려 그들은 정답게 손잡고 있으면서 빛이 사라지면 그림자도 뒤따라 사라지는 것이지."(KSA 2, 538, 인간 II, 218쪽)

이렇게 그림자는 '인식의 햇빛이 비칠 때, 모든 사물이 나타내 보여주는 그림자'(KSA 2, 538, 인간 II, 218쪽), 즉 항상 빛의 그림자인 것이다. 그런데 『방랑자와 그의 그림자』에서 방랑자는 사람들이 자신의 모습보다 오히려 그림자를 더 많이 알아본다고 투덜댄다. 왜냐하면 방랑자의 입장에서 보면, 자신이 주인이고 그림자는 개처럼 꼬리를 치는

노예에 불과하기 때문이다. 그러나 방랑자는 그림자가 더 나은 존재라
는 것도 알고 있다.

> "아, 너희 그림자는 우리보다도 '더 나은 인간'(bessere Menschen)이야. 그
> 건 내가 느끼지."(KSA 2, 703, 인간 II, 428쪽)

그림자가 햇빛의 인식을 갖는 방랑자보다 더 나은 이유는 그림자가
더 잘 '침묵을 지키며, 기다릴 줄 알기'(KSA 2, 703, 인간 II, 428쪽)
때문이다. 결국 『방랑자와 그의 그림자』에서 방랑자와 그림자는 서로
대립하면서, 동시에 하나의 전체를 이루는 존재를 뜻한다.

그림자에 대한 또 다른 언급을 『즐거운 학문』의 부록인 "포겔프라이
왕자의 노래"에서 찾아볼 수 있다. 니체는 『이 사람을 보라』에서 "포겔
프라이 왕자의 노래"는 '즐거운 학문'이라는 프로방스적 개념을 담고
있는 시로, '도덕을 넘어서 춤을 추게 하는 자유로운 춤곡, 완벽한 프로
방시즘'(KSA 6, 334, 사람, 418쪽)이라고 말한다. 이 시를 통해 자신이
추구한 것은 '시인과 기사와 자유정신의 합일'(KSA 6, 334, 사람, 418
쪽)이었다는 것이다. 그리고 이 작품 속 「실스 마리아」란 시에서도 그
림자가 묘사된다. 그 시는 다음과 같다.

> "여기에 앉아 기다리고 또 기다린다. — 무를 / 선악의 저편에서, 빛을 즐기
> 고 / 그림자를 즐기며, 모든 것은 유희일 뿐 / 모든 것은 바다이고 정오이고
> 목표 없는 시간일 뿐 / 그때 갑자기, 나의 여인이여! 하나가 둘이 되었다. —
> 그리고 차라투스트라는 내 곁을 지나갔다."(KSA 3, 649, 학문, 414쪽)

융은 이 시를 니체의 신앙 고백으로 해석한다. 융에 의하면 이 시에

서 차라투스트라는 단순히 시적인 인물이 아니라 그리스도교를 부정한 후 길을 잃은 니체에게 구원을 제공해 주는 자이다.[16] 이 구원자는 기존의 도덕적 선악을 넘어서는 높이에 존재하는 자이며, 니체에게 지속적으로 상승에의 의지를 강조하는 자이다. 이 점은 니체 자신의 표현에서도 발견된다. 그는 『이 사람을 보라』 중, "나는 왜 이렇게 현명한지"에서, 자신이 실스 마리아에 머물렀던 사실을 고백하면서, 그곳이 '바이로이트로부터 6000피트 높이에 있는 곳'(KSA 6, 270, 사람, 338쪽)이라고 말한다. 이러한 상승에의 의지가 형상화된 것이 차라투스트라이고, 4부에서 묘사되는 보다 높은 인간들이다.

이에 반해 이들을 밑으로, 즉 심연으로 끌어내리려는 마지막 인물이 바로 그림자이다. 그림자는 차라투스트라가 극복해야 할 마지막 시험이며, 유혹인 것이다. 동시에 그 그림자는 차라투스트라(방랑자)의 아니마, 즉 여자 친구이기도 하다. 이 여성(그림자)은 차라투스트라 안에 있는 또 다른 존재인 것이다. 이렇게 은폐되어 있던 존재는 서구 사상에서 사이렌, 멜루지네, 흡혈 여괴와 같이 끔찍한 모습으로 묘사되어 왔다.[17] 이러한 아니마의 모습을 괴테는 「어부」(Der Fischer)라는 시에서 다음과 같이 적는다.

"반쯤 그녀가 그를 끌어당기자/ 반쯤 그가 가라앉는다/ 그러고는 더 이상 보이지 않았다."[18]

이렇게 상승과 중력의 길항 작용이 한편으로는 차라투스트라로, 다

---

16   칼 구스타프 융, 『원형과 무의식』, 융저작번역위원회 옮김, 솔, 1984, 150쪽 참조
17   위의 책, 133쪽
18   위의 책, 133쪽에서 재인용

른 한편으로는 그림자로 묘사되는 것이다. 그렇다면 그림자는 차라투
스트라의 무의식인 셈이다. 이러한 그림자는 "환영과 수수께끼에 대하
여"에서 중력의 영으로, "거울을 갖고 있는 아이"에서는 거울에 비친
험악한 모습으로 묘사된다. 이때 꿈과 거울은 의식에 의해 억압된 무의
식을 드러내기 위한 메타포이다. 이 장면은 다음과 같다.

"꿈속에서 그 무엇에 놀라 나는 깨고 말았는가? 거울을 들고 있는 한 아이가
내게 다가오지 않던가? (...) 거울 속을 들여다본 나는 소스라치게 놀라고
말았다. 나의 마음은 동요했다. 거울 속에서 내 모습이 아니라, 악마의 험상
궂은 얼굴과 비웃음을 보았던 것이다."(KSA 4, 105, 차라, 131쪽)

이 모습은 다른 사람들에 의해 왜곡된 니체의 모습이기도 하지만, 동
시에 차라투스트라 자신의 아니마의 모습이기도 하다. 그 그림자를 보
고 차라투스트라는 상승하려는 자신 안에 존재하는 추락에의 의지도
발견하고 놀라는 것이다. 따라서 "그림자"에서 차라투스트라는 자신을
따라 오는 '검고 텅 비어 있으며 기진맥진한 그림자'를 향해, "그대는
누구인가?"라고 묻는 것이다.

그런데 "그림자"에서는 그림자와 차라투스트라뿐 아니라 앞서 묘사
한 '자발적으로 거지가 된 자'도 등장한다. 이 세 인물은 서로 쫓고 쫓
기며 달려가고 있다. 처음에 차라투스트라는 그 모습이 우스꽝스럽다
고 여긴다. 그것은 세 인물이 각각 다른 자라는 것을 의미한다. 그런데
셋이 함께 달려가는 모습이 묘사된 후, 거지에 대한 묘사는 갑자기 사
라진다. 그러나 그 이유가 무엇인지는 언급되지 않는다.[19] 단지 차라투

---

19   차라투스트라, 그림자, 거지 세 인물의 달리기 장면이 묘사되는 것으로부터, 우

스트라와 그림자 사이의 관계가 묘사될 뿐이다. 여기서 그림자는 차라투스트라와 동일한 존재이다. 왜냐하면 그림자는 차라투스트라가 행한 모든 것에 참여했기 때문이다.

> "나는 그대와 함께 온갖 금지된 것, 더없이 고약한 것, 더없이 먼 것에 침투하려 했다. 내게 어떤 미덕이 있다면, 그것은 내가 금지된 것을 전혀 두려워하지 않았다는 것이리라. 나는 내가 예로부터 마음속으로 숭배해 왔던 것을 그대와 함께 파괴하고, 모든 경계석과 우상을 무너뜨렸으며, 위험하기 짝이 없는 소망을 추구했다."(KSA 4, 339-340, 차라, 440쪽)

이와 같이 그림자는 차디찬 물(차디찬 거울)에 비친 차라투스트라 자신의 모습이다. 그것도 빨간 게처럼 맨몸으로 나타난 모습이다. 그러나 그림자는 결코 차라투스트라가 될 수 없다. 왜냐하면 그림자는 항상 노예로서, 주인인 차라투스트라를 따라다닐 수밖에 없기 때문이다. 차라투스트라가 능동적인 존재인 반면, 그림자는 차라투스트라 안에 있는 반동적인 존재를 뜻한다. 이런 의미에서 그림자는 빛과 위를 향하는 차라투스트라를 심연으로 끌어내리려는 존재이며, 차라투스트라의 내면 깊숙한 곳에 위치한 무의식의 존재이다. 따라서 차라투스트라는 그림자의 흉악한 모습에 놀라는 것이다. 그럼에도 그림자는 차라투스트라를 이길 수 없다. 왜냐하면 그림자는 독자적인 존재가 아니기 때문이다. 그 차이를 차라투스트라는 다음과 같이 말한다.

리는 예수와 차라투스트라의 관계를 차라투스트라와 그림자의 관계와 유비적으로 이해할 수 있다.

"그대는 목표를 잃고 말았다. 애석하다. 그대는 어떻게 이 손실을 웃어넘기
며 이겨 내려는가? 목표를 잃음으로써 그대는 갈 길조차 잃고 만 것이다."
(KSA 4, 341, 차라, 442쪽)

자신과 그림자의 차이에 대하여 말하면서 차라투스트라는 그림자를
"지쳐 있는 나비여!"라고 부른다. 왜 갑자기 '나비'인가?

그리스어 psyche는 영혼이란 의미 외에 나비란 뜻도 갖는다.[20] 따라
서 차라투스트라가 자신의 그림자를 나비라고 부른 것은 그림자를 자신
의 또 다른 영혼으로 이해하고 있음을 드러낸다. 그런데 자신의 나비(영
혼)가 두려운 이유는 영혼(psyche)이 추운 것(psychros), 서늘함(psy-
chos)과 연관되기 때문이다. 이렇게 그림자와의 대화는 차라투스트라
가 자신 안의 또 다른 존재인 나비(영혼)와 나눈 대화인 것이다.

3) 정오의 꿈: 나무 – 포도나무 – 노랑

위기에 처한 8명의 보다 높은 인간들을 자신의 동굴로 올려 보낸 후, 차
라투스트라는 정오에 어떤 고목 곁을 지나게 된다. 그 고목은 포도넝쿨
에 휘감겨 있고, 포도넝쿨에는 노란 포도송이가 주렁주렁 열려 있다.
여기서 '나무'와 '포도나무', '노랑'이란 메타포가 연결된다.

나무라는 메타포는 비록 이그드라실처럼 우주의 근거라는 의미를 지

---

20   독일어 Seele(영혼)은 "고트어 saiwalo, 나아가 '움직이는', '형형색색으로 반짝
이는'과 같은 뜻을 지니는 그리스어 aiolos와 가장 유사하며, 그것은 마치 이 꽃, 저 꽃
으로 취해서 비틀거리고 옮겨 가면서 꿀과 사랑으로 살아가는 나비 — 그리스어 psyche
— 와 같다." 칼 구스타프 융, 『원형과 무의식』, 135쪽 참조

니지는 않지만, 적어도 더 오래 더 높이 성장하는 존재자를 뜻한다.

"이 나무는 여기 산허리에 외롭게 서 있다. 그것은 사람과 짐승 위로 높게 자랐다. 그것이 무슨 말을 하려 해도, 그것의 말을 이해할 수 있는 자는 없을 것이다. 그는 그토록 높이 자란 것이다."(KSA 4, 52, 차라, 65–66쪽)

높게 자란 나무는 고독한 나무이다. 그 나무는 언젠가 일어나게 될 '첫 번갯불'(KSA 4, 52, 차라, 66쪽)을 기다리는 나무이다. 이렇게 나무는 높은 경지뿐 아니라 미래적인 사건과 연결된다.

"미래라고 하는 나무 위에 우리는 보금자리를 마련한다. 독수리가 부리로 우리 고독한 자들에게 먹을거리를 날라다 주리라!"(KSA 4, 126, 차라, 159쪽)

그런데 높은 자, 고독한 자, 미래적인 자는 곧 차라투스트라 자신이기도 하다. 이 점은 "환영인사"에서 오른편 왕이 차라투스트라에게 건넨 말에서도 확인된다.

"오, 차라투스트라여, 그대처럼 자라나고 있는 자를 나는 소나무에 비교한다. 장구하고 말 없이, 엄격하고 외롭게 서 있는, 더없이 유연한데다 장엄하기까지 한 소나무에. (...) 명령자, 승리자로서 더욱 당돌하게 대답하는 소나무에. 이 같은 식물을 보기 위해 높은 산에 오르지 않을 자가 있겠는가?"(KSA 4, 348, 차라, 452쪽)

높은 나무와 같은 존재인 차라투스트라가 좋아하는 색은 노랑과 빨강이다. "건강을 되찾는 자"에서 노랑과 빨강은 심오한 사상 앞에서 두려워하는 차라투스트라에게 독수리가 물어 온 딸기의 색으로서, 이 색은 '영원회귀'와 연결된다. 또한 "중력의 악령에 대하여"에서는 다음과 같이 표현된다.

"심원한 노랑(das tiefe Gelb)과 강렬한 빨강(das heisse Roth). 나의 취향은 그런 것이다."(KSA 4, 244, 차라, 316쪽)

이때 노랑과 빨강은 중력의 악령인 난쟁이나 땅속에서 살아가는 두더지에 대립되는 색, 즉 상승과 긍정의 색으로서, 이 색은 '힘에의 의지'와 연결된다.[21]

그리고 포도나무라는 메타포는 '순수함'을 상징한다.[22] 연금술에 의하면 금속계와 동물계의 왕이 황금과 사자라면, 식물계의 왕은 포도나무이다. 포도나무는 연금술적 위계의 꼭대기에 해당되는 나무이다. 포도나무는 하늘 높이 존재하는 태양의 황금빛을 끌어당기고 연금술적 혼인을 위해 천계의 황금을 유혹하는 나무이다.[23] 이러한 포도나무를 지배하고 돌보는 자, 그리고 포도의 수액을 상징하는 자는 디오니소스이다. 그렇다면 이 부분에서 우리는 '나무 — 포도나무 — 노랑'이란 메타포는 '차라투스트라 — 디오니소스 — 영원회귀'를 가리키는 것을 알 수 있다. 그런데 차라투스트라와 디오니소스의 관계는 아직 은폐되어 있다. 왜냐하면 나무는 포도넝쿨에 감싸여 숨겨져 있기 때문이다.

---

21   마르틴 하이데거에 의하면 노랑은 영원회귀를, 빨강은 힘에의 의지를 상징한다. M. Heidegger, *Nietzsche I*, 305쪽 참조

22   가스통 바슐라르, 『대지와 의지의 몽상』, 359쪽 참조

23   위의 책, 360, 362쪽 참조

"나무는 사랑에 넘치는 포도넝쿨에 휘감긴 채 자신을 숨기고 있었다."(KSA
4, 342, 차라, 444쪽)

차라투스트라는 아직 디오니소스가 아니다. 이 점은 포도 열매를 먹
으려던 차라투스트라가 더 큰 욕망, 즉 잠자고 싶은 욕망을 따르는 장
면에서도 확인된다. 차라투스트라는 잠들어 버린다. 그런데 왜 이 부분
에서 잠에 대한 묘사가 나타나는 것일까?

　융에 의하면 꿈은 잠들어 있던 무의식이 깨어나는 순간이다. 이때 꿈
은 개념과 달리 훨씬 회화적인 이미지로 표현된다.

"어떤 사상의 무의식적인 면은 꿈을 통해 어둠 밖으로 드러나는데, 그것은
합리적인 사고로서가 아니라, 상징적인 이미지로서 나타나며", "꿈속에 보
이는 이미지는 (…) 개념이나 경험보다 훨씬 더 그림 같고 생생하다."[24]

　꿈을 통해 무의식이 드러날 때 일상의 의식은 잠든다. 이런 의미에서
바슐라르는 '가장 깊은 꿈은 본질적으로 시각의 휴식과 언어의(동사
적) 휴식 현상'[25]이라고 말한다. 꿈은 '한낮의 고통으로 무거워진 심장
을 부드럽고 편안하게 치유'[26]해 주는 기능을 갖는 것이다. 그런데 차라
투스트라는 잠들기를 원하면서도, 눈은 뜨고 있다. 그는 자신의 의지를
통해 눈을 뜬 채 잠을 자고 있는 것이다. 그는 의식과 현실로부터 도피
한 채 무의식적 소망의 세계로 빠져들기를 거부하며, 오히려 의식과 무
의식, 혹은 자신과 자신의 그림자가 조화롭게 합일된 상태를 원하는 것

24　칼 구스타프 융, 『무의식 분석』, 설영환 옮김, 선영사, 1992, 248, 272쪽
25　가스통 바슐라르, 『공기와 꿈』, 64쪽
26　위의 책, 77쪽

이다. 이렇게 차라투스트라는 꿈과 현실의 종합을 통해 '정복된 정적'[27]의 세계와 만난다. 그것은 완성된 세계를 뜻한다.

> "조용히! 조용히! 방금 이 세계는 완성되지 않았는가? (...) 부드러운 바람이 매끄러운 바다 위에서 보이지 않게 가볍게, 깃털처럼 가볍게 춤추듯 잠은 내 위에서 춤추고 있다. 잠은 내 눈을 감겨 주지 않으며, 나의 영혼을 깨어 있게 한다. 잠은 가볍다. 깃털처럼 가볍다."(KSA 4, 342-343, 차라, 445쪽)

차라투스트라는 잠든 채 잠과의 대화, 잠든 자기 자신과의 대화를 나누면서, 자신의 현재 상태를 바다에서 지친 배가 조용한 포구로 돌아온 것에 비유한다. 여기서 바다는 흔들리는 존재, 즉 어렸을 때부터 경험했던 흔들거리는 요람에 비유될 수 있다. 반면에 이제 대지에 정박했다는 것은 요람으로부터 떠나 현실을 경험한다는 것을 뜻한다. 나아가 물에서 대지로의 전환은 하늘로 이어진다. 이러한 차라투스트라의 꿈은 '수직적 역학', 혹은 '몽상적 비상의 이미지'를 반영한다.[28] 차라투스트라는 '깃털처럼 가볍게 춤추고' 있는 꿈을 꾸고 있는 것이다. 이렇게 가벼워지는 꿈은 차라투스트라가 신적 존재와 만나는 순간을 반영한다. 이 점은 키이츠의 시에서 다음과 같이 묘사된다.

> "어느 순간 (...) 마치 메르쿠리우스의 날개가 부채질하듯 내 발꿈치 밑에서 펄럭이고 있었던 양/ 나는 나 자신이 너무나도 가볍고 자유롭게 느껴졌다! 내 가슴은 가벼웠고 수많은 즐거움이 눈앞에 솟아올랐다/ 그래서 나는 곧 반

---

27   위의 책, 261쪽
28   위의 책, 115, 92쪽 참조

짝이며 서로 잘 어울리는/ 유백색 어린 분홍빛 광채들을 엮어 꽃다발을 만들기 시작했다."[29]

신과 만나는 순간의 경험을 바슐라르는 '천공 지향성'(ourano-tropisme)[30]이라고 부른다. 이와 같이 차라투스트라의 꿈은 하늘을 향하는 꿈이며, 신과 만나는 꿈이다. 그 신은 디오니소스이며, 그때는 정오이다.

> "오, 나의 영혼이며, 너 풀밭의 새여, 노래하지 말라! 속삭이지도 말라! 자, 조용히 하라! 늙은 정오가 잠자고 있다. 그의 입은 움직이고 있다. 방금 한 방울의 행복을 핥고 있지 않은가. 황금빛 행복의, 황금빛 포도주의 해묵은 갈색 포도주 한 방울을? 그의 얼굴 위로 스쳐 지나가는 것이 있다. 그의 행복은 웃는다. 신은 이렇게 웃는다. 조용히 하라."(KSA 4, 343, 차라, 446쪽)

꿈속에서 세계는 '황금으로 된 둥근 고리', 즉 완성되고 둥글며 성숙한 세계가 되고, 차라투스트라(나무)는 포도나무인 디오니소스와 만나게 된다. 이렇게 힘에의 의지와 영원회귀, 차라투스트라와 디오니소스가 만나는 시간이 바로 정오인 것이다.

이 세계는 아직 현실적으로 완성되지 않았다. 차라투스트라는 그 세계를 단지 꿈속에서 만나고 있을 뿐이다. 따라서 차라투스트라는 잠이 덜 깬 채로 위대한 정오가 자신을 삼키기를 원하는 것이다. 이렇게 짧은 정오의 꿈을 꾼 후, 이제 차라투스트라는 이상한 취기, 즉 디오니소

---

29   위의 책, 130쪽에서 재인용

30   위의 책, 130쪽

스적 취기에서 깨어나 자신의 동굴로 향한다.

4) 환영인사와 만찬

차라투스트라가 그의 동굴로 돌아온 시간은 늦은 오후였다. 그때 그의 동굴로부터 커다란 외침 소리가 들려온다. 그것은 차라투스트라가 오전에 만났던 여덟 명이 내지르는 외침소리였다. 그들은 차라투스트라가 낚시로 끌어올리려고 했던 자들이었다. 이제 그들은 차라투스트라의 계획대로 높은 곳, 즉 차라투스트라의 동굴로 끌어올려졌다. 이들을 보고 차라투스트라는 그들이 보다 높은 인간들임을 확인하지만, 곧바로 이들이 절망해 있다는 점도 알아챈다. 그들은 아직 보다 높은 인간들이 되지 못한 것이다. 그러나 이들의 절망은 차라투스트라를 아래로 끌어내리지 못한다. 오히려 그 반대로 이들의 절망은 차라투스트라의 자부심과 높이를 확인하게 한다.

> "내 마음을 방자하게 만든 것은 (...) 그대들 자신이며, 그대들의 모습이다. 용서하라! 절망한 자를 보면 누구라도 방자해지기 마련이다." (KSA 4, 347, 차라, 450쪽)

차라투스트라는 여유를 가지고 이들이 더 이상 절망의 늪으로 추락하지 않도록 배려의 말을 한다.

> "이곳은 나의 제국이자 영토이다. (...) 나와 함께 내 집에 머물러 있는 한 그 누구도 절망하지 않으리라."(KSA 4, 347, 차라, 451쪽)

차라투스트라는 자신의 동굴이 이들에게 안전을 제공할 것이며, 그
들이 자신의 동굴에 머무는 동안 자신의 손가락과 손, 그리고 마지막엔
마음까지 잡기를 바란다고 환영의 말을 건넨다. 이러한 환영인사에 부
응해, 오른편 왕이 그동안 있었던 일들과 자신들이 차라투스트라를 찾
아온 이유를 밝힌다. 그는 차라투스트라의 동굴에 도착하기까지 "차라
투스트라는 누구인가?, 차라투스트라는 아직도 살아 있는가?, 왜 차라
투스트라는 아직도 오지 않는가?"라고 물으며 절망에 빠져 있었다고
전하면서, 이제 차라투스트라의 동굴로 올라와 그를 직접 보는 순간 모
든 구조의 외침이나 절망은 사라지고 기쁨이 찾아왔다고 고백한다. 여
기서 이들의 '침침한 눈', '절망', '구조외침'은 차라투스트라를 만난
후 이들의 '생기', '열린 마음', '용기'와 대조를 이룬다. 그리고 자신들
의 유혹을 극복한 차라투스트라를 '고상하고 강인한 의지를 지닌 아름
다운 소나무'에 비유한다.

이러한 말에 대하여 차라투스트라는 이들이 보다 높은 인간들일 수
도 있지만 아직은 충분히 높지도 강하지도 못하다고 대답하면서, 이들
에게 '교량', '사다리'의 역할을 하기를 권고한다. 왜냐하면 이러한 역
할을 통해 비로소 진정한 의미의 보다 높은 인간이 출현할 수 있기 때
문이다. 이 새로운 인간을 차라투스트라는 '보다 높은 인간, 보다 강한
인간, 보다 혁혁하게 승리한 인간, 보다 쾌활한 인간, 신체와 영혼이 반
듯한 인간', '웃는 사자들', '차라투스트라 자신의 의지와 최고의 희망
을 담지한 생명나무들', '어린아이들'이라고 부른다.

이러한 표현들은 『비도덕적 의미에서의 진리와 거짓에 관하여』에서
묘사하는 '영리하지만 죽을 수밖에 없는 동물'(KSA 1, 875, 3권, 443
쪽)로서 인간, 혹은 『인간적인 너무나 인간적인 I』에서 인용하는 바이
런의 시 "인식은 슬픔, 가장 많이 아는 자들은/ 가장 깊이 숙명적 진리

를 탓하지 않으면 안 된다/ 인식의 나무는 생명의 나무가 아닌 것이다"(KSA 2, 108, 인간 I, 126쪽)에 나타난 인간의 숙명적인 한계를 극복한 인간을 암시한다. 이러한 인간은 "세 단계의 변화에 대하여"에서 묘사된 '천진난만, 망각, 새로운 시작, 놀이, 스스로의 힘에 의해 돌아가는 바퀴, 최초의 운동, 거룩한 긍정'의 방식으로 살아가는 인간을 뜻한다.

이렇게 차라투스트라가 말했을 때, 늙은 예언자가 말을 가로막고 허기를 호소하면서 포도주를 요구한다. 마침 포도주를 지참한 왕들이 포도주를 제공하고, 차라투스트라는 두 마리의 양을 제공한다. 이때 자발적으로 거지가 된 자, 즉 산상수훈자가 빵을 요구하지만, 차라투스트라는 각각의 식성은 다른 것이며, 자신의 식성은 산상수훈자와 달리 '전쟁과 축제를 즐기는 자의 식성'이라고 대답한다. 그리고 그리스도교의 '최후의 만찬'에 해당되는 만찬이 시작된다.

그리스도교에서 최후의 만찬은 예수가 죽음을 앞두고 그의 제자들에게 자신을 기억하라는 의미로 베푼 식사였다. 이때 예수와 그의 제자들이 나누었던 빵과 포도주는 곧 죽게 될 예수의 살과 피를 상징한다. 반면에 차라투스트라와 보다 높은 인간들이 나누는 식사는 포도주와 양과 여러 가지 양념이다. 그리스도교에서 양은 예수를 상징하는 데 반해, 차라투스트라에게 양은 그저 저녁 식사감일 뿐이다. 이런 차이에도 그리스도교적인 방식의 만찬이 묘사되는 것은, 최종적인 완성을 위해 예수가 최후의 만찬을 필요로 했듯이, 차라투스트라 역시 완성된 보다 높은 인간을 위해 만찬을 필요로 하기 때문이다.

5) 보다 높은 인간들의 본질

만찬에서 차라투스트라는 보다 높은 인간들의 현실적, 현재적인 상황과, 그들이 추구해야 할 미래적 과제에 대하여 말한다.

글 1에서는 보다 높은 인간들이 피해야 할 장소와 상황들이 제시된다. 그것은 '시장터와 천민과 천민들의 소란, 그리고 그들 천민의 긴 귀'로 묘사된다. 시장터는 진지함이 결여된 곳이며, 그곳에서 오가는 말들은 피상적이고 무의미한 단어들에 불과하다. 그곳에서는 무엇이 진정한 문제이고 과제인지에 대한 말이 오가는 대신 흥미를 끄는 소문과 근거 없는 말들이 오가고, 사태를 파고드는 대화법보다는 말꼬리를 무는 말싸움이 이뤄질 뿐이다. 이렇게 무의미한 말들에 천민들은 관심을 갖는다. 그들의 귀는 그들의 호기심을 채워 줄 말을 찾느라고 당나귀 귀처럼 길어져 있다. 이런 상황에서 천민은 자신이 누구인지 질문하기보다는 군중의 의견에 따라 살아간다. 말하자면 익명의 인간으로 자신의 존재를 방기한 채 살아가는 것이다. 그럼에도 천민들 사이에 퍼져 있는 공통적인 의견이 있다. 그것은 모든 인간은 평등하다는 생각이다.

> "천민은 눈을 깜빡이며 말하리라. '보다 높은 인간들이여, 보다 높은 인간이란 존재하지도 않는다. 우리는 모두 평등하며, 사람은 사람일 뿐이다. 신 앞에서 모두는 평등하다!"(KSA 4, 356, 차라, 461쪽)

여기서 천민은 머리말에서 묘사된 최후의 인간을 일컫는다. 그들은 인간 모두가 평등하다고 주장하면서 거리의 파토스를 부정한다. 그들은 거리의 파토스가 단지 인간과 신 사이에만 존재한다고 주장한다. 그런데 차라투스트라는 보다 높은 인간들에게 이러한 사람들이 있는 장소에 가는 어리석음을 저지르지 말라고 말한다.

글 2에서 차라투스트라는 천민들이 주장했던 신은 죽었고, 이제는 보다 높은 인간들이 주인이 되어야 한다고 말한다. 그런데 이러한 주장은 두려움을 불러일으킬 수 있다. 따라서 차라투스트라는 보다 높은 인간들에게 다음과 같이 묻는다.

"그대들은 경악하고 있다. 그대들의 심장이 현기증을 일으키고 있는가?"
(KSA 4, 357, 차라, 462쪽)

그러나 그 현기증은 높이 오르려는 자가 필연적으로 겪어야 할 '높이의 현기증'이다. 그 현기증은 모든 자기극복자, 자기창조자가 통과해야 할 '해산의 진통'이다.

그런데 차라투스트라는 신의 죽음 이후 벌써 '미래-인간이라는 산'(Berg der Menschen-Zukunft)이 초인을 낳기 위한 진통을 시작하고 있다고 말한다. 이것은 그들의 경악과 두려움을 달래 주는 말이기도 하다.

글 3에서 차라투스트라는 자신의 관심이 인간 일반, 보편적 인간, 이웃과 더불어 사는 인간, 가장 가난한 자, 가장 고통받는 자, 심지어 최상의 인간도 아닌, 단지 '초인'에 있다고 말한다. 즉 차라투스트라는 보편적·인류적 존재로서 인간, 고정된 실체로서의 인간을 염두에 두지 않는다는 것이다. 오히려 그에게 인간이란 항상 극복되어야 하는 과정이고 운동성으로서의 존재를 일컫는다. 이러한 운동성은 살아남기 위한 것이 아니라 '극복하기 위한 것'과 연결되어야 한다.

그런데 자기극복은 몰락이라는 현기증을 감수해야 한다. 그러나 몰락하는 자만이 상승할 수 있다면 몰락 자체는 이미 사랑할 만한 것이다. 그리고 몰락과 추락을 두려워하지 말라는 말은 이미 절망이라는 추락의 고통을 경험한 보다 높은 인간들에게 전하는 사랑과 위로의 말이기도 하다.

이렇게 차라투스트라는 자기유지에 그치는 인간(소인배, 여자의 성품을 가진 자, 하인 혈통을 타고난 자, 천민 잡동사니)과 그들의 주장인 평등과 '절대다수의 행복'(Glück der Meisten)에 대한 역겨움을 표현하면서, 이러한 것들이 주인이 된 현실에 대하여 보다 높은 인간들이 절망하는 것은 이미 '가장 훌륭한 삶'(Ihr lebt — am Besten)을 살고 있는 징표라고 위로한다.

글 4에서 차라투스트라는 보다 높은 인간들의 절망은 그 자체로 천민의 제국을 거부하는 태도라는 긍정적인 의미를 갖지만, 계속해 절망에 머물러서는 안 된다는 점을 말한다. 왜냐하면 절망은 현실을 부정하는 자가 경험하는 기분이지만, 절망 그 자체에 머문다면 그것이야말로 가장 절망스러운 일이기 때문이다. 이제 보다 높은 인간들은 절망으로부터 벗어나기 위해 독수리와 같은 용기를 가져야 한다.

> "독수리의 눈으로 심연을 바라보는 자, 독수리의 발톱으로 심연을 잡고 있는 자, 그런 자가 용기 있는 자이다."(KSA 4, 358, 차라, 464쪽)

글 5에서 차라투스트라는 기존의 형이상학과 그리스도교, 그리고 도덕이 주장해 왔던 선악을 부정하면서, '악이야말로 인간의 최상의 힘'이라고 말한다. 그리고 기존의 사상에 동조하는 사람들을 '기다란 귀'나 '양의 발톱'을 가진 자로 묘사한다. 그들은 기존의 사상을 잘 듣는 긴 귀를 지닌 사람들이다. 그런데 악이야말로 선한 것이라는 차라투스트라의 주장은 그들과 같이 긴 귀나 양의 발톱을 가진 자들은 결코 움켜줄 수 없는 말이다. 여기서 양의 발톱은 글 4에서 묘사된 높은 시선과 힘차게 낚아채는 날카로운 독수리의 발톱과 대비된다.

글 6에서 차라투스트라는 보다 높은 인간들이 겪어야 할 절망과 극복의 크기에 대하여 말한다. 더 높이 올라가려면 그들은 더 깊이 절망해야 한다는 것이다. 왜냐하면 절망의 깊이가 깊을수록, 그것을 극복했을 때 그들은 번쩍이는 번개의 높이까지 도달할 수 있기 때문이다. 따라서 그들은 '흔치 않은 것, 긴 것, 그리고 멀리 있는 것'을 동경해야 한다. 그것은 보다 높은 인간들 자신의 문제를 넘는 인류에 대한 동경과 고통을 가리킨다. 그런데 이 고통은 차라투스트라가 겪고 있는 고통이기도 하다. 이렇게 자신의 고통에 이르기까지 보다 높은 인간들의 고통은 더 깊어져야 한다고 차라투스트라는 말한다.

글 7에서 차라투스트라는 그들에게 깊은 고통을 주기 위해 자신은 친절한 빛이 아니라 '번개'가 될 것이라고 말한다. 그는 번갯불을 통해 그들과 왜소해진 사람들 모두의 눈을 멀게 함으로써, 오히려 그들이 새로운 것을 볼 수 있는 눈을 갖기를 원하는 것이다. 번개라는 메타포는 "창백한 범죄자에 대하여"에서 '격류 옆에 있는 난간'과 연관된다. 여기서 차라투스트라는 자신을 친절한 안내자인 지팡이가 아니라, 격류가 몰아치는 강물 위에 있는 난간이라고 부른다. 이때 난간은 위험한 격류와 함께 있는 존재, 번개를 감수할 수 있는 존재를 상징한다.

글 8에서 차라투스트라는 천민들과 보다 높은 인간들의 덕목을 비교한다. 천민들은 '자기도 모르게 구부러져 있으며 언제나 거짓말을 하는 자'이다. 이에 대하여 차라투스트라는 '정직성'을 강조한다. 즉 '과시를 위한 덕과 현란한 거짓 작품으로 몸을 숨긴 채 그들 자신까지도 속이며 (...) 곁눈질하는' 천민과 달리, 보다 높은 인간들은 '무엇이 위대하며 왜소한지, 무엇이 반듯하며 정직한 것인지'를 알아야 하고, 그러한 앎에 대하여 정직한 태도를 취해야 한다는 것이다(KSA 4, 360, 차라, 467쪽).

글 9에서 차라투스트라는 보다 높은 인간들이 정직성을 알고 실행하기 위해서는 현대인과 현대사회에 대한 '건전한 불신'(ein gutes Misstrauen)을 가져야 한다고 말한다. 천민들은 아무 근거 없이 믿는 자들이며, 그러한 자신들의 믿음을 설득하는 자들이기 때문이다. 이 점은 학자들도 마찬가지이다. 차라투스트라가 보기에 학자들은 아무것도 생산해 내지 못하는 자들이다. 그들은 무기력한 자이며 '꽁꽁 얼어붙은 영혼'의 소유자이다. 따라서 그들은 삶이라는 진리를 알지 못한다.

글 10에서 차라투스트라는 학문이 주장하는 진리와 달리 진정한 삶의 진리를 알려면, 즉 삶의 본질이 더 많은 힘을 갖기 위한 자기극복의 과정이라는 점을 알려면 그는 자기 자신의 고유한 발로 대지를 딛고 한 걸음씩 걸어 나가야 한다고 말한다. 낯선 사람의 등과 머리에 올라가는 것도, 말을 타고 그곳을 향하는 것도 옳은 방법이 아니다. 왜냐하면 삶은 결국 자신의 발로 걷는 자에게만 그 비밀을 알려 주기 때문이다.

글 11에서 보다 높은 인간들은 창조하는 자, 자기 자신의 아이만을 잉태하는 자로 묘사된다. 그러기 위해 무엇보다 필요한 것은 건강한 이기심으로 자기 자신을 사랑하는 일이다. 차라투스트라는 이웃사랑과 자기사랑을 대조하면서, 자기를 사랑하는 자만이 새로운 것을 창조할 수 있으며, 따라서 보다 높은 인간들에게 이웃이라는 것이 있어야 한다면, '그 이웃은 바로 그들의 의지'이어야 한다고 강조한다. 그런데 보다 높은 인간들은 아직 정결하지 못하다. 왜냐하면 그들 역시 과거의 가치들에 의해 둘러싸여 있기 때문이다. 그럼에도 그들은 이제 새로운 시작을 시도하는 '맏이'가 되어야 하며, 기존 가치의 제물이 되는 위험을 감수해야 한다.

글 14에서 차라투스트라는 자신의 말을 듣고 수줍어하며 달아나던 보다 높은 인간들을 떠올리며, 그들을 '도약에 실패한 호랑이'에 비유한다. 그들은 비록 실패했지만 도약을 감행한 호랑이라는 것이다. 이렇게 그들을 격려한 후, 차라투스트라는 하늘과 대지 사이에서 벌어지는 삶의 성공과 실패를 '주사위 놀이'에 비유한다. 그에게 하늘은 주사위 놀이를 하는 신의 탁자이다. 그리고 하늘이 깨끗한 이유는 그것이 '우연', '천진난만', '의외', '자유분망'의 하늘이기 때문이다. 하늘은 최고 원인도 아니며, 모든 것의 목적도 아니다. 오히려 삶의 무대인 하늘은 원인이나 목적보다 더 높고 깊다. 이 점은 대지도 마찬가지이다. 그에게는 대지도 주사위 놀이를 하는 신들의 탁자이다.

이제 하늘과 대지는 형이상학적 굴레로부터 풀려나 우연과 자유의 깨끗한 하늘과 대지로 나타난다. 이곳은 장차 보다 높은 인간들이 주사위 놀이를 하게 될 유희 공간이다. 주사위 놀이에서 이기고 지는 것은 부차적인 일이다. 중요한 것은 매 순간 진지하게 최선을 다해 주사위 놀이를 하는 일이다. 이 점을 "자기극복에 대하여"에서는 다음과 같이 묘사한다.

"모험과 위험, 목숨을 건 주사위 놀이. 이것이 더없이 큰 자가 하는 헌신이다."(KSA 4, 148, 차라, 190쪽)

그리고 차라투스트라는 실패하고 부끄러워하는 보다 높은 인간들을 격려한다.

"큰일을 이루지 못했다고 해서 곧 실패한 것인가?"(KSA 4, 364, 차라, 471쪽)

글 15에서는 글 14에 이어 절망한 보다 높은 인간들에 대한 위로가 이어진다. 차라투스트라는 그들 안에 이미 인류의 미래, 즉 '가장 먼 것, 가장 깊은 것, 별처럼 더없이 높은 것, 그의 엄청난 힘'이 들어 있다고 말한다. 비록 그들이 지금 현재 절망하고 위기에 빠져 있다고 하더라도, 그것은 실패가 아니라는 것이다. 왜냐하면 이렇게 높게 올라가려는 시도는 종종 실패를 수반하기 때문이다. 그러나 이러한 시도를 통해 그는 이미 높은 곳을 향하는 도중에 있는 것이다. 따라서 차라투스트라는 보다 높은 인간들에게 용기를 잃지 말라고 위로한다.

> "높은 종에 속할수록 성공하는 경우가 그만큼 드물다. 보다 높은 인간들이여, 그대들 모두는 실패작이 아닌가? 그것이 무슨 문제인가. 용기를 잃지 말라! 얼마나 많은 것이 아직도 가능한가? (...) 참으로, 얼마나 많은 일이 그 사이에 성취되었는가? 이 세계는 어찌도 그리 작고 좋으며 완전한 사물, 성공한 것들로 넘치고 있는가!"(KSA 4, 364, 차라, 472쪽)

이와 같이 차라투스트라는 보다 높은 인간들에게 아직도 많은 것이 가능하다는 점, 이미 많은 것이 성취되었다는 점에 대하여 말하면서, 용기를 갖고, 마지막엔 웃을 수 있기를 당부한다. 이와 같이 글 15에서부터는 '웃음'이 주요 주제어로 다뤄진다.

> "마땅히 웃어야 하는 방식으로 그대 자신에 대하여 웃는 법을 배워라!"(KSA 4, 364, 차라, 472쪽)

글 16에서 차라투스트라는 예수의 결정적인 문제점이 웃음을 저주한 데 있다고 비판한다.

"여기 이 땅에서 지금까지 가장 큰 죄는 어떤 죄였던가? 그것은 '웃고 있는
자에게 화 있을지어다!'라고 말한 그 자의 말이 아니었던가?"(KSA 4, 365,
차라, 473쪽)

예수가 웃음에 도달하지 못한 이유는 그가 충분히 사랑할 줄 몰랐다
는 데 있다는 것이다.

"그는 충분히 사랑하지도 않았다. 충분히 사랑했더라면 그 또한 웃고 있는
우리를 사랑했으리라!"(KSA 4, 365, 차라, 473쪽)

물론 예수가 웃음을 부정하고 단죄했다는 차라투스트라의 표현이나
예수가 충분히 사랑할 줄 몰랐다는 표현은 차라투스트라의 과장된 주
장처럼 보인다. 왜냐하면 니체는 『안티크리스트』에서 예수를 '자유정
신'으로, 신과 인간 사이를 가로막았던 죄를 없애고 '기쁜 소식'을 전
해 준 자로, 이러한 소식을 삶으로 실천한 자로 묘사하기 때문이다
(KSA 6, 204-205, 안티, 258-259쪽). 그럼에도 여기서 차라투스트라
가 예수를 비판하는 이유는, 예수의 사랑이 연민을 향한다는 점 때문이
다. 이와 달리 차라투스트라는, 진정한 사랑은 연민마저도 넘어서야 한
다고 주장한다. 왜냐하면 연민은 아직도 무언가에, 혹은 누군가에 사로
잡혀 있는 것이며, 진정한 의미의 자유에 도달하지 못한 상태이기 때문
이다. 즉 연민은 능동적인 긍정의 힘이 아니라 반동적인 부정의 힘에
불과하기 때문이다.

"최근에 나는 그(악마)가 이런 말을 하는 것을 들었다. '신은 죽었다. 사람들
에 대한 연민 때문에 신은 죽고 말았다.' 그러니 연민이라는 것을 경계하라.

그곳으로부터 무거운 구름이 사람들의 머리 위로 몰려온다! (...) 위대한 사랑은 한결같이 연민의 정 이상의 것이다."(KSA 4, 115-116, 차라, 145쪽)

차라투스트라가 생각하는 위대한 사랑은 누군가에게 어떤 것을 요구하거나 바라는 것이 아니라 능동적이고 자유롭게 베푸는 것을 뜻한다.

"(사람들이 자신을) 사랑하지 않는다고 하여 곧바로 저주해야 하는가? 그런 행위는 바람직하지 못한 취향이리라. 그런데도 이 무조건적인 자는 그렇게 행동했다. (...) (이와 달리) 위대한 사랑이라는 것은 사랑을 바라지 않는다. 그것은 그 이상을 바란다."(KSA 4, 365, 차라, 473쪽)

여기서 '그 이상'이란 표현은 연민이 갈라놓는 경계선을 해체하고, 모든 것을 있는 그대로 받아들이는 상태를 뜻한다. 이러한 상태를 차라투스트라는 '자유로움', '가벼움', '신성한 우연', '웃음', '춤', 혹은 '무거운 발에 후텁지근한 심장'을 넘어서서 '가볍게 춤추는 것'으로 표현한다. 그러나 차라투스트라가 예수를 비판하면서 거론한 연민은 차라투스트라 자신의 마지막 유혹이자 시험이기도 하다.

웃음에 대한 강조는 글 17 이하에서 계속 강조된다. 글 17에서 차라투스트라는 모든 목표에 도달한 좋은 사물들은 '웃으며', 모든 목표에 도달한 사람들은 '춤'을 춘다고 말한다. 비록 이 삶 속에 늪과 같은 '습지'와 '짙은 우수'가 있다고 하더라도, 그것을 넘어서 웃고 춤출 수 있는 위대한 사랑을 배워야 한다는 것이다. 이렇게 말한 뒤 글 18에서 차라투스트라는 자신을 웃음이라는 왕관을 쓴 자로 묘사한다. 즉 그는 자신을 '신성한 웃음에 도달한 자'로 부르는 것이다.

"웃는 자의 이 면류관, 장미로 엮어 만든 이 화관. 나 스스로 이 화관을 내 머리에 얹었다. 나는 나 자신의 웃음을 신성한 것으로 드높였다." (KSA 4, 366, 차라, 474쪽)

이제 차라투스트라는 자신을 '예언자', '올바로 웃는 자', 즉 '웃음의 왕'이라고 부른다. 유고에 의하면 이 내용은 '장미의 연설'(Rosenrede) (KSA 11, 393, 18권, 144쪽)이라고 명명된다.

이렇게 차라투스트라는 스스로를 웃음의 왕으로 추대하면서 글 19에서 보다 높은 인간들에게 천민들의 세상의 특징인 우수와 슬픔을 잊고 올바른 다리로 서는 법, 춤추는 법을 배우라고 말한다.

마지막으로 글 20에서는 '자유롭게 웃으며 춤추는 차라투스트라의 정신'을 '산속에 있는 동굴에서 불어오는 바람', '사납고 거침없는 폭풍의 정신', '웃는 폭풍'에 비유한다. 이 정신은 "세 단계의 변화에 대하여"에서 묘사되는 어린아이의 정신에 해당된다. 그러나 보다 높은 인간들은 아직 이렇게 자유로운 춤과 웃음을 배우지 못한 상태이다. 이들에게 차라투스트라는 다시 한 번 위로와 격려의 말을 건넨다. 왜냐하면 그들에게는 아직도 '자기 위로 동경의 화살을 쏠 수 있는 가능성, 춤추는 별을 탄생시킬 수 있는 가능성'이 남아 있다고 여겼기 때문이다.

이제 차라투스트라는 스스로에게 부여했던 웃음이라는 왕관을 보다 높은 인간들에게 선사한다. 왜냐하면 보다 높은 인간들도 웃음의 왕관을 쓸 수 있을 정도가 되었다고 여겼기 때문이다.

6) 우수의 노래

차라투스트라는 보다 높은 인간들에게 스스로를 극복하고 자유롭게 춤추며 웃을 수 있어야 한다고 말한 후, 자신의 동굴 밖으로 나선다. 그때 그는 이들이 보여 줄 태도를 예감한다. 그것은 향기와 악취, 즉 차라투스트라를 감싸는 '청순한 향기'와 보다 높은 인간들에게서 나는 '고약한 냄새'의 대립으로 묘사된다. 니체에게 진리를 발견할 수 있는 감각 기관은 플라톤 철학적 눈이나 그리스도교적 귀가 아니라 코이다.

> "나는 최초로 진리를 발견했다. 내가 거짓을 거짓으로 최초로 경험했기에 ─ 냄새 맡았기에 (...) 내 천재성은 내 콧속에 있다."(KSA 6, 366, 사람, 457쪽)

니체에게 코는 시각이나 청각이 파악할 수 없는 미세한 것도 포착할 능력이 있는 기관이다.

> "코는 망원분광기조차도 확인하지 못하는 미세한 움직임의 차이까지도 확인할 수 있다."(KSA 6, 75, 우상, 98쪽)

이렇게 예민한 코로 니체는 과거의 진리들 속에서 데카당스의 냄새를 맡고, 그것들과의 전투를 수행할 수 있었던 것이다.

> "이 책(『아침놀』)으로 도덕에 대한 나의 전투가 시작된다. 화약 냄새는 전혀 나지 않는 전투가: ─ 예민한 코를 가지고 있는 자는 화약 냄새와는 완전히 다르면서도 훨씬 더 좋은 냄새를 맡을 것이다."(KSA 6, 329, 사람, 413쪽)

차라투스트라는 보다 높은 인간들에게서 데카당스의 악취를 맡는다. 그의 코는 그들이 앞으로 행할 낌새를 이미 냄새 맡고, 차라투스트라를 동굴 밖으로 나가도록 재촉하는 것이다. 이러한 차라투스트라의 예감은 그가 떠나자마자 시작된 마술사의 유혹과 선동의 노래, 즉 '우수의 노래'에서 확인된다.

마술사는 앞에서 탄식의 시를 읊었던 자이다. 그는 차라투스트라의 말이 끝난 후, '우수의 노래'라는 시를 읊는다. 이 시는 『디오니소스 송가』에서 '한갓 바보일 뿐, 한갓 시인일 뿐'이란 제목의 시로 다시 발표된다. 『디오니소스 송가』에 의하면 진리의 구애자이자 시인은 디오니소스를 추구하는 니체(차라투스트라) 자신을 가리킨다. 그러나 『차라투스트라는 이렇게 말했다』에서 그 시인은 차라투스트라를 비판하는 마술사로 묘사된다. 여기서 마술사는 차라투스트라가 했던 말들을 비판한다. 이런 점을 염두에 두고 '우수의 노래'를 — 디오니소스 송가의 「한갓 바보일 뿐, 한갓 시인일 뿐」을 도외시한 채 — 살펴보기로 한다.

마술사가 '우수의 노래'를 읊었을 때는 이미 저녁 무렵이다. 저녁은 '아침놀'과 '위대한 정오'가 지나고, 모든 것이 다시 어두워지는 시간이다. 이러한 시간에 마술사는 차라투스트라가 나간 것을 확인하고, 중력의 영을 다시 불러낸다. 여기서 중력의 영은 '저녁놀의 악마인 우수의 정령'이라고 표현된다. 그는 옛 신의 죽음과 새로운 신이 등장하지 않은 이중 결핍의 시간에 우수의 정령을 소개한다. 그런데 마술사는 우수의 정령이 실제로는 차라투스트라라고 비판한다. 즉 차라투스트라는 진리의 구애자가 아니라 한 사람의 시인에 불과하다는 것이다.

"진리의 구애자라고? 네가? — 그는 조롱했다 — 아니다! 한 사람의 시인일 뿐이다!"(KSA 4, 371, 차라, 481쪽)

마술사는 차라투스트라를 '교활하고 약탈하며 속이는 자', '거짓말의 교량 위를 돌아다니며 거짓 하늘과 거짓 땅 사이를 떠돌아다니는 시인', 혹은 '형상이 되지 못한 자'라고 비판한다. 이것은 "행복한 섬에서"에서 차라투스트라가 한 말을 비꼬는 표현이다. "행복한 섬에서"에서 차라투스트라는 다음과 같이 말했다.

> "아, 사람들이여. 돌 속에 하나의 형상이 잠자고 있다! 내가 머릿속에서 그리고 있는 형상 가운데 가장 뛰어난 형상이. 아, 그 형상이 더할 나위 없이 단단하고 보기 흉한 돌 속에 갇혀 잠이나 자야 하다니! 이제 나의 망치는 이 형상을 가두어 두고 있는 감옥을 잔인하게 때려 부순다. 돌에서 파편이 흩날리고 있다. (…) 나는 이 형상을 완성하고자 한다."(KSA 4, 111, 차라, 139-140쪽)

이러한 차라투스트라의 말에 반대하여 마술사는 차라투스트라를 형상을 창조할 능력도 없고, 형상 자체이지도 못하며, 신의 형상도 아닌 자라고 비판하는 것이다. 그리고 마술사는 기존의 가치를 거부하는 차라투스트라를 어린 양을 공격하는 독수리에 비유하면서, 독수리가 어린 양을 공격한 것은 허기에서 비롯된 하찮은 일이라고 비판한다. 어린 양을, 즉 신을 찢어 버리고 웃는 차라투스트라의 행복은 '바보의 행복'에 불과하다는 것이다.

> "너는 인간을 신으로, 양으로 바라보았다:/ 인간 속에 있는 양을 찢어 버리듯/ 인간 속에 있는 신을 찢어 버리고는/ 찢어 버리면서 웃는 것 —/ 그것이, 그것이 너의 행복이다/ (…)/ 시인과 바보의 행복이다."(KSA 4, 373-374, 차라, 483-484쪽)

그리고 마술사는 차라투스트라에 대해 결론을 내린다.

"낮에 지치고, 빛에 지친 채, — 아래로, 저녁을 향해, 그림자 속으로 가라앉
았다. (...) 모든 진리로부터 추방당했다."(KSA 4, 374, 차라, 484-485쪽)

이와 같이 마술사는 차라투스트라를 독수리와 표범의 가면을 쓴 한
갓 바보이며, 한갓 시인이었을 뿐이라고 평가하면서, 차라투스트라를
부정하기를 선동한다. 이러한 마술사의 반란과 부정은 마치 모세가 시
나이 산에 올라간 동안 아론이 벌였던 반란과 구조적으로 유사하다. 모
세가 부재하는 동안 아론과 이스라엘 백성들이 야훼신 대신 황금 송아
지를 숭배하였듯이, 차라투스트라가 동굴을 나간 동안 보다 높은 인간
들은 차라투스트라를 부정하고 새로운 우상을 찾기 시작한 것이다.

7) 학문의 본질

마술사가 부른 '우수의 노래'는 차라투스트라의 동굴을 후텁지근하게
만들고, 그곳에 모인 보다 높은 인간들에게 우울한 독을 퍼뜨렸다. 이
때 거머리에게 피를 뜯기던 정신의 양심을 지닌 자가 마술사를 비판하
고 나선다. 그가 볼 때 마술사는 보다 높은 인간들을 다시 우울함과 불
안전함, 공포로 몰아 넣고 있기 때문이다. 마술사를 비판하면서 그는
자신이 차라투스트라를 찾아온 이유는 이러한 공포와 불안정함으로부
터 안전함을 확보하기 위해서였다고 말하면서, 학문이 왜 어떻게 발생
하게 되었는지 그 배후 원인에 대하여 설명하기 시작한다. 그에 의하면
인간의 가장 원초적이고 오래된 감정은 공포이다. 그것은 자연에 대한

공포, 맹수에 대한 공포, 마지막으로는 인간 자신 안에 들어 있는 짐승, 즉 '내면의 짐승'(das innere Vieh)에 대한 공포이다. 이러한 공포로부터 인간은 안전함을 찾기 시작했고, 그러한 노력이 신화, 종교, 그리고 학문으로 이어졌다는 것이다.

> "공포, 그것은 사람에게 타고난 감정이자 근본적인 감정이다. 공포에서 모든 것이, 타고난 죄와 타고난 덕이라는 것이 설명된다. 과학이라고 하는 나의 덕도 공포에서 생겨났다."(KSA 4, 376–377, 차라, 488쪽)

결국 정신의 양심을 지닌 자에 의하면 자신의 외부에 있는 자연과 자신의 내부에서 꿈틀거리는 힘들에 대한 무력감을 경험한 인간은 이러한 공포와 무력감을 해결하기 위해 질서와 근거를 만들어 내고, 그것으로부터 안전함을 확보하게 되었다는 것이다. 이 점은 그리스 신화에 등장하는 신들의 이름이 거의 자연현상이나 인간의 심리적 현상을 의인화한 것이라는 점에서, 나아가 세계의 무질서와 혼란스러움을 질서와 규칙의 세계로 해석하려는 플라톤 철학과 그리스도교의 가르침에서도 확인된다. 이런 측면에서 볼 때 정신의 양심을 지닌 자의 주장은 정당해 보이기도 한다. 그러나 그의 주장을 듣고 있던 차라투스트라는 그와 반대되는 주장을 한다. 차라투스트라에 의하면 정신의 양심을 지닌 자의 주장은 모든 인간에게 해당되는 것이 아니라 병든 인간에게 해당되는 주장일 뿐이다. 나아가 인간에게 진정으로 위험했던 것은 외부의 맹수가 아니라 바로 자신 안에 깃들어 있던 병, 즉 미리 연약해지고 삶을 포기하려는 병이라는 것이다. 그것은 인간을 위험해 보이는 삶의 문제들과 부딪치게 하는 대신, 삶에 대한 해석으로 시선을 돌리게 하는 병이다. 그러나 이러한 해석을 통해 삶의 문제 자체는 해결되지 않은 채 남으며, 이러한 해석을 통해 인간은 문제 자체로부터 멀어지고, 결국엔 가상 세계에 빠져들게 되는 것이다. 차라투스트라에 의하면 그것이 신화, 플라톤 철학, 그리스도교의 가르침이며, 학문의 본질이다. 이 점을 니체는 『도덕의 계보』에서 다음과 같이 말한다.

> "인간의 가장 커다란 위험은 병자이다: 악인이나 '맹수'가 아니다. 처음부터 실패자, 패배자, 좌절한 자 — 가장 약한 자들인 이들은 대부분 인간의 삶의 토대를 허물어 버리고, 삶이나 인간이나 우리 자신에 대한 우리의 신뢰에 가장 위험하게 독을 타서 그것을 의심하게 만드는 자들이다."(KSA 5, 368, 도덕, 487쪽)

이러한 의심은 궁극적으로 자기 자신에 대한 의심으로 이어진다.

> "나는 나 자신에 대해 진저리가 난다!"(KSA 5, 368, 도덕, 487쪽)

자신에 대한 의심과 허무함은 존재자 전체, 세계의 무의미로 이어진다. 이러한 상황에서 인간은 살아남기 위해 무의미의 원인을 찾는다. 그러나 그것의 원인은 존재하지 않는다. 이때 인간은 허구적인 원인을 만들어 낸다. 이러한 방식을 통해 인간은 무의미의 원인과 책임을 스스로에게로 돌린다.

> "'나는 괴롭다: 그 누군가가 이것에 대해 틀림없이 책임이 있다.' — 병든 양은 이렇게 생각한다. 그러나 그 목자인 금욕주의적 성직자는 그에게 이렇게 말한다: '맞다. 나의 양이여! 그 누군가가 그것에 대해 틀림없이 책임이 있다: 그러나 너 자신이 이러한 그 누군가이며, 오로지 너 자신이야말로 이것

에 대해 책임이 있다. ― 너 자신이 오로지 네 스스로에 대해 책임이 있다!'"
(KSA 5, 375, 도덕, 495쪽)

이러한 성직자의 주장은 무척 뻔뻔스럽고 그릇된 말이다. 왜냐하면
무의미의 책임을 인간에게 돌리는 것은 가상적 오류에 불과하기 때문
이다. 그럼에도 인간이 가짜 원인을 만들어 낸 이유는, 그러한 원인이
라도 있는 것이 아무 원인도 없는 것보다 스스로를 편안하게 해 주기
때문이다.

"인간이란 대체적으로 보아 병든 동물이었다: 그러나 그의 문제는 고통 자
체가 아니었고, '무엇 때문에 고통스러워하는가?' 라는 물음의 외침에 대한
해답이 없다는 것이었다. 지금까지 인류의 위로 널리 퍼져 있던 저주는 고통
이 아니라, 고통의 무의미였다. (...) (그런데) 금욕주의적 이상은 인류에 하
나의 의미를 주었던 것이다! (...) 어떤 의미가 있다는 것은 아무런 의미도
없다는 것보다는 낫다. (...) 허무를 향한 의지, 삶에 대한 적의 (...) 그러나
이것도 하나의 의지이며 하나의 의지로 남아 있다 (...) 인간은 아무것도 의
욕하지 않는 것보다는 오히려 허무를 의욕하고자 한다."(KSA 5, 411, 도덕,
540쪽)

이렇게 가상의 원인을 만들어 가려는 인간의 노력 배후에 놓여 있는
것이 바로 형이상학과 종교이다.

"우리의 학문에 대한 믿음의 배후에는 형이상학적 믿음이 도사리고 있다. 그
리고 오늘날 진리의 추구자들, 신을 믿지 않는 반형이상학자들인 우리도 탐
구의 불길을 천 년이 넘은 믿음에 의하여 점화된 불길에서 빌려 온다. 그것

은 신은 진리이고 진리는 신적이라는 그리스도교적 신앙, 플라톤의 신앙이다."(KSA 3, 577, 학문, 323쪽)

서구 형이상학과 그리스도교는 가상의 원인을 통해 인간을 공포로부터 구원하고, 그들에게 안전함을 제공해 주었던 것이다. 따라서 정신의 양심을 지닌 자가 추구하는 확실성에의 바람, 즉 '기둥이나 토대에의 바람'은 그 본질에서 '나약함의 본능', '페시미즘적 암울한 연기'에 불과한 것이다(KSA 3, 582, 학문, 329쪽).

또한 이러한 시도가 허무주의적 의지인 이유는 고통은 해결되지 않고, 단지 해석에 의해 왜곡되고 망각되기 때문이다. 이때 해석은 고통을 완화하는 마약과 같은 것이다. 이런 의미에서 정신의 양심을 지닌 자가 정의 내리는 학문의 본질은 진실을 은폐하는 은신처에 불과하다.

"학문(과학)은 오늘날 모든 종류의 불만, 불신, 설치류 벌레, 자기멸시, 양심의 가책 등이 숨는 은신처이다. — 과학은 이상 상실 자체의 불안이고, 위대한 사랑의 결여에서 오는 고통이며, 본의 아닌 만족 상태에 대한 불만이다."(KSA 5, 397, 도덕, 522쪽)

따라서 니체는 다음과 같이 말하는 것이다.

"오, 오늘날 과학은 모든 것을 숨기고 있는 것이 아닐까! 과학은 적어도 얼마나 많은 것을 숨겨야만 하는가!"(KSA 5, 397, 도덕, 522쪽)

이렇게 '인간의 자기왜소화'(KSA 5, 404, 도덕, 531쪽)를 추구하는 학문과 달리 차라투스트라는 진정한 학문, 즉 '즐거운 학문'을 위해서는 고통으로부터 회피나 마비가 아니라 고통 자체와 싸우고 그것을 이겨 낼 수 있는 용기가 필요하다고 말한다.

"약한 줄과 가능성에 매달려 살아오면서 심지어 심연의 가장자리에서도 춤을 출 수 있는 사람들의, 자기 결정의 즐거움과 힘 (...) 믿음이나 확실성을 거부할 수 있는 의지의 자유."(KSA 3, 583, 학문, 331쪽)

"공포, 우리에게는 예외적인 것이다. 오히려 용기와 모험, 미지의 것과 감히 엄두도 낼 수 없었던 것에 대한 의욕, 내게는 이러한 용기가 인류 역사 전체를 주도했던 것으로 보인다."(KSA 4, 377, 차라, 489쪽)

이렇게 '독수리의 날개에 뱀의 지혜를 갖춘 사람들의 용기'를 갖춘 정신이 바로 '자유정신'이다. 결국 학문은 안전함을 확보하려는 의도에서 비롯되었다는 정신의 양심을 지닌 자의 주장과 달리, 즐거운 학문은 용기를 지닌 자유정신을 지닌 사람들에 의해 이루어진 것이라고 차라투스트라는 결론짓는다. 그의 말이 끝나자 보다 높은 인간들은 그에게 갈채를 보낸다. 그러나 이들의 갈채는 그림자의 말로 인해 다시 끊어진다.

8) 사막과 오아시스

학문의 기원에 대한 정신의 양심을 지닌 자와의 대화가 끝난 후, 차라투스트라는 동굴 밖으로 나가려고 한다. 이때 차라투스트라의 그림자라고 자칭하던 자가 그를 가로막는다. 차라투스트라의 그림자는 마술사가 퍼뜨린 '우수의 노래'가 이미 많은 보다 높은 인간들에게 전염되었으며, 만약 차라투스트라가 동굴을 떠나면 그러한 증후는 더 커질 것이라고 주장한다. 그는 그러한 증후를 '떠도는 구름, 눅눅한 우울, 구름에 가린 하늘, 도둑맞은 태양, 울부짖는 가을바람이 벌이는 사악한 놀이'라고 부른다. 한마디로 이 증후는 '숨 막히는 대기'의 특징을 지닌다. 반면에 차라투스트라가 제공한 것은 '좋은 대기'였다고 그림자는 말한다. 이때 그림자가 말하는 숨 막히는 대기는 '유럽의 대기'를 가리키며, 차라투스트라가 제공하는 좋은 대기는 그림자가 경험한 '동방의 대기'를 뜻한다.

> "그들에게는(사막의 딸들) 여기에서와 같이 상쾌하며 맑은 동방의 대기가 있었다. 그때 나는 구름이 가득 낀, 습하고 우울하며 연로한 유럽 땅에서 가장 멀리 떨어져 있었다."(KSA 4, 380, 차라, 492쪽)

그런데 유럽의 대기, 숨 막히는 대기, 그리고 이 표현들과 연결되는 '도둑맞은 태양'이 무엇을 뜻하는지, 우리는 『즐거운 학문』 5권에서 확인할 수 있다. 5권 "우리 두려움 없는 자들" 343번에서 우리는 '태양의 몰락'이란 표현이 '의심과 불신감, 붕괴, 파괴, 몰락, 전복', 그리고 '신의 죽음, 유럽 위로 드리운 최초의 그림자'로 이어지는 것을 볼 수 있다. 여기서 유럽을 덮쳐 올 그림자는 다름 아닌 '허무주의'를 뜻한다. 이와 달리 '명랑성, 아침놀, 자유정신, 자유의 바다'(KSA 3, 575-576, 학문, 319-320쪽) 등의 표현은 허무주의를 극복할 수 있는 새로운 세대가 갖춰야 할 정신의 특징이다. 이런 맥락에서 볼 때 그림자가 유럽의 대기와 차라투스트라의 대기를 비교하면서 부르는 시는 허무주의와 그 극복에 대한 시라는 점이 분명해진다. 그런데 차라투스트라의 그림자는 그 시를 읊기 전에 자신을 '방랑자'라고 부른다.

이와 달리 1879년에 발표된『방랑자와 그의 그림자』에서 그림자는 방랑자와 매우 가깝지만 서로 구분되는 두 존재로 묘사된다. 그리고 1884년에 쓰인『차라투스트라는 이렇게 말했다』에서 그림자는 차라투스트라와 가장 가까운 자로 묘사된다. 그런데『디오니소스 송가』에 실린 시「사막의 딸들 틈에서」에서 그림자는 자신이 방랑자라고 밝힌다. 그림자는 자신을 차라투스트라라고 주장하는 셈이다. 그런데 그림자의 주장처럼 그가 방랑자라면, 이 시는 차라투스트라 자신의 시이기도 하다. 이런 맥락에서 우리는 왜 니체가『디오니소스 송가』에 이 시를 다시 포함시키는지 이해할 수 있다. 물론『디오니소스 송가』에서는『차라투스트라는 이렇게 말했다』에 실린 시와 달리 표현상의 약간의 변화와 마지막 부분에 새로운 표현들이 첨가된다는 차이점을 보이지만, 내용에서는 큰 차이가 없다. 그렇다면 그림자의 시이자 차라투스트라 자신의 시이기도 한 — 나아가 디오니소스의 시이기도 한 —「사막의 딸들 틈에서」에서 니체가 말하고자 하는 것은 무엇일까?

이 시의 제목은 '사막은 자라고 있다: 화 있을지어다, 사막을 품고 있는 자에게!' 이다. "세 단계의 변화에 대하여"에서 사막은 무거운 짐을 지고 있는 낙타가 사는 곳, 가장 고독한 곳, 낙타의 주인인 용이 사는 곳이다. 그뿐만 아니라 사막은 낙타의 정신 자체를 뜻하기도 한다. 왜냐하면 짐을 가득 진 낙타는 서둘러 자신의 사막으로 돌아가기 때문이다. 정신으로서 사막은 '체념하고, 공경하고 두려워하는 마음' 을 뜻한다. 또한 사막을 지배하는 용이 사는 곳으로서 사막은 '천 년이나 나이 먹은 가치들이 번쩍이는 곳' 이다. 나아가 이 용은 자신의 예리한 이빨로 돌들을 부숴 가면서 자신만의 왕국인 사막을 확대해 나간다. 용의 이빨(Drachenzähne)은 씹고 또 씹어 돌들을 문질러 으깨는 이빨이며, 이 용의 이빨에 의해 깨어진 모래 역시 또 다른 이빨, 즉 용의 이빨의 종자(Zähnesaat)이다. 이와 같이 모래는 자신의 아이를 씹어서 부수는 '어머니'인 것이다(KSA 11, 299, 18권, 11-12쪽).

사막은 모든 것을 사막으로 만들어 나가는 힘이다. 이 점을 그림자는 "사막은 자라고 있다."라고 묘사하는 것이다. 그리고 사막을 품은 자에게 그림자는 마치 머리말 5에서 최후의 인간에게 차라투스트라가 말하듯이 "슬프다."라고 외친다.

그런데 그림자가 읊고 있는 시 속의 배경인 사막은 유럽의 사막이 아니라 동방의 사막이다. 동방의 사막을 뒤덮고 있는 것은 후텁지근한 대기가 아니라 상쾌하고 맑은 대기이다. 또한 동방은 오래되고 퇴락한 유럽에 대한 새로운 조망을 가능케 하는 곳이기도 하다.

"나는 철학과 인식에 대해 필히 보다 동방적인 사고(orientalisch denken)를 배워야겠다. 유럽에 대한 동방적 조망(Morgenländischer Überblick über Europa)."(KSA 11, 234, 17권, 308쪽)

그런데 이 시의 첫 연에 의하면 이 시의 배경은 그림자가 주장하는 것과 같이 동방이 아니라 아프리카, 즉 남방이다. 그러나 유럽에 대한 대립 장소가 동방이든 남방이든 그것은 크게 문제가 되지 않는다. 왜냐하면 유럽에 앞선 문화가 동방과 남방에서 존재했고, 니체가 추구하는 그리스 역시 유럽과 비교하면 동방과 남방에 위치하기 때문이다. 따라서 니체는 유럽적 조망을 위해 '동방적'으로 사유하기를 배워야겠다고 말하면서, 다른 곳에서는 그것을 '남방적'이라고도 표현하는 것이다.

"남방을 자신 안에서 다시 발견하고 청명하게 빛나는 신비스러운 남방의 하늘을 자신의 위에 펼치는 것, 영혼의 남방의 건강과 감추어진 힘을 다시 획득하는 것. 한 걸음씩 더욱 포괄적이 되고, 더욱 초국가적, 유럽적, 초유럽적, 동방적, 마침내는 그리스적이 되는 것 ― 왜냐하면 그리스적인 것은 모든 동방적인 것의 최초의 위대한 결합과 종합이며, 바로 이것이 유럽 영혼의 출발이자 우리 '신세계'의 발견이었기 때문이다."(KSA 11, 682, 18권, 533쪽)

이런 맥락에서 이 시의 첫 연은 아프리카에 대한 예찬으로부터 시작한다. 그림자는 이러한 동방(남방)에 처음으로 초대받은 자가 바로 자신이었다고 말한다.

"처음으로 나 유럽인은 허락받았다. 앉아도 좋다는."(KSA 4, 381, 차라, 493쪽)

그런데 둘째 연에 의하면 그림자가 초대받은 곳은 사막이 아니라 오아시스이다. 여기서 묘사되는 오아시스는 "춤의 노래"에서 소녀들이 춤을 추고 있던 샘이나, "밤의 노래"에서 묘사되는 솟아오르는 샘과 유사하다. 즉 이 시의 제목은 사막을 겨냥하지만, 이 시의 실질적인 내용은 오아시스 안에서 벌어진 일들을 다루는 것이다.

오아시스는 사막을 살아 있게 하는 존재이며, 용의 이빨로 사막을 확대하는 용에 맞서, 죽은 모래에 생명을 불어넣고 다시 건강한 대지로 만드는 곳이다. 오아시스는 사막, 즉 옛 방식의 사유를 이빨로 끊어 내고 새로운 사유를 시작하게 하는 곳이다. 왜냐하면 새로운 사상은 마치 뱀 대가리를 물어뜯듯이, '그러한 물어뜯음으로서 존재'[31]하기 때문이다. 이런 의미에서 그림자는 오아시스에 앉아 대추야자 열매를 맛볼 수

---

31   M.Heidegger, *Nietzsche I*, 445쪽

있는 날카로운 이빨을 갈망하는 것이다.

> "갈색으로 달콤하게, 황금빛으로 무르익은/ 소녀의 동그란 입을 갈망하며/ 그러나 무엇보다도 소녀답고/ 얼음장처럼 차디차고, 눈처럼 희며, 날카로운/ 앞니를 갈망하며: 말하자면 이 앞니를/ 뜨거운 대추야자 열매의 심장은 한결같이 갈망한다."(KSA 4, 382, 차라, 495쪽)

이제 오아시스에서 그림자는 자신이 마치 남방의 열매인 듯 느낀다. 그리고 자신을 둘러싼 상쾌한 대기를 들이마시며 그 대기가 '낙원의 대기', '밝고 경쾌한 대기, 금빛 무늬를 하고 있는 대기'라고 표현한다. 그러나 곧바로 그림자는 자신이 의심이 많은 유럽인임을 깨닫는다.

> "의심이 많은 나는 그러나/ 그것을 의심한다/ 그 때문에 나는 유럽에서 온 것이다/ 모든 늙은 부인보다 더 의심이 많은 유럽에서."(KSA 4, 383, 차라, 496쪽)

이렇게 의심하면서 그림자는 춤추는 야자나무의 다리 한쪽이 없는 것을 발견한다. 그리고 잃어버린 다리 하나를 헛되이 찾아본다.

> "나는 잃어버린 다른 한쪽 보석을/ ─ 달리 말해 또 다른 다리 하나를 ─ 찾고 있었다/ (...) 그는 그것을 잃어버린 것이다!/ 그것이 사라져 버린 것이다!/ 영원히 사라져 버린 것이다!"(KSA 4, 383, 차라, 497쪽)

여기서 잃어버린 다리가 무엇인지, 왜 잃어버렸는지는 알려지지 않고 있다. 다만 '아프리카 ─ 스핑크스 ─ 다리'라는 메타포가 연결되는 것을 고려하면, 그것은 '오이디푸스('다리 부은 자'란 의미)의 다리'일 수도 있고, 어쩌면 두 대륙을 품에 안고 있던 '에우로페의 다리'일 수도 있다.

이 시에서 분명한 것은 허무주의로 물든 곳으로서 사막과, 그것을 극복할 수 있는 건강한 정신이 깃든 곳으로서 오아시스를 경험하던 그림자가 자신의 유럽적인 의심으로 인해 낙원의 대기로부터 추방당한 것을 '잃어버린 다리'로 묘사한다는 점이다. 그런데 그림자는 추방당함에 의기소침하기보다, 오히려 용기를 갖고 새로운 유럽을 만들기 위한 바람을 불어넣으려고 시도한다.

> "아! 고개를 들라, 위엄이여!/ 덕의 위엄이여! 유럽인의 위엄이여!/ 바람을 불어넣어라, 다시 바람을 불어넣어라/ (…) 다시 한 번 울부짖어라/ (…) 유덕한 사자가/ 사막의 딸들 앞에서 울부짖듯이!"(KSA 4, 384, 차라, 499쪽)

용기를 스스로 북돋아 보지만, 그림자는 의심 많은 유럽인인 자신으로서는 더 이상 어쩔 수 없다는 한탄을 내뱉는다.

> "유럽인으로서/ 나로서는 어쩔 수 없다, 신이여 도와주소서!"(KSA 4, 385, 차라, 499쪽)

그리고 이 시의 마지막 부분은 제목과 동일하게 "사막은 자라고 있다. 화 있을지어다, 사막을 품고 있는 자에게!"라고 끝난다.

이처럼 차라투스트라의 그림자의 시는 허무주의의 사막, 생명의 오아시스, 그곳의 대기를 경험함, 한쪽 다리를 잃어버렸다는 인식, 용기를 갖기를 호소함, 오아시스로부터의 추방, 그리고 마지막엔 사막을 극복하지 못하고 신의 도움을 호소하는 것으로 끝난다.

9) 새로운 신: 나귀

그림자의 노래는 한편으로 어쩔 수 없는 유럽인의 한계와 신의 도움을
호소하는 노래이기도 하지만, 다른 한편으로 사막으로부터 오아시스를
향해 나아가고자 용기를 독려하는 노래이기도 하다. 따라서 그림자의
노래가 끝났을 때, 동굴 안은 보다 높은 인간들의 웃음소리로 가득하게
된다. 심지어 말없이 있던 나귀마저 말하기 시작한다. 이들의 즐거워하
는 모습을 본 차라투스트라는 이들이 건강을 되찾은 것 같아 기뻐한다.
그러나 그들의 웃음이 자신의 웃음과 다르다는 것을 간파한다.

> "그들이 내게서 웃는 법을 배우기는 했지만, 그들이 배운 그 웃음은 내 웃음
> 이 아니다."(KSA 4, 386, 차라, 500쪽)

그들의 웃음은 그들 방식의 웃음이며, 아직 차라투스트라 방식의 웃
음에는 이르지 못한 것이다. 그럼에도 그들이 웃는 법을 배웠을 때, 그
들은 이미 중력의 영으로부터 벗어나기 시작한 것이다. 따라서 차라투
스트라는 승리의 하루라며 만족해 한다. 그는 자신의 낚시가 성공했으
며, 만찬에서 제공한 식사와 말들이 그들에게 새로운 욕망을 불러일으
켰다고 생각했기 때문이다. 그는 이들에게서 건강을 되찾고 있는 자였
던 자신의 모습을 보는 것이다. 그들에게는 더 이상 역겨움과 수치심이
서려 있지 않아 보인다. 그들은 낙타의 짐과 같은 무거움을 벗어던진
후, 자신들이 겪었던 유혹으로부터도 안전해 보인다. 이 안전은 위기에

처했던 보다 높은 인간들에게 차라투스트라가 한 약속이기도 했다. 따라서 축제를 벌이는 그들에게 차라투스트라는 다음과 같이 말한다.

"역겨움이 보다 높은 인간들로부터 물러나고 있다. 좋다! 내가 승리했다. 내 영토에서 그들은 안전하게 되리라."(KSA 4, 387, 차라, 502쪽)

이제 보다 높은 인간들은 위기에서 벗어나 차라투스트라의 제국에 속하고, 그의 국민이 된 듯이 보인다. 이런 생각에 차라투스트라는 그의 동물들과 함께 기쁨을 나눈다.

그러나 성공적으로 보였던 분위기는 글 2에서 돌변한다. '훌륭한 기사와 같던 저녁, 맑은 눈의 하늘, 깊숙이 누워 있는 대지'라는 배경이 글 2에서는 '자욱한 연기와 향'이 진동하는 동굴로 바뀐다. 그 동굴 안에서 새로운 신앙이 벌어진 것이다. 차라투스트라가 없는 사이에 보다 높은 인간들은 나귀를 새로운 신으로 숭배하기 시작하고, 이 광경을 목격한 차라투스트라는 탄식한다.

"그들 모두는 다시 경건해졌구나. 기도하고 있구나. 모두 실성을 했나 보다!"(KSA 4, 388, 차라, 503쪽)

신의 죽음을 견뎌 낸 이들에게 이제 새로운 신이 되살아난 것이다.

"아멘! 찬미와 영광과 지혜와 감사와 권능이 우리의 신에게 영원히 있을지어다! 그러자 노새는 이-아(I-A) 하고 울어 댔다."(KSA 4, 388, 차라, 503쪽)

그렇다면 보다 높은 인간들이 찬미하기 시작한 새로운 신, 나귀는 어떤 신인가? 이 내용은 "나귀의 축제"에까지 이어진다. 보다 높은 인간들이 나귀를 새로운 신으로 숭배하기 시작했다는 사실은 그들이 나귀를 자신들보다 우월한 존재로 인식하였음을 반영한다. 나귀가 그들보다 우월한 점은 '이-아'라는 울음소리, 즉 모든 것을 긍정하는 소리에 있다. 이 점에서 그들은 나귀를 '디오니소스적 동물'로 착각하는 것이다.[32] 새로운 신인 나귀는 보다 높은 인간들의 무거운 짐을 대신 지어 준다.

> "그는 우리의 무거운 짐을 대신 짊어진다. 그는 종의 모습을 하고 있다. 그는 진심으로 참으며, '아니다'라고 말하는 법이 없다. (...) 그는 말을 하지 않는다. 그가 창조한 이 세계를 향하여 어느 때나 그렇다고 말하는 것 말고는."
> (KSA 4, 388-389, 차라, 503-504쪽)

이 점은 더없이 추악한 자가 나귀에 대하여 숭배의 말을 할 때마다, 나귀가 '이-아'라고 대답하는 것에서도 확인된다. 긍정하는 신이란 점에서 나귀는 디오니소스와 유사한 존재로 보인다. 그러나 사실 나귀는 디오니소스가 아니다. 왜냐하면 나귀는 단지 긍정만 할 줄 알기 때문이다.

니체에 의하면 긍정을 위한 긍정은 진정한 의미의 긍정이 아니다. 그것은 만족상태에서 이뤄지는 긍정이거나 히브리적인 노예정신으로서의 긍정, 소크라테스적, 에우리피데스적 이론적 정신으로서의 긍정에 불과하다. 이런 의미에서 나귀는 "세 단계의 변화에 대하여"에서 묘사되는 낙타와 동일한 동물이다. 나귀는 디오니소스가 아니라 오히려 그

---

32   질 들뢰즈, 『니체. 철학의 주사위』, 286쪽 참조

리스도를 반영한다.[33] 이 점은 나귀의 귀에 대한 묘사에서도 확인된다.

"사람들은 모두 그의 긴 귀를 믿는다. 그러자 나귀는 '이-아' 하고 울어 댔다."(KSA 4, 389, 차라, 504쪽)

니체에 의하면 긴 귀는 그리스도를 뜻한다.

"우리는 모두 긴 귀를 가진 나귀가 무엇인지 알고 있고, 심지어 몇몇 사람은 경험을 통해 알기도 한다. 나는 내가 가장 작은 귀를 갖고 있다고 감히 주장한다. (...) 나는 탁월한 반-나귀이다. 그래서 나는 세계사적 괴물이다. (...) 나는 안티-크리스트이다."(KSA 6, 302, 사람, 380쪽)

니체는 자신이 가장 작은 귀를 가졌다고 말한다. 작은 귀를 선호하는 자는 니체 자신뿐 아니라 차라투스트라, 그리고 아리아드네와 디오니소스까지 포함된다. 『디오니소스 송가』 중 「아리아드네의 탄식」에 이어지는 「디오니소스」에는 다음과 같은 표현이 있다.

"현명해라, 아리아드네! (...)/ 너는 작은 귀를 가졌으며, 너는 내 귀를 갖고 있느니!"(KSA 6, 401, 15권, 502쪽)

아리아드네와 디오니소스의 귀에 대한 묘사는 유고집에서도 발견된다.

"오, 디오니소스여, 신이여, 왜 당신은 내 귀를 잡아당기는 거죠? 아리아드

---

33   위의 책, 297쪽 참조

네여, 그대의 귀는 어딘가 우스운 데가 있소: 왜 더 길지 않소?"(KSA 13, 498, 21권, 362쪽)

여기서 작은 귀는 '현명한 말'(kluges Wort)을 포착할 수 있는 귀이다(KSA 6, 401, 15권, 502쪽). 반면에 나귀의 긴 귀는 이러한 말을 포착하지 못한다. 이때 현명한 말은 아리아드네와 디오니소스 사이에서 오가는 말, 즉 '미로의 말'을 뜻한다. 디오니소스는 아리아드네를 미로라고 말하기도 한다.

"오, 아리아드네여, 당신 자신이 미로(라비린스)요: 사람들은 당신에게서 다시 헤어 나올 수 없소"(...)/ "디오니소스여, 당신은 나를 기분 좋게 하는군요. 당신은 훌륭해요."(KSA 12, 510, 22권, 208쪽)

다른 한편으로 디오니소스는 자신이 미로라고도 말한다.

"현명해라, 아리아드네! (...)/ 나는 너의 미로이다."(KSA 6, 401, 15권, 502쪽)

이때 미로는 차라투스트라의 가장 심오한 사상인 영원회귀를 뜻하기도 한다. 또한 미로는 우연과 생성에 대한 긍정을 암시하며, 테세우스로부터 벗어난 아리아드네와 디오니소스 간의 사랑을 뜻하기도 한다.[34] 이런 점을 고려할 때, 보다 높은 인간들이 숭배하는 긴 귀를 가진 나귀는 그리스도와 유사해 보인다. 그러나 나귀가 그리스도가 아니라는 점

---

34   위의 책, 313쪽 참조

은 "나귀의 축제"에서 분명하게 밝혀진다. 왜냐하면 나귀는 저세상, 즉 하늘의 신이 아니라 이 세상, 즉 대지의 신이기 때문이다. 나귀는 구체적인 모습을 갖춘 현실 세계를 지배하는 신이다. 이 점은 교황의 말에서도 확인된다.

"형상이 없는 신을 경배하기보다는 차라리 이러한 형상의 신을 경배하겠다! (...) 이 지상에 아직도 경배할 것이 있다는 사실에 나의 늙은 마음은 기뻐 날뛴다."(KSA 4, 390, 차라, 506쪽)

그런데 나귀는 어떻게 신이 될 수 있었을까? 나귀는 수천 년 동안 지배해 왔던 신의 명령을 따라 무거운 짐을 나르던 존재이다. 그런데 신은 죽었다. 이제 신이 될 수 있는 자는 가장 무거운 짐을 견뎌 낼 수 있는 자인데, 그가 바로 나귀이다. 따라서 나귀는 신이 되며, 그가 짊어졌던 무거운 짐은 그의 권력이 된다. 왜냐하면 신의 죽음 후 이제는 무거운 것만이 '실재적인 것'으로 여겨지기 때문이다.[35] 이렇게 저 세계가 아니라 지상의 세계를 향하는 나귀의 권력은 국가, 돈, 천민의 제국으로 현실화되며, 이제 새로운 우상 숭배가 시작되는 것이다. 그런데 차라투스트라는 이런 일에 휩싸인 교황, 그림자, 마술사, 더없이 추악한 자, 정신의 양심을 지닌 자에게 어떻게 이런 일들이 가능했는지 다시 묻는다. 이에 대하여 그림자는 다음과 같이 말한다.

"그러나 난들 어찌하랴! 오, 차라투스트라여, 그대가 무슨 말을 하든 옛 신이 되살아난 것을. (...) 보다 추악한 자가 언젠가 신을 죽였다고 했지만, 신

---

35   위의 책, 302쪽 참조

들에게 죽음이란 늘 그랬듯이 선입견에 지나지 않는다."(KSA 4, 391, 차라, 507쪽)

신은 결코 죽지 않는다는 것이다. 그림자의 말을 받아 또 다른 보다 높은 인간들 역시 신이 죽지 않는다면 신 없이 사는 것보다는 새로운 신, 형상을 갖는 신, 현실적인 신을 숭배하며 사는 것이 낫다고 주장한다. 차라투스트라는 새로운 신을 숭배하려는 보다 높은 인간들에게 실망한다. 그러나 그는 그들이 더 이상 저 세계가 아니라 지상의 세계를 향한다는 점에서는 만족한다.

"우리에게는 하늘나라에 들어갈 생각이 전혀 없다. 우리는 성숙한 어른이 된 것이다. 우리는 이제 지상의 나라를 원한다."(KSA 4, 393, 차라, 510쪽)

이런 의미에서 차라투스트라는 보다 높은 인간들에게 다시 한 번 나귀의 축제를 벌이라고 말한다.

"나귀의 축제를 다시 한 번 벌여라. 그대들을 위해 그리고 나를 위해! 그리고 나를 기억하기 위해!"(KSA 4, 394, 차라, 511쪽)

그리고 차라투스트라와 보다 높은 인간들은 모두 동굴 밖으로 나간다. 그때는 이미 밤이 깊은 시간이었다.

10) 밤의 여행자의 노래

"밤의 여행자의 노래"(Das Nachtwandler-Lied)는 2부 "밤의 노래"와 거의 비슷한 분위기를 풍긴다.[36] 이 노래의 시각은 한밤중이며, 장소는 그의 동굴 밖이다. 그곳엔 '크고 둥근 달'이 떠 있고, 동굴 옆으론 '은빛 폭포'가 흘러내린다. '크고 둥근 달'에서 '크고'는 대지 위로 그 빛을 두루 비추는 은밀한 능력을, '둥근 달'은 "일곱 개의 봉인"에서 묘사된 회귀의 반지와 같이 시작과 끝이 하나로 만나는 완성된 형태를 의미한다. 은빛 폭포에서 '은빛'은 완성된 낮의 색인 황금빛에 대비되는, 완

---

36 이 노래는 또 다른 "밤의 노래"(Das Nachtlied)이다. 2부와 다른 점은 'Wandler'가 붙어 있다는 점이다. 독일어 wandeln이란 단어는 '변하다. 바뀌다', '천천히 걷다. 소요하다', '살아가다, 생활하다' 등의 의미를 지닌다. 이런 점을 고려하면 Nachtwandler-Lied는 '변용된 밤의 노래', 혹은 '밤의 변용의 노래'라고 번역할 수 있을 것이다. 이러한 번역이 적절해 보이는 것은 글 2의 "seine Stimme hatte sich verwandelt"란 표현 때문이다. 이 문장은 '그의 목소리는 변해 있었다'라고 번역된다. 이런 사례는 "베푸는 덕에 대하여"에서도 발견할 수 있다. "환영과 수수께끼에 대하여" 마지막 부분에는 "Nicht mehr Hirt, nicht mehr Mensch, — ein Verwandelter, ein Umleuchter, welcher lacht"란 문장이 있다. 이것은 뱀의 대가리를 물어뜯은 후, 변화된 자의 모습을 묘사한다. 이때 차라투스트라의 말을 듣고 뱀을 물어뜯은 자는 "건강을 되찾고 있는 자"에 의하면 차라투스트라 자신이었다. 이와 같이 위 문장들은 허무주의에 질식하기 직전의 차라투스트라와 그것을 극복한 차라투스트라의 모습을 묘사하는 것이다. 이때 Verwandeln은 마치 변용된 예수의 모습을 연상시킨다. 특히 이 단어가 Umleuchter(빛에 둘러싸인 자)와 연결되는 점을 고려하면 이 단어는 Verklaerung(변용, 변모)란 의미로 번역될 수 있다. 이 모든 것을 고려하면 이 노래의 제목은 '밤의 변용의 노래', 혹은 '변용된 밤의 노래'라고 번역하는 것이 적절해 보이기도 한다. 그러나 글 2의 마지막 문장 "Kommt! Kommt! Kommt! Lasst uns jetzt wandeln! Es ist die Stunde: lasst uns in die Nacht wandeln!"은 "밤 속으로 들어가다", "밤 속으로 유랑하다", 나아가 "밤을 밤으로 경험하고 살아가다"라고 번역하는 것이 타당하다. 이 경우 이 노래의 제목은 '밤의 여행자의 노래'로 번역될 수 있다. 그런데 밤의 여행은 변용된 세계로의 여행을 뜻하기에, 나는 이 노래의 제목을 '밤의 여행자의 노래'라고 번역하고자 한다.

성된 밤의 색이다. '폭포'는 추락하는 물이 아니라 공격하는 힘을 상징
한다. 이렇게 밝은 달과 힘찬 폭포를 배경으로 한 밤의 세계는 조용하
고 은밀하여 독자들에게 환상적이고 묵시록적인 분위기를 자아낸다.
이러한 분위기 속에서 차라투스트라는 보다 높은 인간들이 마음에 든
다고 생각한다. 바로 그때 더없이 추악한 자는 차라투스트라에게 자신
은 지상에서의 삶과 이 세계를 사랑하게 되었다고 고백한다.

> "이 하루로 인하여 나는 난생 처음으로 내가 살아온 전 생애에 만족하게 되
> 었다. (…) 이 지상에서의 삶, 그것은 의미 있는 일이다. 이 하루, 차라투스
> 트라와 함께 벌인 이 축제가 나를 깨우쳐 이 세계를 사랑하도록 만들었다."
> (KSA 4, 395-396, 차라, 513쪽)

이렇게 사랑스러운 삶을 경험한 더없이 추악한 자는 "바로 이러한 것
이 삶인가?"라고 말한다. 그의 고백에는 그가 통제할 수 없는 기분에
사로잡혀 있음을 드러낸다. 그는 자신을 덮친 과도한 사랑의 힘을 스스
로 주체하지 못하는 것이다. 그만큼 그가 경험한 삶의 사랑은 삶 자
체를 위협할 정도이다. 따라서 그는 그렇게 아름답고 사랑스러운 삶이
라면 죽음조차도 두렵지 않다고 말하면서, 그러한 삶의 경험이 다시 한
번 되풀이되기를 원한다고 말하는 것이다.

> "'그것이 바로 삶이었던가?' 나는 죽음에다 대고 말하련다. '좋다!' 그렇다
> 면 한 번 더!"(KSA 4, 396, 차라, 513쪽)

그가 경험한 삶은 죽음을 넘어서는 사랑스러운 삶이며, 그는 그러한
순간이 다시 오기를 원하는 것이다. 그러한 순간은 영원히 되풀이되더

라도, 매 순간 즐겁고, 스스로 원하게 되는 도취적인 순간이다. 그의 고백에서 보다 높은 인간들이 차라투스트라의 가장 심오한 사상인 '영원회귀 사상'과 '디오니소스적 도취'에 근접하고 있음을 볼 수 있다.

그러나 바로 이 시점에서 더없이 추악한 자를 포함해 보다 높은 인간들은 마지막 유혹에 빠진다. 그들은 모두 삶과 죽음의 경계선을 넘어서는 황홀경 속에서 차라투스트라를 또 다른 신으로 느끼는 것이다. 이러한 모습을 보면서 차라투스트라는 냉소적으로 말한다.

"그게 무슨 상관인가!"(was liegt daran)(KSA 4, 396, 차라, 514쪽)

즉 차라투스트라는 자신이 그들에 의해 숭배되는 것을 거부하는 것이다. 그 후 차라투스트라는 "또 다른 춤의 노래"에서 말했던, 수수께끼 같은 열두 소절의 의미를 자세히 풀어 낸다.

차라투스트라가 헤쳐 나가야 할 12 소절의 수수께끼는 깊은 밤으로의 여행이다. 낮의 하늘이 높이를 일깨운다면, 밤의 하늘은 깊이를 느끼게 한다. 깊은 밤은 생명의 알 수 없는 심연적 깊이를 뜻한다. 어둡고 깊은 밤 속으로 여행을 떠나는 차라투스트라는 마치 술에 취한 듯, 잠에 취한 듯, 꿈에 취한 듯 비틀거리며 몽유병자와 같이 걸어간다. 그는 밤과 낮, 높이와 깊이, 깨어 있음과 잠들어 있음, 현실과 꿈의 경계를 벗어난 상태에 있는 것처럼 보인다. 시간적으로도 그는 '두 바다 사이에 솟아 있는 산마루처럼 과거와 미래 사이'에 놓여 있다. 차라투스트라는 수수께끼와 마주해, 모든 질서와 경계선, 그를 보호해 줄 가치들로부터 벗어난 채, 밤의 심연 앞에 무방비 상태로 서 있는 것이다. 그런데 이런 상태야말로 낮에 듣지 못했던 심연의 소리를 들을 수 있는 순간이기도 하다. 아무 말도 하지 않은 채, 무거운 정적을 향해 예민한 귀

를 열어 놓은 차라투스트라에게 '어떤 소리'가 들려온다. 그 소리는 차
라투스트라가 만들어 낸 소리도 아니며, 차라투스트라가 잘못 들은 환
청도 아니다. 이제 풀어야만 하는 수수께끼의 소리가 차라투스트라에
게 찾아온 것이다.

『차라투스트라는 이렇게 말했다』 안에는 차라투스트라의 대화 상대
자가 여럿 등장한다. 그중에는 머리말에 등장하는 숲에 사는 노인, 시
장의 광대, 차라투스트라의 동물들, 중력의 악령, 4부에 등장하는 보다
높은 인간들과 같이 구체적이고 분명하게 알 수 있는 대화 상대자도 있
지만, 경우에 따라서는 차라투스트라 자신의 내면의 소리나 생명의 소
리, 지혜의 소리 등과 같이 은폐된 상대자들도 있다. 특히 차라투스트
라를 가장 곤혹스럽게 한 대화 상대자는 '더없이 고요한 시간'과 '심연
의 사상', '깊은 자정의 소리'이다.

"더없이 고요한 시간"에서는 저녁 무렵 '더없이 고요한 시간'이 차라
투스트라에게 말을 건네는 장면이 묘사된다. 차라투스트라가 사람들에
게 지쳐 자신의 동굴로, 자신만의 고독 속으로 돌아가려고 할 때, 더없
이 고요한 시간이 꿈속에서 말하기 시작하는 것이다.

> "어제 더없이 고요한 시간에 땅이 꺼지더니 꿈이 시작된 것이다. 시곗바늘
> 은 움직였다. 내 생명의 시계는 놀라 숨을 죽였다. 나는 나를 에워싸고 있는
> 그 같은 고요함을 한 번도 경험해 본 적이 없다. 그러니 나의 심장이 경악할
> 수밖에. 그때 소리 없이 내게 말하는 것이 있었다. '차라투스트라여, 너는 그
> 것을 알고 있지?'"(KSA 4, 187, 차라, 242-242쪽)

이후 '소리 없이 내게 말하는 것'과 차라투스트라의 대화가 계속 이
어진다. 그렇다면 누가 소리 없이 차라투스트라에게 말을 건네는가?

그것은 "Da sprach es ohne Stimme zu mir"라고 표현된다. 이 문장에 의하면, 말하는 자는 '그것'(es)이다. '그것'은 소리로 말하지 않는다. 말하는 자는 정적의 말을 건네는 알 수 없는 자이다. '그것'은 차라투스트라가 만들어 낸 인물이 아니다. 오히려 거꾸로 '그것'은 차라투스트라에게 심오하고, 은폐되었던 자신을 돌아보도록 하는 자이다. '그것'은 더없이 고요한 시간이다. 그런데 차라투스트라는 더없이 고요한 시간을 '가장 두려운 여주인의 이름'(KSA 4, 187, 차라, 241쪽)이라고 부른다. 이 시간이 차라투스트라의 여주인인 이유는 아직 충분히 성숙하지 않은 차라투스트라 자신을 극복하도록 명령하는 자이기 때문이다. 그러나 더없이 고요한 시간의 말은 차라투스트라 자신의 말이기도 하다. 왜냐하면 지친 차라투스트라와 그것을 극복하는 차라투스트라는 동일한 인물이기 때문이다. 따라서 그는 더없이 고요한 시간의 말을 자신의 말로 여기기도 한다.

"그러자 다시 소리 없이 내게 말하는 것이 있었다. '차라투스트라여, 무슨 걱정이냐? 네 말을 하라. 그러고는 파멸하라!' 이에 나는 대답했다. '아, 그것이 나의 말인가?'"(KSA 4, 188, 차라, 242쪽)

이와 같이 더없이 고요한 시간의 말은 차라투스트라 자신의 말이기도 하고, 소크라테스적 다이몬의 말, 혹은 차라투스트라 자신의 아니마의 말이기도 하다.

소리 없는 대화자는 "뜻에 거슬리는 행복에 대하여"에서도 등장한다. 여기서 묘사되는 소리 없는 대화자는 가장 고요한 시간에 울리는 차라투스트라 자신의 가장 깊은 사상, 즉 '심연의 사상'으로 나타난다. 이때 차라투스트라는 심연의 사상의 말을 듣기를 두려워한다. 이러한 차라투스트라에게 그 심연의 사상은 "때가 되었다."라고 말한다. 그러나 차라투스트라는 듣지 못한다. 왜냐하면 두려웠기 때문이다.

> "지금까지 나는 너를 감히 위로 불러올리지 못했다. 너를 내 몸에 지니고 있는 것 하나만으로도 족하리라. 나는 여전히 마지막 사자의 용맹함과 그것을 의욕할 만큼 강하지는 못했다."(KSA 4, 205, 차라, 265쪽)

이렇게 심연의 사상이 차라투스트라에게 "최상의 때가 왔다."라고 말하면서, "오라!"라고 했을 때, 차라투스트라는 가지 못했던 것이다. 그러나 3부 "건강을 되찾고 있는 자"에 이르면 차라투스트라는 스스로 심연의 사상을 불러낸다. 즉 "뜻에 거슬리는 행복에 대하여"에서와 달리 차라투스트라는 심연의 사상에게 자신의 말을 듣기 위해 일어나고 깨어나라고 명령하는 것이다. 그러나 막상 심연의 사상이 깨어나서 올라올 때 차라투스트라는 역겨움을 느낀다.

> "아! 너는 올라오고 있다. 나는 네가 오는 소리를 듣는다! 나의 심연은 말을 하고 있으며, 나는 나의 마지막 깊은 곳을 백일하에 드러냈다! 아! 가까이 오라! (…) 앗! 놓아라! 아아! 메스껍다."(KSA 4, 271, 차라, 352쪽)

그러나 차라투스트라는 곧바로 건강을 회복하고 자신의 가장 두려운 심연의 사상을 자신의 말로 받아들인다. 여기서 말하는 주체인 '그것'은 영원회귀 사상이다. 이와 같이 차라투스트라의 가장 어려운 대화 상대자는 더없이 고요한 시간과 영원회귀라는 심연의 사상이다.

그런데 4부 "밤의 여행자의 노래"에서 소리 없이 말하는 대화 상대자는 밤의 말, 특히 '깊은 자정의 말'이다. 깊은 자정의 말이 차라투스트라에게 정적의 말을 건네자, 차라투스트라는 "오라!"라고 외친다. 이제 그는 그 말을 감당할 만한 힘을 지니고 있으며, 이러한 힘에의 의지의 결단의 표현이 '오라'인 것이다. 그리고 그는 깊은 밤 속으로의 여행을 시작한다. 그것은 '변용된 세계로의 여행'이자, 동시에 '스스로 변용하는 여행'이다.

"오라! 오라! 오라! 이제 떠나자! 때가 되었다. 밤 속으로 떠나자!"(KSA 4, 398, 차라, 515쪽)

글 3에서 깊은 밤으로의 여행은 태곳적, 시원적 세계로의 여행으로 묘사된다. 그것은 알 수 없는 심오한 생명의 세계, 즉 생명의 은폐되고 감추어진 수수께끼를 향하는 여행이다. 생명의 소리는 '조상들의 심장에서 울리는 고통스러운 고동'도 헤아리는 '늙고, 깊디깊은 자정의 종소리'로서 '은밀하고 놀랍고 다정하게' 울려 퍼진다. 자정의 종소리는 차라투스트라 자신의 가장 고유한 소리를 반영하기에 은밀하고, 그럼에도 자신의 은폐되었던 부분을 드러내는 것이기에 놀라우며, 그 놀라움을 자신의 존재로 다시 확인시키기에 다정하게 울려 퍼지는 것이다. 이렇게 깊은 자정의 소리는 차라투스트라에게 한편으로는 탄식하는 말로, 다른 한편으로는 웃음의 말로 들려오는 것이다.

또한 깊은 자정의 소리는 낮 동안 은폐되었던 시원적 말이기에, 그 소리는 차라투스트라 자신의 말이기도 하지만, 동시에 완전히 새로운 말처럼 들리기도 한다. "밤의 노래"에서는 이러한 깊은 자정의 소리가 샘에 비유된다. 여기서 샘은 '행복한 정적이 서려 있는 높은 산정'에 위치한 '기쁨의 샘'이며, 동시에 깊이를 헤아릴 수 없는 심연을 향해 가라앉는 '사랑스러운 생명'의 샘이다. 그런데 이 샘이 가장 깊은 밤인 자정

이 되어서 그동안 잊혔던 말들을 종소리로 울려 퍼뜨리기 시작하는 것
이다.

> "조용히! 조용히! 낮 동안에는 들을 수 없었던 많은 것들이 들려온다. (…)
> 이제야 그것은 말하고, 이제야 그것은 들리며, 이제야 그것은 깨어 있는 밤
> 의 영혼 속으로 기어든다."(KSA 4, 398, 차라, 515쪽)

이제 중요한 일은 깊은 밤이 전하는 말을 모든 귀를 열고 조심스럽게
듣는 일, 주의를 기울이는 일이다.

> "오, 사람이여, 명심하라(주의를 기울여라)!"(KSA 4, 398, 차라, 516쪽)

이렇게 "오, 사람이여, 명심하라!"라는 첫 구절과 더불어 깊은 자정
이 들려주는 노래는 시작된다. 그 노래의 제목은 '다시 한 번'(Noch
Ein Mal)이며, '모든 영원 속으로'(in alle Ewigkeit)라는 내용을 지닌
노래이다. 그런데 유고(1884 가을–1885 가을)에 의하면 "밤의 여행자
의 노래"는 차라투스트라의 말이 아니라 보다 높은 인간들과 차라투스
트라 사이의 대화로 진행된다. 그 제목은 '윤창'(Der Rundgesang)이
다. 여기서 보다 높은 인간들은 자신의 변화된 모습을 스스로 말하며,
이들 각자의 말이 끝났을 때 "귀 기울여 보라! 들어 보라! 깊은 자정이
가까이 왔다."(Horch! Horch! Es naht die tiefe Mitternacht!)라는 윤
창이 반복된다(KSA 11, 409 이하, 18권, 169쪽 이하).

그러나 『차라투스트라는 이렇게 말했다』에서 윤창은 전체 내용이 반
복되는 것으로 바뀐다. 그 이유는 깊은 자정이 왔다는 사실보다는 깊은
자정과 더불어 무슨 일이 벌어졌는지에 대한 내용이 더 중요하기 때문

이라고 볼 수 있다. 또한 보다 높은 인간들 각자를 통해 그 내용을 알리기보다는 차라투스트라가 그들에게 말하는 형식이 더 낫다고 여겼기 때문이기도 하다. 『차라투스트라는 이렇게 말했다』에서는 깊은 자정의 말, 차라투스트라의 말, 보다 높은 인간들의 말은 모두 차라투스트라의 말로 통합된다.[37]

글 4는 "시간이 사라지고, (...) 세계는 잠들었다."는 탄식과 더불어 시작된다. 그 이유는 밝혀지지 않는다. 다만 이러한 차라투스트라의 탄식은 '깊은 자정의 마음'의 말과 연관된다. 그 말에 직면해 차라투스트라는 차라리 죽기를 원한다고 고백한다. 심지어 그는 자신이 이미 죽었다고 말하기도 한다. 이것은 무슨 의미일까? 이것을 이해하기 위해 시간이 무엇인지 살펴보는 일이 필요하다.

니체에게 시간은 선험적으로 주어지는 것이 아니며, 칸트와 같이 인식을 위한 감성적 순수 형식도 아니다. 나아가 니체에게 시간 자체는 존재하지 않으며, 감관의 진행 과정에서 드러나는 변화라는 현상을 통해 경험될 뿐이다.

"나는 힘의 기체로서 절대공간을 믿는다: 이러한 것은 제약하며 형태를 만든다. 시간은 영원하다. 그러나 시간도 공간도 그 자체로는 존재하지 않는다: '변화'란 단지 현상(혹은 우리에게는 감관의 진행 과정)일 뿐이다."(KSA 11, 561, 18권, 372쪽)

인간의 삶은 끊임없는 변화를 통해 이루어진다. 이러한 변화를 통해 인간은 시간을 경험한다. 그렇다면 니체에게 시간은 비록 그 자체로 존

---

37   자정의 말이 차라투스트라의 말이라는 사실은 글 12에서 확인된다.

재하는 것이 아니라 생명체가 살아 있고 변화하는 한, 항상 경험할 수 있는 것을 뜻한다. 그렇다면 지속적으로 흐르는 시간은 모두 동일한 의미를 갖는가?

이에 대하여 니체는 부정적인 입장을 취한다. 왜냐하면 모든 시간은 지속적 흐름이라는 형식에서는 동일하지만, 시간의 내용은 생명체가 어떠한 변화를 수행하는가에 따라 달라지기 때문이다. 이렇게 상이한 시간의 모습은 『차라투스트라는 이렇게 말했다』에서 다양하게 표현된다. 시간을 가리키는 니체의 표현은 아침(Morgen), 저녁(Abend), 해뜨기 전(Vor Sonnen-Aufgang), 정오(Mittags), 자정(Mitternacht), 시간(Stunde, Zeit), 순간(Augenblick), 지금(Nu) 등이 있다. 이외에 시계시간(Uhrzeit), 영원(Ewigkeit)이란 표현도 나타난다. 그렇다면 이러한 표현들의 차이는 무엇인가?

니체에 의하면 시간은 흐르는 것이다. 말하자면 시간은 모든 존재자를 관통하는 '지속적이고 영원한 흐름'이다. 시간의 영원하고 지속적인 흐름 속에서 모든 존재자는 각각 자신의 존재내용을 드러낸다. 그런데 시간이 존재자들의 변화를 가능케 하는 근거인 이유는 시간의 흐름이 수많은 '지금'으로 이루어졌기 때문이다. 각각의 지금은 끊임없이 시간의 여기에서 저기를 향해 흘러가며, 이러한 각각의 지금이 새로운 존재를 만들어 내는 것이다.

그런데 여기에서 저기로 흘러가는 시간은 방향을 바꿀 수 없다. 왜냐하면 이미 흘러간 시간은 여기에서 저기로, 즉 미래로부터 현재를 거쳐 과거로 흘러가 버렸기 때문이다. 지금이라는 현재에서 볼 때 미래라는 시간은 아직 흘러오지 않았고, 과거라는 시간은 이미 흘러간 상태이다. 이런 의미에서 과거와 미래는 서로 모순되는 시간이다.

과거와 미래라는 두 시간은 지금, 혹은 순간에서 서로 만난다. 즉 흘러간 시간(과거)이나 흘러올 시간(미래) 모두 영원한 지속이라고 한다면, 두 시간은 서로 만나며, 그것도 서로 반대방향을 향해 무한히 흘러가는 것이 아니라 '굽어 있는' 형태로 만난다는 것이다. 그렇다면 무한히 지속되는 흐름 속에서 과거는 흘러가 버리는 것이 아니라 다시 도래하는 시간이어야 한다. 이 점은 아직 오지 않은 미래의 경우도 마찬가지이다. 미래는 이미 흘러갔던 시간이라는 것이다. 즉 지금을 중심으로 과거와 미래는 만나며, 시간의 세계는 굽어 있는 영원한 흐름 속에서 반복될 수밖에 없다는 것이다. 따라서 '이미 존재했던 것'과 '존재할 것', 존재의 가능성과 현실성은 결국 동일하게 된다. 또한 시간은 가장 큰 것이나 가장 작은 것 모두에게 공평하게 흘러간다.

그대는 생성의 거대한 해(年)가, 거대한 해라는 괴물이 있음을 가르치고 있다. 이 괴물은 모래시계처럼 늘 되돌려져야 한다. 새롭게 출발하여 내달리기 위해. 그리하여 이들 해 하나하나는 더없이 큰 것에서나 더없이 작은 것에서나 같고, 우리 또한 거대한 해를 맞이할 때마다 더없이 큰 것에서나 더없이 작은 것에서 변함없다는 것이 아닌가." (KSA 4, 276, 차라, 359쪽)

이러한 시간의 특징은 삶을 허무하게 만드는 것처럼 보인다. 왜냐하면 누구도 이러한 시간의 동일하고 무차별적인 흐름에서 벗어날 수 없고 동일한 것을 되풀이해야만 하기 때문이다.

그러나 이러한 시간이 반드시 허무주의로 이끄는 것이 아니다. 왜냐하면 그 시간이 되풀이되더라도, 그것이 자신이 원했던 시간이라면 그것은 즐거움이기 때문이다. 이러한 차이점을 "왜소하게 만드는 덕에 대하여"에서는 '그들의 시간과 나의 시간'으로 비교한다. 최후의 인간의 시간과 달리, 차라투스트라의 시간은 결단의 시간으로 스스로 중심을 만들어 가는 시간이다. 이러한 시간은 '번개의 시간'(KSA 4, 217, 차라, 281쪽), '가장 고요한 시간'(KSA 4, 187, 차라, 241쪽), '최상의 시간'(KSA 4, 204, 차라, 264쪽), '완성된 정오의 시간'(KSA 4, 342, 차라, 444쪽)으로 불린다. 그런데 이러한 시간은 창조자가 만들어 가는 시간조차 넘어서는 시간이다. 이 시간은 그에게 다가와야 하는 시간이다. 이 점은 차라투스트라에게도 예외는 아니다. 따라서 그는 완성된 정오의 시간이 자신을 삼켜 주기를 부탁하는 것이다.

> "영원의 샘이여! 너 쾌활하며 무시무시한 정오의 심연이여! 언제쯤 너는 내 영혼을 네 속으로 되마시려는가?"(KSA 4, 345, 차라, 448쪽)

그런데 차라투스트라는 이러한 정오의 시간이 가까이 오고 있음을 알고 있다.

> "이미 가까이에 와 있다. 위대한 정오는."(KSA 4, 240, 차라, 281쪽)

여기서 위대한 정오의 시간은 신이 죽고 초인이 등장하는 시간이며, '산정과 심연이 하나가 되는 시간'(KSA 4, 194, 차라, 250쪽), 세계가 '황금빛 포도주', '황금으로 된 둥근 고리', '황금빛 공'(KSA 4, 343–344, 차라, 446–447쪽)과 같이 완성되는 시간이다. 이 시간을 통해 모든 나날은, 즉 모든 시간의 흐름은 '신성한 흐름'(KSA 4, 143, 차라, 183쪽)으로 변하는 것이다. 이로써 영원히 회귀하는 시간의 흐름은 더 이상 허무주의적인 흐름이 아니라 성스러운 흐름이 된다. 이때 '영원'은 무시간적인 것이나 불변적인 것이 아니라, 대지적이고 현실적이며 매 순간 창조되는 시간이라는 의미의 영원성을 뜻한다.

그런데 정오의 시간은 비록 가까이 왔지만 아직 도래하지 않았다. 이런 상황에서 차라투스트라는 '밤의 정오의 시간'과 마주하게 되며, 그는 시간이 어디론가 사라졌다고 외친다. 그런데 이것이야말로 밤의 시간의 특징이기도 하다. 이와 연관된 주장을 우리는 유고(1885 가을-1887 가을)에서 볼 수 있다.

"밤의 한 부분이, 어떤 은둔자가 그것에 관해 '쉿, 귀를 기울여라. 지금 시간이 멈춘다!'라고 말하게 되는 그런 밤의 한 부분이 있다."(KSA 12, 178, 19권, 220쪽)

이러한 시간을 니체는 '비정상적-시간에 대한 인상'(Eindruck einer Zeit-Anomalie)이라고 표현한다. 이 시간은 꿈의 세계에서 보이는 '혼돈-시간'(Zeit-Chaos)과 유사하다. 이러한 밤의 시간에는 아이스킬로스나 호메로스의 표현과 같이 시간은 존재하지 않는다(KSA 12, 178, 19권, 220-221쪽).

이때 시간이 비정상적이 되고 혼돈으로 가라앉으며 존재하지 않는 것과 같이 되는 것은 깊은 자정이 시간을 삼켜 버리기 때문이다. 이렇게 시간마저 사라진 가장 고요한 시간이 바로 깊은 자정이다. 그럼에도 깊은 자정에 삼켜지지 않으려면, 그 자정이 하는 가장 고요한 말을 들어야만 한다. 따라서 차라투스트라는 "깊은 자정은 무슨 말을 하고 있는가?"라고 외치는 것이다.

글 5에서 차라투스트라는 자정의 시간, 자정의 정적의 소리 앞에서 자신이 이미 죽은 것처럼 여긴다. 밤의 시간은 낮의 시간이 부여했던 모든 형태와 말, 정상적으로 여겨지는 시간 모두를 혼돈 속으로 몰아넣기 때문이다. 밤의 시간 안에는 나, 너라는 주체와 객체의 구분도 존재하지 않으며, 삶과 죽음의 구분도 존재하지 않는다. 이 모든 것은 거대한 실타래처럼 풀 수 없는 하나의 뭉치로 얽혀 있을 뿐이다. 그럼에도 이러한 미로에서 길을 찾으려면 깊은 자정의 소리에 예민하게 귀를 기울여야 한다.

이때 차라투스트라는 보다 높은 인간들이 춤을 추고 있는 모습을 본다. 그들은 충분히 높이 날 수 있는 날개가 아니라, 아직은 다리로 춤을 추고 있을 뿐이다. 그런데 날지 못하는 자는 이미 심연으로, 즉 죽음으로 추락하는 자이다. 따라서 "무덤 파는 자들을 구제하고 시신들을 일깨우라."라는 말은 보다 높은 인간들을 향한 말이기도 하다. 이런 상황에서 차라투스트라는 자정의 시간이 가까이 오고 있다는 절박함을 느낀다. 그는 심장을 파헤치는 벌레의 고통을 느끼며 자정의 소리를 듣는다. 그 소리는 "세계는 깊다."라는 말이다.

그런데 자정의 소리는 이미 차라투스트라 자신이 한 말이기도 하다. 그는 3부 "해 뜨기 전"에서 높은 하늘을 쳐다보며 하늘의 높이와 자신의 깊이가 동일하다는 점, 그 하늘은 우연의 하늘, 천진난만의 하늘, 자유분방의 하늘로서 티 없이 맑은 존재이며, 모든 이성을 넘어서는 신의 주사위 놀이를 위한 탁자라고 말한 바 있다. 그리고 차라투스트라는 "세계는 깊다. 일찍이 낮이 생각한 것보다 더 깊다."라고 말했다. 즉 해 뜨기 직전의 어스름, 아직 아침놀이 밝아오지 않은 어스름 속에서 차라투스트라는 이미 낮보다 밤이 더 깊다는 것에 대하여 말했던 것이다. 이러한 경험을 그는 4부에서 직접적이고, 구체적으로 다룬다.

글 6에 의하면 '아래 깊은 곳'에서 울려 퍼지던 종소리가 들려주던 "세계는 깊다."라는 경험은 오래된 고통의 소리이다. 그 소리는 '아버지의 고통, 아버지의 아버지의 고통, 인류 조상의 고통'을 담고 있는 소리이다. 그런데 차라투스트라는 종소리가 들려주는 고통의 소리를 '감미로운 리라'의 소리로 표현한다. 어떻게 고통이 감미로울 수 있을까?

니체에 의하면 고통은 힘이 탕진되었을 때 느끼는 고통과 더 많은 힘을 추구하는 과정에서 만나게 되는 고통으로 구분된다. 전자가 반작용에 의한 고통이라면, 후자는 능동적인 의지가 경험하게 되는 고통이다. 여기서 종소리가 들려주는 고통의 소리는 후자의 경우에 해당된다. 왜냐하면 차라투스트라와 보다 높은 인간들은 이미 자신을 극복해 온 상태이기 때문이다. 이 고통은 그들이 성취한 성공과 힘, 쾌락을 수반하는 고통이다. 이러한 고통을 니체는 '산모의 고통'이라고 부른다.

> "비의는 고통을 신성하다고 가르친다: '산모의 고통'(Wehen der Gebärerin)은 고통 일반을 신성하게 한다. — 모든 생성과 성장, 미래를 담보하는 것은 전부 고통을 전제한다. (…) 영원한 창조의 쾌락이 있기 위해서는, 삶에의 의지가 영원히 자신을 긍정하기 위해서는 '산모의 고통'도 영원히 존재해야만 한다. (…) 이 모든 것을 디오니소스라는 말이 의미하고 있다."(KSA 6, 159, 우상, 202쪽)

이와 같이 차라투스트라와 보다 높은 인간들은 가장 고요하고 가장 깊은 자정의 시간에 최종적인 고통과 마주한다. 최종적인 고통은 인류 시초부터의 고통을 겹겹이 두르고 있는 고통이다. 그럼에도 이 고통은 최후의 승리를 위한 고통이며, 최고의 쾌락과 마주하는 고통이다. 이런 의미에서 그 고통은 쾌락이기도 하다.

따라서 차라투스트라는 종소리가 들려주는 최고의 고통의 순간에 감미로운 음악 소리를 들을 수 있는 것이며, 그때 세계가 성숙한 포도송이처럼, 황금빛 가을처럼 변하고 있는 것을 경험하는 것이다. 그런데 최고의 쾌락과, 그것을 위한 최종적인 고통이 하나가 되는 순간은 최고의 고통 때문에 죽음을 떠올리는 순간이기도 하며, 동시에 최고의 쾌락 때문에 더 많은 삶을 떠올리는 순간이기도 하다. 이와 같이 삶과 죽음이 겹쳐지는 순간에 차라투스트라는 행복에 겨워 죽기를 원하며, 자정이 베푸는 ─ 마치 술에 취한 듯 ─ '도취적인 죽음에의 행복'의 향기를 맡는 것이다. 이 향기는 '지난날 장밋빛 행복을 간직한 갈색 황금포도주의 향기', '영원의 향기'로서, 깊은 밤의 세계로부터 퍼져 나오는 향기이다. 이 향기를 맡으며 차라투스트라는 "세계는 깊다. 그리고 낮이 생각한 것보다 더 깊다!"라고 노래하는 것이다.

글 7에서 차라투스트라는 밤의 세계와 낮의 세계를 다시 비교한다.

"너, 둔하고 어리석은 음침한 낮이여! 자정이 한층 더 밝지 않느냐?"(KSA 4, 400, 차라, 518쪽)

밤의 세계가 더 깊고 밝다면, 그 세계의 주인은 더 깊고 밝은 자, '더없이 깨끗한 자'이어야 한다. 그들은 '더없이 강한 자들', '자정의 영혼을 지닌 자들'이어야 한다. 그런데 차라투스트라는 자신이 아직 이러한 자가 아니라는 것을 느낀다. 따라서 이 세계가 주인을 원한다면 자신이 아니라 어떤 신에게 손을 뻗으라고 하소연한다. 그러나 세계는 아직 그 신을 찾지 못하고 있다. 따라서 차라투스트라는 이러한 세계를 가리켜 "그의 고통은 깊다."라고 말하는 것이다.

글 8에서는 고통받는 자가 세계일 뿐 아니라 신이라고 말한다.

"신의 고통은 더 깊다. 너, 별스러운 세계여! 내게가 아니라 신의 고통을 향해 손을 뻗어라."(KSA 4, 401, 차라, 519쪽)

글 후반부에서는 고통받는 자가 '늙고 심오한 자정'이라고도 말한다.

"그 늙고 심오한 자정은 꿈속에서 자신의 고통을 되새김질한다."(KSA 4, 401, 차라, 520쪽)

이러한 표현을 종합하면 고통받는 자는 자정의 세계이며, 자정의 세계를 지배하는 어떤 신이다. 그런데 그 신은 글 6에 의하면, '갈색 황금 포도주의 향기'를 풍기는 신, 즉 디오니소스이다. 그렇다면 디오니소스는 왜 고통받는 신인가? 그것은 디오니소스가 도취의 신이기도 하지만, 거인들에 의해 갈기갈기 찢겨 죽는 신, 즉 디오니소스-자그레우스이기 때문이다. 그러나 디오니소스는 찢겨 죽음을 경험하는 신이지만, 동시에 다시 살아나는 신, 부활의 신이기도 하다. 이렇게 디오니소스는 죽음과 새로운 생명의 신이며, 모든 고통과 쾌락을 동시에 포괄하는 신이다. 그런데 가장 깊은 자정의 세계는 죽음의 세계와 같다. 자정과 더불어 디오니소스의 죽음에의 고통도 절정에 이른다. 따라서 자정이 다가올수록 차라투스트라는 낮의 정오를 그리워하는 것이다.

"가 버렸구나! 가 버렸구나! 오, 젊음이여! 오, 정오여! 오, 오후여! 방금 저녁이, 밤과 자정이 다가왔다. 개가 짖어 대고 바람이 짖어 대고 있구나."(KSA 4, 401, 차라, 519쪽)

자정은 고통이 가장 심해진 세계이며 디오니소스가 죽음에 휩싸이는 시간을 뜻한다. 그런데 디오니소스는 죽음을 극복하고 다시 살아나는 부활과 생명의 신이다. 이러한 부활의 생명력이 그가 느끼는 쾌락이다.

이런 맥락에서 글 9에서는 고통와 쾌락이 대비된다. 니체에 의하면 이 세계에서 불쾌, 즉 고통의 총계가 쾌락의 총계를 능가한다고 여기는 사상이 염세주의이다(WzM, 473쪽). 염세주의는 모든 것을 고통으로 해석함으로써 쾌락을 상실한다. 또한 고통이 괴롭다는 것을 이해하지만 고통 자체를 직시하지 않고 고통을 완화하거나 도망치려는 사상이 금욕주의이며, 그리스도교의 가르침이다.

이와 달리 니체에 의하면 고통은 고통스러운 것일 뿐 아니라 더 높은 생명을 촉진하는 계기이기도 하다. 이런 의미에서 니체는 고통이 쾌락만큼이나 지혜를 지니며, 고통은 영웅적 인간들에게 '가장 위대한 순간'을 제공한다고 말하는 것이다(KSA 3, 550, 학문, 290-291쪽).

그럼에도 고통은 "사라져라! 너, 고통이여!"라고 말하는 한계를 지닌다. 왜냐하면 고통은 어떠한 경우에도 고통을 원하지는 않기 때문이다. 즉 고통은 능동적으로 원하는 의지가 아니라 어떠한 힘에 부딪쳤을 때 나타나는 반동적인 결과인 것이다. 이와 같이 고통은 항상 피하려는 성향을 띠며, 이 점은 고통을 원하는 것처럼 보이는 마조히스트들에게도 해당된다. 그들은 겉으로는 고통을 스스로 원하는 것처럼 보이지만, 그들은 고통이라는 쾌락을 원하는 자들이다. 결국 모든 생명체는 스스로 고통을 원하지는 않는 것이다. 이런 의미에서 니체는 "고통은 '사라져라!' 라고 말한다."라고 표현한다.

반면에 쾌락은 "영원을 원하고 회귀를 원하며 모든 것의 영원한 자기 동일을 원한다."라고 말한다. 이러한 대비를 통해 이 세계 안에는 고통이 깊지만, 결국엔 고통보다 쾌락이 더 깊다고 강조한다. 이렇게 고통이 쾌락에 의해 극복되는 순간을 니체는 '자정'이라고 표현한다. 또한 그 순간은 완성된 정오의 시간이기도 하다. 고통과 쾌락이 만나듯 이 지점에서 자정과 정오는 만나게 되는 것이다.

"방금 나의 세계는 완성되었다. 자정이 곧 정오이기도 하다. 고통 또한 쾌락
이고, 저주 또한 축복이며, 밤 또한 태양이다. (...) 모든 사물은 사슬로 연결
되고 실로 묶여 있으며 사랑으로 이어져 있다."(KSA 4, 402, 차라, 521쪽)

자정과 정오는 모두 '진리와 비진리, 선과 악, 아름다움과 추함'으로
부터 자유로워진 시간이라는 공통점을 갖는다(KSA 11, 443-444, 18
권, 220쪽). 그럼에도 고통과 쾌락은 여전히 구분된다. 왜냐하면 '고통
은 항상 고통의 원인에 대하여 묻는 데 반해, 쾌락은 그 자체에 머물며
뒤돌아보지 않는 성향을 갖기'(KSA 3, 384, 학문, 83쪽) 때문이다.
고통과 쾌락이 사슬로 얽혀 있는 세계에서 고통을 극복하는 순간 그
세계는 쾌락의 세계로 변하며, 이것을 경험한 자는 자신이 처한 그러한
순간을 또다시 원하고 욕망하게 된다. 그 시간이 다시 회귀한다고 하더
라도 그 시간은 즐거운 시간이 되기 때문이다.

"그대들이 어떤 한순간을 다시 한 번 소망한 일이 있었다면, '너, 내 마음에
든다. 행복이여! 찰나여! 순간이여!'라고 말한 일이 있다면, 그대들은 모든
것이 되돌아오기를 소망한 것이 된다!"(KSA 4, 402, 차라, 521-522쪽)[38]

이렇게 고통의 세계에서 그것을 극복하고 쾌락을 경험한 자는 비로
소 그 세계를 있는 그대로 사랑할 수 있게 된다.

"모든 것이 새롭고, 모든 것이 영원하며, 모든 것이 사슬로 연결되어 있고,

---

38 여기서 '행복'은 고통과 대립되는 개념이다. 반면에 '쾌락'은 고통마저 포함하
며, 그것을 넘어서는 개념을 가리킨다. W. Kaufmann, *Niezsche*, 319쪽 이하 참조

실로 묶여 있고, 사랑으로 이어져 있는, 오, 그대들은 이런 세계를 사랑한 것
이다.”(KSA 4, 402, 차라, 522쪽)

따라서 차라투스트라는 보다 높은 인간들에게 이러한 세계를 사랑하
기를, 고통을 극복하고 모든 쾌락을 영원히 소망하기를 원하는 것이다.
이러한 쾌락은 고통과 더불어 완성되는 쾌락이기에, 이제 차라투스트
라는 보다 높은 인간들에게 다음과 같이 말한다.

"그대 영원한 자들이여, 이러한 세계를 영원히, 그리고 항상 사랑하라. 그리
고 고통을 향해 '사라져라, 그러나 되돌아오라!' 라고 말하라. 모든 쾌락이
영원을 소망하기 때문이다.”(KSA 4, 402, 차라, 522쪽)

이와 같이 차라투스트라가 말하는 쾌락은 고통을 극복한 '남성적인'
쾌락이다.

"영원히 남성적인 것이 우리를 끌어올린다.”(KSA 11, 297, 18권, 9쪽)

여기서 차라투스트라의 '영원성'은 시간과 모든 사건이 사라진 영원
이 아니라, 매 순간 자신을 극복하는 순간들이 되풀이되는 시간을 뜻한
다. 이러한 순간을 보다 높은 인간들이 경험하기를 바라며, 글 12에서
차라투스트라는 이들에게 자신의 노래, 즉 '모든 영원 속으로' 라는 내
용을 지닌, '다시 한 번' 이라는 제목의 윤가를 불러 보라고 지시하는 것
이다. 그것은 다음과 같다.

"오 사람이여! 명심하라!

깊은 자정은 무슨 말을 하고 있는가?

"나는 잠을 자고 있었다, 나는 잠을 자고 있었다 ―,

나는 깊은 꿈에서 깨어났다: ―

세계는 깊다.

그리고 낮이 생각한 것보다 더 깊다.

그의 고통은 깊다: ―,

쾌락 ― 그것은 가슴을 에는 고통보다 더 깊다.

고통은 말한다: 사라져라!

그러나 모든 쾌락은 영원을 소망한다 ―,

― 깊디깊은 영원을!"

11) 차라투스트라의 최후의 유혹과 새로운 시작

4부는 3일간 벌어진 사건을 다룬다. 첫째 날, 차라투스트라는 산 정상에 올라 보다 높은 인간들을 자신의 높이로 끌어올리는 낚시꾼의 역할을 할 것이라고 다짐한다. 둘째 날, 차라투스트라는 구조를 간청하는 보다 높은 인간들의 외침을 듣고 그들을 구조하러 나선다. 권태의 예언자부터 그림자에 이르는 여러 사람을 만난 후 정오에 잠이 든다. 아주 짧은 잠에서 깨어난 후 그의 동굴에 모인 보다 높은 인간들과 대화를 나누며, 마지막으로 자정에 '밤의 여행자의 노래'를 부르고 잠이 든다. 그리고 "조짐"에서는 다음 날 아침에 일어난 사건을 묘사한다. 이처럼 4부는 차라투스트라가 해야 할 일에 대한 예고인 "꿀 봉납"과 새로운 시작을 알리는 "조짐"을 제외하면, 하루 동안의 사건을 다루는 것이다.

"조짐"은 앞서 말했다시피 새로운 아침을 배경으로 한다. 무대는 차라투스트라의 동굴 밖이다. "조짐"에서 차라투스트라는 둘째 날 겪었던 사건이 사실은 자신에게 닥친 '최후의 유혹'이었음을 알게 된다. 즉 둘째 날의 사건은 바로 차라투스트라 자신에게 주어진 시험이었던 것이다.

"오, 보다 높은 인간들이여, 어제 아침 그 늙은 예언자가 내게 예언을 했던 것, 그것은 그대들이 처해 있는 곤경에 관한 것이었다. 그는 나를 그대들의 곤경으로 꾀어내어 시험해 보려 했던 것이다."(KSA 4, 408, 차라, 528쪽)

그런데 차라투스트라가 겪은 시험은 차라투스트라 자신에 대한 시험이기도 하지만, 동시에 보다 높은 인간들에 대한 시험이기도 하다. 왜냐하면 보다 높은 인간들은 차라투스트라의 내면에 숨어 있던 인물들이기도 하기 때문이다. 이 점은 차라투스트라의 동굴 밖으로 나오던 보다 높은 인간들이 사자의 포효를 듣고 순식간에 사라진 장면에서도 확인할 수 있다. 이들은 차라투스트라의 내면을 반영하는 존재들로서 그의 꿈속에 등장한 것이다. 따라서 이들은 잠을 깨우는 사자의 포효와 함께 사라져 버렸던 것이다.[39] 즉 보다 높은 인간들에 대한 연민은 차라투스트라 자신에 대한 연민이었으며, 이제 차라투스트라는 그러한 연민을 이겨 낸 것이다. 이러한 조짐이 '강한 사자', '웃는 사자'라는 메타포로 묘사된다. 여기서 웃는 사자는 최종적 변용을 준비하는 사자이다.[40] "세 단계의 변화에 대하여"에서 묘사된 사자와 달리, 4부 마지막에 등장한 사자는 어린아이로 변용하기 시작한 사자이다. 이 점은 차라투스트라가 사자의 무성하고 따뜻한 머리 갈기 속으로 손을 넣었을 때,

---

39   칼 구스타프 융, 『원형과 무의식』, 353쪽 참조
40   질 들뢰즈, 『니체, 철학의 주사위』, 319쪽 참조

"아, 내 아이들이 가까이 와 있구나, 내 아이들이"라고 말하는 데에서 알 수 있다. 모든 것을 새롭게 시작할 수 있는 아이가 가까이 왔다는 조짐을 보고 차라투스트라는 '자신의 시간'이 도래한 것을 확인한다.

> "좋다! 사자는 왔으며 내 아이들도 가까이에 와 있다. 차라투스트라는 성숙해졌다. 나의 때가 온 것이다. 이것은 나의 아침이다. 나의 낮이 시작된다. 솟아올라라, 솟아올라라, 너, 위대한 정오여!"(KSA 4, 408, 차라, 529쪽)

그리고 차라투스트라는 자신의 동굴을 떠나 마치 '타오르는 강렬한 아침의 태양'과 같이, 자신의 길을 향해 다시 발걸음을 시작한다. 이렇게 걸어가면서 차라투스트라의 '끝'은 또 다른 '시작'으로 이어진다.

모든 사람은 자신만의 길을 걸어간다. 이미 수많은 선조가 그 길을 걸어갔고 사라졌다. 그 누구도 완전한 목적지에 도달한 적은 없었다. 항상 도상으로서 존재했을 뿐이다. 걷다가 지치면 쉬고, 힘이 남아 있다면 다시 걷는 일, 어쩌면 그것이 전부인지도 모른다. 그렇다고 그것이 무의미한 것은 아니다. 각각의 사람이 자신의 삶을 끝냈을 때, 그것은 또 하나의 길이 되기 때문이다. 그것은 다른 사람들을 위한 새로운 길이 되는 것이다.

그럼에도 이것은 허무해 보이기도 한다. 우리는 더 올바른 것, 더 의미 있는 것, 더 완전한 것을 찾게 되고, 대지 위에 척도는 존재하는지 묻게 된다. 특히 모든 것이 비인간화된, 즉 탐욕에 가득 차 자신만의 이익에 몰두하고, 타자를 사물과 같이 취급하는 현대자본주의 사회에서는 더욱 그렇다. 구성원을 보호해야 할 국가가 낙오하고 지쳐 쓰러져가는 사람들을 방관한 채, 계속 잘못을 되풀이하는 경우엔 더더욱 그렇다. 우리는 사회와 국가의 존재의미가 무엇인지, 사회와 국가는 어떠한 방식으로 존재해야 하는지 묻게 된다.

사회와 국가는 정치적, 경제적, 사회적, 문화적, 교육적 권력을 통해 각각의 개인에게 일정한 존재방식을 강요하고 억압하며 그 결과, 그 틀 안에서 유니폼화된 개인들을 만들어 내기도 한다. 그들은 권력에 의해 창문 없는 집에 감금된다. 각각의 개인들은 체포된 것이다. 그들에게 외부는 없다.

반면에 권력은 은밀한 창을 가지고 있다. 그것은 외부로 통하기 위한 창이지만, 대부분 지하통로로 이루어져 있다. 그 통로는 항상 닫혀 있는 듯이 보이지만, 권력을 유지하기 위해 수많은 두더지가 오간다. 그들은 아르고스의 눈으로 여기저기를 살피며 거대한 눈이 되어 위협하기도 한다.

상황이 이렇다는 이유로, 각각의 개인은 말 잘 듣고 질문하지 않으며 저항하지 않는 '최후의 인간'으로 머물러서는 안 된다. 그들은 시대가 강요하는 소리의 허구성을 폭로하고 스스로 새로워져야 한다. 그것은 자신을 극복하는 일에서 시작되어야 한다. 그러기 위해 잊었던 소리, 끊어졌던 소리를 다시 들을 수 있어야 한다. 그것은 낮의 소리를 부정하고 밤의 소리를 듣는 일이다. 새로운 귀를 열어 놓아야 한다. 그것은 안주하고 싶은 마음을 떨쳐 버리고 다시 길을 떠나는 일이다. 그 길은 자신만의 길이어야 한다. 비록 도상으로 끝날지라도 소중한 자신만의 길이어야 한다. 그 과정에서 실패하는 일도 있을 수 있다. 그러나 그것이 무슨 상관인가? 실패하더라도 자신을 선택하고 사랑했다는 그 자체만으로도 그는 이미 자신을 극복하기 시작한 것이 아닌가?

『차라투스트라는 이렇게 말했다』를 통해서 허무와 아픔, 소외와 상실의 시대를 헤쳐 나갈 용기를 얻고, 어려움을 극복하여, 마지막엔 웃을 수 있다면 좋은 일일 것이다.

"얼마나 많은 것이 아직도 가능한가! 그러니 그대들 자신을 넘어서서 웃는 법을 배우도록 하라. 그대 멋진 춤꾼들이여, 높게, 더욱 높게 가슴을 펴라! 건강한 웃음 또한 잊지 말라! 웃는 자의 이 면류관, 장미로 엮어 만든 이 화관, 형제들이여, 내 그것을 그대들에게 던지노라! 나는 웃음을 신성한 것의 반열에 올려 놓았다. 보다 높은 인간들이여, 배우도록 하라, 웃음을!"(KSA 4, 367, 차라, 476-477쪽)

··· 참고 문헌

프리드리히 니체, 니체 전집, 1-21권, 책세상

    1권, 『언어의 기원에 관하여/ 이러한 맥락에 관한 추정/ 플라톤의 대화 연구 입문/ 플라톤 이전의 철학자들/ 아리스토텔레스 수사학/ 유고(1864년 가을~1868년 봄)』, 김기선 옮김

    2권, 『비극의 탄생/ 반시대적 고찰』, 이진우 옮김

    3권, 『유고(1870년~1873년)』, 이진우 옮김

    4권, 『유고(1869년 가을~1872년 가을)』, 최상욱 옮김

    5권, 『유고(1872년 여름~1874년 말)』, 이상엽 옮김

    6권, 『바이로이트의 리하르트 바그너/ 유고(1875년 초~1876년 봄)』, 최문규 옮김

    7권, 『인간적인 너무나 인간적인 I』, 김미기 옮김

    8권, 『인간적인 너무나 인간적인 II』, 김미기 옮김

    9권, 『유고(1876년~1877/78년 겨울)/ 유고(1878년 봄~1879년 11월)』, 강용수 옮김

    10권, 『아침놀』, 박찬국 옮김

    11권, 『유고(1880년 초~1881년 봄)』, 최성환 옮김

12권, 『즐거운 학문/ 메시나에서의 전원시/ 유고(1881년 봄~1882년 여름)』, 안성찬, 홍사현 옮김

13권, 『차라투스트라는 이렇게 말했다』, 정동호 옮김

14권, 『선악의 저편/ 도덕의 계보』, 김정현 옮김

15권, 『바그너의 경우/ 우상의 황혼/ 안티크리스트/ 이 사람을 보라/디오니소스 송가/ 니체 대 바그너』, 백승영 옮김

16권, 『유고(1882년 7월~1883/84년 겨울)』, 박찬국 옮김

17권, 『유고(1884년 초~가을)』, 정동호 옮김

18권, 『유고(1884년 가을~1885년 가을)』, 김정현 옮김

19권, 『유고(1885년 7월~1887년 가을)』, 이진우 옮김

20권, 『유고(1887년 가을~1888년 3월)』, 백승영 옮김

21권, 『유고(1888년 초~1898년 1월 초)』, 백승영 옮김

F. Nietzsche, *Sämtliche Werke: Kritische Studienausgabe in 15 Einzelbänden*, hrsg. von G. Colli und M. Montinari, Deutscher Taschenbuch Verlag, München, Berlin, New York

KSA 1: *Die Geburt der Tragödie/ Unzeitgemäße Betrachtungen I–IV/ Nachgelassene Schriften 1870–1873*

KSA 2: *Menschliches, Allzumenschliches I und II*

KSA 3: *Morgenröte/ Idyllen aus Messina/ Die fröhliche Wissenschaft*

KSA 4: *Also sprach Zarathustra*

KSA 5: *Jenseits von Gut und Böse/ Zur Genealogie der Moral*

KSA 6: *Der Fall Wagner/ Götzen-Dämmerung/ Der Antichrist/ Ecce homo/ Dionysos-Dithyramben/ Nietzsche contra Wagner*

KSA 7: *Nachgelassene Fragmente 1869–1874*

KSA 8 : *Nachgelassene Fragmente 1875–1879*

KSA 9 : *Nachgelassene Fragmente 1880–1882*

KSA 10 : *Nachgelassene Fragmente 1882–1884*

KSA 11 : *Nachgelassene Fragmente 1884–1885*

KSA 12 : *Nachgelassene Fragmente 1885–1887*

KSA 13 : *Nachgelassene Fragmente 1887–1889*

F. Nietzsche. *Der Wille zur Macht: Versuch einer Umwertung aller Werte*, Ausgewählt und geordnet von Peter Gast unter Mitwirkung von Elisabeth Förster-Nietzsche, Alfred Kröner, Stuttgart, 1996

F. Nietzsche. Werke in drei Bänden, hrsg. von K. Schlechte, Wissenschaftliche Buchgesellschaft, Darmstadt, 1982

가스통 바슐라르, 『불의 시학의 단편들』, 안보옥 옮김, 문학동네, 2004

_____, 『대지 그리고 휴식의 몽상』, 정영란 옮김, 문학동네, 2002

_____, 『공간의 시학』, 곽광수 옮김, 동문선, 2003

_____, 『대지와 의지의 몽상』, 민희식 옮김, 삼성출판사, 1982

_____, 『물과 꿈』, 이가림 옮김, 문예출판사, 1993

_____, 『공기와 꿈』, 정영란 옮김, 이학사, 2000

_____, 『초의 불꽃』, 민희식 옮김, 삼성출판사, 1982

단테 알리기에리, 『신곡』, 한형곤 옮김, 서해문집, 2005

루트비히 포이어바흐, 『기독교의 본질』, 박순경 옮김, 종로서적, 1982

루이 꼬르망, 『깊이의 심리학자, 니체』, 김응권 옮김, 어문학사, 1996

르네 데카르트, 『성찰』, 이현복 옮김, 문예출판사, 1997

마르틴 부버, 『나와 너』, 김천배 옮김, 대한기독교서회, 1983

마르틴 하이데거, 『니체』, 박찬국 옮김, 길, 2010

_____, 『존재와 시간』, 이기상 옮김, 까치, 1998

_____, 『횔덜린의 송가 〈이스터〉』, 최상욱 옮김, 동문선, 2005

_____, 『횔덜린의 송가 〈게르마니엔〉과 〈라인강〉』, 최상욱 옮김, 서광사, 2009

마르쿠스 아우렐리우스, 『명상록』, 천병희 옮김, 숲, 2012

멀치아 엘리아데, 『성과 속: 종교의 본질』, 이동하 옮김, 학민사, 1983

미셸 세르, 『기식자』, 김웅권 옮김, 동문선, 2002

박찬기, 『독일문학사』, 일지사, 1976

쇠렌 키르케고르, 『철학적 조각들』, 황필호 편역, 집문당, 1998

아르투어 쇼펜하우어, 『의지와 표상으로서의 세계』, 홍성광 옮김, 을유문화사, 2009

아리스토텔레스, 『영혼에 관하여』, 유원기 옮김, 궁리, 2001

_____, 『니코마코스 윤리학』, 최명관 옮김, 서광사, 1984

_____, 『시학』, 천병희 옮김, 문예출판사, 2002

알렉산더 네하마스, 『니체, 문학으로서의 삶』, 김종갑 옮김, 책세상, 1994

앨런 슈리프트, 『니체와 해석의 문제』, 박규현 옮김, 푸른숲, 1997

에른스트 벨러, 『데리다-니체 니체-데리다』, 박민수 옮김, 책세상, 2003

에른스트 캇시러, 『인간이란 무엇인가』, 최명관 옮김, 서광사, 1977

오토 볼노브, 『실존철학이란 무엇인가』, 최동희 옮김, 서문당, 1996

오스발트 슈펭글러, 『서구의 몰락』1·2, 박광순 옮김, 범우사, 2000

자크 데리다, 『에쁘롱』, 김다은, 황순희 옮김, 동문선, 1998

장자, 『장자』, 송지영 역해, 신원문화사, 2006

장 자크 루소, 『언어 기원에 관한 시론』, 주경복 옮김, 책세상, 2002

장 폴 사르트르, 『존재와 무』, 정소성 옮김, 동서문화사, 2011

조셉 캠벨, 빌 모이어스, 『신화의 힘』, 이윤기 옮김, 고려원, 1996

쥴리아 크리스테바, 『공포의 권력』, 서민원 옮김, 동문선, 2001

지그문트 프로이트, 『예술, 문학, 정신분석』, 정장진 옮김, 열린책들, 2003

질 들뢰즈, 『니체, 철학의 주사위』, 신범순·조영복 옮김, 인간사랑, 1993

카를 케레니, 『그리스 신화』, 장영란 옮김, 궁리, 2002

칼 구스타프, 융, 『원형과 무의식』, 융저작번역위원회 옮김, 솔, 1984

_____, 『무의식 분석』, 설영환 옮김, 선영사, 1992

타키투스, 『타키투스의 게르마니아』, 이광숙 편역, 서울대학교 출판부, 2005

토마스 오데아, 『종교사회학 입문』, 권규식 옮김, 대한기독교서회, 1982

폴 데이비스, 『현대물리학이 탐색하는 신의 마음』, 과학세대 옮김, 한뜻, 1994

프레데릭 코플스톤, 『중세철학사』, 박영도 옮김, 서광사, 1988

프리드리히 횔덜린, 『빵과 포도주』, 박설호 옮김, 민음사, 1997

_____, 『휘페리온』, 장영태 옮김, 을유문화사, 2008

플라톤, 『국가·정체』, 박종현 역주, 서광사, 1997

_____, 『에우티프론/ 소크라테스의 변론/ 크리톤/ 파이돈』, 박종현 역주, 서광사,
   2003

_____, 『티마이오스』, 박종현 옮김, 서광사, 2000

_____, 『파이드로스』, 조대호 역해, 문예출판사, 2008

피터 버거, 『종교와 사회』, 이양구 옮김, 종로서적, 1983

최상욱, 『니체, 횔덜린, 하이데거, 그리고 게르만 신화』, 서광사, 2010

_____, 『하이데거와 여성적 진리』, 철학과현실사, 2006

휴 J. 실버만, 『데리다와 해체주의: 철학과 사상』, 윤병호 옮김, 현대미학사, 1997

Baeumler, A., *Nietzsche. Der Philosoph und Politiker*, Philipp Reclam Jun,
   Leipzig, 1931

Bertram, E., *Nietzsche. Versuch einer Mythologie*, Georg Bondi, Berlin, 1918

Camus, A., *The Myth of Sisyphus*, Penguin Modern Classics, London, 1981

Diels, H.·Kranz, W., *Die Fragmente der Vorsokratiker*, Weidmann, Zürich, 1974

Ewald, O., *Nietzsches Lehre in ihren Grundbegriffen: Die ewige Wiederkunft des Gleichen und der Sinn des Übermenschen*, Ernst Hofmann & Co, Berlin, 1903, in W. Kaufmann, *Nietzsche. Philosoph–Psychologe–Antichrist*

Fink, E., Eigentod und Fremdtod, in: Ebeling, H.(Hrsg), *Der Tod in der Moderne*(*Neue Wissenschaftliche Bibliothek*), Anton Hain, Frakfrut, 1992

Jaspers, K., *Nietzsche und das Christentum*, Serie Piper, München, 1985

Heidegger, M., *Wegmarken*, Vittorio Klostermann, Frankfurt, 1928

_____, *Nietzsche I, II*, Neske, Pfullingen, 1961

_____, *Unterwegs zur Sprache*, Neske, Pfullingen, 1975

_____, *Holzwege*, Vittorio Klostermann, Frankfurt, 1980

_____, *Erläuterungen zu Hölderlins Dichtung*, Vittorio Klostermann, Frankfurt, 1981

_____, *Die Grundbegriffe der Metaphysik: Welt — Endlichkeit — Einsamkeit*, Vittorio Klostermann, Frankfurt, 1983

_____, *Vorträge und Aufsätze*, Neske, Pfullingen, 1985

_____, *Der Satz vom Grund*, Neske, Pfullingen, 1986

Kaufmann, W., *Nietzsche. Philosoph–Psychologe–Antichrist*, Wissenschaftliche Buchgesellschaft, Darmstadt, 1988

Levinas, E., *Wenn Gott ins Denken einfaellt*, Karl Alber, Freiburg/München, 1988

_____, *Humanismus des anderen Menschen*, Felix Meiner, Hamburg, 1989

_____, *Die Spur des Anderen*, Karl Alber, Freiburg/München, 1999

Longo, S., *Die Aufdeckung der leiblichen Vernunft bei Friedrich Nietzsche*, Königshausen & Neuman, Würburg, 1987

Löwith, K., *Sämtliche Schriften 6. Nietzsche*, J. B. Metzler, Stuttgart, 1988

Picht, G., *Nietzsche*, Klett–Cotta, Heidelberg, 1988

••• 찾아보기